比较金融制度：全球视角
（第二版）

Comparing Financial System: A Global Perspective

杨胜刚 编著

图书在版编目(CIP)数据

比较金融制度/杨胜刚编著.—2版.—北京：北京大学出版社，2016.12
（21世纪经济与管理规划教材·金融学系列）
ISBN 978-7-301-27626-6

Ⅰ.①比… Ⅱ.①杨… Ⅲ.①金融制度—对比研究—高等学校—教材 Ⅳ.①F830.22

中国版本图书馆CIP数据核字(2016)第236960号

书　　名	比较金融制度：全球视角（第二版）
	Bijiao Jinrong Zhidu
著作责任者	杨胜刚　编著
责任编辑	赵学秀
标准书号	ISBN 978-7-301-27626-6
出版发行	北京大学出版社
地　　址	北京市海淀区成府路205号　100871
网　　址	http://www.pup.cn
电子信箱	em@pup.cn　　QQ:552063295
新浪微博	@北京大学出版社　　@北京大学出版社经管图书
电　　话	邮购部 62752015　发行部 62750672　编辑部 62752926
印刷者	三河市博文印刷有限公司
经销者	新华书店
	787毫米×1092毫米　16开本　27.75印张　647千字
	2016年12月第1版　2016年12月第1次印刷
印　　数	1～3000册
定　　价	55.00元

未经许可，不得以任何方式复制或抄袭本书之部分或全部内容。
版权所有，侵权必究
举报电话：010-62752024　电子信箱：fd@pup.pku.edu.cn
图书如有印装质量问题，请与出版部联系，电话：010-62756370

第二版前言

本研究生教材自2005年第一版出版发行后得到了广大读者的厚爱,尤其是广大金融专业研究生同学以及社会各界的读者对本教材的逻辑结构、编排体系和知识内容给予了高度评价和充分肯定。

但是,在长期对比较金融问题的研究与观察中,作者也在不断地反思未来比较金融学发展的出路问题。这是基于两个方面的原因:

一是20世纪80年代的最后一年,世界上发生大规模的制度性剧变,涉及欧亚10个国家,占地球表面近1/5的面积。苏联东欧社会主义国家纷纷宣布放弃社会主义和共产主义。世界上所发生的这一制度变迁,对于西方主流经济学也许没有任何影响,但对比较经济学的研究造成的影响却非同小可。比较经济学最初以"主义"的比较为研究对象,事后虽然部分地抛弃了"主义"比较法,但整个说来并未完全抛弃。如今,世界上的某个"主义"的制度突然消失(实际上并未完全消失),这对比较经济学来说,面临着一个巨大的挑战:比较经济学向何处去,甚至比较经济学还能否存在下去,都成为问题。那么,作为比较经济学重要分支的比较金融学如何看待苏东国家所发生的制度性剧变对其提出的挑战?这是必须回答的理论与现实问题。

二是自从2008年美国爆发次贷危机以来,全球金融体制发生了深刻的变化,无论是金融机构还是金融市场都在经历深度的调整。站在国际视野来观察,加强国际的金融合作与金融监管协调,尤其是加强对系统性重要银行的监管已经成为世界各国以及国际金融协调机构的普遍共识;仔细观察各国金融体制的变革与发展,也可以明显感受到,各个国家都在新的金融发展环境中力求通过自身的改革与创新(例如,美国政府实施三轮量化宽松的货币政策、欧洲中央银行对欧洲五国债务危机的救助、中国政府积极推出存款保险制度等),实现金融对本国实体经济的资源配置功能。

正是在此背景下,我们通过密切跟踪全球金融体制变革与发展的新特点,对本教材进行了第二次修订。本次修订的重点主要有以下几个方面:

1. 结构更加合理

第一版教材对于全球金融制度主体的观察是按照传统的发达国家、发展中国家和转型国家的思路来展开的。但是,自20世纪80年代末东欧剧变以来,原来的转型国家走上了多元化和差异化的经济社会发展之路,以今天的世界发展来看,已经很难再将这些国家归于一类。反之,包括巴西、俄罗斯、印度、中国和南非等金砖国家在内,这些在原有思维框架下不属于一类的国家共同走上了大国经济发展的新道路,并且在世界经济格局中发挥着越来越重要的作用。基于此,我们在此次修订中重新调整结构,按照发达国家、金砖国家、新兴工业化国家(地区)的思路展开,这既考虑到目前国际经济金融体系变革与发展的现实,也有利于突出重点,让读者通过本教材的学习尽快把握全球重要经济体的金融制度特征。

2. 内容更加丰富

在本版对各章内容进行修订时,除了及时更新反映各国(地区)金融体系改革与发展的动态数据外,还进一步补充完善了各国(地区)金融活动中的体制与机制变革的内容。例如在介绍美国货币政策的部分,补充了对于美国量化宽松货币政策的分析;在介绍中国金融市场的部分,增加了人民币加入特别提款权(SDR)问题的知识;在介绍金砖国家金融制度改革与发展的部分,增加了金砖银行和亚投行的成立在国际货币体系中的作用的相关内容。考虑到第一版教材在介绍拉美国家和非洲国家金融制度变迁中出现的泛泛而谈的问题,在本次修订过程中,突出以国别金融为重点,通过深度剖析巴西、南非等代表性国家的金融制度,让读者更加深入地了解世界不同区域国家金融制度演变与发展的历程。与此同时,为便于学习者更好地利用网络平台达成学习目标,我们将大量国别金融的网站和国际金融协调机构的网站信息放置在参考文献中,以便读者能够更加便捷地获取相关信息。

3. 重点更加突出

为了更好地突出各章研究内容的重点,在本次改版过程中,我们根据近十年全球金融体制变迁过程中,各国(地区)金融制度改革的实际情况,尤其是欧洲中央银行制度的历史性变革,在介绍各国(地区)中央银行体制时,不再简单地罗列各国(地区)中央银行体制的一般性特征与独立性问题,而是直击主题,详细介绍美国联邦储备体系、英格兰银行、日本银行、巴西中央银行、俄罗斯银行、印度储备银行、中国人民银行、南非储备银行、韩国银行、新加坡金融管理局等代表各国(地区)中央银行的运行机制,以便读者更加清晰地了解其金融体制的特征性变化。

4. 逻辑更加清晰

近年来,随着科学技术的发展和经济全球化进程的加快,市场主导型和银行主导型两种金融制度之间的差别日益模糊,同时两种表面似乎对立的金融制度在经济全球化、互联网金融大潮中暴露出了自身难以克服的缺陷和不足。各国开始注重银行和资本市场的平衡发展,出现了金融业混业经营模式,两种体系在竞争中逐步走向趋同。其中,德国、法国和日本等银行主导型金融制度的国家先后通过金融改革来培育、发展和完善国内资本市场,开始建立全能银行模式;而以美国、英国为代表的市场导向型金融制度的国家则主要是通过金融改革放松对银行的管制,发展金融控股模式。基于世界各国(地区)金融制度发展的现实,本教材在写作体例上,更加注重通过对各国(地区)金融制度最新演变的分析,让读者更加准确地把握世界各国(地区)金融制度如何在中央银行体制改革、商业银行体制发展、非银行金融机构崛起、政策性金融机构分化、金融市场培育和金融监管创新等金融制度变化的全过程。

最后,特别需要指出的是,面对风云变幻的国际金融市场和不断变革的国际金融秩序,到底是以国别(地区)的视角构建比较金融制度的体系框架,还是以金融要素(机构与市场甚至金融工具)为重点展开比较金融制度的教学体系,仍将是比较金融学教学改革中值得探讨的重要问题。无论怎样,中国大学金融学专业的研究生课程教学体系改革永远在路上!我们愿与广大师生和社会读者一道,共同为推进比较金融学课程体系建设和教学改革尽心尽力!

本次修订过程中,我的研究生通过使用本教材过程中细心观察到的细节问题,提出了许多充满睿智的建设性意见,刘姝雯、徐娟、易孟霏、刘昕、欧阳佩、邓璐茜、何玉婷、张冰清、徐超、赵宇成、陈雨萧、雷翊民、李维、刘逸伦、何飞颖、崔雷霆、刘叶焕、张一帆、殷敖、熊一洲、李诗皓、雷牧君等研究生同学协助作者进行相关章节资料的收集整理和部分文字修订工作,尤其是殷敖同学在其中做了许多具体而烦琐的协调工作,在此,一并表示感谢!

在教材的编写和出版过程中,北京大学出版社张燕、赵学秀编辑提供了许多帮助,在此表示诚挚的谢意。尤其值得特别鸣谢的是,在与我国著名金融学家、比较金融学的权威白钦先教授多年的学术交往过程中,受益于白先生的思想启迪和他出版的多部有关比较金融问题研究著作的启发,作者对比较金融学有了更加系统的认识。当然,基于作者的研究能力与视野,也由于一部教材的篇幅所限,不可能在有限的空间展现无限的问题。因此,也诚恳地希望广大读者特别是将本书作为金融学专业研究生教学参考书的教师和同学们提出宝贵意见,以便今后加以完善。

杨胜刚
2016 年 8 月

目 录

导论 ·· 1
    本章小结 ·· 12
第一章　主要发达国家的金融制度 ·· 14
    第一节　美国的金融制度 ·· 15
    第二节　英国的金融制度 ·· 22
    第三节　日本的金融制度 ·· 28
    第四节　德国的金融制度 ·· 35
    本章小结 ·· 44
第二章　"金砖国家"的金融制度 ·· 46
    第一节　巴西的金融制度 ·· 47
    第二节　俄罗斯的金融制度 ··· 51
    第三节　印度的金融制度 ·· 58
    第四节　中国的金融体制 ·· 65
    第五节　南非的金融制度 ·· 75
    本章小结 ·· 78
第三章　新兴工业化国家(地区)的金融制度 ·· 80
    第一节　韩国的金融制度 ·· 81
    第二节　新加坡的金融制度 ··· 89
    第三节　中国香港地区的金融制度 ··· 92
    第四节　中国台湾地区的金融制度 ··· 98
    本章小结 ·· 103
第四章　中央银行制度比较 ·· 105
    第一节　中央银行制度概述 ··· 106
    第二节　主要发达国家的中央银行制度 ·· 111
    第三节　"金砖国家"的中央银行制度 ·· 136
    第四节　新兴工业化国家(地区)的中央银行制度 ······································· 152
    本章小结 ·· 172

第五章　商业银行体系比较……174
- 第一节　商业银行制度概述……176
- 第二节　主要发达国家的商业银行体系……182
- 第三节　"金砖国家"的商业银行体系……189
- 第四节　新兴工业化国家(地区)的商业银行体系……200
- 本章小结……210

第六章　非银行金融机构比较……213
- 第一节　非银行金融机构概述……214
- 第二节　发达国家的非银行金融机构……215
- 第三节　"金砖国家"的非银行金融机构……231
- 第四节　新兴工业化国家(地区)的非银行金融机构……240
- 本章小结……245

第七章　政策性金融机构比较……247
- 第一节　政策性金融机构概述……248
- 第二节　主要发达国家的政策性金融机构……253
- 第三节　"金砖国家"的政策性金融机构……260
- 第四节　新兴工业化国家(地区)的政策性金融机构……271
- 本章小结……274

第八章　金融市场发展比较……276
- 第一节　金融市场发展概述……277
- 第二节　主要发达国家的金融市场……284
- 第三节　"金砖国家"的金融市场……314
- 第四节　新兴工业化国家(地区)的金融市场……341
- 本章小结……358

第九章　金融监管制度比较……361
- 第一节　金融监管制度概述……362
- 第二节　主要发达国家的金融监管制度……366
- 第三节　"金砖国家"的金融监管制度……392
- 第四节　新兴工业化国家(地区)的金融监管制度……413
- 本章小结……433

参考文献……435

21世纪经济与管理规划教材

金融学系列

导　论

【重点提示】

● 早期金融制度的形成与发展、金融发展与经济发展的相互关系、不同阶段金融制度的表现形式与特征；

● 市场主导型金融制度的形成与发展、银行主导型金融制度的形成与发展、"南海泡沫事件"对现代金融制度形成的影响；

● "密西西比泡沫事件"对现代金融制度形成的影响。

金融是现代经济的核心。其主要功能是通过金融市场融资(也称作直接融资)和银行融资(也称作间接融资)两种途径来实现储蓄向投资的转化。由于各国(地区)历史条件、价值观念、法律政策、科技发展程度以及经济发展水平的不同,在完成储蓄向投资转化过程中的金融市场与银行的相对地位往往是不相同的,由此导致了不同金融制度的产生。爱伦和盖尔(2002)认为,与其他制度的变迁一样,金融制度的形成也存在路径依赖,不同的社会经济发展历史,特别是金融恐慌以及此后的金融监管,对不同金融制度形成和发展产生了重大的影响。那么,到底是哪些因素导致历史上不同国家(地区)之间的金融制度如此多样化?金融学家们分别从不完善市场、竞争、金融功能、参与成本、技术创新等不同的角度予以解释。

一、早期金融制度的形成和发展

金融制度最基本的功能是引导储蓄向投资转化,是所有经济体中资金流动的基本框架,由金融资产、市场参与者、交易方式和政府金融监管等各种要素构成。货币和金融的起源及漫长的历史演进过程导致了早期金融制度的形成,与社会分工、经济发展、地理位置等因素密不可分。

货币是商品交换的产物,具体来说,它是作为一般等价物的某种商品独立于物物交换过程之外,仅仅充当交换媒介的结果。商品货币是其最初的形态。最初,在不同地点和不同时间充当交换媒介的商品是各不相同的。后来随着交换本身需要的发展,这种交换媒介逐渐被固定在人们普遍接受的某种商品上——这便是货币。随着时间的推移、人类文明的进步,不同地区人们之间的交流加强,币材的选择也逐步趋同,最后集中到了金和银这两种贵金属上。由于把一块贵金属分割成许多标准大小的形状在当时来说是一项技术性极高的工作,因此对贵金属的重量和成色的鉴别也超出一般交易者的能力。于是,标明了重量和成色的金属铸币(主要是国家(地区)铸币)便成为确保金银充当商品交换媒介的唯一简便解决办法。

货币经历了商品货币—金属货币—国家(地区)铸币的演变,伴随着信用制度的萌芽和发展。由于石块、黏土等商品能够被人们普遍认可,所以它们可作为起交换媒介作用的商品货币。换言之,彼此的交换行为是有信用的。但在早期社会简单的商品交换活动中,交通技术不发达导致的地域局限使得商品品种较少、市场容量有限,并且交换方大多相互熟悉,交易基本上是建立在经验和熟悉的人际关系基础上,交易信息比较简单,一旦失信,往往会导致失信者宗族名誉的损失。也就是说,早期社会简单商品交换活动通常建立在由熟悉的人际关系而产生的道德约束基础上。随着交通技术的发展,商品交换范围、市场容量以及商品品种不断扩大,使得交易信息不充分性和不对称性增加,从而道德风险和逆向选择问题开始出现。同时,由于科技的发展,人员流动性增大,失信成本越来越小,道德约束作用开始变弱。于是,就需要币材集中在贵金属上,并最终发展到以信用为基础的国家铸币。在欧洲,领主在授予市场的同时也把铸币权授予市场的主人。这样,流通过程中就存在大量来自不同市场的各种铸币,从而导致了货币兑换者的产生。另外,社会财富分布极不均匀、频繁的自然灾荒等也为信用提供了一个生存和发展的机会。当然,那时的信用仍只限于适应一个没有市场,且以乡村经济为基础的社会需要。这一时期是金融制度

形成的初级阶段,其主要特征重点表现在:
(1) 金属货币和贵金属是主要的金融工具;
(2) 贷款主要被个人消费需要、农业生产和贸易融资消耗;
(3) 货币兑换者、货币借贷者和早期类型的银行是金融中介的主要形式。

到了中世纪,记账已成为欧洲的普遍现象。中世纪时期,国内贸易和国际贸易分别在市场和集市中进行。最早的集市以经营布匹为主,出现于法国的香巴尼(Champagne)。集市组织得很好并发展了一整套程序,通常一年在固定时间和地点举行2次或4次,例如布匹贸易9天(其中展览6天,销售3天),皮革贸易,按重量销售货物的时间为两周,并在固定的日期进行结算。在这些集市上,每个商人都记下他所欠的和别人欠他的款项。到了结算日,集市上的官员便来核实这些商人账本上的债权和债务,并以相互抵消的方式以减少使用硬币支付的数量。没有冲销掉的余额可以用货币或者汇票支付,还可以开具新的汇票将债权和债务转移到下次集市。冲销或清算仅是结账的一部分,而大部分的账目结算是通过汇票进行的。渐渐地,集市上涵盖了外汇、房产、早期的保险以及彩票等各式各样的金融交易。

13世纪,意大利人将上述的簿记发展到了汇票,在早期金融制度的形成和发展史上值得大书一笔。汇票的出现大大减少了易货贸易、当面清算以及用大量硬币、金银器皿或金银块支付的必要,是金融史上的一大创新。中世纪,由于贴现意味着收取利息,罗马教会认为这是高利贷而予以禁止,汇票只能出售。因此,汇票购买者通常按低于受票人最终向持票人付款的兑换率购进汇票来绕过这一问题,这样他既得到了利息等价金额,同时也提供了信用。可见,汇票是一种货币替代物,汇票交易包含了信用,或者说是一种制度创新,从而成功地推动了现代意义上的银行的发展。

银行最初在中世纪后出现于意大利托斯卡纳的城市,如佛罗伦萨、锡耶纳和卢卡,后来蔓延到威尼斯和热那亚。建有银行的城堡认识到了银行业对公众的益处,它们要求银行作好账务记录,有时还要求银行获得贷款担保人。最初,贷款的地方性很强,特别是为收割庄稼提供资金。很快,意大利人也精于国际贸易中的汇款,以及处理罗马教会收进和支出的大宗款项。意大利银行家把各地的意大利人组织起来,成为他们在这些地方的代理人,使其银行的分支网络遍布欧洲。在这一时期,银行业的行为取得了实质性的进展,银行的类型主要有典当行、钱币兑换商和存款银行三类。

现代金融制度的其他特征同样在那时的意大利得到了体现,海运保险变得重要,其他类型如人寿保险之类的保险也被引入。一些政府也借了大量的债务,并且与这些债务相对的债务追索权之间可以转换。在有限的程度上,合伙企业和公司发行的股票类金融工具可以交易。这时,金融制度发展到了第二阶段,其主要特征突出表现在:
(1) 金融工具(包括贸易信贷、抵押和政府及公司债券)更为多样化;
(2) 金融机构发展到了早期类型的银行和保险公司等形式;
(3) 政府和公司债务的交易大都发生在非正式市场上,且数量较为有限。

到了16世纪20年代,在欧洲银行业中意大利人失去了骨干作用,特别是作为14、15世纪重要金融中心的佛罗伦萨已丧失了它的地位。当时,弗朗西斯一世于1521年没收了佛罗伦萨人在巴黎、里昂和波尔多的财产,并在1529年不归还对佛罗伦萨银行的债务,使得威尼斯在接下来的一小段时间内成了金融中心。直到1550年后,热那亚又取代了威尼斯而成为贸易与金融中心,但在1620年左右,又让位于蒸蒸日上的阿姆斯特丹。

阿姆斯特丹声誉的建立得益于发生在那里的两个重要的金融创新,即作为阿姆斯特丹证券交易所一部分的组织化市场和阿姆斯特丹银行的创建。阿姆斯特丹证券交易所最初是一个商品交易市场,证券交易相对较少——主要证券是政府发行的各种类型的债务。但是,阿姆斯特丹证券交易所是第一个正式的股票交易所(在它之前,证券一直在非正式的市场上交易),它的建立发展了成熟的交易技术,包括期权和期货合约的使用,是一个重要的制度创新。

1609年,阿姆斯特丹银行成立。它不是最早的政府建立的公共银行①,但却成为公共银行的典范。16世纪阿姆斯特丹与波罗的海地区以及西至法国比斯开湾的贸易很兴旺。16世纪的最后15年中,随着来自安特卫普和荷兰南部的商人和银行家的涌入,阿姆斯特丹的贸易扩张到了地中海地区,有了爆炸性的扩展。阿姆斯特丹银行最初是为了便利布匹进口商的支付而迅速建立的。因为当时不仅外来的硬币引起混乱,而且当地铸造的硬币也很混乱。荷兰共和国曾于1603年和1609年制定了统一铸币的法令,旨在防止货币兑换商将成色好的硬币挑选出来并将之融化。然而这些法令未能统一铸币标准。仿效威尼斯银行的做法,阿姆斯特丹银行要求进口商必须将所有价值超过600佛罗林的汇票经由银行账户来进行支付。作为一家公共银行,阿姆斯特丹银行接受存款和货币兑换,但除了偶尔借贷给阿姆斯特丹市政、荷兰省以外不发放贷款。其利润主要来自为客户办理开立账户和转账业务所收取的费用。阿姆斯特丹银行提供的便利支付使得大多数国内外商人都在其开设账户,从而导致它成为欧洲国际贸易的票据结算中心。

阿姆斯特丹银行的成功,使其他地方随之仿效,于1616年、1621年以及1635年分别在米德尔堡、德尔夫特、鹿特丹等地都建起了公有银行。但这些银行都由于凭证抵押提供了信用,在战时对付不了挤兑而垮台。唯有在当时还未发放贷款的阿姆斯特丹银行能够应付兑现存款。

1614年,阿姆斯特丹市政创建了一个提供证券抵押贷款的借贷银行,不幸的是这家银行未能发展起来。但瑞典银行借鉴其经验在1656年建立,并从一开始就分为以阿姆斯特丹银行运作模式为基础、拥有100%储备货币的兑换部门,和不具有完全储备、只专门负责贷款的借贷部门。1661年,瑞典银行在欧洲首先发行了银行券,并于1688年被收归国有,成为世界上第一家中央银行。

因此,金融制度在18世纪初期时已发展到第三个阶段,主要特征为:

(1) 金融市场更加正式化;

(2) 政府通过中央银行等金融机构更多地参与到金融市场之中。

1719—1720年发生了英国南海泡沫事件和法国密西西比泡沫事件,由于两个国家对这两个事件长期不同的政策反应,导致了两种不同的金融制度——市场主导型金融制度和银行主导型金融制度的形成。

---

① 第一个国家存款银行是热那亚的圣乔治银行,建立于1407年,威尼斯银行不是最早的公有银行,它于1587年才由官方建立起来,起初叫里亚尔托市场银行,但它的前身可以追溯到14世纪,当时有使用价值的货币转拨的社会职能是由私人银行执行的。参见〔美〕P. 金德尔伯格:《西欧金融史》,中国金融出版社,1991年版,第68页。

二、现代金融制度的形成与发展

下面简单分析市场主导型和银行主导型金融制度是如何形成的,导致市场主导型和银行主导型金融制度形成和发展的主要因素是什么。

(一) 市场主导型金融制度的形成与发展

1694 年英国成立了英格兰银行,帮助推销自 1688 年英法战争以来英国政府发行的国债。英格兰银行是一家以营利为目的的私人银行,与阿姆斯特丹银行以及其他的欧洲大陆银行不同。以购买英国政府 120 万英镑的国债作为交换,其在成立之初被授权发行银行券以代替黄金在大额交易中的结算。

1711 年,为了在对英国政府融资中与英格兰银行竞争,南海公司成立,其股票价格在 1720 年上半年上升了 7 倍,成为狂热投机的焦点。此后,受其他公司股票大量发行的影响,南海公司股票开始下跌。就此,英国国会于同年通过了泡沫法案,该法案规定成立上市公司必须经过议会的批准,但仍然没有阻止南海股票价格的急剧下跌,其价格到年底已经回到年初的水平。同 17 世纪的郁金香狂热一样,借钱用于投机的人大都面临破产。当时,除了英格兰银行、南海公司和东印度公司之外,其他公司大都只能在非正规市场上进行交易。因此,伦敦资本市场没能为公司募集到大量的资金,反倒成了政府融资的重要来源。英国在 18 世纪和 19 世纪初多次发生战争,战争对资金的需求促进了英国金融业的发展。Dickson(1967)认为在英法百年战争中,英国之所以能击败人口是英国 3 倍的法国,其中一个重要的原因是英国能有效地发行债券筹集到大量的资金。到 18 世纪末,伦敦取代阿姆斯特丹成为世界上主要的金融中心。

1802 年,伦敦股票交易所成立,从此其在为公司筹资方面发挥着越来越重要的作用。1824 年泡沫法案废除,成立公司不再需要经过议会批准,从而导致上市公司的大量增加。再加上各国铁路建设对资金的需求增大,从而在一定程度上促进了伦敦股票交易所的发展。1986 年,伦敦股票交易所与伦敦国际证券管理组织合并,伦敦国际股票交易所由此建立。

英国银行业在 19 世纪也取得了较快发展,英格兰银行在对政府特许的定期展期中面临其他银行的竞争。为了提高英格兰银行的竞争性,英国政府在 1742 年授予英格兰银行发行银行券的特许权。私人银行按照地域可分为伦敦内的银行和伦敦以外的银行两个集团。伦敦在英格兰银行的影响力下成为清算中心,伦敦以外的银行需要在伦敦设立分行,同时大部分伦敦内的银行因为竞争需要也在其他城市设立了分行。因此,这些银行在 19 世纪合并后便成为具备全国分支网络的银行。到 20 世纪初,英国的银行体系主要以巴克莱(Barclay)、国民西敏寺(National Westminster)、劳埃德(Lloyds)和米德兰(Midland)四大银行为主。

但是 20 世纪以来不断发生的信用危机和金融危机使得英国对银行业的治理和监管不断加强:1946 年,英国政府根据国有化令重新颁布了《英格兰银行法》,此举确立了英格兰银行作为英国中央银行的地位,从而英格兰银行在保证银行制度的稳定性方面发挥着越来越重要的作用。70 年代中期发生了银行信用危机,不少银行宣告破产或被吞并或进行资产重组,许多存款人损失惨重。有鉴于此,英国议会于 1979 年 4 月颁布了其有史以来第一部完整的银行法——《英国银行法》,当有银行出现问题时,总是由英格兰银行介入并提供必要的流动性,从而避免系统性银行挤兑的发生。但是,由于银行系统一直以来的双重监管标准和英格兰银行对银行自律的过度信任而疏于监管,导致1984年10月约翰逊·马蒂银行危机案爆发。因此,通过对1979年《银行法》的修改和完善,进一步加强了英格兰银行对银行监管的权力和责任,使其同时具备货币政策职能和金融监管职能。但是,政策制定和监管一体化的内在矛盾使得90年代英国金融危机不断发生,于是1998年修订后的《英格兰银行法》剥离了英格兰银行的监管职责,将其定位为一个制定和执行货币政策的机构,同时新成立了金融服务监管局(FSA)来履行金融监管职责。

一般只对企业进行短期贷款,不进行长期贷款,只在特殊情况下可展期是英国银行制度的重要特征。虽然在19世纪初也有少数银行对企业发放长期贷款,但这些银行在周期性的流动性危机发生时都无法生存。银行通过内部积累或者资本市场筹集资金,小企业、家族企业资金一般来自非正式的资本市场,而对于大公司而言,长期资金主要来自通过股票交易所筹集到的资金。

虽然第一次世界大战的爆发使得纽约取代伦敦成为世界金融中心,但英国仍保留了以股票市场为主导的金融制度,仍然是外国银行参与欧洲货币市场业务的中心。

进入20世纪80年代,由于1979年解除外汇管制后,英国投资者的国外投资环境改善,伦敦股票交易所改革的压力日益强烈。1986年,"金融大震"从根本上改变了伦敦股票市场:为适应国际股票交易市场的现代化发展潮流,伦敦股票交易所投资了约2亿美元开发新的电子交易系统——SE-QUENCE系统,并于1996年取消了股票交易中介,从而大大降低了投资者的交易费用,同时也削弱了垄断股票交易的大经纪人的权力。

另外,20世纪80至90年代,英国期货和期权市场也取得了较大发展。1982年,伦敦国际金融期货交易所成立,成为欧洲第一家金融期货交易所,在其后来的发展过程中,通过与伦敦期权市场的合并,又成为全球首家综合性的期货和期权交易所。1992年3月之后,伦敦国际金融期货和期权交易所迁入新的交易场所后,交易在单一的管理和共同的交易系统下进行,并确定了独立的清算体系。

21世纪初,美国次贷危机引发全球经济危机。英国金融业损失惨重,经济遭受巨大冲击。据世界银行数据显示,英国政府提供了高达1.2万亿英镑的资金拯救面临衰退的金融行业,救市金额高于任何经济实体。这次危机将英国金融监管的内部缺陷完全暴露出来。对此,英国政府接连发布了《2009年银行法》(Banking Act 2009)和《改革金融市场》白皮书,进一步加强了对金融市场的监管。

与其他工业国相比,美国有截然不同的银行业历史,这在很大程度上是因为美国有着不同的政治体制历史。亚历山大·哈密尔顿(Alexander Hamilton)受英格兰银行模式的影响,主张建立由联邦政府特许的有全国分支网络的银行。由此,美国第一银行(1791—1811年)和美国第二银行(1816—1836年)得以建立。但是由于这两家银行代表的权利的集中引起了很大的争议,这一争议在1832年是否对美国第二银行继续予以特许权时达到了顶点。虽然国会通过法案批准对美国第二银行继续给予特许权,但是被杰克逊总统否决,从此有强烈的倾向反对银行业的集中。

在整个19世纪,美国的银行制度非常分散,不像其他工业国家,美国并没有成功地建立全国范围的银行。在内战之前,美国许多州实行的是自由银行制度,即银行市场可以自由地进入,致使在 1837 年和 1857 年发生了严重的银行恐慌。

从 1861 年的内战开始,融资需求的增大较大程度上改变了联邦政府在美国金融制度中的作用。1863 年和 1864 年在国民银行法的基础上建立了国民银行制度,此制度较大程度上限制了银行的权利。例如,关于银行是否可以持有股票的问题,高等法院认为既然 1864 年的银行法没有明确规定有这个权利,法院就不能给予这种权利。

国民银行制度的建立并没有阻止银行恐慌的发生,在 1873 年、1884 年、1893 年和 1907 年这四年中美国都发生了银行危机。在此之后,1913 年建立了联邦储备制度。具体来说,联邦储备制度的组织结构不同于传统的中央银行(如英格兰银行),它具有区域性结构和分散决策权利的特征。但是在联邦储备制度建立后的起初一段时间内也没能阻止金融恐慌的发生,1933 年发生的较之前更为严重的银行危机便是例证。这次危机更是催生了 1933 年的《格拉斯-斯蒂格尔法》。在该部法律的基础上,美国建立了存款保险制度,同时对商业银行业务和投资银行业务实行分业管理。此后长达半个多世纪,美国没有发生严重的银行危机。

正如 18 世纪英法战争推动了伦敦资本市场的发展一样,美国的内战也推动了纽约资本市场的发展,而且禁止银行持有公司股票等类似的一系列规定和银行制度本身的弱点有助于促进资本市场的发展。在第一次世界大战期间,纽约对参战国的融资(其中以英国和法国为首),使得纽约超越伦敦成为国际金融的中心。

就像两个世纪以前南海泡沫以及密西西比泡沫事件一样,1929 年的股市大暴跌对美国金融制度的发展产生了重大而又深刻的影响。虽然这导致了美国监管资本市场的证券交易委员会的成立,但是资本市场的重要性仍在进一步加强。证券交易委员会的成立有助于美国证券市场的一体化,而《格拉斯-斯蒂格尔法》对州际银行的限制实际上比对资本市场的限制更为严格。而不断的金融创新,特别是期权和期货市场的创新与发展进一步强化了资本市场在美国金融制度中的重要性。

进入 20 世纪 70 年代后,科技进步导致的金融创新使得非银行金融机构、非金融机构以及资本市场对银行存贷款的竞争十分激烈,分业经营模式阻碍银行业发展的现象开始出现,因此美国开始逐渐放松对分业模式的管制。1999 年 11 月 4 日,美国通过了《金融服务现代化法》。它彻底结束了银行、证券、保险分业经营的局面,建立了混业经营的金融体系,使得美国整个金融市场发生了重大变革。随后,美国金融体制的缺陷和弊端逐渐开始显露。

2007 年,美国次贷危机爆发并引发全球性金融危机,对世界实体经济造成巨大冲击的同时也使得美国原有金融监管制度遭受新的挑战。因此,在全力促进国内经济复苏的同时,美国针对金融体制的内在弊端,相继出台了《紧急经济稳定法案》《金融监管改革法案》等一系列改革方案,大力度地进行金融体制改革,大大加强了对金融体系的监管。随后,美国国会于 2010 年 6 月 25 日通过了"大萧条"以来规模最大的金融改革法案——《多德-弗兰克法》。此法案在加强对金融消费者保护的同时通过重组监管机构和监管功能的方式解决了系统性风险问题,作用之大使其有望在美国金融史上成为与《格拉斯-斯蒂格尔法案》(也称作《1933 年银行法案》)齐名的又一座金融监管里程碑,并且其影响力很大可能扩散到国外,成为全球金融监管改革的新标尺。

(二) 银行主导型金融制度的形成与发展

法国对密西西比泡沫事件的反应与几乎同一时期发生在英国的南海泡沫事件一样,也是加强对股票市场的监管。但是与英国不同的是,法国到20世纪80年代才放松对资本市场的限制,英国则是在19世纪初就废除了泡沫法案。法国的历史经验对欧洲大陆国家金融制度的发展和演变产生了深刻的影响。因此以法国的密西西比泡沫事件为开端,来考察欧洲大陆和日本等以银行为主导的金融制度的形成和发展。

密西西比泡沫事件与苏格兰人John Law的行为有直接的关系。他在一次决斗中杀人后被迫离开了苏格兰,而后在欧洲国家的首都到处游说,建议成立新的银行,发行银行券不需要100%的准备金。1716年法国统治者采纳了他的建议,成立了Bank Generale,同时在各个省开设了其分行,并授予Bank Generale发行一定限额的银行券的权利;紧接着,在1718年将该银行改组为皇家银行,并将其根据准备金来确定发行银行券的限额改为由统治者来确定。随后,该银行又与密西西比公司合并。与南海公司的经历一样,密西西比公司的股票受到了狂热的投机后价格出现猛跌。

法国的密西西比泡沫事件对法国银行业和以股票市场为主的资本市场的发展产生了深远的影响。该事件发生后,法国政府成立了官方的交易所,并出台了相关政策措施对上市公司实行严格的监管。因此,在19世纪至20世纪这段时期,法国资本市场受到的阻碍较大,并没有得到很大的发展。当时为建设法国铁路而发行的第一笔1842—1845年的债券是在伦敦股票交易所而不是在巴黎交易所发行的,只是当法国政府得知购买债券的大部分是法国国民之后才特许其在巴黎交易所上市发行。

由John Law成立的皇家银行严重阻碍了法国银行业的发展,其中的表现之一是除了作为法国中央银行的法兰西银行使用"银行"的字眼之外,其他的银行多避免使用"银行"的字眼。

1838年前法兰西银行的总裁Jacques Laffite设立了Caisse Generale du Commerce atdeL'Industrie,其目的是为工业提供长期贷款。该银行在1848年,也就是Jacques Laffite去世后的第二年倒闭。但是Jacques Laffite的思想被Pereire兄弟继承下来。1852年他们开办了Credit Mobilier,该银行对法国铁路和其他公共项目的融资起了主要作用,并被经济史学家称为法国和整个欧洲大陆金融业的重大创新,是德国和欧洲其他国家工业银行模式的原型。

在这个时期法国政府还设立了其他的银行对专门的行业发放贷款,如成立Credit Foncier(1852)和Societe Agricole(1860)为房地产和农业发放贷款;在这一时期也成立了存款银行(如里昂信贷银行)支持工业贷款。这些银行迅速地在全国的范围内设立了分支机构。

这些银行设立的初衷是为工业提供长期贷款,但实际上最后多数银行为企业提供短期的贷款或者是用于对外国政府债券的投机。

真正建立起工业银行模式的国家是德国。与英国和法国不同的是,德国在19世纪初期至少有法兰克福、科隆、汉堡和柏林4个金融中心,其中影响最大的金融机构是家族银行。另外,在1871年统一之前,德国也至少有30个公国、共和国和王国。由此可以看出,德国在 19 世纪的大部分时间里政治是很分散的,。

联合持股的银行到 19 世纪的中期才出现,即在普鲁士成立了 Schaffhausen'schen 银行并赋予其很大的权利。在 1850—1857 年,以该银行为模式形成了开办银行的浪潮,之后由于 1857 年的金融危机而暂停。受德国统一和建立单一货币的影响,在 1866—1873 年形成开办银行的第二次浪潮。在这一时期很多德国银行家的思想都受法国 Credit Mobilier 模式的影响。例如,德累斯顿银行的设立就是专门以工业贷款为目标的,汉堡的 Commerzbank 和柏林的德意志银行成立之初是为了支持贸易融资,但是在发现很难与英国和德国的银行竞争后,就转向对工业的融资。

德国资本市场的发展与英国相比还是相对落后的。1850 年之前,德国的股份制银行数量非常少。另外,法兰克福和柏林的资本市场大部分也是为德国政府债券的上市发行而服务,虽然柏林的资本市场也为德国铁路的建造筹集过资金,但并没有发展成为当时重要的工业融资市场。

银行与企业之间的关系在这一阶段发展很快。大部分企业依赖于银行贷款和内部融资,经常可以看到银行派代表进入企业的董事会,而工业企业也在银行的董事会中拥有席位的现象。也就是说,一家公司与某一家银行之间建立长期的关系,而且由这一家银行提供企业主要的资金需求。银行与企业之间这种密切的关系导致了全能银行制度的发展。从第二次形成开办银行的浪潮到 20 世纪初,德国的银行形成了类似英国和法国的遍布全国的分支机构。

19 世纪初,德国成立了土地银行和合作银行。土地银行不是利润最大化机构,而是为了公众的利益而设立的机构,其董事由政府指派。合作银行成立于 19 世纪中期,为农民和小商贩提供贷款,其运营目的是保障存款人的利益。这些银行自成立以来就成为德国金融制度的重要组成部分。第二次世界大战后联盟国试图打散德国的大银行,但是并没有获得成功。在联盟国对德国的占领结束后,这些银行又合并起来,并与企业密切联系。而资本市场主要是政府债券交易的场所,对企业的作用并不大。而且在德国,公开上市的公司并不多,大量的公司为大家族所拥有。

对于欧洲大陆的其他国家,19 世纪法国和德国的金融制度的影响比英国和美国的金融制度的影响要大得多。西班牙在 1844 年成立的 Bank of Isabella Ⅱ,模仿的就是法国的 Caisse Generale。在 1847 年的股票投机和金融危机之后,西班牙政府通过法律严格限制公司的形成,从而约束了资本市场在企业融资中的作用。Pereire 兄弟的 Credit Mobilier 和其他一些法国银行在西班牙成立了银行,这些银行为 1854—1866 年西班牙的铁路建设提供了资金。意大利在 19 世纪出现了两次外资银行形成的浪潮,19 世纪 60 年代主要是法国银行的附属机构,而 19 世纪 90 年代主要是德国银行的附属机构。19 世纪 60 年代的投资不是很成功,但 19 世纪 90 年代,德国银行的进入获得了巨大的成功,而资本市场并没有获得很大的发展。当这些外国银行面临国内的金融危机而撤出时,就出现了缺乏国内银行提供融资的局面。第一次世界大战后,意大利政府成立了意大利复兴金融公司对工业提供融资。从此以后,意大利政府在提供资金方面一直起着重要的作用。

在北欧,德国金融制度的影响最大,德国模式的银行制度加强了银行与工业之间的密切联系,是一个历史性的进步。值得一提的是,虽然德国和日本这两个国家常常一起被作为银行主导型金融制度的代表。但实际上这两个国家金融制度发展的起源和历史背景以及政府在金融制度发展中的作用都存在着很大的差异。日本主银行制度的形成过程中，政府起着关键性的作用，而德国的银行（Hausbank）制度却是在私人部门发展起来的。

进入20世纪中叶，欧洲各国经济制度出现趋同化的发展。自欧洲煤钢共同体成立以来，欧洲的经济一体化持续深入，逐步从个别产业扩展到整个经济领域包括货币领域，从欧洲经济共同体扩大到包括经济与货币联盟和政治联盟的欧洲联盟，从最初的6个成员国到包括德国在内的27个成员国。与欧洲经济一体化的持续深入相适应，欧洲联盟也致力于金融一体化的发展，出台了一系列的金融法规，推动着欧洲金融体系的变革与发展。

银行业在欧洲金融体系中一直占据至关重要的地位。80年代初以来，欧洲各国通过消除信贷控制和利率管制，普遍放松了对银行业的管制。虽然欧洲各国银行体系仍高度集中，但是由于欧盟委员会《银行业第二指导条例》引入了"单一准入"概念及"母国管辖（Home Country Control）原则"，导致欧洲各国银行之间的业务渗透，同时也奠定了欧洲金融业一体化法律基础。

1991年，欧盟通过《马斯特里赫特条约》，并在1998年启动了欧元作为统一货币。另外，继1999年3月法国、德国、荷兰等8国证券交易所建立股票联合交易平台之后，阿姆斯特丹、布鲁塞尔和巴黎三家证交所又在新签署的股票、债券和金融衍生品联合交易协议基础上建设欧洲大陆最大的联合交易所。目前，欧元区已成为世界上最大的债券市场和第二大股票市场。1999年1月1日，欧洲中央银行成立。

近年来，美国次贷危机以及之后的欧洲债务危机使得欧洲在金融部门和实体经济方面遭受重创。2012年，欧元区国家主权债务到达高峰期，欧元区甚至包括欧盟成员国在内的各国不得不拼尽全力以面对巨额到期的债务压力，纷纷采取货币和财政紧缩政策。欧盟理事会更是通过了《欧盟金融监管体系改革》等一系列法案加强对金融体系的监管。

三、后危机时代金融制度发展的新格局

关于银行主导型和市场主导型金融制度，哪种模式更具优势至今仍未有定论。学术界比较认同的观点是银行主导型金融制度在监控管理层和风险管理方面具有积极作用，利于经济和金融系统的稳定；而市场主导型金融制度在促进风险管理机制的多样化和专用化方面更具优势，能够提高资源配置效率，促进经济增长。

从历史时点上来看，处在经济发展初期或者转型时期的国家，一般都存在着企业信贷记录不完整和会计体系不完善的问题。而银行在评估企业信贷能力、监督贷款使用以及执行信贷的收回上都具有明显的优势，能够减少由于信息不对称带来的逆向选择和道德风险，加之此时期的制度环境也无法有效地支持市场活动，因此，对于处在经济发展初期或转型时期的国家来说，银行主导型金融制度更具优势。

从产业结构上来看，工农业等传统产业占主体的国家更适合选择银行主导型金融制度，而高新技术产业占主体的国家选择市场主导型金融制度更为合适。因为，银行常常通过获取企业家的相关信息来抽取巨额租金，这减少了企业对高风险、高回报创新性项目的选择，损失了更多的潜在收益。可以说，银行主导型的金融制度在一定程度上阻碍了创新和经济增长。而资本市场在价格发现和风险转移方面，特别是在调节各产业利润率和风

险补贴上有着银行难以比拟的优势。因此,市场主导型的金融制度更有利于鼓励风险较高但前景较好的高新技术产业的发展。

总的来说,两种金融制度各具优缺点,没有足够的证据证明哪种金融体系更好。只有针对不同的历史时期、根据不同国家的基本国情来选择具体的金融制度模式。

近年来,随着科学技术的发展和经济全球化进程的加快,市场主导型和银行主导型两种金融制度之间的差别日益模糊,同时两种表面似乎对立的金融制度在经济全球化、互联网金融大潮中暴露出了自身难以克服的缺陷和不足。各国开始注重银行和资本市场的平衡发展,出现了金融业混业经营模式,两种体系在竞争中逐步走向趋同。其中,德国、法国和日本等银行主导型金融制度的国家先后通过金融改革来培育、发展和完善国内资本市场,开始建立全能银行模式;而以美国、英国为代表的市场导向型金融制度的国家则主要是通过金融改革放松对银行的管制,发展金融控股模式。

通过对典型的以银行为主导的德国、法国和以市场为主导的美国、英国近三十年来银行、股票市场历史数据进行分析,发现金融制度的趋同性明显,银行和市场的竞争性特征逐渐转化为互补、共生的关系(见表1和表2)。其中,采用银行部门提供的国内信用与GDP的比值代表一国银行系统的相对规模,股票市场价值与GDP的比值代表股票市场规模。

表1　银行主导型国家银行系统规模和股票市场规模比较

年份	银行系统规模		股票市场规模	
	德国	法国	德国	法国
1988	0.94	0.93	0.18	0.24
1992	1.05	1.00	0.16	0.25
1996	1.28	0.98	0.27	0.37
2000	1.42	1.00	0.65	1.06
2004	1.34	1.03	0.42	0.73
2008	1.22	1.43	0.30	0.51
2012	1.57	1.48	0.42	0.68

资料来源:Wind数据库。

表2　市场主导型国家银行系统规模和股票市场规模比较

年份	银行系统规模		股票市场规模	
	美国	英国	美国	英国
1988	1.44	0.96	0.53	0.87
1992	1.54	1.07	0.69	0.80
1996	1.71	1.45	1.05	1.33
2000	1.91	1.24	1.47	1.66
2004	2.13	1.47	1.33	1.22

续表

年份	银行系统规模		股票市场规模	
	美国	英国	美国	英国
2008	2.16	2.02	0.80	0.66
2012	2.32	1.96	1.16	1.15

资料来源：Wind 数据库。

从表 1 和表 2 可以看出，银行主导型国家——德国和法国，其银行系统规模均增加了 50% 以上，而股票市场规模均增加了两倍左右。而市场主导型国家——美国和英国，其股票市场规模均增加了一倍左右，而银行系统规模方面，英国增加了近 30 个百分点，美国增加到 1988 年两倍以上。事实说明，银行主导型的国家大力发展资本市场，而市场主导型的国家逐步放松对银行的管制，两种金融制度在逐步走向趋同。

不论是市场主导型还是银行主导型，历史的趋势和经济增长的趋势都促进了两种金融制度的进步与发展，同时两种金融制度的进步与发展并没有出现替代现象，而是在相互地实现动态互补和趋同，通过发挥各自的优势，实现资源、业务、客户的相互补充，促进金融体系效率的提升、产业结构的变迁以及经济的持续增长。

本 章 小 结

1. 金融交易和资本市场的不完备性。资本市场不是在一夜之间建立起来的，历史上最早的金融交易是通过金融机构来完成的，直到 17 世纪阿姆斯特丹交易所的成立，才有规范意义上的资本市场的存在。因此，在考察金融制度的运行时，传统的完全信息和零交易成本下的完全竞争市场模型很难对历史上发生的重大事件做出有效的解释，而基于交易成本、信息不对称和其他的市场不完备性的经济理论应该作为研究金融制度本质规律的起点。

2. 金融制度结构的差异性。发达国家存在着不同的金融制度结构，学术界通常将之分类为以英美为代表的市场主导型金融制度和以德日为代表的银行主导型金融制度，但实际上，即使在同一类型的金融制度中，也还存在很大的区别。

3. 金融制度最显著的特征之一是其内在不稳定性。银行从诞生之日起就面临着存款挤兑和破产的风险，而资本市场从诞生之日起就面临着投机泡沫的问题。从郁金香狂热到南海泡沫和密西西比泡沫，从 1929 年的大暴跌、1987 年的"黑色星期一"到 20 世纪 90 年代日本泡沫经济的崩溃，都给一国（地区）的金融制度和国民经济造成了巨大打击。

4. 各国（地区）政府对金融危机的处理对策和金融危机后的监管政策在很大程度决定了一国金融制度的结构特征，从对金融制度形成和发展历史的回顾可以看出，英国政府在南海泡沫事件的两三年后及时废除了泡沫法案，使资本市场发展了起来。同样地，美国在 1929 年金融危机后的反应决定了美国以资本市场为主的金融制度的形成。法国在密西西比泡沫事件以后长期以来对资本市场发展的限制，以及法国金融制度对欧洲大陆的影响，使欧洲大陆发展了以银行为主的金融制度，而日本的主银行制度的形成与第二次世界大战时期政府对金融的战时管制和战后对银行业的保护有着直接的关系。

关键词

金融制度、金融发展、汇票、清算制度、市场主导型金融制度、银行主导型金融制度、郁金香狂热事件、南海泡沫事件、密西西比泡沫事件

复习思考题

1. 试述金融制度的演变与发展。
2. 试述金融制度与经济发展的关系。
3. 简述早期金融制度发展不同阶段的特征。
4. 试述市场主导型金融制度的形成及其特征。
5. 简述银行主导型金融制度的一般性特征。
6. 比较德国银行主导型金融制度与日本银行主导型金融制度的差异。
7. 简述南海泡沫事件对现代金融制度形成的影响。
8. 简述密西西比泡沫事件对现代金融制度形成的影响。
9. 为什么说1719—1720年是导致现代金融制度形成与发展的分水岭?

第一章

主要发达国家的金融制度

【重点提示】

- 美国金融制度的演变与发展、美国的金融组织体系与特征、《金融服务现代化法案》的现实意义;
- 英国金融制度的演变、英国的金融组织体系与特征;
- 日本金融制度的改革与发展、日本"金融泡沫"的成因及日本金融制度的大变革、日本的金融组织体系与特征;
- 德国金融制度的演变与历史成因、欧洲中央银行与德意志银行的关系。

发达国家(Developed Country),也称为已发展国家,是指经济发展水平较高、技术较为先进、生活水平较高的国家,又称作工业化国家、高经济开发国家(MEDC)。发达国家大多具有较高的人均国民生产总值,不过,通过开发自然资源也可以达到较高的人均国民生产总值,而这样的国家未必拥有较先进的技术(比如沙特阿拉伯、秘鲁等)。在联合国的运作中,目前并没有建立起一套指标来衡量哪些国家或地区是属于发达或发展中。从学术的角度而言,发达国家通常是指参加经济合作与发展组织(OECD)的24个成员(但对于墨西哥与土耳其这2个成员是否属于发达国家在学术界尚存在争议),其中以美国、日本、德国、英国、法国、意大利和加拿大7国最为发达。第二次世界大战后,在第三次科技革命推动下,一些经济实力比较雄厚的资本主义国家,率先采用最新的科学技术,使资本主义的劳动生产率提高,经济增长,成为经济发达国家。这些国家的经济在世界上占据重要地位,对世界经济、政治有较大的影响。考虑全球地缘经济与政治的因素,本教材分别选取北美洲的美国、欧洲的英国、亚洲的日本以及作为欧盟主要成员国的德国作为主要发达国家的代表,来分析其金融制度的特征。

第一节 美国的金融制度

一、美国金融制度的演变

(一) 早期美国的银行业和自由银行时期

早期的美国围绕着商业与贸易进行银行活动。第一家现代意义的美国银行是1782年开业的北美银行(The Bank of North America),是为帮助独立战争而设立的。它接受现金和银行券,也发行自己的银行券。随后各州特许的银行(State-Chartered Banks)纷纷开业,称为州立银行(State Banks)。1791年开业的第一美国银行(The 1st Bank of the United States,BUS)是第一家联邦政府特许的银行,开业期为20年,在主要城市设立8家分行,规模大大超过州立银行。联邦政府掌握着第一美国银行的部分股权,第一美国银行为联邦政府向全国各地转拨资金,同时会影响州立银行的经营,具有部分中央银行和商业银行的双重职能。由于州立银行的反对,1811年第一美国银行停业。此后州立银行的数目大大增加。1800年只有28家州立银行,1830年达328家。联邦政府依靠州立银行为1812年战争融资造成银行券发行量迅速增加,由于银行券流通性的降低和通货膨胀。第二美国银行于1816年成立,开业期仍为20年,由于东部金融势力与西部地区的对抗,该行1836年营业期满后停业。

美国的自由银行时期存在于1837—1863年。第一个自由银行法案于1837年在密歇根州通过,它规定,只要资本充足并能按照法令规定履行义务,便能够开设银行。随后,又有18个州先后通过了类似的法律。美国银行数目的快速增长得益于自由银行法。到1860年有1 500家商业银行在营业,其数目是密歇根州《自由银行法案》通过前的两倍。然而,由此带来的后果是银行券发行混乱以及银行陆续倒闭。

19世纪,美国的其他金融机构也开始出现。1816年,第一家互助储蓄银行在费城和波士顿开业。1831年,第一家储蓄贷款协会(The Oxford Provident Building Association)在费城成立。

独立战争时期,美国战时国会、各州和军队发行了各种中期债券和临时债券,战后政府以发行8 000万美元的联邦债券,对这些债务进行担保。这些债券的发行和交易形成美国最初的证券市场。美国首家证券交易所——费城交易所于1790年正式成立。1792年,24名经纪人在纽约华尔街签订了"梧桐树协定",它规定了成员之间进行证券交易的条款,成为纽约证券交易所的前身。1817年,这些经纪人正式成立了"纽约证券交易会",1863年改名为"纽约证券交易所"。

(二) 1864年《国民银行法》时期

19世纪60年代之前,美国货币体系缺乏集中性的控制,银行券的流通十分混乱。南北战争爆发后,财政部需要为战争筹资,政府逐渐认识到现存银行体系的局限性。《国民银行法》(The National Banking Act)于1864年在国会通过,这一立法深刻影响了美国银行结构。

1864年的《国民银行法》在财政部内部设立货币监理处(Comptroller of the Currency),由它批准银行注册和管理立法,该机构核准设立的银行称为国民银行(National Bank)。国民银行有权发行国民银行券,它必须将持有的国库券交给货币监理处作为其银行券发行的准备,若该银行倒闭,货币监理处则出售国库券以偿付债权人,从而形成统一可靠的通货;联邦政府则规定国民银行券作为税收、商品和劳务的法定支付手段。《国民银行法》还建立了准备金要求和资本要求,同时货币监理官有权对国民银行进行检查。起初许多银行担心额外的限制会影响其利益,很少有银行在联邦申请注册。为了将州立银行券逐出流通,促进通货的集中,1865年国会通过立法要求对州立银行券征税;此后国民银行的数目大幅度增加,但由于支票的普遍使用,加上州立银行的资本要求低、政府管理松散,州立银行并没有完全消失,从而形成了美国银行注册的双轨制。另外,在这一时期各州对商业银行在本州或跨州开设分支机构的立法限制,形成了美国特有的单一银行制(Unit-banking System)。

(三) 联邦储备体系的建立

尽管统一了货币,但美国的金融体系仍然存在许多问题。首先是货币供给缺乏弹性,它不能随着经济的扩张、需求的增长而增长,这引发了19世纪后期美国频繁的金融危机;其次是19世纪后期,经济的飞速增长使美国商业银行的数目和银行总资产大幅度增加,银行业的合并加剧;工业发展需要大量的融资带来了金融机构的多样化,同时,有更多的经济单位进入金融市场融资,这需要规范整个金融体系的业务和经营,保证金融业的稳定。

全国货币委员会的成立对货币制度改革及其问题提出了相应的建议。1913年国会通过了《联邦储备法》,1914年正式成立了独特的中央银行——联邦储备体系(Federal Reserve System,FRS)。《联邦银行法》规定联邦储备体系的职责是全面巩固准备金制度,提供有伸缩性的货币,防止可能出现的金融危机;调节货币供给量;为会员办理支票结算;对银行业实行更有效的监督。它要求所有的国民银行都必须加入联邦储备体系,州立银行可自由选择是否参加。

非银行金融机构在这一时期有了飞速的发展。1890年,储蓄贷款协会遍布各州,共有5 000多家;1907年,互助储蓄银行营业数目达678家,主要集中在新英格兰地区;到1909年,信用合作社开始出现。

英美战争结束后开始的工业革命,推动了美国证券业的发展。南北战争后,美国工业迅猛发展,股份公司首先在铁路、建筑中大规模地出现并在制造业中普及,大量股份公司的设立是证券市场产生和发展的现实基础和客观要求,证券融资成为美国公司资本来源的重要方式。上市公司,特别是铁路、运输公司、银行、保险公司的股票,取代了政府债券的地位,成为主要的交易品种。美国的投资银行逐渐崛起,它们从事新证券的发行、承购和销售业务。联邦储备体系的建立和投资银行业的兴起促进了证券发行和流通的扩大。

(四) 20世纪30年代的银行立法

20世纪30年代的大萧条大大改变了金融业的格局。1929年10月因金融危机导致股市的大崩溃,造成经济的严重衰退,在1929年至1933年间银行数目减少了一半,几乎有9 800多家银行倒闭。在随后的几年里,新的立法对美国金融制度产生了巨大的影响。在颁布了《1933年银行法》和《1935年银行法》之后,美国的自由银行制度正式结束,从此美国金融业进入了强制管制时期。

《1935年银行法》设立了联邦公开市场委员会,负责管理和操作公开市场业务,加强了联邦储备委员会和货币监理官核发执照的权利、禁止对活期存款支付利息、建立了联邦存款保险公司、放松了对设立分支行的限制、将投资银行业务和商业银行业务严格分开、对定期存款和储蓄存款利率设定最高限制。政府还颁布了《证券法》和《证券交易法》,成立了证券管理委员会,以加强对证券市场的监管。

(五) 第二次世界大战后美国金融制度的变革

20世纪30年代的银行法加强了对银行和金融部门的严格管制,使美国金融业进入了平稳运行时期。20世纪60年代以来,美国国内外经济形势发生了巨大的变化,通货膨胀严重、利率频繁波动,金融创新繁荣,美国对存贷款的严格限制导致了金融脱媒(Disintermediation)现象,美国国会于1980年通过《放松管制和货币管理法案》,它是第二次世界大战后美国一次重要的较全面的金融改革。允许储蓄贷款协会接受支票存款、发放消费者贷款,从事以前只许商业银行从事的业务;另一方面加强了金融管制,统一了准备金比率,将其适用于所有的存款机构。但对于跨州设立分支行和商业银行从事投资银行业务的限制未作变动。

20世纪80年代在日本、西欧银行业竞争的压力下,美国着手对金融业进行进一步的改革。1987年,美国成立了清算信托公司(Resolution Trust Corporation,RTC)来负责合并或关闭濒临破产的存贷款银行或机构,致力于消除金融业内部的阻碍,提高竞争与效率。内容主要有:允许银行在全国设立分支行,允许资金充裕的商业银行从事投资银行业务,允许工商企业拥有银行子公司,对庞杂的金融管理机构进行简化,等等。美国的金融制度正处于这一变革中。1994年,美国终于颁布了《州际银行法》,该法允许商业银行从1997年6月1日起跨州经营金融业务,设立分支机构。这一法案打破了1927年《麦克法登法案》关于单一银行制度的法律限制。

1999年11月4日,《金融服务现代化法案》废除了有关商业银行、保险公司、证券公司混业经营的条款,从而使美国金融业从立法上告别了分业经营的时代,迈向了混业经营的时代。

(六)次贷危机以后美国监管制度变革

2007年2月初美国多家金融公司和商业贷款公司接连宣布破产,21世纪以来最严重的一场金融危机——次贷危机在全球各地爆发,随着全球股市与多家大型银行申请破产保护,金融危机已经演变成了一场全世界的灾难。2010年6月25日美国国会就"大萧条"以来规模最大的金融改革法案最终文本达成一致,随后送至参众两院全体议员投票,该法案现更名为《多德-弗兰克华尔街改革与消费者保护法》(Dodd-Frank Wall Street Reform and Consumer Protection Act),也称作《多德-弗兰克法》。

这部法案最终由16个部分构成,重新界定了几乎所有美国金融监管机构的职责。涉及的各种类型的金融机构不仅包括银行、证券、保险等传统金融领域的金融机构,还将对冲基金、私募基金纳入到法案之中,这类金融机构风险性较大,但创新性较强。毫无疑问,该法案对美国金融监管系统本身、美国整体金融业以及全球金融监管发展趋势都正在或即将带来历史上空前的影响。

2010年7月21日美国总统奥巴马于签署了这一法案,它有望在美国金融史上成为又一座金融监管里程碑,而且可能成为全球金融监管改革的新标尺(见表1-1)。

表1-1 美国金融体系演变发展的重要历史沿革

时间	重要历史沿革
1782	北美银行(Bank of North America)获得特许经营权
1791	第一美国银行(The First Bank of the United States)获得特许经营权
1811	美国银行特许经营权被收回
1816	第二美国银行(The Second Bank of the United States)获得特许经营权
1832	第二美国银行特许经营权被收回
1863	通过1963年《国家银行法》,美国出现了全国性银行,并成立了货币审计办公室(Office of the Comptroller of the Currency)
1913	通过1913年《联邦储备法》,成立联邦储备体系(Federal Reserve System)
1933	通过1933年《格拉斯-斯蒂格尔法》,成立联邦存款保险公司(FDIC),银行、证券、保险需要分业经营和管理
1980	国会于1980年通过《放松管制和货币管理法案》,它是第二次世界大战后美国一次重要的较全面的金融改革。该法案取消了利率最高限制,允许发行带息支票。另一方面加强了金融管制,统一了准备金比率
1987	1987年,美国成立了清算信托公司(Resolution Trust Corporation,RTC)来负责合并或关闭濒临破产的存贷款银行或机构
1994	通过了《州际银行法》(Riegle-Neal Interstate Banking and Branching Effiency Act),否定了以前不允许银行跨州设立分支机构和一些州限制银行设立分支机构的数量的做法

续表

时间	重要历史沿革
1999	通过《1999年金融现代化服务法案》(The Gramm-Leach-Bliley Financial Service Modernization Act of 1999),银行、证券、保险可以混业经营
2010	通过《多德-弗兰克》法案(Dodd-Frank Wall Street Reform and Consumer Protection Act)加强对系统性金融风险的防范。同时,保证充分的信息披露,加强对金融诈骗的防范

二、美国的金融组织体系

美国的金融组织体系非常庞杂,其基本结构如图1-1所示:

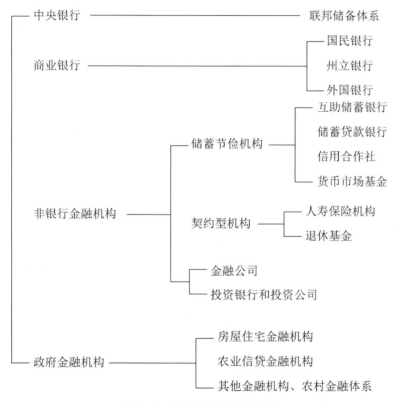

图1-1 美国的金融组织体系

(一)中央银行

美国的中央银行(Central Bank)是联邦储备体系(Federal Reserve System,FRS),是根据1913年《联邦储备法》而建立的,它由两部分组成,第一部分是联邦一级,最高当局为联邦储备委员会,专门负责制定和执行货币政策。除此以外还有联邦公开市场委员会和联邦咨询委员会,前者是负责进行公开市场业务的最高决策机构,后者为决策提供政策建议。第二部分是全国12个区域的联邦储备银行。

(二) 商业银行

商业银行(Commercial Banks)是美国最古老的金融机构,是美国金融体系中最重要的组成部分。美国的商业银行分为两类,第一类为国民银行,是根据1863年《国民银行法》向联邦政府注册的商业银行,它们规模较大,资金雄厚;第二类称为州立银行,即根据各州的银行立法向州政府注册的商业银行。

(三) 非银行金融机构

第二次世界大战后,美国非银行金融机构(Nonbanking Financial Institute)发展很快,特别是20世纪80年代《放松管制和货币管理法案》颁布后,非银行金融机构在整个金融结构中的地位日益重要。目前有四大类:

1. 储蓄机构

储蓄机构(Depository Institutions)以存款账户的形式吸收盈余单位的资金,其负债以储蓄存款、定期存款、存单和交易账户为主。代表机构有四种:一是储蓄贷款协会(Savings and Loan Associations),其资产多投入抵押贷款市场,目前约有2 585家储蓄贷款协会在联邦注册,由联邦国内贷款银行委员会(FHLBB)管理,另有2 155家左右在各州注册,由州银行委员会管理;二是互助储蓄银行(Mutual Savings Banks),它数目有500多家,多分布在新英格兰地区,主要用来鼓励居民储蓄,资产投放于抵押贷款市场和政府及公司债券上;三是信用社(Credit Union),它是一种非营利性的合作组织,从会员吸收资金并向会员发放贷款;四是70年代兴起的货币市场基金(Money Market Mutual Funds)。

2. 契约型的机构

契约型的机构(Constractual Institutions)主要指保险公司(Insurance Companies)和私人退休基金(Pension Funds),它们通过保险单或退休金计划获得规则的资金流入,在精确的安排下可预见因死亡、财产损失或退休引起的资金流出,从而开展各种资产负债业务。美国目前有约2 000多家人寿保险公司和3 000多家财产保险公司,人寿保险公司拥有资产的绝大部分,它们主要将资金投向公司债和抵押贷款等长期资产上。退休基金是用来为个人退休后提供一种保障,除社会保障体系外,大多数的退休基金是由雇主、员工、地方或联邦政府共同出资组建的。

3. 金融公司

金融公司(Finance Companies)包括商业金融公司(Business and Commercial Finance Companies)、抵押金融公司(Mortgate Companies)、个人金融公司(Personal Finance Companies)和销售金融公司(Sale Finance Companies)四种类型。其共同特点是从银行借款、发行商业票据或长期债券来筹集资金,用以从事消费信贷和各种专业金融业务。

4. 投资公司和投资银行

投资公司(Investment Companies)和投资银行(Investment Banks)是非存款的金融机构,主要通过经纪人出售股票或向私人发行小额证券来获取资金,公司将资金投放于各种不同的资产。美国的投资公司有两种类型,一是封闭型投资公司(Close-end Investment Companies),它通过经纪人或投资银行出售股票,不购回自己的股票,个人持股获得收益;

二是开放型投资公司(Open-end Investment Companies),它以一定的单位向公众出售股份,也可根据需要赎回股份,这类投资公司也称为共同基金。

投资银行主要是包销各种证券,如股票、公司债、联邦政府和地方政府债券,提供资金管理和房地产投资咨询,为收购、兼并提供咨询及其他公司财务服务。

(四)政府金融机构

美国的政府金融机构有四大类:

1. 房屋住宅金融机构

它是美国最重要的政府金融机构,包括两个组成部分,一部分是住宅及城市开发部(HUD),它主要为低收入者提供适当的住宅,为住宅购买者提供健全的资金融通。其业务是通过受该部监督下的联邦住宅管理署(FHA)、联邦国民抵押贷款协会(FNMA,1968年改为民营)、政府国民抵押贷款协会(GNMA)来进行的。这些机构主要购买其他金融机构发放的住宅抵押贷款,从而增强这类资产的流动性。另一部分是联邦住宅贷款银行委员会(FHLBB)。

2. 农业信贷机构

美国农业信贷机构是由农业信贷管理署负责监督与管理的,农业信贷机构有三部分,即12家联邦土地银行、12家中期信贷银行和农业合作银行。

3. 农村金融体系

经过长期的发展,美国形成了运转有序、机制灵活、分工明确的农村金融体系。美国政府除了不断加大农村补贴和农村补给的力度之外,还通过扶持商业性农村金融机构等方式保证农村的资金供给。其中包括设立了农村电器管理局、商业信贷公司和农民家计局。

4. 其他政府信贷机构

美国的政府信贷机构还有中小企业信贷、进出口银行、政府年金组织、社会发展公司、环境保护金融管理局等。

三、美国金融制度的特点

(一)独特的二元中央银行制

美国联邦储备体系采用二元中央银行制的模式,它在联邦一级设立联邦储备委员会,而在州一级划分为12个联邦储备区,每一区设立一家联邦储备银行,两级分别行使各自的权利。同时,联邦储备体系在组织上具有不完整性。《联邦储备法》规定,所有的国民银行必须成为FRS的会员,而州立银行可自由决定是否加入FRS,因此,联邦储备体系只能对国民银行和一部分成为会员的州立银行进行管理。1993年年末,会员银行总数约有4 000多家,其中包括3 000多家国民银行和1 000多家州立银行。

(二)商业银行的双轨银行制度和独特的单一银行制

由于美国历史上联邦政府和州政府之间,农业、小工商业者与金融业者之间的矛盾,使商业银行形成双轨银行制度,商业银行选择在联邦政府注册的,成为国民银行,多为较大的银行,在州政府注册的则被称为州立银行,数目多,规模较小。联邦和州各司其职进行注册和监督。

长期以来美国认为只有在银行间开展充分的竞争才能促成一个高效率的银行体系,因此从1864年到1956年颁布了一系列的法令来限制银行跨州设立分支行,从而形成美国特有的单一银行制。美国单一银行制和业务限制的规定阻碍了银行业的发展,为冲破限制,银行持股公司在20世纪50年代纷纷建立,大银行在其公司结构转变为银行持股公司形式下努力拓展新业务。20世纪80年代,在金融自由化浪潮的冲击下,银行跨州兼并事件时有发生。1996年跨州设立分支行的限制取消,美国的单一银行制经历了重大的变化和调整。进入20世纪80年代,在金融自由化浪潮的推动下,美国对商业银行设置分支机构的限制开始放松。分支行制的不断扩展冲击着传统的单一银行制基础,并逐步迫使立法上进行相应变革,单一银行制已名存实亡。

(三) 宏微观有机结合的监管新框架

美国次贷危机前,在对银行业的监管方面,国民银行由财政部的货币监理处、联邦储备银行和联邦存款保险公司管理;州立银行中的会员银行由本州的管理当局(通常是州银行委员会)、联邦储备银行和联邦存款保险公司管理。次贷危机以后,美国最新颁布的金融监管改革法案事无巨细,大到金融机构的运作,小到抵押贷款的发放,各种衍生产品的交易和信用评级都纳入监管。尤其是在建立金融消费者保护机制,对场外衍生品交易实施监管,在限制金融机构自营业务和解决金融机构"大而不能倒"的问题上力度颇大。在制定监管规范的同时,对监管操作机构的功能也作了调整。美联储被赋予了更大的监管期限。由此可见,美国在经历了机构监管和功能监管的传统金融监管模式之后,为了实现金融监管目标进行了本次金融监管改革立法创新,形成了宏观和微观审慎监管有机结合的监管新框架。

第二节 英国的金融制度

一、英国金融制度的演变

(一) 英国早期金融业的发展

16—17世纪,随着工业和国际贸易的发展,商业银行开始在英国的一些城市兴起。商业银行的业务是在金匠业的基础上发展而来的。金银匠们为他人保管金银,并将人们的存款转向对外贷放。同时,他们对存放的金银出具收据,这些收据可在市面上流通,称为 Gold Smiths Notes,从而为流动账户、票据贴现和支票贷款服务提供了前提条件。随着伦敦金匠业务中银行业务的扩充,其中一些人成为职业银行家。

早期的银行称为私人银行(Ptivate Banks),多为单个家族或少数人合伙经营,其业务发展缓慢,它们大多数集中在伦敦;早期英格兰地区反对成立合股银行(Joint-stock Banks),私人银行只限于个人或不超过6个股东的合伙经营。1694年,为帮助英国政府在对法战争中筹措资金,成立了英格兰银行。它成为此后一个世纪英格兰地区唯一的合股银行,并且取得了在伦敦地区发行银行券的垄断地位。在苏格兰,没有不准设立合股银行的限制,但银行数目较少,1695年成立的苏格兰银行是为数不多的少数几家合股银行之一。直到18世纪下半叶,工业化的大发展促进了伦敦以外银行业的增长,私人银行数目由1750年的12家增加到1821年的781家。英国政府在17世纪末发行公债,18、19世纪政府公债数额大大增加,由1709年的1 300万英镑增加到1816年的9亿英镑。政府公债因其安全程度较高,收益有保障,吸引了大银行和大公司的投资,政府进一步完善了公债发行制度并积极促进政府债券的流通。在这一时期,伴随着股份公司的涌现,英国的证券业逐步发展起来。但1720年的南海公司事件爆发了全面的信用危机、股市崩溃,议会通过《泡沫法案》,禁止公司自行发行股票,限制股票的发行与交易。1773年,在伦敦约那森咖啡馆中,股票商组织了英国第一家证券交易所,证券交易方式日趋完善。特别是英格兰银行成立后,政府债券和银行股票交易剧增。1802年在伦敦,正式的证券交易所开始营业。

(二) 英国金融制度的初步形成

1815年,拿破仑战争结束。战后经济的萧条使大批私人银行倒闭,当局对设立合股银行的限制放松。1826年通过的法律允许在伦敦城65英里以外设立合股银行并发行钞票;1833年的新银行法(Declaratory Act)允许在伦敦城内开设合股银行,但不得发行钞票。这些措施使合股银行的数目大大增加。1850年合股银行为99家,到1875年合股银行达122家,总行及分行共有1 364个营业处,私人银行为236家,但只有596个营业处。合股银行广泛地设立分支行,实力进一步增强,地方合股银行逐渐取代了私人银行。

1833年,英国国会法案规定英格兰银行银行券成为唯一的法偿货币。1844年,《银行特许法》(The Bank Charter Act)规定,不允许英格兰银行以外的其他银行(私人银行和合股银行)发行银行券,原有银行发行流通的银行券以现有数量为限,不得再增加;英格兰银行分设银行部和发行部,它成为英国银行业的现金保管者和票据交换中心。19世纪中期的金融危机,使英格兰银行开始行使其最后贷款人的职能,英格兰银行中央银行的地位逐步确立。

19世纪后期至20世纪初,英国银行业掀起了合并的浪潮,最初多为大银行吞并小银行,继而是大银行之间的合并。到1900年,合股银行只剩下77家,拥有3 757家分支行,私人银行的数目大大减少,只有19家。第一次世界大战后,银行合并基本结束,英国大部分的银行业务由伦敦清算所的11家会员掌握,其中前五大银行(Big Five)即西敏寺银行(Westminister)、劳埃德银行(Lloyds)、巴克莱银行(Barclays)、米德兰银行(Midland)和国民地方银行(National Provincial)居于支配地位,它们拥有清算银行资产总额的80%。另6家银行为马丁斯银行(Martins)、第斯楚克银行(District)、威廉·第肯斯银行(William Deacon's)、格林·米尔斯银行(Glyn Mills)、库茨银行(Coutts)和国民地方银行。此时,苏格兰地区没有设立合股银行的限制,但早期银行的数目较少,维持在8家左右。

这一时期,商人银行在证券市场上十分活跃,它们从事票据承兑,并专门代理发行股票和债券,也代理发行外国政府和铁路公司的债券。英国的企业主要依靠技术和贸易方面的优势获取的高额利润来筹集资本,各产业多通过个人企业、合伙企业进行资本积累,同时又得到健全的银行体系的支持,企业通过证券市场融资的需求较小。1825年,英国废止了《泡沫法案》。1862年,英国颁布《股份公司法》,这使得股票的发行和交易大大增加。随着工业革命的不断进展,国内产业资本的扩大及英国经济实力的增强,伦敦证券交易所的规模空前扩大。第一次世界大战前,在伦敦证券交易所上市的证券中80%是海外证券,伦敦成为世界最大的证券交易所。

(三) 第二次世界大战后英国金融制度的变化

经过两次世界大战,英国国际金融中心地位逐渐由纽约所取代。第二次世界大战后,英国的国内金融业发展较为平稳。主要变化有:1946年,英国颁布了《英格兰银行法》,正式将英格兰银行收归国有;英国经济地位的下降使之不得不对证券市场上外国债券进行严格的限制,英国的海外证券投资不断衰退,国内由于政府公债的积累抑制了民间资本的形成,证券市场处于衰竭状态。但是英国战后经济逐步恢复,伦敦金融市场的国际性随之增强,60年代创立了伦敦欧洲货币市场。

20世纪70年代后,随着国内外经济形势的变化,英国的金融制度发生了深刻的变革。表现在:

第一,银行业开始了新的合并。1968年,巴克莱银行接管了马丁斯银行,西敏寺银行与国民地方银行合并,成为国民西敏寺银行(1962年西敏寺银行已吞并了第斯楚克银行);1970年,格林·米尔斯银行、威廉·第肯斯银行和国民银行的英格兰部分成立了威廉及格林银行。"五大行"成为"四大行",即巴克莱银行、劳埃德银行、米德兰银行和国民西敏寺银行。11家伦敦清算银行只剩6家(即四大行、库茨银行和威廉及格林银行)。而苏格兰地区的银行业集中于3家银行,即克莱德斯戴尔银行(Clydesdale)、苏格兰银行和苏格兰皇家银行。

第二,1971年,英格兰银行公布了《竞争和信贷控制法案》,全面取消了清算银行的利率卡特尔制(即协定利率制),英国逐步实现了利率的自由化。

第三,英国取消了对不同类别金融市场之间的限制,国内的传统贴现市场和平行市场实现了一体化;1979年取消了外汇管制,伦敦的欧洲货币市场与国内金融市场完全融为一体。

第四,银行业务向综合化方向发展,同时,对伦敦证券交易所的交易制度做出重大调整,1981年,允许非交易所成员收购成员公司29.9%的股份,外国资本大量进入英国证券市场。1986年,英国对证券市场采取被称为"大爆炸"(Big Bang)的重大改革,改变了固定佣金制度,允许大公司直接进入交易所交易,放宽了对会员资格的审查;允许批发与经纪业务兼营,伦敦证券市场空前活跃,这些措施使英国证券市场发生了根本性变化。金融制度的变革对英国的社会经济产生了深远的影响。

二、英国的金融组织体系

英国金融当局对其金融中介机构的分类进行了多次调整。1981年之前,按各种金融机构的业务性质,将金融中介机构分为银行金融中介(BFIs)和非银行金融中介(NBFIs)。银行金融中介分为一级银行(Primary Banks)和二级银行(Secondary Banks)。一级银行包括清算银行、英格兰银行银行部、贴现行、国民划拨银行和信托储蓄银行,它们共同参与英国的支付系统;二级银行包括承兑行、其他英国银行和海外银行。非银行金融中介包括住房协会、金融行、国民储蓄银行、保险公司、养老基金、投资信托和单位信托。

20世纪80年代,英国对其金融组织体系的分类再次进行了调整,到1989年之前,英国的金融中介机构分为货币部门(Monetary Sector)和非货币部门。货币部门包括零售性银行(清算银行、英格兰银行银行部、国民划拨银行和信托储蓄银行)、承兑行、贴现行、其他英国银行和海外银行,它们主要是接收存款的机构;非货币部门包括其他接收存款的机构(住房协会、金融行、国民储蓄银行)、保险公司、养老基金、投资信托和单位信托。

1989年至今,英国的金融中介机构分为银行和其他金融机构两部分,其构成如图1-2所示。

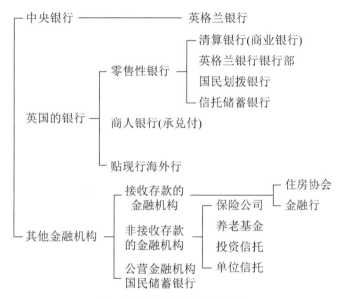

图1-2 英国的金融组织体系

(一) 中央银行

英格兰银行(Bank of England)是英国的中央银行(Central Bank),它早期为股份制的商业银行,直到19世纪中叶逐步演化为中央银行。英格兰银行首先将银行券的发行权逐步集中到自己手中,而后又成为整个英国银行系统的准备金中心,并负责对全国的金融事业进行监督管理。1947年,英格兰银行实现了国有化。

(二) 零售性银行

零售性银行(Retail Banks)是指以接受小额存款为主,参与支付机制的金融机构。它包括四种类型:

1. 清算银行

英国文献很少用"商业银行"这一概念,清算银行(Clearing Banks)就是英国的商业银行。清算银行是由于它们直接参加票据交换而得名。清算银行有伦敦清算银行(即参加伦敦清算委员会的银行)、苏格兰清算银行和北爱尔兰清算银行。其中,伦敦清算银行拥有四大行,12 000多家分行。

2. 英格兰银行银行部

各国的中央银行一般不为私人部门服务，但英格兰银行银行部（Bank Department of the Bank of England）是根据1844年银行法与发行部分立的一个机构，它也参与英国的支付机制，归入零售性银行部门。银行部首先为政府同其他经济部门之间的货币收支服务，接受银行的存款，用于对各清算银行进行票据清算，同时，它也对本银行客户提供一般银行服务。客户包括政府部门、清算银行、其他银行、贴现行、承兑行及其他金融机构，也包括本银行的雇员和其他少数私人客户。

3. 国民划拨银行

国民划拨银行（National Giro Bank）是一个通过中央机构开展货币传递的机构。1968年，国民划拨银行作为邮政局公司的一个部门而成立，并通过两万多家邮政营业所，将业务渗透到银行难以到达的地方。最初，它只接受存款并为客户提供彼此间的票据结算，现在可以代办居民、公用事业单位和政府部门的资金、税款和年金的收付等业务。

4. 信托储蓄银行

1810年，英国即成立了信托储蓄银行（Trustee Savings Banks，TSBs），为小额储蓄者提供服务，为保证资金的安全，1817年《储蓄条例》要求信托储蓄银行接受国债专员的监管，并将存款转存英格兰银行的特别户头，以投资于政府证券。1973年，佩奇委员会建议给予信托储蓄银行以完全银行的身份。1974年信托储蓄银行获准开展全面的银行业务，但重点仍然在其储蓄职能上。

（三）其他银行

1. 商人银行

商人银行（Merchant Banks）又称为承兑行（Acceptance Houses），是由过去专门从事承兑业务的私人银行转变而来的。最初，它们的主要业务是以承兑汇票的方式为国际贸易商提供资金。当前，商人银行转而为国内公司提供金融和投资管理，如在货币市场上充当工商企业筹集短期资金的中介、代理公司发行股票和债券、开办单位信托和投资管理、向企业发放贷款等。它们的业务大多与资本市场和货币市场有关，现在也可提供少量的一般银行业务。

2. 贴现行

贴现行（Discount Houses）是英国特有的金融机构。在18世纪，英国国内贸易多采用汇票来结算，小银行资金有限，往往通过经纪人将未到期票据转给大银行进行再贴现，由于利润丰厚，这些经纪人利用自己的资金和银行的短期贷款，直接办理票据的再贴现，于是逐渐形成贴现行。由于支票的广泛使用，其传统业务有所下降。但贴现行积极参与国库券市场，同时又是英格兰银行从事金融调控的重要中介，在英国的金融体系中发挥着独特的作用。

3. 海外银行

英国的海外银行（Overseas Banks）包括海外银行、外国银行和国际财团银行。海外银行指英国人所有的银行，总行设在伦敦，在英国从事国际银行业务；外国银行指外国商业银行在英国的分支行;国际财团银行指由几个国家银行组成的独立企业,主要从事离岸金融业务。

(四) 英国的其他金融机构

英国的其他金融机构分为接受存款机构和非接受存款的机构两大类。

1. 接受存款的其他金融机构

一是住房协会(Building Societies),它是非营利的金融组织,专门为个人服务,资金的大部分来自个人储蓄,而资金多投向个人贷款,用于购买自用住房。战后住房协会有了较快的发展,业务逐渐多样化。二是金融行(Finance Houses),也称租购公司或消费信贷公司,其资金依靠银行和其他金融机构的借款,也有来自工商企业、保险公司及私人的存款,主要为消费者购买汽车、耐用消费品及住房修缮提供贷款。近年来也提供租赁业务。

2. 非接受存款的其他金融机构

一是保险公司(Insurance Companies),英国的保险机构有人寿险和普通险两大类,法律上要求两项资金分开;二是养老基金(Pension Funds);三是投资信托(Investment Trusts),它是公开招股的有限公司,通过发行普通股和公司债等筹集资金并投向证券市场;投资者购买公司股份可获取股息收益,它实际上是代替个人投资者进行集体投资;四是单位信托(Unit Trust),它是法律上的信托。

(五) 英国的公营金融机构

英国的公营金融机构数量较少,主要是国民储蓄银行(National Savings Bank,NSB),它由邮政储金银行演变而来,1969年改为国民储蓄银行,脱离邮政局,由政府的国民储蓄部控制,但仍利用英国各地的邮政分支所营业。

三、英国金融制度的特征

英国对西方各国金融制度的形成有着深刻的影响。英格兰银行是最早的资本主义商业银行,最早行使中央银行的职能,伦敦是最早的国际金融中心,英国金融当局对各种金融机构的设置和业务经营、金融市场的运作提供了卓有成效的经验和管理办法,对西方各国金融制度产生了重要的影响。

(一) 英格兰银行成为中央银行的传统模式

英格兰银行由一家私营的商业银行逐步发展成为中央银行,在这一过程中,建立了一整套规范而又有效的管理制度,英格兰银行形成的三大职能,即发行的银行、政府的银行和银行的银行,也成为西方各国建立中央银行制度的一种传统模式。

(二) 英国的商业银行实行专业化银行制和分支银行制,银行业高度集中

在业务方面,早期英国企业在长期的海外贸易中完成了资本的积累,商业银行主要以办理短期工商业贷款和活期存款业务为主,商业银行和储蓄银行及投资银行业务严格区分开来,形成了专业化的商业银行制度。在组织结构上,经过私人银行与合股银行的合并,英国的银行数目急剧减少,主要的几家大银行在各地广泛设立分支机构,控制着全国大部分的金融业务,商业银行形成了高度集中的分支银行制,这成为西方商业银行的典型

形式。

(三) 英国金融组织体系中保存着传统的金融机构

英国的金融业历史悠久,现行金融制度中存在许多旧式的金融机构,例如,从早期专门从事海外贸易商业汇票承兑的商人银行(承兑行);为国内贸易办理贴现融资的贴现行。英格兰银行由私营商业银行演变为中央银行,它在行使中央银行职能的同时,还保留银行部办理少量的商业银行业务。

(四) 英国的金融制度比较缺乏法律内容,往往由习惯的原则来代替

英国的金融体系发展较早,在长期的实践中形成了一些传统的惯例,它们指导和约束着各金融机构的行为。直到1979年,英国国会才通过了第一部银行法。英国金融当局和金融机构之间的关系也十分特殊,在金融监管上没有一整套正规的监管制度,而是通过"道义劝告"和"君子协定"这些典型的英国原则来进行监督和调节。

(五) 英国的金融业高度国际化

伦敦长期以来是世界重要的国际金融中心,是欧洲货币市场的发源地,这使得英国的金融业呈现高度的国际化特征。表现在:一是英镑以外的其他通货存款成为英国银行业的主要资金来源,其总额已超过英镑的存款总额;二是大量的外国金融机构在伦敦设立分支机构,从事银行业、证券业和其他国际金融业务,外国银行存贷款业务在英国金融业务中占有重要的地位;三是英国的金融机构,特别是四大行在海外设有众多的分支机构,业务经营具有国际化的特征。

第三节 日本的金融制度

一、日本金融制度的演变

(一) 明治维新后日本金融制度的确立

日本经济近代化始于19世纪60年代。明治维新后,日本开始从西方发达国家引进、移植近代技术与制度,实行殖产兴业的政策。经过半个多世纪,到第二次世界大战爆发前,日本已经建立了较为稳定的管理通货制度和完善的金融体系。

在货币制度方面,明治政府于1868年在东京和大阪等地设立了八家兑换行,它既有商业银行的性质,又被赋予发行银行券的特权。但不兑换纸币的大量发行使之陷于困境,未经数年大部分停业。明治政府仿照美国,试图通过设立国立银行来整顿金融秩序。1872年颁布了《国立银行条例》,第二年又制定了《可兑换金币公债发行条例》,两条例规定:"国立银行允许自由成立,其资本金的60%可用政府纸币支付,银行将它交给政府换取等额的公债券,而后以公债券为抵押从大藏省获得等额的银行券的发行权;资本金的40%以金银通货支付,充当兑换的准备。"但由于政府纸币发行速度持续增长,使纸币价值低于铸币价值,引起挤兑现象;另一方面,1877年日本国内西南战争爆发,滥发纸币造成恶性通货膨胀,这使明治政府财政陷入危机,也阻碍了近代工业化的发展进程。整顿币制,建立正常的兑换制度迫在眉睫。1882年6月,明治政府颁布了《日本银行条例》,日本

银行作为中央银行宣布成立,其目的不仅局限于整顿币制,也在于逐步完善以中央银行为核心的银行体系及信用制度,以保证殖产兴业政策的实现。1883年日本修改《国立银行条例》,它规定"国立银行从获得开业执照之日起满20年营业时即改为私人银行",这样逐步将银行券的发行权集中到中央银行。1885年日本银行开始发行可兑换银币的银行券。中日甲午战争后,日本政府利用巨额赔款于1897年颁布《货币法》和《银行券条例修改法》,建立了金本位制度,从1899年起日本的货币被统一为日本银行发行的银行券。

在金融组织体系方面,明治政府最初设立了兑换所,其资金的大部分是不可兑换的政府纸币构成的政府贷款,兑换行在政府的保护下向贸易和生产提供大量的短期资金。1872年日本设立了国立银行,同时,地主和商人陆续成立了经营银行业务的公司,当时称为"类银行公司"。也有一些名为银行的私营金融机构成立,这促使政府加速金融法制化的进程。1890年日本颁布了《银行条例》确立了普通银行的法律性质,普通银行获得迅速的发展。不久许多"类银行公司"改制成为普通银行,早期设立的"国立银行"也陆续转为普通银行。

与普通银行同时发展的还有储蓄银行,1874年明治政府颁布《储蓄规则》,开始兴办邮政储蓄,1890年颁布《储蓄银行条例》,成立了日本第一家专业性的储蓄银行。同一时期,保险公司、信托公司及其他民间金融机构也逐步建立。1881年成立了最早的灾害险公司和人寿险公司;1906年成立信托公司;1900年成立了信用组合制度;1901年在城市设立了互助性质的"无尽"组织。另一方面,在这一时期日本也建立了一些受政府保护的特殊金融机构,它们大多提供长期商业融资。主要有1880年成立的横滨正金银行,从事国际金融业务并对抗外国银行势力;1897年成立的日本劝业银行,为不动产提供抵押贷款;1900年成立的北海道拓殖银行;1902年成立的日本兴业银行,向产业提供长期资金的债券发行;此外还有日本的海外殖民地银行,如朝鲜银行和中国台湾银行。随着金融组织的完善和发展,金融市场也逐渐形成。日本的短期金融市场是在票据交换制度的基础上产生的;殖产兴业政策下,日本建立了公司制度,1878年根据股票交易所条例设立了东京、大阪股票交易所,从事国债和股票的交易。但大企业发行的股票往往被同一财阀内部的企业所控制,而事业债又几乎为银行和信托公司所垄断,证券市场规模狭小,市场功能发挥不大。

(二)日本金融制度的发展和完善

1897—1931年是日本金融制度的发展和完善时期,在这一阶段日本作为日俄战争和第一次世界大战的战胜国获得大量的硬通货,日本银行面临如何调整货币资金的问题,1919年引入银行承兑票据的再贴现业务。为确保金融制度的稳定性,当局实行银行合并的政策,1927年制定了《银行法》,规定了银行资本的最低限度、业务范围、资金运用的限制以谋求普通银行的健全化,这样普通银行的数目大大减少,大银行确定了支配地位。同时1921年颁布了《储蓄银行法》,储蓄银行或与普通银行合并或改为普通银行,数目大幅度减少但业务更为规范。在其他民间金融机构方面,20年代日本颁布了信托法、完善了信用组合制度、制定了《无尽业法》,特殊银行的业务也有了较大的发展。在金融市场方面,由于出口业务的增加,短期资金的供求增加,短期金融市场异常活跃,交易方法日趋完善。在长期金融市场方面,第一次世界大战后,日本重工业迅速发展,大企业通过发行债券大量筹集资金,到1928年形成公司债券的黄金时期,公司债的发行余额超过股票。

1931—1945年是日本发动侵略战争和战败投降的时期。在这一时期,随着国际金融形势的变化,日本放弃了金本位货币制度,转向管理通货制度,实行低利率政策,并制定了严格的外汇管理法。1937年中日战争全面爆发,日本经济由准战体制转为战时体制。一方面,1941年政府改组日本银行,日本银行要按照政府的意图来调节货币金融,同时还须向政府提供无限制、无担保的贷款;另一方面,政府着手加强民间金融机构的合并并强化对其的统治,普通银行的数目进一步减少,确立了一县一行制,普通银行中的都市银行逐步沦为军需融资机构。对特殊金融机构也强化了统制,日本兴业银行成为重要军需资金供给者,日本劝业银行吞并了农工银行,设立了农林中央金库和商工组合中央金库,此外还成立了一些特殊机构来满足战争需要,如战时金融公库、共同融资银行、资金统合银行等。短期金融市场受到抑制,证券市场根据临时资金调整法,对公司的设立、增资、发行企业债实行强化管制,强调了排除投机、为重点产业动员资金的机能,证券市场的发展受挫。

(三) 第二次世界大战后日本金融制度的重建

第二次世界大战结束后,日本的政治、经济、社会制度面临着巨大的变革。在美国的指导下,日本对其金融制度进行了全面的改革。1948年8月联合军司令部非正式提出了"有关根据新立法对金融机构实施全面改革的备忘录",提出了重建完善的金融制度的改革方向。第一,日本银行于1949年成立了"政策委员会",作为最高决策机构使中央银行向自主性、独立性迈进了一步;第二,确定了都市银行和地方银行为主的普通银行制,即少数大银行发展为都市银行,战时形成的一县一行改称为地方银行;第三,对战时建立起来的特殊金融机构进行解体,1945年关闭了日本的海外殖民地银行,横滨正金银行关闭后改为东京银行,转为普通银行(1954年转为外汇专业银行),日本劝业银行和北海道拓殖银行成为普通银行,日本兴业银行成为从事中长期业务的银行;第四,在其他金融机构中,改组成立了信用金库,将"无尽"组织改为"相互银行",成立了"农林中央金库";第五,设立新的政府金融机构,为促进经济的复兴,战后成立了"复兴金融公库"(1952年解散),50年代为补充民间金融机构资金力量的不足,许多政府金融机构重新创立,包括两家银行、十几家金融公库和公团、事业团等。

在战时和战后持续不稳的短期金融市场,从1950年起重新活跃起来,政府公布了《证券交易法》(1947年)和《证券投资信托法》(1951年),规定只有证券公司才能经营证券业务,1949年批准开放了9家证券交易所,其中在东京、大阪、名古屋3家交易所可进行全国性的证券买卖交易,实现了证券市场的规范化,1949年重新开始了公司债的发行。1954年,日本实行了金融和证券自由化的政策,进一步加强金融机构和证券市场的竞争力,大大推动了证券市场的发展。

(四) 高速增长时期日本的金融制度

第二次世界大战后,随着经济环境的变化,日本的金融制度进行了重新组建,它既是经济发展的必然结果,也是经济发展的重要保证。

20世纪50年代到70年代前期是日本经济的高速增长时期,这一时期内日本金融制度发生了进一步的变化。第一,日本银行的货币政策手段进一步完善,1957年开始采用存款准备金政策,灵活使用贷款政策,补充性运用窗口指导,1962年进行债券的公开市场操作;第二,都市银行在高速增长时期起了主导作用,一县一行制的地方银行成为区域性的核心金融机构,并开始向中心城市扩展;第三,以信用金库等中小企业金融机构为中心的其他民间金融机构和保险公司、储蓄机构得到惊人的发展;第四,日本政府实行限制证券市场发展的政策,如对企业发行债券在资格和数量上进行严格审查,规定企业增发新股要按票面价格等,实际上不鼓励企业直接从证券市场上筹资,企业不得不依赖长期信用银行。

这一时期的显著特点是金融领域内严格的限制性措施,政府实行长短期金融分离、银行业与证券业分离、银行业与信托业分离、国内金融市场与国际金融市场分离的政策,同时对存款利率、长短期贷款利率和债券发行利率进行直接控制。这时的金融制度起到了聚集资金、保证重点产业需求、促进经济增长的作用,也兼顾中小企业和落后地区的资金需求。

(五) 20世纪70—80年代日本金融制度的变革

20世纪70年代以后日本经济进入稳定增长时期,其经济结构已发生了重大的变化,而在战后建立起来的金融制度下,政府对金融业进行严格的限制,各种金融机构的业务领域相互分离,影响了资金的运用效率,金融业开始新的变革。表现在:第一,日本逐步实现了利率自由化,首先参照二级市场的价格确定国债的发行价格,实现了有价证券利率的自由化,随后对新型金融工具如大额可转让定期存单、投资基金等实行自由利率,最后在80年代末放开对存贷款利率的控制;第二,金融制度转向综合化,各金融机构突破原有的专业化分工,开始经营多种金融业务,金融工具和金融交易方式呈现多样化的趋向;第三,金融市场自由化,80年代放松了对证券市场的限制,取消了外汇管制,允许外国金融机构进入日本,日元实现了国际化;第四,日本金融机构向国际化方向发展,在国际金融领域占据重要的地位。

(六) 20世纪90年代日本金融制度的大变革

以往,日本"护送舰队"和"三大分离"的管理模式在抑制过度竞争、减少金融秩序混乱方面具有十分积极的意义,尤其是在战后资金匮乏的年代,这种以安定为最大使命的金融制度为日本经济的复兴作出了很大的贡献。但随着日本经济走向成熟化和国际化,日本金融制度缺乏透明度、对金融机构监管不严等弊端逐步显露出来。1986—1990年,大量银行资金流入股票和房地产市场,助长了日本泡沫经济的膨胀,而随后资产价格的暴跌,造成金融机构庞大的不良债权(官方披露为50万亿日元),大量的金融机构陷于破产、倒闭。

为克服当前的金融危机,解决不良债权问题,1996年11月,日本桥本内阁通过了题为《我国金融制度的改革——2001年东京市场的复兴》的改革方案,决定加速推进包括进一步实现金融自由化在内的全面的金融制度的改革,将2001年作为改革的最后期限。其原则是自由、公平、国际化,目的是促使以间接金融为主的日本金融市场向以直接金融为主的欧美模式转化。改革涉及以下四个方面:

第一,修改1942年通过的《日本银行法》,加强其独立性和决策的透明度;在大藏省下设立金融监管局,专门负责对金融市场和机构的监管。

第二,金融组织形态的自由化,改革原有的分业管理体制,废除外汇银行制度,取消普通银行与信托银行、长期信用银行的业务差别,解除对证券公司业务的限制,允许各金融机构通过直接扩大主营业务范围或间接控股参与的方式,相互渗透,加强竞争,提高效益。

第三,市场制度与交易规则的改革,如股票交易手续费的自由化,修改金融税制与会计制度,券商资格由许可制改为注册制,鼓励证券商之间的竞争等。

第四,推动金融产品的创新,如在国内业务方面允许设立综合账户和包揽账户,允许设立私募基金和公司型基金,允许开设私人银行业务,为个人从事资产运营管理。在外汇业务方面,1998年4月实施新的《外汇法》,外汇兑换业务完全开放,内外资往来自由化。

但是,到此为止,日本的金融制度改革并未实现推行金融自由化、彻底实行金融大改革、强化东京国际金融市场及增强金融机构的国际竞争力等预期目标。

(七) 2002年日本"激烈"的金融结构改革

2002年,小泉首相和竹中大臣推行的"激烈"的金融结构改革,可以说是源于1996年桥本内阁时期的"日本版金融大爆炸"。小泉内阁实施的金融结构改革与"金融大爆炸"的区别在于前者的金融结构改革对金融业乃至全社会都形成了巨大冲击,即所谓的"竹中冲击"。

"竹中流"的金融结构改革实际上是通过处理不良债权,把日本民间的和国有的金融机构来一个彻底洗牌。按照"适者生存""强者生存"的市场规律进行优胜劣汰的选择。"竹中流"金融结构改革的重点包括两点:一是加速银行不良债权处理,实现民间银行再建;二是改革公共融资体制。

从改革两年后的日本经济表现来看,作为政治改革,小泉实施的结构改革无疑是有效的,而他的金融制度改革却没能成功。不仅如此,金融危机反而加深了:一方面,政府为推进金融改革,对银行进行了特别检查,为测定不良债权数额,制定了严格的审查标准。中小金融机构的破产增加,不良债权处理的问题日趋严重,银行担心被国有化的程度加深。另一方面,通货紧缩的不断加剧带来的是日本经济的进一步混乱,股价持续下跌,市场对经济和金融改革的评价不容乐观。

二、日本的金融组织体系

日本的金融组织体系包括中央银行、各类商业银行、专业金融机构等在内的5个部分组成,其体系架构如图1-3所示。

(一) 中央银行

日本银行为日本的中央银行,成立于1882年,其总行设在东京。日本银行私人持有的股份占45%。日本银行的总裁、副总裁由内阁任命。日本银行的最高决策机构为政策委员会,其成员由日本银行总裁、财务省(2001年4月前名为大藏省)、经济企划厅及都市银行、地方银行、工商业和农业的代表共七人组成,它负责货币政策的制定和实施。日本银行对于政府具有相对独立性,它要接受政府一定的监督和指导,但在制定和实施金融政策方面具有较大的独立性。

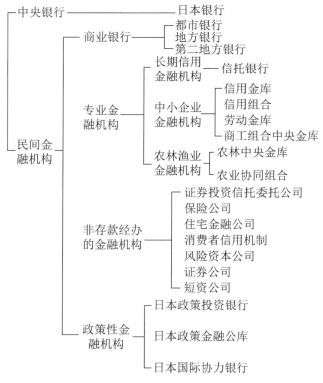

图 1-3 日本的金融组织结构

(二) 商业银行

在日本,属于商业银行性质的金融机构主要是都市银行和地方银行,它们构成了民间金融机构的主体,日本的银行法中称其为普通银行。根据经营规模和经营状况,商业银行可以分为都市银行、地方银行和第二地方银行。都市银行规模较大,总行设在大城市,在全国范围内经营,多由旧财阀体系的银行和过去的特殊银行、地方银行发展而成,目前共有三菱东京 UFJ、瑞穗、三井住友、理索纳、琦玉理索纳 5 家;地方银行总行设在都、道、府、县内的中心城市,大部分规模较小,期存款以储蓄存款为主,贷款对象以中小企业为主,目前共有 64 家;第二地方银行,即原来的日本相互银行,主要从事面向个人及中小企业的金融业务,目前加入第二地方银行协会的银行共有 41 家。

(三) 专业金融机构

由于日本金融体系实行分业化经营,其专业性金融机构十分庞大,主要有三类,即长期信用金融机构、中小企业金融机构和农林渔业金融机构。

目前日本的信托银行有 4 家,即三菱东京 UFJ 信托、瑞穗信托、三井住友信托、野村信托,它们以提供长期贷款为主。中小企业金融机构包括信用金库、信用组合、劳动金库和商工组合中央金库,它们的共同点是以中小企业为主要融资对象。农林渔业金融机构有农林渔业中央金库、农业协同组合。

此外,日本原有专业的外汇金融机构即东京银行,长期以来,东京银行是唯一日本政府外汇存款的银行,也是政府对外金融业务的代理机构,1996年与三菱银行合并成三菱东京日联银行(2006年3月,东京三菱银行与日联银行合并成为三菱东京日联银行)。

(四)非存款经办金融机构

它们的共同点是不吸收存款,而是通过发行证券、保险单或从银行贷款来获取资金,但资金运用差别很大。它们也被称为非银行金融机构。种类有证券投资信托委托公司、保险公司、住宅金融公司、消费者信用机构、风险资本公司、证券公司、证券金融公司和短资公司等。

(五)政策性金融机构

日本的政策性金融机构十分发达,分工较细,它向民间金融机构无意提供资金或资金投入不足的领域进行融资和担保,从而保证社会经济的正常运转、国民生活的安定。20世纪90年代中后期起,日本对政策性金融机构进行了大规模改革,一方面在部分公益性较强、风险评估较困难的领域保留政策性金融机构,但缩小规模;另一方面按合并、解散或私有化方式进行改革,以提高效率,减轻财政负担。主要举措:一是1999年日本开发银行与北海道东北开发公库合并,成立日本政策投资银行(DBJ);日本输出入银行与海外经济协力基金合并,成立日本国际协力银行(JBIC);国民金融公库与环境卫生金融公库合并,成立国民生活金融公库;将中小企业信用保险公库与中小企业综合事业团合为一体。二是2007年将住宅金融公库与住宅融资保证协会合并;2008年将公营企业金融公库撤销;将日本国际协力银行与国民生活金融公库等4个公库合并,成立日本政策金融公库;启动了日本政策投资银行和商工组合中央金库的私有化,拟于2015年完成。

三、日本金融制度的特征

(一)财务省与日本银行保持着特殊的关系

日本金融制度的最高决策层是财务省和日本银行,财务省主要通过行政手段管理金融体系,而日本银行则采用经济手段进行管理、调节和监督。在法律上,日本银行隶属于财务省,为实现日本银行的目标,财务大臣在认为特别必要时,可对日本银行发布一定的业务命令。但实际上并不这样做,政府在货币政策委员会中的代表也无表决权,日本银行具有较高的独立性。

(二)"单元多头"的金融监管体制

日本实行的是单元多头(也称单线多头)金融监管体制,即银行的监管权集中在中央,地方没有独立的权力,在中央这一层次上由两家或两家以上监管机构共同负责的监管模式,反映这些国家权力集中的特性和权力制衡的需要。以1998年通过的《新日本银行法》为新的起点,日本开始对其金融监管体制进行大幅度的机构调整和改革。

(三)日本的间接金融发达

在日本金融体系中银行业占据支配的地位。日本经济高速增长时期,为支持输出、投资为导向的经济倍增计划,对金融业实行低利率及业务分离的政策,以降低融资成本,防止金融业的过度竞争,但同时也使债券市场和股票市场发展受阻,从而形成发达的间接融资体制。特别是20世纪60年代,通过间接融资提供的资金占企业资金需求的93%左右,到80年代前期仍占87.1%,80年代中期,日本对金融业的限制开始放松,但长期形成的间接金融占优势的特点并未发生根本性改变。

(四) 严格划分民间金融机构的业务范围

日本近代化过程中,政府对银行制度采取按资金需求分业设置的原则,形成了民间金融机构各自独特的业务领域。

银行业与信托业、证券业相分离。普通银行不能办理任何信托业务,由1952年成立的信托银行办理现金信托、证券信托和贷款信托,同时,战后禁止普通银行办理除国债、地方政府债券和政府担保债券以外的所有证券业务,一般证券业务由证券公司经营。

长短期金融业务分离。1890年日本银行条例将普通银行定为商业银行,从事短期融资,又设立劝业银行、兴业银行等特殊银行从事不动产抵押等长期金融业务,目前日本的长期金融业务主要由信托银行从事。

民间金融机构的服务对象有明确的分工,表现在:一是城市与地方金融相分离,都市银行主要对全国和大城市提供金融服务,而地方银行则提供区域性金融服务;二是大企业与中小企业金融相分离,都市银行、长期信用银行和信托银行主要面向大工商企业,而中小企业则由地方银行、专业性的金融机构及政府金融机构提供融资;三是工农业金融相分离,对农、林、渔业的资金融通由专设的民间和政府金融机构负责。

第四节 德国的金融制度

一、德国金融制度的演变

(一) 德国金融制度的初步形成(1914年前)

15世纪德国的银行、钱庄业开始成为一个独立的行业,且随着德国工业化发展而不断演进。从1586年,法兰克福成立第一家"Kock Lauteren & Co"私人银行,到19世纪60年代末,股份制商业银行、储蓄银行、合作社以及抵押银行纷纷成立,达到银行设立的高峰。1869—1872年商业银行成立进入过热时期,大型商业银行出现,如1870年商业贴现公司的成立,1872年德累斯顿银行建立等。1873—1876年和1895—1914年两次银行业集中和联合高潮,银行之间的兼并和合并时有发生,如1901—1906年德意志银行共参与了87家银行,控制的资本达30亿马克,这种趋势预示着银行主导型金融制度的初步形成。

1871年1月18日,德国统一后,威廉第一政府实行了以金马克为基础的货币制度,1875年政府将普鲁士银行改为帝国银行,使之成为德国的中央银行。随后全德33家发行银行逐渐放弃了货币发行权,1909年帝国银行发行的银行券成为法定货币。19世纪70年代后,德国形成了以中央银行和六大实业银行(德意志银行、德累斯顿银行、商业贴现公司、达姆斯塔特银行、沙弗豪森联合银行和柏林商业银行)为主的银行体系。

16世纪,德国皇室为应付巨大的政府支出,开始出售政府公债,17世纪初德国出现了股份公司,股票开始流通并形成法兰克福等早期的证券交易所。19世纪中期,随着产业革命的兴起和股份公司制度的推行,德国的证券市场逐步发展,到20世纪初便形成以柏林为中心的证券市场。

(二) 德国银行主导型金融制度的瓦解与崩溃(1914—1945年)

因战争的影响及工业危机加深,大量的外国短期资金被提走,德国于1931年7月爆发了严重的货币信用危机。达姆施塔特银行的倒闭,促使所有柏林的银行都处于倒闭的边缘。政府当局虽发放10亿马克的紧急贷款,认购了全国银行股票的70%,但一些实力弱的中小银行继续倒闭,柏林的9大银行到第二次世界大战前夕减少到3家,即德意志银行、德累斯顿银行、商业银行。

金融市场上,因银行资本与产业资本的融合,大银行直接支配了证券市场,实现了所谓的"银行交易所化"。这种证券市场在第一次世界大战中受到较大冲击,但战后重建又使之得的恢复和发展。然而30年代的货币信用危机导致了证券交易处于停滞和萎缩状态,如柏林的股票交易量少之又少,法兰克福交易所曾一度关闭。

(三) 德国银行主导型金融制度的重建(1945—1990年)

第二次世界大战后德国一分为二(即联邦德国资本主义国家、民主德国社会主义国家),联邦德国、民主德国实行不同的金融制度。

联邦德国在占领当局的管制下,金融制度有了较大的变化,主要体现在银行体制的改革上。联邦德国商业银行体系经历了一个由分散到集中的过程,如三大商业银行被分拆为30个银行,并分别限制在一个州的区域内开展业务活动,但随着联邦德国经济的恢复与发展,重要产业部门资金需求的急剧膨胀,三大商业银行通过合并私人银行来适应经济的发展,如其分支机构数由1957年的787个增加到1979年的3 110个。此外,战后联邦德国还建立了许多专业银行如复兴信贷银行(1948年11月)、农业抵押银行(1850年)和流动资金银行(1974年)等。其中央银行也经历了由分散到集中的过程。1945年帝国银行停止业务活动,占领当局在原联邦德国的十一个州各设立一个中央银行,1948年3月,政府当局又在各州中央银行之上成立了德意志州银行这个中央机构。1957年,《德意志联邦银行法》通过后,两级中央银行制被废止,组成统一的德意志联邦银行。

面对战后资金的严重匮乏,政府极力推动国债和基础设施金融债的发行,银行积极参与证券的承购和包销。进入60年代,随着经济的发展,民间储蓄能力的增强,股票投资开始活跃,证券市场发展出现新局面,金融交易的活跃促成了法兰克福成为德国的国际金融中心及证券交易中心。

民主德国的金融制度是按照原苏联社会主义银行体系模式而建立的。这种体系主要包括原民主德国国家银行及其分支机构,既是管理机构,又是业务机构;包括许多专业化小银行如德国外贸银行,由国家银行集中管理;还包括众多的储蓄银行、合作银行、农贸信用社和人民银行,它们不纳入国家银行管理系统,但国家银行却通过行政命令来进行管理。这种银行体系是中央经济计划中执行集中分配、额度控制的清算系统的一个组成部分。

(四) 德国的银行主导型金融制度的新发展(1990年至今)

1990年10月3日,德国完成了统一,金融制度随之发生了变化,主要表现在:第一,实现货币的统一。1990年7月1日两德政府签订的协议规定,德意志马克(即原联邦德国马克)成为民主德国地区的唯一法偿货币,德意志联邦银行成为唯一的货币当局。第二,联邦德国的金融体系引入东部地区,实现了金融体系的一体化。首先,1990年3月至7月,原民主德国将以国家银行为核心的单一银行制度(国家银行既是中央银行,又是商业银行)改变为二级银行体制。随后,在货币统一后,联邦德国的金融机构进入东部地区,它们与东部银行合资建立银行机构,收购原国家银行的分支机构,或直接在东部开设分行和营业处,完成对民主德国金融机构的重组。第三,实行特殊的货币政策,在西部仍采用原有的控制手段和目标,对于东部的银行,允许以票据贴现方式获得联邦银行的融资,同时为防止通货膨胀,联邦银行数次提高了中央银行贴现率和抵押贷款利率,有效地控制了货币供应量。统一后的德国金融体系在资金融通和货币政策调控方面运行良好,顺利地实现了金融制度的变革。

1992年签署了《马约》,决定最迟于1999年1月1日实现统一货币、统一中央银行和统一货币政策。欧元的运作将在欧盟国家中产生一种"盾牌作用",导致欧盟形成一个管理现代化的金融制度体系,形成抵御全球经济和金融动荡的安全盾牌,且使资本市场获得进一步整合,交易成本降低而导致欧洲内部金融企业合并风潮的兴起和竞争的加剧。如1998年11月30日,德意志银行集团宣布动用102亿美元,以每股93美元的价格收购美国第8大银行——信孚银行的全部股权。2002年来,德国银行业的三大支柱私人银行、合作银行、储蓄银行,包括它们在各地的代理行因德国经济的不景气都不同程度地遇到了同样的危机。据统计,80年代在欧洲占据统治地位的德国各主要商业银行现在举步维艰,2002—2003年,四家最大的私人银行(德意志银行、德国裕宝银行、德累斯顿银行和德国商业银行)裁减了上万名员工,因此,可以看出新一轮的德国银行业整合时代已经到来。

2008年美国次贷危机危机来临之前,德国银行业通过实施战略转型、调整内部组织、优化业务和流程,迎来了新的历史发展契机。然而,随后到来的美国次贷危机引发的全球性金融危机不仅给德国经济造成极大的损失,也给德国银行业的复苏蒙上了一层阴影。德国商业银行(Commerz Bank)趁机成功收购德累斯顿银行(Dresdner Bank),业内第二大和第三大的成功合并使得德国银行业格局被重塑,以前稳坐第一的德意志联邦银行受到了强劲的挑战。2009年,德国联邦政府通过了允许银行在特定期限内以强制性国有化作为最后手段的法案,允许国家对陷入困境的银行实行国有化,以作为政府金融救援的最后手段。此前,德国第二大银行"德国商业银行"获得100亿欧元的资金支援,政府取得四分之一的股份,对重要决策具有否决权,成为德国第一家部分国有化的私人商业银行。由于德国政府在危机中采取了符合其国情的有效经济救助措施,其经济在危机之后复苏强劲。2012年,德国几家大银行的核心一级资本比例约为7.8%,已经达到了巴塞尔新资本协议Ⅲ的标准。但是,对于众多的州立银行而言,在救助款项尚未偿还的情况下,继续增加核心资本将是一个极大的挑战。危机过后,以银行为主导的德国金融业尚处在复苏的轨道上。

2015年,德国中央合作银行(DZ Bank)与WGZ Bank这两家中央清算银行在经过数十年的谈判之后同意合并,新银行将位列德意志联邦银行、德国商业银行之后,新晋成为德国第三大行。虽然德国政府有意整合零散的银行业,但时至今日,德国银行业依然是大银行掌局、小银行高度分散的时代,银行也始终牢牢占据着国内金融的主体地位。

二、德国的金融组织体系

德国的金融组织体系是由银行、保险、证券交易所及金融服务公司组成。其体系构架如图 1-4 所示。

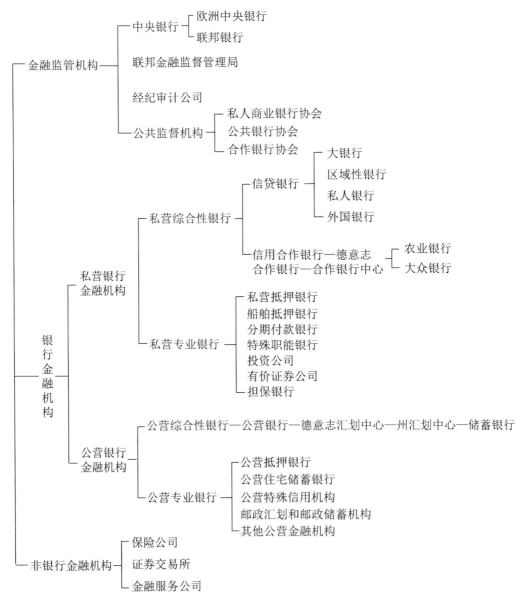

图 1-4 德国金融组织体系

(一)金融监管机构

1. 中央银行

(1)欧洲中央银行。欧洲中央银行于1999年1月1日成立,其前身是欧洲货币基金组织,起初由欧盟15个成员国中央银行共同组成,德国是其成员国之一。其资本金为50亿欧元,德国是其最大的股东,占24.4%,总部设在法兰克福。欧洲中央银行核心任务是制定和实施欧盟区的货币政策,保证欧盟区支付清算体系的正常运转,发行欧元现钞、管理区存款准备金,并通过理事会及其下设的13个专业委员会来完成实施,具有较强的独立性。

(2)德意志联邦银行。德国于1957年6月26日颁布了《德意志联邦银行法》,废除了两级中央银行体制,在合并、改组州中央银行的基础上,建立了统一的中央银行——德意志联邦银行,总部设在法兰克福,全国下设9个分支机构,130个业务代表处。它行事遵循欧洲中央银行的指示及方针,贯彻落实欧洲中央银行制定的有关货币政策,协助欧洲中央银行完成德国的事务,依据《联邦银行法》其具有相当高的独立性。

2. 联邦金融监督管理局

联邦金融监督管理局的前身是联邦信贷监督局,在2002年5月1日由信贷监督局、证券监督局、保险监督局合并而成,总部设在波恩。主要负责对金融机构准入的审批,颁发经营金融业务许可证,定期对董事会成员的任职资格进行审查,以及对银行、保险、证券、金融服务公司等金融机构经营进行全方位监管。

3. 经纪审计公司

经纪审计公司主要是接受金融机构委托,对金融企业经营合法性进行审计或者直接接受金融监督管理局委托,按照其委托的事项进行审计并负责向金融监督管理局提交审计结果报告。

4. 公共监督机构

公共监督机构分为三类:一是私人商业银行协会;二是公共银行协会;三是合作银行协会。各行业银行协会代表银行的利益,协调银行与金融监督管理局的关系,同时对本行业进行监管自制。

(二)银行金融机构[①]

按类型可将德国的银行金融机构用图1-5简要概括。

截至2015年8月,德国境内所有银行数量为1 788家,相比金融危机前2007年的2 015家而言减少11.2%。总资产为7.8万亿欧元,同比增长约860亿欧元。其中商业银行约271家,总资产约3万亿欧元,是德国所有类型的银行中规模最大的一部分。德国所有银行主要包括如下类型:

1. 商业银行

全德共有271家商业银行,分为大银行、区域性银行、私人银行、外国银行四类。

[①] 数据来自德国央行,即德意志联邦银行官网2015年8月月度银行业报告。http://www.bundesbank.de/Navigation/DE/Statistiken/。

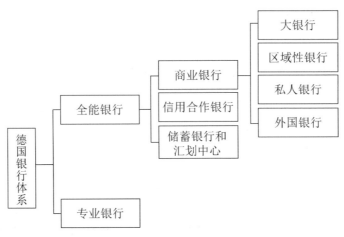

图1-5　德国银行机构体系

（1）大银行即德意志银行（Deutsche Bank）、德国商业银行（Commerz Bank）、德累斯顿银行（Dresdner Bank）。与其他商业银行相比，三大银行的经营范围最为广泛，与主要工商企业的关系十分密切，总资产接近1.8万亿欧元，它们是德国商业银行的主体。

（2）区域性银行主要从事地方银行业务，德国国内共有160家，如巴伐利亚联合银行、巴伐利亚抵押汇兑银行等，总资产规模达到了它们最初由旧贵族和财阀控制，现已转变为普通银行，近年来，许多区域性银行积极拓展业务，规模逐步扩大，在全德国甚至在国际上从事广泛的金融业务，总资产规模约为1万亿欧元，仅次于四大银行。

（3）私人银行指独资经营的银行，它们历史悠久但资本规模较小。私人银行业务各有不同，但主要经营证券业务、工业放款业务、财务管理和房地产业务，为所在地的国内企业提供银行服务。较大的私人银行有卡尔施密特银行、特灵考斯银行、奥本海默银行、梅克-芬克银行等。

（4）外国银行即外国在德国的分支行，共有107家，其业务主要是面向在德国的本国居民，办理本国与德国的资金支付往来等业务，总资产规模约为3 000亿欧元。

2. 信用合作银行

信用合作银行是具有互助合作性质的金融机构，其国内一共有1 036家，总资产约为8 000亿欧元。其成员主要是工人、职员、小商人、农场主等，银行主要在这些成员中开展贷放款业务，也对中小企业发放贷款。信用合作银行在州一级为信用合作银行中心，最高一级是德意志信用合作银行，它负责调节信用合作银行中心的资金，为其办理汇划业务，并向工业、运输业和个人消费提供贷款。

3. 储蓄银行和汇划中心

储蓄银行中只有极少数为私人开设，存款来自本地区的个人储蓄，资金主要用于对小企业的贷款、对长期性住房建设和公用事业的投资以及对地方政府的融资。目前，它在大规模贷款和产业融资方面非常活跃。储蓄银行的机构比较分散，最低层为基层储蓄银行，归地方管理；中层机构为各州的汇划中心，每州一个，共12家，基层储蓄银行的大部分资金存入该中心,汇划中心从事地区性的放款和证券投资;最高一层为"德意志汇划中心",它是储蓄系统的中心机构,负责对该系统内的资金进行调节。

4. 专业银行

办理各种特殊业务的私、公营的专业银行比较弱小、类型很多,主要的专业银行有下列几种:

(1) 抵押银行。这类银行有私营与公营之分,其大部资金靠发行债券和长期性存款来筹集,资金主要用于工农业长期性贷款,有时也向地方政府提供长期贷款。

(2) 分期付款银行。这类银行的资金来源主要依靠其他银行金融机构的转借,很少一部分资金来自储蓄存款。集聚的资金主要是向为消费者提供分期付款的企业提供贷款和服务,有时也通过商业部门间接向生产者提供贷款。

(3) 特殊职能银行。特殊职能银行有公、私营之分。公营特殊职能银行是政府专为特定项目或有特殊困难的集团提供资金的金融机构,私营特殊职能银行是由私营商业银行因特殊目的联合筹资建立。

(4) 投资公司。投资公司是拥有投资基金的银行,它能够拥有股份、债券地产。

(5) 担保银行。担保银行是给中等规模公司贷款提供担保的专业银行,使其能够获得在正常情况下较难获得的贷款。

(6) 邮政储蓄机构。邮政储蓄机构包括 2 家邮政储蓄银行和 13 家邮政汇划局,它不是独立机构,属于联邦邮局。邮政储蓄银行只经营储蓄存款,邮政汇划机构只吸收无息活期存款以进行汇划支付业务。

(7) 其他公营金融机构。其他政府金融机构有德意志抵押债券机构(Deutsche Pfandbriefanstalt)、德国房地产及农业抵押银行(Deutsche Siedlungs und Landrenten Bank)、农业抵押银行(Landwirtschaftliche Renten Bank)、房屋贷款银行(Bausparkassen)、工业信用银行(Deutsche Industriekreidit Bank)、德国平准基金银行(Deutsche Ausgleichs Bank)、重建贷款机构(Kreditanstaltfur Wiederaufbau)、前民主德国中央银行(Staatsbank Berlin)、邮政汇划局和邮政储蓄局等。它们均为公营或半公营的金融机构,是政府为特殊需要而设立的金融机构。

(三) 非银行金融机构[①]

德国的非银行金融机构包括保险公司、证券交易所、金融服务公司,其中以保险业最为突出,它们在德国的金融市场发挥积极的作用。

1. 保险公司

德国保险业十分发达,截至 2014 年 12 月 31 日,德国境内受联邦和州监管局监管的保险公司有 573 家,主要从事人寿保险、私人医疗保险、财产保险、养老金保险等业务。组织形式有股份制有限公司、公法保险公司、保险协会三种。因为德国金融业是银行主导型,保险公司和全能银行主体密不可分,绝大多数保险公司都是银行的控股公司,也存在

---

① 数据来自德国联邦金融监管局 2014 年年报,详见 http://www.bafin.de/SharedDocs/Downloads/EN/Jahresbericht/dl_annualreport_2014.html。

相互持股的现象。比如说德国第一、欧洲最大、世界前列的安联保险集团就是德国商业银行的最大股东。因为德国国内证券市场相对而言发展较为落后,所以德国的保险公司在融资方面扮演了仅次于银行的重要角色。保险业的发达同时也使德国保险业在工业保险等险种创新服务上领跑于世界(见表1-2)。

表1-2 2014年12月德国保险业统计数据　　　　　　　　　　　单位:家

	有业务活动的保险公司			没有业务活动的保险公司		
	受BaFin监管的	受联邦监管的	总计	受BaFin监管的	受联邦监管的	总计
人寿保险公司	87	3	90	9	0	9
养老金保险公司	142	0	142	3	0	3
丧葬金保险公司	36	0	36	1	0	1
医疗健康保险公司	47	0	47	0	0	0
财产/伤亡保险公司	206	6	212	8	1	9
再保险公司	30	0	30	4	0	4
总计	548	9	557	25	1	26

注:数据采集于德国联邦金融监管局2014年年报,BaFin即德国联邦金融监督管理局;本表数据不包括较小的在地区范围内活动的互助保险协会,因为它们不受BaFin监督。

2. 证券交易所

德国拥有8家证券交易所,主要业务品种涉及股票、债券、期货、期权等金融衍生产品。

3. 金融服务公司

德国目前具有金融服务公司1 000多家,这些金融服务公司主要从事银行代理、保险代理、网上经纪人、网上代理人、销售股票、投资咨询等业务。

三、德国金融制度的特征

德国与美国、英国、日本等西方发达国家相比,其金融制度具有以下四个明显的特征:

(一)德国的全能银行制度

德国金融制度最为显著的特征便是其金融机构实行的全能银行制度(Universal Bank System)。这种模式下,德国各类银行之间没有严密的分工和严格的业务界限,各种银行都可以全面经营存贷款业务、证券业务、保险业务等,国家对其并不进行过多的干预。全能银行的全能性表现在以下几个方面:第一,全能银行的经营范围依据《银行法》涉及存贷款业务、贴现业务、信托业务、证券业务、投资业务、担保业务、保险业务、汇兑业务、财务代理业务、金融租赁等所有业务;第二,德国的证券市场完全是由银行组织所控制的;第三,全能银行可购买企业的股票,在许多企业中的股权往往超过25%,成为企业的大股东,直接干预企业的经营决策,形成具有内在利益关系的康采恩。德国的这种全能银行制度不仅能使经济部门得到廉价的银行服务,也保证了货币在金融部门中迅速流通,广泛分散了银行风险。

(二)高度独立的二级中央银行体系及功能弱化

德国在中央及州设立二级中央银行机构,并通过《德意志联邦银行法》加以确定。其独立性表现于《德意志联邦银行法》规定上:德意志联邦银行是公法意义上的联邦直接法人,政府持有联邦银行的设立资本只是享有货币主权的基础,且联邦银行的中央银行理事会和董事会享有最高联邦政府职能机构的地位,州中央银行及分行也享有联邦政府职能机构的地位。由此可见联邦银行在职能、经济、人事等方面享有高度的独立性,在执行法律给予的权力时不受政府的干涉,有权独立制定与执行货币政策,与联邦金融监督局共同对整个金融体系进行监管。德意志联邦银行虽然在本国内享有高度的独立性,但在其发展的过程中,其中央银行职能有所弱化。这是因为随着《欧洲同盟条约》的生效,欧共体在1999年1月1日起进入欧洲货币联盟第三阶段即实现统一货币"欧元"、统一中央银行、统一货币政策,德国是其成员国之一,为适应发展,德国对《德国联邦银行法》进行了第六次修改。随之在欧洲货币联盟的三年过渡期,德国的马克发行要经过欧洲中央银行批准,过渡期一过,也就是在2002年1月1日,欧元现金正式进入流通,至2002年2月28日,成员国货币全面退出流通领域。德国的货币政策制定权、货币政策发行权将全部移交欧洲中央银行,央行职责简化为按照欧洲中央银行的指示和方针办事、监督本国金融市场、协调欧洲中央银行及本国金融事务。

(三)银行资本高度集中且与工业资本紧密结合

德国的银行资本高度集中,且随着工商业与银行的资本联系和人事的加强,逐步形成了德意志银行、德累斯顿银行、商业银行三大垄断财团,虽然2008年后两者合并后削减了部分有业务重合的部门。但三大商业银行及信用合作银行和储蓄银行在整个金融体系中仍然占有主导地位。其分支机构占全国的90%,业务量占70%以上。同时,德国工商企业自筹资金低,对外来资金的依赖性较大,加之德国的全能银行模式,促进了银行资本与工业资本的结合,表现在:一方面德国的银行大量持有企业的股票,加上接受中小股东寄存股票的代理权,使银行在企业和公司董事会中有相当大的影响力;另一方面,银行界在工业界大量任职,从人事上进一步加强对企业的控制。

(四)结构完善的银行协会

19世纪末,为保护银行集团的利益,德国建立了银行协会,战后虽被解散,但随着经济的复兴又逐步得到恢复,发展成为全国性的组织。目前全国性的银行协会有"德意志银行业协会""德意志储蓄汇划协会""德意志大众银行和农业合作银行协会""公营银行协会"等,全国性协会和其他各协会之间又有同盟合作的关系,比如德国银行业协会就由其本身和10个其他州或地区银行协会共同组成,覆盖了全国大大小小共210家银行。这些协会均为民间性质,其宗旨是为保护本金融行业利益,与外国银行协会同业进行联系和往来,在货币、信贷、资本市场和公共关系事务等方面,为当局提出建议。

本 章 小 结

1. 西方发达国家的金融制度的演变是一种自然演进过程,是经济金融本身不断积累和成熟的结果,是由民间力量自下而上推动的,政府只不过是事后追认了这些变革。但在金融全球化的背景下,西方发达国家政府在其现代金融体制的变革中正发挥着越来越重要的作用。

2. 美国金融制度的特点体现在:第一,独特的二元中央银行制。美国联邦储备体系采用二元中央银行制的模式,它在联邦一级设立联邦储备委员会及相应的机构,而在州一级划分为12个联邦储备区,每一区设立一家联邦储备银行,两级中央银行分别行使各自的金融管理权。第二,商业银行的双轨银行制度和独特的单一银行制。美国历史上农业、小工商业者与金融业者,联邦政府和州政府之间的矛盾,使商业银行形成双轨银行制度,即商业银行可以自由选择在联邦政府注册或在州政府注册。长期以来,美国认为只有在银行间开展充分的竞争才能促成一个高效率的银行体系,因此20世纪60年代以前一直限制银行跨州设立分支行,从而形成美国特有的单一银行制。直到1996年才取消跨州设立分支行的限制。第三,金融监管机构的多元化。在对银行业的监管方面,国民银行、州立银行中的会员银行、非会员银行的州立银行等金融机构分属不同的监管部门监督管理。

3. 英国对西方各国金融制度的形成有着深刻的影响。其特点体现在:第一,英格兰银行成为中央银行的传统模式;第二,英国的商业银行实行专业化银行制和分支银行制,银行业高度集中;第三,英国金融组织体系中保存着诸如承兑行、贴现行等传统的金融机构;第四,英国的金融制度比较缺乏法律内容,往往由习惯的原则来代替;第五,英国的金融业高度国际化。

4. 日本金融制度的特征体现在:第一,大藏省与日本中央银行——日本银行保持着特殊的关系。第二,"护送舰队"式的金融监管模式。第三,日本的间接金融发达,普通银行"超贷"现象严重。第四,严格划分民间金融机构的业务范围。第五,政府金融机构力量强大,与其他西方各国相比,日本的政府金融机构不仅种类繁多,而且资金雄厚,在社会经济中发挥重要的作用。

5. 德国金融制度的特征体现在:第一,德国金融体系的典型特征是占统治地位的"全能银行"(Universal Bank Szstem)。与其他国家功能分离的金融部门不同,德国的各类银行之间没有严密的分工和严格的业务界限。第二,高度独立的二级中央银行体系,德意志联邦银行被认为是欧洲各国中最具独立性的中央银行。第三,银行资本高度集中且与工业资本紧密结合。表现在:一方面德国的银行大量持有企业的股票,加上接受中小股东寄存股票的代理权,使银行在企业和公司董事会中有相当大的影响力;另一方面,银行界在工业界大量任职,在人事上进一步加强对企业的控制。第四,结构完善的银行协会。这些协会均为民间性质,其宗旨是为保护本金融行业利益,与外国银行协会同业进行联系和往来,在货币、信贷、资本市场和公共关系事务等方面,为当局提出建议。

关键词

单一银行制、梧桐树协定、美国联邦储备体系、《国民银行法》、《金融服务现代化法案》、储蓄贷款协会、金融脱媒、英格兰银行、商人银行、贴现行、日本金融"大爆炸"改革、银行超贷、德国全能银行制度、汇划中心、欧洲中央银行

复习思考题

1. 简述发达国家金融制度的一般性特征。
2. 试述《国民银行法》对美国现代金融制度形成的影响。
3. 简述美国储蓄贷款协会的运作方式以及产生支付危机的原因。
4. 简评美国单一银行制的优缺点。
5. 试评价英国金融体制的特征。
6. 试述英国金融体制对发达国家金融体制的影响。
7. 简述日本金融体制的形成与特点。
8. 试评价日本金融"大爆炸"改革及其效果。
9. 简述德国全能银行制度的产生、特点与意义。
10. 简述欧洲货币联盟的产生与发展趋势。
11. 试述欧洲中央银行成立对德国金融体制改革的影响。
12. 试比较主要发达国家金融体制的差异。
13. 发达国家金融制度对发展中国家金融体制改革的意义与借鉴。

第二章 "金砖国家"的金融制度

【重点提示】

- 金砖国家金融制度发展的多样性和不平衡性、区域性开发银行在金砖国家经济发展中的作用;
- 巴西金融制度的演变;
- 巴西的金融组织体系与特征;
- 俄罗斯金融制度的变革与发展、俄罗斯金融集团在俄罗斯金融体系中的作用;
- 印度的金融组织体系与特征;
- 银行国有化对印度金融制度变革的意义;
- 中国金融制度的演变、中国的金融组织体系、中国金融制度的特征、南非的金融组织体系、南非在南南金融合作中的作用。

"金砖国家"(BRICS)是指俄罗斯、印度、巴西、中国与南非五个全球最大的新兴市场国家,这一概念是由"金砖四国"演化而来。"金砖四国"这个词是美国高盛公司经济学家吉姆·奥尼尔于2001年首次提出。2003年10月,高盛公司发表了一份题为《与BRICs一起梦想》的全球经济报告。报告估计,到2050年,世界经济格局将会经历剧烈洗牌。全球新的六大经济体将变成中国、美国、印度、日本、巴西、俄罗斯。"金砖四国"(BRICs)引用了巴西、俄罗斯、印度和中国的英文首字母。由于该词与英文中的"砖"(Brick)类似,因此被称为"金砖四国"。"金砖四国"概念实际上囊括了全球最大的四个新兴市场国家。2010年11月,二十国集团会议在韩国首尔举行,南非在此次会议上申请加入"金砖四国"。2010年12月,中国作为"金砖国家"合作机制轮值主席国,与俄罗斯、印度、巴西一致商定,吸收南非作为正式成员加入"金砖国家"合作机制,"金砖四国"即变成"金砖五国",并更名为"金砖国家"(BRICS)。吸收南非加入合作机制,也使"金砖四国"能够进一步加强同南部非洲各国的经贸关系,很多南非公司在南部非洲国家设有分公司,地缘接近、风俗相通,它们在这些相对不发达国家投资具有信息快捷、交易成本低的优势。如果四国投资和贸易能通过南非中转,回报率将显著提高。除经济领域以外,南非加入"金砖国家"合作机制,将有利于五国在全球气候变化问题、联合国改革、减贫等重大全球性和地区性问题上协调立场,更好地建设一个公平、平衡的国际政治新秩序。

第一节 巴西的金融制度

一、巴西金融制度的演变

经过多年的发展,巴西现如今拥有着拉丁美洲最为发达的银行体系,被认为是拉美地区经济实力第一的大国。其有着独特的银行体系、资本市场、信贷市场以及一些金融衍生工具。但是,巴西金融制度的建立过程并不是一帆风顺的。巴西曾在过去三百年的时间里作为葡萄牙的殖民地为葡萄牙输出商品和劳务。在那段时期里,巴西的经济结构十分畸形,主要依靠商品出口推动经济的增长,占据经济主导地位的是"咖啡加牛奶"的农业经济形式。1945年巴西成立了货币总署,划归财政部直接领导。而在1964年之前,巴西都没有自己的中央银行,发行基础货币的权力掌控在国库、巴西银行以及全国货币和信贷管理局三者手中,而这三者之间并没有互相协调的机制。

直到1964年年底,巴西政府发现国内的经济形势已不得不进行金融体系的全面改革。通过这次改革,巴西不仅建立了自己的中央银行体系(由全国货币委员会、巴西中央银行和巴西银行共同组成)取代了原本的货币发行机构,还提出了建立全国范围的住房融资体系。此外,还借鉴了分工主义的原则,对银行的各类业务作出了详细的分工规定,提出实行专业化银行制度。在1965年,巴西政府又颁布了金融市场管理条例,拉开了金融市场改革的序幕。到1967年,巴西证券委员会成立,标志着巴西现代金融体系的初步建立,最终形成了包括中央银行体系、商业银行体系、住房融资体系、开发银行、投资银行和其他金融机构在内的比较完整的金融制度。

但是到了1988年,由于之前的改革并没有放宽金融管制,巴西金融市场上又出现了金融机构之间没有竞争的问题。巴西政府不得不再次进行了一次规模较小的金融体制改革,放宽金融市场的金融条件,废除了之前严格限制进入金融市场的所谓的"点数制度"。同时还允许设立多功能的综合银行,20世纪90年代以来,综合银行迅速发展,大多数的商业银行都转化为综合银行。多功能综合银行的发展,使巴西的银行制度开始向"全能"银行制度转变。

但是这次的改革并没能解决巴西通货膨胀率过高的问题。可以说,巴西的工业化过程就是一个通货膨胀与反通货膨胀的过程。在20世纪70年代末80年代初时,巴西国内的通货膨胀率开始出现回升的趋势,巴西政府随之加大了反通货膨胀的力度。在之后的1986—1992年,巴西相继推行了克鲁扎多计划、布雷塞尔计划、夏季计划和科洛尔计划,希望能抑制物价上涨,稳定经济,但是最终都以失败告终。只有在1994年巴西政府提出的雷亚尔计划最终对通货膨胀起到了有效的控制作用。

二、巴西的金融组织体系

作为拉丁美洲第一经济大国,巴西拥有比其他拉美国家更发达健全的金融体系。经过1964—1967年的金融改革,巴西初步建成了比较完善的金融体系。1988年巴西进行了第二次金融改革,进一步完善了金融体系。

巴西现代金融体系是以中央银行系统为核心,以商业银行为主体,以各类专业金融机构为辅的金融体系(见图2-1)。

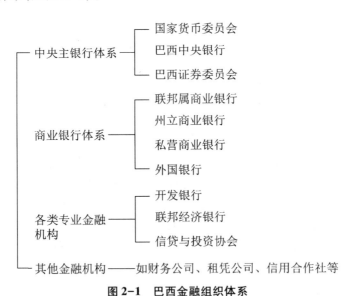

图2-1 巴西金融组织体系

资料来源:巴西央行网站,www.bcb.gov.br。

(一)中央银行体系

巴西的中央银行体系由国家货币委员会作为最高决策机构,由巴西中央银行和巴西证券委员会作为执行机构而组成。

(1)国家货币委员会。巴西的最高金融决策和领导机构是国家货币委员会,分别由财政部部长和计划部部长任正副主席。委员会成员包括农业部部长、内政部部长、工商部部长、巴西银行董事长以及联邦政府的银行、保险和证券等机构的负责人,还另有由总统任命、联邦参议院批准的8名经济学家。货币委员会负责制定国家信贷政策、外汇政策,协调国家预算、财政和内外债政策。巴西中央银行和证券委员分别作为它在银行和证券领域的执行机构。

(2)巴西中央银行。巴西中央银行建于1965年,负责贯彻执行国家货币委员会的决定并监督执行情况。巴西中央银行的主要职能包括:根据国家货币委员会批准的条件和限度发行和回笼货币;进行再贴现和向金融机构贷款;控制信贷;对各金融机构进行管理;管理外国银行和外国资本;代表政府与国外金融机构进行联系等。巴西中央银行不直接代理国库,而是由巴西银行代理,这一点与许多国家的中央银行不同。

(3)巴西证券委员会。巴西证券委员会在国家货币委员会领导下开展工作。它根据国家货币委员会制定的政策,负责促进、管理和监督证券交易所已注册证券的交易,保证交易所及其附属机构的正常工作。

(二)商业银行体系

巴西的商业银行体系十分发达,目前共有商业银行200多家,分支机构一万多家。巴西的商业银行包括联邦和州所属的国营商业银行、私营商业银行以及在巴西的外国银行。

(1)联邦属商业银行。联邦属商业银行主要有巴西银行、联邦经济银行、巴西南方银行、巴西利亚银行等。其中巴西银行是巴西最大的商业银行,成立于1808年。1819年该行首次发行货币,成为当时世界上第4家发行货币的银行。1854年和1906年该行曾两次进行改革,目前是拉丁美洲最大的银行。

(2)州立商业银行。巴西有22个州,每个州都有一家州立银行,其业务活动限于本州之内。其中比较重要的有圣保罗州银行、米纳斯吉拉斯州银行、南兰约格朗德州银行、巴拉那州银行、里约热内卢塔林纳州银行等。圣保罗州银行成立于1909年,总行设于州首府圣保罗。该行办理商业银行的一切银行业务,是该州政府的存款银行,在国内拥有340个分支机构,在纽约、伦敦、东京和开曼群岛设有分行。

(3)私营商业银行。巴西商业银行中私营商业银行的比重最大,主要有巴西贴现银行、伊塔乌银行和联合银行等。其中巴西贴现银行是巴西最大的私营银行。它成立于1943年,在全国有分支机构800余家,在巴西银行界名列第2。

(4)外国银行。第二次世界大战以前,外国银行在巴西的影响较大。第二次世界大战后巴西对外国银行采取了较严格的限制措施,除原有银行外一般不许新设立分行。现有外资银行30余家,其中较重要的是法兰西银行和巴西银行。

(三)各类专业金融机构

(1)开发银行。巴西的开发银行分为全国性、地区性和州开发银行三种。国民经济和社会开发银行是全国性的开发银行,地区性的开发银行主要有巴西东北银行和亚马逊银行。开发银行的主要职能是办理中长期信贷业务,并为国内外贷款提供担保。

(2)联邦经济银行。联邦经济银行除经营商业银行业务外,同时还管理住房融资系统和服务年限保证基金,在巴西经济中发挥着重要的作用。

(3) 信贷与投资协会。巴西的信贷与投资协会是专门提供消费信贷的金融机构,其主要目的是促进消费,推动经济增长。

(四) 其他金融机构

巴西还拥有大量的其他金融机构,如财务公司、租赁公司、信用合作社、证券经销公司、保险公司、共同基金、股票交易所、商品期货交易所和养老基金等。目前,巴西共有9家股票交易所,其中最主要的是圣保罗交易所和里约热内卢交易所,两者的交易额超过全国的50%。

三、巴西金融制度的特征

在为数众多的发展中国家中,巴西在许多方面具有代表性。巴西是一个领土广阔、人口众多、经济发展程度较高、发展速度较快、金融业比较发达、具有巨大发展潜力的国家。但同时,它又面临着相当严重的通货膨胀和外债问题。这些情况突出地表现在它的金融业发展中,形成巴西金融制度的鲜明特征。

(一) 发达的金融业与健全的金融制度

巴西远在19世纪初期就出现了商业银行,到第二次世界大战前银行业就初具规模,但外国资本势力控制相当严重。第二次世界大战以后,特别是经过20世纪60年代金融制度改革,巴西现代金融制度才得以形成和发展,形成了以中央银行为核心,以商业银行为主体,其他各类专业银行和非银行金融机构配套齐全和比较发达的现代金融制度。

(二) 居于主体地位的国营金融机构

在巴西金融制度中,国营金融机构一直占有绝对的优势,具有相当的控制和影响力。巴西现代金融体系的主体包括5个联邦属商业银行和23个州银行、5个联邦和州属储蓄银行、全部联邦和州属开发银行,巴西金融体系有效地促进了国民经济的发展。但是近年来,特别是随着20世纪90年代中期雷亚尔计划的实施,巴西银行也出现了私有化的趋势并不断加强。1996年,政府宣布出售9家和关闭18家州立银行。里约热内卢州立银行和圣保罗州立银行也在出售之列。

(三) 集中垄断程度较高的金融业

伴随着巴西国有和私营经济的发展与集中,巴西的金融业也加速了集中和垄断的进程。以商业银行为例,在雷亚尔计划实施以前有商业银行270多家,但到1996年年底只有约200家。巴西政府采取了鼓励大银行吞并、购买中小银行和促进中小银行合并的政策,今后这一集中趋势还将进一步加强。

巴西商业银行业务的集中垄断程度也较高,十几家大商业银行占有巴西银行业务量总额的70%,全国1 000多家银行分支机构中,一半为大型商业银行所拥有,几家大银行几乎垄断了全部涉外业务。

(四) 比较发达的金融市场

巴西是发展中国家中金融市场最为发达的国家之一,也是当今世界上金融市场比较发达的国家之一。这同巴西独立较早、经济发展程度和速度较高有密切关系。巴西采取了大规模利用外资和增加国内储蓄的策略,以实现大规模投资。

除商业银行系统以外,巴西还通过消费信贷、住房贷款系统、40多家私人投资银行、巴西政府债券市场和实行强制性储蓄政策来促进资金的横向流动,动员和筹集建设资金。发达的金融市场不仅促进了经济和社会的发展,也给中央银行体系通过货币政策手段控制和调节宏观经济创造了条件。

(五) 重要的货币政策工具

公开市场业务是巴西中央银行重要的货币政策工具之一。与其他发展中国家一样,巴西中央银行除了运用存款准备金和贴现率手段调节信贷和金融外,公开市场业务也是其主要的政策工具。这同其拥有发达的银行业、金融市场以及多种融资渠道和方式密切相关。巴西的公开市场业务始于1967年,其开展使巴西货币政策有了较大的灵活性,中央银行通过债券的拍卖与回购来调节银根。

(六) 国际化趋势明显的金融业

在发展中国家中,巴西是拥有国外银行机构最多的发展中国家之一。而且,巴西开展国际金融业的银行比较广泛,不仅有国家银行,还包括州政府所属的银行以及少数私人银行。其中以巴西银行的国际银行业务发展得最早最快,比重也最大。

近年来,巴西的银行业也进一步对外资开放。而且,鉴于近几年巴西银行破产风兴起,1996年政府颁布法案,允许外资银行收购巴西银行,从而为外资银行的进入又提供了一条渠道。

第二节 俄罗斯的金融制度

一、俄罗斯金融制度的演变

俄罗斯金融制度的变革是与俄罗斯的经济转轨分不开的。俄罗斯的经济转轨包括两个方面:一是社会主义向资本主义转变,实现这一转变的基本经济手段是全面的私有化;二是由计划经济向市场经济转变,实现这一转变的手段是自由化,通过自由化建立市场制度和发展市场,减少或放弃国家对经济的管制,由市场来实现资源的配置和经济的调控。以新自由主义为核心的华盛顿共识成为俄罗斯经济转轨的指导思想,自由主义贯穿俄罗斯经济转轨的全过程。

俄罗斯原有的金融体制是按照计划经济的要求建立的。实行"休克疗法"的俄罗斯金融改革,是在彻底否定和迅速抛弃原有体制的基础上进行的。而在改革初期,符合市场经济要求的有关金融法规和管理制度、金融市场和金融产品几乎都是空白,因而在一段时间内出现了"体制的真空"。所以,俄罗斯自由化的金融改革与其他国家的金融自由化内容有所不同。俄罗斯的金融改革更主要表现为在"空地"上建立和发展适应市场经济需要的金融体系,表现为金融机构、金融产品和金融市场从无到有的迅速发展。在金融体系建立和发展过程中,自由化是政府的主导思想,表现为金融产品的价格(利率和汇率)自由化、外汇管制的放松、金融体系的对外开放等。可见,俄罗斯金融制度的构建自始至终体现着自由化思想。

(一) 俄罗斯银行制度的变迁

20世纪80年代中后期,随着苏联改革的逐步深入,苏联储蓄银行和外经银行等率先从原来单一银行体制中分离出来,随之又出现了股份制商业银行,但二级银行体制并未从法律上得到明确规定。苏联解体后,俄罗斯开始按市场经济原则和要求重新建立金融体系,其中最重要的一个内容就是二级银行体制的建立,并制定国家法律予以明确规定。中央银行开始具有独立的职能与地位,负责对商业银行和金融市场进行监管和调控,并利用货币政策工具以实现国家的宏观经济目标。于是该时期建立起以中央银行为主导、商业银行为主体、多种金融机构并存,同时具有各类金融市场的金融体制。

俄罗斯商业银行是在私有化和自由化两个背景下发展起来的,中央银行在对待商业银行的调控方面充分体现了自由化原则,主要表现为:行业准入自由化、业务自由化(混业经营等)、利率和汇率自由以及银行体系对外资的开放等。私有化使银行体系中的国有比重降低为1/3,金融工业集团以自己的银行为中心控制了俄罗斯经济的50%;自由化政策使商业银行的数量最多时接近3 000家,分支机构不计其数,其中大多数商业银行规模偏小,资本金有限,抵御风险能力很低;业务自由化使商业银行的活动与实体经济脱节,即可以不受限制地将主要资源用于与实体经济无关的金融投机活动(国家有价证券和外汇业务等),因此商业银行在稳定经济、促进投资等方面发挥的作用十分有限,这成为金融危机爆发的潜在原因之一;利率自由化使商业银行的卢布贷款利率长期高于工业的利润率,工业企业无力使用昂贵的贷款;银行体系的对外开放使外资银行在俄罗斯银行体系中占有重要地位。俄罗斯商业银行在自由化过程中所形成的特点,无法满足当时国内实体经济的需要,致使国内金融风险累积,一旦受到外部冲击,就会促成国内风险的实现。

1998年俄罗斯金融危机的爆发给其经济与金融带来巨大冲击,到2001年9月,俄罗斯商业银行只剩下1 322家,比危机前减少了近一半。为了重整银行体系,从1998年9月开始,俄政府与中央银行决定改革当时十分脆弱的银行体系。这次改革分为两个阶段。第一阶段从1998年9月到2000年,主要任务是银行业并购重组;第二阶段始于2001年,主要任务是提高信贷机构的金融资产质量,增强信贷机构经营能力,以更好地支撑实体经济增长。2002—2008年期间的俄罗斯银行业发展状况又分为两个阶段:2002—2005年为均衡发展期,2002年4月,银行体系的自有资金占GDP比重提高到了5.5%,对实体经济的投资占GDP比重则提高到了7.6%,比金融危机前的状况(都约为4.4%)明显好转。2006—2008年上半年为加速成长期,以2007年数据为例,俄银行业总资产达到20.13万亿卢布,比2006年增长44.1%,占国内生产总值的比重为61%,比2006年上升了近9个百分点;俄银行业总资本额为26 715亿卢布,占GDP的比重为8.1%。

2008年美国次贷危机的影响,使俄罗斯银行业步入萧条期,这在很大程度上促使银行系统开始注重加强体制运行的自我完善,危机爆发后不久,俄罗斯银行系统就对货币政策工具做出了迅速调整,主要解决了银行清偿力问题,但次贷危机的影响使得2009年银行体系向实体企业的贷款发放量仅增长了1.5%,向居民贷款总额减少了10.8%。之后随着改革战略的调整和工业生产的稳定恢复,俄罗斯的金融状况才有了改善,2010年银行系统开始由萧条变为恢复增长,银行业总资产增长了14.9%,自有资金增长11.5%,2011

年的俄罗斯银行业继续呈现增长趋势,贷款质量良好,银行资源储备充足,这些都有利于实体部门信贷进程的加快。但是相比危机爆发前的几年,银行业的自有资金利润率仍处于较低水平。统计数据显示,2013年上半年,俄罗斯银行业的总资本增长率达到4.5%,绝对数额接近6.4万亿卢布,信贷机构资产增长6.5%,数额为52.7万亿卢布。

表2-1 俄罗斯银行业宏观指标 单位:%

	2009年	2010年	2011年	2012年	2013年
资产/GDP	67.9	75.8	73	74.6	79.1
资本/GDP	9.2	11.9	10.2	9.4	9.8

资料来源:俄罗斯中央银行网站。

(二)俄罗斯证券融资制度的变迁

与银行制度变迁的自由化色彩不同,其发展与政府行为密切相关。在经济转轨初期,市场经济基础十分薄弱,居民收入水平低下,私有化催生的大量私人企业规模小,主要采用同内源性融资,因此必须借助政府力量发展证券市场。政府必须担当法律法规的制定、基础设施建设等重任,甚至参与证券市场发展当中去。另外,为了弥补转轨初期的财政赤字,俄政府大量发行国家有价证券,其中短期政府债券市场是俄罗斯最主要的资金市场,占俄罗斯证券市场交易总额一半以上。国家有价证券市场的迅速发展,得益于政府制定的高收益率。这种过高的收益率,不仅使国家有价证券市场成为最大的投机场所,而且使大量资金集中到政府手中,不利于实体经济的发展。

俄罗斯股票市场的产生与私有化密不可分。改革初期所推行的快速私有化政策不仅奠定了俄罗斯经济的性质,而且形成了原始的、初级的股份制企业,其中一些成为后来俄罗斯股市的基本组成部分。大量的企业股份制改革,必须有一个市场容纳这些私有化的股票,因此在企业私有化的背景下,俄罗斯开始筹备建立股票交易所。许多公司发行股票的目的是重新确定股权结构,而不是为企业的发展筹集资金。

从理论上而言,俄罗斯股票市场产生于1990年12月25日,其标志是俄罗斯社会主义联邦部长会议颁布的《股份公司章程》决议。该章程规定了三级管理体系,并详细地规定了股东大会、董事会和公司管理机构的权限。

在实践中,俄罗斯股票市场产生于1991年12月28日,当天俄罗斯通过了《有价证券发行、流通和证券交易所章程》。该章程确立了俄罗斯财政部在证券市场中的管理者地位和权力,这一权力不久以后转移到中央银行和后来成立的证券委员会手中。

1996年4月,俄罗斯《有价证券市场法》的颁布,使得有价证券市场的运作机制更加规范成熟。2001—2002年俄罗斯重新修订的《股份公司法》、新颁布的《投资基金法》及《俄罗斯联邦刑法典修改与补充法》,为证券市场的建立和发展提供了诸多法律和制度保障。

俄罗斯股票市场一度成为叶利钦政府巩固政权和与金融寡头进行交易的工具与场所。为了获得俄罗斯新贵们的经济和政治支持,1995年11月俄政府和总统将俄罗斯最好企业的股票转给一些最大的商人作为抵押,作为交换,它们保证对反共政府绝对忠诚,并在大选中动用一切经济和舆论支持叶利钦。通过1995年11—12月的抵押竞拍,俄罗斯新贵们在极短的时间里建立了私人的金融工业帝国,即金融寡头。这些金融寡头控制了国家主要的经济命脉,并且能够影响到国家的政治决策。

1997年俄罗斯证券市场同全球证券市场一样,受到东南亚金融危机的剧烈冲击。10月28日俄证券市场爆发危机,"俄罗斯交易系统指数"下降20%,是俄证券历史上下降幅度最大的一次,为了应对金融危机所带来的严重后果,证券监管组织和交易所的协调机构采取了一系列反危机措施,如暂时降低市场参与者的准入门槛,完善信息披露制度,宣布降低证券交易所服务费等。为了加强对投资者的权益的保护,改善投资环境和提高俄罗斯证券市场的吸引力,俄罗斯政府通过了一系列法律草案。如1999年3月11日公布实施《关于保护证券市场投资者的权利和合法权益的规定》,1999年7月9日公布实施《俄联邦投资法》,经过上述反危机措施以及相关法律的实施,俄证券市场逐步迈入正常发展的轨道。

(三) 俄罗斯金融体系的对外开放

在经济全球化高度发展的时代,提及金融制度不能不提到金融业的开放问题。俄罗斯的金融体系对外开放程度很高,表现为投机性的国外证券投资可以决定俄罗斯金融市场的走势,俄罗斯金融市场的风险与世界主要金融市场密切相关。

经济转轨期间,在自由化思想的左右下,俄罗斯加快了银行体系对外开放步伐,外资银行迅速进入俄罗斯并成为影响俄罗斯金融的重要力量。

俄罗斯的《银行和银行活动法》和《关于外资信贷机构登记的特殊性和已登记的信贷机构利用外资增加法定资本金获得批准的程序》是管理外资银行的两个基本法律文件。虽然俄罗斯对外资银行进入持鼓励态度,但是,中央银行对外资银行的活动仍然设置了许多限制性措施,如最低资本金、雇用本地员工、数量限制,法定资本中外资比重的最高限制等。1994年6月叶利钦与欧盟签署有关协议,进一步开放外资银行业务范围。外资银行进入呈加速趋势。截至2003年1月1日,在俄罗斯共有123家外资信贷机构和1家外国银行分行。对于外资银行的大举进入,俄罗斯国内有不同意见。认为这会导致本国银行的消亡,因此许多专家建议应限制外资银行比重,并对其开设分支机构进行约束,但是,俄罗斯仍然寄希望于引进外资银行先进的管理技术提高本国银行竞争力。

俄罗斯股票市场的开放程度较高,股票交易中的非居民比重很大。根据莫斯科财经学院的 я. мирки 的统计,1998年俄罗斯股票市场中非居民的比重为65%,国债市场中的比重为35%。截止到2001年年初,在俄罗斯有价证券市场上非居民参与者的比重达到40%—65%。外来的因素决定了俄罗斯股票市场的80%—90%。股票市场中的投机活动十分活跃,1997年交易量超过了中东欧国家主要市场的交易量。受1998年金融危机的打击,股市一度萎缩。2000年以后,随着俄罗斯经济的好转,股票市场开始复苏,2002年交易量达到400亿—410亿美元。

俄罗斯于1992年进行外汇兑换自由化改革。随着经济的不断恶化,俄罗斯对IMF贷款依赖性越来越大,反过来,IMF对俄罗斯的外汇自由化提出了更高的要求。俄罗斯国内自由主义代表不断推进外汇自由化进程,俄罗斯的经常账户已经实现了自由化。资本账户也在很大程度上实现了自由化。其不良后果是加剧,金融市场上的投机性、美元化和资本外流。

二、俄罗斯的金融组织体系

20世纪80年代以前,与高度集中的计划管理体制相适应,苏联一直实行单一银行体制,由一家中央银行加上少数几家专业银行构成的银行体系,囊括了全部金融信贷业务。苏联国家银行兼有中央银行和商业银行双重职能。苏联解体后,俄罗斯银行体系出现了翻天覆地的变化,原来的单一银行体制逐步改变为二级银行体制,形成了以中央银行为领导,商业银行为主体,各种金融机构并存和分工协作的金融体系(见图2-2)。中央银行职能转变,成为"银行的银行",主要职能为制定和执行货币政策以保障本国货币稳定,并且监管银行业和金融市场。

1991年12月25日,苏联解体,俄罗斯作为独立的国家成为其主要继承人。1992年1月,俄罗斯开始全面的市场经济改革,其中就包括金融制度的重大改革。

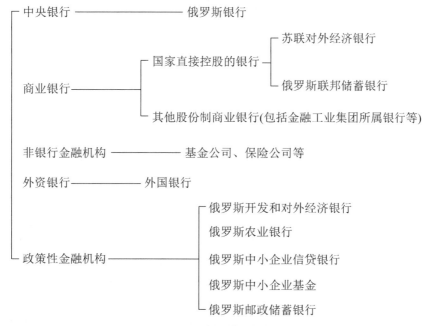

图 2-2 俄罗斯的金融组织体系

俄罗斯目前的金融体系包括:

(一) 中央银行

俄罗斯中央银行是在改造苏联国家银行的基础上形成的,国家通过立法赋予中央银行比较独立的地位,同时以政府和商业银行为其业务对象。其基本职能是,在俄罗斯经济转轨过程中,制定和执行俄罗斯联邦的信贷政策,稳定货币流通,组织银行间结算和出纳业务;负责货币发行,完善货币关系,保护存款者的利益;负责监管国内所有的银行和非银行金融机构,包括在俄罗斯境内注册的外国银行的分支机构,负责外国银行和金融机构在俄罗斯境内的注册工作。俄罗斯中央银行货币政策的工具也有很大的变化,开始采用西方国家中央银行所采用的一般性政策工具,如法定准备金率、再贴现、公开市场业务等。

(二) 商业银行

俄罗斯的商业银行均为股份制银行。俄罗斯商业银行绝大部分是公司和个人持股,包括外国公司和个人持股。俄罗斯商业银行虽然数目众多,但基本上可以分为以下两大类别:

1. 国家直接控股银行

国家直接控制的银行只有苏联对外经济银行(财政部控股)、对外贸易银行(中央银行控股)、俄罗斯联邦储蓄银行(中央银行控股);其中,俄罗斯联邦储蓄银行目前是全俄罗斯最大的国有银行。

俄罗斯的商业银行最多时达到2 700家左右。随着市场经济的逐步建立,市场竞争的加剧,特别是1998年和2008年两次金融危机的冲击,目前俄罗斯商业银行的数量已经下降到834家左右。

俄罗斯商业银行不能直接办理保险业务,但可以通过参股、控股的形式参与保险业市场。俄罗斯商业银行可以参与有价证券的交易。

2. 其他股份制商业银行

其他股份制的商业银行包括金融工业集团所属银行、大型公司银行、大型对外贸易结算银行等,如天然气工业银行则是公司控股的典型。

其中管理金融工业集团所属银行的金融工业集团,是俄罗斯在向市场经济转轨过程中,由于其独特的政治、经济环境,形成了独具特色的金融工业集团,也称"金融寡头",是一种工业资本和金融资本相互融合的新型经济组织。据统计,到1997年年底,在官方注册的金融工业集团已有700多个,联合了近1500家工业企业和100多家信用金融机构。而"七人集团"是最具代表性的俄罗斯金融工业集团之一,其是当今俄罗斯政治经济生活中最有影响的7大金融财团。具体包括:别列佐夫斯基的罗卡瓦斯—西伯利亚石油集团,波塔宁的奥涅克辛姆银行—诺里尔斯克镍业—辛丹卡集团,霍多尔科夫斯基的梅纳捷普—尤卡斯集团,古辛斯的桥集团,阿文和弗里德曼的阿尔法集团,斯摩棱斯基的首都储蓄银行——农工银行,阿列克别罗夫的卢卡伊尔集团。"七人集团"是一个庞大的企业集群,拥有众多的独资子公司、控股公司和参股公司,雇佣十几万名职工,经营领域遍及第一、二、三产业。它们的影响范围包括政治、经济、社会和国民生活的各个领域,甚至对整个国民经济都能产生巨大的影响。虽然1996年俄罗斯的整体工业生产在下降,但是金融工业集团的产量当年则增加了3倍。金融工业集团对于推动俄罗斯经济的增长起到了很大作用,是俄罗斯市场经济的主要推动者。

(三) 非银行金融机构

除商业银行、专业银行之外,俄罗斯还存在一些其他类型的金融机构,主要包括保险公司、非银行小额信贷机构、信托公司、资产投保障基金(如养老基金、保险基金等)。

(四) 外资银行

俄罗斯鼓励外国投资者建立独资和合资银行,以引进西方银行的管理经验及技术。俄罗斯中央银行已给10家外国银行颁发了总许可证,允许1家外国银行分别与非常驻法人和自然人进行本币业务。但俄罗斯政府对外资银行作了较严格的限制:在俄罗斯开设的外资独资银行注册资本不得少于500万美元,外资银行对银行业的投资不得超过俄罗斯商业银行资本总额的5%;外国银行不得经营俄罗斯公司的股票业务;外国银行在俄罗斯境内只能设一个分行或附属行等。1996年1月1日起外资银行可为俄罗斯客户办理有关的银行业务。

(五)政策性金融机构

作为典型的经济转轨国家,俄罗斯的政策性金融机构主要包括俄罗斯开发和对外经济银行、俄罗斯区域开发银行、俄罗斯农业银行、俄罗斯中小企业信贷银行、俄罗斯中小企业基金和俄罗斯邮政储蓄银行。苏联解体后,俄罗斯政策性金融机构在短期内有效地解决了其经济发展中的资金需求。特别是合并成立"俄罗斯开发和对外经济银行"使俄罗斯有了真正意义上的国家开发性金融机构。

三、俄罗斯金融制度的特征

俄罗斯金融制度是在经济转轨过程中形成的。伴随经济转轨而采取的金融改革是在彻底摧毁原有计划体制与公有制的基础上进行的,改革的依赖路径被人为破坏,原有的政策法规基本上被废止,金融机构之间以及金融体系与实体经济的经济联系被割裂。由于俄罗斯市场机制薄弱,国民经济各部门之间以及各地区之间经济发展不平衡、产业结构不合理等原因,俄罗斯形成了既不同于转轨前的也不同于西方发达国家的金融制度,具有鲜明的个性特征。当采用银行业总资产与股票市场市值之比确认一国金融体系的结构时,经计算,俄罗斯与英国结构相近,属于市场主导型金融制度的国家,即实体经济的融资模式以直接融资为主(发行股票或债券),间接融资规模和所占比例较低。俄罗斯金融制度的具体特征表现为:

(一)俄罗斯金融资源分布极不均衡

虽然俄罗斯当前已建立起种类多样的金融组织和较为完善的金融市场体系,但金融资源的地区分配仍存在很多不合理现象,比如全国80%以上的金融资源高度聚集在莫斯科和圣彼得堡两大中心城市,资金充足的大型国有企业集团有更强的实力建立自己的银行资金融通,相反,资金匮乏的中小型民营企业则通常面临融资难的困境,最终导致资金链断裂,企业破产或并购。

(二)二级银行体制已经形成,但不够完善

在银行组织体系方面,形成了以俄罗斯银行为领导,商业银行为主体,多种金融机构并存和分工协作的金融体系。但是中央银行仍然缺乏足够的独立性,表现在:一是《俄罗斯中央银行法》对中央银行的权力限制中加入了大量的"除外条款",使中央银行仍然能承担商业银行的许多职能;二是中央银行在金融政策制定和执行中仍然缺乏独立的地位。中央银行在许多商业银行中持有股份,与商业银行有着千丝万缕的利益关系。此外,中央银行与政府的关系还没有完全理顺,势必影响中央银行调控宏观经济的作用。

(三)俄罗斯银行体系资产增加受限,存在与实体经济脱节现象

俄罗斯商业银行资本、资产规模小,资本不足限制了俄罗斯银行业总资产的增长,使其资金转化能力不足,所以银行对实体经济贷款总量偏低,而且从结构上看,新增贷款基本上

属于银行对本金融工业集团内部企业的贷款,银行在有权配置社会资金方面没有发挥应有作用,截至2001年10月1日,俄银行对经济实体的贷款在国内生产总值中占的比重仅为11.7%,不仅低于东欧转型国家平均90%的水平,更大大低于发达国家平均11%的水平。

(四) 俄罗斯国家有价证券市场相对发达

经济转型期间形成的巨额债务是其债券市场发展的基础,而长期的预算赤字则是有价证券市场进一步发展的推动力量。俄罗斯长期居高不下的通货膨胀率是导致短期国债高收益的根本原因,国债的高收益促使国内银行大量持有(部分银行占总资产60%)和外资的大量涌入,形成了金融体系中的不稳定因素。虽然存在不利影响,但国家有价证券的蓬勃发展的确能在弥补预算赤字、实现货币政策、动员闲置资源等方面发挥重要作用。

(五) 俄罗斯股票市场畸形发展

俄罗斯股票市场是顺应私有化政策而产生的,俄罗斯股票一级发行目的不是融资,而是股权的重新分配。二级市场上主要的交易集中在少数几家蓝筹股,垄断和投机色彩浓郁,股市变化与实体经济关联不大。股票市场规模小,风险的高度集中性以及管理极不规范仍然是俄罗斯股票市亟待解决的问题。

(六) 俄罗斯金融业对外开放程度高

俄罗斯积极推进金融业对外开放,在自由化思想的支配下,俄罗斯逐步放宽了外资银行的准入限制,希望通过外资银行进入以改善国内银行体系效率;为了弥补国内金融资源短缺,俄罗斯开放证券市场来吸引外资,非居民在俄证券市场上十分活跃,外国投资者行为是影响俄罗斯证券市场的重要力量。此外,俄罗斯还积极推进外汇自由化改革,实现了卢布经常账户的开放,资本项目的开放和汇率自由浮动的改革同时进行,央行不再干预汇率波动,外汇市场的供求决定具体汇率。但对于俄罗斯目前状况而言,国内银行业和证券市场发展不够成熟,过早地开放资本项目容易使整个金融体系抗风险能力下降,2008年的美国次贷危机给俄罗斯金融业带来的冲击就是最好的体现。

(七) 俄罗斯金融业缺乏统一的监管体制

目前金融业混业经营成为不可逆转的趋势,2000—2006年,以国际清算银行为首提出了国际范围的银行监管理念。俄罗斯的银行业仍处于分散监管的状态,还没有建立起统一的监管部门,具体来说:俄罗斯央行负责储蓄银行的监管,财政部负责俄罗斯对外贸易银行监管,农业部监管俄罗斯农业银行等。2004—2007年,俄罗斯曾尝试建立统一监管机制,但阻碍重重,最主要的原因就是俄罗斯监管立法和司法制度都还不够完善,所以应首先制定统一的法律法规,对各类金融机构的同种业务制定统一的监管标准。

第三节　印度的金融制度

印度独立后,其经济发展水平有了显著的进步,到20世纪90年代中期,印度已建立起门类齐全的现代工业体系,农业获得巨大发展,对外贸易拓展很快,高新技术取得令世人瞩目的成就,已成为一个具有相当经济实力的发展中大国。但与东亚、东南亚许多国家相比,印度经济又是相对落后的,它基本上还是一个以农业为主的发展中国家,经济生活中工业和农业发展程度及地区分布的严重不平衡,形成印度金融体制中现代和古代金融机构同时并存的二重结构,银行业相对落后和封闭。

一、印度金融制度的演变

独立初,印度银行业普遍实行连锁董事制(Interlocking of Directorship),即银行的董事大多由大企业、大公司的股东兼任,在他们的影响下,银行将居民储蓄聚集的资金大部分投向了与之关联的大实业公司,以及大国有企业,而中小国有企业很难得到贷款。同时,银行的分支机构大都集中在经济繁荣、人口鼎盛的大都市,忽略了广大农业地区的资金需求。作为经济基础的农业发展缓慢,且存在着大量的贫困人口。但是,当时印度政府确立了实现工业化的经济发展战略,推行以国有经济为主,国有经济和私有经济并存的混合模式,同时将稳定和公平纳入宏观目标,这些都需要强有力的资金支持。在这种情况下,为了增加中央准财政收入,印度政府决定实行银行业国有化政策,在1969年和1980年,先后接管了20家左右存款额在5亿卢比以上的银行,并借此建立了以国有银行为主的银行体系。

二、印度的金融组织体系

印度金融组织体系较为复杂,但基本上也是呈现出中央银行为领导、商业性金融机构为主体、政策性金融机构为补充的格局。印度金融业存在着明显的"二重结构",即按西方经营管理方式经营的现代化银行(印度储备银行、印度国家银行)和按印度传统方式经营信贷业务的类似钱庄的本土银行并存。这个现象反映了印度经济结构的"二重性",也必然影响到印度金融业的许多方面,成为印度金融"浅化"的一个重要特征(见图2-3)。

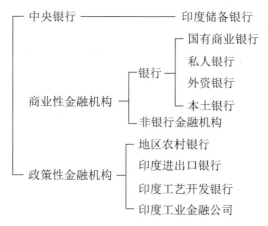

图2-3 印度的金融组织体系

印度的银行业在独立前就已经有了一定的基础,业务重心在私营部门。印度独立之后,进行了大规模的社会转型,私营商业银行在1969年和1980年实现了两次国有化,随之成立起了一批专业银行,公共部门银行在印度银行业中处于关键地位。国有银行、私人银行和外资银行分别占银行资产总额的75%、18%和7%。

(一) 中央银行

印度储备银行(Reserve Bank of India)是印度的中央银行,始建于 1935 年,1949 年收归国有,总行设在孟买,下分发行部和银行部,在各地设有 14 家分行。印度储备银行的最高决策机构是中央董事会,董事会由总裁主持,总裁由内阁会议任命,最高管理机构是中央理事会,由 20 名理事组成。印度的银行体系结构为:印度储备银行为最高银行,之下为商业银行、邦合作银行、地区农业银行、国家农业和农村开发银行的银行系统。

印度储备银行建立于 1935 年 4 月,拥有股本 5 000 万卢比,最初完全为私人持有,政府仅有面值 22.5 万卢比的股份。1949 年该行被国有化,成为独立不久的印度共和国的中央银行,行使中央银行的全部重要职能,职能包括服务性职能和对宏观经济的控制调节职能。

1. 印度储备银行的服务性职能

(1) 发行货币。印度的法偿货币是卢比。按惯例,硬币一直由政府负责发行。在印度储备银行的货币发行史上,1957 年前采用部分发行准备制度,即必须以 40%的黄金或英镑证券作为发行纸币的保证,以 60%的卢比纸币、卢比硬币或获准的印度政府证券为担保。1957 年以后采用了定额的最低准备制度,即只要保持价值 20 亿卢比的黄金和外国证券(其中黄金不得少于 11.5 亿卢比)作为保证,就可以根据经济发展的需要发行任何数量的纸币。

(2) 代理国库。作为政府的代理人,印度储备银行负责接收、支付各类款项,负责政府公债的发行管理、还本和付息,向中央政府和各邦政府提供 90 天以内期限的贷款和应付临时急需的透支,并在国内外金融事务中充当政府的顾问。

(3) 监督管理银行。根据印度的银行法规,银行自有资本和储备必须达到 50 万卢比,每周还要向储备银行报告它们的经营情况,遵守储备银行的各种条例和法规,并按一定比例缴存存款准备金。印度储备银行则在这些银行发生资金困难时予以支持,给予 90 天以内的贷款。

(4) 调控信贷。它有权采用改变银行利率、实行有选择的信贷控制和公开市场业务,准许和不准许专门集团及个人贷款等方法和手段进行信贷控制。同时它还拥有许多控制印度货币市场的权力。

(5) 保管外汇储备。印度储备银行属于管理大部分外汇储备的政府机构,对在印度的外国银行进行一般的监督管理,有责任维持卢比的官方汇率,承担买卖所有国际货币基金组织成员国货币的义务。《外汇管制法》还赋予储备银行控制外汇保证金、对外支付、向外国人转移货币、黄金和保证金的权利。印度实行较严格的外汇管理,印度储备银行按照与政府议定的总政策行使外汇管理权。日常的许多外汇管理工作则下放给某些商业银行执行。

(6) 管理监督银行、金融系统的运行。作为印度的中央银行,印度储备银行还是全面的票据交换和资金清算中心,以维持印度经济和金融业的正常运行。

2. 印度储备银行的宏观经济调节职能

印度储备银行的长远货币金融政策战略目标与政府的长期经济战略目标是完全一致

的。印度储备银行对印度经济的发展也负有全面而重要的责任。但印度储备银行通过传统的三大货币政策工具调节宏观经济的作用比较有限,更为突出的是以行政手段为特征的选择性信贷控制。强而有力的行政干预是其货币政策的主要特征。

(二) 一般银行

在印度,所谓一般银行是指除中央银行这一特殊性金融机构以外的银行机构,包括商业银行和各种专业性金融机构。

1. 商业银行

印度的商业银行体制基本上是仿照英国和美国的银行模式建立起来的。目前,全国有近300家商业银行,绝大多数是国有的银行,它们构成印度商业银行的主体,其中最大的是印度国家银行,有分支机构8 000多家。印度现存的商业银行按所有制划分,有以下四类:一是国有银行。"印度国家银行"(SBI)及其7家所属专业银行为最大的银行集团,其存贷业务量占全国商业银行的27%左右。专业银行包括工业开发银行、进出口银行、全国住房银行等。还有19家具有一定规模的综合性银行,均为过去收归国有的私人银行。二是私人银行。从1993年起,印度又允许新开设私人银行,目前新旧私人银行共34家。三是农村地区银行,全国共有196家"地区乡村银行",分布在23个邦的427个县,以农民为主要服务对象。四是外资银行。20世纪90年代中期,印度政府允许每年有8家外国银行在印度开设分行,到1998年,已营业的有42家。

印度国家银行是印度最大、实力最强的商业银行,其股本的90%以上为政府所有。印度国家银行是在原印度帝国银行资产国有化的基础上建立起来的。它同一般商业银行一样吸收存款、发放贷款和进行透支;它在促进印度广大农村落后边远地区的发展方面发挥了独特的作用;它作为印度储备银行的代理机构,执行某些中央银行的职能;它在没有银行的地区开设分行,为合作社和小企业融通资金,在农村的信贷方面起了特别重要的作用;该行还积极开展国际业务,在世界20多个国家设有分支行;它还负责支付印度一半的对外贸易额;它的营业额占整个印度银行的35%以上。除了印度国家银行以外,主要的商业银行还有印度银行、旁遮普国民银行、中央银行、联合商业银行、印地银行以及印度海外银行。1969年印度首次将14家主要银行国有化,其余大部分在1976年国有化。

2. 政府和私人专业金融机构

(1) 地区农业银行。印度政府在全国开设了地区性农业银行。每个农村地区银行都由一家商业银行主办,核准资本1 000万卢比,股本为250万卢比。设立地区性农业银行的目的主要是对小农场主、农民、手工业者和小企业主提供信贷,发展农村经济,从而有助于印度落后地区经济的发展,缩小与发达地区的差距。这类专业金融机构仅限于在指定的地区活动,业务也仅限于向上述特定对象发放贷款,放款利率也不得高于该地区合作银行的放款利率。到1995年年底,这类地区农业银行已有196家。

(2) 发展银行。作为发展中国家,印度面临着发展民族经济的艰巨历史任务,而传统的金融结构和资金来源又难以满足需要。于是印度政府采取特别措施调整金融结构,通过多种途径组织资金,建立了全国性和地方性发展银行。近十几年来,这类专业银行机构成为印度长期资金最重要的来源。全国性的发展银行有印度工业信贷公司、印度工业发展银行、印度工业信贷投资公司和印度工业复兴公司。它们为工业基建和设备提供资金，满足重点工业项目各阶段资金的需要。目前，邦一级的发展银行有40多家，主要是为中小企业提供资金。

发展银行提供资金的方式多种多样，有参股、优惠贷款、特别援助以及为企业提供发展战略、技术管理、信息等咨询服务。贷款期限一般为8—10年，有的为5—15年，发展银行贷款目前已占整个发展贷款的80%。

（3）合作银行。印度金融体系中还有合作银行体系。合作银行1904年成立，他们主要管理组织的有关合作和互助。合作银行的主要目的是提供农村信贷。

收入较低的民众为解决自己的经济问题，在权利平等的基础上，组织建立合作银行，共同集资形成基金，开展经营活动。合作银行在印度农村合作社的融资中发挥了重要作用。1904年颁布的合作社信用合作协会法推动了其发展。该信用合作协会法，1912年进行了修订，基础广泛。合作银行受合作社法规管理。合作银行分为中心合作银行和邦合作银行。中心合作银行也称为区域合作银行，经营活动限于某一特定区域，主要是向由农民组成的初级农业合作社发放贷款。中心合作银行资金来源是各成员认缴的股本，也接受公众的存款，并从邦合作银行获得贷款。中心合作银行的成员有个人和集团。邦合作银行的活动范围比中心合作银行大，但仍以邦为界，它从印度储备银行取得短期或中期贷款，然后再向中心合作银行和初级合作社提供资金。它们在发放农业贷款方面起了积极的作用。

3. 传统的、本土古老的准金融机构

印度是古老的国家，封建性经济结构长期占统治地位。独立以后，尽管印度进行了"土地改革""绿色革命"，但都未能彻底消除这种封建主义基础。至今农业仍然是印度经济的主体和最薄弱的环节。与这种历史和现状相联系，现代印度金融体系中仍然有尚未组织起来的古老的准金融机构大量存在，如钱庄和当铺，还有经营高利贷的个人。这种情况形成了印度金融体系最为明显的特征之一。

4. 印度的外国银行

1969年印度实行国有化政策时，不允许外国银行在其国内新设分支机构，中国银行在印度的分支机构亦被关闭。1974年开始允许孟加拉银行在加尔各答以对等条件开设分支机构，以便利两国贸易。目前条件又有所放宽，但外资银行在印度不能增设网点，营业范围也被限制在对外贸易及某些特定领域。

（三）印度的证券市场

在亚洲各国中，印度的证券市场建立、发展得最早且颇具规模。目前，印度的证券交易所共有24家，注册的证券经纪人公司有9 192家，上市公司9 200家，市值1 520亿美元。有1 900万人投资于证券市场，共同基金有2 300万个单位基金持有者，1985—1999年投资者人数年平均增长率达到22%。

证券市场的组织结构如下：

1. 印度的证券交易所

印度的 NSE(National Stock Exchange，印度最大的交易所)和 BSE 是全国性证券交易所,印度境内有400多个城市可以访问其交易系统。交易品种跨越股票、债券和各种衍生品(指数期货、指数期权、股票期货、股票期权等)。目前全印度共有23家证券交易所。

2. 上市公司

印度的上市公司有10 000多家,其中,有4 000家以上的公司在地区性交易所上市。

截至2006年3月,NSE资本市场板块有上市公司1 061家,可交易证券929只(不含停牌的);债券市场板块有证券3 178只;衍生品市场板块有合约品种9 123只。

3. 清算公司

NSCCL(National Securities Clearing Corporation)和CCIL(Clearing Corporation of India Ltd)是全国性的清算公司。

4. 存管机构

国家级的存管机构有NSDL(National Securities Depository Limited)和CDSL(Central Depository Services Limited),分别有5 536和5 068家公司与它们连接,730多万投资者受到保护。

5. 监管机构

印度证券市场的监管机构有SEBI(Security and Exchange Board of India)、DCA(Department of Company Affairs)、DEA(Department of Economic Affairs)和RBI(Reserve Bank of India)。

SEBI是印度证券市场的集中监管者。四个机构依据几部法律进行分工和监管。

证券市场的市场交易多为短期投机交易,换手率高,交易量大,集中交易地区为全国性交易所,导致地区性交易所交易量正在逐年递减。

印度国民生产总值中证券市场资本总额所占比重较大,高于许多新兴市场。

印度全国有券商(Broker)9 000家以上,次级券商13 000家以上。

对于证券市场的开放,印度采取了比较稳妥的政策:1986年国内证券公司开始在外国设立基金,外国投资者通过购买这些基金对印度进行间接投资;1992年9月颁布外国机构投资准则;1995年11月《外国机构投资法》颁布实施;1997年10月,印度储备银行允许印度机构投资者投资海外市场,投资总量限制在5亿美元以内,单个机构投资者投资限额为5 000万美元;2000年,计划允许外国企业在印度证券交易所挂牌上市。目前在印度的外国机构投资者的注册数量为545家,分账户数目为1 318家,累计外国机构投资额达到116.9亿美元,其中来自美国的机构投资数目为225家,开设719个分账户,其净投资额达到55.6亿美元。

为了加强监管、防范风险,印度在开放市场的同时,采取了符合条件的外国机构投资者制度、资本限制、税收政策等措施,并制定了健全的法律和规定。印度对外国机构投资者要进行严格的资格审查,符合规定和标准的才能按限定的比例入市,买卖证券要在印度证券与交易委员会注册,并经过印度储备银行的批准。在印度,外国机构投资者或分账户的单独投资限制在被投资公司发行资本总额的10%以内(国外个人和国内法人的投资可以达到在印度的外国总投资的24%,但经被投资公司董事会和全体股东大会批准则可以增加到40%)。为了抑制境外投机资金行为,印度对长期资本收益征收10%的利得税,对短期资本收益则要征收30%的利得税,在交税之后可自由地将收入汇回本国。此外,印度证券交易委员会还通过若干技术手段保证市场的安全性,建立交易、结算保证基金,在证券交易所建立监测系统和独立的监测部门,设置价格幅度、临时凭证自动线路过滤装置,研制股票实时监测系统。

得益于稳妥的开放政策与较严厉的监管措施,印度证券市场的波动幅度通常较小,即使是在1987年"黑色星期一"及1997年东南亚金融危机期间,其价格变化幅度也不大,平均市盈率稳定在18倍左右。

三、印度金融制度的特征

印度的社会历史、经济模式和金融体制及其金融政策都具有相当典型的代表性。在不长的历史进程中,印度金融体制逐渐形成了自身的鲜明特性。

(一) 二元的金融结构

许多发展中国家的经济大多是双元的结构,即少数地区和大城市的较现代化的工商业经济与广大农村和山区落后分散的农业经济并存。由这种二元经济结构产生并与之相适应,这些国家的金融机构也是二元的。印度的二元金融机构的显著特点是,组织完善的现代化金融体系与遍及全国各地尤其是农村的各自为营的当铺、钱庄和大人小小的高利贷者并存。这种二元结构是现代与古代、先进与落后、商品经济与自然经济的并存、对立和鲜明对比。

(二) 金融业发展的严重不平衡

印度经济的发展是很不平衡的。它的工业大部分集中在马哈拉施特拉、西孟加拉和吉吉拉特三个邦,其中又主要集中在孟买、加尔各答和艾哈迈达巴德。而农业的发展却相当缓慢。工业和农业,城市和乡村,全国不同邦和地区发展的严重不平衡导致了印度金融业的严重不平衡。印度的银行大部分集中在孟买、新德里和加尔各答等中心城市,这是印度金融体制的特征之一。这种状况对政府和印度储备银行的政策产生了重大的影响。目前,中央银行正采取许多强制性的政策,通过鼓励建立分支行改变这种不平衡状况。

(三) 普遍的国有化

印度金融体系的另一个显著的特征是国有化程度较高。虽然它的金融体系中还存在着私人资本主义银行和封建性的古老金融业及高利贷者,但是通过1969年和1976年的国有化,几乎全部商业银行都收归国有,这大大便利了国家的控制、利用和管理。此外,政府的各种工业发展银行、农业合作银行与国有商业银行一起构成印度经济发展的强大后盾。

(四) 金融业在国家经济社会发展中发挥重大作用

印度特别注意利用金融体系加速其经济复兴和社会发展。银行国有化以后,银行已成为实施国民经济各项政策的重要工具,并取得了相当大的成绩。例如,印度银行推行面向大众的政策,致力于金融业的发展;重点面向农村和偏僻地区;推行灵活多样的业务方针;大力支持中小企业、家庭手工业和农业,受到下层群众的普遍欢迎;还注意提供各种形式的咨询服务。

(五) 遍布全国的银行网

印度银行国有化以后最引人注目的成就是形成了一个遍布全国城乡的银行网,这特别有利于社会的改造,促进了经济的货币化进程和城乡经济的发展。到 1999 年年底银行分支机构已从 1969 年的 8 200 家发展到 64 000 家,而且这些新增的分支机构有一半以上分布在农村。这就为广大农村和边远地区的经济发展提供了大量迫切需要的资金。按照印度储备银行的规定,商业银行只有在没有银行的农村开设 4 家分支行,才能在大城市和其他有银行的地区开设 1 家分行,从而保证将有 2/3 的分支行开设在没有银行的地区。

(六) 银行业务的自由化和交叉趋势

近年来,印度银行业务出现了一些新的发展,如银行发行股票和债券、组织印侨资金、增加企业资本、商业银行直接在企业入股等,这显示了其银行业务自由化和交叉的趋势,这在发展中国家中是很值得注意的。

第四节 中国的金融体制

改革开放以来,中国的金融体制发生了巨大变化,由原来计划性的中央银行大一统的大包大揽发展到现在的以中国人民银行为管理中心,国有商业银行为主体,网络银行为未来发展方向,多种类别金融机构分工与合作的中国特色金融体制。

一、中国金融体制的演变

根据中国经济发展的阶段性特征,一般可以将中国的金融体制发展划分为五个时期:中国金融体制的起步时期、中国金融体制的探索时期、中国金融体制的转折时期、中国金融体制的调整时期、中国金融体制的深水时期。

(一) 中国金融体制的起步时期(1949—1952 年)

在此期间,国家经济正处于复苏阶段。此时中国社会的政治制度和经济制度均学习了苏联的发展模式,因此金融体制也带有苏联模式的影子。独立的人民币制度、统一的金融机构体系和严格管理的外汇制度的形成,标志着中华人民共和国金融体系的初步建立(见表 2-2)。

表 2-2 中国金融体制起步时期重大改革事件

事 件	改革成效
在解放区华北银行、北海银行和西北农民银行的基础上成立中国人民银行	建立起了独立和统一的货币制度
逐步收兑各解放区货币,统一发行人民币	
将"四行"中的中央银行、中国农民银行,"二局"(中央信托局、邮政储金汇业局)和"一库"(中央合作金库)以及国民政府的省市银行均并入中国人民银行	改组金融机构并由人民银行接管或领导

续表

事　件	改革成效
保留中国银行和交通银行的私股权益,没收官股,在中国人民银行领导下分别专业管理经营外汇和工矿交通事业长期信贷业务	改组金融机构并由人民银行接管或领导
在华的外国银行继续营业须服从中国政府管理	
成立了统一的公私合营银行,成为中国人民银行领导下的办理私营工商业存贷款业务的专业银行	
建立外汇指定银行的管理制度,制定统一的人民币汇率,实行供汇和结汇制度	集中管理外汇

资料来源:作者根据相关资料整理。

(二) 中国金融体制的探索时期(1952—1979年)

在此期间,中国的金融体制开始寻找符合自身特征的发展道路。为满足"一五"计划的基本要求,金融业也建立了高度集中的金融组织体系和金融管理体制。通过第一个五年计划,中国经济取得了较大发展,因此"计划经济"体制就成为这一时期经济和金融发展的主要模式。集中计划管理和严格行政制约使中国金融经济的发展处于抑制状态,银行作用不能充分发挥,并不存在真正意义上的中央银行,形成了单一银行、单一信用的金融体制(见表2-3)。

表2-3　中国金融体制探索时期重大改革事件

时期	事　件	改革成效
"一五"时期	建立中国人民建设银行(隶属于财政部)	形成了人行对全国金融活动的统一、垂直、集中管理和领导的体制
	撤销大区一级行政机构,中国人民银行的区行也随之撤销	
	实现农村信用合作化,将公私合营银行纳入中国人民银行体系	
	撤销中国农业银行,中国人民银行设立农村金融管理局,管理全国农村金融业	
	各级银行吸收的存款全部上缴总行统一使用;银行的各种贷款则由总行按核定的计划指标逐级下达	"统存统贷"的指令性计划管理体制
"大跃进"时期	中国人民银行总行在此期间下放信贷管理权	通货膨胀,市场物资缺乏,坏账加剧,造成金融秩序的混乱
	盲目变革金融规章制度	
	改国有企业定额流动资金为财政拨款,超定额流动资金由银行体系提供	
	撤销中国人民建设银行,中国农业银行被撤并	

续表

时期	事件	改革成效
经济调整期	冻结机关团体等在银行的存款以紧缩财政支出,控制货币投放,稳定市场物价	金融管理体制又重新恢复到过去集中统一管理的模式
	严格信贷管理和财政管理,划清信贷资金与财政资金界限	
	降低农业贷款利率,减轻农民负担,调动农民生产积极性	
	收回原下放的一切权力,银行业务实行彻底的垂直领导	
"文化大革命"时期	中国人民银行总行并入财政部合署办公,其分支机构也并入地方财政系统	集中统一的金融体系解体
	银行信贷管理失去控制,货币过量发放	
	中国人民建设银行被第二次撤销,并入中国人民银行	
	储蓄、侨汇、国外保险等金融业务受到冲击	
经济整顿时期	重新明确中国人民银行是全国信贷、结算和现金活动中心中国人民银行与财政部分设	统一政策、统一计划、统一制度、统一资金调度和统一货币发行
	颁布《财政金融十条》	

资料来源:作者根据相关资料整理。

(三) 中国金融体制的折转时期(1979—1992 年)

中国经济在这个阶段得到了快速发展,"计划经济"体制已不能满足经济的实际需求,不能跟上经济的发展步伐。负责信贷、现金和结算等业务的中国人民银行更加不适应金融业的现实发展需要,因此金融体制改革具有历史必然性。中国金融体制通过这个阶段的改革最终构建了多元化的金融机构体系——以中国人民银行为中心,国家专业银行为主体,银行和证券公司、保险公司、信托投资公司等非银行金融机构并存的格局(见表 2-4)。

表 2-4 中国金融体制调整时期重大改革事件

年份	事件	改革成效
1978	党的十一届三中全会提出工作重心转移到经济建设上来并实行改革开放方针	金融体制改革拉开了序幕
1979	中国农业银行恢复	恢复或新建 4 家独立经营、企业化管理的专业银行
	中国银行从中国人民银行中分离	
1984	正式成立中国工商银行,承担工商信贷和储蓄业务	
1985	中国人民建设银行独立	

续表

年份	事件	改革成效
1986	恢复交通银行并确立其为全国性综合银行	开放商业银行准入,成立一批股份制商业银行
1987	成立中信实业银行、招商银行、深圳发展银行	
1988	成立广东发展银行、福建兴业银行	
1992	成立华夏银行、中国光大银行	
1993	成立上海浦东发展银行	
1979	中国人民银行决定恢复和加强中国人民保险公司机构	非银行金融机构从无到有、从小到大
1979	成立中国国际信托投资公司	
1983	多个城市试办的具有集体性质的城市信用合作组织	
1983	中国人民保险公司成为国务院直属局级经济实体	
1987	全国各大中城市都相继成立了信托投资公司	
1987	成立第一家证券公司深圳特区证券公司	
1990	相继建立沪深两个证券交易所	
1979	日本输出入银行获准在北京设立常驻代表机构	沿海地区出现了外资银行机构的身影
1981	批准外国金融机构在经济特区设立营业性分支机构	
1982	香港南洋商业银行在深圳设立分行	
1990	上海除特区外率先获准引进外资银行营业性机构	
1991	大连、天津、青岛、南京、宁波、福州和广州7个城市对外资金融机构开放	

资料来源:作者根据相关资料整理。

(四) 中国金融体制的调整时期(1992—2013年)

该阶段的目标是调整和完善中国金融体制。在此期间,央行逐渐转变职能,以制定和执行货币金融政策、对金融活动实施监督管理和提供支付清算服务为三大职能。其主要职责是通过各类货币政策工具进行宏观调控,以实现金融系统的稳定和长远发展。国有银行逐步朝着商业银行方向发展,全国中小股份制银行、城市商业银行、信用社快速开通市场,占据市场份额,以能够更好地为金融体系的发展服务。金融监管上则确定了"分业经营、分业监管"的基本发展与监管思路(见表2-5)。

表2-5 中国金融体制调整期改革重大事件

体系	事件	改革成效
中央银行体系	颁布《关于金融体制改革的决定》,强调将中国人民银行办成真正的中央银行	确定中国人民银行的央行地位
	颁布实施《中国人民银行法》	

续表

体系	事件	改革成效
银行类金融机构体系	颁布实施《商业银行法》	完善统一法人制度；完善内控制度；完善内部治理结构；改革财务会计制度
	分别成立了四家金融资产管理公司，收购和处理从国有商业银行剥离出的一部分不良资产	
	通过注资与引进战略投资者等途径实现国有商业银行的产权改革以及股份化改制与上市	
	颁布《中华人民共和国外资金融机构管理条例》	
非银行类金融机构体系	1999年《证券法》正式实施	多层次多样化，百花齐放
	证券监管部分出台一系列政策，鼓励业务创新、经营方式创新和组织创新	
	出台《证券公司融资融券业务试点管理办法》及相关实施细则	
	1995年《保险法》的颁布	
	中国人民保险公司改制为集团公司	
	成立3家全国性保险股份有限公司和2家区域性保险公司	
	基本完成中国人民保险公司、中国人寿保险公司和中国再保险公司三家国有保险公司重组改制工作	
	引入QFII和QDII制度	
金融监管体系	成立中国保监会	银行、证券、保险三大行业"分业经营、分业监管"格局
	成立中国证监会	
	成立中国银监会	
金融市场体系	开始实行以市场供求为基础、参考一篮子货币进行调节、有管理的浮动汇率制度	
	扩大银行间外汇市场交易主体和品种；推出询价交易方式，引入做市商制度	
	推出了包括现券买卖和质押式回购交易等两部分构成的债券交易业务，形成银行间回购市场	
	颁布《同业拆借管理办法》	

资料来源：作者根据相关资料整理。

(五) 中国金融体系的深水时期(2013年至今)

面对日益复杂的国内外经济金融环境，中国迎来了新一轮全面深化改革，任务繁重又艰巨。自上而下的体制改革可能会忽略基层实际情况；在既有的宏观调控思路下，容易忽略调动下层积极性，又难应对变幻莫测的国际环境；中国地广人多，地区经济发展不平衡，金融资源分配不均匀,全面的金融改革政策容易造成"一刀切";政策强制性加大对中小微金融服务力度,又将失去市场之手。

目前,中国金融体制改革正处于深水区。自中国共产党十八届三中全会召开以来,中国进一步完善金融市场体系,不断提升服务实体经济和支持产业转型升级的能力;扩大金融内外双向开放,鼓励金融创新发展,丰富金融市场层次和产品;完善多层次资本市场体系,推进股票发行注册改革,多渠道推动股权融资;加大发展普惠金融,引入民间资本,加强民间金融监管,努力实现"稳增长、调结构、促转型、惠民生"的政策目标。

二、中国的金融体系

中国的金融体系如图2-3所示。

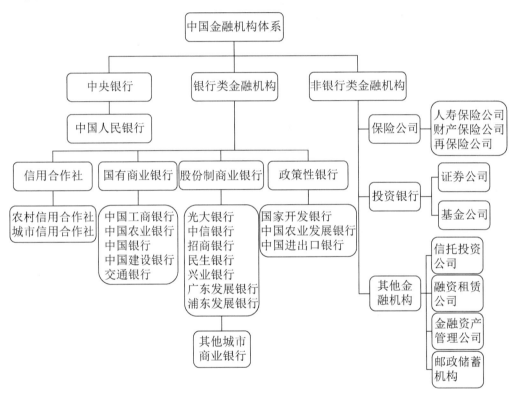

图2-4 中国的金融机构体系

(一)中央银行

中国的中央银行为中国人民银行。1948年12月1日,以华北银行为基础,合并北海银行、西北农民银行,在河北省石家庄市组建了中国人民银行,并发行人民币,成为中华人民共和国成立后的中央银行和法定本位币。主要职能包括拟定金融业改革和发展规划,起草有关法律和行政法规,监督银行间同业拆借、银行间证券市场等,承担最后贷款人责任,经理国库,发行与管理人民币等。

(二) 商业银行

商业银行是中国金融体系的重要组成部分,具有不可代替的主导地位。它是一个以营利为目的,利用多种金融负债筹集资金,多种金融资产为经营对象,具有信用创造功能的金融机构。中国的商业银行没有货币的发行权,以存贷款为主要经营业务,即以较低的利率借入存款,以较高的利率发放贷款,其主要利润是商业银行存贷利差。根据不同的规模大小和业务领域范围,银行主要分为大型商业银行、股份制商业银行、区域性商业银行和外资银行。大型商业银行指具有巨大资产规模、业务遍及全国的银行,通常俗称为"五大行"(中国工商银行、中国农业银行、中国银行、中国建设银行以及交通银行)。股份制银行资产规模也较大,涉及业务较多,服务地区涵盖多个省份,目前主要包括中信银行、中国光大银行、华夏银行、广东发展银行、平安银行、中国招商银行和上海浦东发展银行等。区域性商业银行从字面上可知具有区域限制,是地方政府为了更快更好发展当地经济而建立的银行类金融机构,它可以分为城市商业银行和农村商业银行。外资银行是指由外商独资成立的银行。归根结底,商业银行在金融演变中已经树立了难以动摇的地位,它将跟随时代潮流和社会需求不断推陈出新。

在中国商业银行体系中,大型商业银行作为主导力量占有大部分业务。近年来,股份制商业银行的发展十分迅速,急速扩张各自的市场。而区域性商业银行和外资银行在已有业务基础上稳步推进。2013—2015年,一种到目前为止还被各界人士争论是否属于金融创新的"创新"——"互联网金融"在中国以迅雷不及掩耳之势席卷而来,互联网平台如春笋般创建。其在创立之初,服务对象就遍布全国,虽然没有实际的营业网点,但其逐渐显现的巨大影响力是所有人都始料未及的。代表性的银行有深圳前海微众银行和浙江网商银行。

(三) 政策性银行

中国的政策性银行主要是中国进出口银行和中国农业发展银行。国家开发银行股份有限公司也可以看作中国政策银行体系的一部分。2008年12月16日,国家开发银行转为国家开发银行股份有限公司,当日在京挂牌成立,国家开发银行股份有限公司成为第一家由政策性银行转型而来的开发性金融机构。

(四) 非银行金融机构

截至2013年年末,中国境内证券公司有115家,总资产为20 788.3亿元,净资产为7 539亿元,净资本为5 205亿元,全年累计营业收入为1 592亿元,累计净利润为440亿元。和证券公司同属非银行金融机构的保险公司、信托投资公司、企业集团财务公司、金融租赁公司、公募基金公司、私募基金公司、担保公司、小额信贷公司等都发展迅速。但总体来说,按国外发达资本主义市场的标准和规模,中国非银行金融机构的规模仍然有限,业务范围与业务能力还有很大的提高空间,非银行类金融机构的法制意识还有待加强。

(五) 金融市场发展

经过三十多年的改革与发展,一个以货币市场(金融机构间同业拆借市场为主体)、资本市场(国债等各类债券、股票发行流通为主体)和外汇市场构成的金融市场体系已基本形成,并在市场不断发展中成长与完善,目标是构建一个多层次的全面金融市场。

(六)金融监管体系

按监管范围划分,中国的金融监管机构可以分为四部分:一是监管部分银行业和中国宏观经济形势的中国人民银行;二是监管银行业金融机构的中国银行业监督管理委员会;三是监管证券经营机构的中国证券监督管理委员会;四是监管中国保险业的中国保险监督管理委员会。在中国目前的分业监管体制中,中央银行依然处于核心地位,它不仅负责部分银行业的监管,同时还从宏观经济政策上给予保险业和证券业相当的引导。

三、中国金融体制的特征

中国金融体制的特征可概括为国际化、市场化和系统化。

1. 国际化

(1)人民币国际化。货币国际化是一个国家国际化程度的表现之一,其也展示在一个国家与其市场之间彼此影响的进程中。历史上英镑、美元、日元、德国马克等货币最初都是伴随着经济的持续高速增长和贸易额的增加而国际化。中国在经济水平飞速提升、世界竞争力日益增强的趋势下,人民币国际化也成为提升综合国力、渗透全球治理的关键战略政策。同时,货币国际化可以增加中国的利益:①获得征收"铸币税"收益;②提升世界范围内金融活动中的话语权;③增强规避与防范金融危机的水平;④降低国际贸易的交易成本。

自2008年金融危机以来,许多发达国家的经济都经历了重度衰退,三大国际货币都面临挑战。面对国内外复杂多变的经济环境,中国人民币国际化快步跃进,国际使用规模呈现高速增长态势。2014年,人民币取代加拿大元、澳元成为全球第五大支付货币。人民币实现了从新兴货币向常用支付货币的转变,且RII呈现继续上升趋势,截至第四季度已达2.47。基于发展亚太经济一体化的契机,人民币逐步实现从周边化—亚洲化—国际化的顺利过渡(见表2-6)。

表2-6 人民币国际化进程表

年份	事件
2007	首只人民币债券登陆香港
2009	发布跨境贸易人民币结算试点管理办法,跨境贸易人民币结算试点正式启动
2010	发布跨境贸易人民币结算试点地区范围将扩大至沿海到内地20个省份,境外结算地扩至所有国家和地区
2010	中国人民银行与香港金管局同意扩大人民币在香港的结算范围,离岸人民币交易开始启动
2011	开始试点项目,允许境内公司使用人民币在境外投资
2011	中国人民银行正式明确外商直接投资人民币结算业务的试点办法
2011	将跨境人民币结算地区从20个省份扩大至全国,从毗邻国家扩展至境外所有国家和地区

续表

年份	事件
2012	中国人民银行与世界银行在华盛顿签署了《中国人民银行代理 IBRD 投资中国银行间债券市场协议》
2012	央行等 6 部委联合审核下发了出口货物贸易人民币结算重点监管企业名单。自此,境内所有具有进出口经营资格的企业均可依法开展出口货物贸易人民币结算业务
	中国人民银行批复《前海跨境人民币贷款管理暂行办法》,深圳前海地区跨境人民币贷款业务正式启动
2013	中国(上海)自由贸易试验区挂牌成立,成为中国进行金融改革,推动人民币国际化的前沿
	第五次中英经济财金对话在京召开,中英两国同意人民币与英镑置换交易
2014	人民币兑换美元交易价浮动幅度由 1%扩大至 2%,人民币汇率自由化迈出重要一步
	中国证监会批准了沪港股市开展交易互联互通机制的试点,沪港通宣布正式启动
	经中国人民银行授权,中国外汇交易中心宣布在银行间外汇市场开展人民币对欧元直接交易
2015	IMF 第一副总裁 Lipton 表示,人民币已不再被低估
	IMF 派团队赴京开展 SDR 货币篮子技术评估
	IMF 决定将人民币纳入 SDR 体系

资料来源:作者根据相关资料整理。

(2)资本账户开放。1996 年年末,人民币已经实现了经常项目可兑换。但目前资本账户仍处于有限度、有选择的对外开放阶段。随着中国(上海)自贸区与沪港通合力"先试先行",中国资本账户可兑换正在向深层次发展。

在"一带一路"背景之下,资本账户全面开放迎来了机遇期。开放资本账户的目的和初衷是为了鼓励企业走出去。经验表明,当一国宣布资本项目可兑换后,可以为本国货币继续推进其在跨境贸易和投资中更为广泛的使用创造更有利的条件。随着中国经济影响力日趋增强,全球投资者会从分散风险和把握投资机会的角度,客观上有配置中国资产的需要。目前是扩大人民币国际化和开放资本项目比较好的时间窗口(见表 2-7)。

表 2-7 中国的资本账户开放的具体举措

直接投资人民币结算	2011 年 1 月	境内机构可以使用人民币进行对外直接投资
	2011 年 10 月	境外投资者可以使用人民币到境内开展直接投资
	2013 年 9 月	境外投资者可以使用人民币在境内设立、并购和参股金融机构
	2014 年 6 月	直接投资跨境人民币结算业务办理流程进一步简化
	2014 年 11 月	符合一定条件的跨国企业集团可以开展跨境双向人民币资金池业务

续表

人民币跨境融资	2011年10月	境内银行可以开展境外项目人民币贷款业务
	2013年7月	境内银行可以开展跨境人民币贸易融资资产跨境转让业务,境内非金融机构可以开展人民币担保,放宽境内代理行对境外参加行的人民币账户融资期限和限额
	2014年9月	明确境外非金融企业在境内银行间债券市场发行人民币债务融资工具的跨境人民币结算政策
人民币证券投资	2010年8月	境外中央银行或货币当局、境外人民币清算行和境外参加行等可以进入银行间债券市场投资
	2011年12月	出台人民币合格境外机构投资者(RQFII)制度,符合条件的境内基金管理公司和证券公司的香港子公司可以运用其在香港募集的人民币资金在经批准的投资额度内开展境内证券投资业务
	2013年3月	修改RQFII试点办法,扩大试点机构范围,放宽投资比例限制
	2014年11月	出台人民币合格境内机构投资者(RQDII)制度,RQDII可用来自境内的人民币资金投资境外金融市场
	2014年11月	沪港股票市场交易互联互通正式启动
	2015年5月	已获准进入银行间债券市场的境外人民币清算行和境外参加行可的开展债券回购交易

资料来源:作者根据相关资料整理。

2. 市场化

(1) 银行存款保险制度。存款保险制度的存在已有七十多年的时间,它在金融安全上做出了很大的贡献。尤其是在2008年的全球金融危机中,存款保险制度的作用得到很大的发挥,很大程度上保障了存款人的利益,也使一些无法挽救的银行能有序地退出金融市场。一直以来,中国实施的隐性存款保险体制给国家和央行带来了巨大压力。为了推动中国金融体系的进一步完善,中国建立存款保险制度势在必行。

从20世纪30年代美国设立存款保险制度以来,迄今已有100多个国家建立了存款保险制度。存款保险制度成为国家规避和缓解系统性金融风险、应对金融危机的重要方法。1993年年末,中国政府正式提及存款保险体制。直到2013年,在中国人民银行等机构联合发布的《金融业发展和改革"十二五"规划》中,存款保险制度就作为一个专题被重点关注。规划中指出,与政府直接救助金融机构相比较,存款保险制度的优势在于通过建立市场化的风险补偿机制,市场、股东和存款人合理分摊因金融机构倒闭而产生的财务损失。2014年,中国人民银行在报告中表示"目前建立存款保险制度的各项准备工作已基本就绪"。2015年3月31日,国务院正式公布中国《存款保险条例》,已经于5月1日起正式实施。存款保险制度作为中国深化金融改革的重要环节,为推进存款利率市场化奠定了强有力的基础。

(2) 利率市场化。中国存贷款基准利率基本由中国人民银行设定。对比实行利率市场化的国家而言,中国利用公开市场业务操作调整货币供应量次数少、规模小,主要通过经济活动中的信贷供求调控流动性,没有带动银行资产负债表的变动,因而效果并不显著。所以,加快进行利率市场化改革也是当务之急。

中国利率市场化进程从1983年开始已经经历了32年。目前形成了以中央银行基准利率为基础,以货币市场利率为中介,由市场供求决定金融机构存贷款利率的市场利率体系和利率形成机制。一般认为,中国利率市场化的思路是"先外币、后本币;先贷款、后存款;先长期、大额,后短期、小额"。同时,利率市场化大致分为同业利率市场化、信贷利率市场化和存款利率市场化三个阶段。目前中国利率市场化水平已达到了第三阶段。2013年7月20日,央行全面放开了金融机构贷款利率管制。2015年10月24日,央行也决定对商业银行和农村合作金融机构等不再设置存款利率浮动上限。放开存款利率上限真正触及了中国金融体制的根本环节,这标志着利率市场化改革终于基本完成。

3. 系统化

(1)虚拟经济与实体经济协调发展。金融与经济是密不可分的,不可以脱离经济而论金融发展改革。虚拟经济和实体经济相互影响,相互渗透。在资本逐利性的驱使之下,跨境资本流动同实体经济脱钩迹象越发明显,其变化大大快于实体经济的变化,有逐渐"虚拟化"的趋势。中国需要提高实体经济的比例;要防止虚拟经济出问题时对实体经济的冲击;同时要保持虚拟经济和实体经济的协调发展。

(2)建立多层次系统化的金融市场。资本市场对实体经济服务的功能和能力不足,支持与服务力度不够。近年来中小企业融资难的问题凸显,暴露了目前资本市场还不能高效服务于实体经济、金融资本还不能与产业资本良性对接的弊病。中国股权融资占比低,一级市场溢价和抑价并存,企业恶意圈钱和企业融资难并存等。中国政府明确提出,要提高直接融资比重,其中非常重要的是构建和完善中国的资本市场体系,使其更好地服务于实体经济。随着实体经济的复杂化和多样化,资本市场固有的多层次性表现更为明显,对于金融创新提出了相应的制度要求,从既有分层市场中创新出新层次,满足融资者和投资者的需求。

总体而言,改革已使中国金融业基本完成了由计划经济体制向市场经济体制的转变,金融业已上升为国民经济的核心产业,并有力地支持了国民经济其他部门的改革,适应了经济高速发展对金融服务的需要。

第五节 南非的金融制度

一、南非金融制度的演变

南非本属于英联邦,1961年成立了南非共和国,在共和国成立之后,南非在经济上取得了长足的发展。但由于受共和国成立之前跨越几个世纪的种族主义和白人主导的统治主义影响,南非共和国人民贫富差距非常大,黑人与白人的地位差异也很大,是典型的二元社会经济结构。南非的金融业具有较长的发展历史,金融体系发展比较完备。现代南非的金融体系是在共和国成立以后逐渐巩固与发展的,明显地带有这个时代的特征。

二、南非的金融组织体系

南非共和国成立以后,经过多年的积累,南非具备了较为健全的金融法律制度,逐步建立了以南非储备银行即南非中央银行为核心、国有商业银行和专业银行为主体的银行体系,并拥有以约翰内斯堡证券交易所为核心,包括保险行业和外汇机构在内的金融市场体系,共同构成南非的金融组织体系。

(一)中央银行

南非的中央银行是南非储备银行,于1920年创建。南非储备银行是一家股份有限公司制银行,但它的行长与副行长均由政府来任命;在南非,央行具有较大的独立决策权。南非储备银行在比勒陀利亚设立了总部,作为中央银行,南非储备银行负责对各种金融机构进行统筹和管理。

作为股份制有限银行,南非储备银行截至2013年拥有630多个股东,它在银行内设立有场外股票交易市场,可以开展股票的买卖业务。作为央行,南非储备银行仍然以为政府提供银行服务为主要任务。但随着南非金融体系特别是银行体系的不断发展,政府的现金余额储蓄等业务也开始在其他银行办理,南非储备银行在银行服务方面的作用有所下降,但南非储备银行仍然作为政府货币政策的制定和执行者,且监管着南非的银行体系。

(二)银行体系

南非共和国拥有数十家国内外金融机构,共同提供金融服务,其中既包括商业银行和零售银行,也涵盖商人银行、按揭贷款等业务,有的机构则专门负责保险和投资服务。大多数机构在南非的九个省建立起广泛的银行网络,为个人和企业提供金融服务。

南非共和国的银行体系比较发达,对银行的监管也较为严格。目前南非的银行体系主要由注册银行、互惠银行、境外控制的银行、境外银行分支机构和境外银行办事处共同组成。

1. 商业银行

四大银行集团成为南非银行系统的主体部分:

(1)南非联合银行集团。1991年,4家银行(United、Volkskas、Allied、TrustBank)进行合并,组成了南非联合银行集团。合并七年后,参加合并的4家银行正式统一使用ABSA银行的名称,并不再以原来的名义各自经营。

ABSA银行主要为企业服务,重点关注企业设备和出口资金方面。主要有以下三个种类:

政府借款:直接向外国政府供应资金,在有政府担保的情况下,会向特定机构提供资金支持;

公司借款:在审查财务报表的基础上,主要为外国企业提供资金服务;

有限及非资源项目资金供应:向一些特定项目(非营利性为主)提供资金。

(2)南非标准银行。1962年作为英国标准银行的分支机构在南非共和国成立;1969年,南非标准银行集团正式成为控股股东。同年与渣打银行合并成立了标准渣打银行

(Standard Chartered PLC,成立后称为渣打银行)。1987年,南非部分收购了渣打银行持有的全部39%股份,南非标准银行作为完全的南非银行继续运营。中国工商银行于2008年收购了南非标准银行20%的股权,成为南非标准银行的第一股东。

南非标准银行的业务主要在三个分支进行开展:商业银行及零售业务、投资银行和批发业务、保险服务和财富管理业务。

(3)第一兰德银行集团。1998年,接纳了南非第一国民银行作为兰德集团的一部分,构成了现有的第一兰德银行体系,该银行承办商业银行包括的一系列业务。

(4)莱利银行。莱利集团下属企业,是南非第四大银行。

1994年,四家银行占银行业总资产达到83.8%,2010年,四大银行仍然占87.4%。

2. 外国银行

当前,花旗银行是南非最大的外国银行,其他外国银行和主要的分支机构包括了美国的摩根大通银行,法国东方汇理银行企业及前身为法国农业信贷银行的投资银行和德意志银行。外国银行的特点是资金雄厚,经验比较丰富,总体来说实力较强。在南非,外国银行实际上主要关注的是大公司客户和个体私人银行,还没有进入零售市场。换而言之,这些外国银行更多的是为外国投资者在本地市场的资金需要提供服务。

3. 小型金融管理机构

在南非共和国,大多数黑人不习惯于使用传统银行服务,这是由于种族隔离时代的历史遗留问题(种族隔离时代,银行主要为中高层人士提供服务,不为黑人提供服务)。因此南非还存在许多"斯托克威尔"(Stokvels),这种小型金融管理机构,广大黑人也习惯在斯托克威尔进行储蓄。这种小型金融管理机构也构成南非金融体系中的一环。

4. 专业性金融机构

南非拥有一系列专业金融机构:

(1)南非土地银行和农业银行。主要负责向农场主和农业经济组织提供帮助。

(2)社会储备公司。主要负责吸收国家机关的存款,并把它们投资于国家债券。

(3)国家投资委员会。负责监督国家机关使用的信贷资金、存款资金和投资于有价证券的资金。

(4)邮政储蓄银行。主要办理各种居民存款,并以此向邮电和交通服务领域发放贷款。

5. 非银行金融机构

除上述一般银行以外,南非还有保险公司、证券交易所等一些非银行金融机构。从总体来看,南非的非银行金融业也较为发达,金融体系结构比较合理。

三、南非金融制度的特征

(一)发达且完备的银行体系

不同于非洲的大部分国家,南非银行系统较为发达,且监督体系完备,与其他新兴市场国家相比,优势很大,几乎可以和工业化国家相提并论。南非银行体系的服务内容包括商业银行、零售银行和商人银行业务,相关的按揭贷款、保险服务也有所设计,有些银行还会提供证券和投资方面的服务。一些规模较大的国际银行在南非共和国设立了自己的分支机构,电子银行也扩散到了全国范围,网上银行和自动取款系统发展比较普及。

南非的资本市场及保险业发展由专门的南非金融业董事会来监管,这一机构还负责规范基金和证券运营商的行为,但整体的银行系统,是由南非共和国的中央银行南非储备银行来统筹和监督。

(二)服务内容和质量与发达国家接轨

由于国家 1961 年才独立,南非银行法与包括英国和澳大利亚在内的诸多英联邦国家相关法律有较大的相似之处。1998 年,南非通过了《国家支付系统法》(National Payment System Act),这意味着南非在金融结算制度上进一步与国际接轨,同时拥有了制度化的风险管理程序。对于银行的监管,南非严守巴塞尔协议的原则,保障客户在全国范围内对账户全时段的查阅权。另外,南非原本的二元化政体进行了转型,同时进一步放松了外汇管制,也得益于非洲整体经济的自由化发展趋势,在这些因素的共同影响下,南非逐渐成为南部非洲地区的金融中心,地位日益重要。目前,利用一些银行的国际办事处和国际银行设立在南非的分行,南非的金融服务范围不断扩大。

南非银行业包括作为央行的南非储备银行、本地银行 55 家、互助银行 5 家、外资银行 12 家和外资银行分行 9 家,此外,还有外资银行代表处 60 家。在南非,办事处机构无法吸收存款开展业务,只能进行联系和提供咨询业务方面的服务。

(三)金融机构发展追求与经济发展同步

南非本以矿业发展为重中之重,但为了适应南非经济快速发展的需要,近几十年来,南非的金融机构发展比较快,并且其地位日益得到巩固。在竞争不断加剧的情况下,南非的金融机构提高了它们提供服务的质量和数量。南非的金融市场发展也比较快,在南非基本形成了发达的货币市场和资本市场。

本 章 小 结

1. 与金砖国家的二元经济结构相适应,金砖国家的金融机构也是二元性的:组织完善的现代化金融体系与遍及全国各地尤其是农村的各自为营的当铺、钱庄和大大小小的高利贷者并存。并且,金砖国家地区发展的严重不平衡导致了其金融业的严重不平衡。

2. 金砖国家经过战后几十年的改革与发展,经济已经开始走出低谷,并成为维护世界经济繁荣与稳定的重要力量,其金融业也得到了一定程度的发展,金融组织体系的建立已经基本完成。

3. 金砖国家中央银行宏观调控和金融监管能力还比较差,无法适应这些国家经济长期稳定增长的要求。这主要表现在:第一,中央银行的政策工具较少。第二,尽管金砖国家中央银行都通过制定各种法律法规对金融机构进行监管,但是过于偏重市场准入、资本充足比例等合规性监管,而忽视了金融机构的资产负债和风险等方面的监管,而且在实际执行中,由于有关法律存在一定的缺陷,其效果有限。第三,由于与政府的关系密切,使得中央银行的独立性在一定程度上被削弱。

4. 金砖国家商业银行的所有权形式呈现出多样化态势,除了国有银行外,还有合资银行、外国独资银行以及海外银行的分支机构,不少还有民营银行。所有制结构的多样化格局使各类商业银行在市场上日趋活跃,竞争变得越来越激烈,这无疑对提高商业银行的经营效率具有一定的促进作用。但是在其商业银行的经营管理活动中仍然存在很多问题,主要表现在:第一,商业银行的信贷投资结构不合理;第二,业务经营活动在一定程度上受到政府的干预;第三,商业银行的不良资产问题十分严重。

5. 金融市场发展呈现出差异性和不平衡性。20世纪90年代初,金砖国家为了适应市场经济的要求,各国都加速了金融市场的发展进程。尽管各国的金融市场近年来发展比较迅速,但是从总体上看,金融市场的发展还处于初级阶段,没有形成各种专业市场共同协调发展的局面,远远不能适应市场经济进一步发展的需要。

6. 外资以及国际金融机构在金砖国家金融改革与发展中发挥了一定作用。为了鼓励外资的流入,金砖国家在推进金融机构市场化进程中,各国都通过各种措施积极吸引外资参股。而且随着各国金融部门私有化进程的深入发展,外资的比重还将进一步地提高。

关键词

金砖国家、金融发展的不平衡、金融深化、金融抑制、利率管制、信贷配给、巴西货币委员会、银行私有化、金融工业集团、七人集团、二级银行制度、印度储备银行、中国金融制度、国有商业银行、外资金融机构、南非联合银行集团

复习思考题

1. 试述金砖国家二元性金融结构的成因及其对金砖国家金融发展的影响。
2. 试论述金砖国家银行体系脆弱性的表现、特征及其影响。
3. 试述金砖国家金融体制改革的模式选择。
4. 简述金砖国家金融体制改革路径的差异及其优劣。
5. 简述金砖国家金融体制的现状、特点与问题。
6. 简述巴西金融体制形成的原因。
7. 简述巴西金融制度的特征。
8. 试述俄罗斯金融体制改革的历程与特点。
9. 试评价俄罗斯的金融私有化。
10. 简述印度金融体制国有化的意义与作用。
11. 中国金融体制改革及其评价。
12. 中国金融制度的特点及其成因。
13. 试述亚投行在支持与推进中国"一带一路"战略中的意义与作用。
14. 南非金融发展不平衡的原因是什么?
15. 简述南非在南南金融合作中的地位与作用。

第三章

新兴工业化国家(地区)的金融制度

【重点提示】

- 韩国金融制度变革的过程、韩国"管制金融与间接融资优势"金融制度特征的历史成因;
- 新加坡金融制度的演变与特征;
- 香港地区金融制度的组织体系与特征、香港地区的联系汇率制;
- 台湾地区金融制度的演变与发展、台湾地区双元性金融制度对台湾金融发展的影响。

所谓新兴工业化国家(Newly Industrialized Countries)是指具有一定资本主义基础的发展中国家(或地区),在较短的历史时期内克服了社会经济的落后性,并在工业化进程中一定程度上接近于发达国家水平的国家和地区,又称"半发达国家"、"半工业化国家"。这一定名是在20世纪70年代末期的《经济合作发展组织报告书》里提出的。其中最为典型的是亚洲的韩国、新加坡、中国的香港和台湾地区。

韩国、新加坡、中国香港和台湾地区,它们还被称为"东亚经济增长群体"和"亚洲四小龙"。其经济发展模式呈现出有别于其他类型发展模式的特征:一是高储蓄、高投资和高出口增长之间形成了良性循环,带动经济持续快速增长。人均GNP接近中等发达国家的水平,被世界银行列为高收入国家与地区。二是产业部门的结构转换具有跨越性特点。第一产业在GDP中的比重快速下降,第二产业中的新兴制造业在GDP中的比重陡然上升,产品高度面向出口。第三产业超前性跨越性发展,并向国际化、信息化迅速迈进。三是具有较强的外部平衡能力。除韩国外,其他三个经济体的对外贸易均为顺差,经常账户长年持续巨额盈余,外汇储备丰裕,无外债负担。四是反映经济发展的社会经济指标,包括人均预期寿命、婴儿死亡率、医疗卫生与营养、人民大众受教育程度、收入分配和贫困缓解等普遍得到明显改善,有的达到甚至超过发达国家的水平。

第一节 韩国的金融制度

一、韩国金融制度的演变

(一) 经济混乱与恢复时期的金融制度

韩国的金融制度是在第二次世界大战后逐步建立和发展起来的。作为日本的殖民地,第二次世界大战前主宰韩国金融界的是日本一些银行的分支机构,韩国金融制度实际上是日本金融制度的延伸或翻版。

1945年7月日本战败,朝鲜半岛划线而治。"北工南农"的经济统一体断裂及日本经济金融机构和资金陆续撤离韩国,造成韩国经济金融几乎陷于瘫痪。为了整治混乱的经济金融秩序,消除严重的通货膨胀,清算殖民地金融制度的影响,为恢复经济做好必要的准备,创建一个自主中立的金融体制纯属当务之急。在美国的帮助下,韩国政府于1950年5月颁布了《韩国银行法》,金融业的民主性、自主性和中立性为其立法精神。一个月后,依据此法成立了中央银行——韩国银行,标志着韩国自主中立的金融体制开始运作,韩国银行主要由执行机构和政策决策机构组成。政策决策机构为金融通货经营委员会,负责制定通货信用政策,享有信用管理、银行管理和发行货币的权力,执行机构为理事会,具体管理日常事务,韩国银行一建立便起草了《一般银行业务法》,准备重建商业银行。因朝鲜战争爆发,延宕至战后的1954年8月才付诸实行。

1953年7月,朝鲜战争停火,韩国政府采取了不少稳定和恢复经济的措施。在金融领域,韩国政府于1953年12月公布了《韩国产业银行法》,宣布产业银行的宗旨是"遵照国策,为产业的恢复和促进国民经济的发展,提供和管理产业资金"。1954年4月,韩国产业银行开业,以外援资金为依托,承办贷款和管理财政资金。自1954年起,韩国政府根据银行法经济自律化和健全化的基本精神,对商业银行股份中政府所属部分进行公开的拍卖,直到1957年才完成了商业银行的民营化。针对农村金融短缺、高利贷普遍存在的状况,韩国政府把金融协会联盟改组为韩国农业银行,从事农业信贷业务。1958年2月,《农业银行法》出台,同年4月,新的农业银行开始营业,迅速扩展了农业信用规模。这样,到了50年代末,韩国自主中立的金融制度已基本成型。

20世纪60年代以来,韩国政府通过一系列改革措施,其金融制度改革经历了恢复、成长、高速发展和调整四个时期,使其在经济领域取得了显著成绩。韩国金融制度演变中,政府处于主导地位,间接金融优势明显。而对与经济结构相似的中国而言,韩国金融制度变革的举措给了中国很大的启示。

(二)经济高速增长时期的金融制度

20世纪60年代以来,韩国从落后的农业国转变为新兴工业化国家,这与其金融制度的演变与发展密不可分。

1. 确立单一的政府主导型产业金融体制

1961年5月朴正熙执掌政权,韩国经济政策的重点从先前的稳定优先转变为发展优先,政府提出了"工业立国"和"贸易立国"的路线。由于韩国国民储蓄率不高,推动经济快速增长所需的资金严重不足,为了保证重点项目的顺利展开,韩国政府对金融体制进行了新的改造和建设。

1962年5月,韩国修订了《韩国银行法》,政府接管了中央银行的大部分权力,使政府直接干预和控制金融具有合法依据。同时,政府建立了经济企划院,把金融部门置于经济企划院的领导之下,负责制定执行货币金融政策,审批和监督金融机构的设立、运行,任免金融机构的主要负责人等,这就为塑造政府主导型产业金融体制打下了坚实的基础。1961年6月,韩国政府制定了《对金融机关的临时措施法》,将先前已民营化的商业银行重新收归国有,这些银行从中央银行筹措资金,根据政府出口支援金融政策,向战略产业和部门提供不受贷款数额限制的低息贷款,其利息仅为一般贷款利率的一半,利差则由财政予以补贴。在整个60年代,韩国银行多次调整贴现率,但出口产业的贴现率差不多都保持在3.5%左右,远低于一般商业票据20%的再贴现率。

为了更有效地支持战略产业和部门,韩国实行银行分业化和专业化,即把贷款业务、经营证券业务和信托业务分开,长短期资金融通分开。商业银行主要从事短期资金融通业务,专业银行从事长期资金融通业务。1961年8月,农业银行和原有的农业信用协同组织合并成新的农业信用协同组织。1961年7月制定并公布了《中小企业法》,8月中小企业银行成立。1931年12月宣布《国民银行法》生效,翌年2月韩国国民银行开业,1967年3月颁布《韩国住宅金库法》,创立了韩国住宅金库(1969年1月改称为韩国住宅银行)。随着外向型经济的发展,对外交往迅速增加,韩国政府于1966年7月公布了《韩国外汇银行法》,次年1月,韩国外汇银行开始运作。为了能以中长期信用方式提供金融协作,促进韩国进出口贸易的增长,1969年7月起《韩国输出入银行法》生效,业务暂由外汇银行代管,直到1976年7月韩国输出入银行正式成立后才收回自办。为了促进地方经济和中小企业的发展,韩国政府还组建了一批地方银行,如1969年成立的大邱银行和釜山银行,1969年开业的忠清银行和光州银行,1969年设置的济州银行、京畿银行和全兆银行,1970年筹建的江原银行、庆南银行,1971年起家的忠兆银行等。经过60年代的改造和建设,韩国形成了银行在质和量上都处于绝对地位、非银行金融机构无足轻重的单一的政府主导型产业金融体制。

2. 转变多元的政府主导型产业金融体制

20世纪70年代初,由于韩国工业结构畸形,韩国开始推行"重化工业治国"战略。由于直接金融及非银行金融机构发展滞后,再加上国民收入增加,居民与企业也更加希望有多种金融服务,于是开始扶持金融市场及非银行金融机构,改变只能出口低附加值的轻工业产品的窘境,保证出口导向型发展战略的顺利实施。政府指定了钢铁、电子、石油化工、汽车、造船等部门作为战略产业部门,在财政、金融上向之倾斜。但是,60年代确立的单一的产业金融体制扩大的仅仅是银行一边倒型的间接金融,直接金融及非银行金融机构由于国民收入低、政府缺乏扶植措施等因素一直徘徊不前,因而难以满足经济高速增长对资金的巨大需求。而且,单一银行贷款渠道在一定程度上恶化了企业财务结构和银行的融资质量,进而加重了通货膨胀,再加上随着国民收入的提高和金融意识的增新,居民和企业要求有多种多样的金融资产和金融服务可供选择。诸多因素促使韩国政府开始扶持金融市场和非银行金融机构的发展,达到扩大投资规模、实现投资资金多样化、改善企业财务结构和银行收支状况、满足居民和企业对金融资产和金融服务多样化需求的目的。

韩国政府已于1968年11月创制了《关于资本市场培育法》,1969年8月发布了《证券投资信托业法》,引进了证券投资信托制度。1972年12月宣告《企业公开促进法》诞生,引导企业努力扩大直接金融的比重。1974年发出了《总统对内阁的特别指令》,在银行贷款和税收上给上市公司优惠的待遇。同年又兴办了韩国投资信托公司,以管理投资基金。1976年韩国政府再次对《证券交易法》进行了重大的修订,加强了对证券业的监管和对投资者的保护。1977年2月组建了韩国证券交易委员会及其执行机构——证券监督委员会,韩国政府的积极态度推动了证券市场的迅速发展,1972年8月3日,韩国政府下达了《关于经济成长与安定的紧急命令》,即著名的"8·3措施",其基本内容有整顿民间金融市场、调整和转换银行债务、降低利率等。这就起到了改善金融结构、提高企业素质、促进非银行金融机构和资本市场发展的作用。与此同时,韩国政府制定了《短期金融业法》《相互信用金库法》《信用协同组合法》,设立了短资金融会社、相互信用金库、信用协同机构。这些金融机构利用遍布全国的网络,基本取代了落后的民间信用组织,大大缩小了场外金融的规模。

为了更好地吸引外资,满足企业多样化的资金需要,韩国政府于1975年12月发布了《关于综合金融会社的法律》,次年设置了韩国综合金融会社,以后陆续成立了亚细亚综合金融会社、韩外综合金融会社等4个综合金融会社,这些综合金融会社韩国和海外各出资50%,经营业务广泛,方式灵活,这对原有的银行分业化和专业化的体制是一个巨大的冲击。

总之,20世纪70年代由于韩国政府的积极扶持,韩国金融市场和非银行金融机构很快壮大起来,其地位也日益提高,单一的政府主导型产业金融体制让位于多元的政府主导型产业金融体制。

(三) 经济调整和稳步发展时期的金融制度

韩国政府主导型产业金融体制在动员有限资金发展战略产业部门，推动整个经济发展方面发挥了重要作用。然而，随着经济规模的扩大，经济结构的复杂化由政府直接控制金融活动所带来的弊病日益明显，70 年代末，韩国出现了严重的通货膨胀，重化工业生产能力过剩，产业结构失衡，外债持续增加不良现象。对此，韩国政府决定适时调整经济发展战略和经济计划：投资重点由重化学工业转向技术、知识密集型产业，经济体制由政府主导型转向民间主导型，经济政策由"发展第一"转为"效率、稳定、平衡"并举。无疑，金融趋向自由化和国际化也是其中心内容之一。

1980 年 12 月，韩国政府公布了《一般银行经营的自律化方案》，陆续废除或修正了各种阻碍银行经营自律化的政策和法律。1982 年，再次修正《普通银行法》，废除《金融机构临时措施法》。1981—1983 年，政府通过抛售城市银行的股份完成了城市银行的民营化。这就大大减轻了政府对金融业的干预程度，加强了金融机构的经营自主权。

韩国的利率一直受到政府严格管制。从 1965 年起韩国就开始了"利率现实化"改革，但在 80 年代前进展缓慢。80 年代后，改革步伐明显加快，1982 年 6 月取消了出口优惠利率，统一年利率为 13%。1984 年 1 月允许银行根据贷款风险在一定范围内自行决定放款利率。同年 11 月，实行短期拆借利率自由浮动；1986 年 3 月，放开金融债券利率；1988 年 12 月，将银行大部分的放款利率及一部分存款利率予以自由化；1991 年 11 月，韩国政府宣布了从 1991 年 11 月到 1997 年以后分四个阶段实现利率自由化的方案——《对利率放宽管制中长期计划》，准备到 90 年代末彻底实现利率自由化。

为加强与国际金融市场的联系，吸引外资，改善韩国国内金融机构经营管理水平，提高金融业的效率，韩国政府采取了不少有力举措，实行金融业对外开放。1981 年，政府大幅度放宽外国银行在韩设立分行的限制，1984 年 4 月政府重申给予外国银行国民待遇的基本立场，并准许外国银行加入银行公会，与韩国国内银行互相交换金融资讯；1985 年 3 月准许外国银行经营信托业务，其所办理的外销融资可以利用韩国银行的再贴现；1986 年准许外国银行全面使用韩国银行的再贴现业务，发行定期存单，同年 7 月，韩国政府颁布了《新外汇管制法》，规定韩国将打破 30 年来的外汇管制，实行对外开放；从 1992 年起，韩国股市将允许外资直接投资，同时，外国企业将被获准在当地股市发行以外币计价的证券，允许韩国境内的企业、居民投资国外债券、股票及房地产市场。1997 年亚洲金融危机爆发，韩国的经济出现负增长。韩国按照 IMF 建议对金融制度进行修订和完善。一方面，全面放开对金融业的管制，提高对外开放程度；扩大证券市场的开放程度，出台允许外国投资者向国内企业注入资本等各种措施。另一方面，对金融机构重组，关闭无力偿还债务的商业银行；强化金融监管模式，金融监管重点从"控制和保护"向"自律和竞争"转变。1999 年，韩国经济增长率达到 10.9%，不仅提前偿还了 IMF 的贷款，而且较成功地摆脱了金融危机的困扰，成为亚洲国家中经济表现最佳的国家。

韩国政府认为，金融自由化和国际化是大势所趋，但也并非一蹴可就。因此必须采取既积极又谨慎的态度有选择分步骤地进行，事实表明，迄今为止韩国政府推行金融自由化和国际化的措施和步骤基本上是得当的，不但避免了金融自由化、国际化过程中极易涌现的金融混乱乃至经济危机，而且为整个国民经济的发展提供了一个稳定的金融环境，促进了经济的持续增长。当然,我们还须看到,韩国金融自由化和国际化虽已取得不小的进展,但其金融的"官治"色彩依然相当浓厚,自由化和国际化仍然任重道远。以上韩国金融制度的演变表现出这样几个显著的特征:

(1) 政府始终居于金融制度演变的主导地位。西方发达国家的金融制度的演变是一种自然演进过程,是经济金融本身不断积累和成熟的结果,是由民间力量自下而上推动的,政府只不过是事后追认了这些变革。而韩国的金融制度的演变是由政府自上而下强行启动的,其演变的内容、范围和程度主要取决于政府的能力和意愿。随着经济环境和经济政策的变化,政府及时制定和修改金融法规,推动金融制度变革,从而加强和改善了对经济活动的支持。

(2) 金融发展和金融抑制并存于金融制度演变过程中,韩国政府并不认为金融发展和经济发展必定存在着正相关的关系,而且把金融作为能够给予经济稳定和经济发展以重大影响的一种因素。至于是采取金融发展政策还是采取金融抑制政策,完全视经济稳定和经济发展的需要。由于经济发展和稳定本身相当复杂,使得韩国政府常常交替或同时使用这两种性质截然不同的政策,由此造成在金融制度演变的不同时期二者虽有此消彼长但却长期并存的奇异现象。当然其总的趋向是金融发展。

(3) 金融制度的演变稳定性强。金融业是风险极高的行业,市场经济中的金融体系就本性而言具有内在不稳定性。如果说通常金融制度适应性、效率性和稳定性并重的话,那么转型中的金融制度稳定性则是至关重要的了。韩国金融制度在各次转折中仍然保证了金融协调、有序地运行,呈现出良好的稳定性和连续性,和绝大多数发展中国家不可同日而语。

二、韩国的金融组织体系

韩国的金融组织体系如图3-1所示。

(一) 中央银行

韩国的中央银行为韩国银行,是根据1950年颁布的《韩国银行法》成立的,总行在首尔,下设分支机构。韩国银行的最高决策机关是"金融通货运营委员会",负责货币政策的制定。

(二) 商业银行

韩国的商业银行也称为一般银行,包括市区银行(全国性商业银行)、地方银行(区域性商业银行)及外商在韩国成立的分支行。市区银行共有7家,即第一银行、朝兴银行、韩一银行、商业银行、首尔信托银行、韩美银行和新韩银行。地方银行有10家,即釜山、大邱、忠清、兴州、忠北、济州、全北、江源、庆南、京畿银行。

(三) 特殊银行

特殊银行也称专业银行、政策银行,指为实现国民经济的特定目的而设立的,向特定的经济部门或领域提供资金的银行。它与一般银行的区别在于,其业务经营直接受韩国政府的领导和监督,不受中央银行的直接控制。主要有韩国外汇银行,中小企业银行,国民银行,住宅银行,农业、水产业、畜产业协同组合信用部。

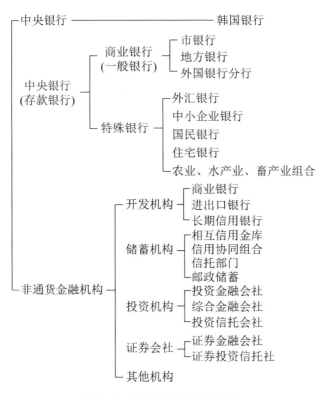

图 3-1 韩国的金融组织体系

(四) 非银行金融机构

韩国的非银行金融机构主要有以下几类:

1. 开发机构

它是主要为设备投资、产品出口、企业运营等提供长期贷款的金融结构。其资金来自财政资金、发行债券和引进的外资。开发机构有韩国商业银行,办理长期设备贷款;韩国进出口银行,向出口商提供中长期买方信贷;韩国长期信用银行,办理产业资本的长期贷款。

2. 储蓄机构

它是以定期储蓄的方式办理存款并发放贷款的金融机构。主要有相互信用金库,其业务是为市民和小企业办理存贷款;信用协同组合,是以工厂或机关为单位的信用组合(信用社)、信用金库及农业(水产业、畜产业)协同组合的基层互助金融组织;信托部门,指附属于银行的现金信托部门、邮政储蓄。

3. 投资机构

它是办理投资业务的金融机构。主要有三种:一是投资金融会社,也称短期会社,主要办理票据发现、证券买卖、咨询服务等业务,帮助企业筹集短期资金;二是综合金融会社,统称"金融百货商店",办理外资引进、海外投资、长期资金融通、票据贴现、证券买卖、设备租赁、企业财务指导等综合性金融业务;三是投资信托会社,指不属于专业性证券投资会社的投资信托部门。

4. 证券会社

它是直接服务于金融市场的机构,从事股票、债券等金融证券的买卖和代理买卖的活动。其中,证券金融会社是向证券会社和一般投资者提供买入证券所需资金;证券投资信托会社是以受托人的身份专门经营证券投资业务的金融机构。

5. 其他金融机构

主要有保险公司,还有国民投资基金组织。它从各种存款中按一定比例筹集,由韩国银行管理,用以发展重化工和出口产业;设备租赁会社,从事大型设备的租赁业务;风险资本会社,为企业技术开发提供资金;信用保证基金组织,使缺乏担保的中小企业能够得到贷款或为其发行债券进行担保。

三、韩国金融制度的特征

一国金融制度是有关金融交易的规则、惯例和组织安排,是一国经济制度的核心,但又受制于国内政治、经济发展状况以及国际环境变化等多种因素。韩国金融制度是从20世纪60年代初开始,为实现经济赶超型发展战略,适应政府主导型经济模式建立起来的。至1997年危机爆发前,韩国金融制度具有"管制金融、间接融资优势"两大明显特征。

(一)管制金融

管制金融即政府主导型金融机制,是指政府直接控制金融体系(尤其是银行体系),并对所有金融机构进行保护,金融部门只是政府为实现产业政策目标的工具而已,不是遵循金融原则而是按照非金融原则的行政旨意运行。其形成及内容为:

(1) 1961年朴正熙军事政变上台后修改了《韩国银行法》和《银行法》。前者规定韩国银行(央行)附属于财政部,使中央银行制度有名无实,韩国银行既缺乏独立性,没有制定和实施货币政策的决策自主权,也不能对商业银行和专业银行进行监管。后者通过没收"非法财富"使商业银行的绝大部分股权转到政府手中,每个商业银行个人股东的股权被限制在总数的10%以内,政府控制着银行主要经理人员的任免和决定银行的预算。20世纪60年代中叶,政府对利率进行严格管制,实行存款利率高于贷款利率的政策,旨在将场外贷款市场流动的私人资金吸引到银行系统,并安排到政府指定的用途上。

(2) 20世纪70年代,为实施"重化工业治国"战略,政府加强了对所有银行的控制,同时为吸引场外市场资金成立了数家非银行金融机构,并培育国内资本市场。60年代后期的高利率政策造成了公司的过度举债和超量引进国外资金,致使许多公司背上了沉重的贷款利息负担而显得朝不保夕。为此,1972年8月颁布了《关于稳定救济总统令》,宣布所有登记在无组织的场外市场签署的贷款合同均变成低息新合同,允许借方延长原定偿还期限,并规定某些短期银行贷款转为长期低息贷款。该法令在挽救债务沉重的公司的同时,加深了政府对金融部门的控制。

(3) 主办银行制度形成过于紧密的银企关系。韩国的主办银行制度全称是"主体交易银行制度"。20世纪70年代中期,韩国政府为实施"经济赶超型"发展战略而通过金融机构刻意培植财阀,采取了"信用控制体系"政策,要求每个企业与某一家银行保持特定的银企关系,该银行即主办银行。主办银行制度使企业与银行有较稳定的信用关系,便于企业融资,便于政府通过银行实施对企业集团的信贷控制。但由于政府的过多干预,主办银行制度形成了政府、银行和企业三者之间的准内部组织关系,这种关系具有"排他性、封闭性和不透明性"特点,容易滋生腐败和形成银行的道德风险。该制度实际上是把企业绑在了银行身上,由于贷款利率相当低,导致了企业的软预算约束和跨行业盲目扩张,一旦企业效益不佳,银行也就可能被拖垮。韩国企业家族式居多,财阀虽然规模庞大、集中程度高、经营范围广,但内部治理结构极不健全,在信息披露、激励约束和决策上易出漏洞,向银行借款都是集团内相互担保,因此,企业的负债率极高而利润率却极低。这样,企业效益低下甚至破产倒闭使银行的呆坏账剧增。

(4) 20世纪80年代初开始,韩国政府寻求经济"自由化"并鼓励经济决策中的私人主动参与。1981—1982年,对全国性商业银行进行了"非国有化",政府将银行的部分普通股转让给私人尤其是财阀,但银行系统仍然在政府的控制之下开展业务。因为每个私人持股者持有银行股份不能超过银行全部有表决权股票的8%(现为4%),政府仍然决定银行主要经理人员的任免,不断通过指导和暗示干预银行的贷款和利率。因此非国有化只是私有化,而不是银行经营的自由化。

管制金融具有集中筹集和使用资金的优点,发展中国家在经济发展初期,采取这种制度安排是有一定的积极意义的,尤其是与韩国的政府主导型经济模式是相适应的。但管制金融的缺陷也是显而易见的。例如,中央银行缺乏独立性,缺乏对银行的监管能力,致使金融机构的超负荷经营和金融秩序的混乱得不到有效监管;政府对银行贷款进行直接干预,许多贷款以优惠的条件和利率流向执行产业政策的企业集团,且政府规定央行必须以一定比例对商业银行的这类贷款予以再贴现,这样,商业银行既缺乏对贷款项目进行评估、筛选的权力,也缺乏这样做的能力和动力,在贷款时只需按政府旨意行事,对企业的贷款有求必应,其结果必然是不健全的投资增多和银行运行状况的恶化;银行受政府直接控制的同时也得到了无限制的保护,一旦银行陷入经营困境也绝无破产倒闭之虞,可以从政府及货币当局那里得到无限制的保证,这使得银行经理丧失风险意识,形成道德风险,反过来使银行的自主经营权被进一步剥夺;主办银行制度使银行产生了大量的不良贷款。

(二) 间接融资优势

为了通过汇集有限的资金流进行规模性投资,韩国政府于20世纪60年代通过"间接融资优势"的制度安排,虽然20世纪70年代开始培育资本市场,但其规模一直都很小。其缘由:一是韩国企业历来对与别人分享所有权保持犹豫态度,由于其害怕因发行股票而使得企业财务状况和其他状况被揭露,加之由于政府刻意培植和主办银行有求必应的优惠贷款等,以至于企业宁愿借债投资,也不愿通过证券契约获取资金。二是韩国企业集团对政府支持的项目进行广泛的投资,为了满足政府"重化工业治国"的期望,对他们来说,相比于在股票市场筹资,他们认为从银行系统借债更为有利。因为从银行借债可以将企业的风险分摊给政府,借的越多,分摊的程度也就越深。三是韩国股票市场"内幕交易"较严重,市场中股票的数量相对较少且被"大户"操纵,从而抑制了股票投资者的参与热情。

韩国企业外部资金来源中,以银行借款、借用外债和政府贷款为主的间接融资在20

世纪70—80年代占80%,1985—1994年仍占60%左右;直接融资中,股票筹资在70—80年代的占比不足14%,1990—1994年也仅为15.9%,主要是大量利用短期商业票据筹资。商业票据由企业集团出具,综合融资公司贴现,商业银行再从综合融资公司购买,其特点是利息较高、期限短且无担保、风险高,而且企业集团经常采取"滚票"方式用于长期投资,其市场交易额在1988—1997年扩大了10倍多。间接融资优势使企业过多地倚重银行,风险过多向银行集中。短期商业票据的不当使用,以及综合融资公司和商业银行又过多地涉及,这样就形成了巨大的风险。1997年6月起亚集团就出现了严重的商业票据兑付危机。

韩国国内储蓄率历来是很高的(达34%),但投资率比其更高,因此企业仍需大量举借外债。在20世纪60年代后期国外借款占外部融资总额的38%;到1997年年底外债总额达1100亿美元(尚不包括企业集团通过所属证券公司向海外融资的数百亿美元),占GDP的37%,其中短期外债占60%。1997年恰逢还债高峰期,而实际可用于偿还外债的外汇储备仅有区区数十亿美元,在穆迪公司等降低其信用评级后外部筹资无以为继,于是就引发了外债偿付危机,进而演变为灾难性的金融危机。

第二节　新加坡的金融制度

一、新加坡金融制度的演变

新加坡金融业的起源可以追溯到19世纪中叶,当时新加坡还是英国的殖民地。1840年,新加坡出现了第一家商业银行,即加尔各答联邦银行(The Union Bank of Colcutta)。随着新加坡的商贸发展和逐渐成为东西方及东南亚的贸易港口,英国商人纷纷在新加坡开设商行,如"牙得利公司""莫实德公司""夏里逊·克罗斯菲德公司"和"海峡贸易公司"等。他们利用当地的商人作为向马来西亚、印度尼西亚、泰国、缅甸等邻近国家推销商品和收购土特产品的中介商,排斥荷兰等国家的竞争者,实行贸易垄断,赚取高额利润。1860年以后,这些英国商行又转向对殖民地农矿业的掠夺。这一时期,新加坡的银行体系完全由外国银行支配,是为适应殖民和掠夺的需要而建立的。在新加坡设立的银行主要有英资的有利银行(Meroantlle Bank,1856)、渣打银行(The Chartered Bank,1861)和汇丰银行(Hongkong and Shanghai Bank,1977),以及荷兰银行(ABN Bank,1883)、美国的花旗银行(City Bank,1902)和法资的东方汇理银行(Bank Indosuez,1905)等。

20世纪初,随着贸易和工业的发展,移往新加坡的人数急剧增加,新加坡民族工业开始萌芽,但在英资的控制和排挤下,大多数民族工业集中于日常用品及食品加工业。这一时期出现了第一批本地华人银行,如广益银行(1903)、四海通银行(1906)、华商银行(1912)、和丰银行(1917)、华侨银行(1919)、利华银行(1920)及大华银行(1935)等。本地银行与当地工商界有广泛的联系,而外资银行主要从事国际业务。20世纪初,橡胶业和锡矿业的繁荣带动了股份公司和股票交易的扩展;20年代,英国商人建立了场外交易所(Kerb Exchange),开始买卖外国公司发行的证券;30年代,新加坡和马来西亚建立了联合证券市场,各国注册的公司允许在两地同时挂牌交易。

从第二次世界大战后到1965年新加坡独立之前,又有大批的本地银行成立。这时,商业银行已达100多家,其中70%以上是外资银行,本地银行只有十几家。另外还有100多家金融公司和保险公司,金融业迅速发展起来。

1965年独立后,新加坡政府将发展金融服务业作为国民经济的重要产业给予大力扶持,其目标是发展成为现代化的国际金融中心,以促进新加坡经济与贸易的迅速发展。在具体措施方面:第一,1967年6月,新加坡成立了货币委员会,从英国人手中收回了货币发行权,发行了自己的货币;相继成立了新加坡金融管理局,由它们负责对金融业的监督管理,在一定程度上行使中央银行的职责。第二,20世纪60年代末到70年代初,新加坡放宽了利率、外汇和银行业务的管制,以创造良好的竞争环境,同时在70年代到80年代,当局鼓励和支持当地银行的合并,形成了由本地13家银行组成的四大银行集团(新加坡发展银行、大华银行集团、华侨银行集团和华联银行集团)。第三,政府极力促进证券市场的发展,建立了贴现所以推动有价证券和票据的流通,控制债券的发行量,扩大股票市场,逐步培育完善的资本市场。第四,新加坡组建了独立的证券交易所。第五,新加坡创立了"亚洲美元市场"和与之配套的管理措施,从1968年起,允许商业银行建立"亚洲货币单位"以吸引海外存款。

进入20世纪90年代,新加坡已经形成十分健全和完善的金融体系和金融制度,并成为世界上重要的国际金融中心。2008年金融危机之后,新加坡的金融监管特别是银行业的监管和风险控制得以进一步加强,维持了其金融体系的稳健运行。

二、新加坡的金融组织体系

新加坡的金融制度较为特殊,其组织体系如图3-2所示。

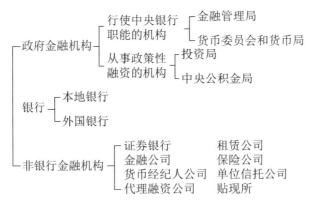

图3-2 新加坡的金融组织体系

(一)行使中央银行职能的政府金融机构

1. 新加坡金融管理局

新加坡金融管理局(Monetary's Authority of Singapore,MAS)成立于1971年,其主要任务是通过执行货币、信贷和外汇政策,促进新加坡经济发展,形成国际性金融中心。金融管理局的职责有:根据国家的经济发展展状况,制定和实施金融货币政策;接受政府存款,代理发行政府债券,管理国债和国家外汇储备;负责银行和其他金融机构的设立、撤并和监督;管理金融市场;为银行和其他金融机构开立账户,接受存款,并向其融通资金;代表新加坡政府参加国际金融活动。金融管理局不具有中央银行的地位,但从职责上看,除货币发行外,它履行几乎全部的中央银行职责,它被认为是"实际上的中央银行"和"不发行货币的中央银行"。

2. 新加坡货币委员会和货币局

1965年新加坡独立后,在金融管理局成立之前,由原英国殖民地统治遗留下来的货币委员会承担货币发行的职责。1971年金融管理局成立后,该机构保留下来,成为货币发行的决策机关。其常设机构为新加坡货币局,具体机构有货币管理部、行政部、保安部和内部审计部,它们负责具体的货币发行工作。

(二) 其他政府金融机构

1. 新加坡投资局

新加坡投资局(Government Investment Company,GIC)成立于1981年,其职责是管理金融管理局和货币发行局聚集的资产。随着新加坡经济的发展,原来保留在金融管理局和货币发行局的国家基金和外汇数量,大大超过了法律要求的控制新元汇率和支持新元的需要,这样,由新加坡投资局利用这些资金,投资于股票、证券、黄金、地产等方面,以获取利润。

2. 中央公积金局

中央公积金局(Singapore Central Provident Fund,SCPF)成立于1955年,是新加坡政府推行强制性的中央储蓄制度的产物。该制度规定,凡在新有薪金收入者,须与其雇主一起,将月收入的一部分交存中央公积金局。存款人退休或因残疾丧失劳动能力时,可由该储蓄维持生活。存款人去世,储蓄余额由其指定的受益人领取。中央公积金局聚集的资金主要用于购买各种有价证券,或由会员购买自用住房,它成为新加坡经济发展的一个重要资金来源。

(三) 新加坡的银行

新加坡的银行在法律上有三种形式:第一,全面执照银行(Full License Banks),它经营商业银行的全部银行业务,接受存款不受限制,可以经营亚元业务;第二,限制性执照银行(Restricted License Banks),它在业务上受较大的限制,如不准吸收往来存款、储蓄存款,不准设立分支机构等,但允许经营外汇业务、本地放款业务,经批准后可经营亚元业务等;第三,离岸银行(Off-Shore Banks),其主要业务限于银行同业与其他金融机构范围内,可进行外汇交易,批准后可以经营亚元业务,对非居民开展银行业务不受限制,但不得吸收居民存款,对本地居民的贷款数额受到限制。

新加坡本地银行共有13家,即发展银行、华侨银行、大华银行、华联银行、华侨银行、达利银行、工商银行、利华银行、新加坡国际银行、亚洲商业银行、四海通银行、新加坡银行、远东银行。其中发展银行、大华银行、华侨银行、华联银行的业务量最大。目前,新加坡共有37家外资银行和48家外国银行代理机构。

(四) 其他金融机构

新加坡的其他金融机构有:

（1）证券银行。证券银行是主要从事证券发行包销、公司合并重组、组织大型银团贷款等投资银行业务的金融机构,它不经营具体的商业银行业务,主要从同业拆借市场上拆入资金。

（2）金融公司。金融公司主要从事住房贷款、消费信贷、融资租赁和设备贷款等业务,资金来源多为股东投资、储蓄存款和定期存款,目前有34家。

（3）货币经纪人公司。它是在银行同业市场上充当中介,为银行间外汇、可转让存单及资金拆借提供服务的金融机构。

（4）代理融资公司。代理融资公司是以购买贸易公司书面债权的形式,向贸易公司融通资金的金融机构。此外,新加坡还有租赁公司、保险公司、单位信托有限公司等。

三、新加坡金融制度的特征

（一）独特的金融管理体制

新加坡不设中央银行,而由金融管理局、货币局、投资局分担对银行、货币、外汇的管理职能。这些管理机构既有分工,又紧密结合,货币局主管发行与回笼货币;金融管理局执行具体的管理职能和货币政策的实施;投资局负责对国家储备资金及外汇的投资和管理,三者共同发挥着中央银行的职能。

（二）外资银行占有重要地位,本地银行近年发展较快

在银行数量上,外资银行占全部商业银行的80%。经营亚洲货币单位的188家金融机构中,外资银行有121家,外国证券公司有54家。从银行的总资产中,外资银行占51%以上。

近年来,新加坡本地银行有了较快的发展,由20世纪70年代初的几家增加到目前的30多家,资产规模也不断扩大。新加坡的36家金融公司和其他大多数的非银行金融机构均属本国资本。本地金融机构在改进管理、提高现代化水平的同时,在整个金融业中担负越来越重要的角色。

（三）高度开放的金融市场

新加坡政府将金融的国际化、自由化与国内金融的发展成长结合起来,一方面,政府通过税收等种种优惠政策,鼓励外资银行和金融机构到新加坡从事离岸金融业务,创立了亚洲美元市场和国际金融期货市场,同时,为避免国际化对国内金融体系和政策的冲击,当局将国内金融市场交易和离岸金融市场交易严格区分开来,离岸金融市场不受国内金融政策的制约,它充当国际资金供求的中介。

第三节　中国香港地区的金融制度

一、香港地区金融制度的演变

19世纪中叶,香港已有银行及经营银行业务的银号,它们主要为转口贸易服务,其经营落后,没有相应的法例监管,发展缓慢。19世纪末20世纪初,香港地区出现了早期的

股票市场和黄金市场。

第二次世界大战后到 19 世纪 60 年代,香港地区金融业有了较大的发展。港英政府于 1948 年颁布了第一部《银行条例》,规定银行开业须领取牌照,明确了其业务经营范围,初步规范了银行业的经营。50 年代香港地区出现了从单纯贸易中心向工业经济转型的势头,它带动了银行业和金融市场的发展,但银行业过度扩张,竞争混乱,使挤兑风潮频繁发生。港英政府于 1964 年颁布新的《银行条例》,通过提高银行注册的实收资本、流动资产比例来规范其经营活动,同时加强对银行业的监管,设立了专职的银行监管机构"银行监理处"。1965 年银行危机后港英政府采用行政手段停发新银行牌照,以限制银行业的过度膨胀。

进入 20 世纪 70 年代,香港地区的金融业发展迅猛。银行分支机构和非银行金融机构数目剧增,1969 年年底到 1978 年 10 月,持牌银行分支机构由 362 家增至 851 家,注册存款公司达 234 家,投资银行和金融财务公司等非银行金融机构纷纷设立;1978 年港英政府解除了对签发新银行牌照的禁令,大批实力雄厚的外资银行来港开业,香港银行实力大大提高。金融市场方面,四大证券交易所相继成立,经历了 1973—1974 年的股灾后,当局制定完善了《股票交易管理条例》《证券条例》《收购兼并法》等法律文件,对证券市场进行规范管理;1973 年、1974 年香港取消了外汇、黄金管制,外汇黄金市场逐步国际化,成立了香港期货交易所。在货币制度上,终止了从 1935 年开始的英镑汇兑本位制,实行管理纸币本位制度。

20 世纪 80 年代,随着香港取消对外资银行在港开业的限制,同时内地实行改革开放政策,这一切使得香港地区经济获得了新的机遇,金融业进入发展的崭新时期。1981 年起香港实行三级银行制度,但银行业大量地投资于地产引发了长达四年的金融危机,促使港英政府进一步加强对金融业的监管。1983 年 10 月,香港政府宣布实行联系汇率制,取代了自 1974 年开始的浮动汇率制。1986 年,港英政府修订银行条例,限定了贷款类型特别是地产贷款的比例,加大对银行的整顿,向国际银行监管标准和银行业惯例看齐;同年 4 月,成立了"香港联合交易所",使香港证券市场进入了历史新纪元。

进入 90 年代后,香港地区政府坚持维护和不断完善金融体制。在经历了香港回归和 1998 年的亚洲金融危机的强烈冲击后,香港特别行政区政府在中央政府的大力支持下,坚持联系汇率制度,使得香港地区的金融市场日趋成熟,市场结构更加健全,市场监管更加完善,香港国际金融中心地位得到了进一步的巩固。

二、香港地区的金融组织体系

香港地区没有专门的中央银行,而特区政府主张实行自由的经济政策。为维持金融业的稳定,香港通过立法、银行业的自律及相关机构的监管,形成了独具特色的金融管理体系,如图 3-3 所示。

香港地区的金融管理机构有三个层次,它们分别有不同的管理权限:第一层次为行政长官会同行政局,它是最高金融管理机构,拥有颁布银行条例、发放银行牌照和任命各级监管人员的权力。第二层次为财政司,负责管理包括金融业在内的香港地区经济事务。它在银行监管方面的职能是,审批签发有限制牌照银行的牌照,认可审批机构的合并、出

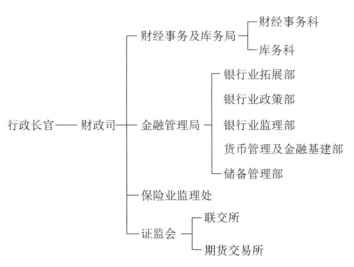

图 3-3　香港地区的金融组织体系

售,更改资本充足比率和资金流动比率,下辖金融管理局和金融事务科。第三层次为财经事务及库务局、金融管理局及保险业监理处。财经事务及库务局分为财经事务科与库务科,财经事务科的政策任务是通过提供适当的法律和经济环境,使得市场同时达到公开、公平以及具有效率,由此进一步维护并提升香港国际金融中心的地位。尽管存在独立法定监管机构行使市场监管职能,财经事务科还是在推动并统筹协调一些能提升市场整体素质的措施,以使得香港的监管体系符合当代经济发展的要求。香港金融管理局(金管局)于 1993 年 4 月 1 日成立,由外汇基金管理局与银行业监理处合并而成。金管局下设银行业拓展部、银行业政策部、银行业监理部、货币管理及金融基建部、储备管理部,金管局是香港特区政府架构中负责维持货币及银行体系稳定的机构,其主要职能为:在联系汇率制度的架构内维持货币稳定;促进金融体系,包括银行体系的稳定与健全;协助巩固香港的国际金融中心地位,包括维持与发展香港地区的金融基建;管理外汇基金。此外,行政长官下辖证券及期货事务监察委员会,它负责对联交所和期货交易所的监督管理。

(一) 行使中央银行职能的机构

香港地区不存在专门的中央银行,中央银行的三大职能——发行的银行、政府的银行、银行的银行,是由金融管理局、外汇基金、香港银行公会及几家大商业银行同时承担的。

(二) 香港地区的银行

1. 香港地区的三级银行制度

1970 年以前,香港地区的银行业结构相对简单,只存在商业银行或持牌银行。进入 70 年代,出现了大量的接受存款公司,它们与银行进行业务竞争,威胁着银行的稳定。1976 年,港英政府颁布《接受存款公司条例》,将其视为银行业的一部分,由此香港地区的银行体系变为持牌银行与接受存款公司并存的两级银行制度。20 世纪 80 年代初,港英政府对上述条例进行修订,确立了香港地区的三级银行制度,即将存款公司再细分为两级,形成了持牌银行、有限制牌照银行和注册接受存款公司三级,统称为认可机构。当局对其经营标准和业务范围做出了明确的划分,如表3-1所示。

表 3-1 香港银行经营标准和业务范围的规定

类别	持牌银行	有限制牌照银行	接受存款公司
最低资本要求	3亿港元	1亿港元	2 500万港元
最低实收资本	1.5亿港元	1亿港元	2 500万港元
业务范围	吸收各类期限存款、发放各种贷款、海外汇兑、外汇买卖、证券投资、信托保险代理等业务	只能接受50万港元以上的定期存款和各种批发性业务;证券包销、咨询;银团贷款	只能接受不少于10万港元、期限3个月以上的定期存款;可从事批发性业务和零售性业务
限制	其中50万港元以下存款期15个月内的港元存款受银行公会利率协议的约束;须遵守最低规模准则	不受利率协议的约束	不受利率协议的约束

资料来源:香港金融管理局网站(www.hkma.gov.hk)。

属于第二级的有限制牌照银行原来大部分是有实力的英式银行或美式投资银行,主要从事证券包销、公司合并与收购、财务咨询、外币存款等批发性业务,由于它们不能使用"银行"这一名称且这种限制也不符合香港国际金融中心的地位,从1990年起,港英政府对原有三级银行制度进行结构调整,将持牌接受存款公司改为"有限制牌照银行",使更多的外资接受存款公司能够以银行的名义在港开展业务;将注册接受存款公司改为"接受存款公司"。同时,提高了对三级机构的最低资本金要求。持牌银行的最低实收资本为1.5亿港元,有限制牌照银行的最低实收资本为1亿港元,接受存款公司的最低实收资本为2 500万港元。

截至2014年年底,香港地区共有159家持牌银行、21家有限制牌照银行和23家接受存款公司。另外,在香港设有代表办事处的外资银行共有63家。

2. 香港地区的银行分类

从所属国家来看,香港地区的银行可分为六个主要的集团,即英资银行、中银集团、恒生银行集团、美资银行、日资银行和其他银行。

英资银行由于历史原因在香港地区金融业中的地位十分重要,特别是汇丰银行和渣打银行,它们参与港币发行、管理金融事务。汇丰银行是香港地区最大的银行,1990年汇丰银行在英国注册成立"汇丰持股有限公司",汇丰银行成为其全资附属银行,1992年它收购英国的米德兰银行,使汇丰银行总资产达1 661亿英镑,超过2万亿港元,为世界十大银行之一。

中银集团是香港重要的银行集团,由13家成员行组成,现共有总行、分行及办事处300多家,是香港地区的第二大金融集团,吸收的存款总额占香港存款总额的25%。

恒生银行主要业务包括零售银行及财富管理、企业及商业银行、财资业务,以及私人银行服务。在香港,恒生拥有约220个服务网点,网络庞大,几乎遍布全港每一角落。美资银行包括万国宝通银行香港分行、大同银行香港分行等美资银行在香港的分行。

日资银行集团,由日资银行在香港设立的分支行组成,日资银行在金融危机前是香港地区资产最大的外资银行集团,金融危机爆发后日资银行由于本身的呆坏账和经营问题以及金融危机的打击纷纷拍卖在香港的资产和撤销在香港设立的分支行,收缩海外业务规模和战线,维系国内的生存和发展。

其他银行,包括一些中小银行和英资、美资以外的外资银行。

(三)香港地区的其他金融机构

70年代之前,香港地区除传统银行外并无其他专业银行或类似银行的存款金融机构,1970年之后,香港地区出现有国际背景的商人银行,一些小型本地财务公司纷纷成立,1976年当局将其注册为存款公司,后均纳入三级银行制度中。在香港三级银行制度之外的其他金融机构主要有三类,即单位信托基金、保险公司及从事证券业务的各种非银行金融机构。

1. 单位信托基金

单位信托基金(Unit Trust Fund)是为中小投资者服务的中介机构,它通过出售投资"单位"(Unit)获得资金,由专业的投资人员分散投资于各种金融资产上,以降低风险,获取更高的收益。60年代基金在香港出现,1978年港英政府制定"香港单位信托及互惠基金守则",标志着基金也进入正常发展轨道。80年代基金业发展迅速,基金投资产品的种类不断增多,投资对象有存单、股票、债券、商业票据、黄金、外币、期货、期权等。进入20世纪90年代,香港地区基金业再次展现出了新的发展势头。

2. 保险公司

香港地区拥有相当发达的保险市场,当地居民在保费方面支出较高,这吸引了全球许多优秀的保险公司打入香港市场。

根据保险业监理处的统计,2015年上半年,香港地区保险业的毛保费总额按年增加13.6%,达到1 849亿港元(237亿美元),相当于香港本地生产总值(GDP)的16.2%。一般保险业务增长3%,达到239亿港元(31亿美元)。同期,生效中的长期保险业务按年增长15.4%,达到1 610亿港元(206.4亿美元),新增长期保险业务的年增幅更高,达到25.2%,总值约687亿港元(88亿美元)。长期保险业务占毛保费总额的87%,其余13%为一般保险业务。

3. 提供证券业服务的机构

证券业的交易服务由投资银行、商业银行、财务公司和证券经纪公司提供。投资银行是在一级市场IPO的主要包销商。香港股市高度开放,流动性高,吸引了不少国际投资银行及证券公司赴港开业,发展IPO及证券业务。在二级市场,本地经纪行及银行主要为本地零售客户服务,而机构投资者则由国际经纪行及投资银行提供服务。

三、香港地区金融制度的特征

(一)独特的金融管理制度

长期以来,由于没有设立正式的中央银行,中央银行职能由官方和商业银行共同承担是香港地区金融制度最重要的特征之一。主要是外汇基金、银行公会和商业银行(中国银行、汇丰银行、渣打银行)。外汇基金负责维持汇率的稳定、充当银行体系的最后贷款人、调节资金市场。汇丰银行参与港币的发行、充当银行同业公会主席和财政司成员、充当银行结算管理者、接受港府存款,承担着部分中央银行的职能。此外,香港通过银行公会确定银行优惠利率来调节经济。80年代以来,汇丰银行的中央银行职能逐渐淡化,外汇基金的作用得到加强。1993年香港金融管理局成立,它集货币政策制定、银行体系监管及支付体系管理等基本职能于一身,实际主要承担了香港中央银行的角色和职能。

(二) 三级银行制度

1983年起,港英政府将能从公众手中吸引存款的所有金融机构分为三大等级,即持牌银行、有限制牌照银行和接受存款公司,并规定其不同的经营范围,政府对之进行有区别的监督管理,从而保证了从事广泛业务、对金融业和社会影响较大的银行受到政府较严格的监管。而业务面狭窄,对整个金融体系和大众生活影响较小的银行则受到政府相对较宽松的监管。这样可保障存户、个人及公司的利益,也可保护银行业的整体稳定和收益,同时也使银行体系的多元化和合理竞争得以保持。

(三) 联系汇率制及货币局制度

香港地区的货币政策目标是保持货币稳定,即保持港元汇价稳定,使得外汇市场上港元兑美元的汇率保持在7.80港元兑1美元左右的水平。此货币政策目标是通过联系汇率制实现的。该制度在1983年10月开始实施,在巩固香港地区的贸易、服务及金融中心的地位方面一直发挥重要作用。联系汇率制度从本质上说是一种货币局制度。货币局制度是指政府以立法形式明确规定,承诺本币与某一确定的外国货币之间可以以固定比率进行无限制兑换,并要求货币当局确保这一兑换义务的实现的汇率制度。根据货币发行局制度的规定,货币基础的流量和存量都必须得到外汇储备的十足支持。换言之,货币基础的任何变动必须与外汇储备的相应变动一致。在香港,货币基础的组成部分包括:负债证明书,用于支持发钞银行发行的纸币;政府发行的流通纸币及硬币;总结余,即银行在金管局开设的结算户口结余总额;外汇基金票据及债券,是由金管局代表政府发行。

在货币发行局制度下,港元汇率通过利率自动调节机制维持稳定。当前,货币发行局的调节机制如图3-4所示。

(四) 银行业的国际化

香港地区的银行体系基本上由商业银行构成,银行业是香港地区国际金融中心最重要的组成部分,其开放性和国际化程度非常高。截至2014年年底,香港地区共有159家持牌银行、21家有限制牌照银行和23家接受存款公司。另外,在香港地区设有代表办事处的外资银行共63家。香港地区银行业以外资银行或外来资本控制的银行为主,以外汇收支进行的业务占全部银行业务的70%。

(五) 金融市场蓬勃发展

香港地区的金融市场比较齐备,外汇市场、货币市场、股票市场、衍生品市场、债务市场、黄金市场、保险市场等百花齐放且高度国际化。

香港地区的外汇市场发展成熟,交易活跃。由于不存在外汇管制,又位于有利的时

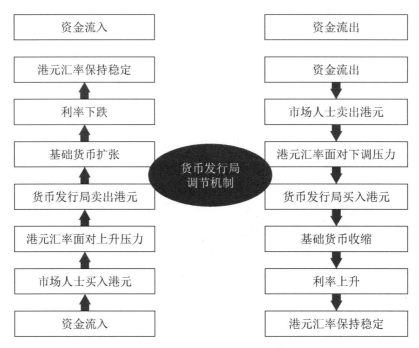

图 3-4　香港地区的利率自动调节机制

区,其外汇市场的发展十分迅速。

香港地区的货币市场主要包括银行同业拆借市场。香港地区的银行同业拆借率是根据市场参与者之间的资金供求而决定,同时,此利率也很大程度上影响短期贷款的定价。

香港地区的股票市场总市值位列世界第五,在亚洲则排名第三。香港是全球最活跃的 IPO 市场之一,2014 年全年其 IPO 融资总额达到了约 298 亿美元。

第四节　中国台湾地区的金融制度

一、台湾地区的金融制度的演变

第二次世界大战后,台湾地区的金融制度的发展经历了五个阶段:

第一是接收整理阶段(1945—1949 年)。国民党政府允许台湾建立地方性币制,改组日据时期的殖民地金融体系,逐步形成一套地方性金融体系。

第二是维持安定阶段(1950—1959 年)。国民党政府将众多大陆金融机构迁往台湾,为维持稳定,迁台机构一律紧缩,保留机构,暂停对外营业,基本维持原有的金融结构。

第三是发展阶段(1960—1974 年)。台湾当局放宽对金融机构的限制,逐步恢复了原在大陆的"四行、两局、一库",批准了 11 家外商银行来台设立分行,成立了数家民营金融机构,组建证券交易委员会作为证券市场的管理机关,1961 年 10 月成立了台湾证券交易所。

第四是金融制度改革和发展阶段(1975—1985年)。70年代中期,随着台湾地区经济由轻化工转向重化工,台湾地区金融制度进行相应的改革,将银行分为商业银行、储蓄银行、专业银行和信托投资公司;将专业信用体制分为工业信用、农业信用、输出入信用、中小企业信用、不动产信用和地方信用六种,奠定了台湾地区金融体制的基础;同时,设立"中国输出入银行",交通银行改为开发银行;成立"中央存款保险公司",形成了"中央银行"宏观货币信用管理体制;建立了票券市场、外汇市场和同业市场。

第五是台湾地区金融业的变革时期(1985年至今)。台湾地区实行金融自由化,放开利率,放开民营银行的设立,取消与贸易有关的经常项目外汇管制,逐步放宽资本项目限制。

80年代中期以来,台湾地区金融制度的变革或称金融自由化,是台湾地区由"统制经济"向"市场经济"发展的必然要求。从内部原因看,台湾地区金融业尤其是银行业一直以公营为主,以政府信用为后盾,且受行政当局的种种限制,经营活动守旧、效率低下,同时由于经济发展后资金充裕,而利率管制、金融系统融资渠道不畅,又使地下借贷市场猖獗,对正常的经济活动造成巨大的冲击。从外部看,80年代巨额的贸易盈余积累了大量的外汇储备,"中央银行"买入外汇维持汇率稳定致使货币供应量猛增,形成通货膨胀的压力,另外来自主要贸易伙伴美国的压力也是重要的因素。

台湾地区金融自由化的主要表现是金融价格自由化、金融产品自由化和金融参与自由化。具体措施有:

第一,放松利率管制。经过20世纪70年代以来利率政策的调整,1989年公布实施的"银行法修正案",正式取消对银行存贷利率的限制,实现了利率的市场化。

第二,实施银行民营化。1989年"银行法修正案"正式颁布,允许私营银行开业,这是台湾地区金融自由化的重要里程碑。其内容一是所有公营商业银行私有化,将第一商业银行等部分股份出售给私人持有;二是新批准设立民营银行,1990年《商业银行设立标准》规定最低资本额为100亿新台币,随后有15家民营银行获得批准。

第三,放松外汇管制,推动金融业国际化。80年代台湾当局放松外国银行在台开设分支行的限制。1987年,台湾"中央银行"放宽汇率波动幅度,允许一般居民自由持有外汇,允许汇出500万美元,汇入5万美元,鼓励资本输出。1989年取消新台币对美元加权平均中心汇率制度,政府通过影响银行间交易量来间接干预汇率,同时设立外币拆放市场,使各银行的外汇资金调剂更加灵活。

第四,整顿地下金融,规范金融业。台湾地区各类地下投资公司众多,其组织不健全,财务结构脆弱,一旦新资金枯竭或在股市、地产市场投机失利,就会造成周转困难,引起倒闭,使投资者受损,危及整个金融业。1989年"银行法修正案"强调坚决取缔地下投资公司,这是在放松金融管制的同时加强金融管理的重要举措。

二、台湾地区的金融组织体系

台湾地区的金融组织体系如图3-5所示。

(一)台湾"中央银行"

1949年,原在大陆的"中央银行"迁入台湾,但大部分业务停顿,由之后改组的台湾银行代理货币发行及其他业务,直到1961年6月,台湾当局批准"中央银行复业方案","中

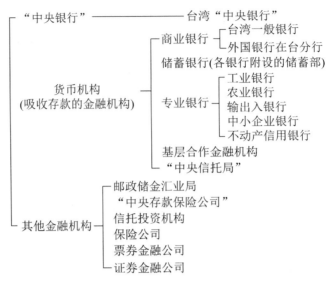

图 3-5 台湾地区的金融组织体系

央银行"逐渐成为台湾地区货币发行的银行、政府的银行、银行的银行。"中央银行"隶属于"行政院",最高决策机构为"中央银行"理事会。2007 年 7 月 1 日,"中央信托局"并入台湾银行。

除台湾"中央银行"之外,台湾地区金融机构以是否创造存款货币分为货币性金融机构和其他金融机构,前者有商业银行、信托投资公司、专业银行、基层合作金融;其他金融机构有邮政储金汇业局、保险公司、票券金融公司和证券金融公司等。

(二) 商业银行

根据"台湾银行法"第 70 条规定,商业银行仅指以收受支票存款、活期存款、定期存款,供给短期、中期信用为主要任务的银行。台湾商业银行包括台湾本地银行和外国银行在台分行,本地银行在台湾又称为一般银行。至 1990 年开放新设银行前,本地银行的设置处于高度管制状态,因此,本地银行只有日据时代留下的省属行库,原先于大陆地区设立、后于台湾复业的银行,以及后来选择性核准的少数银行,总计只有 24 家,且绝大多数属于公营银行。除了一般银行外,外商银行分行设立早于新银行的开放,不过在营业范围与分行数量上均有限制。因此从产生来看台湾地区商业银行有四种形式:一是日据时代银行改制而来;二是国民政府从大陆迁台后恢复营业及在 60 年代建立的商业银行;三是台湾当局 80 年代初实行金融国际化政策以来,台湾地区引进的 40 余家外资银行;四是 80 年代放松管制后于 1991 年新批准成立的 16 家民营银行。

(三) 其他吸收存款的金融机构(其他货币机构)

1. 专业银行

专业银行是指为方便专业信用的供给,"中央主管机关"许可设立专业银行或指定现有银行,担任该项信用的供给。例如,工业银行指由交通银行改制的开发银行;农业银行有"中国农民银行"、台湾土地银行和台湾省合作金库;进出口银行指"中国输出入银行";

不动产信用银行指台湾土地银行;中小企业银行是 1975 年后由和会储蓄公司改制而成的,是一种区域性的民间金融机构,主要有台湾中小企业银行,台北区、新竹区、台中区、台南区、高雄区、花莲区、台东区中小企业银行共 7 家,1998 年台北区中小企业银行改制为台北商业银行;1999 年,新竹区中小企业银行改制为新竹国际商业银行;2006 年,台南区中小企业银行改制为京城商业银行。这些专业银行仍然以商业银行业务为主,政策性专业银行的特征并不明显,事实上台湾地区并无完全专业性的金融机构。

2. 基层合作金融机构

基层合作金融机构是指基层的地区性银行机构,现包括信用合作社 23 家,它是城市合作金融组织,以为中小工商企业和城市平民融通资金为主;以及农会信用部 281 家、渔会信用部 25 家,它们是农、渔会中的金融服务部门,吸收农村资金,并将大部分资金发放农、渔业生产加工和运销贷款,是农村的合作金融主体。三类机构统一由台湾省合作金库管辖。台湾省合作金库既是一家一般银行,又担负着全省合作金融系统的领导职能。2001 年 9 月起改由"中国农民银行"、台湾银行、土地银行、合作银行、第一银行等 10 家银行分别管理。

3. 信托投资公司

根据"台湾银行法"第 70 条规定,它是"谓以受托人之地位,指按照特定目的、收受、经理及运用信托资金与经营信托财产,或以投资中间人志地位,从事与资本市场有关特定目的的投资之金融机构"。从业务上看,台湾信托投资公司是兼有投资银行、事业投资公司和不动产投资公司性质的综合性金融机构,是资本市场的重要参与者,在台湾地区的金融体系中它与商业银行、保险公司并立为三大支柱。到 1993 年,由"中央主管机构"核准设立的信托投资公司有 8 家,即"中国信托投资公司"、台湾第一信托投资公司、中联信托投资公司、中华开发信托投资公司、台湾土地开发信托投资公司、亚洲信托投资公司、国泰世华信托投资公司和华侨信托投资公司,其中台湾土地开发信托投资公司、中华开发信托投资公司、中联信托投资公司为公营性质,1993 年"中国信托投资公司"改制为"中国信托商业银行",1998 年第一信托投资公司改制为汇通商业银行,1999 年中华开发信托投资公司改制为中华开发工业银行,2005 年台湾土地开发信托公司注销信托公司营业执照,2007 年中联信托投资公司被国泰世华收购,2008 年亚洲信托投资公司被渣打国际商业银行收购。

(四) 其他金融机构

1. 邮政储金汇业局

1962 年在台湾恢复,业务由邮局兼营,隶属"交通部"但受"财政部"的监督和法令约束,只限于经办储金、汇兑、划拨储金等业务,不办理授信、保证、信托、放款(除存款抵押放款外)等一般银行业务。目前台湾地区设有 1 324 家邮局,由于机构普遍,服务良好,又有免税优惠,成为台湾地区吸收民间闲散资金的重要机构。

2. 信托投资机构

从业务上看,台湾信托投资公司是兼有投资银行、事业投资公司和不动产投资公司性质的综合性金融机构,是资本市场的重要参与者,在台湾地区的金融体系中它与商业银行、保险公司并立为三大支柱。此外,许多台湾地区一般银行包括外国商业银行相继设立信托部,兼办信托业务。

3. 保险公司

台湾保险公司分为人寿保险公司和产物保险公司,前者属于金融部门的"其他金融机构",后者属民营事业部门。在保险业中,官营的保险公司市场所占份额较小,大部分的民营企业和个人保户则投保于民营保险机构。此外还有中央再保险公司、渔船保险合作社等。

4. 票券金融公司

票券金融公司是60年代台湾构建货币市场时组建的,它属于交易商性质,专门负责短期票券的买卖,充当金融机构同业拆借和政府债券买卖的经纪人以及提供企业财务咨询服务。目前有8家,即兆丰票券金融公司、国际票券金融公司、中华票券金融公司、大中票券金融公司、台湾票券金融公司、万通票券金融公司、大庆票券金融公司和合作金库票券金融公司。

5. 证券金融公司

为建立证券市场的信用交易制度,台湾地区于1980年创立专业性的证券金融公司,集中办理证券信用交易,为投资者融资、融券。

6. "中央存款保险公司"

1985年台湾仿效发达国家,颁布"存款保险条例",成立"中央存款保险公司"。它由"财政部"和"中央银行"共同出资筹划,并吸收少量一般银行的资本,主要接受存款货币机构的投保,"中央存款保险公司"可向"中央银行"申请特别融资。

三、台湾地区金融制度的特征

(一)历史性特征

台湾地区金融制度反映着台湾地区近代历史的变化,大部分的基层金融机构是第二次世界大战前地方性金融机构的延续,如土地银行、信用合作社、农渔会信用部、中小企业银行等,而银行业则多由大陆迁台后复业或新建。

(二)官营垄断的金融体制逐渐瓦解

早期台湾地区的金融机构中绝大部分为官营性质(包括全部由政府出资和官民合资而官股占50%以上的银行),其股本额、资产和存放款业务都占全部金融机构的90%左右。公营银行的经营往往不以最大利润与效益为原则,而是多考虑行政主管部门的协调与配合,因此竞争力较低,从而影响到整个金融业的效率。但1989年以来,台湾地区开放民间私人银行的设立,公营银行逐渐进行民营化改革,到2002年公营资本下降至不足20%,截止到2015年,台湾地区本地银行一共39家,其中民营银行37家、公营银行2家。

(三)金融双元性

金融双元性(Financial Dualism)是指有组织的金融体系之外存在大量的无组织的民间借贷。台湾地区长期以来银行利率偏低,正常的融资渠道无法满足民间的需求,官方对民营金融活动的控制过严,使各种地下投资公司迅速发展。地下投资公司没有银行经营执照而经营存贷款等银行业务,它们向公众集资,支付数倍于一般银行的存款利率,通过"以债养债",即不断吸收新的存款来支付旧存户的利息和提款来维持流动性,同时拨出资金从事股票、外币、地产的投机以获取高额利润,加大了整个金融体系的风险。

(四)"中央银行"三权分立,独立性较小

台湾"中央银行"原隶属于"总统府",1979年修订"银行法"将其改为隶属"行政院",它不仅受"行政院"的影响,还须对"立法院"和"监察院"负责。从法律上看,"中央银行"只是"配合金融政策之订定","财政部"对金融政策的制定拥有较大的权限。"中央银行"内部设立理事会、监事会和正、副总裁,实行行政、立法、监察三权分立的管理模式。

(五)金融管理机构多元化向一元化转变

台湾地区的金融管理机关有三类:一是行政主管机关,金融机构的主管机关在"中央"为"财政部",省(市)为财政厅,此外县(市)政府财政局(科)执行对辖区内的信用合作社、农(渔)信用部的管理;二是业务主管机关,即"中央银行",负责制定执行货币政策、管理货币发行、经理国库、检查指导全台湾金融机构的业务;三是金融业务的检察机关,目前有权对金融业务检查的机关有"财政部"及各级财政部门、"中央银行"、台湾省合作金库、"中央存款保险公司"。由于分业监管存在诸多问题,于2004年7月1日起新设"行政院"金融监督管理委员会(简称"金管会"),以实践金融监管一元化目标。将过去由"财政部"、证期会、金融局(金管会银行局)、保险司、"中央银行"与"中央存款保险公司"等分散的管理权力,集中于金管会之下,而原来协助"财政部"进行金融检查的"中央银行"与"中央存款保险公司"也停止该职权。

(六)银行业务综合性发展

台湾地区银行体系过去采用短期与长期金融分离、证券业与银行业分离的模式。目前有所放开,银行长期业务在一定限制条件下也可办理。依"台湾银行法",台湾有三类银行,即商业银行、信托投资公司、专业银行。但多年来银行体系一直朝综合银行的方向发展,除"中央银行"、"中国输出入银行"、信托投资公司、保险公司、邮汇局外,其余各银行均办理支票存款及短期放款等商业银行业务,并普遍设立储蓄部门吸收储蓄存款(银行与证券业务仍然采用分离的原则)。

本 章 小 结

1. 韩国金融制度的演变是由政府自上而下强行启动的,其演变的内容、范围和程度主要取决于政府的能力和意愿。随着经济环境和经济政策的变化,政府及时制定和修改金融法规,推动金融制度变革,从而加强和改善了对经济活动的支持。韩国政府并不认为金融发展和经济发展必定存在着正相关的关系,而且把金融作为能够给予经济稳定和经济发展以重大影响的一种因素。至于是采取金融发展政策还是采取金融压抑政策,完全视经济稳定和经济发展的需要。1997年危机爆发前,韩国金融制度具有"管制金融、间接融资优势"两大明显特征。

2. 新加坡独特的金融管理体制体现在新加坡不设中央银行,而由金融管理局、货币

局、投资局分担对银行、货币、外汇的管理职能。新加坡政府将金融的国际化、自由化与国内金融的发展成长结合起来，一方面，政府通过税收等种种优惠政策，鼓励外资银行和金融机构到新加坡从事离岸金融业务，创立了亚洲美元市场和国际金融期货市场，同时，为避免国际化对国内金融体系和政策的冲击，当局将国内金融市场交易和离岸金融市场交易严格区分开来，离岸金融市场不受国内金融政策的制约，它充当国际资金供求的中介。

3. 中央银行职能由官方和商业银行共同承担是香港地区金融制度最重要的特征之一。自 1983 年以来，香港政府把能从社会上吸收存款的金融机构分为三个等级（持牌银行、有限制牌照银行和注册接受存款公司），规定不同的经营范围，政府对其进行有区别的监督管理。这样可以有效地保障存款人及公司的利益，也可保护银行业的整体稳定和收益，同时也使银行体系的多元化和合理竞争得以保持。而联系汇率制度在巩固香港地区的贸易、服务及金融中心的地位方面一直发挥着重要作用。香港地区银行业的国际化和金融市场的蓬勃发展，使其成为全球重要的区域性国际金融中心。

4. 台湾地区金融制度反映着台湾地区近代历史的变化，大部分的基层金融机构是第二次世界大战前地方性金融机构的延续，如土地银行、信用合作社、农渔会信用部、中小企业银行等，而银行业则多由大陆迁台后复业或新建。台湾地区的金融机构中绝大部分为官营性质。尽管 1989 年以来，台湾地区开放民间私人银行的设立，但当局对其发展采取谨慎的态度，发展缓慢。台湾地区长期以来银行利率偏低，正常的融资渠道无法满足民间的需求，官方对民营金融活动的控制过严，使各种地下金融迅速发展。

关键词

韩国银行、主办银行制、金融管理局、货币局制度、持牌银行、有限制牌照银行、接受存款公司、中资银行、民营银行、二元金融结构、管制金融

复习思考题

1. 试述新兴工业化国家或地区金融制度的产生与发展。
2. 试述新兴工业化国家或地区金融制度对其经济发展的影响。
3. 简述新兴工业化国家或地区金融制度的一般性特征。
4. 试评价韩国的金融制度。
5. 韩国管制性金融的表现与意义何在？
6. 简述新加坡金融体制的特点。
7. 试比较新加坡与香港地区的金融管理局制度。
8. 简述香港地区金融制度的历史演变与特点。
9. 简述中资银行在香港地区金融体系中的地位与作用。
10. 试述香港地区金融发展中的中国内地因素。
11. 简述台湾地区金融制度的产生与发展。
12. 简述台湾地区金融制度的特点及其对台湾经济发展的作用。

第四章

中央银行制度比较

【重点提示】

- 中央银行制度发展的历史阶段、一元中央银行制和二元中央银行制、中央银行独立性问题及其含义、中央银行货币政策的运行机制、各国中央银行货币政策的比较分析、西方国家实行零准备金政策的成因与意义；
  - 美国联邦储备体系的结构与权限；
  - 美国量化宽松货币政策；
  - 英格兰银行职能的变化与意义；
  - 欧洲中央银行对维护欧元区稳定的功能与意义；
  - 新加坡与中国香港地区的金融管理局制度；
  - 中国人民银行的职能与货币政策。

中央银行(Central Bank)是一国金融体系中居于主导地位,负责制定和执行国家的货币金融政策,实行金融管理和监督,控制货币流通与信用活动的金融机构。

中央银行是随着社会经济和金融业的发展而逐步产生和演变的。17世纪产业革命的兴起,为早期银行业的发展创造了客观需要,商业银行(私有制、股份制)的发展推动了产业革命,但当商业银行发展到一定阶段,它所面临的问题日益增多。一是银行券的发行兑换问题,由于各商业银行都拥有银行券的发行权,致使银行券的数量过多,信用无法保证,商品的正常交换和流通受到影响。二是票据交换问题,随着银行业务的扩大,每天处理的票据数量越来越多,虽然当地一些大的商业银行在一些城市建立了票据交换所,但它并不接纳所有的金融机构,这在客观上要求建一个全国统一的公正的清算机构。三是最后贷款人问题,产业革命的兴起使社会对资金的需求数量扩大、期限延长,单个商业银行面临的流动性风险加大,当一家银行支付困难而其他银行无力或不愿对其进行贷款时,它的倒闭有可能引起存款人的挤兑风潮,危及整个金融体系。因此,有必要集中各家银行的一部分现金准备,对有问题的银行予以贷款支持。四是金融管理问题,金融业的发展需要有一权威机构对全国金融机构的设置、运营进行必要的管理和监督,以保证金融运行的稳健性。中央银行制度正是在现实的经济基础上,经过几百年的时间逐步确立和发展起来的。

第一节 中央银行制度概述

一、中央银行的组织结构

(一)中央银行的外部组织结构

从总体上看,当前各国中央银行的外部组织结构主要有四种类型,即一元中央银行制、二元中央银行制、准中央银行制、跨国中央银行制。一元中央银行制是一国只设独家中央银行和众多的分支机构来执行其职能,它是由总分行组成的高度集中的中央银行制,世界上大多数国家都属于此类中央银行,如英国、日本等。二元中央银行制是指在中央和地方设立两级中央银行机构,中央级机构为最高权力或管理机构,地方机构也有其独立的权力,两者分别行使职权,主要是实行联邦制的国家,如美国和德国。准中央银行制是指不设完整意义上的中央银行,而设立类似中央银行的金融管理机构执行部分中央银行的职能,并授权特定商业银行执行中央银行职能,如我国的香港特别行政区。跨国中央银行制度是指由若干国家联合组建一家中央银行,由其在成员国范围内行使全部或部分中央银行职能,如欧洲中央银行。

(二)中央银行的内部机构设置

在西方国家中央银行内部设有最高权力与管理机构,一般为董事会或理事会,这些理事多由议会、总统或皇室任命,地位较高,任期较长且往往与政府首脑任期错开,4年、5年、8年、14年不等。理事会除金融界人士外还吸收各界代表参加,具有广泛的代表性。此外还常常设立监事或审计委员会,对中央银行的业务进行监督。在最高决策层也设立咨询委员会,对货币政策及日常业务提出建议。

中央银行作为"发行的银行""政府的银行"和"银行的银行"而发挥其职能,因此内部机构一般根据其所承担的任务来设置。除行政管理和人事部门外,通常设立以下三种管理与业务机构:①中央银行一般综合分析方面,设置调查统计、信息分析、法律等部门;②中央银行专有或特殊的业务方面,设置发钞、印刷、贵金属、外汇管理、债券发行、银行监管等部门;③在一般银行业务方面设置贴现、贷款、外汇交易、票据清算等部门。

(三) 货币政策决策和执行机构的设置

在西方国家,一般来说中央银行都是货币政策的执行机构,而由于各国情况不同,货币政策的决策机构的设置也不尽相同。一种类型是单独设有货币决策机构,这些机构一般由财政部部长、中央银行官员、政府各部代表及工商业代表组成,地位较超然,权力很大,他们做出的决定由中央银行加以贯彻实施,如德国、日本;另一种类型是货币政策的制定与执行统一由中央银行的最高权力机构负责,如美国和英国。

二、中央银行的独立性

中央银行的独立性是指中央银行履行自身职责时法律赋予或实际拥有的权力、决策与行动的自主程度,通俗来说也是指中央银行与政府的关系。中央银行创立之初就与政府产生密切的联系,为了争取政府的支持,独享货币发行权,早期中央银行往往为政府发行债券筹措资金、为政府承办财政收支,从而建立资金往来关系。第一次世界大战使中央银行的自由原则和独立性被迫放弃,中央银行成为为各国筹集资金的工具,最终危及整个国际货币体系的稳定,1920年布鲁塞尔会议要求各国中央银行脱离政府的控制,保持独立。第二次世界大战后,凯恩斯的国家干预主义兴起,中央银行货币政策成为政府调节宏观经济的重要手段,各国认为中央银行应与政府积极配合,以实现宏观经济的总目标,因此中央银行只能保持相对的独立性。20世纪70年代西方工业化国家经济陷入"滞胀",在对凯恩斯主义理论和政策进行反思的同时,各国再次认识到中央银行的独立性对宏观经济运行的稳定至关重要,保持独立性成为中央银行理论和政策运行的重要原则。

中央银行保持独立性的原因主要有四个方面:第一,防止政治周期的出现。西方各国实行议会民主制,决策者从自身的利益出发,追求选票数量的最大化,在接近选举年份,往往采用刺激经济增长、提高就业率的扩张性宏观经济政策以赢得选票;一旦上台为压低通货膨胀又采用紧缩性政策,这会影响货币稳定,人为加剧经济的波动。第二,防止财政赤字货币化。中央银行作为政府的银行有管理国库、代理发行国债的职能,但它对财政只是一般的支持,若直接为政府融资以弥补财政赤字,则会引发通货膨胀。第三,中央银行与政府工作的侧重点不同。政府工作涉及社会政治、经济、文化等各个领域,从经济上看也有四大目标,即经济增长、物价稳定、充分就业和国际收支平衡,由于四者之间存在一定的矛盾,政府根据经济发展的状况随时调整政策选择,而中央银行最根本的目标是稳定货币,如果失去了独立性,政府政策的变动就会危及货币的稳定。第四,中央银行身份的两重性。中央银行不仅代表政府的政策意向,也代表社会公众和银行业的利益,因此它需要在政府、社会公众和银行业三者利益间进行调节,同时,中央银行业务的技术性很强,只有与政府保持一定的独立性,中央银行才能充分、正确地行使其职能。

但是，中央银行的独立性只是相对的，任何国家的中央银行都不可能完全独立于政府之外。国家经济发展的总目标是中央银行活动的基本点，货币政策应与政府总的经济政策相协调。因此，中央银行的独立性只能是相对的。

各国政治制度、经济体制的特殊性，使其在保持中央银行的相对独立性方面具有不同的特点。一般来看，可以从以下五个方面来分析中央银行的独立性。

（一）中央银行的法律地位

中央银行的法律地位是其履行相关职责的资格保障，是维持其独立性的基本保障，各国的中央银行法都对中央银行的法律地位做了详尽规定，明确赋予中央银行以法定职责或在制定或执行货币政策方面享有相当的独立性。如德国德意志联邦银行法中规定，"德意志联邦银行为了完成本身使命，必须支持政府的一般经济政策，在执行本法授予的权力时，不受政府指示的干涉"。联邦银行法所赋予的中央银行的权力是非常广泛的。再贴现、准备金政策、公开市场政策等方面，联邦银行都可以独立地做出决定。日本银行法中规定"主管大臣认为日本银行在完成任务上有特殊必要时，可以命令日本银行办理必要业务或变更条款或其他必要事项"。在独立性方面，日本银行小于德意志联邦银行。

（二）中央银行的隶属关系

中央银行独立于政府还是隶属于政府，是决定其独立性的一个重要因素。目前有三种模式：一是中央银行在法律地位上独立于政府，直接向最高权力机构（立法、国会、议会）负责，如美国联邦储备体系、德国德意志联邦银行，一般为联邦制国家。二是中央银行名义上隶属于财政部，但实际上独立性较大，如日本银行、英格兰银行、法兰西银行等，这种模式的中央银行为数众多；三是中央银行隶属于财政部，但独立性较小，如意大利银行、韩国银行等。

（三）资本金所有权关系

目前，各国中央银行资本金的来源有三种模式：一是全部资本由国家所有，有的是政府直接出资建立中央银行，有的是政府收购股份，将私营的由商业银行演化而来的中央银行改组为国有化的中央银行如英格兰银行；二是资本金由公私两种股份构成，如日本中央银行55%的股份为财务省持有，其余由私人所有；三是资本金由企业法人所有，如美国联邦储备银行的资本金来自会员银行的股本金。

第二次世界大战以来，中央银行资本金有逐渐走向完全由政府所有的趋势，但即便是资本金全部由私人所有，其股东也无权干预中央银行的日常决策，它只能根据所出股金获取一定的股息收益，中央银行的管理监督权属于国家。因此，资本所有权对于中央银行的独立性没有影响。

（四）中央银行决策与政府的关系

西方各国的金融立法一般明确规定，中央银行在制定货币政策上享有独立性，但在承担稳定金融、实现政府宏观经济目标的同时，还要接受政府的领导与监督。中央银行决策与政府的关系体现在两方面：

一方面，在中央银行的人事与组织结构上，政府有多大的权限。西方各国中央银行行长或总裁多由政府部门或议会提名，总统或国家元首任命，任期往往与政府错开，避免受政府的控制,理事经各界推举产生,具有广泛的代表性。同时,理事会中是否有政府的代表、这些代表是否有表决权,对中央银行的独立性影响很大。理事会中有代表有利于传达政府的政策意向,沟通两者认识上的偏差,无代表可避免政府的干扰,不受偏见和压力的影响。

另一方面,政府是否有权干预中央银行制定的货币政策。有以下四种情况:一是中央银行向国会负责,不接受政府的指示,如美国联邦储备体系;二是政府可以在一定期限内推迟中央银行决策的执行,但无权更改,如德意志联邦银行;三是承认政府对中央银行的决策有权提出异议,并要求其重新审议,或根据不同事项求得行政法庭的裁决,如法兰西银行;四是政府保留一般审议权,可对中央银行发布指令,但多与其事先协商解决,如英格兰银行。

(五) 中央银行与财政部的资金关系

在中央银行与财政部的资金关系上,各国一般严格限制中央银行向政府提供中长期资金,以避免财政赤字货币化。另外,中央银行在一定限度内对政府融资给予支持,一般允许中央银行向政府提供短期借款,但在借款的时间、数额、方式上做适当的限制,如禁止财政部向中央银行透支等。如美国财政部只能通过公开市场进行筹款,也就是即使其筹款遇到困难,也只能向美联储短期借款,期限只有几天,而且要以财政部发出的特别库券作为担保。意大利银行可以向财政部提供短期贷款,但贷款金额不得超过年度预算支出的14%。法兰西银行可以向政府提供无息透支,但有上限而且实际透支很少。此外,中央银行常常代理国债的发行,它可通过各种调节手段为其发行创造良好的市场环境。中央银行与财政部的资金关系是衡量其独立性的一个重要指标。

三、中央银行的货币政策

货币政策是中央银行为实现一定的经济目标而采用的各种调节和控制货币供应量或信用量的方针和措施的总称。货币政策作为调节宏观经济运行的重要手段是随着中央银行制度的建立而产生和完善的。1866年,英格兰银行第一次运用贴现率来调节货币量和信用量及金本位下的资本转移,取得了较好的效果,标志着货币政策已经开始实行。而此时,理论上尚未对货币政策的内涵、功能及其对宏观经济发生作用的机制和效果做出完整的解释。同时,实践中各国信奉自由放任的经济政策,货币政策并未成为国家调节经济的主要手段。20世纪30年代,在世界性经济危机的冲击下,各国逐渐认识到政府必须利用中央银行的特殊地位,采取一定的金融政策来调节经济运行。凯恩斯在1936年出版的《就业、利息和货币通论》中,提出了货币政策的含义、措施及作用机制,论证了要实现充分就业政府运用宏观经济政策干预经济运行的必要性,由此形成了现代意义上的货币政策。第二次世界大战后,各国普遍采用凯恩斯主义的宏观经济政策,对货币政策的内涵、政策工具、传导过程研究日益完善。进入20世纪70年代,"滞涨"成为困扰西方社会和经济理论界的难题,人们对宏观经济政策进行了新的思考,货币政策理论得到进一步的发展。

表面上看,货币政策包括经济目标和政策工具两项内容。实际上,货币政策一经实施,必然会产生诸如货币政策如何发挥作用、如何有效地控制正确的政策方向以及货币政策能否有效地影响宏观经济等问题。因此,货币政策作为政府调节宏观经济的一个大系统,应该包括货币政策目标、货币政策工具、货币政策的传导机制、货币政策指标及货币政策的有效性五个方面。货币政策目标也称最终目标,它反映了货币政策调节宏观经济所要达到的最终意图;政策工具是指中央银行可以使用的能对宏观经济运行做出调节的手段;传导机制反映一定的货币政策从实施到对宏观经济产生影响的作用过程;政策指标也称中间目标,是为实现最终目标而设定的与政策工具密切相关的指标;货币政策的有效性是指对政策的实施效果进行整体的评价。货币政策的运行机制如图 4-1 所示。

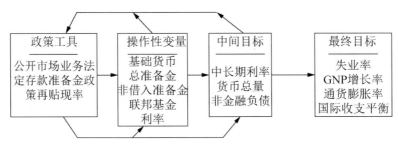

图 4-1 货币政策的运行机制

货币政策系统运作的主体是中央银行,它负责政策的具体制定、实施和调整。首先,中央银行对宏观经济运行进行深入分析和研究,找出其面临的主要问题,确定该时期货币政策的最终目标(Ultimate Objectives)。其次,将最终目标分解成为可实际监测的政策指标即中间目标(Intermediate Targets),并确定应达到的具体政策指标数值,同时,中央银行在对货币政策传导机制进行充分研究的基础上,决定使用政策工具进行调整的政策力度。最后,由于经济形势的变化、货币政策传导机制的复杂性和各种非政策因素的干扰,中央银行必须对货币政策指标进行及时的监控,以便在指标的设定和政策工具的使用力度上随时调整,实现货币政策的最终目标。

(一) 政策目标的选择

战后早期,各国受凯恩斯主义的影响,运用货币政策和财政政策来干预经济运行,以期实现充分就业、物价稳定、经济增长和国际收支平衡,因此货币政策目标与宏观经济总目标相一致。但由于各国的政治、社会环境与经济结构不同,且上述四大目标之间存在着矛盾,因此,一定时期的货币政策目标随着各国社会经济形势的变化而有所侧重,具体的指标数值也有所不同。20 世纪 70 年代以后,"滞涨"的现实使各国逐渐认识到货币供应对经济运行的重要性,逐步将物价稳定作为货币政策的唯一目标。

对货币政策的重视,促使各国对货币政策的传导过程进行深入的理解。20 世纪 60 年代,经济学家逐步认识到,中央银行货币政策并不直接作用于最终目标,政策的调整首先影响银行的准备金和短期利率,与最终目标还有一定的距离,一旦中央银行调整准备金的方向或数量出现偏差,当它发现收入的变化不当而要改变政策时,往往为时已晚。美国经济学家首先提出了货币政策的中间目标理论,直到 70 年代中期,中间目标理论才运用于实践。

20 世纪 70 年代各国偏重于利率指标,而进入 20 世纪 80 年代则多选择货币供应量指标。在货币层次具体划分和选择上,考虑到指标的可测性、相关性、可控性,各国多以广义的货币供应量为指标,如美国为 M2,日本为 M2+CD,英国为 £LM3(现为 M0),德国为 M3。随着金融创新的发展,各国日益重视更广泛的货币层次。在操作性变量(Operating Variables)上,各国主要选择基础货币、存款准备金或超额准备金,同时也密切关注货币市场利率,如日本的银行间同业拆借利率、美国的联邦基金利率、德国的再贴现利率等。

(二) 货币政策工具的选择

货币政策工具有两种分类:

一种是三分法,即一般性政策工具,它是对货币信用量进行一般的或总量的控制,包括存款准备金率政策、再贴现率政策和公开市场业务;选择性政策工具,它是对一些企业或部门有特定目的的信用管理,如优惠利率、证券保证金制度、输入保证金制度、消费信用管理、地产放款管理等;直接管制工具,它是中央银行以行政命令的方式直接对信用数量进行的控制,如利率限制、信贷总额控制等。

另一种是两分法,即直接货币政策工具,是指政策工具与政策目标之间有直接的对应关系;间接货币政策工具,也被称为以市场为基础的工具,一般来说它们是在自愿的基础上,通过银行、非银行机构之间按市场价格进行交易,通过这种买卖来调控银行的准备金,从而实现货币政策目标。

由于政治经济体制、金融制度存在差异,各国在货币政策工具的选择上各具特色。美国国内债券市场发展较早,公开市场业务为主要的政策工具,联邦公开市场委员会通过吞吐国库券,并附之以存款准备金政策和再贴现政策来调节信用量。英国传统主要依靠贷款政策、利率变动和公开市场业务,但英格兰银行往往借助非市场化的工具如特别存款、道义劝告等工具来实现其目标。在日本,日本银行的贷款政策及道义劝告成为战后最重要的政策工具,而公开市场业务和存款准备金率政策的效果相对有限。在德国,主要的政策工具是再融资政策。

总体上看,各国正逐步放弃传统的、非市场化的货币政策措施,减少对价格信号利率的人为干扰与控制,以发挥其资源配置的作用。如日本放弃了利率管制政策,英国取消了贷款政策。而在准备金政策上,各国逐渐减少缴存比例,简化和统一缴存种类,以期创造一种公平的竞争环境。

第二节 主要发达国家的中央银行制度

一、美国联邦储备体系

(一) 美国联邦储备体系的机构、功能和性质

1913 年《美国储备法》(美国法典第 12 编)规定(以下简称"法律规定"),联邦储备体系行使美国中央银行职能。

美国联邦储备体系的组织结构和权限划分如图 4-2 所示。

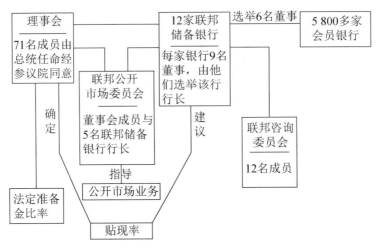

图 4-2 美国联邦储备体系的组织结构和权限划分

法律规定,美国划分为 12 个联邦储备区,联邦储备体系由联邦储备体系理事会和 12 家联邦储备银行(每个储备区设 1 家联邦储备银行)组成,以下将联邦储备体系简称为"联储"或"联储体系",将联邦储备体系理事会简称为"联储理事会",将联邦储备银行简称为"联储行"。

1. 联邦储备委员会

法律规定联储理事会负责监督各联储行的运营,负责任命各联储行董事会中的三分之一的董事,批准各联储行的行长提名,批准各联储行关于再贴现率的意见,作为联邦公开市场委员会的多数成员参与联邦公开市场委员会制定联邦基金利率目标。联储理事会由 7 名成员组成,每一名成员任期 14 年,不得连任,接替未满任期的成员在所接替任期任满后可再任一个完整任期,各成员任期错开。联储理事会成员由总统提名,经参议院批准。由于联储理事的任期与总统任期不同,每任总统只能就自己任期内出缺的理事会成员职位进行提名。联储理事会设主席和副主席各一名,任期四年,由总统提名,经参议院批准,可以连任。

在联邦一级,联储体系内部设有公开市场委员会(Federal Open-Market Committee,FOMC)和联邦咨询委员会(Federal Advisory Council)。

联邦公开市场委员会是联储体系的货币政策决策机构,负责就联储的货币政策操作目标——联邦基金利率目标做出决策(联邦基金利率即美国银行间同业拆借利率)。联邦公开市场委员会由 12 名成员组成。其中,联储理事会 7 名理事都是公开市场委员会成员,纽约联邦储备银行行长是公开市场委员会当然成员,另 4 名成员由其他 11 家联储行行长轮任。联储理事会主席是联邦公开市场委员会主席,纽约联邦储备银行行长按惯例出任联邦公开市场委员会副主席。由于联储理事会成员占联邦公开市场委员会的多数,这个组成保证了联储理事会可以主导联邦公开市场委员会的决策。该委员会也包括了 5 名联储行的行长,使得该委员会在决策时可以听到来自具体负责业务操作的联储行行长的意见,避免货币政策决策出偏。

联邦咨询委员会由12名成员组成,每个联邦储备区派1名成员(由各储备区的联邦储备银行指派)作为所在储备区银行业的代表参加咨询委员会。一般情况下,联邦咨询委员会每年召开四次会议。联邦咨询委员会只是咨询机构,没有决策权。联储还设有消费者咨询委员会和储蓄机构咨询委员会,其成员都由联储理事会任命,分别就消费者保护法律的执行和储蓄机构有关问题向联储理事会提出建议。联邦咨询委员会和消费者保护委员会依法成立,储蓄机构委员会由联储理事会决定设立。事实上,各联储行都有自己的咨询委员会,有的联储行设有多个咨询委员会。

2. 联邦储备银行

根据法律,美国在12个储备区各设立1家联邦储备银行(Federal Reserve Bank),分别设在波士顿、纽约、费城、克利夫兰、里士满、亚特兰大、芝加哥、圣路易斯、明尼阿波利斯、堪萨斯城和旧金山,以所在城市为名,如称波士顿联邦储备银行等。各联储行都由所在储备区的成员银行入股。法律规定,所有的联邦注册银行(称为国民银行)都须成为所在储备区联储行的成员银行,州注册银行经批准也可成为所在储备区联储行成员银行。每家成员银行须将其实收资本和盈余公积的6%作为入股资金交与联储行,但在选举联储行董事时,每家成员银行无论股本金多少都只有一票的投票权。每家联储行须以6%的年利率每年分两次向成员银行分红,另外还须留够与实收资本等值的盈余公积。各联储行还须按一定比例承担联储理事会的财务费用。各联储行收入扣除本行开支、负担了所应分担的联储理事会开支,按规定分红并留足盈余公积以后,剩余盈利如数上交美国财政部。事实上,联储行绝大部分盈利是上交财政部的。

法律规定,各联储行必须在各自董事会的监督之下运营。每家联储行的董事会由9名成员组成,每名成员任期三年。其中包括董事会主席和副主席在内的3名成员(C类成员,非银行界代表),由设在华盛顿特区的联储理事会任命,代表社会公众的利益。会员银行可选举其余6名董事,其中3人代表银行界,称为A类董事;3人代表企业界,称为B类董事,会员银行被分为大、中、小三组,每组推选1名A类董事和1名B类董事。联储行董事会的任务是任命行长和其他官员、决定再贴现率、批准预算并监督联储行的运营。联储行董事会关于本行行长的任命须经联储理事会批准方为有效。联储行董事会关于再贴现率的决定也须经过联储理事会的批准方为有效。联储行董事会批准本行预算并有责任审查内部审计报告,联储行同时还须接受联储理事会的审计。

(二)美国联邦储备体系的独立性分析

美联储作为货币政策的制定者,其政策的制定与执行具有极强的独立性。美联储之所以能够保持其独立性,主要体现在人事上的独立性、经济上的独立以及货币政策的独立性三个方面。

(1) 人事上的独立性。为了防止某个总统或某种政治势力控制联储体系,美联储最高领导层——联储理事会7名理事的任期长达14年,可以连任并且不能被撤职。这样,一方面理事任期与总统任期错开,使总统不能在其任期内更换理事会的绝大部分成员,从形式上也使总统无法完全控制该理事会;另一方面,由总统任命主席,又使联储理事会与总统之间能够建立密切的合作关系。

(2) 经济上的独立性。美联储独特的经济来源为其独立性提供了可靠的经济基础,联储的收入主要来自联储行拥有国债(主要用于货币政策)所获利息以及向存款机构提供服务而收取的费用。近年来,联储每年扣除费用以后实现的净收益都超过800亿美元。虽然这些收入的大部分要交还给财政部,其自留部分仍相当可观,经费上的独立性,使美联储不受国会拨款程序的支配从而减轻了决策时的外部牵制。2013年,联储总收入约为840亿美元,上交财政部大约为796亿美元,上交比例为94.76%。

(3) 货币政策的独立性。联储体系受《联邦储备法》的制约,联储有权根据美国经济发展情况的变化独立制定和执行有关政策,直接向国会负责,在法律上与总统和其他政府机构无任何的隶属关系。联储理事会由国会授权,独立地制定货币政策,自行确定采取的政策步骤和工具。同时,联储货币政策的高度公开性和透明性不仅能够让货币政策的制定及执行处于独立状态,而且赢得了国民的理解和支持。总统在未经过国会授权的情况下不能对联储发布任何命令,联储与总统或财政部及其他政策制定部门保持联系,若发生分歧则相互协商。

虽然联储具有较强独立性,但是该独立性也是相对的。联储制定政策及其执行运作需要以政府工作报告既定的经济政策和目标为基准。从而联储需要跟制定政府政策的各个部分保持顺畅沟通和密切联系。总之,作为世界上独立性最高的中央银行——美联储,它高度的管理独立性和货币政策的自主性保证了美国多年来的经济繁荣与社会稳定。

(三) 美国货币政策目标

美联储的货币政策目标体系包括最终目标、中间目标和操作目标。

1. 最终目标

通常而言,货币政策包括四大最终目标,即充分就业、物价稳定、经济增长、国际收支平衡。这四大目标内在并没有完全协调统一,因此在国家不同的经济时期和发展阶段,制定货币政策时侧重有所不同。1946年的美国《就业法》曾将宏观经济政策的目标规定为"促进最大可能的就业、产出与购买力";1978年的《充分就业和经济均衡增长法》中将政策的最终目标规定为"就业、产出、实际收入、价格变动",四个目标随经济运行形势各有所侧重。联储更倾向于一个单一的或处于支配地位的目标,特别是1978年《充分就业和经济均衡增长法》和《汉弗-霍金斯法》颁布后,物价稳定已成为制定货币政策的重要目标。在新经济的十年中(20世纪90年代),物价稳定就一直是美联储货币政策中的核心,时任联储主席格林斯潘在阐述其货币政策的历次讲话中,无不将控制通货膨胀作为其货币政策的首要目标。

2. 中间目标

货币政策中间目标就是货币当局为实现最终目标而设立的一个或一组可观测和调控的中间性金融变量。在货币政策制定过程中,货币当局往往会面临着政策认识时滞、制定时滞以及传导时滞。货币政策的中间目标就是用来解决这些时滞效应的,它能够在短时期内显现效果,能够对货币政策调节做出反馈信号。

一般而言,选定的货币政策中间目标必须易于被货币当局所控制,同时必须可测并与货币政策目标相关,即具有可控性、可测性、相关性;另外,还须具备抗干扰性,并与一国的经济体制、金融体制有较好的适应性。根据货币政策中间目标的选定标准,一般有利率、货币供应量、汇率等。美国的货币政策中间目标根据不同的时代背景和经济状况经历了几次变化,从20世纪40年代至今大致可以划分为四个阶段。20世纪70年代末以前,联储偏重于以利率指标作为中间目标,主要通过控制联邦基金利率来调节实施货币政策。由于70年代的通货膨胀使名义利率变动频繁,从1979年开始,联储转向货币供应量为中间目标。80年代的金融自由化和金融创新使货币供应量与国民收入之间的关系日益复杂,联储开始重视更广泛的信用量。1993年至今,最终实际利率成为货币政策中间目标。

3. 操作目标

1979年之前主要是联邦基金利率,1979年起转而为以准备金为基础,具体说有总准备金、基础货币、非借入准备金,而联邦基金利率仍然是重要的参考。例如,在1970年,当美联储第一次采用货币总量作为中间目标时,美联储使用短期利率即联邦基金利率作为操作目标。随着影响货币需求的其他因素的变化,为了达到货币总量的中间目标,美联储在1979年改变操作程序,决定利用准备金总量,即由美联储向金融机构提供准备金。

美联储从1960年起就向外界公开发布货币统计数据。其货币统计层次随着发展需要也有所变化。在最开始仅仅只有M1统计层次,当时的货币政策也就是以M1为目标。从1971年起,美联储开始发布M2和M3两个更广义的货币层次。M2=M1+商业银行的储蓄存款+除大额可转让存单外的定期存款;M3=M2+互助储蓄银行存款+存贷协会存款。1980年,美国颁布了《存款机构放松管制和货币控制法》,该法案被公认为美国金融改革以来由严格管制转为市场调节的标志,因此随着金融不断创新,美国货币层次划分口径也日益频繁。近几年来,美联储认为M3口径的货币量在货币政策操作中没有发挥实质性作用,因此从2006年3月起,美联储决定取消了对M3口径货币数量的公布。目前,美国的货币统计口径划分如下:

M1=财政部、美联储及各存款机构金库外的通货+非银行机构发行的旅行支票+商业银行活期存款(不包括存款机构、美国政府以及外国银行及官方机构的活期存款)-托收未达款和联邦储备银行的在途资金+其他支票存款(OCDS,主要包括可转让支付命令账户NOW、自动转账服务账户即ATS账户等)

M2=M1+储蓄存款(包括货币市场存款账户MMDAs)+小额定期存款(面额小于100 000美元的定期存款)-存款机构中个人退休金账户(IRA)和基奥计划份额+货币市场基金份额(非机构持有)-货币市场互助基金中的个人退休金账户和基奥计划份额

(四)美国的货币政策工具

贴现率、法定存款准备金率及公开市场操作这三种货币政策工具对于中央银行而言并非是现成的选项。美联储成立之后对于不同货币政策工具的使用均有其特定的历史背景,各个货币政策工具各具特色,也各有所长,在日常操作中各自发挥了不同的作用。次贷危机之中美联储使用量化宽松政策工具也可以看作传统货币政策工具的创新和延续。

1. 公开市场业务

它是美国货币政策中最重要的工具。它由联邦公开市场委员会负责组织,纽约联邦储备银行具体实施。联邦储备体系被授权从事联邦政府债券、政府机构债券、州和地方政府债券及银行承兑票据等的公开市场业务。由于其他品种数量有限,公开市场业务会引起其价格、利率的变化,所以交易对象主要是政府债券,特别是短期国库券。联储通过公开市场业务会直接影响商业银行的准备金数量,从而影响货币供应量和信贷总量。美国的公开市场业务是通过证券回购协议的方式进行的。由于联邦储备体系资产负债项目的变化会引起商业银行准备金数量的变动,因此,绝大多数的公开市场业务是为了抵消这些变动,保持银行准备金的稳定,这称为防御性的业务。此外还有10%的业务是进取性的,即联储改变准备金数量以影响经济总量的行为。

2. 变动再贴现率

它是早期联邦储备体系最重要的工具。《联邦储备法》规定,凡在联储缴存准备金的会员银行都可以从联邦储备银行取得借款(现在非会员银行和储蓄机构也享有这些权利,借款的条件相同)。存款机构可以合格商业票据向联储贴现,也可以政府债券、地方政府债券等合格票据向联储抵押贷款,后一种是主要的形式。贷款的种类有调节性贷款、季节性贷款和紧急贷款。

美国的贴现政策有两方面:一是价格,即再贴现率,它由12家联邦储备银行协商确定,经联邦储备理事会批准后实行,联储通过调节再贴现率影响借贷成本,从而抑制或鼓励金融机构向联储借款。二是借款数量,包括联邦储备银行对每家机构的借款数量和借款原因的监督。

在美国,由于再贴现率水平通常低于市场利率,为防止金融机构过多地依赖美联储来解决流动性,联储对借款的审查较为严格。例如,调节性贷款的发放是针对银行依靠自己的力量不能应付的突然的提存;对季节性贷款,联储要求金融机构提供其资产负债按季节性变化的历史资料,并且只有5亿或5亿美元以下的存款机构有权借入;紧急贷款只能用于应付意外的危及其他金融机构的事件。各金融机构也只是将再贴现窗口作为一种选择而不经常使用。因此,再贴现率的变动更多的是对公众的预期产生影响,特别是对联邦基金利率和国库券收益率变动的影响效果明显。

3. 法定存款准备金政策

它是联储成立后,为保证银行的流动性而创立的制度,战后逐渐演变成一种货币政策工具。在20世纪70年代之前,联储理事会主要以银行所在的地理位置来设定准备金比率,如将全国分为中心储备城市银行(纽约、芝加哥)、60家储备城市银行和地方银行,对前两者规定较高的准备金比率;准备金的计提对象主要是会员银行的活期存款(1966年起对定期存款和储蓄存款也缴纳准备金)。自70年代起,联储开始以银行规模的大小来规定准备金率;存款规模越大,准备金比率越高,同时对海外借款等负债计提准备金。进入80年代,根据1980年的《存款机构放松管制和货币制度法》和1982年的《加恩-圣·杰曼法》,联储要求所有存款机构,包括存款银行、储蓄贷款协会、信用社、商业银行,无论是否是联储的成员都必须缴纳存款准备金。根据联储理事会1992年修订的D条例,联储规定准备金要求适用于交易账户、定期存款非个人定期存款和某些欧洲货币负债。其法定准备金比率的具体数值按负债的规模和流动性的大小而不同,并且随着经济形势的变化,联储做出适当的调整。1990—2003年的准备金比率如表4-1所示。

表4-1 美国不同货币种类的存款准备金比率

负债种类 (百万美元)		准备金占负债的百分比(%)	准备金率生效日期
净交易账户	0—14.5	0	2003年12月25日
	14.5—103.6	3	2003年12月25日
	>103.6	267.3万美元+10%	2003年12月25日
非个人定期负债		0	1990年12月27日
欧元负债		0	1990年12月27日

注:国会授权联储在一定限度内改变准备金率;交易账户包括NOW账户、AST账户、电话转账账户和股金提款账户。

资料来源:美联储官方网站,http://www.federalreserve.gov/monetarypolicy/。

随着金融体系的不断演变和准备金在金融体系中作用的不断加深,金融机构持有准备金的目的发生了很大的变化。

4. 量化宽松货币政策

实际上,在20世纪四五十年代美联储就运用过类似于量化宽松的货币政策。量化宽松货币政策大规模运用是为了应对2008年金融危机带来的冲击,让美国经济尽快复苏的政策举措。美联储的量化宽松货币政策是指其零利率政策、前瞻性指导和大规模资产购买等措施。美联储的零利率政策是降低利率的短期变化波动导致经济可能波动;前瞻性指导是为让市场认识当前的经济形势更加明朗,尤其是对央行采取的货币政策及其目标的认识;大规模资产购买是指基于央行资产负债表的形式进行大幅扩张,提供了一个较为宽松的信贷环境,从而加快经济复苏。这三项措施相互关联,共同影响经济。零利率政策和前瞻性指导有利于减少经济决策的不确定性。大规模资产购买,一方面是为了稳定资产价格,另一方面是通过降低长期市场利率来刺激相关的消费和投资,从而促进就业和经济增长。其次,量化宽松的货币政策的有效性界定。量化宽松货币政策的有效性是指影响GDP和通货膨胀率宏观经济变量的程度是否显著。根据文章的有效性的研究是指量化宽松的货币政策对宏观经济的影响,不只是影响一个部门或行业。

其中的量化宽松货币政策传导机制是资产再平衡渠道。由于市场不能完全替代资产,美联储的大规模资产购买将有助于降低市场目标的长期利率。消费与投资和长期利率的总需求有密切的关系。降低长期利率,可以为消费和投资增长的条件。期待处理是第二变速机构。经济决策者是有前瞻性的。经济决策不仅受到当前资源约束,也受到了影响未来的经济活动,如利率趋势或基础货币的增长。因此,如果央行能够有效地预测未来的经济形势,央行的货币政策立场并说明采取的措施,这有助于优化产品市场的经济决策。金融中介在第三量化宽松货币政策传导机制。金融中介机构将扩大经济波动,即金融加速器效应的影响。金融中介机构的稳定性成为重要的量化宽松行动目标之一。

二、英格兰银行

(一) 英格兰银行的结构与权限

作为英国的中央银行,英格兰银行的组织机构如图4-3所示。

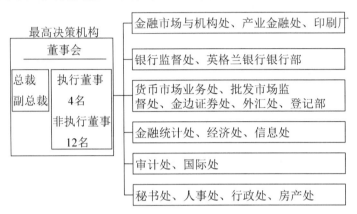

图4-3 英格兰银行的组织机构

1. 最高决策机构

英格兰银行的最高权力机构为董事会,它由总裁、副总裁、4名专职执行董事和12名兼职非执行董事组成。总裁、副总裁从银行内部官员中选用,专职执行董事由具有丰富银行业务经验的人担任,兼职非执行董事由在商业、银行业、工会或行政事务方面有经验的人员担任。董事会的所有成员都由政府提名、英王任命,总裁、副总裁任期5年,董事任期4年,每年改选4人。

董事会下设若干常设委员会,最重要的是财务委员会,它由总裁、副总裁和董事中的另外5名组成,它对英格兰银行的内部事务有很大的权力;1987年,由财政部和英格兰银行共同组成银行监督委员会,加强对银行业的监管。

2. 执行机构

英格兰银行的具体业务由在总裁、副总裁下分设的若干机构分别执行,每一机构由选定的一位董事负责。执行机构根据业务范围可分为六个方面:第一,在金融和产业方面,设立金融市场与机构处、产业金融处和印刷厂;第二,在银行监督方面,设立银行监督处和英格兰银行银行部;第三,在金融政策和市场方面,设立货币市场业务处、批发市场监督处、金边证券处、外汇处和登记部;第四,在金融研究和统计信息方面,设立金融统计处、经济处、信息处;第五,在国际金融事务和审计工作方面,设立审计处、国际处;第六,在法人服务方面,设立秘书处、人事处、行政处和房产处。

英格兰银行实行分支制,它在伯明翰、布里斯托尔、利兹、曼彻斯特和纽卡斯尔设有分行;在格拉斯哥、利物浦和南安普敦设有代理处。

（二）英格兰银行的独立性分析

（1）英格兰银行最初为私人的股份制银行，1946年实行国有化，其股份由财政部持有，归政府所有，但国有化前后英格兰银行的职能并未发生大的变化。

（2）在法律上，英格兰银行每年向议会报送年度报告，但须经财政大臣转交。这意味着英格兰银行直接向财政大臣负责，后者再为英格兰银行向议会负责。

（3）在人事任免上，英格兰银行的总裁、副总裁和董事由政府提名，英王任命。总裁、副总裁任期5年；16名董事任期4年，每年改选4名。总裁负责银行的全面事务，执行董事分工负责董事会下的各个部门。实质上，总裁和董事的任免都是由政府决定的。

（4）英格兰银行无权决定货币政策，它是货币政策的主要执行者。在政策的制定过程中可向政府提出建议，在执行政策采取行动时要遵从财政部的指导。若与财政部在政策上产生分歧，则在内部协商以最终取得财政部的同意，若协商不一致，财政部拥有最终决定权。

（5）在与政府的资金关系上，英格兰银行一般不给政府贷款，只提供少量的隔夜资金融通，政府依靠发行公债和国库券来筹措资金。

英格兰银行在许多方面受财政部的制约，但是，习惯上财政部不轻易下指示，英格兰银行也从不否定政府做出的决策，英格兰银行在货币政策的制定和执行方面一直有较大的自主权。

1997年5月工党政府上台不久，即宣布对原有的金融监管体制进行了大刀阔斧的改革，以防范金融业日益增加的系统风险，确保金融业对英国经济的特殊作用。按照新的改革方案，英格兰银行管理政府债务、监管国债市场等职能转移至财政部新设立的英国债务管理办公室(The UK Debt Management Office)，对银行业的监管权力转移至新成立的金融服务局(Financial Service Association, FSA)。为了确保FSA的高效运作，财政部、英格兰银行与FSA三个机构之间签署了谅解备忘录，确定了明确职责、透明办公、避免重复、加强交流四项原则，明确了彼此之间的分工合作关系，共同维护金融稳定。在新的金融体制框架下，财政部负责制定金融监管的结构框架和金融立法；英格兰银行负责制定和实施货币政策，保证支付清算体系有效运转，完善金融设施和降低系统性风险，保证金融体系的稳定，在特别情况下提供金融援助；FSA负责对金融机构和金融市场的监管，并对违法违规行为进行处罚。此次改革通过剥离英格兰银行的监管职能，增强了英格兰银行运用货币政策的独立性和有效性。

（三）英国的货币政策

1. 英国货币政策的目标和运行

英国的货币政策的演变经历了两个阶段。第二次世界大战后到70年代初，凯恩斯主义成为英国制定货币政策的理论依据，财政政策是调节总支出水平的主要工具，而货币政策只具有次要的意义，它通过低利率为财政政策的实施创造良好的货币环境。此时英国的宏观经济目标，进而货币政策目标集中于就业，同时兼顾国际收支。70年代的通货膨胀与失业并发症，最终使保守党政府（1979年上台）转向货币主义理论，货币政策逐渐成为调节经济的首要选择，它将反对通货膨胀、创造稳定的经济增长作为货币政策的最终目标。

20 世纪 60 年代之前,由于英国不重视用货币政策来限制总需求,也就不关心货币供应量的控制,没有中间目标。1959 年《拉德克利夫报告》公布后,英国开始关注货币政策,但主要采用传统的短期利率作为中间目标。20 世纪 70 年代以来实行竞争与信用控制以后,英国加强了对货币政策的重视,也使英格兰银行于 1976 年正式选择货币供应量作为货币政策的中间目标。

从 20 世纪 70 年代到现在,英国货币层次的划分经过多次调整。1990 年公布的货币层次为:

M 0=公众中流通的钞票和硬币+银行备用现金+英格兰银行银行部的银行家业务性存款

无息 M 1=公众中流通的钞票和硬币+私人部门无息英镑即期银行存款

M 2=无息 M 1+私人部门在银行和住房协会的有息零售性英镑存款和国民储蓄银行普通户头

M 4=无息 M 1+私人部门有息英镑即期银行存款+私人部门英镑定期银行存款+私人部门持有的住房协会股金及存款和英镑存单－住房协会持有的钞票与硬币

M 4c=M 4+私人部门外国通货银行存款和住房协会存款

M 5=M 4+私人部门持有的货币市场工具(包括银行票据、国库券、在地方机关存款)+纳税存款证和国民储蓄工具(不包括存证证、随收入预扣储蓄和其他长期存款)

20 世纪 70 年代末,英国采用广义货币￡M 3 为货币政策的中间目标,(￡M 3 包括在公众中流通的钞票和硬币、私人部门英国居民持有的在银行所有的英镑存款),主要考虑资料的连续性、可得性及与国民收入、利率水平之间的关系。但 80 年代以来,放松管制后金融结构的变化和金融创新,使￡M 3 数量增长加快,并且与国民收入之间的相关程度降低。所以,自 1984 年起,英国货币当局开始以广义的货币基础 M 0 为货币政策的中间目标。

2. 英国的货币政策工具

货币政策工具在英国又称为货币政策技术(Techniques),指中央银行可以操纵它们来实现目标的手段。

(1) 利率政策(或贴现率政策)。利率政策是指英格兰银行变动官定的贴现率以影响银行存款数量的政策,它是英国传统的两大货币政策工具之一。

在 1971 年之前,英国的利率结构有两类:一是随英格兰银行利率而升降的利率;二是由市场决定的利率。英格兰银行利率也称为官定贴现率,它是英格兰银行充当最后贷款人时给予贴现行的最低利率。英格兰银行利率对许多利率有影响。例如,清算银行的存款利率和透支利率就是在该利率的基础上,加一定的百分比而确定并随之而变动的。这样英格兰银行可以通过改变自己的利率来影响清算银行的存贷款利率。1970 年,零售性银行开始设立自己的基础利率(Base Rate),其变动通常反映短期金融市场资金的供求,清算银行利率和英格兰银行利率之间的联系开始削弱。1972 年 10 月,英国废除了英格兰银行利率,代之以英格兰银行最低贷款利率(MLR),它只作为最后贷款人时使用,而不据此决定其他利率。它根据每周国库券的招标利率随时调整,英格兰银行只在必要时进行干预。它一般高于市场利率。自1981年起,作为新货币措施的一部分,英格兰银行不再设定最终贷款利率,以加大市场利率在利率决定中的作用。但由于利率是影响信用规模的重要因素,当前,英格兰银行仍有不公布的利率变动幅度,并对其施加影响,以使短期利率保持在这个幅度以内,如表4-2所示。1997年5月6日,刚刚上台的英国工党政府在授予了英格兰银行独立制定利率的权力。同时,在英格兰银行内部设立一个货币政策委员会,以乔治行长为主席的9人委员会每月初举行例会,讨论货币政策的走向并投票决定央行基准利率的升降。所有会议的决议会后立即公布于众,会议上的各种讨论和发言将以纪要形式在两周内在《金融时报》和其他新闻媒体上公开发表。

表4-2 英国短期利率的变动

年份	最低货币利率		基础利率	
	变动次数	变动幅度(%)	变动次数	变动幅度(%)
1971	2	5—9	3	4.5—5
1973	11	7.5—13	17	7.5—13
1975	13	9.75—12	13	9.5—12
1977	19	5—14.5	14	6—14
1979	5	12.5—17	8	12—17
1981	1	12—14	8	12—16
1983	9	9.0625—11	6	9—11
1985	7	11.375—13.875	14	10.5—14
1987	8	8.375—10.375	13	8.5—10.5
1989	5	13.75—14.875	2	13—14
1991	7	10.375—13.375	7	10.5—13.5
1993	2	5.375—5.875	2	5.5—6
1995	2	6.375—6.625	3	6.25—6.75
1997	5	6.25—7.25	7	6.25—7.25
1999	6	5—6	7	5—6
2001	7	4—5.75	7	4—5.75
2003	3	3.5—3.75	3	3.5—3.75

资料来源:转引自英格兰银行网站,www.bankofengland.co.uk。

(2)公开市场业务。它是英格兰银行贯彻其货币政策的另一传统工具,包括英格兰银行在贴现市场(现称货币市场)和金边证券市场使用其持有的政府证券组合买进卖出以影响金融状况的活动。

在英国的金融制度中,贴现行扮演着特殊的角色,它充当了清算银行和英格兰银行之间的中介。清算银行大量的短期闲置资金以通知存款的形式存于贴现行,当清算银行资金紧张时,可抽回在贴现行的资金,或向贴现行借款,或将货币工具卖给贴现行。若此时贴现行资金有限,则可将其持有的票据转卖给英格兰银行,以获得资金。因此,英格兰银行在货币市场上买卖合格票据,即可调整清算银行的流动性和短期利率,从而影响货币供应量。合格票据有国库券、合格的地方机构票据和银行票据。

同时,在英国,现金和国库券均可作为法定存款准备金,因此,英格兰银行单在贴现市场买卖国库券还不足以影响银行的准备金资产总量。为影响银行准备金数量并最终影响信用总量,就必须买卖不作为准备资产的一部分政府证券,即参与金边证券市场的买卖(金边证券是指由英国政府承担责任的证券,其信誉非常可靠,期限在1年以上到15年以上,甚至有无期限或不偿还的债券)。

(3)准备金政策。英国对可充当准备金的资产要求较宽,有现金、在中央银行的存款余额以及流动性资产(如国库券等),加之英格兰银行对准备金比率不予硬性执行,因此,准备金政策不作为英国货币当局调节信用的主要工具。

1955—1971年,英国实行双重准备金要求。一是银行必须达到8%的现金比率,即现金对存款或合格负债的比率;二是流动性比率,即流动性资产对存款的比率(1955—1963年为30%,1963—1971年为28%)。1971年,英国实行新的准备金要求,即凡合格负债在500万英镑或以上的银行,必须保持至少相当于其负债总额12.5%的准备资产比率(RAR),其中,合格负债指银行两年以下全部的英镑存款负债(减去将这存款贷给其他英国银行和贴现市场的无担保贷款部分),合格准备金资产包括在中央银行的存款余额、活期贷款和短期通知放款、国库券、财政部及合格的地方机关票据、一年期以内的政府债券和合格的商业票据等。此外还规定,伦敦清算银行必须在英格兰银行保持相当于其合格负债1.5%的无息存款余额(也称为现金要求)。1981年,准备资产比率由12.5%降为10%,同年8月,取消该比率和1.5%的现金比率。当局要求,凡合格负债在1 000万英镑或以上的金融机构,必须在英格兰银行保持至少相当于其存款0.5%的无息、非营运的存款余额,这是官方的强制性要求。此外,为清算的需要,银行还需在英格兰银行保有业务性存款户头,但数量自行确定。

(4)特别存款。特别存款是英国特有的货币政策工具,它是避免因公开市场业务导致的长期利率波动而采取的一项补充手段,是一种非市场的政策工具。通常当银行流动性过大时,英格兰银行在数周前发出通知,要求银行在某一日将存款的一部分存于该行的特别账户上,冻结一段时间并给付利息,利率多与近期招标的国库券平均贴现率相近。它能迅速降低银行资产的流动性,而同时对短期利率的影响较小,这一工具与其他国家经常调整法定存款准备金比率的作用是一致的。在英国,特别存款政策于1958年开始使用,最初针对伦敦清算银行和苏格兰清算银行,到80年代扩展到货币部门中凡合格负债在1 000万英镑以上的所有金融机构。至今仍是英格兰银行货币控制的有力工具。

另外,1973年英国又实行了补充特别存款方案,它是对银行存款实施直接行政性控制的处罚制度。它规定有息合格负债的增长速度,银行若超过规定的数值,则必须将一部分存款存入英格兰银行,不支付利息,并且采用累进比率。如1978—1980年,若负债增长3%以下,上缴5%;3%—5%上缴25%;超过5%上缴50%。这一措施又称为"紧身胸衣"(Corset)。它的政策效果明显,但会减少银行业的竞争,造成金融的非中介化,削弱了货币存量作为货币政策指标的可靠性,因此最终于1980年废止。

(5)道义劝告。在英国也称为"要求"(Request),即英格兰银行为贯彻其政策意图,对金融机构提出的非正式要求(劝说)。这些要求原不具有法律效力,但金融机构都要遵守,好像要求就是法律。其结果,在英国要求实质上变成对银行系统的"直接控制"。它可以对各银行的贷款限定最高数额,或者要求各银行对某些类别的借款给予优先权或削减某类贷款。尽管道义劝告工具政策效果明显,既能迅速控制银行信贷总量,又不影响短期利率,但经常使用会产生价格扭曲,造成金融脱媒,影响资源的合理配置。

(6)定量宽松。定量宽松政策是英国央行为了应对2008年由美国次贷危机引发的最终扩散至全球的世界性金融危机的严峻态势所采纳的一种新兴货币政策工具,具体是通过大面积购买本国的国债和公司债来实现的,即使用通俗所称的量化宽松政策来刺激本国经济的复苏,其货币政策规模最初达到了500亿英镑,这同样也是英国当局史无前例地采取的一种货币政策。此后,英国央行于2009年5月进一步加大了对市场注入资金的力度,将其宽松货币的政策规模不断扩大延伸至1 250亿英镑。紧接着,2009年在公布了英国第二季度经济较上年同比萎缩了5.6%之后,英国央行随即宣布继续向市场投放500亿英镑的资金用以将其宽松货币政策的规模扩大至1 750亿英镑,从而进一步补充市场资金的供应,给予银行放贷的支撑,提升市场资金周转的活力,最终使得英国经济发展回到正常的轨道之上,走出金融危机的阴霾。

在2008年全球金融海啸的大背景下,英国央行通过大量印钞、购买国债或企业债等途径向市场投入超额货币,目的是降低市场利率,刺激经济的复苏,但是该政策的出台是建立在常规货币政策对宏观经济的刺激已经无效或者效用十分微弱的情况下,是在存在流动性陷阱的情况下实施的非常规的货币政策,具有一定的现实意义。然而,尽管英国央行通过买入政府债券和企业债将增加市场的流动性,一定程度上有利于解冻信贷市场,刺激企业的支出和消费者的消费活动。但与此同时,定量宽松政策也给汇率带来了很大的不确定性风险,市场基础货币发行量的增长将会造成经常项目逆差进一步加大,其最终会导致英镑的避险货币地位日益被削弱,汇率日趋下跌。

(7)特别流动计划。2008年4月,英国央行引入一项货币政策工具的创新,即特别流动计划(Special Liquid Scheme,SLS),用以缓解银行流动性不足的现状。根据该计划的规定,银行可用住房按揭衍生的优质证券,置换英国财政部发行的国库券,置换期最长为3年,参与置换的证券只能是由2007年12月31日前签约的住房按揭衍生而成的,此举是为了避免发生刺激过度的高风险借贷。该计划的实质是用流动性高的资产取代银行平衡表上现阶段不具流动性的资产,目的是提高银行的融资能力,缓解市场的流动性紧张的压力,从而维护金融市场的稳定。2008年10月,英国央行对其再贴现机制也进行了改革,其在英镑货币市场推出的"贴现项目"以操作性融资便利取代了之前的常设便利,并新添设了贴现窗口融资便利。

值得关注的是,特别流动计划同定量宽松政策一样,都是英国央行在应对日益加深的金融危机时的产物,因而具有以下几个特点:首先,此次用于兑换的英国国债的时限为一年期,且可以续约至最高三年,这说明货币市场上的信贷危机不可能单纯只靠短期债券的发放来得以缓解。其次,银行承担亏损的部分,也就是说,倘若这些被抵押的资产减值或缩水,其亏损的部分仍将由银行来负担,这个举措目的是保证政府以及纳税人的资金的安全性。虽然政府是高度风险抵押资产的持有者,但是用于置换的政府债券资金来自纳税人,因此保证这部分资金的安全是尤为重要的前提。此举也说明英国当局在促进金融市场稳定的同时,也无须承受因持有过高风险资产所衍生出的道德风险。

(8)无限额注资计划。2008 年 10 月,欧洲央行、瑞士央行和英国央行宣布将联手向金融机构注入资金 2 540 亿美元,这是缓解欧洲各国金融市场流动性紧张的问题而出台的无限额注资计划的第一项行动。同时,英国央行向其银行机构注入一笔资金总额为 763 亿美元且期限为 7 天的短期贷款,利率划定为 2.277%。在金融危机下这项金融救市计划一定程度上维护了金融市场的稳定,但在全球宏观经济依旧萧条的大背景下,大宗商品市场短时间内仍旧难以扭转向下的趋势,周期内的衰退不可避免。

三、日本银行

(一)日本银行的组织结构和权限

日本银行是日本履行中央银行职能的银行。第二次世界大战后,日本政府对日本银行进行了必要的改革,根据 1949 年《日本银行法修正案》,其内部设置了政策委员会和各种执行机构。

日本银行的组织结构如图 4-4 所示。

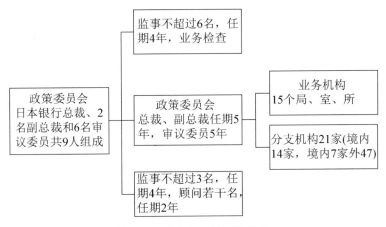

图 4-4 日本银行的组织结构

1. 政策委员会

政策委员会是日本银行的最高决策机构,成立于 1949 年。政策委员会最初由 7 名委员组成。1998 年新《日本银行法》对日本银行货币政策委员会人事制度方面进行调整。主要表现在以下几个方面:

第一,调整了政策委员会的构成。政策委员会的人数增加到了 9 人,分别由日本银行总裁、2 名副总裁和 6 名"审议委员"(新《日本银行法》改称"任命委员"为"审议委员")组成,取消了政府委派政策委员的规定。

第二,调整了日本银行总裁和副总裁的构成和任命程序。按照新《日本银行法》第 13 条的规定,日本银行副总裁增加到了 2 名,总裁、副总裁的任命程序为经国会批准由内阁任命。

第三,调整了政策委员会一般委员——"审议委员"的任职资格与任期,新《日本银行法》第 23 条规定,"审议委员"由具有经济、金融知识和经验或其他方面学识、经验的人员担任,其任期为 5 年。

第四,新《日本银行法》增加了保障日本银行官员免受任意解除职务处理的规定。新《日本银行法》第 23、25 条规定,除非在特定的条件下,不经过国会的认可不能违背日本银行有关官员自己的意愿解除其职务。

2. 执行机构

日本银行的高层领导中,除了审议委员会外,还包括总裁、2 名副总裁、不超过 6 名的理事、不超过 3 名的监事以及若干顾问。总裁代表日本银行,遵照政策委员会制定的方针政策,管理日本银行的全盘事务。副总裁和理事负责辅佐总裁执行业务,监事则对日本银行的业务状况进行督察。顾问的任务就是对日本银行业务中的重要问题,向总裁提出意见和看法。总裁及副总裁由国会通过内阁任命,任期 5 年;监事由内阁任命,任期 4 年;理事及顾问是在政策委员会的推荐下由财务大臣任命,理事任期为 4 年,顾问任期为 2 年。所有职位均可以连任。新《日本银行法》增加了保障日本银行官员免受任意解除职务处理的规定。新《日本银行法》第 23、25 条规定,除非在特定的条件下,不经过国会的认可不能违背日本银行有关官员自己的意愿解除其职务。

目前,日本银行理事会下辖 15 个局室、研究所;日本银行在全国主要城市设有 32 家分行和 14 家事务所;在北京、纽约、华盛顿、伦敦、巴黎、法兰克福和香港设有办事处,负责同外国中央银行的联系和国际金融形势的调研。

(二)日本银行的独立性分析

(1)日本银行的注册资本为 1 亿日元,其中 55% 由政府出资,其余由民间出资,出资者包括金融机构、其他法人和个人。日本银行不设立股份公司,出资者无表决权,每年可享受最高 5% 的收益,出资证券的转让须征得日本银行的同意。

(2)新《日本银行法》强化了货币政策委员会在货币政策决策中的地位。在原《日本银行法》的制度框架之下,尽管日本银行政策委员会也是货币政策的决策机构,但很难称得上最高货币政策决策机构。新《日本银行法》则从日本银行内部以及日本银行与政府的关系两个方面,加强了货币政策委员会作为最高货币政策决策机构的地位。首先,新《日本银行法》取消了日本政府在货币贷款的地位具有至关重要的作用。

(3)新《日本银行法》对日本银行货币政策委员会人事制度方面所进行的调整主要表现在以下几个方面:第一,调整了政策委员会的构成。政策委员会的人数增加到了 9 人,分别由日本银行总裁、2 名副总裁和 6 名"审议委员"(新《日本银行法》改称"任命委员"为"审议委员")组成,取消了政府委派政策委员的规定。第二,调整了日本银行总裁和副总裁的构成和任命程序。按照新《日本银行法》第 13 条的规定,日本银行副总裁增加到了 2 名,总裁、副总裁的任命程序为经国会批准由内阁任命。第三,调整了政策委员会一般委员——"审议委员"的任职资格与任期,新《日本银行法》第 23 条规定,"审议委员"由具有经济、金融知识和经验或其他方面学识、经验的人员担任,其任期为 5 年。第四,新《日本银行法》增加了保障日本银行官员免受任意解除职务处理的规定。新《日本银行法》第 23、25 条规定,除非在特定的条件下,不经过国会的认可不能违背日本银行有关官员自己的意愿解除其职务。

（4）新《日本银行法》对日本银行预算管理制度等所进行的调整。关于日本银行的预算管理，原《日本银行法》第37条规定，日本银行应在每一事业年度开始以前提出其预算报告，对于大藏省对该预算所进行的包括内容更改在内的审批结果，日本银行必须接受。新《日本银行法》第51条基本上沿袭了上述规定，但为了不使预算审批制影响日本银行的独立性，又追加了3项保障条款：第一，通过政令的形式决定的需要审批的经费，仅限于对货币政策的执行和构成障碍的范围之内；第二，在日本银行的预算报告没有得到大藏大臣的认可时，大藏省必须把其缘由通知日本银行，并把该项经费的情况及大藏省的意见进行公开发布；第三，日本银行可以就此问题向大藏大臣陈述意见，在必要时还可公开发布该意见。

（5）政府提供信用，原《日本银行法》仅仅规定日本银行可以对政府提供担保贷款，认购或接受国债，而对信用额度和有关条件并没有任何具体的规定。为使新《日本银行法》与现行《财政法》相一致，新《日本银行法》第34条对日本银行对政府提供的贷款额和认购、接受国债额设定了限制，规定这一额度应保持在国会基于《财政法》第5条附加条款所做决议范围以内。

（三）日本的货币政策

1. 日本货币政策的目标和运行

第二次世界大战后，日本一直以稳定物价作为货币政策的最终目标，20世纪70年代初，固定汇率制的崩溃曾使货币政策面临着维持国内均衡与国际收支平衡之间的矛盾。1975年以后，日本银行以稳定通货价值为最优先的目标，同时，在浮动汇率下货币政策也往往密切关注着汇率变化。70年代以前，日本银行主要以银行间市场的利率（拆借利率）为操作变量进行金融调节，同时，以民间金融机构特别是都市银行的贷款增加额变化为中间目标。主要原因是，战后日本利率受到管制，被限制在低水平上，存款利率、债券发行利率、贷款利率缺乏弹性；另一方面，企业处于"超借"状态，对外部资金特别是银行贷款的依赖性很强，故而都市银行贷款增加额便成为货币政策的中间目标。70年代之后，欧美各国将货币政策的中间目标从利率转换为货币供应量，随着国内经济形势的变化，日本银行也开始以货币供应量为中间目标。

1999年年初，日本采取了零利率政策，以达到刺激经济恢复的目的。随着日本经济于2000年开始出现复苏迹象，日本银行随即宣布解除零利率政策。不久，从2000年第三季度开始，日本各项经济指标出现恶化，经济开始出现下滑的征兆。在这种情况下，日本银行于2001年2月开始实行更加宽松而灵活的货币政策（可称为新政策）。具体为2001年2月9日，日本银行下调了再贴现率，从0.5%降至0.35%。同时日本银行开始采用一种新的政策——伦巴德贷款政策。该政策是一种短期资金抵押贷款方式，这一政策规定，在金融机构担保的范围内，只要金融机构向银行提出贷款申请，央行将无条件按贴现率予以所需贷款。2月28日，日本银行政策委员会判断经济复苏势头疲软，决定将短期市场利率及再贴现利率均下调1个百分点。3月19日，日本银行决定进一步采取更加宽松的货币政策，具体措施包括以下四个方面：(1)将货币政策操作目标由原来的隔夜拆借利率改为货币供应量，即确定央行的活期存款余额作为操作目标。具体是通过公开市场操作，增加金融机构在央行的活期存款余额,以此来增加货币供应量,向市场提供流动性资金。(2)将日本银行的活期存款余额由 4 万亿日元增加至 5 万亿日元,增幅约为 25%。(3)继续实施宽松的货币政策,直到消费物价持续、稳定保持 0 以上的增长。(4)为了保证货币供应量的增加,在必要时可以增加从二级市场回购长期国债的规模,以达到央行目标。

在日本,货币政策的层次是按以下划分的:

M 1＝现金通货+存款通货

M′1＝M 1+一般法人准通货

(M 1+CD)

M 2＝M 1+准通货

(M 2+CD)

M 3＝M 2+邮政局、农/渔协、信用组组织、劳动金库的存款+信托本金

(M 3+CD)

存款通货包括五种活期存款,即使用支票的活期存款、使用存折的普通存款、通知存款、特别存款、纳税准备金存款。准通货包括三种定期存款,即法人企业定期存款、个体户及个人定期存款、地方公共团体定期存款。CD 是指大额可转让定期存单。

日本银行采用广泛的货币供应量(M 2+CD)为中间目标,每季度发布该季度(M 2+CD)余额与上年同期余额增加的预测值,反映日本银行对未来货币供应的政策意图,并且通过对经济形势的观察做适当的调整。

在操作变量上,从经济高速时期到现在,一直以"银行间拆借市场利率"(同业拆借利率、票据买卖利率)为对象。日本银行能够利用贷款政策、票据买卖政策以及存款准备金政策来调节银行拆借市场的资金供求,从而控制银行间拆借市场利率;另一方面,银行间拆借市场利率的变化又会影响金融市场上的投资成本,影响银行的资产选择行为,从而对货币供应量(M 2+CD)产生影响。通过对 1975 年以来日本货币供应量(M 2+CD)、名义 GNP 和实际 GNP 的实证研究表明,以银行同业拆借市场利率为操作变量,以 M 2+CD 为中间目标,能够对以 GNP 为代表的宏观经济产生较好的调控效果。

2. 日本的货币政策工具

日本在经济高速增长时期货币政策工具以贷款政策为核心手段,取得了明显的效果。60 年代以来,又开始通过公开市场买卖债券、票据及政府债券来逐步取代贷款政策,成为主要的调控手段。日本的货币政策工具有:

(1)贷款政策。它包括两个方面的内容:一是官定利率政策,二是贷款态度。

在 70 年代中期之前,日本只有短期金融市场利率和债券流通市场利率为自由利率,而存款利率、贷款利率(优惠利率)、债券发行利率是通过法律或有关各方协商决定的限制性利率,也称为官定利率。官定利率主要是日本银行对普通银行的贷款利率,其中商业票据贴现利率是具有代表性的官定利率。官定利率的变动可以直接影响民间金融机构的筹资成本,同时也影响到社会公众的心理预期,从而实现日本银行的政策意图。

所谓贷款态度是指日本银行根据民间金融机构,特别是都市银行资金需求的内容、结构,调节对其贷款的数量、期限,从而影响金融机构的流动性,最终影响到货币供应量,实现自己的政策意图。日本银行对金融机构的贷款有两种。一是可用官定利率调节其数量

的贷款,称为普通贷款或基准贷款;二是对进出口票据提供的贴现贷款,称为优惠贷款。日本银行对不同类型的商业银行采取不同的态度,总体上,都市银行经常从日本银行借款,而地方银行和其他金融机构基本不从日本银行借入资金。

(2)债券、票据买卖操作。由于日本战前证券市场不发达,所以在经济增长时期,日本银行仅将公开买卖债券作为货币政策的补充手段且很少使用。当时,日本银行根据预测决定在金融市场上提供的信用额,先确定通过贷款提供的数量,剩余部分即为债券买卖的数量。从1962年开始,日本银行谋求金融调节手段的多样化,尝试通过有弹性的债券买卖来调节货币流通。开始多采用回购形式,以固定利率与分配购买数额的方式同金融机构进行交易。1967年,以债券市场的开放为契机,日本银行采用浮动利率、无回购条件的交易方式,展开以债券市场为对象的调节,但参加交易的金融机构受到限制,主要是普通银行、长期信用银行、外汇银行、相互银行等。70年代中期以来,日本取消了对各金融机构购买数额的分配,采用投标的方式,使债券买卖操作进一步发展。1986年1月,日本银行开始在公开市场上买卖政府短期证券,达到了明显的政策效果。1988年11月公布"对短期金融市场经营方式的再认识"以来,为了保证金融调节的有效性,日本银行相继引进了CP公开市场操作(1989年5月)、TB公开市场操作(1990年1月)、扩大了票据操作的抵押范围(1991年1月),公开市场的操作手段越来越多样化。

从20世纪70年代开始,日本又实施了票据买卖政策。日本银行通过短资公司间接地与金融机构进行票据交易,买入信用良好的商业票据和银行以企业票据为担保而签发的融资票据,从而调节市场上短期资金的供求。在票据买卖中,除了金融机构以票据、国债做抵押,购买其自身承兑的商业票据(票据的公开市场操作或者买卖信用良好的企业发行的CP)之外,日本银行有时也出售自身签发的票据(售出票据)。

(3)存款准备金政策。日本是在1957年引入存款准备金制度并开始实施的。现行存款准备金制度适用的对象有普通银行(包括在日外国银行)、长期信用银行、外汇银行、相互银行、存款额超过1 600亿日元的信用金库和农林中央金库。需要缴纳的负债种类有存款(可转让存款和其他存款)、金融债券、现金信托本金、居民外币存款及非居民的有关存款。存款准备率的最高限度为20%,但对非居民存款及居民外币存款的最高限度为100%。日本银行根据存款机构类别及存款数额和种类不同做出不同的规定,并实行超额累进制。适用于该制度的金融机构须将准备金存入日本银行,对未缴纳的部分,则按较高的利率(日本银行商业票据贴现利率加3.75%)加收罚金。20世纪80年代初,日本银行频繁调整准备金比率,它与贷款政策,债券、票据买卖一起成为调节金融机构流动性的有效政策手段(见表4-3)。

(4)窗口指导。窗口指导是日本银行在对金融机构日常业务观察的基础上,对这些机构(主要是都市银行)向客户的贷款增加额进行指导,使其不超过日本银行认为合理的范围,以调节经济的一种政策工具。日本从20世纪50年代开始使用这一手段,到20世纪60年代更加重视,窗口指导的范围扩大到金融机构的存款、贷款、有价证券投资、短期资金交易等诸多领域。窗口指导在一定程度上能克服其他政策手段实施中的时滞效应,特别是在金融紧缩时期,当其他手段(准备金政策、利率调节、公开市场业务)不能实现政府的目标时,当局通过窗口指导这种"行政干预"的方式往往更为有效。窗口指导是以中央

表 4-3　日本的存款准备比率
（2015 年 3 月 27 日）
单位:%

范围	定期存款	其他存款
除农林中央金库之外的银行（包括外国银行）		
2.5 万亿日元	1.2	1.3
1.2 万亿—2.5 万亿日元	0.9	1.3
5 000 亿日元—1.2 万亿日元	0.05	0.8
500 亿—5 000 亿日元	0.05	0.1
农林中央金库	0.05	0.1

资料来源:http://www.boj.or.jp/en/stat/sk/data/skeall.pdf。

银行与其他金融机构,以及金融机构与企业之间的密切合作为基础的,实施该政策虽然没有法律依据,但由于日本银行的特殊地位,都市银行对其有较强的资金需求,因此,中央银行的劝说则会有强制的色彩。但长期强制性地使用这一政策,也会导致窗口指导对象金融机构与其他金融机构之间的不平衡,所以它只能是前几种政策的补充手段。20 世纪 80 年代以来金融自由化的发展和企业融资形式的多样化,使窗口指导的政策效果逐渐减弱。

四、欧洲中央银行

欧洲中央银行体系作为欧洲货币联盟的核心和支柱,其成立不仅是欧洲一体化进程中一个质的飞跃,更是现代世界经济发展历史上里程碑式的创新,对欧洲中央银行体系的研究具有重大而深远的理论和实践意义。

（一）欧洲中央银行体系的组织结构、职能与权限

1. 欧洲中央银行体系的组织结构

根据《欧洲联盟条约》及其附件《欧洲中央银行体系章程》的规定,欧洲中央银行体系由欧洲中央银行的决策机构管辖,其决策机制分为行长理事会(Governing Council)、执行董事会(Executive Board)和普通理事会(General Council)三个层次。此外,根据欧洲中央银行行长理事会在 1998 年 7 月做出的决定,欧洲中央银行体系内成立一系列的专业委员会,辅助欧洲中央银行进行决策。欧洲中央银行体系的组织机构由表 4-4 及图 4-5 所示。

表 4-4　欧洲中央银行体系总览

欧洲中央银行体系	欧洲中央银行	
	欧元体系	19 个欧元区域成员国的中央银行有德国、法国、意大利、荷兰、比利时、卢森堡、爱尔兰、希腊、西班牙、葡萄牙、奥地利、芬兰、斯洛文尼亚、塞浦路斯、马耳他、斯洛伐克、爱沙尼亚、立陶宛
		9 个欧元区外中央银行有英国、丹麦、瑞典、波兰、匈牙利、捷克、拉脱维亚、罗马尼亚、保加利亚

资料来源:维基百科,截至 2015 年 1 月。

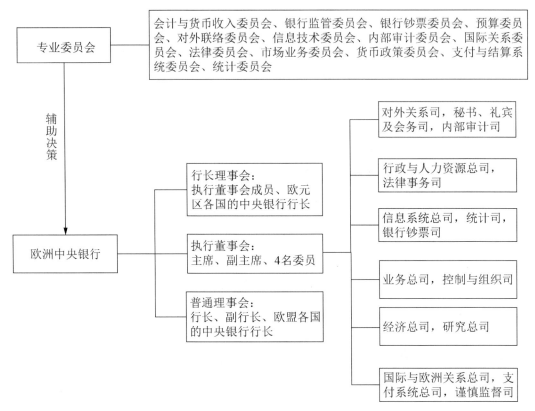

图 4-5 欧洲中央银行组织结构

（1）行长理事会。行长理事会是欧洲中央银行的最高决策机构。根据《欧洲联盟条约》的规定，行长理事会由执行董事会全体成员（6 名）和欧元区成员国中央银行行长组成。行长理事会的每个成员拥有一票表决权，一般而言一人一票表决制度是指采取简单多数的方式进行表决，当赞成票与反对票相等时，则由主席投决定票。行长理事会每年至少要举行十次会议，会议应秘密举行，行长理事会可以决定将其会议的结果公布于众。欧洲联盟财政部长理事会（ECOFIN）（以下简称"欧盟理事会"）和欧盟委员会可以各派一名代表列席会议，参加讨论并可以提出动议以供行长理事会审议，但没有投票表决权。2015年 1 月 1 日，随着立陶宛加入欧元区，行长理事会正式启动了新的表决机制。新机制将按照特定标准给成员国进行排名，并分成两组，排名最高的五个成员国央行行长为一组，共拥有 4 票表决权，其余成员国央行行长为另一组，分享剩余的 11 个投票席位，而在各组内部实行轮换制，每月轮换一次。当成员国数量达到 22 个时，则须将成员国分为三组，排名最高的五个成员国央行行长仍拥有 4 票表决权；占所有成员国半数的央行行长划为第二组，拥有 8 票投票权；剩余的央行行长得到 3 个表决席位。引入新的投票规则后，成员国央行行长共得到 15 个表决席位，执行委员会成员在投票时仍拥有 6 票。这一新的表决机制，既可使货币政策体现欧元区整体利益的需求，又充分保障了各成员国表达各自货币政策诉求的权利，无疑是国际金融合作领域的重要制度创新。

根据《欧洲中央银行体系章程》规定,行长理事会的职责是制定必要的指导方针和做出必要的决定,以保证完成《欧洲联盟条约》与《欧洲中央银行体系章程》赋予欧洲中央银行体系的任务;制定欧元区统一的货币政策,包括制定欧洲中央银行体系中的货币中间目标、准备金制度、基准利率等政策,并为落实这些政策而采取必要的措施。

(2)执行董事会。执行董事会是欧洲央行日常业务管理的机构。根据《欧洲联盟条约》的规定,执行董事会应由主席、副主席和4名其他成员组成,执行董事会每周至少聚会一次。执行董事会成员与行长理事会成员一样均享有一人一票表决权。表决制度原则与行长理事会一致。其主要职责简单而言是负责作为共同货币政策从产生直到被各国中央银行接受并根据该政策具体施行整个过程中的中介或者说桥梁。执行董事会的成员必须专司其职,在未经行长理事会特殊许可的情况下,成员从事其他任何有报酬的或无报酬的职业是不被允许的。

同时根据《欧洲中央银行体系章程》的规定,执行董事会的主要职能,是根据行长理事会所通过的指导方针和相关决定来实施货币政策。执行董事会在具体实施货币政策的过程中,应该对各成员国中央银行发出必要的指示。对于行长理事会做出的决策,执行董事会可以享受其授予的某些权利。除此之外,执行董事会还兼有若干其他任务:①执行董事会负责行长理事会会议的准备工作;②根据行长理事会确定的原则编制欧洲中央银行的年度账目;③出于分析与操作的目的,编制一份欧洲中央银行体系的综合预算表,其中包括纳入欧洲中央银行体系的各成员国中央银行的资产与负债。

虽然执行董事会与行长理事会同属欧洲中央银行的决策机构,但其地位明显不及行长理事会。行长理事会是欧洲中央银行体系有关决策的制定者,其有关决定在多数情况下可以不通过欧盟理事会或欧洲议会的批准而直接生效;执行董事会基本上扮演的是执行者的角色,是有关决策从产生到具体被各成员国中央银行执行的一个中介性机构。

(3)普通理事会。普通理事会是欧洲中央银行的第三个决策机构,是一个补充性质的决策机构。普通理事会由欧洲中央银行行长、副行长和欧盟28国中央银行行长组成。普通理事会既包括欧元区成员国,也包括非欧元区成员国。相较前两个决策机构,普通理事会处于一个更为次要的地位。一般情况下,普通理事会会议由欧洲中央银行行长筹备并主持,欧盟理事会主席、欧盟行长理事会的一名成员以及执行董事会的其他四位成员也可以参加普通理事会会议,但是没有投票权。根据《欧洲中央银行体系章程》中的描述,普通理事会应该在不妨碍由行长理事会和执行董事会管辖欧洲中央银行体系的前提下成为第三个决策机构。普通理事会的职能主要是辅助决策,并不具有完全意义上的决策地位。

(4)专业委员会。1998年7月,欧洲中央银行行长理事会做出决议,在欧洲中央银行体系内设立一系列的专业委员会。这些专业委员会由来自欧洲中央银行及成员国中央银行的专家组成。委员会的专家通过提供各自所在领域的经验和意见,帮助欧洲中央银行进行决策,对加强欧洲中央银行体系内合作和实现货币政策目标有着重要作用。目前共有13个专业委员会,分别是会计与货币收入委员会、银行监管委员会、银行钞票委员会、预算委员会、对外联络委员会、信息技术委员会、内部审计委员会、国际关系委员会、法律委员会、市场业务委员会、货币政策委员会、支付与结算系统委员会和统计委员会。

2. 职能与权限

根据《欧洲联盟条约》第一百零五条第二款的规定，欧洲中央银行体系的基本职能是：(1)制定并实施欧洲联盟的货币政策；(2)依据本条约第一百零九条的规定开展外汇管理业务；(3)拥有并安排各成员国的国家外汇储备；(4)促进支付制度的正常运转。此外，根据条约第一百零五条第五款的规定，欧洲中央银行体系应该向欧共体机构及各成员国就其所管事务提供建议和接受咨询。

2008年国际金融危机对欧洲金融市场产生巨大冲击，持续引发银行业危机与主权债务危机。在此背景下，为确保信贷机构安全和金融市场稳定，2012年6月的欧盟峰会提出建立银行业单一监管机制（Single Supervisory Mechanism，SSM），并于同年9月提议赋予欧央行对欧元区银行进行单一监管的职权。这一提案经过多次讨论与修订，最终欧洲银行单一监管机制于2014年11月4日正式启动。

(二)欧洲中央银行的独立性分析

1. 人事上的独立性

《欧洲联盟条约》和《欧洲中央银行体系章程》对作为欧洲中央银行核心的行长理事会以及执行董事会成员的任命程序、用人资格、任期和罢免程序等问题都有很严格的规定。在任命程序上，欧洲中央银行负责日常管理的执行董事会人员，必须经欧盟理事会、欧洲议会和欧洲中央银行行长理事会的充分协商，然后由欧盟部长理事会推荐，最后各成员国需要一致同意，之后才能得以任命。通过这一程序，杜绝了由某一国或某几国操纵欧洲中央银行的可能性。如果因某一成员国的离开而出现职位空缺，由该机构留下来的成员任命为空缺职位的新成员，这样也可以增强决策机构的整体独立性。在用人资格上，欧洲中央银行执行董事会的成员的选择主要基于他们在货币或者银行事务中有名望和专业经验，而不是看国家背景、政治背景。《欧洲联盟条约》和《欧洲中央银行体系章程》中有"执行委员会的董事、副董事与其他成员，应从在货币或银行事务上具有公认地位与职业经验的人士中遴选"。同时成员应专司其职，除非经行长理事会特许，否则不得从事任何有偿或者无偿的职业，以保障其独立的态度。在任期上，执行董事会成员任期较长为8年并不得连任或中途更换，以保证人事任免上的独立性。欧盟各国政府和欧盟机构成员的任期为4—5年且中途可以更换，这样与前者任期不会完全重复，防止政府机构与欧洲中央银行体系关系过于密切。此外还有严格的罢免程序，一成员国中央银行行长只有在不再具备履行职责所需的条件或犯有严重过失时才能被解职，严格的罢免程序减少了各国政府和欧盟机构借人员安插来干预欧洲中央银行事务的可能性。

2. 组织上的独立性

欧洲中央银行是独立于欧盟各组织及部门的独立机构，具备组织上的独立性。中央银行组织机构的独立性主要是指中央银行相对于政府的独立，而欧洲中央银行体系的独立性则主要体现在它与欧洲联盟其他各机构以及各成员国政府之间的相对独立。欧洲中央银行和各成员国中央银行的决策机构不接受第三者的指示，它们在实施欧盟条约所赋予的权利和义务时，不得接受共同体成员国政府和其他机构的指示。从一定程度上来说，欧洲中央银行可以称得上是世界上最具独立性的中央银行。

3. 经济上的独立性

《欧洲联盟条约》和《欧洲中央银行体系章程》在经济方面给予欧洲中央银行充分保障,以确保欧洲央行有足够的运作资本履行职能而不受其他机构的影响。欧洲中央银行的股本由成员国央行认购,股本是按照各国人口和国民生产总值的大小来分配的。《欧洲中央银行体系章程》规定,欧洲中央银行和各成员国中央银行可以自由支配自己的收入,拥有独立的预算权和独立的决算权,以确保在欧洲中央银行体系框架内有条不紊地履行其义务。欧洲中央银行和各成员国中央银行的财产独立于欧洲联盟内部的其他机构,第三方不得以直接或间接的方式,对欧洲中央银行或各成员国中央银行的预算或利润分配施加影响,与此相对应,第三方有事后检查资产负债表或规定如何确定和分配利润的某种权力,但必须制定相应的法律条款,来保证这些干预不会妨碍欧洲中央银行和各成员国中央银行执行有关的任务,履行其作为欧洲中央银行体系组成部分而担负的义务。按照《欧洲联盟条约》的规定,禁止欧洲中央银行或各成员国中央银行向欧盟其他机构、各成员国政府或其他团体或公共事业投资或提供任何信贷安排;禁止欧洲中央银行和各成员国中央银行从上述机构购买债券。这意味着欧洲中央银行体系与欧盟其他机构和各成员国政府间资金往来将被切断,从而保证了欧洲中央银行的资金不被欧盟其他机构和各成员国政府操纵和利用。

4. 货币政策的独立性

《欧洲联盟条约》规定了欧洲中央银行的首要任务是维持物价稳定,同时各成员国中央银行必须一致遵守。在保证这一目标实现的前提下,欧洲中央银行的货币决策过程不得受任何干扰,因此货币决策体系具有较高的独立性。如果该目标与经济发展的其他目标有冲突或者说不一致时,欧洲央行一般情况下会选择前者。货币政策的独立性还体现在,欧洲中央银行体系可以不受任何约束地追求货币政策目标的实现,其实质就是要保证其有制定货币政策目标和使用货币政策手段的自由,也就是说欧洲中央银行享有货币政策目标与手段的双重独立性。

(三)欧洲中央银行的货币政策

1. 欧洲中央银行货币政策的目标和运行

根据《欧洲联盟条约》的规定,欧洲中央银行体系的主要目标是维持欧元区的物价稳定。在不影响这一目标的前提下,欧洲中央银行体系应该支持欧洲联盟内部的其他经济政策。欧洲中央银行对"物价稳定"进行了确切的量化定义,即欧元区消费物价调和指数(Harmonised Index of Consumer Prices,HICP)的年均增长率低于但接近2%的水平,并在中期得以维持。其中,"年均增长率"意味着通货紧缩是不符合物价稳定的定义的;"低于2%"意味着通胀率的上限为2%;"接近2%"意味着欧元区需要一个正的适度低的通胀率;"在中期得以维持"意味着欧洲中央银行的货币政策不会被短期内物价的变动所干扰。

为了实现这一目标,同时保证货币政策决策过程的可靠性和一致性,欧洲中央银行体系需要制定一个清晰的货币政策战略,通过选取合适的中介目标和运用货币政策工具,使之作用和影响最终目标。欧洲中央银行制定的货币政策策略包括两大支柱:广义货币供应量和在广泛基础上的经济与金融变量分析。

欧洲中央银行将货币供应量划分为三类：①M1，包括纸币和铸币以及活期存款；②M2，包括 Ml 再加上期限为 2 年以下的定期存款及期限为 3 个月以下的通知存款；③M3，除包括 M1、M2 外，再加上回购协议、货币市场基金单位与票据以及原始期限为 2 年以下的债券凭证。欧洲中央银行将广义货币供应量 M3 定为货币政策最重要的中间目标，这也是其货币政策策略的支柱之一。具体的量化标准为，欧洲中央银行选择年增长率 4.5% 为 M3 的参考值，并按 3 个月移动平均值进行计算。当 M3 的年增长率偏离其参考值时，欧洲中央银行将对偏离的原因进行深入分析，当认为这种偏离会对物价稳定的最终目标造成威胁时，欧洲中央银行才会调整其货币政策以应对这种威胁。但是，无论货币政策调整与否，欧洲中央银行都应当公布 M3 的年增长率偏离其参考值的原因以及当前的货币政策。这样不仅有利于欧洲中央银行维持欧元区内的物价稳定，也有助于将欧洲中央银行的货币政策决策过程变得更加透明。

除了将 M3 定为其货币政策最重要的中间目标外，欧洲中央银行还关注一系列影响价格变动趋势以及可能威胁物价稳定的经济指标，并运用这些指标对未来的价格风险进行评估，这也就是欧洲中央银行货币政策策略的另一支柱。这一系列的经济指标都具有短期的特征，它们能够提供丰富的信息，有利于欧洲中央银行把握物价变动的总体趋势。这些指标包括了有关经济增长、消费需求、工业生产、劳动力市场以及对外经济等各方面。

2. 欧洲中央银行的货币政策工具

为了确保物价稳定的最终目标实现，以及货币政策战略的顺利实施，欧洲中央银行必须要选择适当的货币政策工具。

（1）公开市场业务。公开市场业务是欧洲中央银行体系最重要的货币政策工具。其目的是调控利率，管理市场流动性以及为货币政策趋向传递信号。根据开放市场的目标、规律和程序，欧洲中央银行公开市场业务的实施有四种方式：主要再融资操作（Main Refinancing Operations）、较长期再融资操作（Longer-term Refinancing Operations）、微调性操作（Fine-tuning Operations）以及结构性操作（Structural Operations）。其中最重要的是主要再融资操作，它是欧洲中央银行向欧元区信贷机构提供短期资金融通的一种业务，即通过证券回购的方式，每周定期向金融体系提供为期两周的短期资金。这是欧洲央行为金融部门提供再融资的主要途径。较长期再融资操作，即欧洲中央银行每月向金融体系提供为期三个月的资金融通，主要以逆向操作方式提供流动资金，这种方式的融资量大大低于前者。微调性操作，即欧洲中央银行根据情况需要不定期地进入市场提供或者吸纳资金，其目的在于使市场流动性处于稳定的状态，不至于出现市场资金严重过盛或不足的情况。该操作以资本管理和利率调节为专门目标，基本上属于逆向操作，也可进行直接性交易、外汇掉期、吸收定期存款和提供流动资金。结构性操作，即中央银行为改变银行业的流动性结构而采取的提供或者吸纳资金的行为。它通过发行债务凭证、逆向操作、直接性交易，影响成员国银行体系相对于中央银行体系的流动性资本结构。

在欧洲中央银行的操作框架中，公开市场业务主要由各成员国中央银行组织实施，但其适用的条件则由欧洲中央银行体系统一制定。这意味着，欧洲中央银行体系对整个欧元区的短期市场利率水平有决定权。在进行上述四种内容的公开市场操作时，使用的五种金融工具是反向交易(Reverse Transactions)、发行债券(Issuance of Debt Certificates)、直接交易(Outright Transactions)、外币掉期(Foreign Exchange Swap)和吸收定期存款(Collection of Fixed-term Deposits)。在这些工具中,最主要的工具是反向交易,它适用于上述四种类型的操作,其他几种工具更多地适用于进行结构性调整操作的工具。

(2)常设便利。欧洲中央银行为了控制隔夜市场利率,向市场暗示其货币政策的基础思路,设立了常设便利。在这种便利下,欧洲中央银行可以向市场提供或吸收大量资金,从而使市场利率维持在欧洲中央银行确定的范围内。设有存款便利(Deposit Facility)和边际贷款便利(Marginal Lending Facility)。存款便利是指商业银行头寸过剩时可以按存款便利利率在所在国央行存入隔夜资金,存款便利利率低于任何银行间同业存款利率,从而构成隔夜市场利率波动的下限;边际贷款便利是指商业银行在头寸不足时可以按边际贷款利率向所在国央行申请隔夜贷款,边际贷款利率一般高于银行间同业拆借利率,从而构成隔夜市场利率波动的上限。这样,存款便利利率和边际贷款便利利率就为市场利率的波动构成了一个利率走廊。

(3)最低准备金要求。最低准备金要求是指欧元区所有信贷机构必须在其所在国央行开立存款准备金账户,并将其吸收存款的一定比例存入该账户,欧洲中央银行通过对存款准备金率进行调整以达到控制市场信贷规模的目的。最低准备金要求是欧洲中央银行所使用的调控力度最大、对经济影响最猛烈的货币政策工具,因此,与前两种货币政策工具相比,这并不是欧洲中央银行的常用工具,它更多的是起一种补充作用,欧洲中央银行在使用时也较为谨慎。

(四)欧洲中央银行制度与欧洲各国原有中央银行制度比较

对于欧洲各国原有的中央银行制度而言,自第二次世界大战以后发展出两种不同的模式:一种是英法模式,一种是德国模式。两者的主要差异表现在:一是中央银行追求的目标,二是中央银行的机构设置。

在中央银行追求的目标方面,两种模式的差异在于,英法模式追求对总目标,即价格稳定、经济周期的平稳、高就业率的维持、金融稳定的全面考虑,在这种模式下,价格稳定只是目标之一,相较其他目标并无优先地位。而对于德国模式,价格稳定被认为是中央银行的首要目标,虽然中央银行也可以存在其他的追求目标,但价格稳定是占有优先地位的,其对其他政策目标的追求不能损害价格稳定目标。

在中央银行的机构设置方面,英法模式的特征是中央银行的政治依赖,即货币政策的决策要得到政府的批准,因此在这种模式中,有关利率升降的决策是由财政部部长做出的。而在德国模式下,指导性原则是政治独立,利率的决定是由中央银行在没有政府机构的干预下作出的,这一原则包含在中央银行的法规之中,具有较强的独立性。

根据《欧洲联盟条约》和《欧洲中央银行体系章程》,显而易见,欧洲中央制度更多地是以德国模式为蓝本的,究其原因,一是与经济理论发展有关,即货币主义的兴起且逐渐占主导地位,二是德国在朝向经济货币联盟的进程中的战略态势。

第三节 "金砖国家"的中央银行制度

一、巴西中央银行

(一) 巴西中央银行的组织结构

巴西的中央银行系统由国家货币委员会和中央银行构成,国家货币委员会由25人组成,财政部部长任主席、计划部部长任副主席,委员包括工商部长、8名私人企业的代表、7名经济学家等。根据国家的金融形势,委员会每年研究和制定全国的货币和信贷政策,批准中央银行发行货币,确定外汇政策,规定各种类型的贷款,批准各种金融机构的设立及其业务范围。巴西中央银行和证券委员会分别作为它在银行和证券领域的执行机构。

巴西中央银行建于1965年,负责贯彻执行国家货币委员会的决定并监督执行情况。巴西中央银行的主要职能包括:根据国家货币委员会批准的条件和限度发行和回笼货币;进行再贴现和向金融机构贷款;控制信贷;对各金融机构进行管理;管理外国银行和外国资本;代表政府与国外金融机构进行联系等。巴西中央银行不直接代理国库,而是由巴西银行代理,这一点与许多国家的中央银行不同。其组织结构为由决策办公室、监管部、国际事务部、金融体系监管组织部、经济政策部、货币政策部、金融体系重组部和国家债务部等组成。

巴西证券委员会在国家货币委员会领导下开展工作。它根据国家货币委员会制定的政策,负责促进、管理和监督证券交易所已注册证券的交易,保证交易所及其附属机构的正常工作。

(二) 巴西的货币政策

巴西货币政策的执行机构是巴西货币政策委员会(Monetary Policy Committee),该委员会成立于1996年6月20日,其职责是货币政策的制定、执行监督及利率调整。其货币政策的目标是根据经济的发展和稳定的需要控制货币和信贷的扩张、管理利率水平。其货币政策工具有公开市场操作、准备金政策和流动性支持政策。金融危机导致的恶性通货膨胀使实际利率出现负值,国内储蓄率较低,不能满足投资的需要,因此巴西货币政策一个突出的特点是控制通货膨胀在货币政策目标中占有重要地位。

巴西国家货币委员会在1999年出台了控制通货膨胀目标的框架,如果通货膨胀率超出了国家货币委员会的目标框架,央行行长要向财政大臣公开解释原因并阐述要采取的措施及其生效时间。在每个季度末,货币政策委员会都要公布中央银行的通货膨胀报告,内容包括目前国民经济的状况以及最近例会有关通货膨胀的政策。在利率政策方面,巴西货币政策委员会通过常设例会讨论来确定利率并根据隔夜贷款利率来调整。由于拉美国家中央银行在其经济发展中的地位是非常高的,拉美国家的中央银行除了要执行中央银行正常的各种职能(如宏观调控和金融监管)外,还被政府赋予了其他各种职能,如作为向待发展部门和项目提供资金的渠道及赤字性融资的工具,承担其他金融机构的一切损失等。因此,中央银行的独立性比较低,货币政策要反映政府的意图和服从政府的指令。所以其货币政策经常受到政府的干扰,其政策效果大打折扣。

二、俄罗斯银行

(一) 俄罗斯中央银行组织结构

苏联解体以后,俄罗斯加大了二级银行体系的建设速度,一方面抓紧修改相关法律,明确中央银行地位与职能;另一方面实行自由化政策,推进商业银行的发展。

1995年4月26日,俄罗斯重新通过了新的《俄罗斯中央银行法》,明确了中央银行的法定地位。新的中央银行法不仅规定了中央银行的职责,并且明确了中央银行的独立地位,任何国家机关无权干预中央银行执行其职责。

《俄罗斯中央银行法》第三条规定了中央银行运行的基本目标,保证卢布的稳定性,发展和加强俄罗斯的银行体系和保证结算体系的效率和通畅性;第九条规定,中央银行法定资本金为30亿卢布(约为1亿美元),中央银行的法定资金本金和其他资产均为俄罗斯联邦财产。《俄罗斯中央银行法》第四条规定了中央银行的基本职能和职责,其中包括制定和实施"统一的国家金融政策"、保证卢布币值稳定、垄断现金发行权并组织货币流通、对商业银行行使最后贷款人的权利、对商业银行进行监管、外汇调节和监管、组织银行间结算和代理政府管理国家债务等。

根据《俄罗斯中央银行法》,中央银行是独立法人,除非另有特殊规定,不承担国家债务,国家也不承担中央银行债务。

俄罗斯中央银行(俄罗斯银行)内部采取垂直管理体制,包括总部和下属各地方分支机构、结算中心等。俄罗斯中央银行设有银行理事会管理银行运行,联邦内各共和国的国家银行是中央银行的地方分支机构,这些分支机构不具有法人地位,中央银行的组织结构包括中央机关、60个总管理局、19个国家级银行、1 195个结算支付中心、13个银行学校、1个教学研究中心和79个区域性分支机构(见图4-6)。

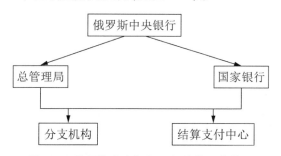

图 4-6 俄罗斯中央银行组织结构层次关系

(二) 俄罗斯的货币政策

制定和执行货币政策是俄罗斯央行最主要的一项职能,俄罗斯银行目前货币政策的终极目标有两个:一是降低通货膨胀率,二是保持卢布币值,但这并不意味着俄政府不关注实体经济发展与金融稳定。《俄罗斯中央银行法》第三十五条规定,俄央行调整货币和信贷政策的主要工具包括利率、法定存款准备金、公开市场业务(买卖联邦政府债券、回购操作和货币掉期等)、再贷款、外汇调节、控制货币投放量、数量限制、发行央行债券等。为了控制货币供应量,1993年俄罗斯央行开始实行信贷限额制。央行对决定货币发行量的内部资产项目增长额、对政府的信贷(用于弥补预算赤字)、对商业银行的再贷款额、对独联体国家的政府信贷额等均实行季度限额。同时,俄央行取消了以往按部门和地区来分配专项贷款的做法,逐步采取通过贷款拍卖等形式向商业银行注入资金。值得注意的是,为了避免将通过拍卖得到的贷款在同业市场重新拍卖或将其兑成外汇,央行规定,信贷拍卖的利益要大大高于市场贷款的利率。

俄罗斯银行控制货币供应的另一个重要措施是调整贷款项目,虽然其他贷款业务全部转给了商业银行。但俄罗斯央行目前仍保留了部分专项贷款项目(如对军工综合体、农业项目、北部边区及列入国家专项发展纲要的项目等),以控制信贷规模和保证资金的专款专用。2008年美国次贷危机后,俄罗斯央行及时采取了宽松的货币政策,大量释放流动性。例如,对证券市场和商业银行紧急注资;对涉及国计民生的企业和大型国有企业紧急救助;提高自然人存款的担保额度;降低赋税等。2011年后随着金融危机影响的逐渐消退,上述积极政策正在逐渐退出,俄罗斯央行开始实施常态化政策。目前俄罗斯中央银行的主要政策工具是关键利率,在2014年一共实施了六次加息(其中包括12月紧急加息至17%),收紧的货币政策有效地遏制了通胀和货币贬值预期,避免了滞胀局面的出现。

(三) 俄罗斯的货币政策工具

1. 公开市场业务

近年来,俄罗斯银行的公开市场活动在确保卢布逐渐稳定,为预算赤字融资的过程中发挥了重要作用。在公开市场业务中,中央银行借助一系列工具来调节货币供应量,以实现货币政策目标,其最主要的工具是证券回购业务。俄罗斯的证券回购业务开始于1996年,1996年8月12日俄罗斯中央银行颁布的《关于国家短期无息债券流通服务章程的修订和补充》的命令是其发展证券回购业务的法律基础。1999年之前,在俄罗斯用于进行证券回购业务的主要证券品种是短期国债(гко)和固定利息联邦债券(офз-пк)。俄罗斯证券回购的利率变化与中央银行的再贷款利率变化趋势一致,但是要稍低于再贷款利率。中央银行的证券回购业务的交易平台是"莫斯科银行间货币交易所"。

2. 再贷款业务

再贷款是俄罗斯银行向商业银行体系提供补充清偿力的基本工具之一。根据《俄罗斯中央银行法》第四条和第四十条的规定,俄罗斯银行作为最后贷款人向商业银行提供再贷款。再贷款的主要内容包括贷款保证形式(贴现贷款或抵押贷款)、贷款提供方式(直接贷款和通过竞拍提供贷款)和贷款的期限(中期为3—4个月,短期为1天至数天)。

商业银行只有在银行同业市场和有价证券市场上无法获得维持清偿力的来源时,才会向中央银行要求再贷款。

由于俄罗斯票据市场的不发达和其他融资渠道的不畅通,俄罗斯银行的再贷款对保持商业银行的清偿力、防止危机蔓延仍然具有重要意义。对商业银行实行再贷款管理也是中央银行调节货币供应的主要政策工具。

俄罗斯银行通过控制再贷款规模和再贷款利率来调节货币供应,达到实现货币政策目标的目的。

俄罗斯银行再贷款分为抵押再贷款和贴现再贷款两种形式。由于俄罗斯票据市场的不发达,俄罗斯银行的再贴现业务规模极为有限,再贷款的主要形式仍然是抵押贷款,抵押再贷款又分为以下三种基本形式:

(1) 有价证券抵押贷款。在有价证券抵押条件下,中央银行为满足信贷机构临时资金需求而发入的短期贷款,目的是调节银行的清偿义务。

(2) 中央银行隔夜贷款。在俄罗斯,隔夜贷款是俄罗斯银行抵押贷款的一种形式。从1998年6月起,中央银行开始提供隔夜贷款,目的是保证结算体系的通畅。接受贷款的银行必须有中央银行可以再贴现的有价证券作抵押,通常隔夜贷款的利率比较高。

(3) 中央银行的贴现贷款。俄罗斯银行对商业银行已贴现未到期的票据进行再贴现,向商业银行提供贴现贷款。

3. 法定存款准备率

1989年苏联建立了二级银行体系后,首次实行准备金制度,并将其作为金融政策的工具。1991年4月30日,俄罗斯银行组建以后,当时确定的存款准备金比率为2%。在《俄罗斯中央银行法》中明确规定准备金制度是实现金融政策的重要工具之一,准备金不能超过商业银行负债的20%。

随着俄罗斯经济转型期间经济、金融形势的不断变化,俄罗斯银行的存款准备金率根据货币金融形势的松紧而不断变化。1995年—2000年年初法定存款准备率共进行15次调整(见表4-5)。

表4-5 俄罗斯银行存款准备率变化　　　　　单位:%

时间	活期存款和30天以下期的存款	31—90天的存款	91天以上的存款	外汇账户	自然人卢布存款(不论期限长短)
1995.02.01	22	15	10	2	
199.05.01	20	14	10	1.5	
1996.05.01	8	14	10	1.25	
1996.06.11	20	16	12	2.5	
1996.08.01	18	14	10	5	
1996.11.01	16	13	10	5	
1997.05.01	14	11	8	6	9.5
1997.11.11	14	11	8	9	9.5
1998.02.01	11	11	11	11	8
1998.08.24	10	10	10	10	7
1998.09.01	10	10	10	10	5
1998.12.01	5	5	5	5	5
1999.03.19	7	7	5	7	5

续表

时间	活期存款和30天以下期的存款	31—90天的存款	91天以上的存款	外汇账户	自然人卢布存款（不论期限长短）
1999.06.10	8.5	8.5	5.5	8.5	5.5
2000.01.10	10	10	7	10	7

资料来源：范敬春，《迈向自由化道路的俄罗斯金融改革》，经济科学出版社，2004。

从表4-5可以看出，俄罗斯的存款准备金制度相当混乱，不仅品种繁多，而且时而差别待遇，时而统一待遇，商业银行对此持强烈的批评态度，一定程度上加剧了经济的混乱，这是俄罗斯银行被动适应经济局势变化的反映。

三、印度储备银行

（一）印度储备银行的组织结构

印度储备银行（Reserve Bank of India）是印度的中央银行，始建于1935年4月，1949年收归国有。印度储备银行的最高决策机构是中央董事会，董事会由总裁主持，总裁由内阁会议任命，最高管理机构是中央理事会，由20名理事组成。印度的银行系统以印度储备银行为最高银行，下有商业银行、邦合作银行、地区农业银行、国家农业和农村开发银行的银行系统。

职能包括服务性职能和对宏观经济的控制调节职能：

1. 印度储备银行的服务性职能

（1）发行货币。印度的法偿货币是卢比。按惯例，硬币一直由政府负责发行。在印度储备银行的货币发行史上，1957年前采用部分发行准备制度，即必须以40%的黄金或英镑证券作为发行纸币的保证，以60%的卢比纸币、卢比硬币或获准的印度政府证券为担保。1957年以后采用了定额的最低准备制度，即只要保持价值20亿卢比的黄金和外国证券（其中黄金不得少于11.5亿卢比）作为保证，就可以根据经济发展的需要发行任何数量的纸币。

（2）代理国库。作为政府的代理人，印度储备银行负责接收支付各类款项，负责政府公债的发行管理、还本和付息，向中央政府和各邦政府提供90天以内期限的贷款和应付临时急需的透支，并在国内外金融事务中充当政府的顾问。

（3）监督管理银行。根据印度的银行法规，各表列银行（即包括在储备银行法第二个计划表中的银行）自有资本和储备必须达到50万卢比，每周还要向储备银行报告它们的经营情况，遵守储备银行的各种条例和法规，并按一定比例缴存存款准备金。印度储备银行则在这些银行发生资金困难时予以支持，给予90天以内的贷款。

（4）调控信贷。它有权采用改变银行利率、实行有选择的信贷控制和公开市场业务，准许和不准许专门集团和个人贷款等方法和手段进行信贷控制。同时它还拥有许多控制印度货币市场的权力。

（5）保管外汇储备。印度储备银行属于管理大部分外汇储备的政府机构，监督管理印度境内的外国银行,固定住卢比的官方汇率。具有买卖所有国际货币基金组织成员国货币的义务。《外汇管制法》还赋予储备银行控制外汇保证金,对外支付,向外国人转移货币、黄金和保证金的权力。印度实行较严格的外汇管理,印度储备银行按照与政府议定的总政策行使外汇管理权。日常的许多外汇管理工作则下放给某些商业银行执行。

作为印度的中央银行,印度储备银行还是全面的票据交换和资金清算中心,以维持印度经济和金融业的正常运行。

2. 印度储备银行的宏观经济调节职能

印度储备银行的长远货币金融政策战略目标与政府的长期经济战略目标是完全一致的。印度储备银行对印度经济的发展也负有全面而重要的责任。但印度储备银行通过传统的三大货币政策工具调节宏观经济的作用比较有限,更为突出的是以行政手段为特征的选择性信贷控制。强而有力的行政干预是其货币政策的主要特征。

随着金融体系的完善及社会经济的发展,印度储备银行还被赋予了新的职能。一是监督职能,即有权监督银行的设立、银行资产的流动、经营管理及兼并等,以促进印度金融业的健康发展;二是开发促进功能,促进人们改善金融习惯,把银行网点扩大到农村及小城镇地区,建立并完善新的专业化金融机构,从而促进印度社会经济的发展。

(二) 印度的货币政策

印度是个资源相对缺乏的国家,通常情况下通货膨胀率都保持在两位数以下,而且与国际经济联系较少。印度经过一系列金融改革,目前基本上实行了利率市场化,同时存在大量的优惠贷款。货币政策工具包括公开市场操作、流动性调节便利(LAF)、市场稳定计划(MSS)、现金准备比率(CRR)、政策利率等。印度的货币政策最终目标是提供充分的流动性以满足信贷与投资需求的增长,同时关注物价水平,致力于创造宽松灵活的利率环境。印度在 20 世纪七八十年代利率受到严重压制,并普遍实行指导性信贷,印度的货币当局一直把法定存款准备金率作为货币政策的首要工具。1992 年之后,印度储备银行废除了固定存款利率,对于所有存款只制定最高利率标准。在贷款利率方面,继取消对同业拆借及短期票据等内部最高利率限制之后,印度储备银行在 1994 年又将贷款利率按其金额划分为 2.5 万卢比以下、2.5 万卢比以上及 20 万卢比以下以及超过 20 万卢比三个类别。对于前两者,印度储备银行分别规定最低利率分别为 12% 和 13.5%,而 20 万卢比以上的贷款,则由商业银行自主决定利率。从 1994 年 8 月开始,印度逐步降低了法定存款准备率,并逐渐减少了在货币控制和流动性管理方面对法定存款准备率的依赖,而用公开市场操作取而代之。

作为金融部门改革的配套措施,印度近期货币政策结构发生了变化,印度储备银行执行温和的货币政策,中期利率结构更加灵活。印度储备银行努力提高金融部门的资金分配效率,维护金融运行稳定,以及实现直接融资方式到间接融资方式的转变来完善货币政策的传导机制。在维持金融市场完整性和透明性的同时,印度储备银行还花大力气来协调金融市场各个部分的平衡发展。为了深化金融市场改革,印度采取了一系列措施:成立了印度清算有限公司;打造了交割结算系统;推出了利率期权衍生品;允许银行之间分享借款违约者的信息,对违约者施加更大的压力;规定银行必须定期公布各项备付金额和冲销贷款额;等等。印度储备银行忠实执行巴塞尔监管委员会制定的有效监管的核心原则。近年印度储备银行逐步完善其监管:提升外部审计的地位;强化法人治理、内部控制和审计程序;增强银行资产负债表的透明度与信息披露。在合作金融机构中印度储备银行将逐步推行非现场监管制度。

印度的货币利率从2001年以来连续两年下跌,但是否已经降到最低点仍然没有定论。我们知道,利率变动取决于通胀前景、增长的潜力以及投资需求,所以必须结合所有的宏观经济面才能预测短期利率走向,但是近年印度经济连续受干旱和国际石油价格等许多变数影响,因此在印度作为主要货币政策目标的利率走势并不明朗。印度当前的名义利率和真实利率都相对偏低,降息空间已经不大。政府财政中的转移支付过大导致的财政赤字,与通胀因素挂钩的刚性工资制度以及政府对食品等产品的限价无不限制了利率向下的空间。

印度正在推行货币政策转型,以便过渡到一个能达到更灵活的通胀目标的政策框架。随着政府与印度储备银行2015年2月20日通过的对货币政策的框架协议,储备银行已正式采取了灵活的通胀目标(FIT)的框架。印度储备银行为了减少未来通胀加剧的风险和保证财政稳定,放松了货币政策,在2015年1月到8月期间降低了政府回购利率75个基点。

随着2014年4月第一次公布货币政策的双月报表开始,央行已经改变了公布货币政策的传统的一年八次的频率(即四个季度初和四个季度中旬)到一年六次(即双月)。

四、中国人民银行

中华人民共和国成立后的中国中央银行是中国人民银行,最早可以追溯到1931年11月7日成立的"中共苏维埃共和国国家银行"。从土地革命到抗日战争时期一直到中华人民共和国诞生前夕,人民政权被分割成彼此不能连接的区域,各根据地建立了相对独立、分散管理的根据地银行,并各自发行在本根据地内流通的货币。1948年12月1日,以华北银行为基础,合并北海银行、西北农民银行,在河北省石家庄市组建了中国人民银行,日后成为中华人民共和国的中央银行。

(一) 中国人民银行的组织结构

我国采取一元中央银行制,由中国人民银行全面行使中央银行职能。中国人民银行的组织结构主要可以分为货币政策委员会、内设部门、上海总部、直属机构和分支机构五个部分。

1. 货币政策委员会

1997年4月5日,国务院颁布《中国人民银行货币政策委员会条例》,并于同年7月成立中国人民银行货币政策委员会,将其定位为中国人民银行制定货币政策的咨询议事机构。2003年12月27日新修订的《中国人民银行法》第十二条规定:"中国人民银行设立货币政策委员会。货币政策委员会的职责、组成和工作程序,由国务院规定,报全国人民代表大会常务委员会备案。中国人民银行货币政策委员会应当在国家宏观调控、货币政策制定和调整中,发挥重要作用。"至此,货币政策委员会的地位与职责得到法律确认。

根据《中国人民银行货币政策委员会条例》,货币政策委员会的职责是,在综合分析宏观经济形势的基础上,依据国家宏观调控目标,讨论下列货币政策事项,并提出建议:(1)货币政策的制定、调整;(2)一定时期内的货币政策控制目标;(3)货币政策工具的运用;(4)有关货币政策的重要措施;(5)货币政策与其他宏观经济政策的协调。

2. 中国人民银行内设部门

为确保中国人民银行科学高效地行使各项职能,其设置了一系列的职能部门。各内设部门主要依据货币政策的组织实施、与金融机构业务往来、金融监管等不同职能进行划分设置,是中国人民银行行使其各项职能的具体操作部门。目前共有 21 个内设职能部门,其中主要的业务职能部门包括货币政策司、货币政策二司、金融市场司、金融稳定局、调查统计司、会计财务司、支付结算司、国库局、内审司、征信管理局、反洗钱局(保卫局)、金融消费权益保护局。

3. 中国人民银行上海总部

为完善中央银行决策与操作体系、更好地发挥中央银行的宏观调控职能、推进上海国际金融中心建设,2005 年 8 月 10 日,成立了中国人民银行上海总部。上海总部是总行的有机组成部分,在总行的领导和授权下开展工作,主要承担部分中央银行业务的具体操作职责,同时履行一定的管理职能。上海总部成立后,中国人民银行的部分操作性业务将转移至上海总部,总行则更侧重于各项政策的决策与制定。

上海是我国的金融中心,且正在努力建设打造为国际金融中心,聚集了各类金融机构。上海已设有全国统一的银行间同业拆借市场、债券市场和外汇市场,拥有证券、商品期货和黄金三个交易所。中央银行在上海设立总部,并将部分操作性业务转移到上海总部,有利于操作人员观察市场动态、接触一手信息,并及时做出反应,选择最佳操作策略。

中国人民银行上海总部的成立,加强了中央银行在金融市场和金融中心的调节职能和服务职能,发挥了贴近金融市场一线的优势,提高了中央银行金融市场服务的效率,巩固了目前上海作为国内重要金融中心的地位,并将为上海成为国际金融中心提供基础。

4. 中国人民银行直属机构

各直属机构是中国人民银行直接领导下主办专门业务的机构,与内设部门相比,直属机构具有较为独立的职权,可以在主管的范围内独立行使各项职能,是中国人民银行行使各项职能的重要渠道。中国人民银行的直属机构包括中国人民银行机关服务中心、中国人民银行集中采购中心、中国反洗钱监测分析中心、中国人民银行征信中心、中国外汇交易中心(全国银行间同业拆借中心)、中国金融出版社、金融时报社、中国人民银行清算总中心、中国印钞造币总公司、中国金币总公司、中国金融电子化公司、中国人民银行党校、中国金融培训中心、中国人民银行郑州培训学院、中国钱币博物馆和中国人民银行金融信息中心。

5. 中国人民银行分支机构

《中国人民银行法》第十三条规定:中国人民银行根据履行职责的需要设立分支机构,作为中国人民银行的派出机构。中国人民银行对分支机构实行统一领导和管理。中国人民银行的分支机构根据中国人民银行的授权,维护本辖区的金融稳定,承办有关业务。

1948年至1998年年底,中国人民银行的分支机构按照行政区划设置,即各省、自治区和直辖市设立省级分行,各地级市设立中心支行,各县则设立县级支行。这种按区域分片设立分支机构的层级结构有利于中国人民银行总行贯彻实施其所推行的各种金融政策,但是,各级地方机构也会因地方利益问题受到各级地方政府的强烈干预,使得中央银行金融政策的落实有很大困难。

为了改变这种状况,1998年11月,国务院根据我国国情,结合精简高效和宏观调控有效性的原则,对中国人民银行进行重大改革,撤销原有的32个省级分行。中国人民银行总部设在北京,同时按照所属经济区域,设立9个跨省、自治区、直辖市的分行和2个营业部,管理各经济区下属的省、自治区和直辖市,实行大区中央银行层级制度(见表4-6)。

表4-6 中国人民银行各大区分行分布情况及管辖

分行行名	分行管辖的省、自治区、直辖市
天津分行	天津、河北、山西、内蒙古
沈阳分行	辽宁、吉林、黑龙江
上海分行	上海、浙江、福建
南京分行	江苏、安徽
济南分行	山东、河南
武汉分行	江西、湖北、湖南
广州分行	广东、广西、海南
成都分行	四川、贵州、云南、西藏
西安分行	陕西、甘肃、青海、宁夏、新疆

按职能划分,中国人民银行总行集中掌管货币政策的决策权,并根据有关法律制定全国性的金融方针政策。中央人民银行各大区分行的主要职责是依据中国人民银行总行的授权,负责执行全国统一的货币政策,对辖区内金融机构(证券、保险除外)的金融活动进行全面的监督管理。为了协助分行独立、公正、有效地实施金融监管,在不设分行的省(自治区、直辖市)的省会所在地设立以该地名命名的金融监管办事处,作为分支分行的派出机构。各地金融监管办事处的主要职责是根据分行的授权,对所在省(自治区、直辖市)金融机构实施现场检查。同时,在分行所在地以外的省会城市以及大连、青岛、宁波、厦门和深圳经济特区,设立中心支行。中国人民银行总行根据《中国人民银行法》的有关规定,对其分支机构实行统一领导和管理。

(二)中国人民银行的独立性分析

中国人民银行具有一定的独立性,但是与美国、日本等国相比,独立性较弱。

中国人民银行与中央政府的隶属关系。《中国人民银行法》第二条规定:"中国人民银行在国务院领导下,制定和执行货币政策,防范和化解金融风险,维护金融稳定。"中国人民银行是国务院组成部门,隶属于国务院,在国务院的领导下开展各项工作,对国务院负责,这样的隶属关系决定了其独立性较弱。

中国人民银行的人事任免。《中国人民银行法》第十条规定："中国人民银行行长的人选，根据国务院总理的提名，由全国人民代表大会决定；全国人民代表大会闭会期间，由全国人民代表大会常务委员会决定，由中华人民共和国主席任免。中国人民银行副行长由国务院总理任免。"人事任免机制是影响中央银行独立性的重要因素，中国人民银行的正副行长由国务院总理提名或任免，且每届任期与国务院总理一致，这种人事任免机制使得国务院可以很大程度上影响中国人民银行的决策。

制定和实施货币政策的自主程度。《中国人民银行法》第五条规定："中国人民银行就年度货币供应量、利率、汇率和国务院规定的其他重要事项作出的决定，报国务院批准后执行。中国人民银行就前款规定以外的其他有关货币政策事项作出决定后，即予执行，并报国务院备案。"这条法规限制了中国人民银行制度和实施货币政策的自主性，其重要决策必须得到国务院批准后才能执行，这意味着中国人民银行制定的货币政策只有在与国务院意志一致时才能得到执行，其难以独立制定和实施货币政策。

资金与财务的独立程度。《中国人民银行法》第八条规定："中国人民银行的全部资本由国家出资，属于国家所有。"第二十九条规定："中国人民银行不得对政府财政透支，不得直接认购、包销国债和其他政府债券。"所以中国人民银行不代表任何私人、企业、社会团体或地方政府的利益，不直接或间接接受财政部的领导，独立于财政与地方政府，但是仍然受制于国务院，所以在资金与财务方面具有一定的独立性。

（三）中国的货币政策

1. 中国货币政策的目标

1995年以前，在相当长的时期内，中国货币政策追求的是"发展经济，稳定币值"的双重目标。其含义是，在国家总体经济目标的指导下，通过中央银行的货币政策、信贷政策、利率政策等各项措施，控制货币供应量和信贷总规模，调节货币流通，促进经济发展，并在经济不断增长的基础上稳定通货，为国民经济协调发展提供一个稳定的货币环境。但这两个目标在多数情况下都是矛盾的。经济的快速发展，难免会产生经济过热现象，即所谓的通货膨胀。而要稳定物价就得紧缩货币供应，结果造成资金紧张，企业效益下滑，经济增长趋缓。

目前，大多数国家的中央银行都把维护币值稳定作为货币政策的主要目标，同时适当兼顾其他目标。因为只有实现了币值稳定，才可能为实现其他三个目标奠定基础。有的国家的中央银行索性只追求一个目标，比如德国的中央银行几十年来一直致力于防范通货膨胀，把维护币值的稳定作为重中之重。

1995年颁布的《中国人民银行法》将货币政策的最终目标确定为"保持货币币值的稳定，并以此促进经济增长"。这标志着中国中央银行货币政策的长期目标由双重目标转向单一目标，中国中央银行货币政策可操作程度因此大大提高，对突发状况的反应时间也会大大缩短。

2. 中国的货币政策工具

（1）存款准备金政策。存款准备金政策是指中央银行强制要求商业银行等货币存款机构按规定存款准备金率上缴存款准备金，通过调整法定存款准备金以增加或减少商业银行的超额准备,从而影响货币供应量的一种货币政策工具。从 1984 年开始,中国人民银行开始利用存款准备金制度调节货币供应量和信贷规模,并在促进经济平稳快速发展的过程中发挥了重要作用。2006—2007 年大牛市、2008 年金融危机和欧洲债务危机、2015 年经济下行压力增大等期间,中国人民银行频繁上调或下调存款准备金率,通过资金流动性的释放与收回调节中国经济。虽然近年来国外逐步减少或取消了存款准备金政策,但是由于其政策效果明显,中国人民银行在宏观调控中还经常使用这一货币政策工具,如表 4-7 所示。

表 4-7 中国金融机构存款准备金比率历次调整一览
(截至 2015 年 12 月 31 日)

时间	调整前	调整后	调整幅度
2015 年 10 月 24 日	普降 0.5 个百分点。定向:对符合标准的金融机构额外降低存款准备金率 0.5 个百分点		
2015 年 9 月 6 日	普降 0.5 个百分点。定向:额外降低县域农村商业银行、农村合作银行、农村信用社和村镇银行等农村金融机构准备金率 0.5 个百分点。定向:额外下调金融租赁公司和汽车金融公司准备金率 3 个百分点		
2015 年 6 月 28 日	定向:对"三农"贷款占比达到定向降准标准的城市商业银行、非县域农村商业银行降低存款准备金率 0.5 个百分点;对"三农"或小微企业贷款达到定向降准标准的国有大型商业银行、股份制商业银行、外资银行降低存款准备金率 0.5 个百分点;降低财务公司存款准备金率 3 个百分点		
2015 年 4 月 20 日	普降 1 个百分点。定向:农信社、村镇银行等农村金融机构额外降低 1 个百分点,并统一下调农村合作银行存款准备金率至农信社水平。定向:对中国农业发展银行额外降低 2 个百分点。定向:"三农"或小微企业贷款达到一定比例的国有银行和股份制商业银行可执行较同类机构法定水平低 0.5 个百分点的存款准备金率		
2015 年 2 月 5 日	普降 0.5 个百分点。定向:"三农"和小微贷款达标的城市商业银行、非县域农村商业银行额外降低 0.5 个百分点。定向:中国农业发展银行额外降低 4 个百分点		
2014 年 6 月 16 日	对符合审慎经营要求且"三农"和小微企业贷款达到一定比例的商业银行(不含 2014 年 4 月 25 日已下调过准备金率的机构)下调人民币存款准备金率 0.5 个百分点,下调后的存款准备金率为 20%。此外,为鼓励财务公司、金融租赁公司和汽车金融公司发挥好提高企业资金运用效率及扩大消费等作用,下调其人民币存款准备金率 0.5 个百分点		
2014 年 4 月 25 日	下调县域农村商业银行人民币存款准备金率 2 个百分点,下调县域农村合作银行人民币存款准备金率 0.5 个百分点。调整后县域农商行、农合行分别执行 16% 和 14% 的准备金率,其中一定比例存款投放当地考核达标的县域农商行、农合行,分别执行 15% 和 13% 的准备金率		
2012 年 5 月 18 日	20.5%	20%	下调 0.5 个百分点
2012 年 2 月 24 日	21.0%	20.5%	下调 0.5 个百分点
2011 年 12 月 5 日	21.5%	21.0%	下调 0.5 个百分点
2011 年 6 月 20 日	21.0%	21.5%	上调 0.5 个百分点

续表

时间	调整前	调整后	调整幅度
2011年5月18日	20.5%	21.0%	上调0.5个百分点
2011年4月21日	20.0%	20.5%	上调0.5个百分点
2011年3月25日	19.5%	20.0%	上调0.5个百分点
2011年2月24日	19.0%	19.5%	上调0.5个百分点
2011年1月20日	18.5%	19.0%	上调0.5个百分点
2010年12月20日	18.0%	18.5%	上调0.5个百分点
2010年11月29日	17.5%	18.0%	上调0.5个百分点
2010年11月16日	17.0%	17.5%	上调0.5个百分点
2010年5月10日	16.5%	17.0%	上调0.5个百分点*

注:此次上调农村信用社等小型金融机构除外。

2010年2月25日	16.0%	16.5%	上调0.5个百分点*

注:此次上调农村信用社等小型金融机构除外。

2010年1月12日	15.5%	16.0%	上调0.5个百分点*

注:此次上调农村信用社等小型金融机构除外。

2008年12月25日	16.0%	15.5%	下调0.5个百分点
2008年12月5日	17.0%	16.0%	下调1个百分点
2008年10月15日	17.5%	17.0%	下调0.5个百分点
2008年9月25日	17.5%	16.5%	下调1个百分点

注:此次下调仅适用于部分金融机构。

2008年6月25日	17.0%	17.5%	上调0.5个百分点
2008年6月15日	16.5%	17.0%	上调0.5个百分点
2008年5月20日	16.0%	16.5%	上调0.5个百分点
2008年4月25日	15.5%	16.0%	上调0.5个百分点
2008年3月25日	15.0%	15.5%	上调0.5个百分点
2008年1月25日	14.5%	15.0%	上调0.5个百分点
2007年12月25日	13.5%	14.5%	上调0.5个百分点
2007年11月26日	13.0%	13.5%	上调0.5个百分点
2007年10月25日	12.5%	13.0%	上调0.5个百分点
2007年9月25日	12.0%	12.5%	上调0.5个百分点
2007年8月15日	11.5%	12.0%	上调0.5个百分点
2007年6月5日	11.0%	11.5%	上调0.5个百分点

续表

时间	调整前	调整后	调整幅度
2007年5月15日	10.5%	11.0%	上调0.5个百分点
2007年4月16日	10.0%	10.5%	上调0.5个百分点
2007年2月25日	9.5%	10.0%	上调0.5个百分点
2007年1月15日	9.0%	9.5%	上调0.5个百分点
2006年11月15日	8.5%	9.0%	上调0.5个百分点
2006年8月15日	8.0%	8.5%	上调0.5个百分点
2006年7月5日	7.5%	8.0%	上调0.5个百分点
2004年4月25日	7.0%	7.5%	上调0.5个百分点
2003年9月21日	6.0%	7.0%	上调1个百分点
1999年11月21日	8.0%	6.0%	下调2个百分点
1998年3月21日	13.0%	8.0%	下调5个百分点
1988年9月	12.0%	13.0%	上调1个百分点
1987年	10.0%	12.0%	上调2个百分点

1985年央行将法定存款准备金率统一调整为10%

1984年央行按存款种类规定法定存款准备金率,企业存款20%,农村存款25%,储蓄存款40%

注:以上数据来自中国经济网,并根据中国人民银行网站信息进行整理更新。

(2)利率政策。利率政策是我国货币政策的重要组成部分,是中国人民银行进行宏观调控的主要货币政策工具之一。中国人民银行根据货币政策实施的需要,适时地运用利率工具,对利率水平和利率结构进行调整,进而影响社会资金供求状况,实现货币政策的既定目标。

中国人民银行主要通过以下几种利率工具来调节经济:①调整中央银行基准利率(包括再贷款利率、再贴现利率、存款准备金利率、超额存款准备金利率);②调整金融机构法定存贷款利率;③制定金融机构存贷款利率的浮动范围;④制定相关政策对各类利率结构和档次进行调整等。当中国人民银行降低金融机构基准贷款利率时,能刺激个人、企业的贷款需求,从而增加货币供应量,促进经济增长。近年来,我国逐渐加强了对利率工具的运用,且调控方式更加灵活,调控机制日趋完善,稳步推进利率市场化改革。

2015年10月23日,中国人民银行决定,对商业银行、农村合作金融机构、村镇银行、财务公司等金融机构不再设置存款利率浮动上限。这标志着我国存款利率管制基本放开,金融市场主体可按照市场化的原则自主协商确定各种存款类金融产品定价。随着利率市场化改革的逐步推进,作为货币政策主要手段之一的利率政策将逐步从对利率的直接调控向间接调控转化,利率作为重要的经济杠杆,在国家宏观调控体系中将发挥更加重要的作用。

(3)公开市场业务。中国人民银行公开市场操作的主要标的物是财政部发行的短期国债,交易方式主要是回购交易(包括正回购和逆回购)与现券交易(包括现券买断和现券卖断),此外还通过发行中央银行票据调节货币供应量。

1994年以前,我国尚不具备进行公开市场业务的条件,直到1994年外汇体制改革和汇率并轨的实施,中国人民银行开始进行外汇公开市场操作。人民币公开市场业务直到1996年4月才启动,中国人民银行当年共进行了26次公开市场操作,总成交额为21.8亿元,与当年7.16万亿元的GDP相比数额极小,对货币供应量的影响极为有限,但是为日后健全完善公开市场业务机制积累了经验。1997年,中国人民银行在总结前一年实际操作经验的基础上,参考国际惯例,结合我国实际情况,颁布了《公开市场业务暨一级交易商管理暂行规定》,审批了25家公开市场业务一级交易商,初步确立了我国公开市场业务的一级交易商制度。1999年,中国人民银行批准证券公司和基金管理公司进入全国银行间同业拆借市场,批准保险公司在全国银行间同业市场办理债券回购业务,当年一级交易商扩大为33家。1999年以来,我国公开市场业务发展较快,目前已成为中国人民银行货币政策日常操作的主要工具之一,对于调节银行体系流动性水平、引导货币市场利率走势、促进货币供应量合理增长发挥了积极的作用。

根据货币调控需要,近年来中国人民银行不断开展公开市场业务工具创新。2013年1月,立足现有货币政策操作框架并借鉴国际经验,中国人民银行创设了"短期流动性调节工具"(Short-term Liquidity Operations,SLO),作为公开市场常规操作的必要补充,在银行体系流动性出现临时性波动时相机使用。这一工具的及时创设,既有利于央行有效调节市场短期资金供给,熨平突发性、临时性因素导致的市场资金供求大幅波动,促进金融市场平稳运行,也有助于稳定市场预期和有效防范金融风险。

(4)再贴现。中国人民银行通过适时调整再贴现总量及利率,明确再贴现票据选择,达到吞吐基础货币和实施金融宏观调控的目的,同时发挥调整信贷结构的功能。

中国人民银行从1980年开始在少数城市试点商业票据的承兑贴现业务,1985年开始在全国推开。1986年,中国人民银行下发《中国人民银行再贴现试行办法》,决定在北京、上海等十个城市对专业银行试办再贴现业务。1995年以前,中国人民银行运用再贴现政策的主要目的是推动商业票据业务发展,解决企业之间的债务拖欠问题。1995年年底,中国人民银行下发《进一步规范和发展再贴现业务的通知》,开始把再贴现作为货币政策工具体系的组成部分,并注重通过再贴现传递货币政策信号。后来中国人民银行颁布了《商业汇票承兑、贴现与再贴现管理办法》《关于加强商业汇票管理、促进商业汇票发展的通知》《关于改进和完善再贴现业务管理的通知》等一系列旨在完善商业汇票和再贴现管理的政策法规。这些政策法规的出台,推动了我国票据与再贴现市场的发展,建立起一个较为完整的再贴现操作体系。中国人民银行不断推进再贴现、贴现利率生成机制改革,逐步使再贴现利率与贷款利率脱钩,并成为人民银行独立的基准利率,强化了再贴现率的货币政策信号作用,初步建立了通过调整再贴现率以达到货币政策目标的传导机制。

(5)其他货币政策工具。除上述几种传统的货币政策工具,近年来,中国人民银行运用了常备借贷便利、中期借贷便利、抵押补充贷款等创新的货币政策工具进行宏观调控。

常备借贷便利。全球许多国家都将常备借贷便利作为一种货币政策工具,其目标是防范银行体系流动性风险,增强对货币市场利率的调控效力。但不同国家名称各异,如美联储的贴现窗口(Discount Window)、欧央行的边际贷款便利(Marginal Lending Facility)、英格兰银行的操作性常备便利(Operational Standing Facility)、日本银行的补充贷款便利(Complementary Lending Facility)。借鉴国际经验,结合我国实际情况,中国人民银行于2013年1月创设了常备借贷便利(Standing Lending Facility,SLF),在银行体系流动性出现临时性波动时运用。初设伊始,2013年春节前,中国人民银行就通过常备借贷便利解决了部分商业银行因现金大量投放产生的资金缺口。常备借贷便利是中国人民银行正常的流动性供给渠道,主要功能是满足金融机构期限较长的大额流动性需求(期限为1—3个月),其对象主要为政策性银行和全国性商业银行,利率水平根据货币政策调控、引导市场利率的需要等综合确定,以抵押方式发放,合格抵押品包括高信用评级的债券类资产及优质信贷资产等。

2015年春节期间,中国人民银行总行通过常备借贷便利向符合条件的大型商业银行提供了短期流动性支持;分支机构向符合条件的中小金融机构提供了短期流动性支持,稳定了市场预期,促进了货币市场平稳运行。2015年第一季度中国人民银行累计开展常备借贷便利3 347亿元,期末常备借贷便利余额为1 700亿元。通过近年来中央银行的实践可以看出,常备借贷便利为进一步加强地方法人金融机构流动性管理、防范中小金融机构流动性风险、促进货币市场平稳运行、保持银行体系流动性平稳发挥了重要作用。

中期借贷便利。2014年9月,中国人民银行创设了中期借贷便利(Medium-term Lending Facility,MLF)。根据中国人民银行官方网站的介绍,中期借贷便利是中央银行提供中期基础货币的货币政策工具,提供对象主要是符合宏观审慎管理要求的商业银行和政策性银行。中期借贷便利一般采取质押方式发放,金融机构通过提供国债、央行票据、政策性金融债、高等级信用债等优质债券作为合格质押品而获得中央银行的资金。与此同时,中期借贷便利还发挥了指导中期政策利率定价的作用。中央银行通过调节向金融机构中期融资的成本来对金融机构的资产负债表和市场预期施加影响,继而引导其向符合国家政策导向的实体经济部门提供低成本资金。2015年11月,中国人民银行对11家金融机构开展中期借贷便利操作共1 003亿元,期限6个月,利率3.25%,截至11月末中期借贷便利余额6 958亿元。

抵押补充贷款。2013年新一届政府成立以来,一直将"棚户区改造"作为一项重点工作,为支持国家开发银行加大对"棚户区改造"重点项目的信贷支持力度,2014年4月,中国人民银行创设抵押补充贷款(Pledged Supplemental Lending,PSL),为开发性金融支持棚户区改造提供长期稳定、成本适当的资金来源。根据中国人民银行官方网站的介绍,抵押补充贷款的主要作用是支持国民经济发展的重点领域和薄弱环节,促进社会事业发展,对提供与上述目的相关的资金融通的金融机构提供期限较长的大额融资。抵押补充贷款采取质押方式发放,合格抵押品包括高等级债券资产和优质信贷资产。2015年11月,中国人民银行向三家银行提供抵押补充贷款共517.52亿元,利率为2.75%,期末抵押补充贷款余额为10 811.89亿元。

五、南非储备银行

(一) 南非储备银行的组织结构

南非的中央银行是南非储备银行(the South Africa Reserve Bank),依据南非国会特别法案及1920年8月10日颁布的《货币和银行法案》成立于1921年。它的成立是第二次世界大战后异常的货币和金融情况的直接结果。当时,中央银行主要存在于英国和欧洲,南非是英国和欧洲之外第四个成立中央银行的国家,其他的三个是美国、日本和爪哇。成立之初,南非储备银行由政府全额出资,现在已经有650个股东,单个股东不能持有超过10 000的股份(总股本为2 000 000),对股份没有限制,银行股份可以在中央银行掌管的场外股份交易所交易。

南非储备银行不以营利为目的,服务于南非人民的整体利益,银行每年八月在设于比勒陀利亚的总部召开股东常务会议,在会上由行长陈述当年经济发展现状和货币政策的执行情况。南非设立中央银行的目的在于:①保持国家经济平衡而持续的发展,稳定通货币值;②确保南非货币、银行业和金融系统整体的合理性,符合社会的要求,与国际金融的发展同步;③阐明和实施货币政策实现中央银行的基本目标;④辅助南非政府及南非经济体系的其他成员,指定和执行宏观经济政策;⑤向南非社会和所有国外的利益相关的股份持有人发布有关货币政策和南非基本经济情况的信息。

1. 最高决策机构

南非储备银行的最高决策机构为董事委员会管理。该委员会由14个委员(Director)组成,包括1个总裁和3个副总裁,其银行业经验需经过审查,由政府任命,任期五年。总裁同时也是董事会的主席且拥有附加投票权,也就是说政府实际上最终控制了董事委员会。但是南非储备银行独立于政府执行货币政策以确保价格稳定。3个董事由政府任命,任期三年,余下的7个董事由私人股东选举任命,任期三年。规定1个来自农业领域,2个来自工业领域,4个来自商业或金融领域。

2. 执行机构

南非储备银行的执行机构包括银行监管部门(Bank Supervision Department)、商业体系和技术部门(Business System and Technology Department)、公司服务部门(Corporate Service Department)、通货和保护服务部门(Currency and Protection Service Department)、交易控制部门(Exchange Control Department)、执行管理部门(Executive Management Department)、金融市场部门(Financial Market Department)、金融服务部门(Financial Service Department)、金融稳定部门(Financial Stability Department)、人力资源部门(Human Resource Department)、国内审计部门(Internal Audit Department)、法律服务部门(Legal Service Department)、国内支付系统部门(National Payment System Department)、研究部门(Research Department)和南非储备银行学院(South African Reserve Bank College)。

(二) 南非储备银行的独立性分析

宪法(Act No. 108 of 1996)规定南非储备银行在职能执行过程中有很大程度的自主性。中央银行为了达到其基本目标,必须独立执行职能。但同时也需保证中央银行与内阁之间关于国民经济事务的定期交流。根据储备银行法案32章节中的规定,中央银行必须向国会提交月度和年度资产负债报告。中央银行对国会负责,其总裁与财政部举行定期会晤。

此外,非洲大陆的货币体系相当复杂,53个国家共流通41种货币。除非洲法郎区外,基本上是一个国家流通一种货币。流通于中、西部非洲14国的非洲法郎是一种相对稳定、信誉度较高的货币,就连非洲法郎区以外的非洲国家的人民也愿意持有。这种有较高信誉度的货币实际上由两种货币组成,一种是由西非国家中央银行发行的非洲金融共同体法郎;一种是由中部非洲国家银行发行的中非金融合作法郎。因此,在非洲法郎区国家中,14个国家的部分央行职能分别由两个跨国的中央银行行使:非洲金融共同体法郎流通国的央行为西非国家中央银行,总部设在塞内加尔首都达喀尔;中非金融合作法郎流通国的央行为中部非洲国家银行,总部设在喀麦隆首都雅温得。

(三) 南非中央银行的立法架构和货币政策

南非储备银行(the South African Reserve Bank)采取"阶梯性"的立法架构,以银行法、银行准则、外汇管理条例、外汇管理条例、货币交易法规等为主体,辅以一系列指令、通告和指引,共同组成南非银行法律监管框架。

南非政府在赋予南非储备银行的职能中,也明确提出其货币政策的最终目的是维持价格稳定,确保南非的货币单位兰特(Rand)的内外价值在中期内稳定。南非临时宪法(Interim Constitution of the Republic)也强调了中央银行的这个基本职能。临时宪法在196章节中指出中央银行需保持货币的内外价值以确保经济稳定和持续的发展。同时1997年采用的最终宪法中也有类似的规定。

第四节 新兴工业化国家(地区)的中央银行制度

一、韩国银行

(一) 韩国银行的组织结构

韩国中央银行即韩国银行成立于1950年6月。当时其资本金定为15亿韩元,由政府出资。此后因中央银行同商法中的一般法人相处不存在资信问题,其资本金无实在意义,遂于1962年修订的中央银行法之际将韩国银行定义为无资本的特殊法人。韩国设立中央银行的目的在于:一是发展国民经济,稳定通货币值。二是通过健全银行信用制度和提高银行信用之职能,谋求经济发展和国家资源的有效利用。韩国之所以把稳定币值定为中央银行的首要目的,并将健全银行信用制度和提高银行之职能放在第二位目的,是基于这样一种认识,即在现代货币制度下保持货币的稳定对国民经济的稳步增长是至关重要的,而发达的银行信用制度及其有效运转是推动经济发展的强大动力。为了实现上述目的,韩国银行建立了比较完善的组织体系,并利用各种货币政策手段,有效地发挥了中央银行职能。

韩国银行以金融通货运营委员会为最高决策机构,下设总裁、银行监督院长和监事。

金融通货运营委员会、央行总裁、银行监督院分别行使金融立法、行政和司法权。韩国银行在国内设有15个支行和9个事务所,并在美国、英国、法国、德国、日本、中国香港和新加坡设有7个海外事务所。

1. 金融通货运营委员会

(1) 金融通货运营委员会的性质及构成。金融通货运营委员会作为韩国最高金融决策当局,是由各经济界代表组成的合议制机构,这就从制度上保证了决策民主化。金融通货运营委员会具有准立法权和准司法权,即在其权限范围内可以发布一切必要的业务规章和指示,并依法行使制裁权,从而为中央银行独立地行使其职权奠定了基础。金融通货运营委员会由9名委员组成,其中财政部部长和央行总裁是当然委员,其余7名则根据经济企划院、金融界、农水产部和商工部的推荐,由总统任命,任期为3年。为了保证中央银行在政治上的中立性,韩国中央银行法规定:国会和地方议会议员、国家或地方公务员以及参加某一政党者不能成为金融通货运营委员会委员,但财政部部长和央行总裁则不受此限。

(2) 金融通货运营委员会的权限。首先,金融通货运营委员会不仅可以利用存款准备金、再贴现率等传统手段实施货币政策,而且对金融机构的业务具有诸多直接统制权。其主要内容是:实行利率管制;发行稳定通货证券;设置和运用稳定通货特别账户;制定金融机构投融资最高限额及其增长率等。其次,在监督金融机构方面也有广泛的权限:①命令银行监督院长监督和检查金融机构业务;②批准金融机构的设立,及其资本金和章程变更事宜;③变更金融机构的自有资本比率;④规定金融机构对同一系列企业集团的融资限额;⑤勒令金融机构负责人停业,并提出解任劝告;⑥命令金融机构停业,并取消其营业许可证。金融通货运营委员会不仅具有广泛的权限,而且也负有重大责任。韩国中央银行法规定:由于金融通货运营委员会的不法行为或重大过失而对韩国银行造成损失,有关委员会应负单独或连带责任,并由检察长以韩国银行的名义提出损害赔偿诉讼。但是,对于在做出错误决策的会议上明确表示过反对意见的委员则不予追究任何责任。

2. 总裁、银行监督院长及监事

(1) 总裁。韩国银行总裁是根据财政部长的提名由总统任命的,任期为4年。总裁负责韩国银行业务和内部事务,并执行金融通货运营委员会所制定的政策。其主要权限是:财政部部长不能出席金融通货运营委员会时,担任该委员会议长;可以出席研究有关金融问题的国务会议并陈述己见;召集金融通货运营委员会会议并单独提出议案。韩国中央银行法规定:由于内忧外患,天灾地变,或因财政经济的严重危机需要采取紧急金融对策却无法及时召集金融通货运营委员会会议时,总裁在征得政府同意后有权采取必要措施。但事后总裁应及时召集金融通货运营委员会会议报告紧急措施之内容。而金融通货运营委员会可以确认、修正或停止总裁所采取的紧急对策。

(2) 银行监督院和监事。银行监督院专司对金融机构的监督和检查,监事则行使对韩国银行业务的监督职能。银行监督院和监事均直属于金融通货运营委员会,是韩国中央银行的重要组成部分。特别是银行监督院作为韩国金融司法部门具有许多权限:①监督金融机构是否遵守有关金融法规和金融通货运营委员会的指示;②检查金融机构的业务并对违法者予以制裁;③审查金融机构的设立、资本金的变更以及兼营非银行业务等事宜,并提请金融通货运营委员会批准;④向金融机构索取有关资料,并要求证人出庭或陈述意见。

(二) 韩国银行的独立性分析

韩国银行的独立性较小,政府在中央银行的人事任命、货币政策的制定和执行方面拥有广泛的权力。韩国银行的行长由财政部部长提名和任命;韩国的金融政策多由财政部制定,受经济企划院(MOFE)的影响,而不是由韩国银行根据自己的原则和判断来独立执行的;财政部长作为金融通货运营委员会的议长,不仅具有表决权,而且对于该委员会的表决结果有权提出复议,当复议案仍以 2/3 的多数通过或否决时,由总统最终裁决,委员会牢牢控制在政府手中;金融监管由分设的银行业监管办、证券业监管委员会和保险业监管委员会负责。中央银行的非独立性使其难以发挥独立制定货币政策、稳定货币和实施金融监管的职能。

(三) 韩国的货币政策

韩国银行为了实现稳定货币和发展经济的神圣使命,依法制定和执行货币政策。韩国银行的货币政策手段主要有两种,即直接调控手段和间接调控手段。直接调控是韩国银行通过对金融机构的利率或信用规模进行行政干预的方式直接调节和控制通货,因而具有强制性。间接调控则是利用市场原理,通过存款准备金、再贴现率、公开市场操作等政策手段调节央行的基础货币,进而间接地影响和控制通货。纵观韩国银行货币政策史,在整个 20 世纪 50 年代和 60 年代上半期,鉴于当时政局动荡、资金短缺、金融制度不健全以及大举推行政府主导型经济开发战略的经济、金融形势,韩国银行主要是通过直接调控手段实施其货币政策的。自 20 世纪 60 年代中期以来,随着国民储蓄的逐步扩大和社会资金需求的相对缓和,韩国中央银行的金融调控方式逐步转向间接调控方式。然而,由于国内金融市场不发达、利率缺乏弹性等原因,未能有效地利用调整再贴现率、公开市场操作等手段,而是更多地采用了具有强制色彩的存款准备金政策手段,并且继续沿用了控制民间信用规模、实行利率管制等部分直接调控方式。进入 80 年代以后,随着国内外经济金融环境的变化,韩国进行了一系列金融改革。其主要内容是减少政府的行政干预、实现商业银行民营化、推行利率自由化、放松对业务领域的限制、发展证券市场、放宽外汇管制等。在这种金融民营化、自由化和国际化过程中,韩国中央银行开始放弃直接调控方式,确立了以间接调控为主的货币管理模式。

1. 直接调控手段

(1) 利率管制。韩国一直实行比较严格的利率管制,韩国银行对不同种类、不同期限的存贷款利率均规定最高限额即最高利率,一般银行的实际利率通常成为市场实际利率。正因如此,最高利率的调整具有直接变更市场利率进而影响货币供求的效果。韩国银行的利率管制特别是人为的低利率政策虽然曾招致有悖于市场原理的非议,但是至少在其经济起飞时期,对于防止同业盲目竞争、维护信用秩序、促进企业投资和降低出口成本确实起到了积极的作用。进入 20 世纪 80 年代以来,韩国开始逐步推行利率自由化政策,于 1984 年实现同业拆借利率自由化,并于 1986 年和 1991 年相继放开了金融债券利率和短期贷款利率管制。随着利率自由化的实施,韩国中央银行利率管制的范围正在缩小,其政策效果亦趋于下降。

(2) 控制信贷规模。韩国银行在发生严重的通货膨胀时可以直接规定各种金融机构贷款的最长期限、担保种类、投融资最高限额及其增长率。在20世纪50年代和60年代上半期,这种信贷管理方式一直是韩国中央银行控制信用规模的主要手段。自20世纪60年代中期以来,韩国银行曾一度取消这种强制性的直接调控方式。然而此后的实践证明,在通货膨胀、资金严重短缺、金融市场落后等经济条件下,单纯依靠存款准备金、再贴现率以及公开市场操作等间接调控手段是难以有效地控制货币和信用规模的,因此,韩国银行于1978年重新恢复使用"民间信用限额制"等直接调控方式,并一直延续到1982年。目前,韩国中央银行主要是通过管住其基础货币的方式间接地控制信贷规模。

(3) 运用稳定通货账户。稳定通货账户是韩国中央银行于1967年设立的用于直接调节货币的特别账户。其具体运作方式是,当实施货币紧缩政策时,韩国银行可随时通知各金融机构将其一定数额的资金存入中央银行的稳定通货特别账户,而金融缓和时期则允许金融机构提取其特别账户中的存款。稳定通货特别账户兼具存款准备金和公开市场操作之功能,而且以其决策迅速、运作灵活、收效快等特点弥补了存款准备金和公开市场操作的局限性。该账户自设立以来,一直是韩国中央银行有效地抑制由于政府的财政扩张政策或国外的突发性冲击而引发的通货膨胀的重要政策手段。因此,稳定通货特别账户的设置和运营可谓韩国中央银行调节货币的一条成功经验。

2. 间接调控手段

(1) 存款准备金。中央银行的再贴现政策和公开市场操作主要是通过市场机制发挥其作用的。而存款准备金则借助法律的强制力增减银行头寸,即在间接调控手段中存款准备金政策最具强制色彩。韩国根据国内金融市场不甚发达的实际情况,一直把调整存款准备金比率作为间接调控货币的主要手段。韩国中央银行法规定:存款准备金比率最高可达50%,而且在发生严重通货膨胀时,可以对银行的新增存款课以50%—100%准备金。这就为韩国中央银行制定和实施强有力的存款准备金政策奠定了法律基础。目前,韩国的存款准备金比率为4.5%,而且银行可以备付金的形式持有25%的存款准备金。

(2) 调整再贴现率。中央银行的再贴现政策具有变更银行的筹资成本、影响市场利率进而调节货币供求之效果。因此,调整再贴现率一直是西方国家的中央银行用以调节货币的最重要的政策手段之一。但是在韩国由于金融市场相对落后、市场利率缺乏弹性等原因,仅仅调整再贴现率难以取得预期效果。因此,韩国中央银行主要是通过制定再贴现限额和比率,即通过控制一般银行再贴现规模的方式实施其再贴现政策的。进入20世纪80年代以来,随着韩国金融市场的发展和利率自由化的推行,韩国中央银行愈益重视再贴现政策,其客观实效性也趋于增大。

(3) 公开市场操作。各种证券的大量上市、发达的流通市场,以及市场利率的自由形式等金融市场诸条件,是中央银行的公开市场操作赖以发挥作用的基础。而在许多发展中国家和包括韩国在内的部分新兴工业国,由于缺乏上述条件,公开市场操作过去未能成为中央银行实施其货币政策的有力手段。长期以来,韩国银行能够在公开市场进行买卖的证券仅限于国债、公债和稳定通货证券。然而,由于大部分财政赤字主要通过向中央银行透支来弥补,国债和公债的发行一直不振,而且所发行的国公债利率低、期限长,未能吸引大量投资者。加之金融市场欠发达,国公债流通不畅,以国公债为对象的公开市场操作曾长期处于低迷状况。

（4）发行稳定通货证券。为了保持货币稳定,韩国银行从1961年开始发行了稳定通货证券。但是在20世纪60年代和70年代主要是以金融机构为对象通过私募方式发行的。1982年,韩国银行确立了以间接调控为主的货币管理模式,并以此为契机,开始向社会公开发行稳定通货证券,从而为央行的公开市场操作奠定了坚实的基础。据统计,在20世纪70年代后半期和80年代上半期,稳定通货证券的发行额分别达41 805亿和269 644亿韩元。进入20世纪80年代后半期以后,韩国曾连续4年实现大量贸易顺差,进而增大了韩国银行增发货币的压力。为此韩国银行进一步扩大了稳定通货证券的发行。这对于抑制通货膨胀起到了积极的作用。发行稳定通货证券和以此为对象的公开市场操作已成为韩国银行调节货币的重要政策手段。

二、新加坡金融管理局

（一）新加坡金融管理局的组织结构

根据《新加坡金融管理局法》的规定,新加坡金融管理局是一个法人团体,其成立时的法定资本为3 000万美元。金融管理局的权力机构为董事会,董事会负责政策制定及行政事务和业务经营的管理,并随时向政府报告金融管理局的金融和信贷政策。董事会成员有董事长1名、副董事长1名和董事若干名。通常董事长由财政部长担任。执行董事由总统在董事会成员中任命。执行董事负责金融管理局的日常行政管理,并在《新加坡金融管理局法》规定的范围内,行使决策权和其他权力,执行董事的行动和决定要向董事会负责。

新加坡金融管理局的内部机构主要有银行和金融机构部(Banking and Financial Institutions Group)、经济部(Economics Department)、国际部(International Department)、保险业监督部(Insurance Commissioner's Department)、会计财政部(Finance Department)、内部审计部(Internal Audit Department)、信息服务部(Information Services Department)和人事行政部(Personnel and Administration Department)。

银行和金融机构部负责批准银行和其他金融机构的成立及其业务发展,管理金融市场和政府债券市场,下设货币市场处和资金市场处。银行监督部的任务是对银行和金融公司进行监督、检查和考评,下设监督管理处和检查处。保险事务部的任务是对保险公司进行监督,检查其行为是否合乎《保险法》的规定。经济部负责对新加坡的经济和金融动向进行监视和估价,收集、整理和分析银行与其他金融机构定期呈报的数据和统计报告,为金融管理局编制金融年报、季度公报和统计月报。此外,它还要管理金融管理局的图书馆,下设金融及财政处、预测处、收支平衡处和统计处。财务及管理部的职责是管理票据交换所、会计事务、金融管理局的人事及其他一些问题,督促银行和金融公司保持最低的现金余额。国际部的重要职责有:一是管理并干预外汇市场和亚洲美元市场,防止美元与新加坡元之间的汇率波动过大;二是审批银行开展亚洲货币单位经营业务和外国的短期借款经纪人在新加坡开展业务。

根据新加坡有关法律、法令的规定,我们可以将新加坡金融管理局的主要职责概括为以下几项:①根据国家的经济发展情况,制定和实施金融货币政策;②接受政府存款,代理政府发行国库券和其他政府债券,管理国债和国家外汇储备;③根据《银行法》和《金融公司法》及其他有关法律的规定,审批银行、金融公司和其他金融机构的设立及撤并,并且对它们进行管理、监督和稽核;④管理和干预金融市场,并促进其发展;⑤为银行和其他金融机构开立账户和接受其存款,并以"最后贷款人"的身份向它们融通资金;⑥根据《保险法》的规定,管理、监督保险公司的业务活动;⑦代表新加坡政府参加金融活动。

不难看出,新加坡金融管理局是新加坡政府的银行,也是新加坡的银行的银行,但不是发行银行,因为它不承担发行货币的职能。因此,我们可以说,金融管理局在法律上并不具有中央银行的地位。尽管如此,由于它不仅履行除发行货币以外的中央银行的全部职责,还代表新加坡参加中央银行的国际会议,所以它被认为是"实际上的中央银行"、"不发行货币的中央银行"。

(二)新加坡金融管理局的独立性分析

新加坡没有正式的中央银行,但政府为在强化宏观控制的基础上创造宽松的金融环境,分别设立了新加坡金融管理局、新加坡货币发行局和新加坡投资公司来执行金融监管、货币发行和管理外汇储备的职能。在实施金融管理中三者完全是独立行使职权的,没有政府及其他任何部门的干扰,保持着高度的独立性。其中,尤其是新加坡金融管理局,被赋予了足够的权力,以便能有效地行使中央银行对整个金融活动的宏观调控和监管功能。

(三)新加坡的货币政策

1. 新加坡的货币政策目标

西方国家中央银行的货币政策目标一般有 4 个,即稳定物价、经济增长、充分就业、国际收支平衡。一般来说,这样的目标体现了大国模式的特点。新加坡非常注重以本国实际出发,摆脱各种经济教条的限制和约束。

自 1965 年建国以来,新加坡经济的快速发展创造了大量的就业机会,对劳动力的需求大大增加。政府推行了广就业、低福利的政策,将工作、收入、养老结合起来,工作越多,收入越多,积蓄也越多,激励了国民的工作热情。近 30 年来,新加坡不但实现了充分就业,还出现了劳动力短缺。在这样的就业情况下,新加坡金融管理局没有必要将充分就业纳入货币政策目标。20 世纪 60 年代末期,新加坡就成为国际金融中心,金融开放度很高。新加坡对外汇没有管制,允许新元与各国货币自由兑换。对居民及外国人的外币资金的流动,无论是在数量上还是在方向上都不加以限制。即使亚元市场的资金大大超过了国内金融市场的资金,金融管理局对资本在这两个市场之间的流动也没有任何限制,货币可以自由兑换。可见,政府对国际收支抱着十分自由的态度,国际收支平衡也不是货币政策的目标。

20 世纪 70 年代初期,新加坡货币政策的主要目标是促进经济增长。在低增长、低通胀和高增长、高通胀之间权衡时,金融管理局会毫不犹豫采取后者。这种选择与当时的经济背景有关。当时西方经济正在遭受石油危机的冲击,不断上涨的石油价格和原材料价格导致了工业化国家通胀的急剧升高,达到了战后的最高点,但是经济衰退更为严重,经济增长陷入了"战后"的最低点。西方国家经济的严重滞胀沉重地打击了贸易伙伴新加坡,新加坡经济也开始衰退,这给一个急待发展的新兴工业化小国造成了很大的压力。当时新加坡的通货膨胀率低于经济增长率,稳定币值并没有得到很高的重视,所以新加坡当时的货币政策目标主要是经济增长。

随着经济增长的加快,通货膨胀的危害逐渐显现出来。通货膨胀对收入和财富有再分配效应,损害低收入者和固定收入者的利益;扭曲价格机制,为资源配置提供了错误的信号;通货膨胀会削弱企业长期投资的动机;通货膨胀也会打击外国投资者和国际金融机构对新元的信心,再加上金融体系可能潜藏的风险,这对新加坡保持和提高国际金融中心地位是非常不利的。所以,到了80年代,新加坡货币政策目标就明确地转为单一目标——稳定物价。

到了20世纪90年代,各国中央银行对稳定币值提出了更高的要求,美国要实现"无通货膨胀的经济增长",而新加坡提出了更高的目标,即无通货膨胀的持续的经济增长,首要目标是稳定物价,并以此促进经济持续增长。

新元币值稳定为新加坡经济增长和金融稳健创造了良好的货币环境。新元币值稳定也增强了国际金融机构对新元的信心和兴趣。有些金融机构想把新元国际化,让新元担当基准货币,但新加坡金融管理局考虑到,这样会对货币政策的操作造成负面影响,所以对新元国际化持非常慎重的态度,规定未经金融管理局特别许可,所有投放到国外的贷款不得以新元结算,对大部分外资银行的新币业务也有许多限制。

2. 新加坡的货币政策工具

新加坡金融管理局为了实现上述货币政策目标,根据不同时期经济、金融运行的特点,灵活运用多种货币政策工具和手段,对货币供应量、利率、汇率进行调节。

(1) 通用的货币政策工具。主要用于对社会信用总量、利率水平进行控制的工具。从西方国家的宏观调控看,这是影响宏观经济最重要的工具,包括存款准备金政策、再贴现政策和公开市场业务政策,俗称"三大法宝"。

① 新加坡的存款准备金也叫最低现金余额,是商业银行按照存款的一定比例缴存到金融管理局的存款。金融管理局对商业银行不同类型的负债规定不同的比例,但对所有银行的比例是一视同仁的。

金融管理局对存款准备金政策的执行是非常严格的。存款准备金不计利息,而且必须按期缴足。当商业银行未按规定保持最低现金余额时,金融管理局可以书面命令该银行在限定时间内补足,如果到期没有补足,金融管理局可以超越其他法律的规定,有权以书面形式通知该行的存款银行,将违规银行的活期或定期存款划拨到金融管理局的账户上,违规银行的存款银行必须按通知办理,对违规银行因此遭受的损失不负任何责任。除次以外,金融管理局还可以对该违规银行处以每天不超过欠缴余额1‰的罚款。

新加坡存款准备金率一般为6%左右。在70年代初,为了控制货币供应量增长过快,金融管理局曾对存款准备金率进行调整,最高曾到9%,后来调低到3.5%。1973年,新加坡金融管理局也对商业银行持有的国外资金净负债征收特别准备金,准备金率一般最低为5%,最高为9%,但1974年就取消了。由于存款准备金率的频繁大幅度调整对金融体系的冲击较大,以后就很少调整,一直保持在6%左右。

② 再贴现政策是金融管理局通过贴现市场进行的。贴现市场的参与者有贴现所、商业银行、货币经纪行。主要交易工具有国库券、大额定期可转让存单、短期政府债券和商业票据。由于商业银行同贴现行主要进行短期资金交易,所以贴现行可以反映出银行流动性过剩还是短缺。如果贴现市场资金短缺,金融管理局就贷款给贴现行,以平衡资金流动,如果贴现市场资金过剩,贴现行把资金吸收进来用于向金融管理局购买国库券。所以金融管理局可以利用贴现行来调节社会货币供应量和银行体系的流动性。

自20世纪70年代以来,新加坡实行了浮动利率政策,按照国际金融理论,浮动汇率有利于增强新加坡制定和执行货币政策的自主性,但这个结论并不适合新加坡。新加坡国家小,开放程度高,意味着它要在许多方面被动地承受来自国外的冲击。特别是自1978年取消外汇管制以来,这种影响更为明显。其中一个表现是,新加坡国内利率受国际利率的影响很大,特别是受亚洲美元市场利率的影响,使金融管理局难以调控再贴现利率水平。一旦国内外利差增大,国际套利行为就会导致巨额资金流动,影响新加坡国内金融的稳定,所以新加坡金融管理局要根据国际利率动向不失时机地变动再贴现率,缩小国内外的利差。

再贴现政策在70年代发挥了一些作用,到了80年代,金融管理局启用货币互换作为新的操作工具,由于贴现行无权经营外汇交易业务,不能参与货币调换的交易,大大降低了再贴现政策在货币政策中的地位。贴现行的业务不断萎缩,1987年5月,随着新加坡政府证券市场的建立,4家贴现行全部终止营业。但再贴现业务并没有全部取消,而是移交给政府证券市场的管理机构,金融管理局仍适时调整再贴现利率。

③ 公开市场业务。20世纪70年代前期,新加坡货币政策工具主要有存款准备金、再贴现、选择性信用管制。到了70年代后期,由于这些工具刚性强、灵活性差,与经济、金融的市场化发展方向背道而驰,所以需要改善调控技术,启动公开市场业务作为货币政策工具。为了开展公开市场业务,政府在1978—1980年期间发行了不同期限的数量较大的公债和国库券,但是80%的公债被法定机构所持有,而这些机构往往一直保存到期满才出售,还有一些机构在流动性资产储备中有14%的公债,也一直保留到期满。自1981年以来,除1986年、1987年以外,其他年份几乎都是政府债券净发行,限制了公开市场业务的作用。事实上,新加坡财政部一直坚持盈余的财政政策,自1981年以来,除1987年出现过小额赤字外,其余年份均是盈余,而发行国债所占比重又不大,所以国债市场容量不大,与其他金融市场相比不成气候,这是新加坡公开市场业务不发达的重要原因。

尽管公开市场业务不发达,但是对调节商业银行的流动性还是有一定作用的,比如,从1987年起,国家规定商业银行必须购买大量国库券作为流动资产储备,也允许个人持有国债。当市场银根过紧时,金融管理局买进国库券,增加基础货币供应;当银根过松时,卖出国库券,减少基础货币供应,达到调节货币流通的目的。

(2) 专用货币政策工具。专用的货币政策工具指中央银行针对某些特殊用途的经济、金融目标而采用的工具,主要有货币互换、消费信用控制工具。

① 货币互换是指金融管理局同商业银行在一定时期内按商定的汇率互相交换新加坡元和美元。金融管理局为了维护新元汇率的稳定,需要大量的外汇来干预外汇市场。

如果汇率变化是长期性的或趋势性的,金融管理局可以动用国家外汇储备来干预。一般而言,短期内汇率的升降幅度也是很大的,为了熨平这种日常性波动,金融管理局要在汇率上升时卖出外汇,在汇率下降时买进外汇。如果采取互换方式,金融管理局只需同商业银行签订大额的互换协议,就可以对汇率和货币供应量施加很大的影响。它的优点是,以较少的实有外汇实现巨额交易量;对汇率和货币供应量的影响反应比较快捷。这种传统的操作方式也有以下几点不足:需要巨额的实有外汇;操作成本高,需要反复买卖,经过复杂的交易程序;操作对象分散,面对市场上众多的金融机构,传导效果慢。

货币互换自1980年启用以来,逐渐发展成为货币政策的主要工具,对调节新元汇率效果很好,是适合新加坡货币政策操作的工具。

② 消费信用限制工具是指金融管理局对消费信用融资进行控制。比如,自1995年2月6日起,金融管理局要求:发放消费信用贷款的对象只限于年收入在3万新元以上的个人,而且数额不得超过借款人两个月的工资收入;对购买小汽车的贷款期限最长不得超过7年,数额不得超过购价的70%。

3. 补充性的货币政策工具

新加坡金融管理局所运用的补充性货币政策工具可以分为直接信用控制工具和间接信用指导工具。

直接信用控制工具是指金融管理局根据有关法令,对商业银行信用创造加以干预的各种手段,包括贷款限额和利率限制,以及流动性比率等。在70年代初期,为了限制货币供应量过快增长和抑制通货膨胀,金融管理局对货币调控比较倾向于信贷限额管理,对信用进行统一规划,制定细则,严格检查。但是这种限制同新加坡促进金融自由化、市场化的方向是相悖的,一旦通货膨胀减轻,金融管理局就放弃了这些管制手段,寻求市场化的调节手段。

间接信用指导工具是金融管理局利用自己的地位和威望向金融机构施加间接影响,包括窗口指导和道义劝说。1973年,金融管理局要求银行对狂热的股票投机的融资采取谨慎态度。1986年,金融管理局劝告商业银行不要利用海外分行记账的办法吸收新元存款以躲避缴纳法定存款准备金。这些间接指导虽然没有法律约束力,但执行效果还是比较好的。

4. 新加坡货币政策的传导

从货币政策工具运用到实现货币政策的最终目标,要经过许多中间过程的传导。新加坡根据本国实际情况,通过货币政策的操作实践,逐步否定了货币供应量和利率,最后确立了以汇率作为本国货币政策的中介目标。

(1) 利率。20世纪70年代初,金融管理局运用再贴现政策对国内利率水平进行调节,在当时开放度不够高的情况下,本国利率水平的调节还有一定的自主性。随着新加坡发展成为国际金融中心,其利率走势必然深受外国利率的影响。由于亚元市场的发展,新加坡国内金融市场利率和国际金融市场,特别是美国金融市场利率紧密挂钩。新加坡取消外汇管制后,新元和各种外汇可以自由兑换,新元利率受美元利率的影响就更大了。长期以来,新元利率基本上紧跟美元利率走势,尽管调整的时滞、幅度受国内资金松紧、企业利润、汇率等制约,但利差不能太大,否则就会导致套利资金的大规模流动,干扰国内金融市场,所以国内利率水平和国际利率水平要尽可能保持在利率平价水平上。

尽管金融管理局对利率调节的自主性比较差,但利率政策仍可以在一定程度上辅佐汇率政策。如果新元过分坚挺,阻碍出口,金融管理局可以压低利率,阻止新元汇率升值过头。

利率和物价上涨的相关性不大。一般而言,高利率意味着低物价,但新加坡恰恰相反。1978—1983年,国内利率处于10%以上的高水平,而同期消费价格上涨率也处在8%左右的高水平;1986—1987年,利率处于5%左右的低水平,物价也处于1%以下的低水平。所以利率同货币政策最终目标的相关性较差。金融管理局已不把利率作为主要的中间指标,仅供制定政策时参考。

(2) 货币供应量。新加坡货币供应量可以分为三个层次:

M_1=流通中现金+活期存款

M_2=M_1+定期存款+储蓄及其他存款+新元可转让存单

M_3=M_2+金融公司净存款+邮政储蓄银行净存款

金融管理局并没有把流量中现金专门设为M_0。因为现金发行是由货币委员会负责的,现金流通量由货币委员会检测,不属于金融管理局的管理目标;从货币供应量的结构看,流通中现金占M_2的比重急剧下降,由1983年的1/4下降到1995年3月的1/10,占M_3的比重也由1983年的1/8下降到1995年3月的1/13。流通中现金对货币供应量的直接影响越来越小,用不着专门到一个货币层次。

70年代新加坡经济的开放度比现在低,而且对外汇管制较严,所以货币供应量与国内经济的相关性较高,货币供应量的可控性较好,是金融管理局的主要中间目标。随着新加坡经济开放度的提高和对外汇管制的取消,货币供应量的相关性和可控性大大降低了。所以新加坡金融管理局已经停止把货币供应量作为主要中间指标,但可供金融管理局制定政策时参考。

(3) 汇率。新加坡国家小、储蓄率高、外资流入多,政府、企业和银行部门持有大量外国资产,一旦国内外利差增大,资本就会迅速流动。这些都大大地影响了金融管理局控制利率和货币供应量的自主性,金融管理局经过反复摸索,逐渐转向以汇率作为中间指标。原因如下:

第一,汇率与经济的相关性比较大。像新加坡这样高度开放的小国不足以影响世界价格,而是国际价格水平的被动承受者。事实证明,保持物价稳定的最有效办法就是使汇率升值。

第二,新元汇率不是只盯住一种货币,而是盯住一篮子货币,主要有美元、日元、欧元、英镑等十多种货币。将这些汇率按照各自的贸易权重加权计算出名义有效汇率可以全面综合地反映新元的对外币值。

之前金融管理局为了保证本国货币金融制度的稳定,不主张新元成为基准货币,更不主张新元国际化,所以政府不公布汇率目标。金融管理局也设定了汇率波动的目标区间,区间大小取决于当前国际通胀水平和国内通胀因素,也不对外公布,但总的原则是使本币升值。

现在新加坡货币管理局允许新加坡元逐渐国际化，在新加坡有大量业务的合格公司被允许在新加坡股票交易所挂牌上市，并用新加坡元交易它们的股票。

新加坡总理兼金融管理局主席李显龙在新加坡金融管理局成立30周年大会上发表演讲时表示，新加坡货币政策的基本宗旨还是维持价格稳定以及新元的中期购买能力，促进本地金融业的稳健发展。汇率仍将是推行新加坡货币政策的主要工具，新加坡将实行有控制的浮动汇率机制，以减轻短期金融动荡对经济的不良影响。

5. 新加坡货币政策的效果

新加坡货币政策的历史不长，大致以1980年为界可以分为两段，前段以货币调控为主，是名副其实的货币政策，但后段以汇率调控为主，可以成为汇率政策。

（1）20世纪70年代的货币政策。20世纪70年代，新加坡的经济和发达国家一样，陷入了通胀、衰退、石油危机的困境之中。为了摆脱经济困难，新加坡货币政策由被动消极转为主动出击。1973年，为了抑制通胀，金融管理局将法定存款准备金率由5%提高到9%；为了阻止游资进入新加坡，金融管理局对商业银行持有的国外资金净额增加5%的特别存款准备金，后来随着法定存款准备金的提高，又将特别存款准备金率也提高到9%。此外还提高了利率，由于利率高于利率平价水平，导致了国外资金大量内流。1973年6月21日，金融管理局实行了浮动汇率，对控制资金内流起到一定作用。1974年，金融管理局取消了特别存款准备金，货币政策主要是针对通货膨胀和能源危机，对商业银行实施了信用管制。1974年年底，顺应世界放松银根的趋势，金融管理局将存款准备金率降低到3.5%，调低了利率。1975年，新加坡不但通胀严重，而且出现了经济衰退，金融管理局将货币政策目标由抑制通货膨胀转为抵制经济衰退。先是放松信贷，以阻止衰退继续蔓延，然后再次降低利率，解除了消费信用管制。为了配合政府提出的"居者有其屋"计划，金融管理局又划拨了1.3亿新元贷给商业银行，鼓励商业银行向社会提供房屋贷款。

由于信贷管制和准备金政策等手段刚性很大，与新加坡市场化的经济发展模式是格格不入的，金融管理局逐步启用市场型调控手段。1975年，金融管理局将新元盯住未公开的一篮子货币，促使新元坚挺以抵制通货膨胀，同时逐步树立人们对新元的信心。1978年取消了外汇管制，鼓励外汇自由兑换。为了便于开展公开市场业务，1978—1981年，新加坡政府发行了大量国债。

总的来看，在20世纪70年代，由于新加坡金融管理局刚刚建立，货币政策的操作还处于摸索阶段，但在实践中逐步积累了不少经验，终于总结出了适合新加坡国情的货币政策，到了80年代，金融管理局明确转向了汇率政策。

（2）20世纪80年代以来的汇率政策。1979年，第二次石油危机导致了世界范围内的高通胀，使新加坡1980—1981年的通胀率高达8%以上，但明显低于经济合作发展组织成员的平均水平，说明强劲升值的汇率还是削弱了输入型膨胀。1982年，随着世界通胀率下降，国外输入的通胀率也明显下降。但是由于工资成本的迅速增加，通胀压力正在增大。1979—1982年，新加坡为了促进劳动密集型企业向资本密集型和技术密集型转化，实行了高工资政策。尽管劳动生产率提高了，但单位劳动力成本提高更快，潜在通胀压力越来越大。为了抑制通胀，金融管理局促使新元进一步升值。单位劳动成本上升和汇率升值结合在一起，导致了实际有效汇率的急剧上升，使出口竞争力大幅下降。1985年，国外需求萎缩也初露端倪,出口竞争力下降和外需不足两种因素促发了经济衰退,当年国内生产总值竟然负增长1.6%。

为了摆脱经济衰退,政府同国民协商降低工资。单位劳动力成本下降大大降低了通货膨胀的压力,为了促使经济回升,金融管理局从1985年起对汇率政策稍有放松。到1986—1987年,金融管理局继续放松汇率,促使新元贬值。从1985—1991年失业率逐渐下降,并于1991年达到历史最低水平1.9%,经济逐年回升,甚至出现经济过热的现象。为了抑制国内经济过热和抵消输入型通胀,金融管理局自1988年以来促进新元升值,抑制了通货膨胀的发展。

随着新加坡劳动力短缺的日益严重,其他供给因素对经济增长的约束日益明显,新加坡经济增长的潜力可能下降到5%—6%,可能出现发达国家那样的需求拉动型的周期性经济过热和通货膨胀,所以经济增长速度要适度,这将既有助于抑制通胀,又可以实现持续增长,为新加坡生活水平的稳步提高奠定基础。新加坡今后的汇率政策仍以稳定物价为最终目标,以生产潜力为主要依据,最终实现无通胀的持续增长。

2008年金融危机以来,新加坡金管局迅速做出政策调整,力挺汇率稳定,自2008年以来多次放宽货币政策,调整新元汇率政策区间中心至新元名义有效汇率水平,同时保持升值速度为零。与此同时,新加坡还宣布与美国联邦储备委员会达成300亿美元的换汇协议,以满足外汇市场的流动性需求,稳定外汇市场,减缓了新元升值对出口贸易造成的压力。

三、香港金融管理局

(一) 香港地区行使中央银行职能的机构

香港地区没有专门的中央银行,中央银行的职能由政府所设的管理机构和银行界共同承担。

1. 香港金融管理局

香港金融管理局(下称"金管局")于1993年4月1日通过合并外汇基金管理局及银行业监理处而成立。为成立金管局,立法会(前称立法局)于1992年通过《外汇基金条例》修订条文,授权财政司司长(前称财政局)委任金融管理专员及协助其履行职责的其他人。金融管理专员即为金管局总裁,一般提到金管局的职责与职能时,皆是指金融管理专员。

作为香港地区的中央银行机构,金管局需肩负以下四项主要职能:维持港元汇率稳定;促进香港地区银行体系的安全稳健;管理香港地区的官方储备;维持及发展香港地区的金融基础建设。

有关金管局管制的主要条例为《外汇基金条例》。该条例阐明拥有外汇基金控制权及委任金融管理专员之权力的财政司司长与金融管理专员之间的关系。财政司司长会听取外汇基金咨询委员会的意见,以行使其对外汇基金的控制权。由于金管局的众多项目、运作经费及员工的开支均由外汇基金拨款支付,外汇基金咨询委员会在指导及监管金管局方面担任主要角色。

2. 外汇基金

外汇基金在1935年根据《货币条例》(后被《外汇基金条例》取代)成立,以支持香港地区纸币的发行。在1976年,政府一般收入账目大部分外币资产及硬币发行基金(存放因发行硬币所得款项)全部资产均转拨外汇基金,并获发债务证明书作为交换。由此,用作调节港元汇率的资源便集中存入外汇基金。

根据《外汇基金条例》,财政司司长对外汇基金拥有控制权。财政司司长行使对外汇基金的控制权时,须咨询外汇基金咨询委员会的意见,而其本人是该委员会的当任主席。外汇基金咨询委员会就外汇基金的投资政策与策略,以及外汇基金拨款支持的项目(如发展金融基建),向财政司司长提供意见。金融管理专员经财政司司长授权,运用外汇基金并管理基金的投资,向财政司司长负责。

外汇基金的职能有三个方面:一是货币发行。香港地区的货币发行是以外汇基金作为准备金的(外汇基金的来源有通过发放债务说明书而获得的发钞收入、官方储备)。在当前的联系汇率制下,由发钞行(汇丰、渣打、中银集团)用1美元=7.80港元的固定汇率,将等值的外汇资产作为准备金向外汇基金换取无息负债说明书,作为发钞的依据。其他持牌银行则以相同的汇率向发钞行缴存美元,以换取等值的港元钞票。二是管理外汇与财政收支。香港地区政府的外汇与财政储备的管理及政府现金收支分别由外汇基金和库务署承担,由这两个机构代表港英政府与有关银行往来。三是充当最后贷款人。

3. 汇丰银行

汇丰银行承担的中央银行职能有以下几方面:第一,它是香港地区三个发钞行之一,目前承担香港地区纸币80%的发行;第二,它具有中央结算银行的职能,其他所有银行均在汇丰银行开立账户进行结算,1988年后在新会计安排下,要求汇丰银行在外汇基金开立港元往来账户,该账户金额不少于所有的其他银行在汇丰银行开立的结算账户上的总净额,但汇丰银行作为票据交换所的管理银行的地位并未改变;第三,汇丰银行受港英政府的委托与渣打银行、外汇基金共同承担最后贷款人的职能;第四,它充当港英政府的主要往来银行,港英政府存于香港各银行的款项中汇丰占一半以上;第五,汇丰参与贯彻港英政府的金融政策,其董事长为香港行政局成员,掌握金融方面的重要决策,汇丰还是香港银行公会执行委员会三名常委之一,对利率政策有较大影响,它也是外汇基金咨询委员会委员,了解外汇储备状况并对其运作产生影响。

4. 香港银行公会

它是银行业自律性组织,同时,也是港英政府间接控制市场利率水平和货币供应量从而维持港元联系汇率制的民间机构。银行公会是1980年在外汇银行公会的基础上成立的,所有持牌银行都必须为其会员。银行公会设有常务委员会,其中汇丰、渣打、中银集团为永久会员。银行公会常务委员会在取得财政司同意后,有权制定有关银行业务的规则,如存款利率协议、服务收费协议,有权指令某一会员停止某项业务。它成立银行公会结算所,为会员提供票据交换的便利。

(二)香港金融管理局的独立性分析

香港金融管理局的成立是为了确保香港地区能够有一个高度专业水平和人员相对稳

定的货币管理机构,以承担维持金融及银行稳定的职能,从而保证香港在后过渡期乃至回归后继续繁荣稳定,并维持香港的国际金融中心地位。

1. *香港金融管理机构的历史演变*

与世界上其他国家或地区不同,香港长期以来并无一个统一的金融管理机构。政府、银行同业公会和几大商业银行共同承担中央银行的职能。而政府行使的那部分中央银行的职能,在1976年前,也分别由不同的几个部门来承担。

1976年港英政府成立了金融科,开始对香港金融进行统一管理。金融科下设金融政策小组、外汇基金小组和银行监理处,分别管理货币、外汇基金和银行。1992年港英政府对金融科内部进行改组,将外汇基金小组和金融政策小组合并,成立外汇基金管理局。1993年又将金融科属下的外汇基金管理局和银行监理处合并,成立金融管理局,直接向财政司负责。同年,金融科改名为财经事务科,负责银行、保险等方面法律和政策的制定,并承担起政府经济研究的职能。

2. *金融管理局成立的法律依据*

金融管理局的前身为1935年根据《外汇基金条例》成立的外汇基金,而金融管理局成立的法律依据是1992年的《外汇基金(修订)条例》。该条例于1992年12月10日通过,并于1993年4月1日生效。条例授权财政司,令其委任一名金融管理专员,以协助财政司行使由《外汇基金条例》规定的职能。同时,条例将银行监理专员的权力和职务转授给金融管理局。由此,金融管理局担负起货币政策制定及银行业监管的双重职能。

3. *金融管理局在政府中的地位*

从金融管理局与财政司的关系看:金融管理局总裁由财政司委任,并向财政司负责。

从金融管理局与外汇基金咨询委员会的关系看:外汇基金咨询委员会是就外汇基金的管理运用提供咨询意见的机构。主席由财政司司长担任,成员由特首委任,主要包括金融管理局总裁、银行界要人、会计专业人员及财经专家。

金融管理局成立后,外汇基金咨询委员会的职能有所扩大,地位也相应提高,相当于金融管理局的董事会。该委员会每月开会一次,由财政司司长主持会议(财政司司长因事不能出席时,由金融管理局总裁代行主席职务)。会议对外汇基金的投资运用及港英政府的金融政策进行研究,使金融管理局在管理外汇基金资产和实施金融政策时有所遵循。除此之外,该委员会为金融管理局的运作提供指引,并审批金融管理局的财政预算。

金融管理局作为香港特别行政区政府的一个组成部分,其所有员工均属于政府雇员。为保证金融管理工作的连贯性,该局可不按照公务员聘用条件招聘职员,以期吸引具备一定经验及专业知识的高素质人才。另外,该局在增减内部机构、设立职位、设定薪金及福利待遇等方面的措施,只需经外汇基金咨询委员会同意即可实施,而不受政府预算及公务员编制的局限。金融管理局可自行编制财政预算,经过外汇基金咨询委员会审批和核数署审计后,直接通过外汇基金支出,而非由政府一般收入支付。

(三) 香港地区的货币政策

香港目前将维持货币稳定,即确保港币汇率稳定作为其货币政策的主要目标,使港元在外汇市场对美元的汇率保持在7.75至7.85港元兑1美元的区间内。

一方面,香港地区属于小型的开放经济体,不能以本地的某项经济指标作为其货币政策目标。对于小型经济体来说,其经济增长很大程度上依赖于对外贸易,而以对外贸易为主的经济导致其货币政策很大程度上也受到主要贸易国货币政策的影响。香港的对外贸易是本地生产总值的2.4倍,而且外币存款约占银行体系总存款的50%,外资约占股票市场交易额的三分之一。由于本地经济增长要受到当局无法控制的外部因素的制约,通过调控利率或货币供应量来抑制通胀的货币政策显然是行不通的。

另一方面,由于香港金融中心的特殊敏感性,本币信心问题极为重要。香港地区的金融体系所具有的先天脆弱性,使港元的稳定在很大程度上是建立在信心基础上的。因此,以1983年港元暴跌为背景,香港金融管理当局明确地以"稳定汇率"作为其货币政策的唯一目标,并通过建立联系汇率形成新的货币政策机制来实施这一货币政策目标。联汇制建立了港币对美元的依赖关系,它在一定程度上适应了香港地区小型经济体的特性,也基本上解决了港币的本币信心问题。

联系汇率制度于1983年10月15日正式开始实行,其主要内容有:

(1)香港地区的联系汇率制度属于货币发行局制度。在这个制度下,基础货币的流量与存量均得到外汇储备的十足支持。即是说,基础货币的任何变动都必须有外汇储备按固定汇率计算的相应变动完全配合。在香港,基础货币的组成部分主要包括负债证明书、政府发行的流通纸币及硬币、总结余(银行在金管局开设的结算账户结余总额)、外汇基金票据及债券。

(2)香港地区的纸币大部分由3家发钞银行发行。法律规定发钞银行发钞时,须按7.80港元兑1美元的汇率向金管局提交等值美元,并记入外汇基金的账目,以购买负债证明书,作为发行纸币的支持。因此,港元得到外汇基金持有的美元所提供的完全支持。相反,回收港元纸币时,金管局会赎回负债证明书,银行则自外汇基金收回等值美元。至于由政府经金管局发行的纸币及硬币,则由代理银行负责储存及向公众分发,金管局与代理银行之间的交易也是按照7.80港元兑1美元的汇率以美元结算。

(3)港英政府与发钞银行达成协议,后者以其与外汇基金交易的相同方式,为其他银行提供港元现钞以及接受这些银行交来的港元现钞。

(4)在市场上,港币兑美元的汇率自由浮动,随行就市。但外汇基金及发钞银行在市场汇率明显偏离上述固定汇率时,将以干预市场的方式来维持固定汇率之稳定。

(5)在2005年5月18日,金管局推出强方兑换保证,承诺会在7.75港元兑1美元的汇率水平从持牌银行买入美元,并宣布将现行弱方兑换保证的汇率水平由7.80港元移至7.805港元,让强弱双向的兑换保证能以联系汇率7.80港元为中心点对称地运作。推出买入美元的强方兑换保证,能消除港元汇率可转强程度的不明朗情况,使资金更快地根据港元与美元的息差而流入或流出。

具体说来,这一货币政策机制有以下特点:

① 改变了港币发行制度。在联系汇率制下,港币发行制度也发生了变化。发钞银行不再是以贷记外汇港元存款的方式,而是按港币联系汇率向外汇基金交纳等值美元,作为发钞准备,换取负债证明书。外汇基金不向发钞银行支付利息,美元储备的投资收益归外汇基金。发钞银行回笼港币时,可以负债证明书换回等值美元储备。这样美元即成为发

行港币的准备金,保证了港币兑美元汇率的稳定。

② 汇率的稳定主要由"套利"(Arbitrage)机制来维持。"套利"机制与国际金本位下"黄金输送点"的运行原理基本相同。"套利"包括"现金套利"(Cash Arbitrage)和"利率套利"(Interest Arbitrage)。"现金套利"(套汇):若美元汇率升至 7.80 以上,且其偏差已大于交易成本,发钞银行可以港币现钞向外汇基金以 7.80 的汇率兑换美元,随后将其在市场上卖出获利。同样,非发钞银行也可与发钞银行进行相同的交易。反之,若美元汇率降至 7.80 以下,且其偏差大于交易成本时,发钞银行可在市场上购入美元,然后以 7.80 的汇率转售给外汇基金,非发钞银行也可与发钞银行进行相同的交易。"利率套利"(套利):当资本净流出时,港元利率随之上升,当其超过美元利率时,利差便会吸引资金流入,从而减轻了稳定汇率的压力。在"套利"机制下,通过市场的套汇与套利功能,美元兑港元的市价将向官价趋同。

③ "套利"机制失效(汇率大幅波动)时,则由金融管理当局运用货币政策工具进行干预。联系汇率制建立之后,香港金融当局又进行了"新会计制度安排""外汇基金票据""流动资金调节机制"等一系列改革,从而逐步建立了比较完备的汇率制度。

④ 金融当局只能控制汇率,但不能控制货币供应量。金融当局在货币供应的决定中是完全被动的。一方面,和 1972 年 7 月以前一样,只要发钞银行缴存十足外汇(美元),外汇基金便自动签发负债证明书,授权发钞银行发钞。另一方面,发钞银行之所以发钞,也是顺应公众的现钞需求。在现行制度下,金融当局由此无法执行完全自主的货币政策。根据货币理论,金融当局只能在汇率、利率和货币供应量三个目标之间,选择其一并加以控制,而无法同时在三者之间控制一个以上的目标。换言之,如金融当局欲将汇率固定于某一水平,则无法控制货币供应量和利率。同样,如当局欲严格控制货币供应量或货币量增长率,则无法同时兼顾利率与汇率。最后,如当局欲将利率盯在某一水平,则必须放弃对汇率和货币供应量的控制。这一原理已为各国的货币政策实践所证明。香港的联系汇率既欲将美元汇率盯住 7.80,则货币供应量与利率必须经常调整,以符合或迁就 7.80 的汇率要求。

四、台湾"中央银行"

从 20 世纪 40 年代末,国民党政府退守台湾至 1961 年的十余年时间,原属于台湾省营金融机构的台湾银行一直履行在台湾地区的"中央银行"职能,直到 1961 年台湾"中央银行"正式在台湾复业。

(一)台湾"中央银行"的组织结构

自 1961 年复业以来,在台湾地区成为执行货币政策的最高决策机构。目前台湾地区"中央银行"的决策、监察及业务执行是由理事会、监事会、总裁分别负责。

"中央银行"的理事会由 11—15 名理事组成,理事由"行政院"提名,"总统"任命并指定其中 5—7 人为常务理事。理事任期为 5 年,期满得续派连任。理事会中,除"中央银行"总裁、财务部部长、经济部部长为当然常务理事外,应有实际经营农业、工商业及银行业的代表至少各一人参加。按惯例,理事会中也有学者专家参加。理事会每年定期召开 4 次会议,研究制定货币政策。

监事会设监事5—7人,也是由"行政院"提名,"总统"任命。其中"行政院"主计长为当然监事,监事任期为3年,期满得续派连任。

总裁、副总裁负责"中央银行"的业务执行。总裁也是理事会主席,对内综合处理行务,对外代表"中央银行"。副总裁设二人,帮助总裁处理任务。总裁、副总裁的任期均为5年,期满得续派连任。"中央银行"设有业务、发行、外汇、国库4局,金融业务检查、经济研究、秘书、会计等4处。此外还设有"中央印刷厂"和"中央造币厂"以印铸券币,其业务由发行局负责,"中央银行"也在台湾各地设票据交换所,以办理票据交换与银行交割结算等业务。

(二)台湾"中央银行"的独立性分析

从台湾"中央银行"独立性的历史变迁过程看,1961年7月1日"中央银行"在台复业时,其所依据的"中央银行复业方案"中明确规定"中央银行"隶属于"总统府",拥有控制信用的权力与工具,负责执行金融政策。使台湾"中央银行"成为名副其实的现代意义的"中央银行",在法律上具有很高的独立性。但1979年台湾当局大幅度修订"中央银行法"时,将"复业方案"中关于台湾"中央银行"定位的条文修正为"中央银行"隶属于"行政院"。于是,"中央银行"降格以后,不仅听命于"行政院",还需对"立法院""监察院"负责,同时也受执政党政策的制约。时常发生的"立委""监委"对"央行"的质询和批评只是增加干扰,难以触及实质性问题。台湾"中央银行"定位的这种模糊性大大降低了独立性。

即使台湾地区过去能在缺乏"中央银行"独立性的前提下实现经济高增长,也并不表示其独立性在台湾地区经济金融发展过程中的重要性就有所降低。反而,随着台湾地区经济发展的内外环境发生巨大变化,在民众对通货膨胀的预期心理增强的情况下,提高台湾"中央银行"的独立性就成为台湾今后能否保持经济持续、稳定增长的关键因素。具体而言:

首先,"泛政治化"对台湾"中央银行"独立执行货币政策的压力,要求"中央银行"具有独立性。台湾地区自20世纪90年代进行政治体制改革后,民意代表和立法委员的职权提高,部分立委出于维护自身利益的目的,讨好选民而忽视台湾地区经济发展的长远利益,致使货币政策成为压力焦点。货币政策效果往往要经过一段时间才能完全显现,若为了一时的经济情况而频繁调整货币政策,反而会助长经济的波动与不稳定,而政治人物常常不惜牺牲长期的稳定而想以货币政策来刺激短期景气,以求在竞选中获胜或提高其短期声望,这实际上是把"中央银行"的货币政策作为进行政治赌博的工具。另一方面,由于民众多不了解货币政策的上述特点,因此,民众也常有要求采取宽松货币政策以降低利率的呼声,但却忽略了宽松货币政策会造成未来物价上涨率乃至目前预期物价上涨率提高,并使利率提高的效果。物价上涨造成极低乃至负的实际利率又助长了台湾地区社会投机风气蔓延。目前台湾"民意机构"金权介入的情形已十分严重,而未受金权政治影响的民意代表也常常为讨好选民而不顾台湾地区经济发展的长远利益,因此,"中央银行"只有具备高度独立性才能抵抗金权政治的压力。

其次,台湾"中央银行"与其他行政机构和"立法机关"之间的权责不明,造成货币政策制定的"噪声"太多,也要求"中央银行"具有独立性。目前台湾"中央银行法"并未规定与其他政府机构的关系,而且"中央银行"隶属"行政院",这被解释为必须听从"行政院"

的指挥及面临"立法院"的质询与压力。如果要维持货币政策的稳定与中立,台湾"立法院"对货币政策应该只有建议权,否则,照目前台湾"中央银行"的隶属关系,将来台湾"立法院"若利用台湾"宪法"第 57 条强行干预货币政策,则会使台湾"中央银行"在"立法院"合法性的外衣下蜕变为政府的附属物,从根本上丧失对宏观金融政策的调控能力。实际上,客观而言,央行的组织地位与其独立性并无直接关系,央行的独立性主要是决定于其在法制上的职权、人事的选择以及其决策的方式。因此,台湾"中央银行"到底该隶属"总统府"还是"行政院"并不重要,重要的是要让"中央银行"政策不受行政及立法部门的指挥。因此,唯有修改现行台湾"中央银行法",确立"中央银行"独立行使货币政策的权力,才能发挥其在台湾地区金融发展中应有的作用。[①]

由上述分析可以看出,就台湾"中央银行"的定位而言,如果不在"中央银行"的决策层人事安排程序及决策机制以及业务运作方式等方面赋予其应有的法律上的独立地位的话,在台湾地区目前的金权政治体制架构下,"中央银行"很有可能沦为"黑金政治"的御用工具。

(三) 台湾地区的货币政策

货币政策是指"中央银行"经由调控货币总计数或利率水平等以达成金融稳定与物价稳定,并促进经济的长远发展的最终经济目标。台湾地区货币政策的基本框架是采取货币目标机制,透过货币政策的操作工具,先达成操作目标,再传达至中间目标,最后及于最终目标。基本传导机制如图 4-7 所示。

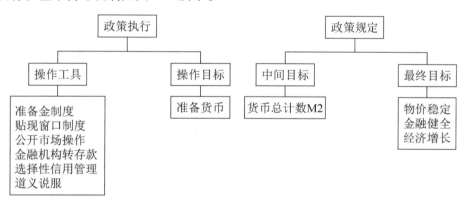

图 4-7 台湾地区的货币政策传导机制

1. 货币政策目标

2002 年修订的"中央银行法"规定,"中央银行"的经营目标是"促进金融稳定,健全银行业务,维护对内及对外币值的稳定,并在上述目标的范围内,协助经济的发展",其中第一个和第二个目标,促进金融稳定和健全银行业务,与财政部金融局的业务范围是重叠的。但"中央银行"在金融稳定方面似较侧重技术面,即运用货币政策来影响金融市场,

---

① 台湾"中央银行"曾于 1993 年 10 月提出"中央银行法"修正草案,报经台湾"行政院"院会通过后送"立法院"审议,但在"立法院"财政、法制委员会联席会议于 1994 年 12 月讨论至草案第 4 条后,再无任何进展。

而财政部则较侧重制度面的建立与金融机构的直接管理。币值稳定与经济增长是台湾"中央银行"的两大最终目标。由于台湾历史上的恶性通货膨胀,实际上当局是以稳定国内物价和对外汇价为主,即在"稳定中求成长",这也与总体经济稳定的政策目标相一致。

在宏观经济政策方面,台湾实行稳健的财政政策,重视预算平衡的原则;在货币政策上,50年代实行高利率政策以吸收储蓄,克服通货膨胀,70年代起台湾吸取了货币学派的见解,重视对货币供给的控制。

1982年起,台湾"中央银行"将货币供给分为M1A、M1B、M2三个层次:

M1A＝通货净额＋企业和个人在货币机构的支票存款和活期存款(但不包括行员的存款)

M1B＝通货净额＋存款货币

或M1B＝M1A＋企业和个人在货币机构的活期储蓄存款(包括行员存款)

M2＝M1B＋准货币

准货币包括企业和个人在货币机构的活期存款(包括一般定期存款和可转让定期存单)、定期储蓄存款(包括邮汇局转存款)、外币存款、外汇信托资金及外币定期存单,还包括企业和个人持有的金融债券、"中央银行"发行的储蓄券和乙种国库券等。

台湾地区货币政策的中间目标在70年代使用M1B,90年代初改为M2。

2014年在广义货币总计数方面,由于外资呈现净汇入且放款与投资持续增长,日平均M2全年平均年增长率由2013年的4.78%上升至5.66%。狭义货币总计数M1B全年平均增长率亦由上年的7.27%升至7.69%,但自2014年8月起出现连续下滑。

2. 货币政策工具

20世纪末70年代中期之前,台湾地区票据使用不广泛,证券市场发育程度较低,再贴现及公开市场业务尚未采用,主要政策工具是利率政策和调整存款准备金率,到20世纪80年代,货币政策工具逐渐多样化:

(1) 存款准备金政策。1948年台湾地区建立存款准备金制度,为"中央银行"依法要求金融机构,对其负债提存一定比率的准备金,以因应支付需求的制度。金融机构主要指具有吸收存款与创造货币信用功能的银行。各种存款准备比率由"中央银行"按存款性质分别核定,对所有银行均采用相同的准备金比率,"中央银行"可在一定的范围内随时调整该比率,必要时可对自一定日期的支票存款和活期存款的增加额另外确定附加的准备金比率。法定存款准备金率因影响剧烈,一般不常变动。目前各类存款及其他各类负债准备金率的法定上限分别为支票存款的25%、活期存款的25%、储蓄存款的15%、定期存款的15%、其他各类负债的25%。此外,"中央银行"为调节信用,必要时可对支票存款与其他各类负债的增加额,制定额外准备金比率,不受准备金上限范围的限制。例如,"中央银行"制定的《新台币活期存款特别准备金规定》,规定自2011年1月起,外资新台币活期存款余额超过2010年12月30日余额的增加额,按准备金率90%计提准备金;未超过该日余额部分,按25%计提准备金。

(2) 贴现窗口制度。贴现窗口制度为金融机构向"中央银行"申请各项融通的机制。现行的运作机制是根据"中央银行法"第十九条及"中央银行对银行办理融通作业要点"运作,凡是在"中央银行"设立存款准备金账户的银行,可以经由贴现窗口向"中央银行"

申请融通,融通的方式包括重贴现、短期融通及担保放款的再融通,信托投资公司也可以用短期融通及担保放款再融通规定。"中央银行"在金融机构出现资金短缺时,可透过贴现窗口制度给予资金融通,因而为金融业者资金来源的最后贷款人(Lender of Last Resort)。贴现利率由"中央银行"制定,这类利率又称为"中央银行"利率。在经济景气过热时,"中央银行"可调高"中央银行"利率,在经济不景气时,则可降低"中央银行"利率,以对外界宣示货币政策的取向,并引导市场利率上升或下降,"中央银行"也会根据货币市场利率的变动而调整"中央银行"利率。

(3) 公开市场业务。台湾地区"中央银行"自1979年1月起实施公开市场操作,它作为"中央银行"经由发行定期存单或在金融买卖票债券的方式调节银行体系的准备金,以调控准备货币与拆借市场利率的操作机制,为"中央银行"重要的货币政策工具之一。为缩短公开市场操作的作业时间,自2003年4月28日起,公开市场操作的方式,由人工作业改为网络连线系统的线上自动化作业方式。1983年2月以前"中央银行"公开市场操作有公债与票券两种。公债以附买回方式操作,票券则透过三家票券公司以直接买断方式操作。后者在当年6月开始也实施附买回操作。与先进国家多利用政府债券与短期票券相比,台湾因外贸出超及外汇存底不断扩大,政府财政收支良好,公债发行有限。为吸收过剩资金,台湾地区"中央银行"在20世纪80年代起发行乙种国库券、可转让定期存单及储蓄券。90年代中期后政府财政收支情况不如以前,"财政部"于1997年9月开始发行政府债券公开对外销售,1995年开放新票券公司成立,票券营运更加扩大。"中央银行"目前的公开市场操作以定期存单的发行、合格债(票)券附买回交易及合格债(票)券的买断交易为主。

(4) 金融机构转存款。"中央银行"可视经济金融情势的需要,接受金融机构所吸收存款的转存,包含邮政储金转存及银行业转存两部分,均为"中央银行"稳定金融的重要货币政策工具。邮政储金转存制度由最早期1964年的全部转存"中央银行"作为中长期资金用途,1981年改为转存"中央银行"与交通银行、台湾土地银行、台湾中小企业银行、"中国农民银行"等四家专业银行。1992年1月以后,为增加邮政储金的自行运用的弹性,新增邮政储金可自由转存各银行并购买公债、"国库券"、金融债券及"中央银行"发行的单券。1997年12月起可购买经"中央银行""财政部"(目前为"金融监督管理委员会")与"交通部"共同研商决定可投资的债、票券。银行业转存款始于1986年3月,"中央银行"为调节金融、促进金融稳定,视经济金融情势需要,机动制定转存额度,收受银行的转存款,可转存对象包括收受基层金融机构(信用合作社、农会信用部、渔会信用部)、存款的行库(合作金库商业银行、台湾土地银行及全国农业金库),以及经"中央银行"专案核准的银行,准存期限最长不能超过1年。

(5) 选择性信用融通与信用管制。选择性信用融通可划分为两部分:一部分是"中央银行"基于特定的经济发展目的,以邮政储金准存款为资金融通来源,由金融机构申请核报,以配合政策性放款,形同宽松的货币政策;另一部分是"中央银行"本身不提供融通资金来源,但与其他有关部门合作推动并促进金融机构办理各项专案贷款,以促进经济发展。选择性信用管制是指对金融机构某些业务采取限制措施,以控制资金的流向与流量,达成特定的经济金融目标。选择性信用管制的直接影响不在于银行的准备部分,而在于银行作用市场，通过对银行放款业务量的限制，以抑制社会大众对银行资金的投机需求，来稳定金融。根据现行"中央银行法"与"银行法"等规定，这些管制包括直接信用管制、不动产信用管制、消费者信用管制、贷放比率限制等。

本 章 小 结

1. 中央银行制度的发展经历了三个阶段：第一个阶段是中央银行制度的初步形成。19 世纪中期，英国爆发了一系列的金融危机，经济学家巴吉特在 1873 年出版的《伦巴特街》一书中极力主张英格兰银行在金融危机中有责任全力支持资金困难的银行和金融机构，以避免整个金融业的崩溃，这便是"最后贷款人"原则，它为中央银行制度的确立奠定了理论基础。英格兰银行逐步演变成为中央银行并开始行使其职能。第二个阶段是中央银行制度的确立。1920 年，布鲁塞尔国际金融会议为稳定币值，敦促各国（地区）尽快建立中央银行，中央银行制度在世界范围内建立起来。第三个阶段是中央银行制度的强化。20 世纪 30 年代，西方各国爆发严重的经济危机，凯恩斯主义主张加强国家（地区）对经济的干预，中央银行是政府进行宏观调节的重要机构之一。第二次世界大战后各国（地区）通过立法明确提出，中央银行的主要职责是制定与执行货币政策、维护币值的稳定，中央银行从仅仅管理货币发行、维持金融业稳定，发展成为一国（地区）对宏观经济进行调节的重要机构。

2. 世界各国（地区）中央银行的外部组织结构主要有两种类型，即一元中央银行制和二元中央银行制。一元中央银行制是一国（地区）只设独家中央银行和众多的分支机构来执行其职能，它是由总分行组成的高度集中的中央银行制，世界大多数国家（地区）都属于此类中央银行。二元中央银行制是指在中央和地方设立两级中央银行机构，中央级机构为最高权力或管理机构，地方机构也有其独立的权力，两者分别行使职权，主要是实行联邦制的国家。

3. 中央银行独立性通常是指中央银行与政府的关系。中央银行创立之初就与政府产生密切的联系，为了争取政府的支持，独享货币发行权，早期中央银行往往为政府发行债券筹措资金、为政府承办财政收支，从而建立资金往来关系。第一次世界大战使中央银行被迫放弃自由原则和独立性，中央银行成为为各国（地区）筹集资金的工具，最终危及整个国际货币体系的稳定，1920 年布鲁塞尔会议要求各国（地区）中央银行应脱离政府的控制，保持独立。第二次世界大战后，凯恩斯的国家干预主义兴起，中央银行货币政策成为政府调节宏观经济的重要手段，各国（地区）认为中央银行应与政府积极配合，以实现宏观经济的总目标，因此中央银行只能保持相对的独立性。70 年代西方工业化国家经济陷入"滞胀"，在对凯恩斯主义理论和政策进行反思的同时，各国（地区）再次认识到中央银行的独立性对宏观经济运行的稳定至关重要，保持独立性成为中央银行理论和政策运行的重要原则。

4. 1866 年，英格兰银行第一次运用贴现率来调节货币量和信用量及金本位下的资本转移，取得了较好的效果，标志着货币政策已经开始实行。20 世纪 30 年代，在世界性经济危机的冲击下，各国（地区）逐渐认识到政府必须利用中央银行的特殊地位，采取一定的金融政策来调节经济运行。凯恩斯在 1936 年出版的《就业、利息和货币通论》中，提出了货币政策的含义、措施及作用机制,论证了要实现充分就业,政府运用宏观经济政策干预经济运行的必要性,由此形成了现代意义上的货币政策。第二次世界大战后,各国(地区)普遍采用凯恩斯主义的宏观经济政策,对货币政策的内涵、政策工具、传导过程研究日益完善。进入20世纪70年代,"滞涨"成为困扰西方社会和经济理论界的难题,人们对宏观经济政策进行了新的思考,货币政策理论得到进一步的发展。货币政策作为政府调节宏观经济的一个大系统,应该包括货币政策目标、货币政策工具、货币政策的传导机制、货币政策指标及货币政策的有效性五个方面。总体上看,世界各国(地区)正逐步放弃传统的、非市场化的货币政策措施,减少对价格信号利率的人为干扰与控制,以发挥其资源配置的作用。

5. 在没有中央银行制度的国家或地区,多以成立专门的金融管理机构或委托商业银行履行中央银行的部分职能,如新加坡分别设立了新加坡金融管理局、新加坡货币发行局和新加坡投资公司来执行金融监管、货币发行和管理外汇储备的职能。香港地区中央银行的职能由香港特区政府所设的管理机构(外汇基金、金融管理局)和银行界(中国银行、汇丰银行等)共同承担。

关键词

中央银行制度、中央银行独立性、美国联邦储备体系、欧洲中央银行、德意志联邦银行、货币政策运行机制、货币政策最终目标、货币政策中间目标、货币政策传导机制、中央银行再贴现、公开市场业务、法定存款准备金政策、利率政策、拉德克利夫报告、贷款态度、窗口指导、伦巴德贷款、回购协议、外汇基金、联系汇率制、套利机制、中国人民银行

复习思考题

1. 简述中央银行制度的产生与发展。
2. 中央银行独立性问题的关键与意义何在?
3. 简述美国联邦储备体系的运作模式。
4. 简要评价美国量化宽松的货币政策。
5. 简述英国英格兰银行职能的变化及其意义。
6. 试述日本银行与日本账务省的关系及其对日本银行独立性的影响。
7. 试述欧洲中央银行与德意志联邦银行的关系。
8. 简述货币政策运行机制。
9. 简述主要货币政策工具及其对货币政策实施效果的作用力度。
10. 试述一国货币政策中间目标选择的依据与标准。
11. 开放经济对货币政策传导机制有哪些影响?
12. 如何看待西方发达国家的零准备金政策?
13. 简述中国人民银行的职能与货币政策操作的特点。
14. 简述新加坡金融管理局的职能。
15. 简述香港地区联系汇率制的运行机制。

21世纪经济与管理规划教材

金融学系列

第五章

商业银行体系比较

【重点提示】

● 分支行制和单一银行制、分离银行制度和全能银行制度、各国商业银行资产负债结构比较、商业银行中间业务发展、商业银行经营管理模式的演变、西方商业银行发展的新趋势；
● 英国的清算银行；
● 日本的主银行制度；
● 德国的全能银行；
● 香港地区的银行三级制；
● 中国的商业银行体系及国有商业银行的改革；
● 外资银行在发展中国家金融体系中的作用；
● 商业银行(Commercial Bank)是西方工业化国家出现最早、最典型的金融机构，它构成了一国金融体系的主体，其业务活动最能反映银行业务的基本特征。

15世纪,资本主义生产方式的萌芽、商品货币关系的日益扩大,带动了早期金融业的发展。最早的银行出现在地中海沿岸的意大利,它们是在金匠业的基础上,在办理货币保管、兑换和汇兑业务的过程中逐渐形成的专门的金融机构。随着贸易中心转向西欧,银行业迅速兴起,但这时的银行多为高利贷性质的银行,无法适应资本主义工商业发展的需要。1694年,英国新兴资产阶级创办了第一家按资本主义经营原则组织的股份制银行——英格兰银行,它被普遍认为是现代商业银行的开端。之后,通过新型的股份制银行的建立及旧有的高利贷性质银行的转化,商业银行制度逐步形成了。

商业银行通行的两个定义是:①商业银行是以办理工商业存贷汇为主要业务,以营利为主要目标的金融机构。由于这类银行最早吸收的是活期存款,只适用于经营短期的工商业贷款业务,故称为商业银行。它是以商业银行早期业务范围来定义的;②商业银行是唯一可以接受、创造和收缩活期存款的金融机构。它是以商业银行的货币创造功能来定义的。然而,商业银行发展过程中,其经营业务范围、功能发生了很大的变化,上述定义已不能准确地描述商业银行与其他金融机构的区别了。

第一,商业银行不是一种专业性银行,而是多功能、综合性的银行。从发展过程看,商业银行经历了两种道路:一是英国式的融通短期商业资金的传统,即在"商业贷款理论"的影响下,银行业务集中于自偿性贷款,在工商企业购进商品物资时银行发放贷款,在商品产销过程完成时,银行收回贷款。这种资金融通具有明显的商业性质,商业银行的名称由此而来。二是德国式的全能银行的传统,即银行不仅提供短期工商业贷款,而且也提供长期性的资金融通。但是在世界经济发展一体化、金融国际化的趋势下,金融业竞争日趋激烈,英国式的商业银行和德国式的全能银行区别基本消失。而且在英美国家,商业银行的业务范围也不断扩展,几乎包括所有的零售和批发银行业务,商业银行已成为综合性、多功能的银行,这和最初商业银行的定义相差很大。

第二,目前商业银行已不是唯一可以接受、创造和收缩活期存款的金融机构。之前各国法令规定,商业银行唯一有权吸收活期存款。由于商业银行经营着支付系统,在非现金结算和部分准备制度下,它具有信用创造的功能。而20世纪60年代以来,随着各国金融管制的放松和金融创新的发展,许多新型的金融工具应运而生。一些专业银行、非银行金融机构也能吸收类似活期存款的其他交易账户,如NOW账户、Super-NOW账户、ATS账户等,这些金融机构也具备了一定的信用创造能力。

实际上,商业银行只是一种习惯称法,具体到某一国家还有许多其他名称。例如,英国的清算银行,日本的都市银行、地方银行,美国的国民银行、州立银行,德国的信贷银行,等等。无论各国商业银行体制存在怎样的差别,它们都具有以下共同特点:第一,其资产规模在所有金融机构中排名第一;第二,其金融业务种类最多;第三,尽管它不是活期存款的唯一接受者,但它仍然是货币创造的主体,是中央银行货币政策的焦点;第四,虽然新型支付手段及金融技术不断出现,但它仍然是全国清算网络中最重要的部分。

第一节 商业银行制度概述

一、商业银行的组织结构

(一) 外部组织形式

商业银行的外部组织形式基本上可分为两种,即分支行制(Branch Banking System)和单一银行制(Unit Banking System)。

1. 分支行制

分支行制又称为总分行制,指在大都市中设立总行或总管理处,然后在本市及国内外广泛设立分支机构的制度。它是现代商业银行的主要组织形式。实行分支行制的典型是英国,其他代表者还有法国、德国、意大利、日本、瑞典及荷兰等国家。中国《商业银行法》规定,商业银行经银行业监督管理机构审查批准,可以在境内外设立分支机构,并对分支机构的设立作出了明确的规定。因此,中国的商业银行普遍采用的是分支行制的组织结构。

按总机构设置的形式与职能的不同,分支行制又可划分成总管理处制和总行制两种。总管理处制指商业银行同时设立总管理处和分支机构,其中总管理处只负责监督、管理和指挥各分支机构,不开展对外业务经营活动。其对外营业通过在总管理处所在地另设立分行或营业部进行。总行制指商业银行同时设立总行和分支机构,总行兼顾监督管理、指挥和协调各分支机构,同时对外开展经营活动。按照总行对分支机构管理制度的不同,总行制又进一步分为直隶制、区域行制和管辖行制三种:(1)直隶制:所有的分支机构均直属总行,由总行直接指挥监督,彼此之间不能相互制约;(2)区域行制:将所有的分支机构划分为若干区域,每区设立一家区域行作为管理机构,它代表总行指挥监督区域内所属的分支机构,不对外营业,区域内各行只与区域行联系;(3)管辖行制:选择各分支行中地位较重要者作为管辖行,代表总行管辖附近的其他分支行处,其关系类似于区域行制,但管辖行本身也对外营业。分支行制的外部组织结构如图5-1所示。

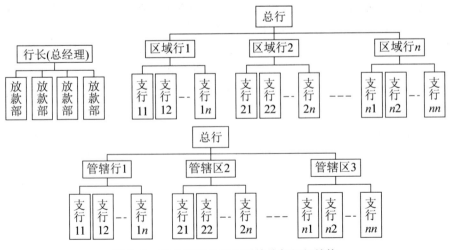

图 5-1 商业银行分支行制的外部组织结构

2. 单一银行制

单一银行制又称单元银行制或独家银行制，指银行业务由各自独立的商业银行经营，不设或不允许设立分支机构的制度。单一银行制主要在联邦制的国家实行，最典型的是美国，这与美国的政治体制形成有很大的关系。但从发展趋势看，美国的单一银行制也在发生松动，设立分支机构的经营活动正在逐步展开。

单一银行制优劣分析主要表现在以下几个方面：①防止了垄断，但限制了竞争。不设立分支有利于防止银行业的集中和垄断，但是一定程度限制了银行间的竞争。②降低了营业成本，但限制了业务创新与发展。商业银行没有庞大的分支机构，降低了营业成本，但是由于单一银行采用新技术的单位成本比较高，限制了银行业务的创新和银行业务规模的扩大，使银行的经营发展受到了限制。③强化地方服务，但限制了规模效益。独家经营的商业银行与其所在地的地方联系十分密切，能够更好地为当地经济与发展提供切实的金融服务，但是由于地域的限制和业务规模的有限，不利于银行规模效益的提高，而且对于跨地域的服务还须支付较大的代理成本。④独立性、自主性强，但抵御风险能力差。单一银行管理层次少，具有较强的独立性和自主性，业务经营灵活，但由于资金实力弱，抵御风险能力差。

3. 两种组织形式的比较

分支行制之所以被西方大多数发达国家广泛采用，是因为分支行制较单一银行制相比，有如下几个方面明显的优越性：

（1）规模效益高。广泛设置分支机构、营业网点，有利于银行广泛吸收存款，拓展资产负债业务，达到规模经济的效果。

（2）风险承受能力和应变能力强。分支机构网络遍布广有利于现代化管理手段和设备的采用与推广，提高资金周转率，提高了金融服务的质量，有利于银行转移、分散风险，提高了银行的竞争力。

（3）易于管理和控制。采取分支行制的商业银行虽然规模较大，但总行的数量一般较少，有利于中央银行的控制、监督和管理。

但也存在一些缺点：

（1）加速垄断的形成。分支行制分支机构多，规模和实力较大，容易对中小银行实行兼并、收购，加速了金融的垄断。

（2）监管难度加大。分支机构分布很广、内部层次较多，这加大了银行管理和监督的难度，因而要求总行或总管理处具有有效的成本控制手段和先进的通信系统，增强银行监管的能力与力度。

（二）内部组织形式

商业银行是以金融资产和负债为对象的企业，其内部组织多采用股份有限公司的形式，分为决策机构和执行机构两部分。

决策机构包括股东大会、董事会和监事会以及董事会下的各种委员会。股东大会是商业银行的最高权力机构，每年定期召开大会，在股东大会上，股东有权听取银行的年度经营活动报告并可提出质询，股东大会的重要职能是选举董事会和监事会；董事会的职责是制定银行的经营目标和政策,选聘高级管理人员,组建各种委员会,对银行的日常经营进行必要的监督和控制;监事会代表股东大会对银行的全部经营活动,包括董事会的决策进行监督。

执行机构主要有行长、总稽核及业务部门和职能部门。行长是商业银行的行政总管,它执行董事会的决定,负责组织管理银行具体的业务活动;总稽核是对银行日常业务账目进行检查以确保资产安全的机构;商业银行内部的业务部门直接与银行的经营项目有关,例如存款部、投资部、贷款部、国际业务部、结算部等;职能部门主要负责银行内部事务的管理,例如会计部、人事部、教育部、技术部等。此外,商业银行还设有众多的分支机构。一般而言,商业银行内部组织结构如图 5-2 所示:

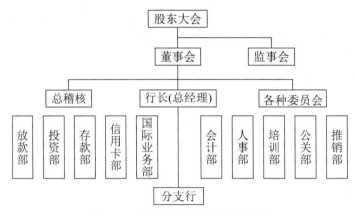

图 5-2 商业银行的内部组织结构

二、商业银行业务经营

(一) 商业银行业务经营制度

各国商业银行业务经营制度大致可分为两种类型。

1. 分离银行制度

分离银行制度,就是银行业务与投资银行业务相分离,即长短期金融业务相分离,商业银行不得兼营证券业务。最典型的代表是英国,所以分离银行制度又被称为英国式的专业化银行制度。其他代表者还有美国、日本等国家。

20 世纪 30 年代资本主义经济危机,许多国家以立法形式明确划分了商业银行和投资银行的业务范围,严格不同金融机构之间的分工。其中,英国、美国等国家的商业银行只能从事短期商业性贷款的传统银行业务,日本对不同银行实行了相当严格的业务分工。然而,自 70 年代开始,英国和美国的商业银行开始不断放宽业务限制,涉足其他金融领域;80 年代初期,日本爆发的"日本的金融自由化"打破了严格的金融业务传统分工格局,长期与短期信贷业务、银行业务与证券业务的分工界限已经不复存在。

2. 全能银行制度

全能银行制度,又称综合银行制度,就是商业银行业务多样化,可提供全面的银行和金融服务,特别是可以从事代理发行、销售和管理证券的业务。最典型的代表是德国,所以全能银行制度又被称为德国式综合银行制度。其他代表者还有瑞士、奥地利等国家。

全能银行制度能够向客户提供广泛的金融服务和最佳的投资机会,银行与客户间能够建立密切的联系,银行业务的多样化也能分散经营的风险,从而使银行和整个金融制度更趋稳定。但银行业务范围过广,在管理和资本的流动性方面会面临更多的风险,同时,银行通过向企业参股并参与企业决策,容易使企业依附于银行,形成金融财团,这对国民经济的发展将产生不利的影响。

随着世界经济发展的一体化、金融的国际化,金融业竞争日趋激烈,分离制银行和全能制银行的区别正在趋于消失。传统的业务分离型的银行正向业务的综合化和多样化方向发展,而对全能型的银行,当局也采取措施限制银行向企业的直接投资,控制贷款规模来减小银行经营的风险。

(二)商业银行资产负债结构的比较

20世纪60年代以来,西方各国通货膨胀加剧,国际资本流动加快,加之欧洲货币市场的形成,使商业银行的负债结构发生了变化。一是商业银行采用负债管理的经营策略,大量借入资金以拓展资产业务,从而对外部资金的依赖性加大,承担了更大的利率风险。二是活期存款的比重大幅度下降,定期存款和储蓄存款的比重上升。其原因在于通货膨胀使市场利率的水平提高,储户为减少损失则极力压低活期存款账户的资金余额。另一方面,新技术的应用、结算速度的加快以及新型金融工具的出现,使客户为日常支付所需保有的活期存款数额降低。三是新的电子型金融工具的出现,将活期存款和定期存款结合起来,既为客户提供支付服务,又使其获得利息收入,并且将存款利率与国库券或短期市场利率相连,从此,银行开拓了对客户的现金管理业务,为其提供全面的综合性金融服务。

在资产结构方面,商业银行传统的资产业务是贷款。在新的经济和金融形势下,一方面,各国银行为保持资产的流动性,加大了证券投资的比重。另一方面,负债结构的变化使商业银行贷款业务由短期工商业贷款转向中长期贷款;贷款的类型也从传统的制造业转向服务业及消费贷款和地产抵押贷款,以此获得更高的收益。同时,为降低中长期贷款的风险,各国逐步培育形成贷款的二级市场。

(三)商业银行中间业务的比较

20世纪70年代以来,随着金融管制的放松和竞争的加剧,西方商业银行资产负债业务之外的其他业务增长迅速。在银行的总收入中,非利息收入也从微不足道的比重上升到30%以上,有的甚至超过利息收入,其他业务的种类也不断扩展。一方面是传统的表外业务(也称中间业务)种类日益丰富,主要业务有代客户现金管理、咨询业务、信托业务、代理业务、保险箱业务等。另一方面,新型的表外业务迅速增长,包括:银行提供的各类担保,如票据承兑、贷款偿还担保、追索权的偿还与转让、备用信用证等;贷款或投资承诺,如贷款限额、透支限额、循环贷款承诺、票据发行便利、循环包销便利、发行商业票据等;外汇买卖与投资业务,如货币互换、利率互换、远期合同、远期利率协议、期权、期货等。

由于表外业务不体现在资产负债表上,按法律规定不需要补充相应的资本,对于银行,表外业务在不增加资金来源和资本的情况下,扩大了经营规模和市场份额,但同时也给银行带来了潜在的风险。表外业务引起银行经营资本脆弱和风险的问题,已引起各国金融当局的重视。

三、商业银行的经营管理

(一) 商业银行经营管理理念的演变

商业银行自产生以来,其经营管理模式从理论上经历了资产管理理论、负债管理理论、资产负债管理理论三个阶段:

1. 资产管理理论

资产管理理论(Asset Management Theory)是西方商业银行历史上最早的一种经营管理模式。资产管理理论认为,商业银行无法控制自己的负债规模和结构,要实现安全性、流动性和盈利性的统一,主要应该着眼于现有资金,即如何合理地将其投放于各种类型的资产中,使资产的分配与负债的期限结构和性质相适应,减少和分散银行的经营风险。

资产管理理论发展经历了三个不同的发展阶段,即"商业贷款理论""转移理论"和"预期收益理论"。"商业贷款理论"(Commercial Loan Theory)又称为"真实票据论"(Real Bill Theory),其思想源于亚当·斯密的《国富论》,产生于西方商业银行发展的初期。商业贷款理论认为,商业银行主要资金来自吸收高流动性的活期存款,要保持资产的流动性,银行只应发放短期的、与商品周转相联系或与生产物资储备相适应的自偿性贷款。在中央银行制度尚未完全建立,金融机构管理处于较低水平的条件下,侧重于资产管理对稳定银行的经营有着积极的意义。第一次世界大战后,西方国家为了迅速恢复经济,政府债务规模日益庞大,商业银行也逐步将资金部分转移到政府证券的购买中。美国经济学家莫尔顿1918年发表《商业银行及资本形成》一文,主张银行将其资金的一部分投入具备二级市场条件的证券市场,以保持资产的流动性,该理论称为"转移理论"(The Shiftability Theory)。第二次世界大战后,资产管理理论又有新的发展,社会对中长期资金的需求不断增长,美国学者布鲁克诺1949年出版《定期存款与银行流动性的理论》一书,他提出"预期收入理论"(Anticipated Income Theory),认为只要一项投资的未来收入有保证,中长期贷款同样可保持其流动性。商业银行资产业务范围就由短期工商业贷款扩展到证券市场,并进一步扩展到中长期贷款领域。

2. 负债管理理论

进入20世纪60年代,持续的通货膨胀使美国国内市场利率上升,而存款利率受到人为的管制,金融竞争加剧,大量资金从商业银行转到非银行金融中介,商业银行迫切需要新的资金来源。负债管理理论(Liability Management Theory)认为,稳定的借入资金同样具有一般存款的特性,可以作为贷款资金的来源,银行通过调整负债结构可以既保持流动性,又能获得更高的收益。负债管理理论的核心是把保持银行流动性的重点,由资产转向负债方,它使商业银行的经营更富有主动性,推动了信用扩张和盈利水平的提高,促进了经济增长,但也使银行经营的风险增大。

3. 资产负债管理理论

20世纪70年代以后,国际金融市场利率波动剧烈,负债管理面临极大的风险,资产负债管理理论(Asset Liability Management Theory)于80年代初形成。它强调资产负债表两边的对称原则,即资产科目和负债科目之间的规模、期限和利率应该相互协调。其具体管理方式有利率敏感性管理和资金流动性管理。利率敏感性管理以浮动利率的资产和负债为管理对象,考察两者缺口与利率的变动关系,当预测市场利率上升时,增加敏感性资产(浮动利率资产),减少敏感性负债(浮动利率负债);而当预测利率下降时则作反向调整以扩大利息收入。资金流动性管理是将资产和负债,以适当的期限为权数进行汇总,通过合理期限的匹配来实现资产负债的流动性。

(二) 全球商业银行发展的最新趋势

21世纪经济全球化和金融自由化趋势明显,西方各国各大知名银行新一轮的改革浪潮呈现出现许多新动向。

1. 投资银行业务和零售业务成为商业银行重要的利润来源

21世纪以来,西方大银行非利差业务收入的比重持续上升,而企业贷款余额明显下降。非利差收入中除占据较大的中间业务收入比重和持续增长的保险业务收入与衍生品利润外,新增长的投资银行业务以及零售业务日益成为商业银行的主要利润来源。

在资本市场持续发展的推动下,商业银行资产业务的经营重心逐步由批发型公司信贷向零售型消费信贷和信用卡领域过渡。近年在全球持续低利率政策的刺激下,个人消费信贷业务快速稳定发展,同时以个人客户为主的零售银行日益表现出强大的生命力。个人银行业务利润持续,目前是大部分国际领先商业银行的主要利润来源。2003年,花旗集团的利润结构中,全球消费者集团和私人客户服务对利润的贡献度分别为55%和4%,两者之和近60%;汇丰控股个人金融服务和私人银行所创造的利润分别占到利润总额的44%和2%;德意志银行的私人客户及资产管理对利润贡献度达到54%。

2. 国际商业银行间越来越重视企业文化和品牌

当前,在几近同质化的产品竞争背景之下,国际商业银行间转而注重企业文化和产品品牌的较量。其中,花旗一直把品牌意识作为创立金融品牌产品的关键,鼓励员工积极开创品牌,并将金融产品服务质量的提高和品牌产品的创建同步进行,建立了以客户为导向的、以"花旗"命名的综合服务机制。花旗银行的品牌价值已稳居世界金融业榜首,成为全球金融业界品牌战略的典范。

3. 国际化程度与海外资产数额不断提高

近年来,多个银行设立海外分支机构,加强与国际企业的跨国经济、国际资本流动,推动了银行机构国际化、经营地域全球化。如花旗集团的分行、子公司、附属机构分布在全球100多个国家,汇丰银行的分支机构遍布79个国家。其中,并购重组发挥了重大作用。而且西方银行业将跨行业合并、跨境合并作为规模扩张、提高竞争能力和盈利能力的重要手段。21世纪初期,美国超过一百亿金融机构合并的达到二十余次,日本三家大银行掌握了50%以上的国内存款,法国的巴黎国民银行、里昂信贷银行和兴业银行总资产占法国商业银行总资产的 50%。

第二节 主要发达国家的商业银行体系

一、美国的商业银行体系

(一) 美国商业银行的组织结构

美国商业银行按照管理体系划分为两大类:根据 1863 年《国民银行法》向联邦政府注册的国民银行与根据各州的银行立法向各州政府注册的州银行。

国民银行一般是规模较大、资金雄厚的大银行,其注册审批是由财政部的货币监理署执行的。所有的国民银行都是联邦储备体系的会员银行,并投保于联邦存款保险公司。州银行一般规模不大,很多甚至是独家银行。州银行是比国民银行建立更早的银行,根据各州的法律在所属州进行登记注册、领取营业执照。

(二) 美国商业银行的主要特点

美国的商业银行成立较早,有其独特的、别具一格的商业银行管理制度。在 20 世纪 70 年代之前,美国商业银行制度的主要特点可以概括为:(1)商业银行的双轨注册制度;(2)单一的银行制与银行持股公司制;(3)分业经营与管理制度;(4)严格的利率管制。随着金融业竞争的日趋激烈和金融创新的迅速推进,美国对传统的商业银行制度进行了广泛而深刻的变革。

1. 商业银行的双轨注册制度

1863 年之前,美国基本上实行自由银行制度,银行由州政府批准设立,在所在州注册,领取营业执照。1863 年《国民银行法》颁布实施之后,产生了向联邦政府注册的国民银行,财政部设立了货币总监,专门负责对国民银行的监督管理。19 世纪 70 年代,支票流通和转账结算制度建立了起来,现金使用大大减少,而州注册银行仍可存在,从而形成了州和联邦两条线的"双轨注册的银行管理制度"。1913 年联邦储备体系建立后规定,所有的国民银行必须加入该体系,成为会员银行,而州立银行是否加入由其自行决定。由于州立银行资本比例和准备要求较低,政府管理较松,经营自由,州立银行一直维持较大的数目。

自 20 世纪 80 年代以来,准备金比率和其他管理手段的统一,使国民银行与州立银行之间的差异减少。总体上看,虽然州立银行数目较多,但其规模小于国民银行。截至 1999 年年底,美国的国民银行共有 2 368 家,其吸收的存款占所有银行存款的比重为 55.9%;州立银行共有 6 209 家,其吸收存款的比重为 44.1%。

2. 单一的银行制与银行持股公司制

美国被称为最典型的实行单一银行制的国家,美国历史上,银行设置分支机构的地区界限由各州的法律规定。中西部各州为了防止经济发达的东部各州金融资本势力的渗入,大银行吞并中小银行,形成垄断和金融歧视,它们往往通过法律禁止或限制银行跨州设立分支机构,从而形成美国特有的单一银行制度。

《1863年国民银行法》对银行分支机构的设置并未作出规定,各州银行基本上实行上述单一银行制度。但当时,无论州立银行还是国民银行均不允许在所在的州境内设立分支机构,更不用说跨州设置。1927年的《麦克范登法》同意州立银行在各州法律许可的情况下,在本州境内开设分支机构。《1933年银行法》将此条例扩大到国民银行,在允许州立银行设置分支机构的州里,国民银行可同样开设机构,但跨州开办分支机构仍然被禁止。在20世纪70年代以前,允许银行无限制地在全州范围内拓展分支机构的州还很少,大多数州还实行着单一银行制和限制性分支行制。

单一银行制形成的银行数量多、规模小、抵御风险能力差、资金不能合理有效流动,这使得许多银行在业务发展中纷纷采取多种形式绕开立法的限制,出现了代理行制度、银行持股公司以及连锁银行制度等特殊的银行制度,动摇了单一银行制的基础。特别是银行持股公司(Bank Holding Company)的发展进一步冲击着美国的单一银行制。银行持股公司通过掌握银行具有决定性的股票,对其实行控制,可以避开禁止设立分支机构的限制。1956年美国国会通过《银行持股公司法》,授权联邦储备理事会管理银行持股公司的组成与扩张。到1970年已有1/3银行变成了银行持股公司,到2003年3月31日,金融持股公司增加到630家(见表5-1)。

表5-1 美国十大银行持股公司排名　　　　（截至2015年6月30日）

名词	名称(RSSD ID)	总部所在	资产总值(美元)
1	JPMORGAN CHASE & CO. (1039502)	纽约	2 447 994 000
2	BANK OF AMERICA CORPORATION(1073757)	北卡州夏洛特城	2 152 082 000
3	CITIGROUP INC. (1951350)	纽约	1 829 370 000
4	WELLS FARGO & COMPANY(1120754)	北卡州夏洛特城	1 720 617 000
5	GOLDMAN SACHS GROUP, INC., THE(2380443)	纽约	859 932 000
6	MORGAN STANLEY(2162966)	纽约	825 755 000
7	GENERAL ELECTRIC CAPITAL CORPORATION(1631915)	纽约	466 871 489
8	U.S. BANCORP(1119794)	明尼阿波利斯	419 075 000
9	BANK OF NEW YORK MELLON CORPORATION, THE(3587146)	纽约	395 254 000
10	PNC FINANCIAL SERVICES GROUP, INC., THE(1069778)	匹兹堡	354 201 925

资料来源:Federal Reserve System:National Information Center,网址:http://www.ffiec.gov/nic/。

进入20世纪80年代,在金融自由化浪潮的推动下,美国对商业银行设置分支机构的限制开始放松。分支行制的不断扩展冲击着传统的单一银行制基础,并逐步迫使立法上的相应变革,单一银行制已名存实亡。1994年8月美国国会通过了《跨州银行法》,规定自1997年6月1日起,美国银行和外国银行可通过收购、兼并和新建这三种途径跨州设立分行。《跨州银行法》的颁布宣告了美国长达半个多世纪的单一银行制的彻底结束。

3. 分业经营与管理制度

由于 20 世纪 30 年代大危机的爆发和银行倒闭风潮的影响,1933 年美国国会通过了《格拉斯-斯蒂格尔法》,将商业银行业务与投资银行业务明确地、严格地划分开。法令禁止商业银行包销和经营公司股票和债券,禁止银行充当证券经纪人,而投资银行则不允许从事商业银行业务活动,从而使银行业与证券业相分离、商业银行业务与投资银行业务相分离。由于各种金融机构的迅速发展,金融创新日趋活跃,商业银行之外的金融机构可以避开立法限制开拓业务范围,金融竞争的结果使各种存款机构与商业银行职能相互交叉并趋于一致。1980 年美国的《放松存款机构管理法和货币管制法》允许存款机构建立可流通取款账户,允许非银行存款机构从事工商信贷、吸收交易存款。这些使商业银行与其他金融机构业务出现交叉经营、激烈竞争状态。在商业银行经营过程中,为了获取较高的利润,一些银行设法避开立法限制向证券业渗透。1999 年《金融服务现代化法》在国会通过,于 2000 年 3 月正式生效。2000 年年初,美国国会又通过《金融服务现代化法(实施细则)》,全面推进银行混业经营制度,从而标志着美国银行业开始了综合化经营和全能化发展的新时期。

4. 严格的利率管制

20 世纪 30 年代到 80 年代以前,美国对商业银行实行严格的利率管理制度。1933 年的《Q 条例》禁止商业银行对活期存款支付利息,并对储蓄存款和定期存款规定最高利率限制。1980 年的《放松存款机构管理法和货币管制法》规定,自 1980 年起,6 年内逐步取消《Q 条例》对一切存款机构持有的定期和储蓄存款的最高利率限制,并取消了有关贷款的最高利率限制。这宣告了美国近 50 年的严格利率管制的结束。

二、英国的商业银行体系

(一) 英国商业银行的组织结构

英国商业银行系统的主体是零售性银行,是主要以个人和中小企业为业务对象、在英国国内广泛设置分支机构或直接参加清算系统的银行。清算银行是最有影响的大型商业银行。其中巴克莱银行、劳埃德银行、国民西敏寺银行和米德兰银行是规模最大的实力雄厚的清算银行,拥有占全国零售性银行分支机构 72% 的庞大的分支网络,掌握着英国 80% 以上的企业和个人的存款。

(二) 英国商业银行的业务及其变化

以清算银行为研究对象,英国商业银行的主要业务有:

1. 负债业务

由于伦敦是重要的国际金融中心,英国清算银行的外币业务量很大。因此,清算银行的存款分为英镑存款和非英镑存款两类。在两类存款下分别有即期存款(DD)、定期存款(TD)和储蓄户头。传统上即期存款不支付利息,20 世纪 70 年代后,英国开始对一部分即期存款付息。1968 年,英国出现英镑面值的存单(即可转让定期存单),清算银行逐渐成为存单的主要发行者。

2. 资产业务

英国商业银行的主要资产业务包括：

（1）流动性资产。清算银行流动性较高的资产有钞票和硬币、在英格兰银行的存款余额、票据、市场贷款四类。钞票和硬币是各银行的备用现金，从1971年起对该项资产没有比例要求。在英格兰银行的存款余额有两种：一种是"特别存款"和"准备金存款"，特别存款是英格兰银行对英国国内信用供给进行管制时，要求清算银行临时缴纳的部分，而准备金存款是各金融机构在英格兰银行保持的相当于合格负债的0.5%的无息、非营运性存款余额，这一部分是强制性的；另一种是为清算的需要各银行在英格兰银行保有的一部分现金，其数量由各银行自定。票据是指持有的各种短期金融资产，如国库券、地方机关票据、银行承兑票据等。市场贷款包括对贴现行、票据经纪人及承兑行的短期贷款，这些贷款可随要随还，又称为"即期贷款"和"短期通知贷款"。

（2）证券投资。指银行持有的1年期以上的英国政府债券或无期限债券、地方机关发行的债券及其他金融机构发行的金融债。

（3）贷款业务。英国清算银行与美国商业银行的贷款形式有较大的区别，即使对工商企业的贷款也主要是通过票据贴现、借款账户或透支账户等短期信用形式进行。借款账户是指银行以分期付款放款时，为客户开立一个借款账户，利息按账户余额计算，每次还款都贷记借款账户，还清为止。透支账户指客户可在事先与银行约定的限额内随时签发支票，它适用于在银行有往来账户的客户，具有循环周转、随用随还的特点。英国银行一般只为工商企业提供流动资金，但近年来在竞争的压力下，也增加了对工商企业的中长期贷款及对个人的贷款。

3. 英国商业银行业务的变化

（1）负债结构。英国商业银行负债结构的变化表现在三个方面。第一，在存款类型上，定期存款的增长快于活期存款的增长，活期存款占存款的比率由1945年的66.6%下降到1985年的35.2%；定期存款则由33.4%上升到64.5%。而活期存款中有息存款的增长速度高于无息活期存款，1975年有息活期存款仅占活期存款的16%，1990年达到69%。原因是，战后初期英国实行低利率政策，存款利率较低，人们宁愿持有活期户头，70年代的通货膨胀促使利率上升，人们开始选择高利率的定期存款。第二，在存款来源上，清算银行传统的存款多来自个人部门的小额零售性存款，但自60年代以来，金融业竞争的加剧使其转向批发性业务，即通过吸收1万英镑以上的大笔存款、吸收银行间存款及发行大额存单的形式来获取资金，批发性资金来源的占比由1975年的19%上升到1985年的60%。第三，在存款的通货构成上，由于20世纪60年代以来欧洲货币市场的发展和金融管制的放松，英国商业银行非英镑存款迅速增长，70年代非英镑存款仅占清算银行存款的15%，80年代比重上升到30%。

（2）资产结构。英国商业银行资产结构的变化表现在三个方面。第一，随着英格兰银行存款准备金制度和流动性管理制度的变革，现金资产和流动性资产的比率大幅度下降，80年代，银行只需在英格兰银行保持合格负债0.5%的无息存款，业务性存款的比率自定；英格兰银行也于1977年取消了对清算银行统一的流动性比率要求，目前清算银行内部的控制比率仅为10%。第二，在贷款和投资方面，第二次世界大战后，英国政府限制对私人部门的贷款，要求银行多持有公营部门的债务，所以清算银行多投资于政府债券和国库券，同时，即期贷款和通知贷款也大多转给政府。60年代，在通货膨胀的压力下，固定利率债券的收益下降，银行开始转向贷款领域，而对私人部门的贷款收益大于对政府部门的贷款，大量的资金转向私人部门。这使得贷款比重上升而投资比重下降，贷款中对私人部门的放款扩大。进入90年代贷款的比重已有所下降，投资略有上升，非利息收入在银行总收入中的比重大幅增长（见表5-2）。第三，在贷款结构上，对制造业的比重下降，而对个人的消费信贷和抵押贷款的比重加大；另一方面，贷款方式也更多采用中长期定期贷款的形式，利率多为浮动利率。

表5-2　英国主要清算银行的资产收益构成　　　　　　　　单位：%

	1988年	1990年	1992年	1994年	1996年
贷款/资产	64.6	55	59.2	51.9	51.7
证券/资产	7.6	8.9	13.9	15.6	20.0
非利息收入/总收入	32.3	36.7	42.3	44.5	46.0

资料来源：《国际金融研究》，1997年第5期。

（3）战略结构。英国商业银行战略结构的转变经历了两个时期。"大爆炸"（Big Bang）之后，英国的商业银行推行了全能银行和全球化战略。经过二十多年的实践，主要清算银行的全能化战略均遭遇挫折，转而推行集中化战略。在全能发展阶段，英国的商业银行实行粗放式经营，追求"大的就是好的"，采取合并及在地理上和产品上多元化的战略以实现增长。通过国际化及整合以取得尽可能多的市场份额、增加资产规模。但是，银行在追求这些目标时，经常不考虑贷款的质量、盈利性和股东利益，支持增长的战略是大规模配股增资，最后均以缺乏效益的增长付出了惨重的代价。之后，英国的商业银行由全能发展转向集中化发展。在集中化发展阶段，重视战略重点和股东利益，突出主业，进行战略收缩。在麦肯锡等国际著名管理咨询公司的帮助下，通过对银行业务的分析，得出了银行盈利性高于利润、贷款质量高于市场份额、股东利益大于资产规模的结论，战略重点从追求规模和市场份额转向重视股东利益，从多元化的全能战略转向集中市场战略。

三、日本的商业银行体系

（一）日本商业银行的组织结构

日本商业银行制度是模仿英国的分支行制建立起来的，采用股份公司的形式。日本的商业银行称为普通银行，有城市银行、地方银行以及第二地方银行协会加盟银行三类。

城市银行是以大城市为基础，在国内设立众多分支机构的全国性的大银行。它多是由旧财阀体系的银行和过去的特殊银行、地方银行发展而成的，自明治维新以来一直是日本民间金融机构的中坚。随着90年代末期合并浪潮的兴起，截止到2014年12月31日，1993年年初存在的13家都市银行已经减少到5家。

地方银行的总部设在全国都、道、府、县的中心城市(一县一行),并以总部所在地区为主要的服务对象,目前共有64家。它们中除少数几家规模可与都市银行相比之外,大多数属于中小银行,融资对象也以本地中小企业居多。

第二地方银行协会加盟银行源起于日本传统的民间金融机构——拔会,在逐步发展成为互助银行的基础上,最终形成第二地方协会加盟银行,第二地方协会加盟银行在中小企业的发育、发展过程中发挥着重要作用。无论是营业基础、资产规模分布、业务内容,还是在资金运营、筹资结构等方面,第二地方银行协会加盟银行与地方银行大同小异。截至2014年12月末,第二地方银行协会加盟银行的数目达到了41家。

(二)日本商业银行的业务及其变化

日本商业银行采取英国式分业经营的道路,传统上主要业务在短期工商业贷款,中长期信贷由专门成立的长期信用机构承担。都市银行和地方银行两者在分支机构设置和服务对象上有所区别,但基本业务种类上有着一致性。普通银行的主要业务有:

1. 存款业务

日本普通银行传统的存款业务有活期性存款和定期性存款:

(1)活期性存款。活期性存款的种类有活期存款、普通存款、通知存款、纳税准备存款和特别存款。活期存款主要被企业用来作为结算户头,无利息;普通存款主要为个人所拥有,由于自动出纳机的广泛使用,它不仅可用作短期储蓄,也可用来办理结算,该存款有利息,每半年支付一次;通知存款在日本的最低期限为7天,但目前只需提前两天通知银行即可自由提取,多为企业所用;纳税准备存款是为纳税方便而设立的存款账户,客户将准备交税的资金存入该账户,由银行定期转缴,利率高于普通存款;特别存款又称为杂项存款,凡不属于其他各项存款,未结算、未清算的暂时性资金或保管金可开立该账户。

(2)定期性存款。定期性存款有定期存款、定期零存整取、可转让性存款。定期存款是规定存入期限,一般情况下不能支取的存款,它在储蓄存款中占绝大部分比重,存款者有个人也有法人;定期零存整取存款是为方便个人储蓄而设立的一种账户;可转让性存款即大额可转让定期存单。

(3)存款业务的创新。在金融创新的影响下,日本的普通银行适应客户的要求创立了许多新型的存款类型,主要有:综合户头,它将普通存款和定期存款相结合,以定期存款为担保,具有自动融资的功能;自动调整服务,即将综合户头上办理普通存款向定期存款转化的功能;国债定期户头,它将定期存款与发行的中长期付息国债相结合,规定国债与定期存款的比例,将国债收益自动转存公共债综合户头,即将综合户头上附加以公共债为担保的自动融资的功能。在日本,除活期存款和一部分特别存款外,一般都要由银行支付一定的利息,1988年之前,存款利率按日本银行制定的指导性存款利率细目确定(但对储蓄存款中5亿日元以上的存款,可转让存款,外国政府、外国中央银行、非居民的存款及外币存款实行自由利率)。1988年后已取消此限制,利率实现了自由化。

在设计存款的商品种类时,以往需要向大藏省(现在的财务省)提出申请。1995年9月,日本废除了申请制度,紧接着由于1998年6月再次取消了大藏省限制存款种类的有关通告。现在,各家银行根据1998年6月制定的《业务指南》,在保证按期还本付息的前提下,可结合自身的经营情况自由设计存款品种。这样,存款的种类呈现出多元化的趋势,目前不仅出现了利率可以变动的浮动利率定期存款,而且在当地职业棒球队、足球队取胜时,还出现了上浮利息的定期存款以及附加奖品的定期存款等品种。

2. 贷款业务

日本普通银行的贷款类型有:

(1) 票据贴现。贴现的对象有优良的商业票据和银行承兑票据。品质优良的商业票据可由日本银行进行再贴现,有时也可充当日本银行的贷款抵押。

(2) 直接贷款。直接贷款有三种:一是票据贷款,主要用于一般企业的临时周转资金,该票据是借款方以自己为出票人,以银行为受票人而签发的一种融通票据,银行以贴现该票据的形式向出票人提供贷款。银行办理,该业务可以提前收取利息,并可将票据以贴现或担保的形式变现。二是活期透支,即银行对有活期存款户头的客户规定,在约定的数额和期限内可签发超过存款余额的支票。该项业务对日常收付额较大的客户有吸引力,但以后管理起来比较困难。三是证书贷款,即以借款合同的形式发放的贷款。

3. 日本商业银行业务的变化

20 世纪 80 年代以来,日本普通银行业务的变化表现在以下方面:

第一,普通银行传统的业务结构发生了变化。在负债中,存款是日本普通银行资金的主要来源,而定期存款又是存款中最重要的部分。80 年代中期,普通银行 70% 以上的资金来自存款,而定期存款占 60%。定期存款中的绝大部分(80%)是一年以上的存款。1985 年后,大额存款和存款的比重逐渐上升,为日本的银行提供长期性融资创造了可能。在资产业务方面,贷款(包括票据贴现)占银行资产的绝大部分,战后并未发生明显的变化。80 年代中期,普通银行 60% 的资产为贷款,而在贷款类别上,对企业的贷款仍然是主体,主要投向制造业,但对个人的贷款,特别是住宅和耐用消费品方面的贷款迅速增加。由于 80 年代日本债券市场的发展、国债的大量发行,普通银行有价证券投资的比重有所提高。

第二,都市银行和地方银行在资产负债结构上各具特点。都市银行是日本民间金融机构的重要力量,它吸收的存款占全部银行存款的 20%,提供的资金占民间企业所筹资金的 20%。都市银行主要向大企业提供贷款,1985 年年末对大企业的贷款占其全部贷款的 30%(1991 年为 18%),吸收的存款中,法人存款占总存款的 60%,而其中 90% 是金额在 1 000 万日元以上的大宗存款。都市银行长期以来处于"超贷"状态,资金不足,经常向日本银行借款或从短期金融市场上借入资金,表现在负债结构上,都市银行外部负债占总资产的 21%。而地方银行贷款对象以本地区的中小企业为主,有一半的贷款贷给资金在 1 亿日元以下的企业,吸收的存款半数以上是个人存款,其中 80% 是定期存款。地方银行的资金较为充足,大量的资金转向有价证券和票据市场,它们很少从日本银行借款。

第三,日本于 1993 年 4 月开始执行《金融制度改革法》,该法主要规定不同行业间以行业子公司的方式实现相对方领域的参与。新法实施后银行和证券开始互相参与。大藏省首先允许实力相对较弱的长期信用银行、信托银行以及合作金融机构的总部设立证券子公司。在子公司的业务范围上,一直为许可银行证券子公司经营股票买卖中介。

第四,日本采取了灵活机动的方式,在法律上补充认可新生的附属业务,以适应时代发展的需要。在1998年12月实施的新《银行法》中,为了顺应银行所处的环境变化,日本政府就追加承认投资信托、金融衍生产品交易、有价证券衍生商品场外交易为银行的附属业务。

四、德国商业银行体系

(一) 德国商业银行的组织结构

德国的商业银行都是按私法管理的私营商业银行,主要采用分支行制度:即某一商业银行在它营业总部之外,在其他国内外各地另设分支机构的制度。在这种分支制度下,德国商业银行因种类的不同而又采取不同所有制形式。大银行采用股份公司形式,总行集中于法兰克福,主要有3家即德意志银行、德累斯顿银行(Dresdner Bank)和商业银行(Dommerz Bank)。这三大银行在全国各地设立了3 000多家分支机构,在国外拥有200多家分支机构。

区域性银行采用股份公司或有限责任公司的形式,它们的业务集中于某一地区,拥有少量的分支机构,目前约有100多家。如德国商业银行把全国划分为20个地区,并设立管辖分行,这些地区管辖分行管理着180个二级分行和600个三级分行,它们实际上就是国内的地区总部。又如德意志银行在海外设有两个总部,一个位于新加坡,管理整个亚太地区,一个位于纽约,管理美国和加拿大的业务。另外,在南非的约翰内斯堡设有一个主要的管辖分行(Main branch),管理整个非洲地区的业务。近年来许多区域性银行积极拓展业务,规模逐步扩大,如巴伐利亚联合银行和巴伐利亚抵押汇兑银行等。私人银行一般采用一般的或有限责任的合伙人公司或单一股东形式的公司,多采用无限公司形式,是德国银行最古老的形式,它们资本规模较小、业务难以扩大、经营风险高。从1976年起,立法不允许新设立私人银行,但它长期以来形成的固定业务关系,具有灵活的经营手段,在大银行无法经营的领域和地区开展业务,有其发展的广阔空间。较大的私人银行有卡尔·施密特银行、特灵考斯银行、奥本海默银行、梅克-芬克银行等。

(二) 德国商业银行的业务经营模式

德国商业银行的业务经营模式是全能银行制。根据德国《银行业务法》,全能银行的经营范围包括存款业务、贷款业务、信托业务、贴现业务、证券业务、担保业务、投资业务、保险业务、汇兑业务、财务代理业务、金融租赁等所有的金融业务。从经营模式看,德国全能银行可以直接从事银行和证券业务,并控股保险、租赁、不动产抵押、资产管理及一些非金融业的工商业子公司。从业务开发看,全能银行的业务多元化为创新金融产品的开拓提供了巨大的发展空间。德国全能银行集团主要有德意志银行集团及德累斯顿银行集团等。

第三节 "金砖国家"的商业银行体系

一、巴西的商业银行体系

巴西的商业银行体系十分发达,共有158家银行机构,超过两万家分支机构。巴西的商业银行包括联邦和州所属的国营商业银行、私营商业银行以及在巴西的外国银行。巴西的商业银行在金融制度改革后采取"全能银行"经营模式,大多数商业银行转变为综合型银行,即巴西的商业银行不仅可以承销债券发行,还可以在二级市场上进行大量买卖,在各个领域进行多层次的经营。

巴西的联邦属商业银行主要有巴西银行、联邦经济银行、巴西南方银行、巴西利亚银行等。其中巴西银行是巴西最大的商业银行,成立于1808年。1819年该行首次发行货币,成为当时世界上第4家发行货币的银行。1854年和1906年该行曾两次进行改革,由政府控制,总部设在巴西利亚。目前巴西银行是拉丁美洲最大的银行,承办了巴西几乎一半的外汇业务,其业务范围覆盖银行业的所有领域。

巴西有22个州,每个州都有一家州立银行,其业务活动限于本州之内。其中比较重要的有圣保罗州银行、米纳斯吉拉斯州银行、南兰约格朗德州银行、巴拉那州银行、里约热内卢塔林纳州银行等。圣保罗州银行成立于1909年,总行设于州首府圣保罗。该行除了办理商业银行的一切银行业务,还是该州政府的存款银行,在巴西境内拥有340个分支机构,在纽约、伦敦、东京和开曼群岛也设有分行。

巴西商业银行中私营商业银行的比重最大,主要有巴西贴现银行、伊塔乌银行和联合银行等。其中,巴西贴现银行是巴西最大的私营银行,成立于1943年,在全国有分支机构800余家,在巴西银行界名列第2。

外国银行。第二次世界大战以前,外国银行在巴西的影响较大。第二次世界大战后巴西对外国银行采取了较严格的限制措施,除原有银行外一般不许新设立分行。截至2000年9月,巴西境内共有外资银行30余家,其中最大的5家分别是荷兰银行、英国汇丰银行、西班牙桑坦德银行、美国波士顿银行和美国花旗银行。

二、俄罗斯的商业银行体系

(一)俄罗斯商业银行的组织结构

经济转型初期,俄罗斯中央银行采取一系列措施鼓励发展商业银行。苏联解体时原有的五个商业银行(联邦储蓄银行、对外经济银行、工业建设银行、农业银行和城市服务银行)转变为股份制商业银行,同时外资银行的数量和规模不断增大。1991年10月1日,中央银行发布《商业银行登记和许可证发入的程序》,简化商业银行成立手续。于是,俄罗斯商业银行如雨后春笋般发展起来,到1992年注册银行数量已经超过1 300家,1994年达到了顶峰2 500家。1993年6月对新注册商业银行的最低法定资本金要求仅1亿卢布(约9.44万美元)。由于门槛很低,这一时期资本资产规模小、运营不规范,抗风险能力差的中小银行占银行总数比重大,因此银行业的整体稳定性下降。经过1998年金融危机洗礼之后,俄央行开始:(1)提高商业银行最低法定资本金,从2010年1月1日起,所有银行的自有资本不少于500万欧元;(2)提高银行资本充足率,从2005年起资本金低于500万欧元的银行最低资本充足率为10%,从2007年起所有商业银行不论资本金规模,资本充足率均要达到10%。2008年美国次贷危机后,政府和银行共同对抗衰退,俄罗斯商业银行体系逐步恢复,2013年上半年大部分银行的财务状况良好,仅有132家银行破产(见表5-3)。

表 5-3　俄罗斯商业银行和外资银行数量　　　　　　　　　　（单位:家）

	2006 年	2007 年	2011 年	2012 年	2013 年	2014 年	2015 年
商业银行	1 189	1 136	1 012	978	956	923	834
外资控股	44	85	80	77	73	76	75

(二) 俄罗斯银行体系资本规模结构

虽然俄罗斯商业银行的实力在 1998 年金融危机后有较大发展,但与国际大银行相比,仍然显得十分单薄,截止到 2003 年年初,俄罗斯银行总资本规模为 212 亿美元(合 6 678亿卢布),仅为世界上最大的银行——花旗银行资本额的 40%,俄罗斯银行中除储蓄银行与对外贸易银行超大规模以外,其余都为中小型银行(见表 5-6),注册资本小于 1 000万欧元的银行数量占银行总数的 84.2%。但是到 2007 年,俄银行总资本额为 26 715 亿卢布,占 GDP 比重为 8.1%,总资产达到 20.13 万亿卢布,占 GDP 比重为 61%,到 2008 年 9 月末,俄罗斯银行业总资产达到 24.575 万亿卢布,占 GDP 比重为 59%。

表 5-4　俄罗斯商业银行银行体系资本规模结构　　（截至 2001 年 7 月 1 日）

	银行数量(家)	比重(%)
总　　计	1 312	100.0
10 000 万欧元以上	22	1.7
5 000 万—10 000 万欧元	29	2.2
2 000 万—5 000 万欧元	70	5.3
1 000 万—2 000 万欧元	87	6.6
100 万—1 000 万欧元	627	47.8
低于 100 万欧元	477	36.4

(三) 俄罗斯商业银行的地理分布

俄罗斯商业银行地域分布高度聚集,金融资源分布同经济布局严重背离,并且银行分支结构发展水平低,这大大限制了银行的信贷和其他服务功能的发挥。例如,俄罗斯商业银行主要集中在莫斯科,据统计,莫斯科拥有全俄罗斯 48%的银行,但却集中了俄罗斯银行体系吸引的全部资金的 79%(不包括储蓄银行),莫斯科的银行及其分支机构拥有全部银行体系总资产的 84%,其他地区仅占 16%,但这些地区的 GDP 却占到全国的 85%,之所以出现这一不合理局面,是因为莫斯科拥有最发达、最活跃的金融市场,并且金融寡头与权贵们占据着莫斯科,因而能吸纳全国大部分金融资源。俄罗斯商业银行在各地区之间的分布如表 5-5 所示。另外,虽然俄罗斯商业银行的数量很多,但是,大多数银行受资产实力的制约无力在全国范围内建立分支机构。这导致银行数量多与银行分支机构数量少的矛盾,使除莫斯科等少数地区以外的广大地区的金融服务短缺。与发达国家相比,以每 10 万居民拥有的银行机构数量为例,欧盟是 40—50,中东欧国家是 7,俄罗斯是 3.5(不包括莫斯科)。

表 5-5　俄罗斯商业银行在联邦区的地理分布
（1998 年 7 月至 2003 年 1 月）

联邦区	1998.7.1 数量（家）	占全部数量的百分比（%）	2001.1.1 数量（家）	占全部数量的百分比（%）	2002.1.1 数量（家）	占全部数量的百分比（%）	2003.1.1 数量（家）	占全部数量的百分比（%）
中央区	805	50.4	693	52.9	714	54.1	738	55.5
其中,莫斯科和莫斯科地区	724	45.3	617	47.1	639	48.4	663	49.9
西北区	108	6.8	93	7.1	91	6.9	88	6.6
南部地区	215	13.5	148	11.3	143	10.8	142	10.7
伏尔加地区	198	12.4	159	12.1	157	11.9	156	11.7
乌拉尔地区	91	5.7	82	6.3	82	6.2	77	5.8
西伯利亚地区	120	7.5	90	6.9	86	6.5	82	6.2
远东地区	61	3.8	46	3.5	46	3.5	46	3.5
全国合计	1 598	100.1	1 311	100.0	1 319	100.0	1 329	100.0

（四）俄罗斯商业银行的分类

俄罗斯商业银行虽然数目众多,但基本上可以分为以下几个类别:

1. 俄罗斯银行业的双巨头——联邦储蓄银行和对外贸易银行

俄罗斯联邦储蓄银行目前是全俄最大的国有银行,尽管实行了股份制改革,但俄罗斯中央银行一直是其最大的股东,它集中了整个银行体系 29% 的资产,拥有 340 亿美元资本,40 亿美元资产,垄断了俄罗斯居民存款市场,是俄罗斯唯一一家能同时提供几十笔超过 1 000 万美元大额贷款的银行。俄罗斯联邦对外贸易银行(简称"外贸银行")是全俄第二大国有银行,主要从事对外金融业务。这两家银行在俄罗斯商业银行体系中占有举足轻重的作用。2000 年前 3 个季度储蓄银行和对外贸易银行的利润达到 140 亿卢布,占整个银行体系利润的 50%,2009 年受美国金融危机影响,俄储蓄银行净利润仅为 244 亿卢布,到 2010 年净利润大幅增长,达到 1 816 亿卢布。从表 5-6 可以看出,这两家银行在俄罗斯经济中的重要地位。

表 5-6　储蓄银行和对外贸易银行在俄罗斯银行体系中的比重　　单位:%

	1998 年 7 月	2000 年 1 月	2000 年 10 月
资产	28.5	31.6	30.8
对经济贷款	17.8	31.1	31.6
国家有价证券	62.9	79.7	77.9
平衡资本	13.9	28.9	26.1

续表

	1998年7月	2000年1月	2000年10月
居民资金	71.1	77.3	78.9

2. 金融工业集团所属银行

这些银行最初形成于1992—1994年私有化期间,私有化改革使得银行依附于企业,最终演变成金融工业集团。俄罗斯当时除少数大型国有银行外,大多数银行实际上都受控于金融工业集团,银行通过外部融资,再将资金以贷款的形式注入集团其他企业,这直接导致俄罗斯银行体系中的条块分割现象。1995年的国有股份的抵押竞拍进一步加强了金融工业集团的实力。在1998年金融危机之前,8家金融工业集团拥有的商业银行占有俄罗斯商业银行资产的30%,这些银行包括联合进出口银行、首都储蓄银行、农工银行集团、阿尔法银行、资本银行等。每家银行都有自己特定的业务范围,主要为本工业集团提供金融服务。与其他商业银行相比,这些银行拥有最发达的国内和国外分支机构网络。除此之外,这些银行与政府关系密切,从而享有独特的竞争优势,1998年金融危机前夕,这些银行也是俄罗斯银行中向国外借款最多的银行。而在1998年金融危机之后,俄罗斯工业集团开始走向衰落,1998年8月25日,俄罗斯颇具实力的梅纳捷普银行、桥银行和联合进出口银行三大银行不堪金融危机的冲击宣告合并,以共渡难关。

3. 大型公司银行

这类银行包括10家大型银行和7家相互关联的中小银行,占商业银行资产总额的9%,它们是在大公司、企业和过去的行业管理部委基础上建立起来的,一般为本公司及其下属企业提供金融服务,具有鲜明的行业色彩。

4. 以专业银行为基础建立的大型银行

在两级银行体制下,俄罗斯保留并重新建立了部分专业银行,这些银行大都建立在苏联时期专业银行各地区分支机构的基础之上,由国家或大型国有企业独资或控股,主要为国际贸易、能源开发等部门制定行业融资,必要时执行国家政策性任务。截至1998年8月1日,这类银行共12家,其资产占整个银行资产总额的8%。

5. 大型对外贸易结算银行

这些银行大部分由中央银行直接或间接控股,其主要业务集中在国家预算和外贸活动的结算领域。截至1998年8月,这类银行共有5家大型银行和9家相互关联的中小银行,资产占商业银行总资产的7%,其中对外贸易银行规模最大,拥有俄罗斯最发达的代理网络,它在国外拥有超过300家代理银行,在俄罗斯以外的前苏联地区拥有200家代理行。

6. 区域金融中心银行

这些银行大都由各地区行政当局控制。实际上是以当地行政当局为中心而形成的金融—经济集团的一个组成部分。这类银行的特点是对货币市场依赖性很小,负债以企业机关存款以及预算资金为主,因而对当地政府的依赖性很大,这类银行包括9家大型国家银行和 4 家中小型银行,金融危机前,这些银行资产占商业银行总资产的 9%。

7. 中小型银行

除上述几类银行以外,为数众多的是中小型银行,其中又可分为小型公司银行、在专业银行基础上建立的小型银行和莫斯科的小型银行。在金融危机冲击下,这类银行数目大为减少。

三、印度的商业银行体系

印度的商业银行体系基本上是仿照英国和美国的银行模式建立起来的,印度商业银行体系由国有化商业银行、私人银行、农村地区银行和外国银行四部分组成。其中,国有化商业银行共有 28 家,是印度商业银行体系中的骨干,也是印度金融制度最显著的特点之一。它们的经营业务占商业银行总业务的 90% 以上,各国有化商业银行在业务上可以竞争。

印度现存的商业银行按所有制划分,有以下四类:一是国有银行。"印度国家银行"(SBI)及其 7 家所属专业银行为最大的银行集团,其存贷业务量占全国商业银行的 27% 左右。专业银行包括工业开发银行、进出口银行、全国住房银行等。还有 19 家具有一定规模的综合性银行,均为过去收归国有的私人银行。二是私人银行。从 1993 年起,印度又允许新开设私人银行,目前新旧私人银行共 34 家。三是农村地区银行。全国共有 196 家"地区乡村银行",分布在 23 个邦的 427 个县,以农民为主要服务对象。四是外资银行。90 年代中期,印度政府允许每年有 8 家外国银行在印度开设分行,到 1998 年,已营业的有 42 家。截至 2014 年年底,印度境内总共有来自 26 个国家的 43 家外资银行。印度商业银行数从 2005 年到 2015 年由 284 家精简到 151 家,分行数由 70 373 家增加到 109 611 家。

(一)国有化商业银行

印度国家政府主要推动了将商业银行国有化的进程,并持有了大多数股份,进一步发展了为农村地区人民提供金融产品、提供服务的事业。国有化商业银行获取了最佳利益,并提供资金支持给农村地区的安居工程、卫生设施、药房建设、饮用水设施建设等。

目前,印度全国有近 300 家商业银行,绝大多数是国有的银行,它们构成了印度商业银行的主体,其中最大的是印度国家银行,有分支机构 8 000 多家。印度国家银行是印度最大的实力最强的商业银行,其股本的 90% 以上为政府所有。印度国家银行是在原印度帝国银行资产国有化的基础上建立起来的。它同一般商业银行一样吸收存款、发放贷款和进行透支;它在促进印度广大农村落后边远地区的发展方面发挥了独特的作用;它作为印度储备银行的代理机构,执行某些中央银行的职能;它在没有银行的地区开设分行,为合作社和小企业融通资金,在农村的信贷方面起了特别重要的作用;该行还积极开展国际业务,在世界 20 多个国家设有分支行;它还负责支付印度一半的对外贸易额;它的营业额占整个印度银行的 35% 以上。除了印度国家银行以外,主要的商业银行还有印度银行、旁遮普国民银行、中央银行、联合商业银行、印地银行以及印度海外银行。1969 年印度首次将 14 家主要银行国有化,其余大部分在 1976 年国有化。目前,在印度有 27 家国有银行,包括 SBI(加上其 5 联营)和 19 个国有银行。此外,有 2 家银行已被归类为打点"其他公共部门银行"。

（二）私人银行

私人银行的大部分资金在私人手中。在印度，私人银行以为顾客提供更方便快捷以及多种渠道的服务而闻名。全球化使得印度成为外资银行拓展业务的优先选择地。现在，从事服务业的外资银行提供24小时的服务。

1994年，印度储备银行放开了对私人银行的限制和政策控制，私人银行得以自由独立地运作。印度信托银行是首个私人银行，后成为东方商业银行。

印度私人银行在扩大银行规模和拓展商务业务方面起到重要作用。

印度私人银行在发展各类货币政策工具和技术进步、组织优化方面都有很大进步：国际收支有限公司1995年在昌迪加尔开设第一家分行，现在国内客户数量约220万。

旁遮普银行是推出传真银行和电话银行的国内首家私人银行。

YES银行1994年加入印度的私人银行队伍，现在全国范围内已有730家支行。它的创立满足了企业和金融机构在金融市场、投资市场、融资市场和资产管理方面的需求。

私人银行增加了就业，拉动了投资，加速了资金循环，有助于满足企业和中小型金融机构的需求。

位于孟买的HDFC私人银行和ICICI私人银行是两家典型的新兴私有金融机构，其灵活的经营给印度效率低下的银行业注入了活力。没有政府干预，也不受印度以往遗风的影响，这些银行已成功地赢得了一流公司和迅猛发展的中产阶级的青睐。它们成功的秘诀是：体制合理、运作科学、对技术的承诺、分行运营成本低及强有力的管理。目前印度有30多个私人银行急需资金。它们都是正在快速成长的银行，占有印度银行业13%的市场份额。在20世纪90年代初期建立的8家私人银行体现了印度的金融市场自由化的好处，它们的资产每年增长50%。不过印度不景气的资本市场很难开发。大型国有银行和保险公司自身问题很多，无法为私人银行提供资金，而印度的公司不能在银行占有10%以上的股份。最近，印度政府放宽了有关外国银行投资的法规，外国银行兼并印度私人银行的机会增加了。现在，外国银行可以直接获得印度私人银行的最高达49%的股份，而以前的规定为20%。外国银行在印度私人银行中的全部有价证券投资限额也可能从24%提高到49%。另外，一个禁止外国银行及其分支机构购买私人银行的规定也被废除。不过，一些残留的限制性规定仍在对私人银行的开放起消极作用。例如，有一条规定将投资者在私人银行中的投票权限制在10%以下。

印度现有22家旧的私营部门银行和新合并的7新私营部门银行。

（三）农村地区银行

印度是古老的国家，封建性经济结构长期占统治地位。独立以后，尽管印度进行了"土地改革""绿色革命"，但都未能彻底消除这种封建主义基础。至今农业仍然是印度经济的主体和最薄弱的环节。与这种历史和现状相联系，现代印度金融体系中仍然有尚未组织起来的古老的农村地区银行大量存在，如钱庄和当铺，还有经营高利贷的个人。这些都是政府支持的农村地区性银行。他们提供信贷支持农业和农村的发展，主要目标是发展农村经济。他们的借款人包括小户和边缘农民、农业劳动者、农村工匠和农村地区的其他小企业主、工匠等。这种情况形成了印度金融体系最为明显的特征之一。目前有56家农村地区银行在印度。

（四）印度的国外银行

1860年外资银行开始从加尔各答兴起。

1969年印度实行国有化政策时，不允许外国银行在其国内新设分支机构，中国银行在印度的分支机构也被关闭。1974年开始允许孟加拉银行在加尔各答以对等条件开设分支机构，以便利两国贸易。

这些私人银行获取了大量利润，使得资金在国内循环流通，增加公共部门的开发项目，并创建了新型投资途径。

目前条件又有所放宽，但外资银行在印度不能增设网点，营业范围也被限制在对外贸易及某些特定领域。截至2002年年底，外资银行在印度银行业的份额已经下跌到8%以下，它们在汽车、房屋和个人贷款等不断增长的市场的经营受到阻碍。

截至2014年12月，有来自26个国家的43家外资银行开设了印度分公司以及来自22个国家的46家银行在印度设经营代表处。

四、中国的商业银行体系

经过改革开放三十余年的快速成长，中国已经成为世界第二大经济体。商业银行作为中国间接融资的主要承担者，为中国这个以间接融资为主的国家的发展做出了巨大的贡献。

（一）中国商业银行体系的发展进程

1．"大一统"的金融体系阶段

1949年10月1日中华人民共和国成立后，中国人民银行在承接国民政府遗留下来的金融体系的基础上，对中国的金融系统进行了大规模的改造。从1952年起，中国的金融体系逐渐形成"大一统"的格局。之前成立的各类金融机构相继被撤并，信贷资金管理和金融服务业都集中于中国人民银行。中国人民银行成为全国的信贷中心、结算中心和现金出纳中心，它既行使中央银行的职能，又办理商业银行的各种业务。中国人民银行按照行政区划在全国设立分支机构，实行存贷分立、统存统贷。

2．国有专业银行阶段

在改革开放初期，总设计师邓小平同志就提出："要把银行办成真正的银行。"根据这一方针，中国恢复和建立了多种金融机构。1979年2月，国务院决定正式恢复中国农业银行，专职农村金融事业；1979年3月，中国银行从中国人民银行中分设出来，负责全国外汇业务；1979年8月，中国建设银行从财政部中分离，办理全国范围内与固定资产投资相关的银行业务；1984年1月，中国工商银行在北京成立。同时，中国人民银行明确了专司中央银行的职能，中国工商银行承担中国人民银行办理的工商信贷、储蓄业务和促进社会资金流动的职能。自此，四大国有银行从中国人民银行的手中接过商业银行的职能。

3．股份制阶段

改革开放后，中国相继恢复和建立了四大国有银行，但除在储蓄业务办理有所交叉外,其他业务特别是信贷业务上基本是各司其职。随着改革的进一步深入,这种情况又发生了变化。

(1) 股份制商业银行。1986年后,在四大国有专业银行体系外,各个新型股份制商业银行相继组建起来。主要考虑到通过新型股份制商业银行引入竞争机制,既能促进金融业整体服务水平提高,又能根据新型股份制商业银行的发展积累国有化银行股份制改革的经验。

1986年7月24日,为适应中国经济体制改革和发展,作为金融改革的试点,国务院批准重新组建交通银行。1987年4月1日,重新组建后的交通银行正式对外营业,成为中国第一家全国性的国有股份制商业银行。1987年,中信实业银行、招商银行、深圳发展银行成立。1988年,兴业银行、广东发展银行成立。1992年,光大银行、华夏银行成立。此后,中国民生银行、浙江银行、渤海银行、浦发银行和恒丰银行也相继成立。这些新生的股份制商业银行业务灵活,积极创新,充分发挥市场化的优势,在发展中不断壮大。

(2) 国家控股的股份制商业银行。为加快专业银行商业化改革,1994年中国成立了三家政策性银行,实现了政策性金融与商业金融的分离;1995年5月10日,全国人大通过了《商业银行法》,明确了国有独资银行要以效益型、流动性、安全性为经营原则,实行自主经营、自担风险、自负盈亏、自我约束。1998年,国家发行2 700亿国债用于补足四家银行资本金,并成立四家资产管理公司用于管理不良资产。在改善内部管理、强化法人与外部监管体制下,2004年中国银行和中国建设银行由国有独资成功改组为股份有限公司。2005年,中国工商银行改组成为股份有限公司。2010年,随着中国农业银行在A股和H股先后上市,国有商业银行股份制改革全部完成。

改革后的四大银行业务范围有了扩展,从业人员素质得到提高,办事效率得到提升,银行的经营变得更加科学、有效。2014年,中国银行业从业人数为376.34万,法人机构数达到4 089家;商业银行业不良贷款比重为1.2%,资本充足率为12.2%,许多行业指标达到了世界先进水平。但我们也应该看到,在业务水平、创新能力方面,中国银行业和世界还有不小差距。

(二)中国商业银行体系的构成

1. 国有商业银行

在中国,国有商业银行在银行业中占据主导地位。不管是资产规模、负债规模、所有者权益情况还是盈利水平都占据行业领先地位。近年来,随着银行业竞争加剧,国有商业银行的市场份额不断缩减。资产规模等指标从21世纪初的占据行业总数的70%以上,下降到2014年的55%左右。总体上说,目前的国有商业银行依然在行业中具有举足轻重的作用,是中国银行业的支柱。中国的国有商业银行有中国工商银行、中国农业银行、中国银行、中国建设银行和中国交通银行。

2. 股份制商业银行

20世纪90年代后相继建立的股份制银行,在建立之初就担负起银行业市场化改革排头兵和为业内引入合理竞争理念等任务。经过近三十年的发展,中国的股份制商业银行已经成为中国金融发展中的重要力量。股份制商业银行在银行业资产、负债、利润等方面的比重也由21世纪初的不到15%增长到2014年超过20%。运用市场化的运行与管理机制,加上不断的创新,股份制商业银行正在从大型商业银行手中不断取得金融资源。

3. 城市商业银行

20世纪70年代末,各地方政府为了发展本地经济,为城市企业、个体工商户和居民提供便捷的资金融通渠道建立了大量的城市信用合作社。从20世纪80年代初到20世纪90年代,全国各地的城市信用社发展到了5 000多家。然而,随着中国金融事业的发展,城市信用社在发展过程中逐渐暴露出许多风险管理方面的问题。20世纪90年代中期,中央以城市信用社为基础,组建城市商业银行。改组而成的商业银行,不管是在组织管理还是业务水平都有很大的提高。经过近年的发展,资产规模、营业利润等指标的行业占比由7%左右上升到12%左右。现在的城市商业银行在服务地方民众、发展地方经济方面有着重要的作用。

4. 农村商业银行

农村商业银行是由辖内农民、农村工商户、企业法人和其他经济组织共同入股组成的股份制地方性金融机构。成立之初所奉行的"服务农村"的理念,让农村商业银行有着独特的竞争力。随着农村经济水平不断提高,农村商业银行的实力也不断壮大。2014年农村商业银行资产规模占比达到8.55%,负债规模占比为7.08%,盈利占比为8.89%,和以往相比有很大提高。

5. 外资银行

1979年,日本输出入银行被批准在北京设立常驻代表机构,中国银行业逐步开始走向国际。从1979年开始,经过了起步期、快速发展期、调整期和加速发展期的外资银行,在中国的银行业不断扩张的浪潮中一直保持稳定的市场地位,各项指标占比基本稳定在2%左右。虽然目前占比仍旧较低,但中国已经放开了对外资进入银行业的诸多限制。随着中国经济的不断强大,未来外资银行必将蓬勃发展。

(三) 中国商业银行的内部组织结构

中国商业银行内部组织结构基本上是按业务种类和产品来划分的,除此之外其内部组织机构设置还带有鲜明的机关模式特征,而且无论是国有独资商业银行,还是股份制商业银行、城市商业银行,内部组织机构都几乎一样。

中国国有商业银行目前的组织机构体系是按行政区域设置的总、分、支行体系。它们以分、支行为成本、利润、风险控制和资源配置中心来经营银行业务,以层级授权经营管理和信息传递为联系纽带,以银行内部的资金市场为依托,实现资源在各银行范围内的流动。

这种组织机构的合理性表现在:第一,这种组织机构体系能够很好地适应现实客户群体对金融服务的需要,能够获得相对稳定的客户资源,保证国有商业银行的基本经济效益。第二,它能够较好地解决历史遗留问题。国有商业银行历史遗留的主要问题,一是不良资产规模较大,二是机构庞大、人员过多。相比较而言,现行的地区性分支机构的设置,有利于银行的管理方与地方政府和企业进行协调和合作,也有利于各家银行的总部对分支机构处理历史问题提供激励,可以较好地在最短的时间内,解决不良资产和冗员等问题。第三,它具有相对快速的市场反应,便于提高银行的决策效率,争取当前最好的收益。

中国国有商业银行组织机构体系是较为典型的一层管理一层的科层制结构,它的特点是专业化、权力等级制、规章制度化和非人格化。客户资源状况和由此生成的客户定位基本上决定了国有商业银行组织机构体系的战略选择近期还应当是科层制模式。经济体制改革以来,中国的市场分割情况有了较大的改变,商品、资金、劳动力的流动已经在较大的区域内形成,但市场分割的状况还相当严重,相应地,服务于这种分割市场下资源配置及流动的银行业组织机构体系,科层制下各分支机构具有较为明显的体制优势,它容易形成地区化、个别化或差别化服务,赢得较大的市场份额。只要是客户资源的地方性质突出,银行组织机构体系按不同地区的分支行来设置的科层制构造就是相对最佳的选择。近些年来,国内许多大的集团性企业开始了业务经营与财务资源配置的内部改造,企业集团范围内统一的资源配置与管理体系正在形成,这就对国有商业银行的服务提出了新的要求。在全国范围之内,对同一集团客户整体提供统一、标准的服务成为银行组织机构体系重组建设的一种推动力。但从整个资产负债结构水平来看,这样的客户资源在总量上还不足以动摇国有商业银行的科层制结构。在现在科层制下适当增加全系统性的服务功能,协调好不同地区分支行的运行,上下联动,左右配合,尚能够保证较高质量服务的实现。

五、南非的商业银行体系

在南非共和国的金融体制中,商业银行体系扮演着重要的角色。目前,南非共和国的商业银行体系包括注册银行55家、互惠银行5家、外资银行12家;一些外资银行还有自己的分支机构和办事处。

作为非洲大陆上相对比较发达的国家,南非的银行业十分发达。根据法国《青年非洲》周刊在1997年做的银行资本净值调查,南非共有8家银行进入"非洲最大的50家银行"榜单,且包揽前4位。这份调查也显示了南非作为非洲经济的龙头,在整个非洲大陆的金融地位。南非的商业银行体系主要领先在基础设施以及技术装备的完善和管理经验的丰富,仅南非一国商业银行的资产总额就占所有非洲银行资产总额的80%,资本总额也达到了全非银行资本总额的75%。

(一)南非商业银行体系的主要组成部分

1. 本地商业银行

南非本地的商业银行以四大银行集团为主体。这四大银行集团是南非联合银行集团、南非第一兰特国民银行集团(南非第一国民银行在1998年加入该集团)、南非标准银行集团和莱利银行,它们主要提供小额资金服务和投资银行服务,服务范围较广,业务种类较多。

2. 外资银行

南非共和国也拥有较多外资银行,但这些外国银行受限于相关法律,无法与本地商业银行在零售业务上开展竞争。南非的外资银行主要满足外国人在南非本土的资金服务需要,主要关注的对象也是一些大规模的跨国公司和个体私人银行业务,外资银行在南非经纪产业市场上有较大的主导权。南非的外资银行以美国花旗银行为典型代表,法国、德国的一些商业银行也在南非的九个省有自己的分支机构。

3. 中资银行

自2000年以来,一些中资银行也开始在南非设立分行,如中国建设银行约翰内斯堡分行于2001年正式开展业务,中国进出口银行则设立了代表处提供咨询服务;中资银行对南非的金融投资力度越来越大。2008年,中国工商银行与南非标准银行集团开展合作,收购其20%的股权,并成为该银行集团最大的股东。中资银行在南非的商业银行体系中也将占据越来越重要的地位。

(二)商业银行集团的成立和主导

在南非本地商业银行体系中,商业银行集团是非常重要的一环,四大商业银行集团占据了整个本地银行业的主要部分,引领全国各项银行业务的开展,对金融行业的发展有重要的影响力。1998年,Allied银行、Trust银行、United银行和Volkskas银行合并形成了南非共和国第一个银行集团,南非联合银行集团。

2002年,南非的银行业受到金融危机的影响,损失较大,第一国民银行和莱利银行主导干预,降低了金融危机对银行业的打击。自此以后,南非的银行业逐渐开始形成四大私有银行集团。南非联合集团(ABSA)是四大银行集团中规模最大的,占据27%的市场份额,标准银行和莱利银行分别拥有23%和20%的市场份额,后来加入第一兰特银行集团的第一国民银行市场份额占比为19%。

在南非,不同银行主营的业务和提供的银行产品差别很大,这也影响其对市场份额的占据。例如,一家银行主营业务为住房贷款,那么它可能占据了住房贷款市场大部分的市场份额,但在其他业务如信用卡市场却没有很高的占比。

四大银行提供的产品和服务除其他种类以外,包括储蓄(Savings)、支票账户(Cheque Account)、转移账户(Transmission Account)、通知存款(Notice Deposits)、定期存款(Fixed Deposits)、长期融资(Long-term Finance)、信用卡(Credit Cards)、短期保险(Short-term Insurance)、中期投资(Medium-term Investment)、商业银行(Merchant Banking)、小企业银行业务(Small Business Banking),现在还有网上银行业务(Internet Banking)。

第四节 新兴工业化国家(地区)的商业银行体系

一、韩国的商业银行体系

(一)韩国商业银行的组织结构

韩国商业银行主要是一般银行,是按《银行法》设立的商业银行,其资金的来源是吸收存款,主要有国民城市银行、地方银行和外国银行。国民城市银行以在全国广泛地设立分支机构来开展全国性的金融业务,既可以从事短期融资业务,也能够办理长期融资业务;地方银行是以中小企业为主要业务对象,以一定的地域作为中心开展业务活动的。

韩国商业银行的任务为从事商业银行业务和长期融资。在韩国,所谓商业银行业务是指贷款的期限通常在一年以内,资金主要来自承兑存款;长期融资业务是指贷款期限不超过十年,资金来源为自己认购的股本金,承兑存款的期限至少一年,或发行债券或其他证券。银行参与非银行业务,如信托和信用卡,必须最后得到货币理事会的批准。1982年商业银行首次开展信托和信用卡业务。

商业银行不得向非银行控股公司投资,也不得持有不动产,除非出于它的本身业务的需要。通过没收抵押取得的不动产要尽快处理卖掉。投资于业务用房地产不能超过其产权资金。这里的投资是指包含业务用房地产的购买、建造和整修的全部资金支出。另外,一家银行不得购买或留存永久所有权的银行股票,也不能持有任何非银行企业所发行的股票超过10%,但是在某些特殊情况下,韩国银行总监督有权取消购买股票的限制。

商业银行根据一般银行法和外汇管制法,规定缴存储备准备金。此外,还须缴存资本适度准备金。银行必须随时保持自有资本总额至少相当于发放有保证或其他负债的未偿债务的十二分之一。这里的自有资本是指实收资本、储备准备金及其余额三者之和。对外国银行分支机构,这项资本另有定义。

资本适度准备金将于1996年逐步实现。这就是说,在1994—1995年,全部国内银行,包括外国银行的分支机构,要保持自有资金至少要达到全部按风险调整资产的7.25%,在1996年至少达到8%。

为了保证商业银行的资金流动性,除了储备准备金以外,它的资产和负债的到期日应与一般银行法规定的相一致,银行不得超过其股本金、三年期债券和证券总和的100%进行投资,但这个规定不适用于政府债券和货币稳定债券。

根据韩国银行的统计报告,存贷款比是衡量银行资金流动性的一个实用指标。因此,要求展期贷款的总额不超过承兑存款和维持流动资金的头寸至少相当于存款总额的30%。银行投资于不动产的总额不得超过其股本金的40%,其中包括其业务产业。

根据一般银行法,开设全国性商业银行至少实收资本金1 000万亿韩元,其他银行为250万亿韩元。

为了加强商业银行的信贷合理运作,禁止发放达到下列目的的贷款:

(1) 向为达到投机目的的商品和证券发放贷款;
(2) 直接或间接用于抵押本银行的股票或抵押任何其他企业股票总额20%的贷款;
(3) 直接或间接向自然人或法人购买本银行股票的贷款;
(4) 直接或间接用于政治活动的贷款;
(5) 向本银行任何职员或雇员的小额贷款超过1 000万(住房贷款3 000万)韩元的贷款;
(6) 向非主要项目或奢侈活动的贷款;
(7) 抵押本银行附属公司或向自然人或法人购买本银行附属公司股票的贷款;
(8) 向本银行附属公司的任何职员或雇员的小额贷款超过1 000万(住房贷款3 000万)韩元的贷款。

(二) 韩国商业银行运行特征

(1) 全国性商业银行采用全国分支银行体系,分支行的总数共有2 149家,从事于长期融资与短期融资。虽然商业银行不专门进行长期贷款业务,但却时常遇到某些企业面临增长中的发展需求长期融资,因此经常需要应付到期转期或展期贷款。

(2) 地区银行仅限于在一个州范围内成立分支银行系统,此外每一地方银行还在首尔设三个分行。它们的主要客户是本地区的中小型企业。

(3) 外国银行分支机构倾向于专门进行同业之间和大客户的大金额银行业务。

(三) 韩国商业银行资金状况

在韩国,全国性商业银行占控制地位,到20世纪90年代中期,总资产约107万亿韩国圆,约占全部商业银行总资产的75%。

商业银行的资金主要来自国内货币存款。它们还依赖于向韩国银行借款,弥补可贷资金的不足,这部分份额现已趋于减少,在1992年年底,国内货币存款与向韩国银行借得的份额分别占其总资金来源的45%和11%,这些资金的运用——贷款和贴现,全国性商业银行占最大的比例。

地区商业银行的金融结构与全国性商业银行类同,不过,它们还利用资金进行证券投资,比例相当高,而外汇业务相对较低。外国银行分支机构最重要的资金来源是联行往来账户,在90年代末,占资金总额的46%,国内货币存款仅占5%。在资金使用方面,本币贷款占35%,外汇贷款占22%。

二、新加坡的商业银行体系

(一) 新加坡商业银行的类型

新加坡的商业银行体系属三级制,银行的业务范围和所受的监管因所持的执照不同而不同。新加坡的商业银行体系中主要包括注册银行、金融财务公司、商人银行和邮政储蓄银行,截至2014年年末已有大约500家银行,很多全球顶尖银行与金融机构在新加坡设有分行及区域总部,其中包括工、农、中、建、交五大中资银行及花旗、渣打、汇丰等外资银行。其中注册银行在新加坡具有特别重要的地位和作用,它分为全面执照银行、限制性执照银行和离岸执照银行三类。1971年以前,新加坡仅有一种类型的商业银行,它们可以从事全面范围的银行业务。1971新加坡金融管理局发行了限制性执照,1973年发行了离岸执照。在新加坡,三种类型的商业银行都以公司形式登记注册,受银行法约束和金融管理局的监督管理。

1. 全面执照银行

全面执照银行通常功能多样、业务全面、受限制较少,可向当地或外国的客户提供全面的银行服务。全面执照银行所提供的服务范围包括:办理活期存款、储蓄存款和定期存款,贸易融资,资金转移,开立信用证,委托收款,办理旅行支票和货币兑换。此外,还提供贸易和投资方面的咨询服务,以及外汇管理和信用状况、商业信息等方面的服务。已经获得亚洲货币单位执照的全面执照银行还可以参与亚元市场业务。全面执照银行不得从事《银行法》规定的"禁止业务",并且在开设分行和支行方面,需报经金融管理局批准。从1976年起,新加坡政府已经停止颁发此类全面执照。目前持全面执照的34家银行中,外资银行22家、本地银行12家。

2. 限制性执照银行

限制性执照银行在提供各项银行服务上有以下限制：(1)不得接受金额低于25万新元的定期存款；(2)不允许经营储蓄业务；(3)只准许在新加坡开设一个营业点，不许开设新的分支机构。除上述限制外，持有限制性执照的银行其功能与全面执照银行一样，可以经营外汇和亚洲货币单位，但是必须拥有经营亚洲货币单位的执照。由于限制性执照银行在经营批发业务方面没有过多的限制，因而它们主要依靠在银行间市场上提供新元贷款来获取利息收入。从1983年起，新加坡已经停止颁发此类限制性银行执照，目前，持有限制性执照的14家银行全属外资银行。

3. 离岸执照银行

新加坡金融管理局为吸收外资银行，鼓励其集中从事离岸金融业务，巩固和发展新加坡国际金融市场，从1973年开始颁发离岸执照。离岸执照银行被允许经营外汇和亚元业务，但被禁止从事开设活期储蓄和定期存款账户业务。离岸银行的市场主要依赖的是亚洲美元市场的交易和与其他国家的国际银行在业务方面的联系。事实上，离岸银行只能通过持有可经营国内银行业务执照的中介银行和其他金融机构来从事新加坡的银行业务。离岸执照是新加坡唯一仍在继续颁发的商业银行执照，并且持有离岸执照银行的不断增加减少了本地银行集团在资产和负债总额上占有的份额。其中资产总额方面的比率已从1970年的41%下降到了1990年的15%。

（二）新加坡商业银行的组织结构、职能和业务范围

1. 商业银行的决策管理机构

新加坡商业银行的决策管理机构包括股东大会、董事会或理事会。

（1）股东大会。股东大会是商业银行的最高权力机构，每年定期召开大会。在股东大会上，股东有权听取银行的一切业务报告，有权对银行的业务经营提出质询，并且选举产生董事会。

（2）董事会或理事会。董事会由股东大会选举产生，代表股东执行股东大会的决议。董事会的主要职责是制定银行经营目标和策略，选聘银行的高级管理人员，监督和控制银行的主要业务活动，设立各种委员会等。董事长由董事会选举产生，一般由在政治经济上有影响、出资额较大、擅长人际关系的人担任。

（3）各种常设委员会。各种常设委员会的职责是协调银行各部门之间的关系，也是各部门之间互通情报的媒介，通常定期召开会议，处理各种问题。常设委员会主要有执行委员会、放款委员会、信托委员会、贴现委员会、考评委员会等。

2. 商业银行的执行机构

商业银行的执行机构包括总裁、副总裁、总稽核及各职能部门。

（1）总裁。总裁(或行长、总经理)是银行的行政首脑，由董事会委任。其职责是执行董事会的决定，组织银行的业务活动。副总裁由总裁提名董事会任命，对总裁负责。

（2）总稽核。总稽核负责检查银行的日常业务账目，检查银行会计、信贷及其他业务是否符合当局的有关规定，是否按照董事会的方针、规定程序办事。

（3）职能部门。职能部门是在总裁领导下的执行机构，其设置的多少，根据银行的规模和经营的特定目标而定，一般而言，分为与经营项目有关的业务部门和负责内部事务管理的职能部门两部分。

3. 商业银行的自身监督机构

商业银行的自身监督机构是监事会。监事会由股东大会选举产生，代表股东大会对银行的全部经营活动进行监督和检查。其具体职责包括：审查股东大会决议的执行情况；检查银行的财务状况；查核银行的账册文件；审查预、决算执行情况；请求董事会报告银行业务的经营情况。

4. 各业务部门的职能和业务范围

新加坡商业银行的各个职能部门是根据业务状况和外界环境的变化来设立的，一般包括以下部门：

（1）个人消费业务部（或零售银行业务部）。主要从事信用卡业务、个人或小企业的消费贷款业务、各项存款业务、结算和服务业务，以及指导、监督和管理分行等。

（2）商业信贷部。主要从事工商业贷款、贸易及土产贷款、项目贷款、房地产贷款、资本市场业务、押汇及信用证业务、汇款业务、分行商业贷款、其他商业客户贷款，以及信贷管理工作。

（3）信贷控制与管理部的工作主要包括贷款项目的检查和评估、信贷账户的审查、信贷风险分析、特别贷款和问题贷款的管理等。

（4）国际业务部。主要从事海外分行管理、代理银行业务、私人银行业务等。

（5）资金管理和投资部主要从事外汇交易、资金市场业务、债券投资和股票投资业务等。

（6）信托及投资服务部主要提供公司信托服务和个人信托服务，并从事经济研究及调查，预测和分析投资方向等工作。

（7）信息系统部。主要提供电脑服务，并负责信息系统的建立、开发和完善以及现代科技电信手段在银行业的应用。

（8）行政服务部。主要从事会计和管理工作、法律事务、人事与培训、公关、财产统计管理、总务、抵押品和文件收保，以及有关活动的审查工作等。

三、中国香港地区的商业银行体系

（一）香港地区商业银行的组织结构

香港地区的银行业体系主要由三类机构构成，即持牌银行、有限制牌照银行及接受存款公司。这三类机构的主要区别在于它们在《银行业条例》下可经营的业务各有不同：

只有持牌银行才可经营往来及储蓄存款业务、接受公众任何数额及期限的存款、支付或接受支票，以及不受限制地使用"银行"此名称。

有限制牌照银行大多数从事批发银行及资本市场业务，它们只可接受公众50万港元或以上的存款，存款期不受限制。

接受存款公司只可接受10万港元或以上的存款，原定存款期最少为3个月。这些公司大部分由银行持有或与银行有联系,并从事多种专门业务,包括私人消费信贷、贸易融资及证券业务。

境外注册银行可以在香港地区设立本地代表办事处,但有关办事处不得从事任何银行业务,它们的角色主要限于与香港地区的客户之间的联络工作。

三类机构统称为认可机构,对这些认可机构履行监管之职能的监管机构为香港金融管理局。这种银行体系划分的特点,是将接受存款的金融机构(认可机构)分为三种等级,规定不同的经营范围,实施有区别的监管。第一级的银行是持牌银行,即一般定义上的综合性商业银行,可以接受任何种类和数量的存款,存户范围最广,包括广大市民,因此受到的监管最严,最低资本的要求也最高。其他两级的认可机构,即有限制牌照银行和接受存款公司,则只能接受较大额的和一定存期的存款,存户范围大为缩窄,故其所受的监管也较宽松,资本要求也比较低。第二、三类的认可机构,由于接受存款方面的限制,基本上主要从事商人银行和投资银行等批发性业务。通过实行银行业三级制,较严格的监管仅被施加于业务范围广、对金融体系和社会有较大影响的银行,而其他银行则受到相对宽松的监管,由此也保持了多元化的银行体系和一定的合理竞争。

截至 2014 年年底,香港地区共有 159 家持牌银行、21 家有限制牌照银行和 23 家接受存款公司。另外,在香港设有代表办事处的外资银行共有 63 家。

(二)香港地区的商业银行集团

香港地区的银行又可分为 6 个主要的集团,即英资银行、中银香港、恒生银行集团、美资银行、日资银行和其他银行。

英资银行由于历史原因在香港地区金融业中的地位十分重要,特别是汇丰银行和渣打银行,它们参与港币发行、管理金融事务。汇丰银行是香港最大的注册银行。中国银行(香港)有限公司,简称中银香港,是中银香港(控股)有限公司的最主要资产,也是香港地区第二大(以资产和存款数目计)的商业银行集团,在香港地区分行超过 300 家。

恒生银行主要业务包括零售银行及财富管理、企业及商业银行、财资业务以及私人银行服务。恒生同时也提供全面人民币服务。美资银行包括万国宝通银行香港分行、大同银行香港分行等美资银行在香港地区的分行。

日资银行集团,由日资银行在香港地区设立的分支行组成,金融危机爆发后日资银行纷纷拍卖在香港地区的资产和撤销在香港地区已设立的分支行,收缩海外业务规模和战线,维系国内的生存和发展。其他银行包括一些中小银行和英资、美资以外的外资银行。

四、中国台湾地区的商业银行体系

台湾地区的金融服务业向来以岛内银行业为主体,而 1997 年台湾地区公营银行实行民营化以前,一直是台湾地区金融业的主体;以 1981—1997 年期间为例,此间台湾地区公营银行存款市场年平均占有率为 76.5%,社会金融资产年平均比重达 68%。到 2015 年 9 月,存款性金融机构总计 400 家,民营机构达 397 家。1991 年台湾当局开放民营银行新设以前,台湾岛内银行基本都是公营性质,公营银行占据台湾地区金融业主体地位不待自言。

(一)台湾地区商业银行体系的形成及组织架构

台湾地区现有的银行体系主要由五条渠道衍生而来:一是台湾当局接收改组日据时

代的金融机构,有台湾银行、彰化银行、华南银行、第一银行、土地银行、合作金库、台湾中小银行7家台湾省政府所属行库;二是从大陆迁至台湾的金融机构,有"中央银行"、"中国农民银行"、交通银行、"中央信托局"、邮政储金汇业局、上海商业储蓄银行6家;三是国民党政府到台湾后,为配合台湾地区经济建设而设立的银行,有"中国输出入银行"、台北银行、高雄银行3家;四是台湾地区"财政部"1991年批准新设民营银行以来,新设立的玉山银行、台新银行、大安银行等16家民营银行;五是台湾当局20世纪80年代初实行金融国际化政策以来,台湾地区引进的40余家外资银行。

上述第一条渠道衍生而来的7家省属行库在日据时代均为民营银行,台湾当局接收后全部改制为公营银行,在营业性质方面,土地银行以土地抵押贷款为主营业务,中小企业银行以岛内中小企业为主要信贷对象,是专业银行;其余5家行库都从事一般商业银行经营,被列为商业银行。上述第二渠道迁至台湾地区的6家银行,设立之初即以公营形态经营,将有限资金配置于特定产业或对象,抵御西方发达国家金融业渗透,一直扮演专业银行角色,其中的上海商业储蓄银行则是从事城镇居民储蓄存贷款业务的专门银行。经上述第三条渠道设立的3家银行,都按公营形式设立,"中国输出入银行"是在提供中长期进出口信用拓展台湾地区对外贸易,它不收受大众存款而由国库拨充资本,属于专业银行;而台北银行和高雄设立的16家民营银行以及在台外资银行都是按商业银行性质设立,属于完全意义的商业银行。"台湾银行法"将银行分为商业银行、信托投资公司、专业银行三种类型,并规定:商业银行办理短期金融业务为主,其余的银行基本均为中长期金融机构;除信托投资公司外的各类银行不得经营信托业务;除信托投资公司外,其余各类机构原则上不得经营证券业务。其立法原意较清晰地体现了台湾地区银行业的分业经营制度。然而随着台湾地区金融业的发展,实际运作中混业经营非常明显。如每一家商业银行和专业银行设立各自的储蓄部和信托投资部,分别经营储蓄银行业务和信托投资公司业务,并且还兼营证券自营商、经纪商、承销商业务。因此,台湾地区的银行大都集商业银行、储蓄银行和投资银行于一身。

(二)台湾地区商业银行民营化改革

1990年以前,台湾岛内商业银行一方面受到政策保护而免于外资银行的竞争;另一方面又因多数为公营形态,受制于僵化的人事、预算、决算、审计等法规的限制,使得公营的银行业在瞬息万变的经营环境中无法灵活应付,所以,如何提高银行业的经营绩效一直是台湾地区经济发展过程中相当重要的议题。

针对公营事业民营化的相关问题,台湾当局早在1953年出台的"公营事业移转民营条例"对此有了规定。随着1991年该条例的修正及1992年"公营事业移转民营条例实施细则"的公布,台湾地区正式揭开了公营事业民营化的序幕。台湾地区的商业银行作为公营事业的一部分,在公营事业民营化的大背景下,不可避免地成为台湾地区公营事业民营化浪潮中的重要一环。1990年之后,民营银行迅速扩张,银行业市场竞争日益加剧,公营银行承受着前所未有的经营压力:民营银行因受政府政策约束较小,能够以经营效率为导向;相对而言,公营银行需要配合当局的各种金融政策而受到多种制约。在这种情况下,客户逐渐流向民营银行,公营银行面临的经营和生存压力越来越大,从而进一步推动了公营银行民营化。

台湾地区公营银行的民营化是以出售公营股权的方式实现的。1998年,首批民营化的公营银行彰化银行、第一银行、华南银行和台湾企银完成了民营化改革;随后,农民银行、交通银行、高雄银行、台北银行于1999年完成民营化。随着开放民营银行的准入门槛以及公营银行的民营化,截至2001年年末,台湾民营银行由11家增加到48家,而公营银行则由13家减少为5家(见表5-7)。从资产规模看,民营银行资产在金融机构全部资产中的占比由8.89%上升到51.5%;公营银行则由53.68%下降到19.7%。

表5-7 台湾地区商业银行数量统计　　　　　　　　　　　　　单位:家

时间 年(月)底	本地银行		外国银行在台分行
	民营	公营	
1991年	12	13	36
1992年	27	13	36
1994年	29	13	37
1996年	29	13	41
1997年	34	13	46
1998年	39	9	46
1999年	47	5	41
2001年	48	5	38

资料来源:熊继洲编,《民营银行——台湾的实践与内地的探索》,复旦大学出版社,2003。

2001年后,台湾当局先后推行了第一次、第二次金融改革,提出了"公营银行彻底民营化"的目标,要求2005年前公营股权比例下降至20%以下,2010年前公营股权全部释出;同时要求,当时仅存的五家公营银行除"中国输出入银行"由于其特殊性保持公营外,其余四家(合作金库、台湾银行、土地银行与"中央信托局")要在2006年年底前完成民营化。该目标并未完全实现:除合作金库于2005年成为民营银行外,台湾银行、土地银行与"中央信托局"三家公营银行后来在提升整体金融产业竞争力的政策下,与"中国输出入银行"合并为台湾金控公司,短期内不再实施民营化(见表5-8)。

截至2015年,台湾地区本地银行一共39家,其中民营银行37家、公营银行2家。

表5-8 台湾地区公营银行民营化时间表

	银行名称	民营化完成时间
民营化的所属部门	农民银行	1999年9月3日
	交通银行	1999年9月13日
	"中央信托局"	合并为金控
	"中国输出入银行"	合并为金控

续表

	银行名称	民营化完成时间
省属行库	第一银行	1998年1月22日
	华南银行	1998年1月22日
	彰化银行	1998年1月1日
	台湾中小企业银行	1998年1月22日
	台湾银行	合并为金控
	土地银行	合并为金控
	合作金库	2005年4月4日
省辖市	高雄银行	1999年9月27日
	台北银行	1999年11月30日

资料来源:台湾金融监督管理委员会银行局。

(三) 台湾地区民营银行出现的问题

台湾地区民营银行新设和公营银行民营化被认为是台湾积极推动金融自由化的重要成果之一,在改进公司治理结构、提高经营效益、促进金融深化、开展金融产品创新和制度创新方面发挥了积极的作用。然而,在台湾地区金融自由化和民营化活动的推进过程中,台湾地区银行体系出现了许多问题,突出表现在:

1. 市场结构扭曲

台湾地区在 1991 年开放民营银行设立前,银行总家数为 25 家,分支机构数为 1 046 家,前五大银行的存款市场占有率为 57.8%;放款市场占有率为 54.8%。1991 年开放民营银行设立后,截至 2001 年年底,银行总家数增为 53 家,分支机构数更猛增为 3 005 家,而前五大银行的存款市场占有率只剩 37.5%;贷款市场占有率也下降为 39.2%。

台湾当局积极推动金融自由化及国际化,对于金融机构设置采取开放措施,使得金融机构家数急速扩张,而对于台湾地区并没有相对应成长的市场容量而言,根本不能容纳太多银行,必然造成"银行过度"。

2. 银行资产质量恶化,不良债权居高不下

金融机构家数快速成长,银行经营的性质又大同小异,恶性竞争的价格战层出不穷,使得银行业为求经营绩效的表现多以降低风险管理的标准来争取业绩。结果,银行的经营暴露于高度的风险中,加上总体经济金融环境的恶化,导致金融机构资产品质的恶化,逾贷比率及金额不断攀升。台湾地区银行业的不良贷款率从 1991 年的 1%以下一路上升到 2002 年的 8.28%,基层金融机构不良贷款率在 2002 年更是达到了 18.5%。截至 2001 年 7 月初,台湾地区本地银行逾期贷款金额 9 291 亿元,平均逾期贷款率为 6.4%,占总贷款的比率为 9.91%。台湾地区各类金融机构逾期贷款上升迅速(见表 5—9)。

表 5-9　台湾商业银行逾贷资料统计　　　　　　　　　　　　　　单位:%

年份	总体逾贷比率	本地银行（含信托投资）	外国银行在台分行	基层金融机构	民营银行	16家新银行	公营银行
1995	3.00	2.88	0.82	4.02			
1996	4.15	3.74	1.00	7.10			
1997	4.18	3.74	1.07	8.53			
1998	4.93	4.41	1.64	10.57			
1999	5.67	4.96	3.20	13.70			
2000	6.20	5.47	3.22	15.68			
2001	8.16	7.70	3.53	16.39	7.71	8.47	5.25

资料来源:台湾"中央银行"的本地银行营运绩效季报。

而且,台湾地区民间机构和国际信用评级公司对台湾地区银行业逾期贷款比率的判断还要远高于台湾官方的统计。据美国穆迪以及所罗门美邦证券等机构评测,台湾银行实际呆坏账率高于15%,总呆坏账金额可能高达600亿美元,占GDP的20%。

3. 银行利润缩减,盈利能力逐年下降

新民营银行的加入仅是稀释了原有公营银行的超额利润,并没有使银行业的经营得到明显的改善。银行的资产报酬率从1991年的0.9%下滑到2001年的0.39%,净资产报酬率则由1991年的11.4%下降到2000年的4.9%。据台湾地区"财政部"统计,1998—2000年台湾地区本地银行业的税前盈余分别为1 344.2亿、1 040.6亿、967.8亿、586亿新台币,环比下降23%、7%、39%,并有多家银行出现亏损,如彰化银行截至2002年9月亏损额达到了99.21亿新台币。从数据来看,全体银行机构的资产报酬率(ROA)和净值报酬率(ROE)逐年下降,1994年全体银行ROA为0.84%,ROE为13.86%,至2001年ROA下降为0.26%,ROE更大幅滑落至3.61%。其主要原因则在于台湾地区各银行业务存在非常高的同质性,银行间的商品存在百分之百的替代性,因此,过度的竞争导致银行的盈利能力逐年下降。

4. 基层金融机构经营状况恶劣,局部性金融危机不断

1995年8月,台湾彰化四信爆发挤兑事件,殃及彰化及台中等地信用合作社,造成台湾地区近年来最大的区域性银行危机。1997年,亚洲金融风暴发生,台湾地区在当时表现得较其他国家和地区相对稳定,并无重大金融连环倒闭事件。然而1998年后半期,在国际景气低迷之后,出现企业过度运用财务杠杆且银行、票券业与财团间过度牵连,爆发各种局部金融危机,如"中央票券公司"、宏福票券公司与台中企业银行的授信质量不良,是因与其主要股东之间财务牵扯过深而产生不当授信行为。1999年3月由信用合作社改制而来的板信银行又因海山集团债务问题出现挤兑。2001年台湾建立金融重建基金以处理经营不善的基层金融机构,据台湾"中央银行"统计,到2002年共处理了43家经营不善的基层金融机构,受托银行承受的资产负债缺口给付金额为864.52万亿新台币,涉

及营业网点213个。

(四) 信托投资公司

台湾地区的信托投资公司起源于20世纪70年代初。1970年3月6日,台湾"行政院"批准"信托投资公司设立申请审核原则",正式接受岛外华侨及台湾企业界人士申请设立信托投资公司,此后两年内,台湾岛内共有"中国信托"、第一信托、国泰信托、华侨信托、中联信托、亚洲信托、荣华信托、侨联信托、"中华开发信托"9家信托投资公司相继设立,其业务范围包括指定用途的信托资金业务、代为确定用途信托资金业务、证券承销业务三大类。由于台湾地区的银行都设有信托投资部,因此台湾地区的信托投资公司实际上包括两类,一类是独立的信托投资公司,另一类是银行附属的信托投资公司。1975年修正的台湾"银行法",将"信托投资公司"纳入第六章,规定其业务范围有五款25项,形成了台湾地区信托业"一业两治"("财政部"和"中央银行"共同治理)的局面。"一业两治"的管理形式,导致台湾地区信托业经营业务范围模糊,业务种类混乱,监管难度大,行业风险高,相继爆发了"国信事件"等一系列金融风波。针对上述问题,台湾"财政部"1991年公布"信托投资公司申请变更登记为商业银行的有关规定",鼓励信托投资公司改判为商业银行或相互合并;政策出台后,"中国信托"、第一信托、国泰信托、华侨信托先后改制为商业银行。2005年,台湾地区土地开发信托公司注销信托公司营业执照,2007年中联信托投资公司被国泰世华收购,2008年亚洲信托投资公司被渣打国际商业银行收购。1994年,台湾"立法"通过了"信托业法",对岛内余下的信托投资公司实行专法管理,台湾地区信托业开始步入法制化轨道。2001年1月经内政部函告准予设立信托业商业同业公会,用于配合信托业法与主管机关的管理需求。

本 章 小 结

1. 从历史上看,商业银行发展经历了两种道路:一是英国式的融通短期商业资金的传统,即在"商业贷款理论"的影响下,银行业务集中于自偿性贷款,在工商企业购进商品物资时银行发放贷款,随着商品产销过程的完成,银行收回贷款,这种资金融通具有明显的商业性质,商业银行的名称由此而来。二是德国式的全能银行的传统,即银行不仅提供短期工商业贷款,而且也提供长期性的资金融通。近年来,英国式的商业银行和德国式的全能银行的区别已逐渐消失。即使在英美国家,商业银行的业务范围在不断扩展,几乎包括所有的零售和批发银行业务,商业银行已成为综合性、多功能的银行。

2. 商业银行的组织结构主要有两种,即分支行制(Branch Banking System)和单一银行制(Unit Banking System)。分支银行制是在大都市中设立总行,然后在本市及国内外广泛设立分支机构的制度,它是西方各国商业银行普遍采用的组织机构。采用分支制能够广泛地吸收资金,拓展资产负债业务,提高资金的使用效率,降低风险,达到规模经济的效果。单一银行制是指银行业务由各自独立的商业银行经营,不设或不允许设立分支机构。它是美国典型的银行制度,是美国特殊的社会政治制度的产物。

3. 商业银行业务经营范围可分为"分离银行制度"和"全能银行制度"两种,前者银行业务与投资银行业务相分离,即长、短期金融业务相分离,商业银行不得兼营证券业务;后者银行业务多样化,可提供全面的银行和金融服务,特别是银行可以从事代理发行、销售和管理证券的业务。"分离银行制度"和"全能银行制度"各有利弊。近30年来,分离制银行和全能制银行的区别正在趋于消失,传统的业务分离型的银行正向业务的综合化和多样化方向发展,而对全能型的银行,当局也采取措施限制银行向企业的直接投资,控制贷款规模,以减少银行经营的风险。

4. 20世纪60年代以来,西方各国通货膨胀加剧,国际资本流动加快,随着欧洲货币市场的形成,商业银行的负债结构发生了变化。一是商业银行采用负债管理的经营策略,大量借入资金以拓展资产业务,从而对外部资金的依赖性加大,承担了更大的利率风险;二是活期存款的比重大幅度下降,而定期存款和储蓄存款的比重上升,其原因在于通货膨胀使市场利率水平提高,储户为减少损失则极力压低活期存款账户的资金余额,另一方面,新技术的应用、结算速度的加快以及新型金融工具的出现,使客户为日常支付所需保有的活期存款数额降低;三是新的电子型金融工具的出现,将活期存款和定期存款结合起来,既为客户提供支付服务,又使其获得利息收入,并且将存款利率与国库券或短期市场利率相连,从此,银行开拓了对客户的现金管理业务,为其提供全面的综合性金融服务。

5. 在资产结构方面,商业银行传统的资产业务是贷款。在新的经济和金融形势下,一方面,各国地区银行为保持资产的流动性,加大了证券投资的比重;另一方面,负债结构的变化使商业银行贷款业务由短期工商业贷款转向中长期贷款,贷款的类型也从传统的制造业转向服务业及消费贷款和地产抵押贷款,以此获得更高的收益。同时,为降低中长期贷款的风险,各国地区逐步培育形成贷款的二级市场。

6. 20世纪70年代以来,随着金融管制的放松、竞争的加剧,西方商业银行资产负债业务之外的其他业务增长迅速。一方面传统的表外业务(也称中间业务)种类日益丰富,主要业务有代客户现金管理、咨询业务、信托业务、代理业务、保险箱业务等。另一方面新型的表外业务迅速增长,如银行提供的各类担保(票据承兑、贷款偿还担保、追索权的偿还与转让、备用信用证等)、贷款或投资承诺(贷款限额、透支限额、循环贷款承诺、票据发行便利、循环包销便利、发行商业票据等)和外汇买卖与投资业务(货币互换、利率互换、远期合同、远期利率协议、期权、期货等)。由于表外业务不体现在资产负债表上,按法律规定不需要补充相应的资本,对于银行,表外业务在不增加资金来源和资本的情况下,扩大了经营规模和市场份额,但同时也给银行带来了潜在的风险。表外业务引起银行经营资本脆弱和风险的问题,已引起各国金融当局的重视。

7. 20世纪90年代以来,金融自由化浪潮席卷西方各国,在其巨大的冲击下,各国地区商业银行体制发生了深刻的变革:第一,商业银行的竞争环境日趋严峻,在金融业中的地位有所下降;第二,商业银行的并购进一步加剧;第三,商业银行业务向非银行金融业务领域拓展;第四,在放松管制鼓励竞争的同时,各国加强对商业银行的监管。

关键词

双轨注册制度、分支行制、银行持股公司制、清算银行、都市银行、地方银行、商业银行资产业务、商业银行负债业务、商业银行中间业务、分离银行制度、金融创新、票据承兑、贷款偿还担保、追索权的偿还与转让、备用信用证、贷款或投资承诺、贷款限额、透支限额、循环贷款承诺、票据发行便利、循环包销便利、发行商业票据、外汇买卖与投资业务、货币互换、利率互换、远期合同、远期利率协议、期权、期货、活期存款帐户、可转让支付命令账户(NOW)、自动转账服务(ATS)、超级可转让支付命令账户(Super-NOW)、《Q条例》、《金融服务现代化法案》、银行并购、《巴塞尔协议》

复习思考题

1. 试述商业银行的发展与创新。
2. 简述商业银行外部组织结构的种类与特点。
3. 分离银行制度与全能银行制度的差异何在？
4. 试述全球商业银行资产业务的变革趋势。
5. 试述发达国家商业银行负债业务的创新。
6. 试述商业银行中间业务的种类与发展趋势。
7. 试述美国商业银行的发展与变革。
8. 试述美国商业银行中间业务的最新发展及其对美国商业银行未来发展的影响。
9. 《Q条例》产生的历史背景与局限性。
10. 美国《金融服务现代化法案》对全球商业银行经营模式改革的影响。
11. 试述全球银行业并购的动因与未来趋势。
12. 简述日本主银行制度的特点与作用。
13. 简述发达国家金融创新的表现形式及其意义。
14. 简评俄罗斯金融工业集团的特点与作用。
15. 简述中国的商业银行体系。
16. 试述中国国有商业银行的改革与发展。
17. 试述韩国商业银行的体制特征与改革路径。
18. 简述台湾地区商业银行民营化改革及其对台湾地区银行业发展的影响。
19. 试述中国香港银行三级制的产生、特点及其作用。
20. 试述各国商业银行不良资产处置方式及其对中国国有商业银行不良资产处置的借鉴。
21. 简评银行民营化改革浪潮。

第六章

非银行金融机构比较

【重点提示】
- 银行金融机构与非银行金融机构间的差异、非银行金融机构的一般特征、发达国家非银行金融机构发展的特点;
- 美国非银行金融机构体系;
- 英国非银行金融机构的运作特点;
- 日本非银行金融机构体系;
- 中国的非银行金融机构。

非银行金融机构(non-bank financial intermediaries)在现代金融业中发挥着重要的作用,只有理解非银行金融机构内涵与外延的界定,才能够更好地理解银行与非银行金融机构相互作用,以及非银行金融机构在市场中的功能。

第一节 非银行金融机构概述

一、非银行金融机构的划分

伴随着互联网技术的进步与金融创新的深化,非银行金融机构在近些年不断被人们所熟知,它们不仅占金融总资产的比重日益增加,同时也在各国金融体制中发挥了独特的作用。区分银行与非银行金融金融,并不能只从其名称上进行分辨,更应当从其内涵与外延上进行界定。

世界银行认为非银行金融机构指保有通常不视为构成货币总量的低度流动性负债的金融机构,它是从金融机构持有资产的流动性上划分的,即是否创造信用、其负债是否发挥支付中介的职能。西方国家的非银行金融机构主要包括契约型储蓄机构和投资性金融中介机构。契约型储蓄机构包含了保险公司(财产保险、人寿保险、灾害保险)和养老基金(公共养老基金和私人养老基金);而投资性金融中介机构则包括了信托公司、互助基金和金融公司等。

中国则将除中国人民银行、商业银行、政策性银行以外的,且经中国人民银行批准成立、本质上并不具备信用创造功能、从事金融服务的企业划分为非银行金融机构。我国非银行金融机构主要包括储蓄类金融机构、保障保险类金融机构、投资类金融机构和其他非存款类金融机构。其中储蓄类金融机构主要包括邮政储蓄、信用合作社、社区银行等。保障保险类金融机构主要包括养老保险机构、社会保障保险机构、各类商业保险机构等。投资类金融机构主要包括证券公司、投资银行、投资公司、投资基金公司等。其他非存款类金融机构主要包括信托公司、财务公司、金融租赁公司、小额贷款公司、担保公司、典当行等。

二、非银行金融机构的运作特点

与商业银行相比,非银行金融机构的种类众多,但从其本质出发,非银行金融机构的运作特点可以归结为以下几点。首先,信用创造能力相对较弱。金融机构存在的意义是为资金提供融通,商业银行是金融系统中的主要中介机构,它们以负债形式从资金供给方获得多余的资金,再以资产的形式将其提供给资金的需求方,从而完成了由储蓄到投资的转换。在此过程中,银行通过吸收存款、发放贷款,并依靠其存款派生款形成了新的购买力,起到了信用创造的作用。然而非银行金融机构只能通过将货币以外的其他资产或证券转换为另一种资产或证券,这种转换只是提高了财务杠杆,并不能在本质上提高其购买力。

其次,非银行金融机构相对处于金融市场中偏投资者的地位。非银行金融机构只能通过购买诸如股份、保险单、基金份额以及其他以证券形式存在的资产等类型的初级证券创造非货币性债权,而商业银行则没有这个限制。正如第一点所说,商业银行由于其货币创造功能的特点,天然使得商业银行在金融市场中处于一种供给者的地位。在直接金融中,非银行金融机构处于一个偏投资者的地位。

最后,规模相对较小。由于非银行金融机构业务范围相对于商业银行较窄,且其准入门槛相对较低,所以非银行金融的规模相对于商业银行来说较小。

第二节 发达国家的非银行金融机构

一、美国的非银行金融机构

(一)美国非银行金融机构的一般特征

美国的非银行金融机构具有以下的特点:

第一,美国的非银行金融机构数量众多、类型复杂。历史上,美国商业银行业务比较单一,这样产生了从事消费信贷和抵押贷款的储蓄节俭机构。随着社会对资金需求的多样化,陆续出现了信用合作社、金融公司、投资公司、年金组织等。美国特殊的政治经济制度也造成了非银行金融机构的地方化和分散化。目前有存款机构、契约型金融机构、金融公司、投资公司和政府金融机构五大类。

第二,非银行金融机构在美国金融业中占有重要地位。由于各种机构均有自己特定的筹资渠道和投资领域,它们在业务范围上和经营规模上一般小于商业银行,但在传统业务上,如抵押贷款、消费信贷和人寿保险领域占有重要地位。近年来非银行金融机构资产已占美国金融机构资产总额的 48.86%。

第三,政府对非银行金融机构的管理较为宽松,不同时期还享有一定的政策优惠,这使非银行金融机构在金融工具的金融创新方面发挥了重要的作用。

第四,在金融自由化浪潮冲击下,非银行金融机构业务范围受限,资产负债期限结构存在较大的缺口,面临着巨大的利率风险和竞争压力,经营十分困难。

(二)美国非银行金融机构体系

美国商业银行以外的金融机构有四种类型,即储蓄类金融机构、保障保险类金融机构、投资类金融机构和其他非存款类金融机构。

1. 储蓄类金融机构

储蓄类金融机构(Thrift Institutions)的共同特点是以吸收储蓄存款和定期存款为主,在资金使用上按其业务特长有所侧重。储蓄贷款协会和互助储蓄银行主要从事抵押贷款;信用合作社从事消费信贷(汽车贷款和其他购买消费品的贷款);货币市场基金投资于国库券、商业票据和银行存单。

(1)储蓄贷款协会(Savingsand Loan Associations)。19 世纪初,为鼓励家庭储蓄、购买住房,美国创立了储蓄贷款协会,它吸收储蓄存款,将资金聚集起来,为会员提供住房抵押贷款或投资于政府证券。政府对其发展给予了众多的优惠,例如,其资本比率较低,其抵押贷款的利息收入在税收上可适当减免,在未取消《Q 条款》前允许其储蓄利率略高于商业银行,可在联邦储贷保险公司保险(1986年破产)。储蓄贷款协会早期是合作性质的组织,现在大多转为股份公司形式,它接受联邦住宅贷款银行的监督。

由于储蓄贷款协会资产大部分是抵押贷款,60年代以后,市场利率的上升使其长贷短借的矛盾加剧,经营陷入困境。80年代起,对储蓄贷款协会的管制发生了变化,一方面扩大其资金的使用范围,允许建立交易账户,允许投向消费信贷、商业信贷和农业信贷,允许商业票据、公司债券和信用卡业务;另一方面,政府采取措施增加资金的流动性,如由联邦国民抵押贷款协会和政府国民抵押贷款协会为其贷款提供担保,为其抵押债券提供二级市场。

(2)互助储蓄银行(Mutual Savings Banks)。它产生于19世纪初,主要吸收小储户的储蓄存款,从事资产的抵押贷款业务。其经营与储蓄贷款协会基本相同,但主要集中在美国东北部,规模较小,在州政府注册。互助储蓄银行资产的大部分是不动产抵押贷款,占资产总额的2/3。60年代以后,其部分资产转向政府债券及优质的公司债券,并提供少量的商业贷款。

1982年《加恩-圣杰曼法》允许互助储蓄银行和储蓄贷款协会自由转换,两者的区别趋于消失。

(3)信用社(Credit Unions)。美国最早的信用社创立于1909年。信用社是一种非营利性的组织,其目的在于鼓励会员储蓄,对会员进行低利贷款,净收益用于分红。信用社的负债以吸收储蓄存款和定期存款为主,资产多为短期贷款。由于信用社在经营上的特殊性(如义务服务的工作人员、收益免税等),使其资金成本较低。但由于其服务局限于一定的集团,难以广泛开展业务,80年代倒闭数目增多。

(4)货币市场基金(Money Market Mutual Funds)。货币市场基金是在70年代中期,在《Q条款》限制利率的条件下,由证券经纪商和互助基金公司创立的。它向资金充裕者出售股份,将收取的资金投放于CD、国库券、商业票据等高度流动性的短期货币市场金融工具,并且和银行商定,由银行对500美元以下的业务办理支付。由于货币市场基金既能给客户支付高于同期银行存款的利息,又能满足一定支付的需要,其一经创立使发展迅速。1982年,在《加恩-圣杰曼法》的授权下,银行和储蓄机构也开始向公众提供货币市场存款账户。

2. 保障保险类金融机构

保障保险类金融机构(Contractual Institutions)是非存款的金融机构,其资金按一定的契约规定,有规律地流入机构,并投向证券市场。主要包括养老保险机构、社会保障保险机构、各类商业保险机构等。

(1)人寿保险公司(Insurance Companies)。人寿保险公司是美国最古老的金融机构,它依靠向投保人收取保费建立保险基金,并在风险事故发生后给被保险人赔付一定的保险金。人寿保险公司从积聚保险基金到实际赔付之间有较长的时间间隔,因此公司可利用资金进行各类投资业务,如购买各种短期流动性资产(国库券、CD)、长期证券(政府公债、公司债券和股票)等。80年代后,人寿保险公司的资金运用向多样化发展,开始办理中长期抵押贷款及保户的保单抵押贷款。1990年,人寿保险公司证券投资占总资产的65%,抵押贷款和不动产占22.2%,对保险人贷款占4%。

（2）退休基金（养老基金，Pension Funds）。30年代大萧条后，美国政府依照《社会安全法》逐步建立起了社会保险制度，为每个人提供退休生活保障。但它只能满足人们的基本生活需要，许多人参加私人退休基金以便退休后能维持更高的生活水准。

退休基金以契约的方式向雇员提供退休金。它主要是由工商企业、工会和社会团体建立的。资金来源有雇主捐赠及个人负担两部分，政府则在税收上给予一定的优惠，如基金的收益在未给付时不征税，以鼓励其发展。由于退休基金资金的流动性要求不高，它大多投入长期证券，如公司股票、公司债券和政府债券，基金成为美国资本市场重要的投资者。退休基金多由银行信托部、投资公司的信托部门经营。

近年来，由于人口老化使退休金支付期延长；工商企业利润下降，又要支持政府的退休计划，减少了对退休基金的捐助；政府为缩小财政赤字减少了对基金的优惠，这些都使退休基金的发展面临更大的困难。

3. 投资类金融机构

（1）投资银行（Investment Banks）。它是从事证券发行、包销、资金管理咨询及其他公司财务服务的金融机构。其业务有在初级市场上包销各种证券、提供资金管理和投资咨询，为企业的合并、收购提供中介服务；另外，在二级市场上充当买卖中介，并为证券交易提供融资或融券业务。投资银行的收益主要来自代理佣金、买卖证券差价、股票贷款收益和各项服务费。

（2）投资公司（Investment Companies）。主要通过经纪人出售股票或向私人发行小额证券来获取资金，公司将资金投放于各种不同的资产。投资公司能够通过规模经济及专业性的管理，分散风险，增加资产的流动性，为投资者提供更高的收益。美国的投资公司有两种类型。一是封闭型投资公司（Closed-end Investment Companies），它通过经纪人或投资银行出售一定数量的股票，投资者可在二级市场上按市价出售股份，个人持股获得收益，公司不购回自己的股票，也不能随便增发新股，其股份总额相对固定。二是开放型投资公司（Open-end Investment Companies），这类投资公司也称为共同基金，它们向公众出售自己的股票，数量不受限制，可根据需要按原价或另定价格赎回已发行的股票。自1873年在美国成立第一家投资公司以来，到1995年，投资公司已聚集基金8 492亿美元，成为第三大金融机构。

4. 其他非存款类金融机构

金融公司起源于美国内战时期为消费者提供分期付款服务的贷款公司。第二次世界大战后，对汽车、住房等耐用消费品的需求大幅增加，推动了消费信贷和金融公司的发展。金融公司的资金来源主要是发行股票、长期债券或商业票据，它也从商业银行或其他金融机构借入资金，资金使用方向多为消费信贷。近年来，企业贷款特别是抵押贷款和租赁业务有所增加。

金融公司包括商业金融公司、销售型金融公司、个人金融公司和抵押金融公司四种类型。商业金融公司（Business and Commercial Finance Companies）主要为企业的销售提供贷款，帮助企业催收货款，或为中小企业提供设备抵押贷款，种类有应收账款融资、应收账款收购、融资性租赁和短期无担保贷款。销售型金融公司（Sales Finance Companies）是通过收购消费者欠零售商的分期付款合约的方式,间接地对消费者购买大型耐用消费品融资。它多由大公司设立,用以推销本公司的产品,例如通用电气贷款公司、通用汽车承兑公司、福特汽车贷款公司等。个人金融公司(Personal Finance Companies)是一种小额贷款公司,主要为家庭提供中小额分期付款信贷、发放个人签字贷款,由于无须担保,坏账风险大,利率较高,现在多采用信用卡的形式。抵押金融公司(Mortgage Finance Companies)是为中小企业提供贷款,购买设备,以该设备作为贷款的抵押品,相当于租赁,现已扩展到铁路、航空等大型企业和部门。

二、英国的非银行金融机构

英国的金融机构的划分较为特殊,它对"银行"的定义比较宽。银行中有零售性银行(Retaile Banks)和其他银行;银行以外的多种金融机构被称为其他金融机构(Other Financial Institutions,OFIs),过去也称为非银行中介。根据各自的业务特点,本章将英国清算银行也即商业银行之外的众多金融机构分为四个部分:一是清算银行之外的其他零售性银行;二是英国的其他银行;三是接受存款的其他金融机构;四是非存款的其他金融机构。

(一)清算银行之外的其他零售性银行

英国的零售性银行是指以接受零售性(小额)存款为主,参与支付机制的金融机构。清算银行是零售性银行的主要部分。除此之外,零售性银行还有信托储蓄银行、国民划拨银行、英格兰银行银行部和贴现行。

1. 信托储蓄银行

1810年,苏格兰建立了信托储蓄银行(Trustee Savings Banks,TSBs)。它为居民提供非营利的小额储蓄服务,将资金集中转存合股银行,获得的利息分配给储户。为保证资金的安全,1817年《储蓄银行法》要求储蓄银行将所吸收的存款存入"英格兰银行为储蓄专设的基金",并投资于政府证券,由国民债务专员监管,此后,信托储蓄银行的发展很快。1973年,根据"审议国民储蓄委员会(佩奇委员会)"的建议,信托储蓄银行摆脱了政府的控制,开展全面的银行业务,信托储蓄银行的合并加快,成为私人部门的银行业的一个主要力量。由新成立的中央信托储蓄银行负责监督、协调地方信托储蓄银行的活动,并为其代理清算。1976年,当局将英格兰银行的储蓄专设基金还给信托储蓄银行,以增强其资金实力。目前地方性的信托储蓄银行有四家,即英格兰及威尔士信托储蓄银行(后改名为信托储蓄银行)、苏格兰信托储蓄银行、北爱尔兰信托储蓄银行和海峡群岛信托储蓄银行。

信托储蓄银行的主要业务有:接受活期存款、储蓄存款、定期存款,提供支票和支票保证卡,提供旅行支票和外国通货业务,举办联合信托储蓄计划,提供购买国民储蓄存单、有奖储蓄债券及政府证券服务,提供从国民储蓄债券注册官处买卖政府债券的便利等。其资金的日常投资由商人银行经营。

2. 国民划拨银行

划拨银行系统实质上是通过一个中央机构来开展货币传递服务的机构。英国政府于1968年成立了国民划拨银行(National Giro Bank),利用众多的邮政营业所开展业务。起初主要是接受存款,并向客户提供彼此间票据结算的方便。1976年后,它可以从事一般银行业务,包括活期存款、定期存款、个人贷款、透支、旅行支票和外币业务等,同时提供货币传递业务,广泛地代收各种服务费用。国民划拨银行将吸收的一部分资金转贷给贴现行,其余资金多投资于英国政府证券和地方政府证券。

3. 英格兰银行银行部

1844年以来,英格兰银行分为发行部和银行部,由于英格兰银行银行部(Banking Department of the Bank Of England)是和发行部分立的机构,也参与英国的支付机制,往往将其列入零售性银行。银行部的负债一是政府存款,英格兰银行充当政府的银行,政府的税收收入和同其他经济部门之间的货币收支均由该账户出入;二是特别存款,它是英格兰银行在金融紧缩时期,为缩小清算银行的流动性要求其缴纳的存款;三是银行的存款,即按非营运现金的0.5%的比率缴纳的无息存款,以及清算银行等机构缴纳的用于结算的存款;四是其他账户,如外国中央银行的负债及少量的普通客户的存款余额。银行部的资产有政府证券,包括政府证券及政府担保证券;英格兰银行为其客户贴现的国库券、贷款及其他账户,主要是充当最后贷款人时对贴现市场各机构的贷款、对私人客户的贷款、对接受存款机构的支持性贷款;钞票和硬币;房屋设备和其他证券等。

4. 贴现行

贴现行(Discount Houses)在英国的金融体系中占有特殊重要的地位。19世纪初,英格兰地区的典型的银行是小型的乡镇银行,它们客户少,一般没有分行。当时,支票使用不普遍,大部分的交易用汇票结算,乡镇银行通常为客户办理贴现,当资金不足时,就将支票送往伦敦,由票据经纪人将之转给大银行进行贴现。随后,票据经纪人开始从银行借款,自行买卖票据。经纪人据此可以获得更多的收益,而银行也减少了放款的风险,这样逐步形成了贴现行。英格兰银行成立后,即通过对贴现行资产进行再融资的办法来充当最后贷款人(Lender of Last Resort),即遇贴现行不能清偿银行款项时,英格兰银行准备随时买进贴现行所贴现的汇票,或对贴现行持有的汇票进行再贴现,从而防止贴现行因无法归还银行债务而危及银行体系,贴现行由于是唯一得到英格兰银行许诺作为其"最终贷款人"的金融机构,它的地位大大提高。此时,贴现行也在国际贸易融资方面发挥重要的作用。进入20世纪后,随着汇票使用的大幅度减少,贴现行转而经营国库券、地方政府证券和存款单等业务。

当前,贴现行的主要负债是以短期借款的形式从英国各类银行借入的资金,这类资金多为隔夜贷款或即期贷款,它占全部负债的90%以上。一般银行要求贴现行为这类贷款提供超额担保,以防止担保品价值下降带来的风险。贴现行的资产主要是票据,包括商业汇票和国库券。早期贴现行以商业汇票为主要资产,第二次世界大战后,国库券取代了它的位置。目前,贴现行的资产日益多样化,包括在英格兰银行的存款、大额存单、贷款业务和投资业务等。

贴现行在英国金融体系中的重要性表现在:第一,贴现市场是英国货币市场的最重要的部分,银行之间短期资金的余缺主要通过贴现行来进行调剂,即银行将多余的资金按即期或隔夜贷款的形式放给贴现行,在需要时抽回。这样,为贴现行所统治的贴现市场就被清算银行用来随时调节其流动性,而贴现市场的动向又为英格兰银行提供资金运动的信息。第二,英格兰银行通过贴现行来实现其最后贷款人的职能,当银行资金紧张从贴现行抽回资金时,贴现行可用票据担保,向英格兰银行办理再贴现。第三,贴现行在国库券市场上占有重要地位,它承担每周国库券的招标,同时,协助英格兰银行按既定的政策要求来影响利率水平。

(二) 英国的其他银行

1. 商人银行或承兑行

商人银行(Merchant Banks)起初是信誉卓著、业务广泛的货物商人,他们利用对海外贸易商的了解和自身的信誉,对同业商人的资信作出担保,即出面承兑向这些商人开出的票据,从中收取手续费。经他们承兑的票据可以在市场上出售或贴现。随着贸易的发展,他们逐渐专门从事承兑业务,于是商人变成了商人银行或承兑行(Acceptance Houses)。

目前,英国商人银行的主要业务是从事公司金融和投资银行业务。如承兑业务,这是商人银行传统的、最重要的业务;投资基金管理业务,即为慈善事业、养老基金、投资信托、单位信托、保险公司和个人管理资金的业务;公司金融,即充当企业兼并、改组的参谋或代理人;参与地方政府机关证券市场。另一方面,商人银行也从事一般银行业务。商人银行负债的80%左右是依靠吸收各种存款获得,主要面对公司客户,同时商人银行还开展了"代理"、租赁、租购、保险经纪和金银交易等。有50%的资产是贷款业务,贷款对象有制造业、个人部门和其他资金部门,大多数是中长期的定期贷款。

过去,有16家商人银行是承兑行委员会的成员,由于它们更重视汇票承兑业务,被称为承兑行。1987年承兑行委员会撤销,承兑行和商人银行之间的区别消失。长期以来,商人银行一直被喻为英国金融服务业中的"明珠"。但"金融大爆炸"以后,其光泽日趋黯淡。首先,英国的主要清算银行利用"金融大爆炸"的机会,进入商人银行领域(更广范围上说,为投资银行业务),如巴克莱拥有 BZW、国民西敏寺银行建立资本市场部、米德兰合并商人银行蒙塔古、苏格兰皇家银行收购 CHART HOUSE 等。其次,外国银行收购商人银行进入英国商人银行领地。西方商人银行、摩根格林费尔、SBC 华堡和克莱沃特本森相继被德国联邦德国意志银行、德意志银行、瑞士银行集团和德国德莱斯顿银行合并等。再次,独立的英国商人银行惨淡经营。当巴林银行集团这家皇家商人银行岌岌可危时,英格兰银行及整个金融城都未能施以援手。另一家曾经辉煌的汉布罗斯银行进入90年代苦苦支撑。因此,在10年的时间内,在英国经济金融史上有着光辉业绩的商人银行,现在独立支撑的仅剩施罗德、弗莱明集团、罗斯查尔德等寥寥几家。

2. 海外银行

海外银行(Overseas Banks)是和国际有联系的批发性的银行,它主要以国际业务为主。它包括英国的海外银行、外国银行在英国的分支机构和国际财团银行三类。英国的海外银行大多为伦敦清算银行全部或部分所有,成为伦敦清算银行的子公司,它们是在19世纪英国的海外扩张过程中逐步建立的。60年代欧洲货币市场的兴起,使大量的外国银行或者单到伦敦开设分支机构,或者由几个国家的金融机构共同出资组建独立的银行公司,以便以伦敦为中心从事银团贷款和国际债券承销等业务。

(三) 接受存款的其他金融机构

1. 住房协会

住房协会(Building Societies)最初是一种非营利的互助组织,主要为个人服务,它通过吸收个人储蓄存款和股金获得资金,向个人购买自用住房提供贷款。由于公众对自用住房的需求很大,同时,住房协会的资金流动性较低,利息收入有减免税优惠,具有更强的竞争优势,战后住房协会的发展很快。

住房协会的负债有股金和存款。个人向住房协会投资可开立股本账户,成为股东,股本不可转让,股东成为协会的会员。投资者也可在协会开立普通账户作为债权人获取利息。这两种户头都允许投资者提取资金,但股金利率高于存款利率。80年代,住房协会的负债种类增多,如大额存单、可转让债券、定期存款和银行借款,1988年这些批发性的资金占总负债的10%。住房协会的资产中80%是为购买住房提供的抵押贷款,偿还期在20年以上,它们以"财产"为担保,由借款人按月摊还本息。其他资产有现金、对政府证券和少数地方机构证券的投资等。

1986年英国颁布了新的《住房协会法》,对其管理和业务做出新的规定:第一,成立由财政部任命的4—10人组成的住房协会委员会,对住房协会的业务进行管理监督,并保证它们继续主要执行从会员筹集资金并提供住房做担保的贷款,允许住房协会从互助组织转变为股份公司,向公众公开招股;第二,在业务上,将住房协会从为小额储户提供便利及购房贷款,扩大到全面的个人银行业服务和货币传递服务、房地产业务、保险经纪的代理、有价证券销售和投资咨询等方面。同时,还允许大的住房协会开设分会,在全欧范围(以及英国海外领地)吸收储蓄和进行投资。

但是,伴随着银行自由化浪潮,住房贷款协会这一形势正在逐渐消失。从20世纪80年代初开始,英国政府采取了一系列的改革措施,如允许清算银行从事住房贷款业务(1980年、1982年)、取消住房贷款协会同业之间限制彼此竞争的利率卡特尔(1983年),等等。由于《1962年住房贷款协会法》对其经营范围的严格限制,住房贷款机构在面对清算银行等对手的竞争中处于非常不利的地位。为改变这种不公平的状况,1986年对《住房贷款协会法》进行修改,扩大了住房贷款机构的经营范围,允许其进入金融批发市场上筹集资金,并且可以改组为公众持股公司(PLC),为其进一步筹集资金开辟了渠道。住房贷款机构和银行之间的界线开始模糊,阿倍国民(Abbey National)住房贷款协会借此率先于1989年改组为公众持股银行。1997年《住房贷款协会法》再次进行修改,将住房贷款机构的经营范围从原来的"规定性业务范围"改变为"许可性业务范围",允许其在不违反该法的前提下经营任何银行业务,使其与银行的界线被进一步打破,从而引发了大规模的住房贷款协会银行化的热潮。众多的住房贷款机构在业务多样化的推动下纷纷进行银行化,如阿莱斯—雷切斯特(Alliance & Leicester)、哈利法斯(Halifax)、乌尔维奇(Woolwich)、北方岩石(Northen Rock)等规模居于该行业前列的机构均在此列。目前除了全国住房贷款协会(Nationwide)等极少数几家之外,英国的住房贷款协会基本都进行了银行化或是被其他银行所收购兼并。实施转型后的住房贷款协会(尤其是规模较大者)在存贷款、中间业务甚至保险产品等方面与清算银行展开了几乎是全方位的竞争。这一银行化的浪潮大大改变了英国原来的银行体系格局,加剧了英国银行业尤其是零售银行业的竞争。

2. 金融行

金融行(Finance Houses)因为其主要业务是租购或消费信贷(分期付款),也被称为租购公司或消费信贷公司,它的负债主要来自银行及其他金融机构的3—6个月的定期存款,数额较大。金融行的资金大多按租购条件贷给消费者购买汽车、耐用消费品,修缮住房和进行假日活动等,对个人消费信贷通常占总贷款的50%以上。同时,它也向工商业提供设备贷款,这种贷款因为期限固定、利率固定,对工业颇为有利。80年代,当局取消了对金融行首期付款数额和最长偿还期的管制,为金融行发展创造了条件,同时也面临银行业的竞争。近年来,一些较大的金融行大力拓展业务领域,从事租赁业务、代理业务以及活期存款、定期存款、普通贷款等一般银行业务。

(四)非存款的其他金融机构

1. 保险公司

英国保险公司(Insurance Companies)的活动有人寿险业务和普通险业务,法律上要求将两类基金分开。人寿险业务聚集的资金期限长、较稳定,因此大部分投向长期资产,主要是证券投资和贷款。证券投资有英国政府证券,其中,中长期证券和无期限证券占85%;英国公司证券,主要是普通股,约占90%;海外证券,多为公司普通股,占80%以上。中长期证券占总资产的70%。保险公司的贷款业务有房地产贷款、住房抵押贷款以及少数的单位信托。

普通险业务基金则偏向于短期资产,如政府5年以下证券、通过单位信托持有公司证券等,它较少涉足于房地产和抵押贷款市场。

英国国内的保险公司从20世纪90年代之后也越来越多地涉足零售银行业务。自1994年明珠保险公司(Pearl)成为首家获准正式经营银行业务的保险公司之后,目前英国的保诚(Prudential)、标准寿险(Standard Life Insurance)等许多大型保险公司均已开设了存款及个人抵押贷款等业务,并在短时间内得到迅速发展,成为英国零售银行市场上的后起之秀。

2. 养老基金

第二次世界大战后,英国的养老基金(Pension Funds)迅速发展。养老基金主要由受托人管理,基金的来源之一是参加养老金计划的雇员从工资或薪金中支付的部分(这部分可减去所得税),另一方面是雇主从利润中捐助的一部分。养老基金的资产主要有短期资产、银行存款、政府证券、地方政府证券、公司证券、海外证券、抵押贷款和房地产投资等。

3. 投资信托

投资信托(Investment Trusts)是一种公开招股的股份公司,它利用股东提供的资金或发行债券借入的资金,对股票及其他证券进行投资,获取收益。参加投资信托的投资者从投资信托公司买入股份,是公司的股东,以自身的名义持有买进的证券。由于有专门的人员进行投资管理,投资信托能够通过资产组合,降低投资的风险和成本,使投资者获取更高的收益。投资者若想收回资金,可通过证券经纪人将股份转让给他人。投资信托的股份是不变的,股权在卖出者和买入者之间转移,不增不减,所以又称为封顶型基金(Closed-end Funds)。投资信托公司的资金绝大部分来自小额储户,但它们吸引了众多的大型机构投资者,如养老基金,目前约有36%的股份由机构持有。投资信托公司在股票市场上占有重要地位,其资产主要由英国公司证券组成,特别是普通股票,它也投资于海外公司债券。

4. 单位信托

单位信托(Unit Trusts)又称为联合信托,最早出现于20世纪30年代,它是法律意义的信托。它指储蓄者购买若干信托"单位",然后由单位信托将资金投向各种公司证券,"单位"的购买者依其持有"单位"的数量按比例分享从资产组合中所获得的收益。发行的信托单位的实际价值按公司证券的市价总值除以单位数计算。单位总数不固定,若对单位的需求增大,可增加发行以扩大投资规模,单位信托必要时也可缩小,所以单位信托也被称为"不封顶型信托"(Open-end Trusts)。单位信托的经理人员随时按所投资证券的市场价格买卖信托单位,单位的市价随证券市场价格的波动而变化。但有的单位信托还附有保证条款,保证在某一定时期末,每单位最低值多少钱。单位信托由管理公司按信托契约管理,通常选择银行或保险公司为受托人,受托人和管理公司相互独立。受托人是单位信托资产的法定所有人,它们代表投资者持有资产,单位信托主要投资于公司证券,其中95%是普通股。

三、日本的非银行金融机构

(一)日本非银行金融机构的一般特征

日本非银行金融机构的特点体现在:

第一,非银行金融机构的类型众多。由于日本商业银行实行分业经营的原则,在长期融资、证券业、信托业和保险业领域,非银行金融机构占有重要地位。

第二,各种金融机构的设立和业务经营均依据相应的法规,严格按法律规定的范围进行业务活动,原则上限制业务的交叉。政府则利用法律手段进行管理和监督,使经营者和客户的权益得到保证。

第三,各种机构规模相差较大,证券业、人寿保险业高度集中。

第四,保险业发展有所放缓。日本民众的保险意识非常强,日本是仅次于美国的保险超级大国。在2007年《财富》全球五百强中,入选的46家保险企业中,有8家来自日本,数量之多为全球第二。而保险密度和保险深度方面,甚至比美国有过之而无不及。近年来,次贷危机的爆发和日本灾害频发使得日本一些保险公司出现经营困难,保险业发展有所放缓。

第五,金融创新程度远远低于英美。与英美相比,非银行金融机构的业务集中在保险、证券业和消费者金融上,金融创新程度远远低于英美。

第六,业务综合化。近年来,日本非银行金融机构虽然出现了业务综合化的趋势,但仍然不如美国、英国等国家发展得快。

(二) 日本非银行金融机构体系

日本实行英国的商业银行模式,在传统的从事短期金融业务的普通银行之外,分设了众多的非银行金融机构,它们分为三类,即办理存款的民间金融机构、非存款经办的民间金融机构和非银行金融机构。

1. 办理存款的民间金融机构

(1) 长期信用机构。日本国内企业除自身积累外,长期资金的筹集手段有发行股票、企业债券和长期借入资金三种形式,其中从金融机构借入长期资金的比重占70%左右。能够提供长期资金的金融机构主要有长期信用银行、信托银行、生命保险公司和都市银行等。长期信用机构是指长期信用银行和信托银行。

长期信用银行。在日本共有3家(日本兴业银行、日本债券信用银行、日本长期信用银行)以长期贷款为主要业务的金融机构,设置长期信用银行的目的是减轻普通银行长期资金的供应负担。长期信用银行的资金来源主要是通过发行债券,其发行总规模不能超过自有资本的30倍(一般股份公司为两倍),它也可以吸收特定的存款,如国家公共团体和地方公共团体的存款。资金运用方面:一是贷款,有设备紧急贷款、长期周转资金贷款、票据贴现、债务保证或票据承兑,另外还有短期资金的供给及对住宅建设资金、消费者资金提供担保贷款。为保证贷款的安全性,每一贷款人不能超过自有资本的30%。二是证券业务,有证券的认购、推销、有价证券投资、证券贷款及代理业务。此外也可从事外汇业务和国际业务。但1998年后由于长期信用银行经营的外部环境发生了巨大的变化,三家长期信用金融机构相继转型。其中1998年倒闭的日本长期信用银行经过5年多脱胎换骨的整顿、治理,于2004年2月19日以新生银行的名称重新在东京证券交易所挂牌上市。1999年9月29日日本兴业银行、第一劝业银行和富士银行达成协议,宣布三家银行合并成一家规模巨大的日本瑞穗金融集团,该金融集团在三菱东京金融集团和UFJ金融集团(三菱UFJ金融集团)合并前曾是日本资产规模最大的金融集团。日本债券信用银行于1998年12月经营破产后一度曾被政府收归国有,2000年9月,OLIX、东京海上火灾保险等三家公司为首的企业联合将其收购。将日本债券信用银行更名为"青空银行",重新开业的青空银行已成为普通银行。

信托银行。从1993年7月起,证券公司依照《金融制度改革法》的规定,纷纷设立信托银行子公司,截止到2015年10月日本从事信托业务的金融机构有41家,其中信托银行有16家。信托银行可以兼营信托业务和银行业务,其银行业务与普通银行相似,其信托业务有现金信托和非现金信托。现金信托的信托对象为货币资金,包括现金信托、年金信托、贷款信托和证券投资信托。非现金信托是以现金之外的非资产为对象的信托,种类有有价证券信托、动产、不动产信托、有担保公司债券信托等。信托资金可用于贷款,特别是以设备资金贷款的形式投向大企业和基础产业,也可用于有价证券投资。

(2) 中小企业金融机构。

相互银行。相互银行是根据1951年制定的《相互银行法》,在"无尽"会社的基础上发展而来的,它是专门以中小企业为服务对象的金融机构,基本业务有存款、贷款、票据贴现、汇兑等固有业务;公共证券的买卖交易、证券投资等与证券有关的业务;证券保证、代理业务。70年代后,相互银行业务逐渐向普通银行方向发展。1989年,日本新的金融法规将相互银行转变为普通银行,转变后的相互银行统称为"第二地方银行协会加盟行",截止到2014年年底共有41家,其性质已与地方银行没有差别,但在规模、人员、贷款结构和对象方面仍有区别。

信用金库。信用金库是根据1951年制定的《信用金库法》,在信用互助合作社的基础上成立的,它可以从事存款、贷款业务,与普通银行无差异,但贷款对象限于会员内部,并且仅在本地区开展信贷业务,是一种会员组织的区域性的金融机构。信用金库会员的要求是本地区有住所、从业人员300名以下、出资额4亿日元以下的企事业单位或个人。其固有的业务是会员及非会员的存款;对会员的贷款;汇兑业务;在不影响会员的情况下对非会员的贷款。此外,80年代中期以来开始办理外汇业务、证券投资业务、国债的窗口卖出等业务。同时,随着金融自由化的不断深入,信用金库开始采取合并的方式扩大规模,稳定经营基础。1968年5月,日本有信用金库520家,截至2000年3月已减少到386家,预计信用金库的数量还会进一步减少。到1998年3月末,共吸收存款984 364亿日元,发放贷款697 670亿日元,其余资金主要用于其他机构或购买有价证券。

信用金库的全国性组织是全国信用金库联合会(2000年1月更名为信金中央金库),各地的信用金库为其会员。联合会为信用金库之间在地域和季节上调剂资金,办理集中清算,对业务状况恶化的信用金库给予必要的扶持。它同时也经营存贷款、证券投资、外汇等业务。截至2012年5月,日本的信用金库机构数目达到271家。

信用组合。信用组合是1949年《中小企业互助合作法》建立的中小企业、个体劳动者互助共济性的金融机构。它带有浓厚的互助合作性质,业务只限于成员内部。信用组合接受会员、国家、地方团体、非营利法人的存款,也可吸收非会员的存款,但不能超过会员存款总额的20%,它对会员进行贷款和票据贴现,或对会员提供存款担保贷款,它也可以办理国内汇兑业务及有价证券交易、本金偿还、红利支付等业务。1954年日本成立了信用组合的全国性机构,全国信用组合联合会,它接受会员的各类存款,并为下属信用组合提供贷款和票据贴现。

信用组合与信用金库的前身都是信用协同组合,战后,一部分"更具银行色彩"、实力较强的信用协同组合转化为信用金库,其余的还是信用组合。它们比信用金库的规模要小,在相互合作方面的特点更为突出,业务限于组合内的成员,互相融资的宗旨更为明确。信用组合最多时达到544家,2008年金融危机后日本金融机构历经大变革,截止到2012年5月机构数为158家。

劳动金库。劳动金库是劳动组合、消费生活协会及联社等劳动者团体为加强共济活动、提高劳动者生活水平而建立的互助合作性质的金融机构。在业务上,它主要吸收会员、国家和地方公共团体、非营利法人和非会员的存款(也不能超过会员存款总额的20%),在资金运用上是以对会员和非团会员的贷款、对日本劳动住宅协会的贷款为主。此外,也可进行有价证券交易、代理住宅金融公库业务及国内汇兑业务。1955年成立了全国性机构劳动金库联合会,以强化劳动金库之间的相互联系,集中清算国内汇兑业务,有效地运用资金,同时建立相互救济基金等贷款制度,当劳动金库经营困难时保证存款人利益并对劳动金库运行低利贷款。截止到2012年5月日本共有13家劳动金库。

商工组合中央金库。成立于1936年，是以中小企业协同组合与小企业者团体为对象的金融机构。其存贷款业务限于在本机构有存款的团体和个人。政府投入一部分资本金，购买其发行的债券，并有权通过经济产业大臣和财务大臣任免机构的官员，对业务进行审批和监督。近年来，当局放宽了该机构的贷款和存款对象，扩大了金库通过发行债券筹资的规模，也允许其从事国债窗口交易和开展现金信托等业务。截至2014年3月，该公库融资余额为9.5万亿日元。

日本政策金融公库。2008年10月1日，根据《日本政策金融公库股份公司法》合并中小企业金融公库、国民生活金融公库、农林渔业金融公库、国际协力银行成立日本政策金融公库股份公司。日本政策金融公库股份公司旨在配合国家政策的实施，对从一般民间金融机构难以筹借到设备资金、运转资金等事业发展所需资金的中小企业、普通国民、农林水产者等提供信贷支持，以促进其成长与发展，带动地方与国民经济的发展。日本政策金融公库是日本最重要的中小企业政策性金融机构之一，迄今共向超过150多万家中小企业提供融资，惠及日本中小企业总数的40%左右。

（3）农林渔业金融机构。由于经营的特殊性，农林渔业部门很难从一般金融机构取得融资，农林渔业系统在日本政府的扶持下，逐步形成了以组合系统金融机构为主体的金融组织体系。按系统组织共有三层机构。基层是以市、町、村为代表的农业协同组合，中层为都、道、府、县为代表的信用农业联合社，最高层有作为中央机构的农林中央金库。

农林中央金库。它是农林渔业系统的最上层组织。农林中央金库的业务有接受存款、贷款、汇兑及发行农林债券，其资金主要来源于出资团体、农林债券的认购者及非营利法人和团体，存款的90%来自农林系统。贷款对象以出资团体为主，也可对该团体以外的成员贷款（多局限于农林渔业系统），此外，它还将资金用于有价证券、短期拆借和购入票据等。

农业协同组合及信用农业协同组合联合会。农业协同组合是1947年根据《农业协同组合法》，以农业系统组合组织为基础，由农民成立、自主经营的组织。大多数的协同组合同时经营着金融业务及非农业事务。农业协同组合的金融业务有吸收组合成员的储蓄存款和定期存款（它作为农村的储蓄机构发挥着重要的作用），其贷款多为长期贷款，其中包括国家给予利率优惠的贷款，用以协助成员解决生活问题和农业基础设施建设问题。农业协同组合的中层机构是信用农业协同组合联合会。

渔业协同组合及信用渔业协同组合联合会。渔业协同组合是1948年由渔业协同组合、渔业生产组合和水产加工业协同组合创设的，前两个机构可开办信用业务，主要向会员吸收存款并向其发放贷款。其中层组织为信用渔业协同组合联合会。

2. 非存款经办的民间金融机构

（1）证券投资信托委托公司。20世纪50年代，日本证券投资委托业务由兼营信托投资业务的证券公司办理，1960年后，委托业务从证券公司中分离出来，由相对独立的证券投资信托委托公司经营。证券投资信托委托业务是指投资者（受益者）从证券公司购买受益证券，证券公司将出售受益证券得到的资金交给证券投资信托委托公司（委托人），证券投资信托委托公司将信托财产委托信托银行或经营信托业务的银行(受托人),后者根据委托人的意图将信托财产用于有价证券,红利和偿还金交于受益者。这使资金不足且缺乏证券投资知识和经验的投资者能够进行有价证券的投资。证券投资信托委托公司的业务有:信托契约的缔结和解除;受益证券的募集和发行;信托财产的运用指导;收益的红利、解约金、偿还金的支付,等等。其中,受益证券的出售、收益的红利、解约金、偿还金的支付由信托条款指定的证券公司代理。受益者若想提前兑现受益证券,可向对委托公司承担代销任务的指定的证券公司提出买回证券的请求,或向委托人提出解除部分信托契约的请求。为保证投资者的利益,日本信托法要求委托公司只能将信托财产运用到有价证券上,每家委托公司每笔资金投入都有一定的限制。证券投资信托也可用于短期拆放、买进票据、参与银行同业市场和票据市场的买卖,从而保证支付的准备金。

在1998年12月实施《金融体系改革法》之后,日本投资信托制度发生了重大变化,具体表现在:第一,在过去的契约型投资信托基础上,设立了公司型投资信托(法律上称之为投资信托法人)。根据这种信托方式,以证券投资为目的成立的公司所发行的股票可由普通投资者认购。除此之外,日本还引进了私募投资信托制度,适用对象限于一定范围内的投资者。第二,把信托合同由过去的事先许可制改为申报制,并且规定投资信托公司有义务将信托合同交付给投资信托的所有者。为了充实信息披露制度,经过12年的准备期,从2000年12月开始,日本当局规定在销售投资信托时,必须提前将详细记录了投资信托经营方法等内容的有价证券计划提交给投资者,并公开散发信托财产经营报告。第三,投资信托业由营业执照制度改变为认可制,同时,与此相配套,日本政府放松了对投资信托委托业务的管制,投资信托业务由专业制改为兼业制。第四,逐步取消了银行业不能销售投资信托的禁令,银行可以向投资信托公司出租店面;接着从1998年12月起,银行开始销售投资信托。投资信托目前可以在证券公司、投资信托公司(直接销售)、银行等金融机构的柜台进行募集和销售,但是,由于投资信托是《金融商品交易法》所指的有价证券,所以,出于保护投资者的考虑,《金融商品交易法》中规定的各种条款依然适用于上述销售机构。另外,以提高投资信托的商品性能为目标,不动产等非有价证券类资产也可以用于投资信托。

(2)生命保险公司。截止到2015年8月,日本国内共有38家生命保险公司,其中13家外资控股。生命保险由于能正确地测定死亡率,而契约的期限很长,其资金稳定,因此生命保险公司具有长期金融机构的特点。日本的生命保险有三种形式,死亡保险(也称定期保险)、生存保险(也称储蓄保险、年金保险)以及两者结合的混合保险。保险公司的收入是保险费,保险费的90%要积累起来建立各种准备金,包括用于将来支付保险金而积累的责任准备金、为已发生事故支付保险金的支付准备金、用于分红的盈利分红准备金。为保证资金的安全性,生命保险公司的资产主要投资于有价证券、贷款、不动产、银行同业拆借、存款储蓄等领域,其中总资产的80%以上投向有价证券、贷款,所占比重极高。有价证券与贷款两者之间的构成比例不确定,而是根据资金的需求和利率的变动有所改变。在近年从间接融资向直接融资转型的过程中,贷款的比重逐步下降,有价证券的投资比重逐步上升。与此同时,生命保险公司作为金融、证券市场上的机构投资者的作用在日益增强,生命保险公司的资产运营活动对日本国内外的证券市场具有不可小觑的影响力(见表6-1)。

表 6-1　日本生命保险公司资产构成变化　　　　　　单位：亿日元

年份	现金、存款储蓄	金钱信托	银行同业存款	贷款	有价证券	不动产、建筑业临时账户	其他	总资产
1965	253 (1.1)		256 (1.1)	13 890 (61.9)	5 391 (24.0)	2 428 (10.8)	212 (1.1)	22 431 (100.0)
1975	1 616 (1.3)		635 (0.5)	87 572 (67.9)	27 919 (21.7)	10 201 (7.9)	987 (0.8)	128 930 (100.0)
1985	62 486 (5.6)		1 467 (0.3)	243 722 (45.2)	189 814 (35.2)	31 962 (5.9)	9 255 (1.7)	538 706 (100.0)
1990	7 334 (5.6)	47 039 (3.6)	8 283 (0.6)	498 943 (37.9)	588 873 (44.7)	71 864 (5.5)	27 850 (2.1)	1 316 188 (100.0)
1995	94 466 (5.0)	43 245 (2.3)	41 240 (2.2)	673 349 (35.9)	896 410 (47.8)	97 651 (5.2)	28 563 (1.5)	1 874 925 (100.0)
1999	72 082 (3.8)	28 701 (1.5)	44 632 (2.3)	547 613 (28.8)	1 049 934 (55.3)	91 503 (4.8)	65 863 (3.5)	1 900 329 (100.0)

注：括号内为构成比(%)。

(3) 损害保险公司。日本的损害保险公司都是以股份公司的形式存在，它除提供保险商品和服务等固有的业务外，作为机构投资者也起着产业资本供给的作用。损害保险公司收入的保险费中绝大部分是责任准备金，其次是异常危险准备金；资金运用上与生命保险公司的限制相同，但在保持资产流动性方面要求更为严格，贷款的比重较低(1985年为20%)，而现金、存款、短期拆借及有价证券的比例接近80%。

(4) 住宅金融公司。日本住宅金融专门公司(Housing Loan Conoany，简称"住专")是日本的非银行金融机构，住专一般由大银行设立，从属于大银行系列。住专不能吸收存款，资金主要是从银行(母体)的长期借款。此外，也可通过住宅贷款债权流动化的方式获得少量的资金，主要业务是向个人发放住宅按揭贷款。在房地产泡沫经济时期，住专大量向房地产公司和房产建筑公司发放贷款，随着日本房地产泡沫的破灭，许多房地产公司和房产建筑公司出现财务危机或倒闭，这使得住专的坏账和不良贷款额急速上升，经营陷入困境。

在1993年前后，住专的不良资产不断增加，大都处于资不抵债的经营困境中。许多大银行打算尽早清理住专。但大藏省出于稳定金融系统的目的，强烈反对让住专破产，要求住专的银行股东向住专注入资金，提出重建住专的计划。

但由于房地产持续下跌，重建住专越来越困难。到1995年，银行与政府终于决定清理住专。在清理住专的资产时发现，在金融机构拥有的住专债权中，不能回收的坏账金额高达6.5万亿日元。对日本7家住专提供贷款最多的是日本农林系统金融机构，其次是包括长期信用银行、城市银行、信托银行在内的21家大银行。如果按照每家金融机构对住专的债权比例摊派住专的坏账,农林系统金融机构应承担2.7万亿日元的坏账损失,如果这样,几乎农林系统所有金融机构都可能破产,因为农林系统的金融机构是合作信用社组织,它们没有足以抵消巨额不良资产的准备金或公积金。因此,农林系统金融机构强烈要求:住专的坏账损失应由住专的出资银行来承担,它们不承担任何损失。在大藏省和农林省的协调下,最后达成解决方案:住专的银行股东按贷款比例放弃所有债权,同时政府投入6 850亿日元财政资金。农林系统金融机构的实际损失约为5 000亿日元。

(5) 消费者信用机构。在日本,消费者信用(不含住宅贷款)包括对消费者购入商品、劳务支付货款提供的"销售信用"和对消费者直接融资的"消费者金融"。在消费者领域内主要机构有售信公司、银行体系的信用卡公司、流通业制造商的信用卡公司及非民间金融机构。这一领域的竞争十分激烈,其中起核心作用的是售信公司。

售信公司是根据"分期付款出售法"于1961年成立的,它的业务有两种,一是综合分期付款业务(信用卡业务),即信用卡会员在售信公司的关系商店以分期付款方式购货时,售信公司代会员垫付货款;另一种是单个商品分期付款业务,即向关系商店的消费者购买分期付款债权。此外,售信公司也积极开展大宗消费者金融业务和信用保证业务。售信公司的主要资金来源是以后的借款,近年来也开始通过发行股票和债券的形式筹资。

(6) 证券金融公司。日本早在1927年就设立了证券金融公司,随后又成立了8家,1956年合并为三家,即日本证券金融、大阪证券金融、中部证券金融。2013年7月,日本证券金融与大阪证券金融合并。证券金融公司是为股票、公司债券的顺利发行和流通而向证券公司提供资金的证券融资机构。它们的主要业务是向在证券公司购买有价证券的顾客提供贷款,贷款形式有借贷交易贷款和债券流通金融贷款。此外还有有价证券的保管、国债本利支付等业务。证券金融公司的资金来源除自有资本外,主要以自己持有的债券、股票和债券代用证、证券公司开出的票据为担保进行短期拆借,或向民间金融机构及日本银行借款。其中,短期拆借占绝大部分。

3. 非银行金融机构

(1) 证券公司。根据1948年日本的《证券交易法》,证券公司是指银行、信托公司、大藏省"证券交易法施行令"规定的金融机构以外的金融机构。证券公司的主要业务有自身的买卖业务(零售业务)、委托买卖业务(经纪人业务)、承购业务、募集或推销业务,四种业务要经过大藏省的批准。经营的有价证券有股票、国债、地方债、政府保证债、金融债、事业债、证券投资信托受益证券等。在不损害公共利益和投资者利益的前提下,经批准证券公司还可兼营以下业务,如代理收入债券缴纳金及支付本利,代理支付证券投资信托受益证券的收益金、偿还金和解约金、黄金买卖、黄金买卖的经纪人及代理、保管,公共债担保贷款,国内外可转让存单等。证券公司的收入有零售业务中有价证券买卖的收益、认购证券分摊的收益,经纪人业务中的手续费,认购、承销业务中的手续费等。其中大部分是经纪人业务、认购承销业务中收入的手续费。

为保证经济的正常运转和投资者的利益,日本对证券公司的活动予以必要的限制,主要有业务限制和有关财产、经理方面的限制。业务上的限制有,不得同时充当自营商和经纪商,不得进行非法和不合理交易,禁止常务董事兼职;在财产、经理方面的限制有,必须遵循大藏大臣的指令对财产状况提出参考性报告和资料,保持规定的负债比率,对现金、证券的借入，贷款或非资产的持有数额给予限制等。

日本的《证券交易法》具体规定了证券市场上用于交易的有价证券范围及其从业机构。具体来说，《证券交易法》第二十五条规定，可经营证券业的机构限定为得到金融厅长官授权注册的股份制公司（该公司即证券公司，该方式即证券业登记制度），同时，原则上禁止银行、信托公司以及依照其他法令设立的金融机构从事证券业务（《证券交易法》第六十五条）。日本当局依照1998年6月出台的《金融体系改革法》修订了《证券交易法》，从同年12月起，证券业重新实行注册登记制。与实施注册登记制相配套，《金融体系改革法》解除了证券公司只能专职于证券业的义务，放松了证券公司兼营其他业务的管制。日本证券公司以有价证券的承购、募集、委托买卖为主，在证券市场上经营的业务内容多种多样。

2006年日本国会将《证券交易法》更名为《日本金融商品交易法》。新的金融法制扩大了"有价证券"的权利和范围，对金融衍生品进行了更加详细、明确的界定。为了能够应对新金融衍生品交易类型的出现，新法规定可以通过政令的形式追加交易类型、基础资产和参照指标。同时修改了银行法、保险业法和信托业法，在不与各业法重复的范围内准用金融商品交易法的行为规则。新法在扩大规制对象交易的同时也扩充了业务范围，将之前的金融业务如证券业、投资信托委托业、投资法人资产运作业、投资顾问业、金融期货交易业以及信托受益权销售业等整合为金融商品交易业。

(2) 短资公司。短资公司是在短期金融市场上专门从事中介业务的金融机构。短资公司又被称为资金经纪人，当金融机构之间发生短期资金不平衡时，它起着调节作用。短资公司遵循旧版《出资法》，依照《关于贷款业申报及贷款行业现状调查的政令》，直接受到金融厅长官的监管。短资公司与日本银行进行短期资金的交易及贷款交易，它作为日本银行实施公开市场操作等金融政策的窗口机构，起着重要作用。日本短资公司的地位和职能大体与英国的贴现所相似。目前日本的短资公司有10家，其中6家在短期金融市场上主要开办资金交易终结业务，其余4家办理外汇及外币资金的中介业务，因此，短资公司也被称为外汇经纪商。短资公司的业务是：第一，短期资金交易，短资公司与贷方金融机构和借方金融机构分别交易，以调节资金的余缺，为避免交易风险，它自己不持有即期资金，实际上是充当交易的经纪人；第二，票据买卖业务，它买进企业开出的由金融机构承兑的优良汇兑票据（融通票据），然后转卖给资金充裕的金融机构，从而为企业融资；第三，政府短期证券买卖交易，它从日本银行买进政府短期证券，然后在银行同业市场上卖出。此外，短资公司还可经营可转让存单买卖业务、外汇买卖业务、银行承兑票据买卖业务、美元短期资金借贷业务等。短资公司在日本银行开立活期存款账户，短期资金交易通过该账户进行，日本银行可向短资公司提单贷款，它也正是通过短资公司来调节短期金融市场资金供求状况的。

四、德国的非银行金融机构

(一) 德国非银行金融机构的一般特征

德国非银行金融机构的特征是:

第一,德国实行全能型的银行制度,金融业务由三大商业银行垄断,因此其他金融机构的类型很少。

第二,除信用合作银行和保险公司外,其他机构的规模与商业银行相比较小。

(二) 德国非银行金融机构体系

(1) 保险公司。德国的保险公司在全国有690家,有三种组织形式:一种是股份有限公司,数量最多;二是公法保险公司;三是保险协会。主要从事人寿保险、私人医疗保险、财产保险、养老金保险等业务,还办理股票、证券和贷款业务,其贷款业务主要是不动产抵押并帮助居民个人购房和建房。

(2) 证券交易所。目前德国共有7家证券交易所:柏林—不来梅(柏林、不来梅合并而成)、汉堡、杜塞尔多夫、法兰克福、汉诺威、慕尼黑和斯图加特,其中法兰克福以交易量来说是最大的证券交易所,主要业务品种有股票、债券、期货、期权交易等。

(3) 金融服务公司。德国目前共有金融服务公司1 000多家,主要是从事保险代理,银行代理,与银行、保险联合开发新产品并自行销售,销售股票,场外交易,网上经纪人,网上代理人以及投资咨询等业务。

第三节 "金砖国家"的非银行金融机构

一、巴西的非银行金融机构

(一) 机构发展情况

相比于20世纪巴西非银行金融机构发展的滞后,目前巴西的非银行金融机构有了较大的发展,但是历史上遗留的一些问题依旧没有得到很好的解决。总体而言,巴西的非银行机构并不发达,除了政策性银行得到了一定的发展,其他形式的非银行金融机构还十分落后。

当然,这与巴西资本市场的起步晚是分不开的。直到20世纪70年代,在改革的影响下巴西证券交易行业的环境得到了一定保证,巴西的资本市场才有了发展的空间。目前,在巴西境内一共有9个交易所,其中比较有名的是里约热内卢交易所和圣保罗交易所,同时也是规模较大的,它们的年交易额超过了巴西股票交易总额的50%。但是这只是相对于巴西境内,以国际标准来看的话其上市公司的数量和交易额还是非常有限。

截至2001年,巴西有超过1 000家公司在股票交易所和场外交易市场上取得发展资金,大约有3 000家公司利用基金来获得资本。资本市场上的金融工具主要还是集中为股票、企业债、国债、住房基金等基础形式。

(二) 机构投资者

(1) 共同基金。截至 2001 年共有 136 家,主要方式是通过把资金投入资本市场来赚取利润。

(2) 财政基金。由国家统一发行,其目的是保证初级股票市场能更好地发展。

(3) 投资公司。目的是盈利,投资方向主要是股票和公司债券。

(4) 私人退休基金,是受政府管制最严的一种基金,面向资本市场投资,分为开放式和封闭式两种类型。

(5) 保险公司。巴西的保险业一直都发展得并不顺利,20 世纪 80 年代末时共有近百家保险公司,主要的投资方式类似于退休基金。在巴西政府实施"雷亚尔计划"之前,保险业对巴西年 GDP 的贡献只有 1%,1994 年后上升到 2.5%,到 2000 年时已有 4%—5%。

(6) 社会参与基金。社会参与基金的资金主要来自巴西国营企业和私营企业员工的退休金,统一交由巴西国家经济开发银行管理。

(7) 投资俱乐部。是为了吸引投资者扩充证券市场资金而由交易所组织的一种形式。

(8) 特殊政府投资。由政府主导,为了照顾政策支持地区企业而投资它们的债券。

上述非银行金融机构在丰富投资形式的同时促进了巴西资本市场的运转,提高了资金流速,促进了巴西的经济发展。

(三) 资金融通渠道

巴西的非银行金融机构主要以集中方式进行资金融通:

(1) 消费信贷。提供信贷服务支持本国国民购买耐用消费品。

(2) 住房筹款系统。巴西政府在国民住房建设方面建立了自身独特的信贷体统,如巴西国家住房银行通过服务年限保证基金获得的资金不仅仅用于资助住房建设,同时还为城市卫生设施建设提供贷款。

(3) 私人投资银行。巴西政府为了维持经济增长曾大量引进外资,减少国企的市场份额。现在巴西有着超过 40 家的私人投资银行,它们在初级市场上认购新股,为企业提供发展资金,在证券市场上通过出售自己的信贷证券和存款凭证筹集资金。

(4) 政府债券市场。在 1968 年以前,发行政府债券的主要目的是为财政支出提供资金。此后,通过政府债券筹集的资金主要流向国有企业。

(5) 强制储蓄。强制储蓄是巴西特有的一项机构资金来源。从 20 世纪 60 年代起,巴西境内开始推行强制储蓄政策,其中最具有代表性的是"社会一体化计划"和"服务年限保证基金",这两项计划都是以强迫性收税实现。以"社会一体化计划"为例,该政策要求企业为员工额外支付职工薪水 8% 的税金,并将其记入员工在国家住房银行中的账户,由国家住房银行统一管理。该项资金主要为企业职工建房、购房、医疗保险和退休养老提供信贷帮助。

二、俄罗斯非银行金融机构

除商业银行、专业银行之外,俄罗斯还存在一些其他类型的金融机构,主要包括保险公司、非银行小额信贷机构、信托公司、资产投保障基金(如养老基金、保险基金等)。

(一)保险公司

俄罗斯的保险业兴起于20世纪90年代后期,1997年俄保险业当年吸收资金增长40%,1998年后快速发展,吸收资金增长一倍以上。尽管如此,俄保险市场目前仍处于起步阶段。

苏联仅有两家国有保险公司,即俄罗斯国家保险公司和国家对外保险公司,俄罗斯国家保险公司是当时最大的保险公司,主要向私人提供人寿和财产保险,处于垄断地位。而国家对外贸易保险公司可承保国内的风险,并拥有最大的传统性风险业务量。俄罗斯将保险公司最低注册资本提高到100万美元,造成保险市场的发展趋势集中,但其经营机构分散化、资金不足的情况尚未改变。截至1993年年底,在俄已注册的保险公司有1 534家,1994年年底有2 175家,1995年年底有2 217家,达到历史最高峰。这一时期保险公司以数量多、发展快、资本少、实力弱为主要特征。

截至2010年年初,俄罗斯前五家大保险公司分别是俄国家对外保险公司、卢克保险公司、PCK保险公司、VESTA保险公司和俄国家保险公司。按所有制划分,其中国有保险公司约占10%,私有保险公司约占70%,混合保险公司约占20%(见表6-2)。

表6-2 2002—2009年俄罗斯保险公司经营状况

	2002年	2003年	2004年	2005年	2006年	2007年	2008年	2009年
已注册的保险公司数量(家)	1 205	1 187	1 063	983	921	849	777	693
保险公司分支机构数量(家)	5 249	4 955	4 944	5 038	5 171	5 341	5 443	5 213
注册资本(亿卢布)	529.471	763.364	1 303.503	1 420.421	1 494.112	1 565.50	1 587.220	1 506.871
已签约保险合同数量(亿份)	0.997	1.064	1.080	1.381	1.334	1.472	1.578	1.200
其中自愿险合同(亿份)	0.964	0.897	0.775	1.033	0.970	1.063	1.148	0.832
已签合同保险数额(万亿卢布)	32.3229	53.6757	65.5198	107.9454	134.0301	159.8483	196.2581	216.7392

资料来源:俄联邦国家统计局,《俄罗斯统计年鉴(2010)》,第626页。

(二)养老基金

2002年俄罗斯建立了强制基金型个人账户养老保险制度,新制度刚引入时要求所有正规就业劳动者均要参加,2005年以后仅要求1967年以后出生者强制参加。制度费率从2002年的3%提高为2008年的8%,2002—2009年,该费率整合在统一的社会税中,税务机构征收后划转给俄罗斯国家养老基金(PFR)。从2010年起,统一社会税征收方式还原为以前的社会保险费形式。

俄罗斯强制基金型个人账户投资管理可以由俄罗斯国家养老基金（PFR）管理或者由非政府养老基金（NPF）进行管理。PFR 有两种管理养老基金的方式：第一种，如果账户所有人能够自主选择投资，可选择与 PFR 签订资产管理协议的资产经理（AM）为其投资，即 PFR-AM 管理模式；第二种，如果账户所有人不选择或无法选择其投资方式，则可以由 PFR 指定的国家开发银行（VEB）的默认投资账户进行管理，即 PFR-VEB 管理模式。NPF 管理的方式是：2009 年以前，非政府养老基金公司将其养老基金资产委托给市场中的资产经理进行管理；2009 年以后，俄罗斯政府准许 NPF 直接对养老基金进行投资，非政府养老基金是公司和行业协会的职业基金。由于金融危机的严重影响，截至 2009 年 10 月 1 日，在俄联邦金融服务管理局注册的非政府基金仅余 169 家，比年初时减少了 46 家。另一方面非政府养老基金的实力也不均衡，天然气基金掌握了非政府养老金市场几乎 50% 的份额；2009 年年末，市场中还有 110 个非政府养老基金，其中最大的 10 个养老基金占有 68% 的会员。

（三）非银行小额信贷机构

小额信贷一般指小额信贷机构为帮助贫困者增加收入、改善生活，向低收入客户、小企业主和个体经营者提供信贷、储蓄及保险支付服务和社会服务等。小额信贷机构可分为正规金融机构（如银行）和非银行机构。

俄罗斯的非银行小额信贷机构的主要类型有私人小额信贷机构、小企业国家扶持基金、私人基金、信用合作社（消费者协会）、农业消费信贷合作社、公民消费信贷合作社和其他小额信贷机构等七种类型。例如，俄罗斯公民消费信贷合作社仅针对合作社成员合法地吸收储蓄和发放贷款，其目的就在于满足财务互助成员的消费需求。俄罗斯小额信贷机构自建立起，发展迅速，机构数量越来越多，从机构服务项目来看，主要是储蓄和发放贷款，另外还有咨询、租赁和担保。以 2003 年为例，所有的小额信贷机构都开办了贷款业务，56% 的开办储蓄业务，10% 的开办担保业务，8% 的开办咨询业务，7% 的开办租赁业务。表 6-3、表 6-4 说明了俄罗斯小额信贷机构自成立以来的一些发展状况。

表 6-3　2003—2006 年俄罗斯小额信贷机构的服务项目　　　　单位：%

项目	2003 年	2004 年	2005 年	2006 年
贷款	100	100	99	98
储蓄	56	65	65	70
咨询	8	23	30	23
租赁	7	7	7	5
担保	10	5	6	5

表 6-4　2003—2006 年俄罗斯小额信贷机构类型　　　　单位：%

	2003 年	2004 年	2005 年	2006 年
私人小额信贷机构	—	2	1	2

续表

	2003年	2004年	2005年	2006年
小企业国家扶植基金	25	21	28	14
私人基金	11	8	10	5
信用合作社	15	16	20	15
农业消费信贷合作社	17	13	15	21
公民消费信贷合作社	30	38	34	38
其他	2	2	2	4

注：被调查小额信贷机构数依次为229家、183家、168家和175家（不包括分支机构）。

三、中国的非银行金融机构

根据各非银行金融机构性质和功能的不同，大体上可以把中国的非银行金融机构划分为储蓄类非银行金融机构、保险类非银行金融机构和投资类非银行金融机构。从1979年恢复保险和信托，到近年来随着互联网金融在中国的快速发展，P2P网络借贷平台遍地开花，经过三十多年的发展，中国的非银行金融机构不管是在资产规模、机构数量还是对金融体系的重要性方面都有了质的飞跃。2013年，非银行金融机构总资产规模达到21.56万亿元，相当于整个银行类金融机构总资产规模的14.63%。

（一）储蓄类非银行金融机构

储蓄类非银行金融机构是指其资金由股东投资或社会融资构成，其主要业务为法律规定的设备租赁、消费信贷、个人信贷等业务，具有部分银行功能，但不能划归为银行的金融机构，主要有金融租赁公司、企业财务公司、汽车及消费金融公司、小额信贷公司和典当行。这类型的金融机构在市场上起到了融通资金、调剂有无的作用，为中国国内消费市场的发展做出了巨大贡献。

金融租赁公司主要从事金融租赁业务，指由出租人根据承租人的请求，按双方的事先合同约定，向承租人指定的出卖人购买承租人指定的固定资产，在出租人拥有该固定资产所有权的前提下，以承租人支付所有租金为条件，将某段时期该固定资产的占有、使用和收益权让渡给承租人。金融租赁具有融物和融资的双重功能。金融租赁可以分为直接融资租赁、经营租赁和出售回租三大类。

和其他国家不同的是，中国的财务公司是中国企业体制和金融体制改革的产物。1987年，中央为了增强国有大中型企业的活力，盘活企业存量资金，增强企业集团的融资能力，支持企业集团的后续发展，促进产业结构和产品结构的调整升级，批准成立了中国第一家企业集团财务公司——东风汽车工业集团财务公司。此后，一些大型企业集团也相继建立了财务公司。

消费金融公司是以小额、分散为原则，为中国境内居民提供以消费为目的的贷款的非银行金融机构，公司经营范围包括个人耐用消费品贷款和一般用途个人消费贷款。个人耐用消费品贷款是指个人用于购买特定的家用电器、电子产品等耐用消费品（不包括房屋和汽车)的贷款;一般用途个人消费贷款是指个人用于个人及家庭旅游、婚庆、教育、装修等消费事项的贷款。汽车金融公司则是指为中国境内的汽车购买者及销售者提供金融服务的非银行金融机构。对于正处在转型期的中国,这两类金融公司对拉动国内需求,促进国内就业和产业转型升级有着十分重大的作用。2014年,我国消费金融公司试点进入第4个年头,消费金融公司的功能定位和盈利模式日益清晰,为广大中低收入人群提供便捷的小额消费信贷服务,有效地提高其生活水平并有助培育良好的信用观念。例如,北银消费金融公司的教育培训类贷款产品为广大的在校大学生、蓝领工人、在职白领提供了进修学习的宝贵机会;中银消费金融公司针对个人房租支付需求的"新易贷—居易通"产品解决了刚步入社会的毕业生的基本生活问题;四川锦程消费金融公司针对代发工资客户的"工薪贷"产品满足了普通工薪阶层的临时性、急需性消费需求;捷信消费金融公司不断满足年轻群体对时尚生活的追求和低收入家庭,特别是农村家庭对基本生活必需电器的需求。

2010年5月,随着人人贷个贷平台的建立,一场起源于英国的P2P模式在中国悄然兴起。简单来说,P2P就是有资金又有理财投资意愿的个人,通过中介机构牵线搭桥,使用信用贷款的方式将资金贷给其他有借款需求的人的行为。传统的银行借贷需要借款人身体力行地前往银行设立的网点递交申请、提供繁复的材料,之后经过漫长的等待,才能获得需要的资金,贷款利率和贷款金额都由银行决定。人人贷模式则大为不同,个人贷款人通过登录网站成为注册用户后,填写相关信息,通过相关验证,便可以发布个人贷款信息。根据贷款人在网上公示的个人资信以及贷款的金额、利率和期限等内容,来自全国的投资人可以自由选择想要投资的项目。一般来说,只要资信状况优良,还贷来源有保障,人人贷上的借款需求在一小时内就能得到满足,十分快速。目前,行业的运营模式大致可分为三种:一是以线下业务为主,如宜信公司;二是仅做线上业务,如拍拍贷;三是线上线下相结合,代表者就是人人贷。小贷公司的线上业务主要是为了增加受众规模、提供更加便捷快速的借款渠道,而线下业务主要是为了跟踪和核实借款人的资信状况,防范风险。

中国的典当行又称"典当公司"或"当铺",是主要以财物作为质押进行有偿有期借贷融资的非银行金融机构。典当公司的发展为中小企业提供快捷、便利的融资手段,促进了生产的发展,繁荣了金融业,同时还在增加财政收入和调节经济等方面发挥了重要的作用。以物换钱是典当的本质特征和运作模式。当户把自己具有一定价值的财产交付典当机构实际占有作为债权担保,从而换取一定数额的资金使用,当期届满,典当公司通常有两条盈利渠道:一是当户赎当,收取当金利息和其他费用盈利;二是当户死当,处分当物用于弥补损失并盈利。典当行作为一种既有金融性质又有商业性质的、独特的社会经济机构,融资服务功能是显而易见的。融资服务功能是典当公司最主要的,也是首要的社会功能,是典当行的货币交易功能。此外典当公司还发挥着当物保管功能和商品交易功能,此外典当行还有其他一些功能,诸如提供对当物的鉴定、评估、作价等服务功能。

(二)保险类非银行金融机构

保障保险类非银行金融机构是指通过与客户签订契约,定期取得资金的金融机构,主要有保险公司和养老保险基金等。随着中国市场经济的深化,政府逐步从一个市场活动的参与者转向了市场管理者的角色。在这样的社会生活中,保险这种通过汇集社会资金防范突发风险的保障性机制变得尤为重要。商业保险公司和五项社会基本保险基金,正是在这样的环境下发展起来的。

中国的商业保险市场主要由财产保险市场、人身保险市场和专业再保险市场构成。国内知名的财产保险公司有中国人民财产保险股份公司、中国平安财产保险股份公司、中国太平洋财产保险股份公司和中国人寿财产保险股份公司等。2014年,面对增长速度换挡期、结构调整阵痛期和前期刺激政策消化期"三期叠加"的挑战,从业务增速来看,2014年全国保费收入突破2万亿元大关,增速达到17.5%,是美国次贷危机以来最高的一年。其中,财产险保费收入7 203.5亿元,同比增长16%;人身险保费收入1.3万亿元,同比增长18.4%。从业务结构来看,结构调整走向深入,与实体经济联系紧密的保障保险同比增长66.1%,与民生保障关系密切的年金保险同比增长77.2%,保障性较强的健康保险同比增长41.9%。从经营效益来看,保险公司实现利润总额1 934.2亿元,同比增长91.4%,保险资金运用实现收益5 358.8亿元,同比增长46.5%,创历史新高。保险资金投资收益率达6.3%,同比提高1.3个百分点,创五年来最高水平。

中国的社会保险是指国家为了预防和分担年老、失业、疾病以及死亡等社会风险,实现社会安全,而强制社会多数成员参加的,具有所得重分配功能的非营利性的社会安全制度。中国五项社会保险的主要项目包括养老保险、医疗保险、失业保险、工伤保险、生育保险。2002年年末,中国基本养老保险基金仅结存1 608亿元。到了2014年年末,基本养老保险基金结存35 645亿元。2002年年末,城镇基本医疗保险仅结存450.7亿元。到了2014年年末,城镇医疗保险结存达到6 732亿元。在最近的十年中,由中国政府主导的五项基本保险的覆盖面不断扩大,保障人群不断扩展,保险的保障性职能有了十分稳固的基础。

(三) 投资类非银行金融机构

在中国,投资类非银行金融机构可分为参与型与中介型两种。参与型是指通过发行股票或签订契约的方式将投资者的资金聚集起来,并把资金用于购买股票和债券类金融资产,为投资者提供更加丰富的理财品种的金融机构,主要有信托公司和基金公司。中介型是指通过特殊的知识或者独占性的市场资格,为投资者搭建资金融通的渠道,但机构本身并不参与交易的金融机构,主要有证券公司和货币经纪公司。

信托公司是以信任委托为基础、以货币资金和实物财产的经营管理为形式,通过融资和融物相结合的多边信用行为,按照委托人的目的,代为管理和经营委托资产的公司。经过不断地发展,2010年中国信托业总资产规模超过3万亿元。基金公司是通过合理组合市场上的已有金融产品,创造出符合出资人需求的新型金融产品,通过打包卖出并持续管理,以金融产品的保值增值为目的的公司。截至2013年,基金行业资产规模也达到了3万亿元。2014年,在经济下行和竞争加剧的双重挑战下,信托业结束了自2008年以来的高速增长阶段,步入了转型发展的阶段。2014年4月,中国银监会颁布的《关于信托公司风险监管的指导意见》明确提出信托业转型发展的目标和路径。可以说,2014年是信托行业全面布局转型发展的"元年"。在新的历史发展阶段,信托业主要业务数据发生了较大的结构性变化,信托规模再创历史新高,业务结构继续优化,系统风险可控,行业发展平稳,转型态势良好,同时,信托业也面临着增幅放缓、业绩下滑、个案风险增加等方面的挑战。

中国的证券、基金公司是专门从事有价证券相关业务的法人企业。截至2014年年底,120家证券公司总资产40 921亿元,净资产9 205亿元,净资本6 792亿元,营业收入2 603亿元,同比增长97%、22%、30%和64%。代理买卖证券业务收入980亿元,自营业务收入710亿元,投行业务收入310亿元,资产管理业务收入124亿元,利息净收入284亿元(利息收入812亿元,其中融资融券业务利息收入446亿元,约定购回利息收入14亿元,股票质押回购利息收入90亿元,其他利息收入262亿元,利息支出528亿元),其他收入195亿元。管理客户资产341 449亿元,同比增长62%,其中托管的客户证券资产248 654亿元,客户交易结算资金11 135亿元,资产管理业务的受托资产81 660亿元。截至2014年年底,共有95家基金管理公司,其中已有73家设立专户子公司。基金管理公司总资产1 020.65亿元,净资产657.56亿元,管理资产合计6.68万亿元,同比增长57.84%。其中,管理公募基金规模4.54万亿元,存续产品1 899只;基金公司专户规模12 240亿元;受托管理社保基金规模6 085亿元;受托管理企业年金规模2 974亿元。中国具有代表性的证券公司有广发证券股份有限公司、国泰君安证券股份有限公司、海通证券股份有限公司、中信证券股份有限公司和招商证券股份有限公司等。

货币经纪公司最早起源于英国外汇市场,是金融市场的交易中介。货币经纪公司的服务对象仅限于境内外金融机构。它可以从事的业务包括境内外的外汇市场交易、境内外货币市场交易、境内外债券市场交易、境内外衍生产品交易。《货币经纪公司试点办法》对货币经纪公司的业务范围做出了相应的规定,现阶段中国的货币经纪公司允许开办的业务只包括货币经纪公司的部分基本业务。

四、南非的非银行金融机构

南非的金融服务项目主要由四大银行集团为主的商业银行承担,非银行金融机构不多,但都具有各自的特点,目前,南非的非银行金融机构以证券市场和保险公司为主,还存在一些针对低收入端人群的小型金融管理机构,主要为传统银行服务难以覆盖的地方提供以储蓄为主的服务。

(一)证券市场

南非的证券市场主要由以约翰内斯堡证券交易所为核心的股票证券市场和以南非债券交易所(BESA)为核心的债券市场两个市场组成。

约翰内斯堡证券交易所成立于1887年,根据2004年的《证券服务法》获得交易所执照,约翰内斯堡证券交易所是南非最主要的交易所(交易量最大)也是唯一获得执照的证券交易所。多年来约翰内斯堡证券交易所不断发展,从最初作为传统场内股份交易市场的代表,逐渐发展成为现代化的证券交易所,目前,约翰内斯堡证券交易所提供股票买卖、金融和农业衍生工具产品以及一些相关票据的交易服务和结算需要,并且具有广泛的监管能力。约翰内斯堡证券交易所还根据国家社会的需要提供大量的金融信息。2001年,约翰内斯堡证券交易所收购了南非期货交易所(Safex),开始承做南非期货交易所的一切业务,因此期货交易所也成为约翰内斯堡证券交易所有限公司的一部分。

据统计,约翰内斯堡证券交易所的资本市值排在世界前20名(统计数据来自世界交易所联盟)。目前,约翰内斯堡证券交易所内约有 400 家上市公司登记,规模稍小于斯德哥尔摩证券交易所。在南非共和国,"金融服务委员会"(FSB)负责管理约翰内斯堡证券交易所,确保约翰内斯堡证券交易所履行促进融资、配置现金资源并借此促进就业和创造财富的主要职责。约翰内斯堡证券交易所为投资者提供了包括股票市场、利率市场、金融衍生工具市场和农产品市场在内的四种投资选择。

南非债券交易所是在南非金融管理委员会管辖下的一家独立金融交易所,一直以来以债券市场协会的名义开展交易活动,为客户提供 3 天滚动结算业务和债券自动买卖系统服务,1996 年正式注册为南非债券交易所。南非债券交易所负责管理南非的债券市场,其每年流动性为其市值的 38 倍,成为世界上流动性最高的新兴债券市场之一。

(二) 保险公司

在南非,保险公司可以分为短期保险公司和长期保险公司两种,分别经营短期保险业务和长期保险业务。

短期保险(非人寿保险)主要和风险评估有关,保险合同通常须每年签订,任何一方可以随时取消。此类保险包括工程、担保、债务、交通事故、医疗、财产等险种。目前在南非有超过 100 家注册的短期保险公司。

长期保险主要指寿险,其他还包括援助、偿债基金、健康、伤残等险种。长期保险、养老金和准备基金的关注点一般在于如何使投资报酬最大化,最主要的长期保险是寿险。目前,南非已注册的长期保险公司已经超过 78 家。

为促进保险公司的健康发展,南非在 2002 年的《金融咨询和中介服务法》中规定了许多保护保单持有人的条款。

(三) 小型金融管理机构——斯托克威尔(Stokvels)

在种族隔离主义盛行时期,银行业等服务部门只为中等和高收入人群提供服务,黑人无法享受银行业中的服务如储蓄服务等。曼德拉新政府上台后,南非共和国逐渐实现了种族之间的和解,特别是在国际社会不再对南非进行经济制裁后,随着南非经济的复苏和发展,许多黑人和低收入人群也面临对金融服务的需求。此外,南非新政府在 2003 年通过的《金融服务宪章》中规定南非的主要银行必须吸纳低端市场的小额借贷者,南非的银行部门也开始为黑人和低收入群体提供金融服务。

但是,由于历史的沿革和惯性,南非大多数黑人对于银行业提供的储蓄服务意愿不强,比起正式的银行部门,他们更愿意在被人称为"斯托克威尔"(Stokvels)的金融管理机构进行储蓄。

"斯托克威尔"是南非特有的一种储蓄俱乐部或基金会,规模较小,要求参与的每个成员定期向机构支付一定数额的资金,再由机构发放给需要的成员,用于任何目的,资金的使用由成员之间轮流包干,并不需要手续费,这实质上是较为私人的一种无息按揭贷款。

第四节 新兴工业化国家（地区）的非银行金融机构

一、韩国的非银行金融机构

（一）韩国非银行金融机构体系及其职能

在韩国，非银行金融机构根据其业务活动广义地可分为五种类型：发展机构、储蓄机构、投资公司、保险公司和其他机构。

1. 发展机构

由韩国发展银行、韩国进出口银行、韩国长期信贷银行所组成。它们为关键部门的发展提供中、长期贷款或信贷，例如出口业、重工业和化工业。资金来自政府，由外资诱致的融资资金，或发行专项债券。

2. 储蓄机构

由互助储蓄与贷款公司、信用合作社、互惠信用所、新共同金融协会和邮政储金（局）等所组成，它们给予各种小额贷款，资金来自具有定期存款形式的专项吸收存款金。

3. 投资公司

投资公司由24家投资融资公司、6家商人银行公司、8家信托投资公司和证券筹资公司所组成，它们起着类似于货币市场和资本市场中金融中介的作用。

4. 保险公司

保险公司由20家国内人寿保险公司、7家合资人寿保险公司、2家外资公司分公司、3家外资附属公司和邮政人寿保险所组成。

除上述的金融机构以外，还有证券公司、租赁公司起着补充金融机构的职能，虽然并不起金融中介的作用。

（二）韩国非银行金融机构市场占有率

近十年来，韩国金融体制的结构有了很大的变化。这可从不同机构的市场占有率反映出来，银行机构的市场占有率下降很大，而非银行金融机构则有迅速的增长。

银行机构的市场占有率，按韩国圆存款计算，自1975年的约75%缩小到1992年的36%；而非银行金融机构在同一期间则从21%增长到64%，其中尤以投资信托公司的占有率增长最快。就贷款和贴现来看，在同一期间，银行机构从75%急剧下降到45%，而非银行金融机构则从25%增长到55%。市场占有率的快速变化是由法规上待遇不同所造成，非银行金融机构对资产与负债管理有较大的自由性。更重要的，允许其存款和贷款利率高于银行金融机构的存贷款利率。

二、新加坡的非银行金融机构

新加坡的非银行金融机构体系包括：

(一) 证券银行

证券银行是主要从事证券发行包销、公司合并重组、组织大型银团贷款等投资银行业务的金融机构,它不经营具体的商业银行业务,主要从同业拆借市场上拆入资金。

(二) 金融公司

金融公司在新加坡设立经营机构是在1950年前后,它们最初的服务对象是经营那些银行不热心的规模较小的项目。截至1995年3月底,金融公司在业务与服务范围上类似或相当于商业银行。其主要业务活动是接受客户的新元储蓄和定期存款,发放新元贷款。

(三) 货币经纪人公司

货币经纪人公司是在银行同业市场上充当中介,为银行间外汇、可转让存单及资金拆借提供服务的金融机构。伴随着新加坡国际金融中心功能的不断发展,货币经纪人公司在与其客户银行合作时,提供着越来越有价值的服务,这种服务对新加坡市场的成就有着相当的贡献。

(四) 代理融资公司

代理融资公司又称保理业务公司。这类公司所从事的是一种承购应收账款业务。它是指出口商以商业信用形式出卖商品,在货物装船后立即将发票、汇票、提单等有关单据,卖断给承购应收账款的保理公司和专门组织,收进全部和一部分货款,从而取得资金融通的业务。从形式上看,出口商和保理公司的关系是一种票据买卖或债权承购与转让的关系,而不是一种借贷关系,但是实际上它起着融通资金的作用。

此外,新加坡还有租赁公司、保险公司、单位信托有限公司等。

三、中国香港地区的非银行金融机构

在香港地区,非银行金融业务主要包括保险业务、证券业务、基金管理业务、私募基金业务及债务市场业务等。

(一) 保险业

香港地区拥有相当发达的保险市场,居民人均保险费用支出的水平也较高,近年来,越来越多的全球顶级保险公司选择前往香港地区开拓业务。

根据保险业监理处的统计,2015年上半年,香港地区保险业的毛保费总额年增长13.6%,达到1 849亿港元,相当于香港地区GDP的16.2%。截至2015年7月,香港地区共有158家获授权保险公司,而这些公司只有半数左右是在本地注册成立的。在海外注册的保险公司中,以美国、英国和百慕大的公司数目为多。

在保单持有人和保险公司之间,保险代理人与保险经纪扮演中介的角色。保险代理人会与保险公司签订委任合约,而保险经纪不隶属于任何保险公司。

(二) 证券业

香港地区是全球最活跃及流动性最高的证券市场之一,资金流动不受任何限制,也不存在资本增值税或股息税。截至2015年7月,共有1 808家公司在香港交易所上市,总市值超过34 000亿美元。单以市值计算,香港地区是亚洲第三大及全球第六大证券市场。

香港地区是全球最活跃的 IPO 市场之一,2015 年的前 7 个月其 IPO 筹资总额达 186 亿美元。

继"沪港股票市场交易互联互通机制"(简称"沪港通")于 2014 年年底开通后,深圳与香港股票市场的同类型互联互通机制预定于 2015 年年底实施。香港与内地基金互认安排也已于 2015 年 7 月生效。

(1) 服务提供商。在香港地区,证券业的交易服务由投资银行、商业银行、财务公司和证券经纪公司提供。投资银行是在一级市场 IPO 的主要包销商。香港股市高度开放,流动性高,吸引了不少国际投资银行及证券公司赴港开业,发展 IPO 及证券业务。在二级市场,本地经纪行及银行主要为本地零售客户服务,而机构投资者则由国际经纪行及投资银行提供服务。

(2) "沪港通"的开通。"沪港股票市场交易互联互通机制"于 2014 年 11 月开通,允许投资者通过香港交易所买卖在上海证券交易所上市的合资格证券(即北向买卖沪股),以及通过上海证券交易所买卖在香港交易所上市的合资格证券(即南向买卖港股)。目前,北向及南向买卖证券的每日额度分别为 130 亿元以及 105 亿元。截至 2015 年 8 月,北向及南向买卖总额分别为 1 210 亿元及 510 亿元。

(3) 内地与香港基金互认安排。2015 年 5 月,中国证券监督管理委员会与香港证券及期货事务监察委员会宣布,于 2015 年 7 月共同推行内地与香港基金互认安排,并公布互认资格条件、申请程序、运作要求及监管安排。在安排之下,内地与香港基金可在对方市场销售,深化两地金融合作,建立基金监管标准以及推动亚洲资产管理业的整合和发展。

(三) 基金管理业

香港地区被公认为亚洲主要的基金管理中心,汇聚了众多国际基金管理人才。截至 2013 年年底,香港地区的基金管理业务合计资产达 2.05 万亿美元,较 2012 年增加 27%;私人银行业务管理的资产总值为 3 530 亿美元。截至 2014 年 9 月底,共有 2 534 项认可集体投资计划,当中包括 1 983 项单位信托及互惠基金、265 项与投资有关的人寿保险计划、16 项纸黄金计划、11 项房地产投资信托基金以及 259 项退休/强积金相关基金。

近年,香港交易所交易基金(ETF)市场增长迅速。截至 2014 年 9 月底,共有 133 只 ETF 基金在香港上市,其中 9 只于 2014 年前三个季度上市。为进一步加强两岸的金融合作,内地与香港政府在《内地与香港关于建立更紧密经贸关系的安排》(CEPA)补充协议下,同意积极研究两地基金产品互认。2014 年 11 月沪港通的正式推出,为香港地区的基金管理公司提供另一途径,买卖在上海证券交易所上市的股票。

(四) 私募基金业

私募基金是一种投资于非上市公司股本的资产类别。私募基金的一般投资策略包括创业资本、杠杆式收购、增长资本及困境企业投资等,而香港私募基金公司最普遍采用的策略之一便是创业资本。香港地区是亚洲第二大的私募基金中心,所管理的基金总额约占整个地区的 19%,仅次于中国内地,为本地及区内处于萌芽阶段的企业提供了便捷的权益融资渠道。大量海外资金投资于香港地区的私募基金,而其标的主要也是香港本地的公司。香港地区的股票市场为创业投资提供方便的套现机制。私募基金透过香港交易所进行的上市招股活动中,中国内地的私募基金占了大部分。

香港地区私募基金的外向型特征十分明显,大部分来自海外的区域性私募基金均选择以香港为基地。

(五) 债务市场业概况

香港地区是全球最发达开放的债务市场之一,其发行的债务工具给国际投资者提供了自由多样的选择,而境外借款人也可自主选择香港债务市场上的各种债务工具为自己融资。香港地区的私营机构债券市场同样十分活跃,规模可比公债市场,具有较高的流动性。

香港地区政府还大力推行政府债券计划,意在扩大非银行投资者的比例。截至2013年12月,政府债券计划下的未偿还债券总额达900亿港元。香港地区政府还推出了别具特色的与通货膨胀率挂钩的债券,并命名为iBond,其最新一批于2014年8月发行,发行额达100亿港元。同样,众所周知的"点心债"(在香港地区发行的人民币债券)的发行规模也在以相当快的速度逐年增长。

债务工具中央结算系统,通过大型计算机系统的处理,高效率地进行外汇基金票据及债券以及符合条件的私营机构债券的结算。为方便"点心债"的发行与交易、提高人民币资金结算的效率,香港金融机构还于2007年6月对实时交收结算系统及债务工具中央结算系统进行了升级。2012年6月,金管局设立中央结算系统央行配售统筹窗口,通过此发行机制将投资者的范围扩大到中央银行及货币管理当局。

尽管在香港交易所有大量债务工具挂牌,但私营机构债券的场外交易却相当活跃,以至此类债券的交易绝大部分都是在场外完成的。一些私营金融机构集团还为机构投资者设立了电子债券交易平台,而个别银行及经纪行也为个人投资者提供债券的在线买卖服务。

四、中国台湾地区的非银行金融机构

台湾地区的非银行金融机构包括保险公司、票券金融公司、证券业金融机构、基层金融机构等。

国民党退据台湾前,台湾地区的保险公司全都是日商保险公司;国民党退据台湾后,当局将在台的日商保险公司改组为台湾产物保险和台湾人寿保险两家公司。1949年,大陆在台的保险公司分支机构纷纷升格为总公司或总部,到1959年年末,台湾地区拥有产物保险5家、人寿保险3家,全都为公营保险公司。1960年9月,台湾当局开放保险业民营;1961年4月19日,第一家民营产物保险公司——国泰产物保险公司正式开张,此后民营保险公司相继成立,到1963年年底,台湾地区保险公司已达25家。1968年10月,台湾地区唯一的一家专业再保险公司——"中央再保险公司"也正式设立,截至2015年,台湾地区拥有产物保险公司19家,分支机构170家;人寿保险公司27家,分支机构123家。在1981年以前,台湾地区保险行业没有1家外资保险公司;1981年2月,迫于美国的压力,台湾当局正式对美国开放保险业,美国保险公司开始进驻台湾地区保险市场。进入90年代以后,台湾当局为了加入WTO,于1994年开始全面对外开放保险业,各国保险公司纷纷涌入台湾地区,到 1997 年 3 月,在台外资保险公司就已达 25 家。

台湾地区的票券金融公司是台湾地区货币市场的中介机构,专门负责短期票券买卖,担任商业票据的承销人、经纪人、保证人、背书人和签订人,充当金融机构同业拆放和政府债券买卖的经纪人,自负盈亏和风险,属于交易商性质。台湾地区最早的三家票券金融公司(中兴、国际、中华票券金融公司)在 1976—1978 年成立,承担了 70 年代末到 90 年代初台湾地区货币市场中介服务的职能。直到 1994 年,台湾"财政部"制定公布《票券商管理办法》,台湾当局才开放新票券公司设立,1996 年共有大中、大众、宏福、万通等 9 家新票券公司成立,1997 年又有大庆、富邦 2 家新票券公司设立,1998 年年底,台湾地区的票券金融公司已达 16 家之多。2000 年以来,经过一系列的合并重组,到 2015 年,台湾地区共有兆丰、中华、国际、大中、台湾、万通、大庆和合作金库 8 家票券金融公司。

台湾地区证券金融机构包括证券商和证融资机构。台湾地区的证券商是证券市场上依法经营有价证券承销、自营及中介业务的公司,有承销商、自营商、经纪商三种类型;台湾地区证券商在 1988 年以前实行分业经营制度,自营商和经纪商不得兼营,1988 年通过《证券交易法》修正案,取消了经纪和自营的分业限制,综合类证券商开始出现;到 1998 年年底,台湾地区共有证券承销商 57 家、自营商 72 家、经纪商 245 家、综合证券商 37 家。台湾地区的证券融资机构是专为证券市场提供融资、融券、投资信托、投资顾问、证券保管等证券交易相关服务的机构,主要有以下几种类型:提供股票融资融券的证券金融公司,向岛内外发行基金间接引导岛内外资金投资于股市的投资信托公司,提供专业分析证券市场信息协助投资者作出理性投资决策的证券投资顾问公司,提供证券划拨、交割和集中保管的证券保管公司等。

台湾地区的基层金融机构是服务于社会基层经济弱者而设立的合作金融机构,分为县市信用合作社和农渔会信用部两类,均属营业地域受到严格限制的地方金融组织,有促进地方经济发展的任务。台湾地区的县市信用合作社相当于大陆的城市信用合作社,以互利合作为经营原则,服务于城镇基层居民,截至 2015 年 6 月,台湾地区的县市信用合作社共 23 家,资产规模占岛内金融资产份额的 1.65%。台湾地区的农、渔会最初是佃农和渔民团结起来对抗地主和渔霸的自发性组织。到 2015 年 6 月,台湾地区渔会信用部为 281 家、农会信用部 25 家,农渔会信用部资产规模占岛内金融资产份额的 4.69%。尽管从数量和比重上看(台湾地区基层金融机构共计 329 家,资产份额 6.34%),台湾地区基层金融机构相对其他金融机构并不占优,但基层金融机构尤其是农渔会信用部多分布于一般金融机构触角所不及的台湾地区落后县市,有效地弥补了一般金融服务不能覆盖全部地域的不足;再者,基层金融机构长期扎根基层;广大民众乐于接受,因而在服务于基层经济弱势阶层方面确有其他金融机构无法替代的功能。

台湾地区的非银行金融机构除保险业在 20 世纪 80 年代初就进行了对外开放外,其他行业都是从 90 年代初才陆续对外开放的。外资非银行机构陆续进驻台湾地区,加剧了台湾地区金融市场的竞争,同时也促进了台湾地区金融机构体系的进一步完善。

本 章 小 结

1. 非银行金融机构指通常不视为构成货币总量的低度流动性负债的金融机构,它是从金融机构持有资产的流动性上划分的,即是否创造信用、其负债是否发挥支付中介的职能。在金融创新日益发展的今天,无论从业务范围还是职能上,上述概念已很难区分银行和非银行金融机构间的本质差别。

2. 美国的非银行金融机构包括储蓄节俭机构、契约型的储蓄机构、金融公司、投资银行和投资公司四种类型。具有以下的特点:数量众多、类型复杂;在美国金融业中占有重要地位;政府对非银行金融机构的管理较为宽松,不同时期还享有一定的政策优惠,这使非银行金融机构在金融工具的金融创新方面发挥了重要的作用;在金融自由化浪潮冲击下,非银行金融机构业务范围受限,资产负债期限结构存在较大的缺口,面临着巨大的利率风险和竞争压力,经营十分困难。

3. 英国的金融机构的划分较为特殊,它对"银行"的定义比较宽。银行中有零售性银行(Retaile Banks)和其他银行;银行以外的多种金融机构被称为其他金融机构(Other Financial Institutions,OFIs),过去也称为非银行中介。根据各自的业务特点,英国清算银行也即商业银行之外的众多金融机构分为四个部分:一是清算银行之外的其他零售性银行;二是英国的其他银行;三是接受存款的其他金融机构;四是非存款的其他金融机构。

4. 日本实行英国的商业银行模式,在传统的从事短期金融业务的普通银行之外,分设了众多的非银行金融机构,它们分为三类,即办理存款的民间金融机构、非存款经办的民间金融机构和非银行金融机构。其特点是:第一,非银行金融机构的类型众多,在日本金融业中占有重要地位;第二,各种金融机构的设立和业务经营均依据相应的法规,严格按法律规定的范围进行业务活动,原则上限制业务的交叉;第三,各种机构规模相差较大,证券业、人寿保险业高度集中。

5. 金砖国家和新兴工业化国家(地区)的非银行金融机构的共同特点是:包含多种不同种类的非银行金融机构(证券公司、信托投资公司、租赁公司、保险公司、货币经纪公司、各种形式的信用合作社等)。虽然它们的规模和管理机制各不相同,但是它们的经营目标却是相同的,都是将资金投向银行不能或不愿提供信用的部门。20世纪90年代初的金融自由化,使得发展中国家和地区的非银行金融机构得到了迅速发展。

关键词

非银行金融机构、"影子银行"、投资银行、证券公司、信托投资公司、代理融资公司、票券金融公司、租赁公司、保险公司、金融租赁公司、储蓄机构、储蓄节俭机构、契约型的储蓄机构、短资公司、货币经纪、杠杆式外汇买卖、再保险、保险代理、保险经纪、养老基金、单位信托、信用合作社、斯托克威尔

复习思考题

1. 简述非银行金融机构的特点与功能。
2. 简述发达国家非银行金融机构在其金融机构中的地位。
3. 试述投资银行在全球的发展及未来趋势。
4. 简述信托投资公司的运行机制与特点。
5. 简述保险公司的种类及其业务经营方式。
6. 简述单位信托的内涵与功能。
7. 试述美国储蓄节俭机构的运行机制与功能。
8. 英国非银行金融机构发展的特点何在?
9. 日本短资公司在其非银行金融机构中的地位与作用?
10. 金砖国家非银行金融机构与发达国家非银行金融机构的差异比较。
11. 试述中国"影子银行"的特点与风险控制。
12. 试述中国信用合作社体制的变革与发展。
13. 简述台湾地区票券金融公司的运作方式。
14. 简述香港地区的强制性公基金计划及其作用。

第七章

政策性金融机构比较

【重点提示】

- 政策性金融机构的功能定位和动作模式;
- 美国的政策性金融体系、美国的政府年金制度;
- 英国国民储蓄银行的功能;
- 日本的政策性金融体系;
- 中国台湾地区的邮政储金转存制度;
- 中国的政策性金融体系及其改革。

政策性金融是通过特有的金融运作模式,配合国家宏观经济政策,发挥自身的特殊功能,以实现国家宏观经济发展目标,因此,它是一个国家金融系统的重要组成部分。而政策性金融机构是整个政策性金融体制的重要组成部分,它向私人(民间)金融机构不愿提供资金、无力提供资金以及资金不足的部门进行投资和贷款。这些机构是根据各国(地区)的具体情况,为了贯彻政府的某些特殊政策的需要而设立的。

政策性金融一般有四种类型:(1)重点产业、新兴产业政策性金融机构。各国(地区)经济发展中都有若干重点产业或新兴产业,它们对经济发展至关重要,但这些行业往往资金需求量大、投资回收期长、风险高,私人金融机构难以承担其融资,各国(地区)成立了开发性的信用机构,如日本开发银行,德国的复兴信贷银行、柏林工业银行,美国在房地产业设立的众多的政府信贷机构。(2)农业和中小企业政策性金融机构。由于农产品季节性强,生产波动大,农业贷款具有金额小、风险大、贷款回收期长的特点,为了能给农业生产及其相关业务及时提供信贷资金,各国(地区)组建了政策性的农业信贷机构。(3)进出口和对外投资政策性金融机构。为促进本国(地区)商品出口,资助原材料进口,承担私人出口商和金融机构不愿或无力承担的风险,同时鼓励私人资本对外输出,西方各国普遍设立专门的信贷机构,如美国的进出口银行、日本的输出入银行等。(4)储蓄机构和年金组织。为鼓励居民储蓄,保护小额储户的利益,各国(地区)多设置由政府经营管理的储蓄机构,如日本和英国的邮政储蓄机构。此外,为保证居民退休后的基本生活保障,政府通过法令强制性地设立了政府年金组织。

第一节 政策性金融机构概述

政策性金融体制的产生与演变不是市场经济发展中的一种暂时性和特殊性现象,而是具有着深刻的经济金融背景与社会根源,它表现出的是资源配置主体与目标的错位和失衡、经济与社会的不协调和不稳定,这也是政策性金融体制能在世界各国以不同的形式和载体得以长期存在,并日益发展壮大的原因。纵观当前世界各国,政策性金融体制无论是在发展中国家还是发达国家都起着举足轻重、四两拨千斤的作用。

政策性金融体制是在保证宏观经济协调发展和金融资源配置社会合理性的双重目标下,以优惠的存贷利率和有偿的信贷、保险(担保)为条件,一国政府在国家信用基础上出面建立官方或半官方的专业信贷机构,并在专门的法律和规范下保障其正常运行的一种特殊性金融制度安排。它是市场性与公共性、财政性与金融性、微观性与宏观性"三位一体"的统一,从根本上和整体上优化了一国宏观经济和金融调控体系。其中,政策性金融机构是政策性金融体制的重要组成部分,主要负责对那些私人(民间)金融机构不愿提供资金、无力提供资金以及资金不足的部门进行投资和贷款。

政策性金融体制主要包括组织体系和业务体系两部分。从组织体系上看,它不仅包括政策性银行,还包括政策性非银行金融机构和其他制度承载体。从业务体系上来看,它不仅包括一切规范性意义上的政策性贷款,而且还包括一切带有特定政策性意向的存款(如住房储蓄、社会保障保险存款)、投资、担保、贴现、保险、公益信托、基金、利息补贴、债权重组、资产管理等资金融通行为。

一、政策性金融机构的功能定位

政策性金融体制与商业性金融体制是保证国家经济社会发展所不可或缺的部分,只有两种体制的协调稳定才能保证金融体制整体效率的发挥。但是两者各有侧重,政策性金融体制更多地是体现国家经济政策意愿,因而具有传统商业性金融体制所不具备的特殊功能,具体表现在以下五个方面:

1. 诱导性功能

由于政策金融机构的资金投向往往反映了经济发展的长远目标,表明政府对这些行业和部门的扶持意愿,因此,直接的政策性金融资金投放可以间接地吸引民间或私人金融机构对那些发展滞后但具有重要地位的领域,如符合政策意图和国家长远发展战略目标的高风险新兴产业,投资风险大、期限长和利润低的基础设施等进行投资,以少量资金撬动大量资金,实现资金的集聚效应和乘数效应,形成对民间资金运用的诱导性机制,以保障政策目标的实现。然后,随着商业金融机构和民间资本投资的增多,政策性金融机构再逐渐减少其份额,转向引导和扶持别的行业,形成政策性资金运用的良性循环。

2. 补充性功能

补充性功能是诱导性功能的补充与延伸。诱导性功能更多地是针对技术要求高或是市场风险高的领域,补充性功能则偏向于回收期过长且收益较低的基础性建设项目,以弥补商业性金融机构功能的不足。具体表现为,对商业性金融机构不愿选择和投融资的基础性建设项目,政策性金融机构以间接的融资活动、提供担保或者是优惠利率放款来引导商业性金融体系的资金流向,并针对商业性金融体系主要以提供中短期资金融通而产生长期资金融通不足的情况,提供中长期资金或者是超长期放款来缓解商业性金融机构的自身脆弱性,从而完善以商业性金融体系为主体的金融系统的整体功能。

3. 选择性功能

政策性金融机构的出发点和落脚点是实现社会资源的帕累托改进和最优配置,在一定程度上也表现出了市场经济的特点。表面上,政策性资金投资的产业项目或者所服务的领域是由政府选定的,但从本质上而言也是市场机制选择的结果。虽然,政策性金融机构是为那些商业性金融机构不愿意投融资的领域服务,但这并不意味着市场不选择的领域,政策性金融机构就一定会投入资金进行支持。因为政策性金融本质上仍是一种金融体制,控制风险对其而言十分重要,因而它只会对那些有一定经济效益、发展前景较好或者是有利于国家经济发展的项目提供支持。

4. 服务性功能

政策性金融机构也隐藏着较大风险,一旦借款企业出现经营问题,项目资金出现回收困难,会发生大面积的呆账坏账,降低政策性投入资金的使用效率。因此,政策性金融机构内的经营活动往往具有很强的专业性质。为减少甚至避免风险,各国政策性金融机构内都聚集了一大批投融资领域的专业人才,他们长期从事融资活动,具备丰富的经验、掌握了熟练的专业技术,能够为企业和政府提供全方位的服务,还能在一定程度上代表政府组织实施目标领域的政策计划或产业计划,例如一些国家的农业政策性金融机构收购农副产品,为农业提供全方位服务;进出口政策性金融机构为进出口信用提供偿付保证,评估市场和汇率风险;开发性政策金融机构为各种重大投资项目提供经济和社会效益综合评价等,从而尽可能确保政策性资金效益的发挥和政府经济政策目的的实现。

5. 调节性功能

经济自由化浪潮充分发挥了市场机制这只"看不见的手"的调节作用,但又有不少历史经验告诉我们,市场机制自发调节功能的不足,不仅会造成资源配置的偏差,更会引起经济结构性失衡,甚至社会动乱。因此,经济的平稳健康发展,既需要"看不见的手"调节,也离不开"看得见的手"来辅助调节。政策性金融体制正好能起到这种辅助市场机制调节的功能:它可以在国家经济政策目标和需求下,通过政策性投融资活动,充当政府调节经济的强有力工具。因为政策性金融体制天生就是政府政策的产物,具有结合财政和金融、长期利益与短期利益、宏观经济与微观效益的特殊本领。它一方面能将政府的经济政策意图传达给各产业部门,另一方面又可以向政府反映各产业部门的需求,成为政府和产业部门之间沟通的桥梁,在政策传导、经济信息反馈等方面发挥着纽带作用。

二、政策性金融机构的运作模式

政策性金融体制的各种目标和活动都是通过政策性金融机构来实现的。这些政策性金融机构不仅具有明确的经营原则,还具备特有的资金筹集和运用方式,具有与商业性金融机构不同的特殊性。下面介绍政策性金融机构的经营模式、资金来源和资金运用三大方面的内容,从而让我们对政策性金融体制的运作模式有一个大致的了解。

(一)经营原则

1. 政策性原则

相比于商业性金融机构,政策性金融机构对于实现金融系统稳定发展、国家战略实施以及宏观经济调控有着不可替代的巨大作用。特别是在国家重点扶持的领域,政策性金融机构所起的主导作用是商业性金融机构所不能代替的。需要注意的是,与以局部利益为基础、被动地为政府项目提供资金的行政干预贷款不同,政策性贷款是在国家整体利益的基础上,在政府限定的范围内,积极配合和贯彻国家的经济、产业政策,主动参与项目决策和发放贷款。

2. 安全性原则

政策性金融机构投资的领域一般是那些高风险、高投入、低盈利、回报期长等商业金融机构不愿涉足的行业。虽然政策性金融机构的经营目标与商业性金融机构不同,但政策性金融体制内的资金有限,且大多是来自政府投入的本金、向外借款和发行债券筹集的款项,因而更要确保政策性资金的良性循环。因此,安全性原则是确保政策性金融体制可持续发展的重要基础。

3. 保本微利原则

政策性金融机构作为特种金融企业抑或是实行企业化管理的特殊金融机构,虽然主要是提供公共金融产品,但也必须注重每一笔金融业务的方向和社会效益;虽然不以利润最大化为目标,但必须追求项目的有效性和贷款的可偿还性,保证现在和将来的持续性健康发展。保本微利原则不是指政策性金融机构应该揽下必然赔钱的项目,变成光吃财政的"第二财政",而是必须注重资金的管理和有效循环利用,实际上,保本微利现象主要表现在政策性金融机构成立的初期,在运行成熟稳定后,其利润水平也会随之有所上升。目前,国外就出现了政策性金融机构兼营商业性金融业务、商业性金融机构兼营政策性金融业务的发展趋势。

与商业性金融机构经营的安全性、流动性、盈利性原则一样,政策性金融机构运作的政策性、安全性和保本微利原则也具有辩证统一的关系。政策性原则是政策性金融机构运作的前提和根本,是安全性原则和保本微利原则的基础和保障。因为如果没有政策性原则,政策性金融机构就和商业性金融机构没有区别,导致金融系统内部运作紊乱,从而影响金融和经济效率。安全性原则和保本微利原则是保证政策性资金良性运行的基础。如果没有这两项原则,那么会出现政策性资金被挤占挪用、运行质量下降、资源浪费的情况,国家的政策目标就不能通过政策性金融体系的运作来实现。

(二) 资金来源

与商业性金融机构相同,政策性金融机构也必须全方位、多渠道地筹集充足的运营资金,形成稳定的资金来源以保证自身的健康平稳发展,实现政府政策目标。但是在资金的筹集方式、成本方面,政策性金融机构主要存在着五种资金筹集渠道,与商业性金融机构存在着较大区别。

1. 政府供给资本金

政策性金融体制是为国家经济政策和产业政策服务的体系,其在经济社会发展中特殊的功能和不可替代的地位,决定了政府必然会在其建立之初提供资本金并逐年增加对它的资本金投入。例如,美国的联邦土地银行、中期信贷银行及合作社银行的初创资金就全部由联邦政府提供;美国的农民家计局、商品信贷公司及农村电气化管理局的资本金全部由美国国库提供;日本政府是日本政策投资银行的唯一出资人和所有者;韩国开发银行也是政府完全所有的银行;法国农业信贷银行的资本金主要由财政预算拨付;泰国农业合作社银行99.7%的股本由政府用财政资金购买,等等。当然,随着市场化程度和企业经营体制的完善,政策性金融机构的资本结构可以进行调整,逐渐引入社会金融资本。

2. 借款

政策性机构筹集资金的借款渠道广泛,一般向本国中央银行、其他政府部门借入资金,或者借入财政资金、保险资金、邮储资金,如日本政策性金融机构主要向大藏省资金运用部借款,韩国开发银行主要向财政借款。另外,政策性金融机构还可以向境外资本市场借入资金,一些发展中国家的政策性机构还享有向国际性组织借入资金的优惠待遇,包括世界银行、世界货币基金组织、国际粮农组织等,比如印度从20世纪80年代起曾先后向世界银行借款28.39亿卢比,用于国家种子工程计划的实施,巴西于1967年建立全国农村信贷体系,其信贷资金的20%左右是来自政府财政拨款,其余部分来自向中央银行及国外机构的借款。但在所有借款渠道中,财政资金和中央银行的贷款是世界各国政策性金融机构最重要的资金来源。

3. 发行政策性金融债券

因为有政府担保,收益保障性强、风险小,在金融市场上发行政策性金融债券通常会成为各国政策性金融机构获得资金的主要方式之一,尤其是开发性政策性金融债券,对投资者具有很大吸引力。一般来说,发达国家资本市场体系完善,发行政策性金融债券成为政策性金融机构的主要筹资方式,比如,美国联邦专业信贷机构(进出口银行除外)的主要筹资方式就是发行各个专业机构的证券,日本的"二行"及部分公库也多采用发行债券的方式筹资,但是,规定美国和日本的政策性金融发行债券数额不得超过其资本金的十倍。对于发展中国家而言,由于资金主要来自借款和政府给予的本金,发行政策性金融债券成为一种辅助筹资方式。20世纪90年代后期以来,一些发展中国家开始尝试发行债券来筹措农业政策性资金,并取得了一定的成效。

4. 吸收存款

政策性金融机构在是否吸收存款以及吸收存款种类等方面存在着较大差异。当前各国政策性金融机构主要有三类,即不吸收存款类、吸收存款类和只吸收特定对象存款类。纵观各国政策性金融机构,可以发现,相当一部分国家的政策性金融机构,如日本的"二行九库"、美国的联邦专业信贷机构、德国的复兴信贷银行等均不吸收任何存款,以避免与国内其他商业性金融机构形成竞争而影响金融系统的整体协调和稳定。但也有一些政策性金融机构吸收储蓄存款、定期存款和少量的活期存款,如法国农业信贷银行吸收会员储蓄存款、定期存款或活期存款,韩国开发银行吸收储蓄存款和往来对象的活期存款。而大多数国家都规定其政策性金融机构只能向特殊的存款对象吸收存款。此外,还规定贷款对象企业的存款、农业政策性贷款支持单位的财政项目拨款、筹措的各种基金存款、国外援助农业项目赠款等必须作为政策性存款,不得存入商业银行。

5. 其他来源

一些国家的政策性金融机构还向社保基金、养老基金、退休基金、医疗基金、就业基金、住房公积金等资金管理部门借款。因为这些"基金"大部分是在政府倡导、推动及立法保障下建立和运营的,具有一定的政策性色彩,所以,政策性金融机构向其借款的根本理由在于它们都是具有政策性的资金。

总体来说,不同的经济体制、不同的金融体系产生了不同的政策性金融资金需求。具体从资金来源渠道的角度看,发展中国家政策性金融机构的资金来源渠道更加丰富、多元化,发达国家政策性金融机构的资金来源渠道相对比较单一。而从资金筹集方式的角度看,发展中国家的政策性金融机构更多地是依靠政府资金,发达国家的政策性金融机构更多地通过发行债券从资本市场上筹集资金。

(三) 资金运用

政策性金融机构是承担了特殊使命的金融企业,它在资金的运用方面与商业性金融机构有相同的地方,但是在目的和动机上却不同于商业性金融机构。一般来说,商业性金融机构是逐利的,而政策性金融机构却不以逐利为动机,其更多地是服从和服务于"政策性目的"这一本质层面的原则。由此,也决定了其资金运用的特殊性。一般来说,政策性金融资金主要以贷款、投资以及担保的方式投入到目标领域。

1. 政策性贷款

政策性贷款是政策性金融机构业务的主体或核心,是体现政府政策性意图最重要的政策性金融方式。与商业性金融机构贷款业务不同的是,政策性金融在贷款的投放领域及规模方面有一定限制,主要以具有社会效益的产业和项目作为贷款对象选择的标准,并附有一定的优惠条款与条件。通常采取直接和间接两种方式:既向经济产业政策所支持的对象直接发放贷款;也以转贷或委托贷款的方式通过其他金融机构向所支持的行业间接提供政策性金融支持,以发挥自身的特殊职能,实现政府政策目标。

2. 政策性担保

政策性担保是指政策性金融机构为支持特定领域资金融通而提供的信用保证。担保业务是政策性金融机构发挥其特定功能的重要手段,有利于改善资金融通者的地位,拓宽资金融通者的融资渠道和方式,同时也更容易被资金融通者所接受。担保业务实质上是转移了商业性金融机构对于政府扶持行业的资金风险,就是当商业金融机构发放的符合政策意图的贷款无法收回时,政策性金融机构予以偿还全部或部分贷款,从而大大优化扶持领域的融资环境和条件,以少量资金推动大量资金流入政策性金融领域,推动重点领域的进步与发展。

3. 政策性投资

政策性投资是政策性金融机构通过投资基金或其他方式向处于创业早期或需要国家重点支持的创业企业与项目进行的投资。政策性投资主要包括股权投资和证券投资两大部分。其中,股权投资是指政策性金融机构通过参股、持有股权来支持某个领域的发展,证券投资是指政策性金融机构通过购买政府中长期债券、地方政府债券和公司债券等方式支持相关领域发展。值得注意的是,因为政策性金融体制的特殊性,投资业务并非完全替代社会资金,而只是弥补与增补资金的投入,实现政策性资金杠杆撬动的作用。

除了贷款、担保和投资业务之外,政策性金融机构还通过贴现和再贴现、利息补贴、办理信贷保险等多种方式进行资金运用。

由于经济发展水平的不同,政策性金融资金的运用方式和运用领域也不尽相同。总的来说,发达国家的政策性金融资金主要是用作政府干预市场的工具,以弥补市场机制在资源配置方面的缺陷;而发展中国家的市场发展程度较低,市场机制发育不健全,因而其政策性金融资金的运用是全方位和多形式的,以实现一定时期内政府的政策目标。

第二节 主要发达国家的政策性金融机构

一、美国的政策性金融机构

美国的政策性金融机构有四类:

(一)房屋住宅信贷机构

房屋住宅信贷机构是美国最重要的政策性金融机构,是资本市场的重要参与者,是美国政府 20 世纪 60 年代为解决利率上升对从事住宅抵押贷款金融机构的压力,增强其资产的流动性而成立的政府金融机构。目前包括两个组成部分,一是住宅及城市开发部(HUD),二是联邦住宅贷款银行委员会(FHLBB)。

1. 住宅及城市开发部

住宅及城市开发部主要为低收入者提供适当的住宅,为住宅购买者提供健全的资金融通。其业务是通过受该部监督下的联邦住宅管理署(FHA)、联邦国民抵押贷款协会(FNMA,Federal National Mortgage Association,也称为 FannieMae,1968 年改为民营)、政府国民抵押贷款协会(GNMA,Government National Mortgage Association,也称为 GinnieMae)来进行的。这些机构主要购买其他金融机构发放的住宅抵押贷款,从而增强这类资产的流动性。

联邦住宅管理署成立于 1934 年,它不直接贷款,主要对住宅的修建、购买、维修和改造的贷款提供担保。联邦国民抵押贷款协会成立于 1934 年,它不是直接向建房者和购房者贷款,而是为抵押贷款提供二级市场。FNMA 在公开市场出售证券,获取资金,当市场银根紧缩时,从银行和储蓄贷款协会及其他金融机构购买由联邦住宅管理署或"退伍军人管理署"承保的住宅抵押贷款,或以此类抵押贷款为担保发放贷款;而当市场银根放松时,则出售这些贷款。通常,FNMA 也提供 3—12 个月的预付抵押贷款承诺,使建筑商确信在住宅建造完工时,可获得抵押贷款来解决资金需要。FNMA 在 1968 年成为一个与政府有某种联系的私营公司。政府国民抵押贷款协会是 FNMA 的必要补充,成立于 1968 年,它并不购买抵押契据,也不发行自己的证券来对购买抵押契据融通资金,而是为一揽子抵押契据或抵押契据组合的本金和利息的及时支付提供担保。

2. 联邦住宅贷款银行委员会

该机构原来负责管理住宅贷款银行系统(包括储蓄贷款协会、互助储蓄银行、人寿保险公司等)和联邦储蓄贷款保险公司。1989 年通过《金融机构:改革、恢复与实施法案》后,联邦住宅贷款银行委员会及其负责管理的上述两个有关住宅抵押贷款的机构已经撤消,其中对住宅贷款金融机构的监管移交给新设立的联邦住宅融通理事会负责。

(二) 农业信贷机构

美国拥有由政府资助的农业信贷系统,其内部机构业务各有侧重。农业信贷机构的联邦机构是农业信贷管理署,农业信贷政策由该署 13 人组成的联邦农业信贷委员会制定,13 名成员中的 12 名由总统任命,参议院批准,另一名由农业部长任命。农业信贷业务由专设的金融机构具体实施。全国划分为 12 个农业信贷区,每区各设一家联邦土地银行、联邦中期信贷银行和农业合作银行。

1. 12 家联邦土地银行

12 家联邦土地银行主要提供农村不动产贷款,用于发展农业生产,贷款期为 5—40 年。创立时是由联邦政府资助的,1947 年通过退股转为私人股份制。

2. 12 家联邦中期信贷银行

12 家联邦中期信贷银行主要为商业银行和其他金融机构所持有的农业生产者的短期和中期票据办理贴现,此外也对生产信贷协会提供贷款(地方信贷协会于 1933 年成立,它作为补充从中期信贷银行取得资金,而后对农业生产者进行贷款以解决农业季节性资金需求,期限长达 7 年)。联邦中期信贷银行和生产信贷协会的股本最初由政府持有,1968 年这些机构进行了私有化。

3. 农业合作银行

农业合作银行成立于 1933 年,其职能是对农业合作协会(多为农场主及水产业者的组织)贷款,以满足协会在开展农产品推销、供应及其他业务时对资金的季节性需求,贷款期限多为 18 个月以内。除 12 个农业信贷区各设一家合作银行外,联邦还有一个中央合作银行,当各区合作银行贷款超过限额时,中央合作银行也参加贷款。合作银行资本最初由联邦政府提供,1960 年全部股本私有化。

(三) 农村金融体系

美国只有 2.4% 的农业人口,却成为世界上最大的粮食生产国和出口国,这与其完善的农村金融体制是分不开的。从 20 世纪初至今,经过百余年的发展,美国构建了分工明确、机制灵活、运转有序的农村金融体制。美国政府作为农村金融体制的主导力量,不断加大支农补贴和扶持农业贷款力度,同时,政府还通过扶持商业性农村金融和农业生产社会化等各种方式,全力保障农业发展资金的供给。

1. 农民家计局

农民家计局是 1935 年根据《美国农业信贷法》建立的政府农业信贷机构,归美国农业部直接管辖。创立之初是为了应对当时严重的经济危机对农业的冲击,帮扶那些在危机中受损严重的农民开展农业活动、新创业农民建立家庭农场及贫困农民维持家计等方面融通资金,该机构因此得名。后来,随着农民家计问题的解决,该机构的业务重点也发生转变。当前农民家计局的主要任务是为促进农村开发、支持农村生产、配合政府农业政策的贯彻实施提供信贷资金。其业务主要集中在两个方面:一是提供贷款服务,包括扶持新的农业生产经营项目、水利开发和土壤保护等方面的直接贷款,也包括帮助农民应付因自然风险和市场风险所造成的损失和困难等方面的紧急贷款。二是提供担保服务。当农民在商业银行或其他非政策性金融机构贷款时,农民家计局可为农民提供担保,担保的额度比其直接向农民借款人提供贷款的金额要高出 1 倍,以政府信誉保证农民取得更充分的资金从事农业生产活动。该局的服务网点遍布美国各州各县,目前在各地设置了 1 700 多个办事处。农民家计局的主要资金来源首先是贷款周转基金,其次还有预算拨款和政府注入的资本金。贷款周转基金占到全部资金来源的 60% 以上,它是在美国联邦融资银行和国会共同保障下建立起来的一种周转基金,即联邦融资银行通过发行债券筹集资金然后贷出,当收回贷款时以取得的利息收入作为周转基金。如果发生贷款利息损失,则由国会在年度预算中弥补。

2. 商品信贷公司

商品信贷公司是 1933 年根据《美国农业信贷法》建立的由美国联邦政府直接管辖的政策性金融机构。主要任务是利用不同的金融工具和金融手段对农产品的生产和销售进行干预和调节,以防止出现某类农产品生产过剩或不足,或者农产品销售体系不稳定等情况,目的是帮助农民在发生农业危机时减少损失。具体做法是,政府通过政策对农产品价格、生产规模和销售进行干预,刺激需求,以稳定农业生产者收入,保护广大消费者利益。主要业务集中两个方面:一是为农民提供专项贷款,如农产品抵押贷款、农产品仓储贷款和农机设备贷款等;二是为农民支付补贴,包括灾害补贴和差价补贴等。资金来源主要是美国政府从国库拨付的资本金,在资本金不足的情况下,也通过借款方式筹集资金。

3. 农村电气管理局

农村电气管理局的主要任务是改善农村公共设施和环境,制定政策和项目,促进农村社区发展,解决农村水利和电力基础设施建设中遇到的问题,在信贷资金上给予帮助。农村电气管理局的资金来源也是以国会拨款为主。其资金可用于三大方面(电力、电子通信、水利和垃圾处理),且在不同的方面,农村电气管理局制定了详细的信贷项目来支持农村公共事业的发展。

(四) 其他政府信贷机构

美国的其他政府信贷机构还有中小企业信贷、进出口银行、政府年金组织、社会发展公司、环境保护金融管理局等。

(1) 中小企业信贷。它是 1958 年根据《小企业投资法》建立的一笔 2.5 亿美元的循环基金,用来资助小企业投资公司,以促进它们对小企业的融资。

(2) 进出口银行。它创立于 1934 年,是美国联邦政府所属的独立企业,它通过提供优惠的出口信贷条件来增强美国出口商品的竞争力,执行对外援助计划。该行的资本由联邦政府拨付,每年经营的利润一部分上缴财政部,另一部分抵补该行的准备金。此外,美国还有一些政府金融机构或政府支持下的私人金融机构,从事出口信贷或出口信贷保险业务。例如,1961 年成立的对外信贷保险协会,承保出口信贷的经济风险(政治风险由进出口银行承保);1971 年成立的国外私人投资公司,从事投资保险和投资项目资助;1971 年成立的商品信贷公司,专营农产品的出口信贷业务;1971 年成立的美国对外销售公司,是制造厂商的出口销售机构,由政府给予税收和价格上的优惠。

(3) 政府年金组织。美国的政府年金制度有两种形式:一是社会保险制度,又称为老年和丧失配偶者保险基金,它面对全国职工,目的是为所有的退休者提供最低收入,基金来自企业和职工的工资税(也称社会保险费),税率随通货膨胀加以调节,由联邦政府经营;另一种是地方政府公务员和雇员的退休金,其资金来自职工、地方政府和单位的共同捐赠。

(4) 社会发展公司。它为社区发展的私人机构融通资金。

(5) 环境保持金融管理局。它为地方政府处理垃圾污物融通资金。

二、英国的政策性金融机构

英国的政策性金融机构种类和数量较少,主要是国民储蓄银行(National Savings Bank,NSB)、英国农业支付署(Rural Payment Agency,RPA)、出口信贷担保局(Exports Credit Guarantee Department,ECGD)、中小企业管理局(Small Bussiness Service,SBS)和国家住房互助协会(The Nationwide Building Society,NBS)。

1. 国民储蓄银行

国民储蓄银行是从邮政储金银行演变而来的。1861 年英国成立邮政储金银行,由邮政局控制,目的是通过邮政网点更多地吸收小额储蓄。1961 年改名为国民储蓄银行,由政府的国民储蓄部控制,脱离了邮政局,但仍利用邮政网点营业。

在负债方面,国民储蓄银行提供普通户头和投资户头。凡年满 7 岁以上的居民及各种非营利团体均可开立普通户头,存款额从 1 英镑到 1 万英镑,100 英镑以下的提款可在任何附设储蓄银行业务的邮政分局支取,利息收入在 70 英镑内可免缴所得税。投资户头提供较长期的储蓄服务,存款额从 5 英镑到 5 万英镑,提款要提前 1 个月通知银行,该户头利率高于普通户头,多为浮动利率,但利息收入无纳税优惠。在资产上,国民储蓄银行的全部资金由国债专员保管,设立普通户头基金和投资户头基金,这两笔基金主要投资于各种政府证券及政府保证证券。

2. 英国农业支付署

农业支付署是英国最重要的政策性农业补贴机构,成立于 2001 年 10 月,主要负责共同农业政策框架下的单一支付计划(Single Payment Scheme,SPS)、乳制品保险计划、国内市场计划以及农产品对外出口贸易。农业支付署主要依靠政府出资和自身盈利来发放农业补助,自 2005 年单一支付计划补贴政策实行之后,英国政府大幅度削减对国内农产品价格的支持,以期缩小国内价格和国外价格的差距,实现农产品价格的平衡。

3. 出口信贷担保局

1911 年,英国政府建立了世界上首家出口信贷担保局,其主要职责是为企业提供信贷担保、保险和再保险,帮助本国出口商的商品和服务赢得更多的机遇和市场。作为政策性金融机构,英国出口信贷担保局的主营业务是经营政策性保险,而不与一般的商业性保险机构竞争,只对商业性保险不愿进入或覆盖不到的保险市场缺口进行弥补。因此,其所办的业务只有两种:一是提供出口信用保险,包括买方信贷与买方信贷;二是提供优惠的金融服务,例如对大型的金融项目提供长期贷款支持。

4. 中小企业管理局

20 世纪 70 年代,英国贸易工业部门设立了中小企业管理局,专门负责英国中小企业的管理和服务。中小企业管理局主要提供四种商业服务:(1)Business Link。该项目是一个网络服务,专为中小企业提供财政、金融、税收、养老及发放、电子商务以及企业兼并等方面的法规政策咨询。(2)凤凰基金(Phoenix Fund)。它是英国政府于 1999 年创立的基金,目的是鼓励社会弱势群体如老人、妇女以及社会残障人士创办企业。(3)企业基金。其中包括小企业贷款担保计划(Small Firm Loan Guarantee,SFLG)以及对企业创意革新的资助(Grant for Investigating an Innovative Idea)。(4)其他资助。

5. 国家住房互助协会

英国政府对住房问题的高度关注,促使了 1919 年《住宅法》的出台,该法规定了以社会住房为核心的英国住房政策,即国家通过大力促进住宅建设尤其是公共住房的兴建,再以低租金租给居民的方式对住宅市场进行干预。基于以上法案,英国政府于 1846 年成立了英国国家住房互助协会,其提供的住房抵押贷款产品主要有两种:首次购房者专项抵押贷款(First Time Buyers)和购房出租住房抵押贷款,其资金大部分来自住房协会持有的客户零售存款、商业银行贷款以及发行的债券。

三、日本的政策性金融机构

日本政策性金融的核心部分是指原来的"两行九库"以及邮政局(它是唯一接受存款的政府金融机构)。"两行"包括日本开发银行和日本输出入银行;"九库"包括国民金融公库、中小企业金融公库、中小企业信用保险公库、环境卫生金融公库、农林渔业金融公库、住宅金融公库、公营企业金融公库、北海道东北开发公库、冲绳振兴开发金融公库。20世纪90年代中后期起,日本对政策性金融进行了大规模改革:一方面,在部分公益性较强、风险评估较困难的领域保留政策性金融机构,但缩小规模;另一方面,按合并、解散或私有化方式进行改革,以提高效率,减轻财政负担。主要举措如下:一是1999年日本开发银行与北海道东北开发公库合并,成立日本政策投资银行(DBJ);日本输出入银行与海外经济协力基金合并,成立日本国际协力银行(JBIC);国民金融公库与环境卫生金融公库合并,成立国民金融公库;将中小企业信用保险公库与中小企业综合事业团合为一体。二是2007年将住宅金融公库与住宅融资保证协会合并;2008年将公营企业金融公库撤销;将日本国际协力银行与国民生活金融公库等4个公库合并,成立日本政策金融公库;启动了日本政策投资银行和商工组合中央金库的私有化并于2015年完成。

1. 邮政局

为鼓励国民勤俭储蓄、稳定生活并为产业提供资本,日本于1875年在东京和横滨的邮局开始办理邮政储蓄业务。它是唯一接受存款的政府金融机构,但在2003年4月,随着三项邮政业务(邮递、邮政储蓄、简易保险)从政府独立出来,邮政公社相应成立。改革后的邮政公社将成为完全独立的民营金融机构,邮政储蓄资金不再由国家统一运作,而是根据市场行情自主投资、自负盈亏。从2007年10月1日开始,日本邮政公社这个邮政"巨无霸"同时被拆分为4家公司,即邮政储蓄银行、邮政保险公司、负责柜台接待服务的邮电局和负责邮件投递的邮递公司。按照私有化计划,邮政储蓄银行和邮政保险公司最早可能于3年后在东京证券交易所挂牌上市,成为上市企业。依据日本邮政私有化改革的相关法案,整个邮政私有化过程从2007年开始,预计将于2017年完成。

2. 日本政策投资银行

日本政策投资银行是依照《日本政策投资银行法》,在继承日本开发银行、北海道东北开发公库的所有权利与义务的基础上,于1999年10月设立的。设立之初,日本政策投资银行是政府全额出资成立的政府性法人,提供长期性资金,以利于提高社会经济活力,丰富国民的生活,促进区域经济的自立发展。日本政策投资银行的大部分原始贷款来自资金运营部(现为财政融资资金特殊账户)的借款,另有一部分资金则来自自有资金和发行外债获得的收益。日本政策投资银行主要面向那些有助于日本经济社会发展的项目提供长期、低息贷款。在设立之初,融资业务重点在于电力、海运、矿业等主导行业。2007年6月6日,日本国会通过了《日本政策投资银行有限公司法》,对旧日本政策投资银行进行民营化改革。2008年10月1日,新的日本政策投资银行有限公司成立,政府所持股份之外的股份全部私有化,该法律还规定在5—7年后日本政策投资银行将实现完全私有化。2008年全球金融危机爆发后,政府加大了对日本政策投资银行的投资,以强化其资本来应对经济危机。

3. 国际协力机构(JICA)

以《国际协力银行法》为依据,日本进出口银行与海外经济协力基金于1999年10月合并成为国际协力银行。2006年6月,《行政改革推进法》在国会获得通过后,国际协力银行被分解为国际金融部门和日元贷款部门,将前者与国民生活金融公库、中小企业金融公库和农林渔业金融公库统一合并为政策性金融机构,将日元贷款部门并入日本国际合作机构(JICA),同时还将日本外务省主管的无偿资金援助部门也移交给新设立的JICA,由该机构统一提供日元贷款、无偿资金合作、技术合作等。

4. 日本政策金融公库

2008年10月1日,根据《日本政策金融公库法》,将国民生活金库、中小企业金融公库、国际协力银行和农林渔业金融公库进行整合,成立了日本政策性金融公库,2009年1月更名为"日本公库"。日本公库是由日本政府全额出资的国有控股公司,隶属于财务省,其支出预算由日本国会决议,经营活动必须符合公司法的规定,由政府承担有限责任。可见,该机构既保持官方性质,又采用了商业机构的管理模式。截至2014年年底,日本公库拥有资本额37 095亿日元,分支机构152家,海外代理机构2家,雇员7 364名。

5. 政府融资事业团

日本的融资事业团依靠从政府资金运用部、日本输出入银行、海外协力基金等渠道获得的资金,对劳动保护、提高劳动者福利或加强技术研修提供贷款。主要有8家,即促进就业事业团、年金福利事业团、金属矿业事业团、防止公害事业团、中小企业事业团、煤矿灾害事业团、国际协作事业团和劳动福利事业团。

6. 政府公团

政府公团包括石油公团、地区振兴整备公团、驳船整备公团。它们根据财政投资贷款计划,以特定事业为对象,由政府金融机构提供资金支持,向所属事业对象提供贷款或投资,以促进该部门的发展。

四、德国的政策性金融机构

德国是典型的银行主导型国家,银行在其金融体系中居于核心地位,体系健全,主要政策性金融机构集中在银行业,银行在政策性金融机构中处于核心地位。

1. 储蓄银行

储蓄银行是德国政策性金融机构中最重要的部分。它是区域性的,设置非常普遍。它们大多为地方政府所有,不以盈利为目的。储蓄银行建立之初,主要为低收入居民的储蓄提供服务。现在几乎所有的储蓄银行都转向对客户提供短、中、长期的银行服务以及包括投资咨询、证券交易、发行业务在内的"全能型"银行业务。其资金来自本地区的个人储蓄,主要用于对小企业的贷款、对长期性住房建设和公用事业的投资以及对地方政府的融资。目前,它在大规模贷款和产业融资方面非常活跃。储蓄银行的机构比较分散,最底层为基层储蓄银行,归地方管理;中层机构为各州的汇划中心,每州一个,共12家,基层储蓄和银行的大部分资金存入该中心,汇划中心从事地区性的放款和证券投资;最高一层为"德意志汇划中心",它是储蓄系统的中心机构,负责对该系统内的资金进行调节。

2. 其他政策性金融机构

除上述储蓄银行以外,德国还有专业银行和特殊信贷机构,由于此类银行由各级政府出资,经营范围体现政府政策意图并限定于某个特定领域,因此也被称为政策性银行。这一揽子政策性银行或机构可分为四类:一是政府抵押银行,它们的资金大多由政府提供,这些资金主要用于房屋贷款,多为长期贷款,如德意志抵押债券机构(Deutsche Pfandbriefanstah)、德国房地产及农业抵押银行(Deutsche Siedlungs und Landrenten Bank)、农业抵押银行(Landwirtschaftliche Renten Bank);二是政府经办的特殊银行,它是由政府出资兴办的,为特殊领域融资的金融机构,如工业信用银行(Deutsche lndustriekreidit Bank)、德国平准基金银行(Deutsche Austgleichs Bank)、重建贷款机构(Kreditanstalt fur Wiederaufbau)、房屋贷款银行(Bausparkassen);三是邮政汇划局和邮政储蓄局;四是统一后新成立的政策性金融机构,如民主德国中央银行(Staats bank Berlin)等。

政策性金融机构(银行)中最为出名的莫过于德国复兴信贷银行(简称 KFW),最初是为第二次世界大战后联邦德国的重建提供资金,现在的首要任务是为中小企业在国内外的投资项目提供优惠的长期信贷,主要投向基础设施、环保、能源和住房改造等领域。2014年居德意志联邦银行和德国商业银行之后,位列德国第三,总资产约5 000亿欧元。除了复兴信贷银行,德国农业银行也是政策性金融机构大户之一,它主要为农业经济和农村地区发展提供金融服务。目前资产总额780亿欧元,业务范围涉及农业种植、水产养殖、农业综合经营、环保、再生能源以及农业基础设施等。

除了全国性的 KFW、德国农业银行之外,还有 11 个州设立了类似的地方政策性银行。这些地方政策性银行全部由各级政府出资并提供担保,其所从事的融资活动,不以盈利为目的,而是为了贯彻政府社会经济政策意图,促进德国区域发展。

第三节 "金砖国家"的政策性金融机构

一、巴西的政策性金融机构

巴西国有开发银行是巴西最重要的政策性金融机构,其结构分为联邦银行和州属银行两级。联邦银行的主要成员包括国民经济开发银行以及国民住房银行,而州属的开发银行则是联邦银行分社在各州内的分支机构。与其他国家的政策性金融机构一样,巴西国有开发银行的主要业务是对偏远落后地区的农业和一些特定产业部门提供发展资金,支持地区经济开发,是政府控制信贷供给,为优先发展项目筹集资金的有利途径。

1. 巴西国家经济开发银行

巴西国家经济开发银行成立于1952年,当时的巴西—美国经济开发联合委员会制订了巴西基础设施和基础产业发展与现代化的全国经济重新装备五年计划。为了保证这一计划能有充足资金运行,在该委员会的要求下特意成立了巴西国家经济开发银行。事实上,在巴西早期的经济发展过程中,为了加快基础设施建设的进程,建立完整的基础工业,巴西政府曾实施过强力的经济干预政策,主要采取的措施就包括建立政策性金融机构,为政策优先方面的产业提供发展资金。可以说,巴西国家经济发展银行的出现是巴西经济发展过程中的必然结果。在成立之初,巴西国家经济发展银行的资金来源除了美国的贷款协助外,就是向缴纳所得税超过1万克鲁塞罗的各个单位额外征收15%的附加税。

1974年,为了鼓励私人投资,巴西国家开发银行设立了巴西投资公司、巴西机械公司以及基本原材料资助公司三个附属机构,为私营企业提供资金、管理等方面的服务。发展到现今,该行并没有开通存款业务,而是将"政府职工基金计划"(PASP)的流动资金作为其主要资金来源。在项目支持方面,主要面对那些能促进经济发展的大型开发项目,为它们提供长期的资金援助和管理技术支持。此外,巴西国家经济开发银行还负责管理巴西政府的各项专项基金,为扩大出口而对企业提供出口信贷,同时还为外国金融机构贷款提供担保等。

2. 国家住房银行

在20世纪60年代初期,巴西曾进入过一个经济疲软期,同时伴随着通货膨胀率的剧烈上升。为了稳定发展,对国民经济进行调整,巴西政府颁布了一系列改革措施。其中在建筑业方面,受到通货膨胀和经济增速下降的影响,巴西的房地产市场陷入一片黑暗。冻结房租使得住房出租成为一项收益极低的投资,地产开发公司又得不到银行的长期抵押借款,从而导致本来就存在许多问题的地产开发业出现大面积现金流断裂现象,引发了民众的恐慌情绪。但是,如果政府通过直接拨款的方式来支持房屋建设行业,将有可能使本就恶劣的通货膨胀现象更加严重,与政府抑制通货膨胀率的目的相反。于是巴西政府制订了"全国住房计划",同时成立国民住房银行,缓解住房方面的压力,通过银行的经营活动来为房产开发行业筹集资金。在"全国住房计划"中,该行宣传房屋自用,不提倡房屋租赁,运用指数化方法保护房屋的实际价值,并为城市基础设施发展提供支持,成为城市建设的主要援助力量。

该行资金主要来自"保障就业基金"的流动资金,此外还接受储蓄存款,出售房屋债券,这两项都利用货币指数纠正来确保价值。在资金运用方面,则主要是提供贷款,其中80%以上的贷款流向住房,其余则被用于城市发展特别是卫生设施的建设。但是其贷款并不是直接发放,而是通过中间机构流转出去。这些贷款发放的目的是为那些收入低、无力偿付房屋建造费用的家庭提供资助,确保其基本的生活环境。例如,通过各州、市内的"大众住房公司"等企业对低收入人群(收入为最低工资1—3倍)购买住房提供贷款;通过工会的住房合作社为中低收入家庭(收入为最低工资3—6倍)购买住房提供贷款。对低收入的家庭建房贷款项目提供最低为年利率1%的优惠,但是对于造价高昂的住房则按照一般利率借贷。由此,巴西国家住房银行成为低收入家庭住房补贴贷款的再贷款人。同时,该行还管理着储蓄与住房信贷系统,确保住房信贷的流动性。实际上,该行已经成为巴西住房金融体系中的"中央银行"。

3. 地方开发银行

20世纪50年代,巴西经济发展极不平衡,位于东南部的经济发展最快,而东北部和北部要落后很多,东北部的人均收入仅仅达到东南部人均收入的1/3。为了促进地方经济的发展,协调全国经济发展平衡,巴西政府采取了在各州、市建立了地方开发银行的方式而不是直接提供援助物资,为地区经济发展项目提供资金保障。其中最早在东北部建立东北银行(1954),之后又在南方成立了南部开发银行和一些州属开发银行。东北银行是"东北部开发管理局"的地区发展代理机构,为了给地区开发银行筹集资金,政府通过了一系列的财政政策。例如,自然人可免缴50%的所得税,免缴部分被用于个人认购东北银行以及亚马逊银行发行的新股。得益于财政政策的刺激,巴西东北部落后地区的经济状况得到有效改善,与发达地区的差异日渐缩小。

二、俄罗斯的政策性金融机构

作为典型的经济转轨国家,俄罗斯的政策性金融机构主要包括俄罗斯开发和对外经济银行、俄罗斯中小企业信贷银行、俄罗斯农业银行、俄罗斯中小企业基金和俄罗斯邮政储蓄银行。苏联解体后,俄罗斯政策性金融机构在短期内有效地解决了其经济发展中的资金需求问题。特别是合并成立"俄罗斯开发和对外经济银行"使俄罗斯有了真正意义上的国家开发性金融机构。

1. 俄罗斯开发和对外经济银行

2007年5月,俄罗斯总统普京签署《开发银行法》,合并原三家政策性银行即对外经济银行、俄罗斯发展银行和俄罗斯进出口银行,成立"俄罗斯开发和对外经济银行"(简称俄开发银行或俄外经银行),《开发银行法》和《关于国家集团"开发和对外经济银行(开发银行)"金融政策的备忘录》赋予开发银行特有的地位、治理结构和功能,规定开发银行的性质为俄联邦国家集团,同时还规定了开发银行的主要业务:一是作为政府的代理机构,具有管理国家福利基金和国家外债的职能;二是融资贷款,主要包括项目融资和贸易融资,特别支持重点领域、高科技产业和创新部门,为中小企业及城市基础设施建设提供资金;三是开发银行在投资并购方面较为自由,可以参与中长期大额项目的资本金、入股符合其业务方向的企业,购买企业债券,还可以参股金融机构,收购经营实体;四是可以依法发行债券和其他有价证券,或发行债权担保证券,在国内外市场上借款;五是可通过担保、保险业务支持俄罗斯优势产品和服务出口。目前,开发银行的资产规模排名第四,资本金排名第三,公司贷款余额排名第四,其作为俄罗斯重要的政策性银行,在对外经济合作中发挥着不可替代的重要作用。

2. 俄罗斯中小企业信贷银行

2008年,俄罗斯开发银行推行了"支持中小企业计划",通过其全资子银行"俄罗斯中小企业信贷银行"专门为中小企业融资。该银行的主要任务是,对生产型、创新型和高科技型中小企业提供融资服务,优化其信贷结构。具体做法是:(1)与参与"国家帮助中小企业规划"的商业银行、小额贷款公司、租赁公司及保理公司签署伙伴关系协议,确定授信额度,对符合条件的中小企业提供专项贷款,并对资金的具体使用进行监督;(2)向地方政府的政策性基金提供专项资金贷款:通过建立"帮助小企业贷款基金",对符合条件的小企业贷款提供担保,并为经济困难地区的地方基金提供融资支持。

2009年,俄罗斯政府以联邦预算资金为"国家扶持中小企业规划"拨款300亿卢布,由俄罗斯中小企业信贷银行负责分配使用。2010年,在该银行的融资帮助下,俄罗斯中小企业创造的生产和服务总值达5 938亿卢布,提供就业岗位46.5万个。2011年,该行向中小企业贷款达1 800亿卢布,预计到2015年增至2 500亿卢布。截至2011年10月1日,俄罗斯中小企业信贷银行的注册资本为146.6亿卢布,自有资本273.9亿卢布,资产1 003亿卢布,税前利润4.1亿卢布。

3. 俄罗斯农业银行

俄罗斯农业银行组建于2000年,是一家国有独资的金融机构,其主要任务是为俄罗斯农业生产和涉农企业提供金融服务,是"国家财政金融支农政策"的重要机构。俄罗斯农业银行目前在全联邦有367家分支机构、5 000多名员工。依照组建俄罗斯农业银行的总统法令,该行贷款必须有70%投向农业领域,但具体选择哪些企业,政府不干预,由银行自主决定。在资金来源方面,主要依靠政府源源不断的资本投入,使得银行的运营成本降低,经营稳健,促进了信贷资金有效投入农业,并且政府强有力的支持使得该行在业务高速增长的过程中,始终保持着很高的资本充足率,按巴塞尔协议的标准,该行2004年年底的资本充足率是18.9%,是一般商业银行所难以实现的。正因为如此,2004年11月,美国穆迪公司对该行的长期信用评级是"A1"。2005年年初,普京总统签署了"农业振兴计划",俄罗斯农业银行积极参与其中,为农业企业和生产合作化组织提供了大量贷款,加大了对农民和小型农业企业的贷款力度,对缓解农业资金紧张发挥了积极的作用。

4. 俄罗斯中小企业基金

为配合俄罗斯中小企业信贷银行向中小企业提供资金支持,俄罗斯多数地方政府建立了"帮助小企业贷款基金",即小企业贷款担保基金。建立此基金的目的是在俄罗斯各城市发展服务于小企业的信贷和担保体系,帮助小企业平等地获得商业贷款。基金的主要任务是向伙伴银行发放的小企业贷款提供有偿担保。基金的初期资本为市预算提供的1亿卢布,补充资金分别来自年度市预算和联邦预算。

5. 俄罗斯邮政储蓄银行

从国际经验来看,各国对邮政储蓄这一金融形式的定位都不太一样,但相似点都是将邮储资金定位为支持开发性金融的重要工具。在很多国家,邮政储蓄银行是为了鼓励居民储蓄的,特别是通过众多邮政网点吸引小额储蓄,保护小额储户的利益。

俄罗斯邮政储蓄银行有24个分行,邮政储蓄网点超过3 000个,是实行股份制管理的商业化、市场化的专业金融机构,承担了国家特定的经济责任与义务,有独特的经营规章,国家对其的征税政策也有别于其他金融机构。近年来,俄罗斯联邦政府和中央银行通过了《建立邮政金融业务的新构想》的决议,又赋予邮政储蓄银行一系列新职能。

三、印度的政策性金融机构

印度通过银行国有化,建立了以政府金融机构为主体的银行体系,除了前面所述的国有商业银行外,还存在众多的政策性金融机构。

1. 地区农村银行

印度具有三层式的农村地区合作金融机构。首先,最底一级的农村合作金融组织为初级农业信贷协会,由农民筹集资金建立,吸收存款,发放贷款给会员,现有91 720个。其次是基于此形成的地区性中心合作银行,现有364家,分支机构11 791个。最后是各邦合作银行,目前有28家,分支机构779个。这些合作银行以发放短期农业贷款为主,也是印度农发行的关键贷款对象。

印度政府1976年颁布建立地区农村银行法令,据此建立起地区农村银行。该法令规定,地区农村银行的经营目的是"满足农村地区到目前为止受到忽视的那部分人的专门需要",即要为满足处于贫困之中的,不易于得到贷款的小农、无地农民、边际农民(占地1公顷以下者)和农村小手工业者的资金需求。每个地区农村银行均由一家商业银行主办,核准资本1 000万卢比,由中央政府认缴50%、邦政府认缴35%、主办商业银行认缴15%,还可通过发行债券筹措资金。到现在为止,全国地区农村银行达196家,农村分支机构达12 340个。

地区农村银行不按商业原则经营,只在一个邦的特定区域内开展活动,有特定的贷款对象,贷款利率不高于当地农业信用合作机构,营业机构主要建立在农村信贷机构薄弱的地区,它还提供贫苦农民经常需要维持生活的消费贷款。因此,地区农村银行成为活跃于印度农村(大多是不发达农村地区)、为那些急需资金的贫苦农民服务的金融机构。

2. 国家农业和农村开发银行

印度国家农业和农村开发银行(简称为印度农发行)成立于1982年7月12日,注册资本200亿卢比,全部来自印度政府和印度储备银行。印度农发行总行设在孟买市,在各邦的首府所在地设立分行25家,在各邦下属的地区设立支行304家。董事会作为最高决策机构由15名成员组成,其中常务董事、董事、专家分别来自印度政府、邦政府、印度储备银行、商业银行、合作银行。它接管了农业中间信贷和开发公司以及印度储备银行农业信贷部的全部业务和人员。农业中间信贷和开发公司是依据1963年7月《农业中间信贷和开发公司法案》成立的,附属于印度储备银行。

印度农发行的主要活动是向土地开发银行、商业银行、邦合作银行和地区农村银行拆借贷款,并由这些机构转贷给农民借款人。贷款期限多为中长期,中期3—5年,长期15年,最长20年,一般只为较大的农业基本建设项目贷款,如兴修水利、推广使用农业机械、土地开发等。印度储备银行农业信贷部是该行农业贷款的窗口,资助农业信贷机构,为其提供再融资便利,监督农业信贷机构活动。

印度农发行以通过信贷帮助及相关金融业务、增进涉农产业的改进与发展,来保持农业的稳定发展和农村经济繁荣。

印度农发行的主要功能和经营范围:

(1) 信贷职能,包括再贷款、信贷计划指导和监测三项。具体内容如下:为可通过银行信贷进行开发的各地区研究和制订年度信贷计划,监测农村基本信贷流量,为农村金融机构制定政策和操作指南并为其提供信贷支持。

(2) 开发职能。为进一步发挥和增强信贷职能的作用,印度农发行从事大量的开发活动。主要包括:帮助各合作银行和地区性农村银行制订开发行动计划;帮助邦政府和合作银行签订备忘录,明确各自权利和义务等。

(3) 监管职能。印度农发行是农村金融领域的中央银行,享有印度储备银行给予的一部分监督管理合作银行和地区农村银行的权利。除了从事对合作银行和地区农村银行的非现场监管外,还从事业务检查、系统研究、管理审计、授权审计和年度财务状况评估等。

该行的成立,一方面使之成为全国最高一级的农业金融机构,代理中央政府和中央银行监督和检查农村信贷合作机构、地区农村银行,资助商业银行的农村信贷活动,成为农村信贷的最后依靠;另一方面,使印度储备银行不再直接参与信贷活动,有利于规范其行为,使之朝着成为真正的中央银行迈出重要一步。印度储备银行资本 10 亿卢比,由中央政府和储备银行各缴一半,还可以发行由中央政府担保的债券,吸收存款,借取外资。其资金运用是提供短、中、长期中间信贷,不与农民借款人发生直接信贷联系。

3. 印度进出口银行

印度进出口银行是根据议会法案于 1981 年成立的,至今已经运行 30 多年。该银行全部归印度政府所有,由政府代表、金融机构代表、银行代表、贸易团体代表组成的董事会管理。董事会有董事长 1 名,董事 14 名,分别来自商工部、外交部、财政部、印度储备银行、印度出口信贷担保公司、印度工业开发银行、印度国家银行、卡那拉银行、马哈拉斯特拉邦银行、德里经济学校、德里泛亚管理基金会、德里印度技术学院、普恩亚洲农机协会。

该银行成立的宗旨是资助印度的对外贸易、为印度的对外贸易提供便利、促进印度对外贸易的发展。

该银行是为印度从事进出口的机构进行融资的主要部门,总行设在孟买,在国内外设有 13 家办事处。国内的办事处设在阿迈达巴德、千奈、海德拉巴德、加尔各答、孟买、新德里、普恩市。国外的办事处设在布达佩斯、约翰内斯堡、米兰、新加坡、华盛敦。

印度进出口银行主要负责以下工作:

(1) 出口信贷:服务目标为印度咨询及技术服务、延期付款的机械出口、商品加工等,向海外机构提供买方信贷。

(2) 创造出口机会:包括开发出口产品、出口行销融资、出口型的项目融资、营运资本、生产设备融资、欧盟投资合伙人、亚洲国家投资合伙人、海外投资融资、便利出口项目(软件培训机构、小港口开发)。

(3) 出口服务:为印度公司开展全球贸易提供一系列信息服务和咨询服务。

印度进出口银行的资金来源主要包括政府提供资本金和发行债券。印度进出口银行资金运用:(1) 直接贷款。着重于中长期贷款,提供买方或卖方信贷,支持印度资本货物出口。(2) 再贴现。由于该行对短期出口信贷加以限制,以避免同其他金融机构竞争,故而该行的短期信贷由对商业银行提供再贴现来进行。同时,也对商业银行提供买方信贷给予再融资。(3) 担保。该行融资条件较为优惠,商业银行提供融资便利采用的特许利率为 12%,进出口银行买方信贷利率为 9.75%,卖方信贷利率为 9%,再贴现率为 10%,最高透支利率为 17.5%,最长期限为 12 年。

4. 印度工业开发银行

印度工业开发银行(IDBI)是印度一家金融服务公司,该行依据《印度工业开发银行法》于 1964 年 7 月 1 日成立,原为印度储备银行的附属机构,被归类为其他公营银行,为印度的新兴行业发展提供信贷和其他设施。为了扩大该行业务活动,经议会通过立法,该行于 1976 年 2 月 16 日成为政府独立机构,行址设于孟买,并在国内主要地区如新德里、加尔各答、马德拉斯、古瓦哈蒂等设有 25 个分支机构。该行的主要任务是协调工业金融机构的活动,对特殊项目工程直接提供贷款。资金来自吸收存款、发行债券、借入资金。资金运用是为形成工业生产能力发放中长期贷款、投资、租赁等。印度工业发展银行是印度储备银行的全资子公司,也属于印度政府拥有的 26 家商业银行其中之一,主要从事金融机构协调和机构融资活动。在 2012 财年,其营业收入为 2 548.9 亿卢比,经营收入为 405.7 亿卢比,净收入为 203.2 亿卢比,资产总额为 26 500 亿卢比,员工总数为 15 435 名,拥有 1 715 台自动柜员机,1 111 家分支机构,其中包括一个在迪拜国际金融中心的海外分行和 766 个营业中心(其中包括 2 家分别设在新加坡和北京的海外中心)。

5. 印度工业信贷和投资公司

印度工业信贷和投资公司成立于 1955 年 1 月 5 日,设于孟买,政府持有资本额的 81%,其余 19% 由私人所有。该公司主要为国家工业化提供中长期融资,包括贷款、投资、租赁等,用于扩大固定资产规模。

6. 印度住房和城市开发公司

印度住房和城市开发公司成立于 1970 年,为国营金融机构,总部设在孟买,公司有 19 个分支机构分布在全国各地。其资金来源除股本和储备外,40% 以上来自发行政府担保的公司债券,20% 借自人寿保险公司,18% 借自保险公司。资金运用主要是为低收入者的发放住房贷款。对低收入者的贷款利率为 5%,期限可达 20 年以上,额度为房屋成本的 100%。而对高收入者的贷款利率为 11.5%,期限为 10 年以上,额度为房屋成本的 48%。该公司不直接贷款给个人,而是贷款给其他机构再由后者转贷给借款人。自公司成立到 1989 年,通过直接的或间接的方式,已发放贷款约 10 亿美元,购置住房 25 万多套。

住房和城市开发公司主要从以下几个方面取得资金来源:(1)吸收公众存款。住房和城市开发公司的性质实际上和银行一样,因此它也开辟存款业务,吸收社会资金。除了正常的与市场利率差不多的个人存款(一般利率为 10% 左右,期限长短不同,利率不同,期限越长,利率越高,最高为 12%)外,如上面所提到的一样,住房和城市开发公司还开辟了与贷款相联系的存款业务,即对存款者提供优惠住房贷款,以鼓励公众在公司存款。(2)向商业银行贷款筹措资金。(3)在国外市场发行债券,筹集资金。公司将在国外市场筹集到的外汇换给国内的商业银行,取得卢比,然后再发放出去。(4)从国际组织获取贷款。1988 年,住房和城市开发公司从世界银行借入了一笔 2.5 亿美元的贷款。贷款借入后,住房和城市开发公司通过政府将外汇换给了中央银行,中央银行支付给它卢比。住房和城市开发公司用该贷款来从事住房金融业务。

四、中国的政策性金融机构

1994年,为了实现政策性贷款业务从国有商业银行的剥离,推进金融业综合改革,中国政府组建了三家政策性银行,即国家开发银行、中国进出口银行和中国农业发展银行。

(一)政策性银行的主要职能

1. 国家开发银行的主要职能

通过开办中长期信贷与投资等金融业务,为国民经济重大中长期发展战略服务。具体来说,国家开发银行的职能有:贯彻国家宏观经济政策目标;筹集和引导社会资源,重点突破经济社会发展的瓶颈制约和薄弱环节;大力支持国家基础设施、基础产业、支柱产业以及战略性新兴产业等重要领域的发展和国家重点项目建设;促进区域协调和城镇化建设;支持保障性安居工程、中小企业、"三农"、教育、医疗卫生以及环境保护等重大民生领域的发展;支持国家"走出去"战略等。

2. 中国进出口银行的主要职能

为扩大国家机电产品、成套设备和高新技术产品进出口,促进有比较优势的国内企业开展对外承包工程和境外投资,加深对外关系和国际经贸合作,提供相应金融服务。主要业务范围包括:(1)办理出口和进口信贷;(2)办理对外承包工程和境外投资贷款;(3)办理中国政府对外优惠贷款;(4)提供对外担保;(5)转贷外国政府和金融机构提供的贷款;(6)办理本行贷款项下国际国内结算业务和企业存款业务;(7)在境内外资本市场、货币市场筹集资金;(8)办理国际银行间贷款,组织或参加国际、国内银团贷款;(9)从事人民币同业拆借和债券回购;(10)从事自营外汇资金交易和经批准的代客外汇资金交易;(11)办理与本行业务相关的资信调查、咨询、评估和见证业务;(12)经批准或受委托的其他业务。

3. 中国农业发展银行的主要职能

中国农业发展银行是中国唯一的一家农业政策性银行,1994年11月挂牌成立。主要职责是按照国家的法律法规和方针政策,以国家信用为基础筹集资金,承担农业政策性金融业务,代理财政支农资金的拨付,为农业和农村经济发展服务。目前,全系统共有31个省级分行、300多个二级分行和1600多个县域营业机构,有一支5万多人的农业政策性金融专业队伍,服务网络遍布中国大陆地区。

(二)政策性银行在中国金融体系中的作用

1. 稳定社会

中国政策性银行是政府出资创办的金融组织,政府意图贯穿于其融资活动的始终。其经营的宗旨是按照国家的宏观经济政策从事经营活动,即贯彻国家产业政策和实施区域发展战略;其运营的目的是增进社会公共利益,稳定社会,为经济发展服务。其对落后地区和基础产业的投资有利于扩大该地区的社会需求,从而刺激和带动地方经济的启动和发展,并增加社会就业,减少因为经济发展滞后而产生的社会问题。政策性银行部分资金来源的财政性质和资金运用的信用性质决定了它是政府与金融相互渗透的一种金融方式,并肩负着维稳的责任。

2. 发展经济

由于政策性银行既能及时贯彻政府干预经济的意图,又能充分发挥银行信贷的杠杆作用,根据不同地区、不同对象适时地调节资金的投向和投量,并引导社会资金流向这些领域,因此,政策性银行是扶持落后产业和落后地区的发展,发展长期产业、低利润产业和高科技产业,缩小地区、部门间差距,实现经济均衡发展的重要工具。

3. 调控金融

政策性银行是政府进行宏观调控和干预经济的一个重要工具。政策性银行通过对相关地区、产业和行业项目的扶持和投入,调节经济结构,完善社会功能,执行政府经济政策的过程就是其代表政府行使对经济进行干预的过程,从这个意义上讲,它是以宏观调控主体的身份完成政府赋予的职能和任务。政策性银行虽然继承了传统计划金融制度下的某些特征,但它是以不破坏市场机制为前提的,其职能定位在于弥补商业银行空隙和弥补市场机制的缺陷而不是替代它们。同时,政策性银行的组建割断了政策性贷款与基础货币之间的直接联系,从而确保了中央银行调控基础货币的主动性。

(三) 政策性银行在中国金融体系中的地位

1. 政策性银行与政府的关系

从经济发展和政策性银行产生发展的实践和外部关系紧密程度来看,政策性银行与政府之间的关系无疑是最密切和最直接的。一是政府决定着政策性银行的存废。政策性银行是应政府职能的需要并由政府创立和设置的,是政府实现其特定的经济职能和目标的重要工具,这是政策性银行与政府关系的基点。二是政府为政策性银行提供资本和营运条件。政策性银行由政府出资和参股设置,政府资金是政策性银行的后盾;而且政策性银行的筹资、贷款和投资活动均由政府财政担保,从而为政策性银行正常运转提供了重要的财产和制度保证。三是政府规定了政策性银行的融资领域及职能范围。政策性银行营运过程中的经营方针、经营原则和经营目标等,都是按照政府的要求而不是按照市场法则来确定。在具体运作过程中,经营计划要经政府批准,资金运用情况要定期向政府汇报,重要决议及其他重要事项都应向政府呈报。

随着中国市场化改革的深入,政策性业务的范围开始不断缩小,各家政策性银行也开始进行商业性业务,其中以国家开发银行为代表。2008 年 12 月,经国务院批准,国家开发银行整体改制成国家开发银行股份有限公司,全面实行商业化运作,主要从事中长期业务。到 2015 年为止,国家开发银行的基本业务也由基本的信贷业务增加到规划业务、信贷业务、资金业务、中间业务、金融合作与创新、银企合作、保险合作、其他合作和子公司业务这八大业务,逐渐向自主经营、自负盈亏、自担风险的完全商业化靠拢。

2. 政策性银行与财政的关系

政策性银行是财政与金融相互渗透、互为利用的一种形式:一是政策性银行资金来源中绝大部分不是存款,而是国家财政拨款和中央银行再贷款,因此资金本身就具有了某些财政分配的特点。财政部门不仅为政策性银行提供资金和担保,而且对政策性银行的资金营运实行监督和管理。二是政策性银行办理大量具有较高社会效益但财务收益差的政策性业务,常因利息收入不仅补偿不了经常性开支,而且连筹资利息支出都补偿不了,甚至出现利息倒挂现象,迫使政策性银行的部分经常性开支要由财政供给,在财政经常性支出预算中列支。虽然政策性银行的金融职能与财政的职能具有兼容性,但是在业务操作中必须严格区分这两种职能,防止财政资金信用化与信贷资金财政化的双重扭曲。

3. 政策性银行与中央银行的关系

由于政策性银行由政府创立,且不以盈利为目标,具有特定的资产负债结构,同时中央银行也没有向政策性银行提供短期信贷的义务,更不需要像对商业性金融机构那样,通过货币政策和金融监管来引导其经营方向,影响其经营规模和资产负债结构,使业务活动最终纳入国家的宏观经济政策目标之中。当然,尽管中央银行与政策性银行之间的关系较为松散,但并非完全隔绝,中央银行可在既定调控目标和资金能力允许的前提下向政策性银行提供再贴现、再贷款或专项基金贷款等;可在一级或二级市场上购买政策性银行的债券,以作为公开市场操作的对象和支持政策性银行目标的实现;可通过派驻代表参与政策性银行的决策过程和业绩考核,从而实现监管金融业的职能。

4. 政策性银行与商业性银行的关系

政策性银行与商业性银行是一种相辅相成、平等互补的关系。表现在四个方面:一是政策性银行与商业性银行在制度或法律上是平等关系,前者虽与政府政策和相应的政府担保相联系,但并无凌驾于商业性银行之上的权力;二是商业性银行与政策性银行具有不同的作用范围,前者作为一国金融体系和制度的主体承办绝大部分的(商业性)金融业务,后者则承办商业性银行不愿涉足的或不能办理从而形成资本市场配置空缺的金融业务;三是二者发生委托和代理关系,即政策性银行出于成本和费用节约的考虑往往通过商业性银行及其分支机构转贷给最后贷款人;四是政策性银行对于商业性银行所从事的符合政策导向或要求的活动予以资金、利息补贴和偿还担保上的鼓励和支持。

五、南非的政策性金融机构

为扶持国家各项事业的发展,南非建立和发展了一系列政策性金融机构,它们的主要功能是为国家政府及相关领域提供金融服务。

1. 土地银行

南非土地银行是一家农业开发性金融机构,由南非政府全资占股,政府作为唯一股东,开展由监事会负责领导的 CEO 负责制。其中,监事会通过农业部的中间途径,对南非议会负责。目前,南非土地银行贷款总规模达到了 180 亿兰特(约合 30 亿美元),仅土地银行一家的贷款总额就达到了南非全部金融机构农业贷款总额的 50% 左右。南非土地银行在全国的九个省设立了分行 27 家,在分行下设立了支行 54 家,目前,南非土地银行拥有 600 多名员工。除了贷款业务,土地银行还为一些特定的长期贷款客户提供农业保险,由银行下属的保险公司来承担这项业务。1912 年南非土地银行成立之初乃至相当长的一段时期内的主要服务对象为白人农场主,1995 年,曼德拉新政府设立了专门的委员会(施特劳斯委员会)来负责农村金融项目。施特劳斯委员会认为商业性金融不能适应农业发展和农村发展的需要,农业发展需要的一些关键性要素必须从土地银行的创新中得来。此后,南非土地银行有所转变,长期开展农业信贷业务,并逐渐消除农业部门中存在的种族歧视,以抵消这些负面因素对农村的发展、农村社会的稳定造成的不利影响。按照施特劳斯委员会设计的政策,南非土地银行需要承担一系列助农任务,包括对所有涉及的农业经济的部门提供资金,为农村贫困人口和贫困农民提供金融资源,推进发展农村教育,提高人民就业能力和支持政府制订的土地再分配规划和农村一揽子可持续发展规划。

尽管职责繁重,但南非政府并不直接为南非土地银行拨款,中央银行也不会对其进行稳定的融资支持。南非土地银行89%的资金来源是国内外债券融资,其他的部分来自银行存款。南非土地银行的大部分贷款也是执行市场利率,一些优惠利率贷款则由政府通过免税的方式予以补贴。南非土地银行近年来一直盈利,经营状况良好。银行的利润不需要为股东即政府提供分红,也不需要上缴,而是作为发展的资本金。

2. 南非发展银行

南非发展银行(DBSA)是一家国有银行,它的目的是促进社会经济可持续发展,通过对社会和经济基础设施领域投资和金融服务来提高南非人民的生活质量。

从1983年起,南非发展银行在南非的经济发展中起着日益重要的作用。它不仅为各种经济方案的制订和实施提供信贷资金和技术,而且还为南非国家政府、地区和地方行政机关乃至管辖经济发展的非政府组织提供资金补助。

南非发展银行的投资主要注重于帮助各行业解决产能瓶颈,进而帮助解决国家经济发展瓶颈,以优化经济发展潜力。

3. 南非公共投资公司

南非公共投资公司(PIC)是非洲最大的基金管理公司,资产管理规模达1.6万亿兰特(约合人民币9 237亿元),总部位于南非比勒陀利亚。它的业务主要集中在投资开发性项目,并以此刺激南非的经济增长。

南非公共投资公司管理的资产规模几乎占南非GDP的三分之一,范围覆盖教育到能源等多个领域,对南非经济有着举足轻重的影响力。最近几年,由于南非经济表现有所疲软,PIC正重点开发南非的电力、公路、银行、通信和教育,希望借此推动南非经济的发展。

4. 南非小型企业发展公司

在南非的银行体系中,还有一个促进经济发展的金融机构——小型企业发展公司,成立于1981年,是一个公私合营的企业,负责向小型企业提供信贷和咨询。在该公司内部,政府和私人都是平等的股东。但是,在公司董事会上,私人股东却起着决定性的作用,这也就决定了该公司管理的性质。在小型企业发展公司的发展中,政府的经济政策起着重要的作用,因为政府支持各种各样的组织机构向小企业提供咨询和帮助,而该公司正好具有这种职能。

5. 其他政策性金融机构

除了上述具有鲜明特点的政策性金融机构,南非还存在一系列其他政策性金融机构,这些机构基本是为了完成某一项专门功能而设置。例如,社会储备公司主要负责吸收国家机关的存款并把它们投资于国家债券;国家投资委员会则负责监督国家机关使用的信贷资金、存款资金和投资于有价证券的资金；邮政储蓄银行主要办理各种居民存款，并以此向邮电和交通服务领域提供贷款。

第四节　新兴工业化国家（地区）的政策性金融机构

一、韩国的政策性金融机构

在韩国，政策性金融机构是指为实现国民经济的特定目的而设立的，向特定的经济部门或领域提供资金的银行。具体包括六家专业银行：韩国工业银行，为中小企业融资；国民银行，为家庭和小型企业小额贷款；韩国住房银行，为住宅贷款；国家农业合作联社的信贷部和银行部，为农业和林业贷款；国家渔业合作联社，为水产业贷款；国家牲畜合作联社，为牲畜业贷款。

韩国专业银行有下列三个主要特征：

第一，建立专业银行专为具体部门提供资金。这些部门仅向商业银行融资，资金供应总是不够，因为可得资金有限，且本身盈利能力较弱。随着融资环境的不断变化，韩国专业银行的业务已逐渐开展至商业银行的领域。当然，资金分配到相应具体部门的比例仍是相当高的。近年来，有些专业银行已发展成与商业银行相类似的模式。

第二，它们的资金来源主要依靠公众存款，另外还发行债券和向政府借款。所以在吸收存款上要与商业银行进行竞争。

第三，专业银行原则上受政府的指导和监督，它们的业务运作范围又受货币理事会的限制。缴存的存款准备金最低额与最高利率则是与商业银行一致的。

二、新加坡的政策性金融机构

新加坡的政策性金融机构主要包括中央公积金局、新加坡邮政储蓄银行。

1. 中央公积金局

中央公积金局（CPF）是根据新加坡的《中央公积金法》于1955年7月成立的，它是新加坡政府推行中央储蓄金制度的产物。中央储蓄金制度是一种强制性的国民储蓄制度，它规定：凡在新加坡有薪金收入（包括各种津贴）者，都必须与其雇主将其月薪的一定比例交存于中央公积金局。存款人（雇员）在达到55岁的退休年龄或因残疾无法劳动时，便可以用这笔储蓄来维持生活。存款人一旦去世，全部储蓄余额可由存款人指定的受益人领取。

中央公积金作为一项法律规定，为退休人员提供了一个社会保障制度。这个制度除覆盖了那些在民政部门工作可以领取退休金的人员外，还覆盖了所有在新加坡的就业人员。由于该制度并不强行要求个体经营者参加，因而个体经营者很少参加这个制度。作为一个强制性的储蓄制度，储蓄的数量取决于工人的工资，反过来工人的工资又取决于工人持续地主动参与劳动力市场的情况。如果工人变动工作，他的新雇主和他自己将继续为公积金账户存款，从而使公积金制度继续有效。政府的作用就是保证公积金得到适当的管理和保持低的通货膨胀率。

中央公积金制度不仅在促进新加坡经济发展方面起了积极的作用,而且对社会保障体系、金融市场的宏观调控和稳定以及资本市场的发展都产生了重大的影响。它一方面为新加坡政府发展经济和金融业提供了大量而廉价的资金,另一方面为新加坡经济发展动员国内资源和社会安定提供了条件,而这是经济发展所必需的。中央公积金制度的最大贡献是这个制度把个人储蓄及其工作成就结合在一起,从而激励了工人们去努力工作和注重培训。因此,该制度还是控制劳动力成本和增强国际竞争力的重要宏观经济调控手段之一。

2. 新加坡邮政储蓄银行

新加坡邮政储蓄银行(POSB)作为新加坡唯一的一家国营专业银行和新加坡国内经营历史最悠久的金融机构,与中央公积金局和新加坡发展银行一起,在政府对基础设施投资中扮演了非常重要的角色。目前,新加坡邮政储蓄银行不断开辟新的业务领域和扩大服务内容,并已发展成推动新加坡国内储蓄的重要机构。至1995年3月,邮政储蓄银行存款总额保持在201.33亿新元,储户已达456万。

新加坡邮政储蓄银行之所以能有效地吸收居民的储蓄存款,并将储蓄汇集的款项用于融通开发计划及国内的工业和金融业,其成功的原因在于以下几个方面:第一,该银行的经营方式灵活多样,作业简捷方便,在新加坡拥有广泛和便利的服务网络,并充分考虑了储户多方位的需求;第二,较早地拥有了现代化的技术装备和高效率的电脑系统及其相通联的终端设施,进而为储户提供更为便捷的服务;第三,在邮政储蓄银行内存款,其利息免征所得税,而且风险较小,因为新加坡政府为储户的存款提供了担保;第四,该银行拥有较长的营业时间和每年举办的幸运抽奖;第五,该银行不断开发新业务和扩大服务范围,如开办划拨服务(Giro Service),经营购房贷款业务等。

三、中国香港地区的政策性金融机构

中国香港地区的政策性金融机构主要包括以下几类:

1. 香港按揭证券有限公司

香港按揭证券有限公司(简称按揭证券公司)是根据《公司条例》注册成立的公共有限公司,由香港特别行政区政府通过外汇基金全资拥有。按揭证券公司于1997年3月成立,目的是促进香港地区银行业界稳定、市民置业安居以及当地债券市场发展。其业务范畴包括按揭保险计划、安老按揭计划、补价易贷款保险计划、中小企融资担保计划及证券化等。以按揭保险计划为例,根据金管局发布的指引,银行在提供总价低于700万港元的自住物业按揭贷款时,按揭贷款额的上限为住房总价的60%。而按揭保险计划则为银行提供按揭保险,使银行可以在提供高于60%贷款额的同时,无须承担额外的风险。在按揭保险计划下,只要申请项目符合相关条件,银行便可提供最高达80%的按揭贷款。换句话说,购房者的首付款可以低至购房总价的20%,大大减轻了其首期负担。

2. 香港存款保障委员会

香港存款保障委员会(简称存保会)是根据《存款保障计划条例》成立的独立法定机构,负责管理存款保障计划(简称存保计划)的运作。存保计划为存放于计划成员银行的

存款提供具有法律效力的保障。

3. 渔业发展贷款基金

港英政府于1960年设立该循环再借的贷款基金,用以促进渔业的可持续发展。例如向渔民及收鱼艇船东提供贷款,让他们转而从事相对可持续发展的渔业及其他与渔业相关的行业。支持他们实行可减少燃料消耗及碳排放,但又不会加大捕捞强度的计划。

4. 贷款基金及紧急救援基金

贷款基金及紧急救援基金的主要功能如下:(1)为修理或更换渔船及渔具发放补助金。渔农自然护理署负责办理紧急救援基金的补助金申请,以供修理或更换因天灾、火灾、渔船沉没、遇难或爆炸而受损毁或损失的渔船及渔具。该补助金会发放给受损失程度达到援助要求的符合资格者。(2)渔农业补助金。渔农自然护理署也负责发放紧急救援基金的渔农业补助金,以减轻受天灾所害及被认为符合资格的农民及渔民的经济困难。

5. 鱼类统营处贷款基金

鱼类统营处于1964年设立这项基金,主要是向渔民提供短期贷款以支持日常生产的运作。该基金向渔民合作社的社员、渔业公司及本港渔民发放贷款,用于维修或更换渔船、船具及设备,包括机械、航海及电子仪器在内的相关设备均在贷款支持范围之内,而这些设备有助于维持并改善申请人的捕鱼事业。

四、中国台湾地区的政策性金融机构

中国台湾地区的政策性金融机构主要包括"中华邮政股份有限公司"和各种专业银行。

1. "中华邮政股份有限公司"

台湾当局为配合长期经济发展的需要,采取了诸多具有"台湾特色"的金融措施来刺激经济发展,邮政储金转存制度就是其中之一。"中华邮政股份有限公司"(原邮政储金汇业总局)1962年在台湾复业后,隶属"交通部"但受"财政部"的监督和法令约束,业务由邮局兼营,依照规定它将收受的邮政储金除保留付现准备外,全部转存台湾"中央银行",因此"中华邮政股份有限公司"只限于经办储金、汇兑、划拨储金等业务,不办理授信、保证、信托、放款(除存款抵押放款外)等一般银行业务。这项规定后来逐渐演变为台湾"央行"控制信用的重要辅助工具。因为"央行"将此项转存资金于1966年4月设置为中长期信用特别基金,供付各银行中长期贷款的再融通,以后台湾地区许多重大公共工程建设都是通过这一基金融通完成。例如,截至1998年5月13日止,台湾"经建会"推动小组已受理的102件申请贷款案中,台湾当局重大建设(包括高雄大众捷运、台电火力发电、台南科学园区建设等)项目依靠中长期基金融通的资金占其总投资的11.4%(其中,中长期基金提供831.62亿元),配合台湾当局政务推动计划(包括国宅建设园区建设计划、工商综合区建设、国际金融大楼建设、中小企业扎根项目、智慧型工业园区建设等)中,申贷中长期基金也占其投资总额的36.3%(其中,中长期资金提供2 637亿元),至于有关民间投资计划(包括发展传统和高科技产业)申贷中长期基金则占其计划投资总额的52.3%。因此,它对台湾地区经济建设与发展的作用更为直接,这种创新的投融资体制也值得所有发展中经济体借鉴。但随着社会的快速发展,以及经济自由化、国际化等因素的影响,台湾当局逐渐突破邮政经营限制,于 2002 年 7 月完成了"邮政法"修正,并于 2003 年 1 月 1 日改制成立由"交通部"持有 100%股权的"中华邮政股份有限公司"。根据"邮政法"第五条规定,公司经营的业务包括传送邮件、储金、汇兑、简易人寿保险、集邮及其相关商品、邮政资产经营以及经"交通部"核定的以委托办理其他业务和投资经营相关业务。目前台湾地区设有 1 324 家邮局,由于机构普遍,服务良好,又有免税优惠,成为台湾地区吸收民间闲散资金的重要机构。

2. 专业银行

属于台湾地区政府性金融机构的专业银行主要由三条渠道衍生而来:一是台湾当局接收改组日据时代的金融机构,即台湾中小企业银行和土地银行,中小企业银行是 1975 年后由和会储蓄公司改制而成的,是一种区域性的民间金融机构,土地银行即台湾的不动产信用银行,两者分别于 1998 年和 2003 年转为民营;二是从大陆迁至台湾地区的金融机构,有交通银行改制的开发银行和中国农民银行,它们设立之初即以公营形态经营,将有限资金配置于特定产业或对象,抵御西方发达国家金融业渗透;三是台湾当局为配合台湾经济建设而设立的银行,如"中国输出入银行",它提供中长期进出口信用拓展台湾地区对外贸易,不收受大众存款而由"国库"拨充资本。

本 章 小 结

1. 政策性金融机构是整个金融制度的重要组成部分,它向私人(民间)金融机构不愿提供资金、无力提供资金以及资金不足的部门进行投资和贷款。这些机构是根据各国(地区)的具体情况,为了贯彻政府的某些特殊政策的需要而设立的。

2. 发达国家政策性金融的服务对象主要是农业、住宅、中小企业,以用来弥补地区经济发展差距,更多地体现了财政方面的公益性与公平原则。这一点与发展中国家的政策性金融侧重于"开发性"有所不同。

3. 发达国家的政策性金融,或者由于过去金融市场、资本市场不够发达(如德国),或者由于限定在对商业性金融的补充地位(如美国、英国),规模也比较有限,与商业性金融之间的相互竞争的问题并不突出。经过 20 世纪 80 年代以来的改革,在德国、英国,这种竞争已经基本不存在。而发展中国家的政策性金融与商业性金融之间的竞争关系大多未能解决好。

4. 发达国家政策性金融的资金来源基本上是根据资金需要,通过发行债券自己从市场上筹措,政府视需要提供补助。而发展中国家政策性金融的资金来源主要靠政府,从防止政策性金融规模过大的角度看,发达国家根据资金需要发行债券的做法更为合理。

5. 发达国家的政策性金融机构并不都是政府所有的,其运作以间接手段为主,而发展中国家的政策性金融机构基本上都是政府所有,而且经常受到政府的直接干预。

6. 政策性金融机构是政府干预市场的典型之一,然而,其成功的首要条件又必须尊重市场经济的规律,这是矛盾对立统一的两个方面。如何解决好政府与市场之间的关系,是目前世界各国尤其是发展中国家政策性金融机构改革与发展的关键。

关键词

政策性金融机构、房屋住宅信贷机构、农业信贷机构、政府年金制度、国民储蓄银行、日本开发银行、海外协力基金、中国国家开发银行、中国进出口银行、中国农业发展银行、印度地区农村银行、印度国家农业和农村开发银行、南非土地银行、新加坡中央公积金局、新加坡邮政储蓄银行、香港渔业发展贷款基金、台湾邮政储金汇业局

复习思考题

1. 试述政策性金融机构的发展意义与作用。
2. 如何解决政策性金融机构发展过程中的政府干预与市场规则之间的矛盾？
3. 简述美国政策性金融机构的发展现状与运作机制。
4. 简述美国政策性金融机构与银行金融机构之间的关系。
5. 简述英国国民储蓄银行的功能与作用。
6. 试述日本政策性金融机构在日本经济发展中的作用。
7. 试比较发达国家与发展中国家政策性金融机构的差异。
8. 简述印度的政策性金融机构体系及其运行机制。
9. 试述中国的政策性金融机构体系及其未来改革方向。
10. 简述南非政策性银行体系及其作用。
11. 简述新加坡的政策性金融机构。
12. 中国台湾地区的邮政储金转存制度对中国大陆邮政储蓄资金的有效运用有何启示？

第八章

金融市场发展比较

【重点提示】

- 金融市场的分类与基本要素、各国(地区)货币市场的特征和职能、主要的货币市场工具、各国(地区)证券市场的特征和职能、离岸金融市场在全球的发展、主要发达国家金融衍生商品市场比较;
  - 美国金融市场的发展;
  - 英国货币市场的发展;
  - 日本的货币市场工具;
  - 德国证券市场的特征与发展趋势;
  - "金砖国家"金融市场的改革与发展;
  - 中国金融市场的改革与发展;
  - 新兴工业化国家(地区)金融市场发展现状、新加坡的离岸金融市场。

第一节　金融市场发展概述

金融市场(Financial Market)是一个国家(地区)市场体系的重要组成部分,是联系其他各类市场的纽带。金融市场的初步发育是为了适应商品经济的不断发展,随后,因为国际经济交易的发展与扩大,国内金融市场经过相互渗透融合后,逐渐形成了以少数几个国家的国内金融市场为中心、各国(地区)金融市场连接成网的国际金融市场。

早在16世纪初期,西欧就出现了类似于现在的证券交易活动。那时候的欧洲盛兴海外贸易,但是最初这些海外贸易只属于国王或有钱贵族。普通民众则很少有人能独自承担起一艘船的费用,即使能负担得起,万一船沉了或被打劫,其损失也会使得老百姓血本无归。于是老百姓们就开始合伙投资远洋贸易,他们各自出一笔钱投资入股,然后互相承诺远洋贸易的收益共享、风险共担。1602年,荷兰东印度公司成立,初步形成了股票市场的雏形。1609年,世界上第一所证券交易所——阿姆斯特丹证券交易所在荷兰建立,而1611年阿姆斯特丹证券交易大厦的建成,标志着金融市场正式形成。

关于金融市场的定义,学术界存在一定的分歧,主要有机制论、场外论、结构论和经济关系论。本书参照国内外学者较为一致的观点,金融市场是指以金融工具为交易对象进行资金融通的场所及相关机制的总称。其定义有下面几层含义:(1)金融市场是指市场的交易双方以各种金融市场工具为交易对象来进行资金融通的场所。(2)金融市场是资金融通相关机制的总和。因为只有在市场供求机制以及定价机制都完善运行的前提下,市场交易才可以顺利进行。(3)依据金融市场的包含范围,可以把金融市场分为广义和狭义两种。从狭义上来说,金融市场是指直接金融市场或证券市场;从广义上来说,金融市场则包括货币资金借贷、证券、外汇等所有进行金融业务的市场。

一、金融市场的构成与分类

(一)金融市场的构成

尽管各个国家(地区)的金融市场发展不尽相同,但金融市场的基本要素一般由4个部分构成:

(1)金融市场的主体。它一般是指金融市场的交易者,即资金的需求方与供给方,包括个体、组织、机构等层面。

(2)金融市场的客体。它一般是指金融市场的交易对象或者资金的标的产品,即金融产品或金融工具,包括股票、期货、期权、外汇、黄金、债券等。

(3)金融市场的媒体。它一般是指在金融市场上充当交易中介(媒介)、从事金融产品交易或者促使交易完成的个人、组织与机构。通常可以分为两大类:一是以自然人作为载体的媒体,即各种金融市场商人,也称经纪人或交易商,如货币经纪人、证券承销商、股票经纪人、外汇经纪人等;二是以组织或者机构作为载体的媒体,即各种中介组织,如商业银行、基金公司、证券公司、保险公司等。

(4)金融市场的价格。它是金融市场最为直观且最受关注的基本要素,这是因为金融产品的价格与交易者的切身收益密切相关。由于不同金融产品或者金融工具具有不同价格并受市场上众多因素的影响，从而使得金融市场是复杂多变的。从历史上若干次金融(经济)危机中可以发现，金融市场价格变化越来越成为金融危机乃至经济危机的直接根源，从而使得人们越来越关注金融市场的价格是否有效与合理。

(二) 金融市场的分类

一般地，金融市场按照不同的标准可以划分为不同的类型，总结如下：

(1) 按照融资交易期限可以分为货币市场与资本市场；

(2) 按照资金融通方式可以分为直接融资市场与间接融资市场；

(3) 按照金融交易的性质可以分为发行市场与流通市场；

(4) 按照交易场所可以分为有形市场与无形市场；

(5) 按照地理范围可以分为国内金融市场与国际金融市场；

(6) 按照交割期限可以分为金融现货市场和金融期货市场；

(7) 按照交易对象可以分为拆借市场、贴现市场、证券市场、黄金市场、保险市场、外汇市场和大额定期存单市场；

(8) 按照交易标的物可以分为货币市场、资本市场、金融衍生品市场、外汇市场、保险市场、黄金及其他投资品市场；

(9) 按照具体的交易工具类型可以分为债券市场、票据市场、外汇市场、股票市场、黄金市场和保险市场。

二、金融市场的功能与作用

(一) 金融市场的功能

金融市场的功能是指金融市场自身所具有的机能。金融市场的功能可以概括为四种，分别是聚敛功能、配置功能、调节功能和反映功能。

1. 聚敛功能

资源及资金的分配不均，导致了资金盈余方和短缺方的出现。资金盈余方有很强的投资需求，资金短缺方也有很强的筹资需求，发达、健全的金融市场凭借着其灵活多样的金融工具和交易形式，满足了资金盈余和短缺双方的需要。发达金融市场凭借其强大的吸引力吸收了众多闲散资金，再经过其运作将小规模的闲散资金转化成为大规模的生产资金。金融市场的聚敛功能使资金配置跨越了时间和空间，既提高了资金的使用效率，又节约了交易成本。

2. 配置功能

有效的金融市场能够引导资金流向社会效益最好的项目与部门。金融市场通过市场的价格机制和利率机制来合理地引导资金流向，实现资金的高效运动，最终使社会闲置资金在经济生活中得到重新组合、优化配置。

3. 调节功能

有效的金融市场能够对国家(地区)的宏观经济进行调节。金融市场既连接着储蓄者又连接着投资者，所以金融市场能通过影响他们而发挥调节作用。

首先,金融市场能直接调节国家的宏观经济。有效的金融市场总能通过证券价格的上升与下跌反映企业的盈亏情况,而大部分投资者偏好投资价格上升的证券,这意味着大部分资金是流向盈利的企业。因此,金融市场通过其特有的资本引导机制首先对微观经济主体产生影响,进而形成一种对宏观经济的自发调节机制。

其次,各国(地区)政府需要通过金融市场对本国(地区)宏观经济进行间接调控。当国家(地区)的经济出现过冷或过热的现象时,中央银行就需要实施货币政策来调节本国经济,而货币政策都必须要经过金融市场的传导才能对各微观利益主体产生影响。

4. 反映功能

金融市场一直都被称为国民经济的"晴雨表"和"气象台",是公认的国民经济信号系统。有效的金融市场对于一国经济的冷热兴衰都能提前做出判断,为投资者和各级政府的决策提供不可或缺的信息。

(二)金融市场的作用

追溯到半个世纪前,金融市场在企业资本流通、技术创新和经济增长中的作用得到广泛的认可。早期学者们经过研究表明,发展完善的金融市场可以降低融通资金的交易成本,并确保资本的有效利用以促进经济增长。

随着金融市场的发展,学者们对其作用的观点也更为多样、具体。综合国内外一些学者的研究成果,本书将金融市场的作用归纳为以下几点:

1. 促进经济增长

发达、健全的金融市场能提高生产率和促进经济增长。金融市场发展越完善,企业进行外部融资的成本就会越低,对企业家的生产进步鼓励作用愈大,进而从宏观上促进经济增长。金融市场不仅能提升投资水平,还能提升现有的投资质量和效率,这些对经济增长都有促进作用。特别是随着跨国投融资的出现,完善的金融市场对经济增长的促进作用愈发明显。比如就外国直接投资(FDI)这一方面来说,FDI 促进一个国家经济增长的作用大小与当地的金融市场发达程度息息相关,具有发达金融市场的国家不但具有更强的吸收 FDI 的能力,而且其资金聚集的高效率,更有效的储蓄流动性可以提高资源配置并且促进技术革新,提高了对 FDI 企业技术外溢的吸收作用,因此,FDI 促进国家经济增长的作用由于发达的金融市场而得到加强。

2. 增加劳动就业

金融市场虽然不能使一国的人口增加,但可以增加就业人口。一方面,发达、健全的金融市场能使企业低成本、高效率的融资,从而促进企业规模扩张以吸纳更多的就业人数;另一方面,金融市场本身能够直接吸纳劳动力就业。

3. 推动技术进步

越发达的金融市场,对技术的吸收能力就越强,强大的技术吸收能力能有力地推动技术的进步与扩散。例如,在面对海归创业的时候,海归创业意味着其准备将从国外积累的知识和技术在国内运用,这是一种技术扩散,有利于国家的技术进步。但如果海归在创业时受限于初始资金,这时就可能需要在金融市场中进行融资。发达的金融市场就能让海归高效率进行融资,让新企业顺利建立;而欠发达的金融市场就有可能让其融资效率很低,推迟新企业的建立甚至无法建立新企业。因此,发达的金融市场能够推动技术进步。

三、金融市场的工具创新与业务

(一)金融市场的工具创新

金融市场的工具,简称金融工具(Financial Instruments)。金融工具的定义最早出现在美国,指在金融市场中可用以交易的金融资产。后来,国际会计准则委员会(IASB)融合美方的定义将其归结为"金融工具是使一个企业形成金融资产,同时使另一个企业形成金融负债或权益工具的任何合约"。因为它们有各自的功能,能达到不同的目的,如融资、避险等,所以被称为金融工具。

金融工具的创新,指金融机构打破了固有经营方式,扩展了经营范围,并在新市场秩序中创造出新型金融产品,然后通过对原有金融要素进行重组,推算出新型的"生产函数",最后将所创造的新型金融产品运用到金融资产、金融负债及其他权益工具中。

1. 金融市场工具创新的发展历程

1944年布雷顿森林体系建立,其制定的一系列国际货币政策协调规则,使国际汇率、利率保持稳定,对国际资本流动和世界贸易起到了重要的促进作用。世界经济的迅速恢复、国际贸易的迅速增长和国际间资本流动的加速,对债券、票据等信用工具提出了新的要求。

正是在这种背景和制度环境下,早期的金融工具创新出现。为维护已经建立的固定汇率制,国际金融组织不断地进行金融工具的创新,比如 SDRs。商业金融机构则是为了突破管制,寻求获利机会,同样开始扩展新业务,进行了一系列的金融工具创新。

早期的金融工具创新主要是以表内业务为主,这与当时的创新条件有关。在布雷顿森林体系下,国际汇率与利率波动很小,即使这类金融工具增加了杠杆,但是使用的风险还是比较小,再加上表内融资工具无法满足日益增长的需要,信用工具创新由此逐步兴起。

到了20世纪五六十年代,为了寻找新的利润点,金融机构的创新活动开始集中到寻找监管漏洞进而规避监管的方面。在这一时期,金融工具的创新有大额定期存单(CD)、可转让支付命令账户(NOW)、货币市场基金(MMF)、自动转换储蓄账户(ATS)、个人退休账户(IRAs)、协定账户(NA)和货币市场存单(MMC)等。

1973年,国际利率、汇率由于布雷顿森林体系的瓦解而开始不断波动,再加上通货膨胀开始出现,使得市场价格的波动加剧。20世纪80年代后,国际商业银行倒闭风波以及国际债务危机使国际金融市场更加动荡。在这样的背景下,金融工具创新开始向价格风险转移集中,利率和汇率互换、远期利率协议、金融期货和期权交易等创新工具纷纷出现。

20世纪80年中后期,由于金融体系和世界金融格局均发生巨大的变化,金融工具创新开始进入自由化。以被动型指数基金为代表的创新理财产品开始迅速发展,伴随着商业票据市场和垃圾债券的发展,企业直接融资更加便利,成本也大大降低,出现了资金"脱媒"的现象。在这一时期,金融工具的创新有票据发行便利(NIFs)、复合性零息国库券收据(TIGR)与国债自然增值凭证(CATS)、利率可调整的抵押贷款(ARM)和附卖权的证券(TOPS)等。

20世纪90年代初期,为应对新投资环境,各大银行开始组建专业的金融衍生工具研究及交易团队,结构化产品的创新得到迅速发展。这类结构化产品基本是期货、期权或者掉期等基础衍生工具进行科学运算之后的组合,金融工具的创新得到进一步拓展。20世纪90年代以来的金融工具创新有高盛商品指数(GSCI)、基于GSCI的期权与掉期、担保债务凭证(CDO)、信用违约互换(CDS)和AIG商品指数等。

2. 国际金融市场的主要创新工具

表8-1列举了20世纪50年代到20世纪90年代中期,国际金融市场上的主要创新工具。

表8-1 国际金融市场的主要创新工具一览表

创新时间	创新内容	创新目的
1958年	欧洲债券	突破管制
1959年	欧洲美元	突破管制
20世纪60年代初	银团贷款	分散风险
	出口信用	转嫁信用风险
	可转换债券	转嫁投资风险
1961年	大额可转让定期存单	增强流动性
1970年	浮动利率票据(FRN)	转嫁利率风险
	特别提款权(SDR)	创造信用
	抵押支持证券(MBS)	转嫁信用风险
1972年	可转让支付命令(NOW)	突破管制
	货币市场基金(MMF)	突破管制
	货币市场储蓄账户(MMDA)	突破管制
	外汇远期	转嫁汇率风险
	股票期货	转嫁投资风险
1973年	浮动利率债券(FRB)	转嫁利率风险
	股票期权	转嫁投资风险
1974年	浮动利率票据(FRN)	转嫁利率风险
	个人退休金账户(IRA)	突破管制
	股金汇票账户(SDA)	突破管制
1975年	国债期货	转嫁利率风险
	票据贴现(ND)	流通便利
	利率期货(IRF)	转嫁利率风险

（续表）

创新时间	创新内容	创新目的
1976 年	外币掉期	转嫁汇率风险
	国库券期货	转嫁利率风险
1978 年	自动转账服务（ATS）	突破管制
1981 年	票据发行便利（NIFs）	创造信用
	利率可调抵押贷款（ARM）	转嫁利率风险
1982 年	零息国库券收据（TIGR）	创造信用
	可调股息率优先股（ARPPS）	转嫁经营风险
1983 年	抵押担保债券（CMO）	创造信用
	股息可调可转换优先股	转嫁投资风险
	附卖权证券（TOPS）	转嫁投资风险
	外汇期货期权	转嫁汇率风险
	股票期货期权	转嫁投资风险
1984 年	由价格调整股息率优先股	转嫁投资风险
	货币市场优先股（MMP）	创造信用
	远期利率协议（FRA）	转嫁利率风险
	永久性浮息票据（PERP）	创造信用
	投资组合保险（IPI）	转嫁投资风险
1985 年	汽车贷款证券（CABS）	转嫁流动风险
	国债自然增值凭证（CATS）	创造信用
	可转换的国库券（FRN）	创造信用
	流动收益期权票据（LYON）	防范风险
	背对背认购证（BBW）	防范风险
	可变期限债券（VMB）	创造信用
	保证无损债券	转嫁经营风险
	掉期期权	转移风险
1986 年	瑞士认股权证（SH）	创造信用
	计划分偿的 CMO	创造信用
1987 年	担保债务凭证（CDO）	套利
	超级股票（SS）	转移风险
	可赎回信托单位（P&S）	转移风险
	平均期权、复合期权	转移风险
1988 年	非捆绑式股票单位（USU）	防范风险

(续表)

创新时间	创新内容	创新目的
1989年	实物支付型次级债券(PIK)	防范风险
	日经看跌认股权证(NPW)	转嫁投资风险
1990年	股票指数掉期	转嫁投资风险
	容量性生产支付(VPP)	转移风险
1991年	证券组合掉期	转嫁投资风险
	高盛商品指数(GSCI)	分散风险
	证券市场基金(ETF)	分散风险
1995年	信用违约互换(CDS)	分散风险

资料来源：编者根据相关文献和材料整理。

1999年11月4日，美国国会通过了《金融服务现代化法案》，率先允许银行、证券和保险之间的联合经营，金融工具的创新由此进入了空前繁荣的阶段。由此直到2008年金融危机之前，金融工具的创新呈现爆炸式增长。根据BIS统计，交易所的金融期货合约在2000年年底仅有2 537.7万份，而到了2007年第一季度，数量已经增长到了15 671.3万份；同样，期权合约数量也从2000年年底的2 769.6万份增加到2008年第三季度的16 536.1万份。在这一阶段，金融工具的创新基本都是基于不同指数的期权或期货等衍生产品。

2008年金融危机与之后欧洲主权债务危机的爆发，充分暴露了金融工具过度"创新"的风险，这两次危机让学界和业界对于是否继续金融工具的创新产生了激烈的争论。在后危机时代，因为金融危机的教训，投资者对金融工具的需求发生了变化，开始更多地偏好透明、简洁、流动性强的金融工具；经济危机后，交易型开放式指数基金(ETF)成为财富管理机构的主要增长点。

（二）金融市场的业务

金融市场业务是指商业银行横跨境内外市场、连接本外币、包含债券外汇等多种工具，担负着资产管理、资金营运以及为客户提供多元化金融服务等重要职责，涵盖了债券投资、外汇交易、贵金属、金融衍生产品、代客理财及商品期货等各个领域，能针对客户个性化、多样化的需要提供全面且完善的金融市场服务。金融市场业务可以按照商业银行的交易目的和交易模式来进行分类。

1. 以交易目的分类

商业银行金融市场业务根据交易目的主要分为银行账户资金交易业务和交易账户资金交易业务两类。

（1）银行账户资金交易业务。银行账户资金交易业务主要以自营业务为主，主要包括基础产品和衍生产品两大类业务，其中，基础产品业务一般包括境内外债券投资、债券回购、信用拆借等，衍生产品业务一般包括掉期、期权等业务。

（2）交易账户资金交易业务。交易账户资金交易业务主要可以分为代客交易、做市交易和对外交易等。

代客交易是指商业银行为满足客户的需求,接受客户委托,在国内外金融市场上达成交易后,再与客户完成交易。典型的代客交易包括代理债券交易和代客风险管理等。代客外汇买卖业务从满足客户需求的角度上一般都被归入代客交易业务,但大部分商业银行均对此业务采取集中平盘的处理模式,即先与客户达成交易,将敞口进行归集轧差,再在金融市场中进行平盘处理,其敞口的处理模式类似做市交易。

做市交易是指商业银行作为做市商在市场上按照有关要求报出做市产品的双边价格,并按其报价与其他市场参与者达成交易的行为。从报价方式区分,又可分为双边连续报价做市和询价做市两种方式。商业银行金融市场业务中典型的做市交易包括银行间市场人民币债券做市交易和外汇远期询价做市交易等,前者主要为双边连续报价做市模式,后者为询价做市模式。

对外交易是指商业银行出于自身经营需要而在金融市场上进行的,不计入银行账户的交易。

2. 以交易模式分类

商业银行金融市场业务根据银行主体作为交易参与机构的交易模式,主要可以分为场内交易、做市报价、点击成交和询价交易四种模式。其中,做市报和点击成交两种交易模式存在于做市商制度(Market Maker Rule)下。

(1) 场内交易。场内交易是一种交易双方在交易所进行集中竞价交易的交易方式。这种交易方式有以下特点:参与者需向交易所缴纳保证金,交易所负责进行清算和承担履约担保责任。

(2) 做市报价。商业银行作为做市商向市场提供报价,交易对手点击报价并达成交易。在做市报价模式中,商业银行是价格提供方,向市场提供流动性。

(3) 点击成交。商业银行点击其他做市商报价,并达成交易。与做市报价相比,在点击成交模式中,商业银行主要为价格获取方,通过点击迅速达成交易。

(4) 询价交易。商业银行通过电话、网络或各类交易渠道向交易对手了解交易意向、明确细节并达成交易。与前几种交易模式的主要区别是,询价交易既有双方协商的过程,也有交易确认的环节。金融市场上对询价交易模式的应用非常普遍。

第二节 主要发达国家的金融市场

一、美国的金融市场

(一) 美国的货币市场

美国的货币市场是一个完全国际化、开放性的市场,也是金融创新最为活跃,市场体系发育最为完备、最为发达的市场。美国货币市场由联邦基金市场、银行票据承兑贴现市场、商业票据市场、可转让定期存单市场、国库券市场以及新兴货币市场等子市场组成,每个子市场中又有多种可供选择和交易的信用工具,并可做进一步的细化。各子市场之间的交叉进入壁垒较低,投资者在各子市场之间的交易和套利活动使各自独立的子市场构成一个统一的货币大市场。

美国货币市场从 20 世纪初的商业票据市场开始,20 年代联邦基金市场形成,30 年代国库券市场迅速发展,到 60 年代后新兴货币市场的形成和发展,构成了完整的货币市场体系。其中,国库券市场规模最大、交易最活跃,商业票据市场仅次于国库券市场。在美国,货币市场子市场发育齐备,发展协调、均衡,其中以国库券市场、联邦基金市场、商业票据市场和可转让定期存单市场为主体,其他市场处于辅助地位。主辅分明的货币市场结构,不仅使各子市场各司其职、定位准确,有效发挥其各自功能,同时通过一个完整的体系有效地发挥货币市场的整体功能。

美国有高度发达的货币市场,按金融工具来划分,其主要类型如表 8-2 所示。

表 8-2 美国货币市场概况

金融工具	到期期限	主要发行人	投资者	二级市场
国库券	3—12 个月	联邦政府	商业银行、各种金融机构	公司和个人非常活跃
联邦基金	隔夜、7 天、最长 1 年	商业银行和其他金融机构	商业银行、其他金融机构	无
大额存单（CDs）	1、2、3、6 个月、1 年	银行金融机构	机构投资者、公司、社团	活跃
商业票据	3 个月	大公司	商业银行、保险公司、年金组织、大公司	不活跃
银行承兑票据	90 天	金融机构、工商企业	金融机构	活跃
回购协议	1 天、7 天、3—6 个月	银行、证券公司、机构投资者	银行、证券公司、机构投资者	无
机构债券和政府债券	30 天—1 年	政府机构、州及地方政府	机构投资者、个人	不活跃
定期存款（不可转让）	隔夜,一周,1—6 个月或更长	银行	大公司,个人	无
贴现库券和附息证券	30—360 天 6—9 个月	联邦资助的机构:农业信贷体系,联邦住宅贷款银行,联邦国民抵押协会	银行、证券公司、机构投资者	受限制

资料来源:Ann-Marie Meulendyke(1989),*U.S. Monetary Policy and Financial Markets*,New York,pp,68-69.

1. 国库券市场

国库券是美国货币市场最重要的金融工具之一,也是 FRS 公开市场业务最主要的交易对象,它对货币政策的推行有较大的影响。

美国政府国库券有3个月期、6个月期和1年期,通常以竞争性投标的方式出售,采用贴现的方式折价发行(现在多通过计算机采用记账方式发行)。国库券利率是其他货币市场利率或资产收益的重要参考指标。由于国库券市场容量大、价格平稳,所以成为金融机构、企业和居民短期资金投放的重要选择。以下三个方面的因素进一步促进了国库券市场的发展:一是凯恩斯的政府干预理论和赤字财政政策,使得国库券一级发行市场规模不断扩大;二是由于国库券所具有的期限短、流动性强、安全性好、面额小、收入免税等特点,使之成为商业银行、企业和个人投资者喜好的投资对象,二级市场十分活跃;三是美联储在这一市场上进行公开市场操作,进一步增加了市场的流动性。20世纪60年代开始,美国国库券市场发展迅速,始终是美国货币市场中规模最大、最为重要的一个子市场。1970年末偿付国库券余额810亿美元,1980年为2 160亿美元,1990年为5 270亿美元,1997年4月,流通的国库券有7 414亿美元,约占国债总额的21.5%。

2. 联邦资金市场

联邦资金市场建立于1921年,它是美国的同业拆借市场。联邦资金是存款机构(主要是商业银行)在FRS保存的超过法定存款准备比率的那部分准备金。若某天某金融机构保有的准备金超过必要的准备金数量,它可将多余的部分贷给准备不足的金融机构,这种交易称为买卖联邦资金。它采用无担保的形式,通过各银行在联邦储备银行的账户进行交易。借款期限多为隔夜的形式,最长有7天甚至14天,买卖联邦资金的起点为5万美元,多时一笔可达上千万美元。联邦资金市场上有十几家货币经纪公司帮助经常要拆入和拆出资金的金融机构沟通交易,同时也沟通了美联储与资金市场的联系。

20世纪60年代以前,联邦资金市场只限于会员银行之间,70年代以后,互助储蓄银行、储蓄协会、外国银行分行、证券交易商和联邦政府也加入联邦基金市场。联邦基金利率受市场供求、联邦银行公开市场业务影响而变动,并经常成为美联储推行货币政策的指标。

3. 大额可转让定期存单市场

大额可转让定期存单是大商业银行和存款机构发行的定期存款单据,由花旗银行1961年首次发行。其特点是期限较短,最短为14天,多为4个月以内,最长不超过1年;面额大,多为10万美元以上;不记名,可转让;利率随市场供求变化而变化,略高于国库券利率。大额可转让定期存单的二级市场非常活跃,该市场已成为大银行进行流动性调整及筹措额外资金满足贷款需求的重要手段。美国从1961年首次发行大额存单,到1991年年末市场规模已达到4 510亿美元,成为接近于国库券市场、商业票据市场的第三大子市场。1980年年末未到期商业票据余额为1 244亿美元,1995年年末增加到6 771亿美元,其市场规模已接近国库券市场,居第二位。

4. 商业票据市场

商业票据是企业融资的古老形式之一。它是一种短期无担保的期票,多由大公司发行。大公司的商业票据由专门的推销员直接向银行和各公司出售,而小公司则将自己的商业票据出售给交易商,由交易商转售给银行和其他公司。多采用贴现的方式发行。商业票据是大公司筹资的一种重要形式,早期商业银行是最主要的买主,近来许多大公司、保险公司、年金组织也大量购买商业票据,个人很少持有。商业票据的二级市场不活跃,原因在于它本身期限短、市场有限、信用程度不一,持有者多持有至期满。

5. 银行承兑票据市场

美国 1913 年《联邦储备法》首次授权银行为其客户的国内外贸易提供承兑融资,在美联储的管理和扶持下,银行承兑票据市场(Bankers Acceptances Market)发展很快。FRS 规定,银行承兑票据原则上只能用于短期的、自我清偿的商业交易。美国的银行承兑票据主要有银行承兑的进出口贸易汇票、国内运输汇票、国内外仓储汇票和外国银行签发的美元汇票四类。对投资者来说,银行承兑汇票是一种高质量的短期投资工具,因为承兑银行和汇票的付款人都有到期向持票人支付的法律义务。银行承兑汇票的面额从 100 万到 500 万美元不等,其购买者主要是商业银行、联邦储备银行、其他非银行金融机构、大公司、外国投资者和个人。20 多家证券公司积极为银行承兑汇票创造二级市场,它们从承兑或购进这种汇票的银行手中买入汇票,然后将其零售给投资者。1990 年年末美国承兑汇票市场规模达到 530 亿美元,此后银行承兑票据市场规模有所减少,2002 年年末约为 4.6 亿美元。

6. 回购协议市场

回购协议交易是商业银行或证券交易商卖出一定数量的政府证券,并同意在第二天或随后的几天,按约定的价格购回这些证券的交易。两种价格之间的差额为隔夜贷款的利息,政府证券实际上充当担保品,贷出者为有超额现金的公司或金融机构,借款者多为商业银行。通过回购协议,企业借出了临时闲置的资金,银行获得短期的资金,美联储也可以利用回购协议来调整商业银行的准备金数量,以推行一定的货币政策。

(二) 美国的证券市场

1. 美国的债券市场

美国的债券市场上主要有由五类举债人发行的中长期债券:联邦政府发行的联邦政府债券(Federal Government Securities);联邦政府所属或创办的金融机构发行的联邦机构债券(Federal Agency Securities);各州及地方政府发行的地方债券(Stateand Local Securities),又称市政债券(Municipal Securities);各种公司债券(Corporate Bonds);非居民在美国债券市场上发行的美元债券,即扬基债券(Yankee Bonds)等。

联邦政府债券是由美国财政部发行的,以政府为债务人的债券,它在美国债券市场上占有重要地位。第二次世界大战后,政府债券的发行数量大幅度增长,其中 1992 年中期债券所占的比重达 58.5%。60 年代以前,私营部门特别是商业银行、保险公司、私营公司及个人是政府债券的主要购买者,但 60 年代后,私营部门的比重减少,1990 年只有 20%。与此同时,政府部门(其中包括联邦政府各部门、各地区联邦储备银行、州和地方政府)、外国私人投资者和外国政府购买的比重上升。中长期债券的发行多采用拍卖的方式,每月、每季度发行一次,它标有明确的利率,财政部按原定的利率(每季或每半年)支付利息。财政部全权委托纽约联邦储备银行负责发行事务,发行总额依当时的财政状况而定。

联邦机构债券。美国的联邦机构有两类:一类称为 Federal Agency,是联邦政府的组成部分,如联邦住宅局(FHA)、政府国民抵押协会(GNMA)、进出口银行(EXIM)、邮政局

(PS)、田纳西流域管理局(TVA)。1974年之前,它们发行债券筹资属于联邦政府的负债,但此后它们主要由财政部拨给经营资金或通过财政部下的联邦融资银行(Federal Financing Banks,FBB)借款,不再发行债券。另一类称为 Federal Sponsored Agencies,是由联邦政府资助但由私人经营的机构,如住宅信贷机构[(联邦住宅贷款银行(FHLB)、联邦国民抵押贷款协会(FNMA)、联邦住宅抵押贷款公司(FHLMC)]、农业信贷机构(联邦土地银行、联邦中间信贷银行、合作银行、联邦农业信贷银行)、教育信贷机构(学生贷款营销协会),它们像私人公司一样经营,联邦政府提供支持和补贴,或在财务困难时提供紧急援助。当前联邦机构债券就是由它们发行的。联邦政府机构的债券不是财政部门的直接负债,因而得不到财政税收和信贷部门的支持,但政府通过派员参与其董事会来控制债券发行总额。这些债券的风险较低,信用较好,大多数免缴州和地方政府所得税(见表8-3)。

表8-3 美国联邦机构证券2006—2011年平均每日成交量变化　　单位:百万美元

年份	2006	2007	2008	2009	2010	2011
平均每日成交量	89 374	101 491	103 613	110 253	116 936	122 336

资料来源:美国债券市场协会,http://www.bondmarkets.com/。

地方债券(市政债券) 是由美国的州及地方政府发行的债券。其发行目的主要是筹集资金,用于修桥筑路,修筑港口、水坝、隧道等基础设施,以及建设学校、低租金住宅等公益设施,所以也称为市政债券。知名度大的州及地方政府发行的债券,其初级市场是由投资银行组成的银行包销团来完成的,二级市场以柜台交易为主;而知名度小的州和地方政府只能在举债人所在地,通过私募的方式发行,基本上没有二级市场。地方债券的投资者有商业银行、财产和灾害保险公司及个人。其中商业银行是最大的投资者,占总额的40%,财产和灾害保险公司占26%左右。由于地方债券免缴联邦所得税,甚至州内证券免缴地方所得税,这对缴纳高所得税的个人投资者有利,个人投资约占35%。2003年市政债券发行量为4 524亿美元,平均每日交易量为117.5亿美元。

公司债券 是美国公司筹集长期资金的重要工具。它能够吸引较多的保守投资者,成为大中型公司筹集资金的重要手段,其新发行量远大于股票,1991年发行量达3 889亿美元,是公司股票规模的6倍。通常,公司债是通过投资银行发行的。公司债的投资者主要是商业银行、保险公司、养老基金学校及慈善基金等。公司债券的期限很少低于5年,一般为10年左右。根据美国债券市场协会(The Bond Market Association)的统计,美国1999年公司债券每天的交易量为100亿美元,发行总量为6 770亿美元,约占1999年年底主要债券的总市值的22.6%。

扬基债券 是外国筹资者在美国发行的美元债券。它完全按美国的债券发行程序发行,按美国的惯例付息、还本和交易。其收益率高于美国的同类国内债券,从而吸引众多的美国国内投资者。扬基债券的发行集中在纽约,大部分通过举债国银行在美国的分行发行。发行者以外国政府和国际金融机构为主,发行扬基债券需要经过美国证券管理委员会的批准,审批手续烦琐,各种发行成本很高,但一旦进入该市场,发行者能够较快得到资金,并加强其在国际金融市场上的筹资地位。扬基债券的投资者以人寿保险公司、储蓄银行等机构投资者为主,其期限较长,通常为5—7年,甚至长达20—25年,发行规模较大,多为7 500万—1.5亿美元。几乎所有的扬基债券都是在美国证券交易所挂牌,债券一旦发行,二级市场交易也即开始,交易遍及美国各地。

2. 美国的股票市场

(1)初级市场。美国的股份有限公司主要是通过场外市场发行股票的。美国股票发行以公募的方式、由投资银行采用包销的办法出售给投资者。证券交易委员会要求,由信用评级机构对发行企业的资金状况和质量进行评估。美国的信用评级机构有穆迪投资者服务公司和标准普尔公司。

在美国,企业得自证券市场的资金中,债券融资所占比重大大高于股票融资。据研究,1970—1985年,股票市场筹资在企业外源融资中只占2.1%的份额,而企业从债券市场取得的资金平均约为股票市场的10倍。从20世纪80年代中期到现在,美国公司已普遍停止通过股票发行来融资,而是大量回购自己的股份。

(2)二级市场。美国共有9家股票交易所,即纽约股票交易所(NYSE)、美国股票交易所(AMEX)和7家区域性的交易所,其中1991年纽约股票交易所占全部交易所市场交易总值的84%,占交易股数的79%;美国股票交易所分别占7%和11%。纽约股票交易所是会员制的非法入团体,由正式会员1 366个席位组成,交易所采用自行管理的方式,管理机构为董事会。董事会是交易所的最高管理决策机构,它负责作出决策、批准接纳会员、维持场内交易、决定新证券上市、分配指定交易专柜等。美国的股票市场交易规模不断扩大,纽约股票交易所上市股票数目从1950年的2.4亿股增加到1991年的996亿股;股票市值由940亿美元增加到37 130亿美元;上市公司1991年达1 885家;市场交易额达15 330亿美元。

此外,美国的场外交易市场的规模十分庞大,特别是1972年建成的全国证券交易商自动报价系统(NASDAQ)促进了场外市场规模的扩大和效率的提高。1991年在美国的全部证券交易中,纽约股票交易所占50.5%;而证券交易商自动报价系统已占45.5%。1980年,场外交易市场上市公司为2 894家,而1991年增加到4 049家。二级市场的主要综合指标是道·琼斯指数、标准普尔指数、纽约股票交易所综合指数和NASDAQ指数。

(三)美国的外汇市场

美国的外汇市场是最具特色同时也是最复杂的。在美国,并无指定的经营外汇业务的银行,每家商业银行均可自由加入外汇业务经营。但由于一些地区性银行的外汇交易业务不多,因此,它们通常都通过几个主要金融中心的大型往来银行来处理外汇业务。这造成了美国大部分的外汇业务是由金融中心的各大银行经营的。在美国的近15 000家银行中,只有不到1%的银行(约130家)在外汇市场上活动。而在这130多家银行中,有50家可以看成是外汇市场的领导者,即大量地、活跃地进行至少一种外币交易的大银行。纽约是美国外汇市场的中心。此外,还有一些地区性的外汇市场,例如芝加哥、旧金山、洛杉矶、波士顿、底特律和费城等。但这些市场的交易量远不能与纽约外汇市场相提并论。实际上,美国各城市的外汇交易都是经由各银行在纽约的总行或其分支行代理进行的。

纽约外汇市场不仅是美国国内外汇交易的中心,同时也是世界各国外汇结算的枢纽。它主要是由在纽约的美国大商业银行、外国银行在纽约的分支行或代表机构以及一些专业的外汇经纪商组成,可分为三个层次:(1)银行与商业客户之间的外汇交易市场。这一市场的交易是为了满足结算、投资、保值、投机等目的。(2)纽约银行间的外汇交易市场。这是交易量最大的市场,占外汇市场交易份额的90%左右,是外汇批发市场。各银行为了平衡外汇头寸,调拨资金,要大量交易外汇。纽约各大银行间的外汇交易一般都是由外汇经纪商撮合而成的。在该市场上,有时纽约联邦储备银行也代表美国财政部和联邦储备系统与外国金融当局进行外汇交易。(3)纽约各银行与国外银行间的外汇交易市场。上述三层外汇市场之间的关系极为密切。

纽约外汇市场交易活跃,但和进出口贸易相关的外汇交易量较小,因为在美国的进出口中大多以美元计价结算。外汇交易的相当部分和金融创新后产生的外汇期货和外汇期权市场密切相关,这是美国外汇市场的一个重要特点。就交易货币而言,交易量比重依次是德国马克(欧元)、英镑、瑞士法郎、加拿大元、日元和法国法郎等。

由于美国没有外汇管制,因此在理论上,没有外汇管制意味着外汇市场是不受管理和制约的,从而私人可以自由地在相互之间进行外币买卖。但在实务中,外币业务通常仍是通过银行或金融期货市场进行。银行的外汇活动虽然不受控制,但仍受美国联邦储备委员会和各州银行业务署的银行监理官的监督。美国官方对外汇市场的介入,是通过纽约联邦储备银行进行的,它代表美国联邦储备委员会和财政部持有外汇平准账户。官方干预的形式,或者是直接以自己的名义或者隐蔽地通过某一商业银行的中介来进行。一般的典型情况是,纽约联邦储备银行是通过商业银行的代理机构来间接地进入外汇经纪市场。不过,纽约联邦储备银行有时也通过直接同商业银行打交道来进行干预。至于官方在远期市场的干预,则是微不足道的。从干预范围说,美国官方的干预主要发生在纽约和欧洲,偶尔也在远东进行一些干预。

(四) 美国的离岸金融市场

1. 美国离岸金融市场的发展概况

离岸金融市场(Off-Shore Market),又称"境外市场"(External Market),指非居民之间以银行为中介在某种货币发行国国境之外从事该货币借贷的市场。离岸金融业务最早起源于欧洲,其后逐渐扩散到世界其他地方,形成众多的离岸金融中心。

纽约是美国最大的金融中心,也是世界上三大国际金融中心之一,但其开办离岸金融业务则晚至20世纪80年代。

20世纪60年代美国出台了一系列限制国外信贷的措施,实施了以限制最高存款利率为主要内容的《Q条款》和以缴存准备金为主要内容的《D条款》,外资流入受阻,纽约金融中心地位逐渐被伦敦所取代。大量美元流到美国境外形成欧洲美元,同时美国银行为了躲避国内管制也纷纷到海外从事欧洲美元业务,使美国金融管理当局鞭长莫及。欧洲货币市场的发展不仅影响到纽约的国际金融中心地位,同时也削弱了美国货币政策和金融监管的效力。为了吸引欧洲美元回流尤其是将美国银行的国外欧洲美元业务吸引至本土,美国联邦储备委员会于1981年修改了《D条款》和《Q条款》,正式允许包括欧洲美元在内的欧洲货币在美国境内进行交易,同时批准成立国际银行业设施,从而离岸金融市场在美国正式问世。

在美国,离岸金融市场业务是通过国际银行业设施(IBFs)首先在纽约进行的。IBFs是指在美国银行或美国境内的外国银行的分行、子行或埃奇公司(Edge Corporation)开立的一套账簿,它具有以下特点:(1)所有批准存款的美国银行、外国银行均可以申请加入IBFs 在美国境内吸收非居民美元或外币的存款,与非居民进行金融交易;(2)该市场享受金融市场优待,免除适用美国其他金融交易的存款准备金、利率上限、存款保险、利息预提税等限制与负担;(3)IBFs 的交易严格限于会员机构与非居民之间。这样,国际银行业设施才正式建立,同时也巩固了纽约在国际金融界的地位。

纽约作为美国国际银行业设施的中心,由 260 多家国内外银行在此从事离岸金融业务,此外还有许多来自世界各地的著名投资银行在纽约经营全球证券业务。国际银行业设施的负债规模在设立之初的 1981 年为 556 亿美元,1989 年高达 3 664 亿美元。

2. 美国离岸金融市场的特点

当今世界离岸金融市场表现为内外一体型(伦敦型)、内外分离型(纽约 IBFs 型)、避税港型(开曼型)三种发展模式。美国纽约离岸金融市场属于典型的内外分离型,也就是将境内金融市场与离岸金融市场严格区分开来。这不仅仅是两个市场的地域分离,而是从事离岸金融业务的银行把在岸与离岸两个市场的业务实行分账管理,两个市场的税收负担、存款准备金、存款利率都不一样,资金也不能在两个账户之间转移,以免境外市场干扰和冲击国内金融,以便国内金融监管和货币政策运作。

(五)美国的金融衍生商品市场

美国金融衍生商品市场是世界上最古老的金融衍生商品市场,也是目前世界上交易规模最大、市场最发达、开放程度最高、技术最先进的国际金融衍生商品市场。其主要特征包括以下几个方面:

(1)世界上最重要的国际金融衍生商品市场。美国的金融衍生商品市场是世界上最重要的国际金融衍生商品市场。它对全球衍生商品市场起着重要的作用,促进了世界金融衍生商品市场的形成和发展。

(2)居于垄断地位的国际金融衍生商品市场。美国金融衍生商品市场几乎垄断了世界大多数的金融衍生商品。20 世纪 90 年代以来,全球金融期货市场上交易量最大的 10 种合约中,美国期货市场占有 8 种。全球约有 60% 的金融衍生商品业务掌握在美国的大银行手中。

(3)不断创新的国际金融衍生商品市场。美国是世界金融衍生商品创新市场。世界金融衍生商品市场的创新工具如外汇期货、外汇期权、利率期货等都是率先在美国市场上问世的。

(4)日益发达的场外交易市场。场外交易手段已经越来越频繁地得到应用,金融衍生商品场外市场逐渐成为国际金融市场上的主角之一。

(5)交易所数量最多的金融衍生商品市场。到 1998 年,美国共有 11 家金融衍生商品交易所。芝加哥期货交易所(CBOT)和芝加哥商品交易所(CME)是美国最主要的两大金融衍生商品交易所。而同期其他国家的金融衍生商品的交易所数量一般只有两三家，例如日本只有3家，英国有1家，德国有2家。

（6）自动化和全球化的金融衍生商品市场。来自市场竞争、法规限制以及新技术的成本这三个方面的压力，使CME与CBOT这两个传统的竞争者逐渐走向联合。为了顺应24小时营业和屏幕显示趋势的发展，这两个交易所都开始筹建自己的电子交易系统，CBOT的系统称为"奥诺"（Auroro），CME的系统称为"格比克斯"（Globex）。由于这两套系统是不相容的，1991年3月，两个交易所的会员公司经过投票，决定与路透社共同建立一套自动交易系统，称为"格比克斯"，即全球电子交易系统。该系统把CBOT和CME的合约结合起来，包括了世界上50%的期货与期权交易。另外，其他交易所也将与"格比克斯"签订协议，允许它们在闭市之后通过该系统交易其流动性最好的合约。目前纽约已有4个交易所加入这个系统，该系统的网络可延伸到世界许多国家。

二、英国的金融市场

（一）英国的货币市场

英国金融制度的特殊性也集中体现在其货币市场的运作上。在英国，商业银行不是直接与中央银行发生联系，而是通过贴现行来调整自己的储备头寸。1960年之前，英国货币市场活动全部通过贴现行进行，货币市场也被称为贴现市场。商业银行将超额准备贷给贴现行，贴现行用资金购买国库券、商业票据及短期金边债券；反过来，银行需要补充准备或发放贷款时，向贴现行收回自己的贷款，贴现行则出售国库券、短期金边债券或用贴进的商业票据向英格兰银行办理再贴现来获得资金，偿还商业银行的贷款。

20世纪60年代后，在严格的信用管制下，各银行避开贴现行进行的相互拆借日趋频繁，地方政府存款市场、金融行市场以及公司同业市场迅速发展。1969年，英国开始发行可转让存单，这样，与贴现市场平行的货币市场最终形成，它称为平行市场或平行货币市场（Parallel Money Market）。

1. 贴现市场

贴现市场是由伦敦贴现行创造的传统的短期金融市场，其中还包括一些从事类似业务的贴现经纪人，它通过对短期票据的交易，为金融机构之间调剂资金余缺，扯平银行系统内部资金分配。参加贴现市场活动的银行必须是"合格"银行（"Eligible" Bank），即英格兰银行承认其对票据的承兑合格的银行。同时，英格兰银行银行部也参加贴现市场活动，这实际上是英格兰银行通过贴现市场中介来影响银行的流动性。贴现市场有四个部分：

第一，短期拆借市场，又称为活期贷款市场。它主要是清算银行之间的短期拆借市场，包括随借随还的资金和隔夜资金。

第二，国库券市场。国库券是流动性极高的金融资产，是政府每周发行用以弥补政府短期债务的工具，又是英格兰银行用以调剂现金余缺、"微调"货币供应量的重要工具。1971年后，英国国库券主要由伦敦贴现市场协会的会员采用竞争性投标的方式发行，英格兰银行则随时充当贴现市场的最后贷款人。英国国库券的主要投资者是贴现行，一方面参加国库券拍卖时的投标,另一方面也为国库券制造二级市场。贴现行标购的国库券很少持有到期,通常转卖给各家银行、非银行金融机构和其他投标者,并在后者需要变现时再买进。国库券的面额从 5 000 英镑到 100 万英镑,期限最长为 3 个月。

1996 年 1 月,英格兰银行宣布开放英国国债的出售及回购市场,改变了此前英格兰银行中央国债办公室(CGO)直接交易的对象仅局限于国债造市商、对国内外的国债投资者实行不同的税收待遇、所有国债交易必须在英国国内清算等做法,希望通过开放国债市场的措施吸引更多的国外投资者,提高国债市场流动性,降低政府筹资成本,并加强对国内市场的短期货币控制,提高货币政策的有效性。

1996 年 12 月,英格兰银行进一步开放货币市场,不再将央行公开市场操作的对象局限于传统的"贴现行",允许银行及经纪商的广泛参与。贴现行的经营也日益多样化,开始进入证券经纪、基金管理等业务领域,不再局限于货币市场上的短期拆借。

1997 年 11 月,英格兰银行中央国债办公室(CGO)推出新的国债清算系统 CGO Ⅱ,首次允许造市商对国债进行分拆(STRIP,即将国债的本金与息票部分拆开分别出售),这一新的清算系统也为国债回购市场提供了更多的便利,进一步促进了英国国债市场的发展。

第三,商业票据市场。商业票据市场的交易对象主要是汇票,面额多为 25 万—100 万英镑,期限为 1—6 个月。经由英格兰银行认为合格的银行(大银行或承兑行委员会的会员)承兑的票据是合格票据,它们能够在英格兰银行进行再贴现。合格票据的信用高、交易频繁、贴现率较低。商业银行办理票据承兑,并用自有资金进行票据的买卖,英格兰银行办理商业票据的再贴现,或以之为担保品对贴现市场贷款,影响金融机构的流动性。

第四,短期金边债券市场。英国国库券的期限结构比较特殊,国库券的最长期限为 3 个月,没有 3 个月到 1 年这一期限的政府货币市场工具,为此,货币市场上还交易近期内到期的金边债券。由于贴现行资金多来自商业银行的通知存款,一旦利率上升时贴现行被迫出售金边债券,则面临资本损失的风险,因此,英格兰银行要求贴现行持有的债券总额不得超过自有实收资本的 8 倍,不得用借入资金购买 5 年期以上的金边债券。

2. 平行市场

平行市场也称为二级市场,它是没有贴现行作为交易中介的市场,其特点是资金的融通主要采取存款的形式,并且没有英格兰银行作为最后贷款人的支持,不受其干预。平行市场主要从事批发性资金的调节,交易对象有无担保的金融债权,如银行存款、票据、债券等,金融行、地方政府机构和公司的存款和存单。参与活动的机构有贴现行、清算银行、二级银行、地方机关、住房协会等。平行市场有四个部分:

第一,银行间市场。它是银行间相互借贷的市场。20 世纪 60 年代,由于英格兰银行紧缩信用而造成贴现市场的萎缩,许多银行避开贴现行而自行调剂资金,资金有剩余的银行直接将款项存入资金不足的银行,形成银行间直接的存贷往来。银行间市场交易从隔夜到 5 年定期,大多数是 3 个月以内的短期交易,尤其是隔夜信贷;该市场交易数额巨大,多为 25 万英镑以上。这里的借款是无担保的,完全凭借款人的信誉,不过贷方心目中一般对不同借方有一定的限额。这里的活期贷款利率通常稍高于贴现市场。银行间市场成为资金缺乏的银行在贴现市场之外寻求资金的一个重要补充渠道。该市场的伦敦同业拆借利率(London Inter-Bank Offer Rate,LIBOR),成为债券发行及欧洲货币市场重要的基础性利率。

第二,地方政府存款市场。英国的地方政府机构可以通过三种方式筹措资金:一是在证券市场或贴现市场发行1—5年(中期)可转让债券;二是发行5年期以上债券;三是采用各种方式筹措短期资金(1年以下)。地方政府存款是银行、企业公司、保险公司、年金基金以及大额货币持有人,将资金存入地方政府专门开设的借款账户,供政府提取支用。政府为此项存款支付利息。属于平行市场的地方政府存款市场即专指交易1年期以下的债务的市场。

第三,存款证市场。存款证是银行或其他金融机构发行的承认收到一笔一定金额的固定期限和固定利率或浮动利率的存款。英国1968年开始发行存款证,它是平行市场中最重要的工具。存款证的期限从3个月到5年不等,最小面额为5万英镑,存款证无论到期兑现或在到期前转让都不扣税。它主要为银行持有,贴现行、企业、投资信托公司是存款证的重要投资者。存款证可在投资者之间直接转让,也可通过贴现行买卖。

第四,金融行存款市场。指金融行通过吸收存款借入货币市场资金。资金来源多为金融机构及公司,存款期为1天至6个月。贷款人是银行、其他金融机构、公司和少数私人个人。

英国货币市场的特点:一是贴现行的独特职能使其产生了贴现市场和平行市场的划分;二是英国货币市场几乎是一个纯粹的批发市场,一般不对个人投资者开放,这一方面是由于英国的商业银行活动基本满足了个人短期投资的需求,另一方面是由于货币市场工具交易规模庞大,个人难以进入;三是伦敦是欧洲货币市场的发源地,当需要资金而本国货币市场银根偏紧时,英国银行可以很容易地从欧洲货币市场上借入资金,欧洲货币市场成为英国货币市场的蓄水池。

(二) 英国的证券市场

1. 英国的债券市场

(1) 英国政府债券。英国政府债券由中央政府承担责任,代表着全国最高信誉和最小风险,故而又被称为金边证券(Gilt-edged,Gilts)。金边证券按期限长短分为五类,即5年期以内的短期金边证券、5—10年的短中期金边证券、10—15年的长中期金边证券、15年期以上的长期金边证券、无期限的金边证券。前四者多为普通债券,有固定利率、期限,附有息票,1年付息两次。无期限金边证券又称为统一公债,由英国财政部从财政收入中拨出专款,按季支付利息。英国已发行金边债券相当于其GNP的42%左右,金边债券的发行额在国内资本市场占绝大部分。

多数金边证券是在伦敦股票交易所,利用直接发行的方式向投资者出售,未发出的部分由英格兰银行的债券发行局(Issue Department of the Bank)全部认购,然后由该局派出政府经纪人(Government Broker)向金边证券的批发交易商(Gilt-edged Jobbers)发售。这时的发售采用"开关制"(Tap Stock System),即交易商可随时向政府经纪人申请购买金边证券,而后者则根据市场条件,决定是否卖出及卖出的数量,以保持对金边证券二级市场收益水平的控制。金边证券的交易主要是通过证券交易所进行的。

(2) 地方政府债券。地方政府债券是由英国及北爱尔兰的地方当局发行的债券,称为地方当局债券(Local Authority Bonds),分为 1 年期债券(Yearlingbonds,也称为"周岁债券",实际为 1 年零 6 天)和长期地方债券(Longterm Local Bonds,最长期限为 5 年)。它们可通过证券经纪商在证券交易所发行、交易,也可由发行者直接售与贴现行及其他金融机构,并在场外流通。各贴现行是交易的主体。地方政府债券的额度由英格兰银行负责控制,其利率主要取决于举债当局的资信程度和知名度。

(3) 公司债券。20 世纪 70 年代,英国的高通货膨胀率使公司债券的发行日益困难,公司债券市场日益萎缩,债券市场基本上是英国政府债券和地方政府债券。近年来,尽管公司筹资证券化又有所抬头,但公司债券能否恢复尚不明朗。

2. 英国的股票市场

(1) 发行市场。伦敦股票交易所既是英国股票的二级市场,也是其发行市场。股票由承销商众多金融机构的通力合作来完成。英国公司发行股票,无论公募还是私募,都是通过伦敦股票交易所进行的。其公募可采用公开发行(Offer by Public Subscription)或招标发行(Offer for Sale)的形式;私募是由股票经纪人安排募股公司,将其股票直接出售给经纪人。英国股票的发行和买卖都是由伦敦股票交易所自行管理,它在股票的发行市场中担任着重要的职责,发行公司必须将其公开招股说明书及其他证件交付伦敦证券交易所予以审批,经许可后才能在报刊公布,股票的发行价格经公司与承销商决定后,也须向交易所申请批准后确定。

(2) 流通市场。英国的股票市场基本上是一个交易所市场。伦敦股票交易所(London Stock Exchange)是英国统一的交易所,它是在 1973 年,由伦敦股票交易所为首的 8 家交易所(即伦敦、伯明翰、贝尔法斯特、都柏林、布里斯托尔、格拉斯哥、曼彻斯特和利物浦交易所)联合成立的,其名称为联合王国交易所(UK Exchange)。这个统一的交易所以原伦敦股票交易所为主体,其他 7 家作为伦敦交易所的分支机构(Branches)或交易场(Floors),遵守伦敦股票交易所统一的章程和制度,所以习惯上称为伦敦股票交易所。

伦敦股票交易所采用会员制,实行单一资格制(Single Capacity System),即经纪人和交易商分工明确,各司其职,不能兼任,这样限制了股票交易的发展。1986 年 10 月,英国金融界在政府的支持下,对股票交易体制进行了大的变革,取消了经纪人和交易商不能兼任的规定,实行双重资格制(Dual Capacity System);取消了交易最低佣金的规定,改为可协商的佣金办法;改变传统的所有制规则,允许非会员公司对会员公司持股。这些措施震动了整个伦敦城,甚至震动了全英国,为英国的股票市场注入了活力,股票发行额、交易额迅速上升,被金融界称为"大震"(Big Bang)。在技术上,交易所开发了证券交易自动报价系统(Stock Exchange Automated Quotations,SEAQ)和国际股票交易自动报价系统(SEAQ International)。目前,伦敦股票交易所交易的品种有英国国内股票、外国股票、英国金边证券、债券等,其国际化程度很高。

1992 年伦敦国际证券交易所宣布取消个人会员,所有成员均必须为公司会员,以改善交易所的运作并确保市场有充足的流动性以更好地适应其国际化特点。为了改变伦敦证券市场的清算效率大大落后于法、德等国证券市场的状况,1989 年伦敦证交所着手开发名为 TAURUS 的无纸化自动清算系统,1996 年 7 月 15 日英格兰银行负责开发的中央自动清算系统正式启用,至此伦敦证券市场才真正实现了证券交易的无纸化自动清算。

1995年由摩根士丹利等跨国投资银行合资成立的电子证券交易所Tradepoint在伦敦投入运作,从而打破了长期以来伦敦证交所在伦敦证券市场的独占地位。Tradepoint使用与巴黎及法兰克福证交所类似的全自动交易撮合系统,对伦敦证交所的造市商制度形成了有力挑战。2000年Tradepoint宣布与瑞士交易所合作成立Virt-X交易所,计划将其建成第一个泛欧洲的蓝筹股交易所。

迫于形势压力,伦敦证交所终于在1997年10月推出SETX(Stock Exchange Trading System)交易系统,以电脑自动交易撮合方式取代了原来的造市商制度(quote-driven system),实现了交易方式的重大转变。为了适应欧洲金融一体化的进展,顺应欧洲各国证券市场纷纷走向联合以增强竞争力的潮流,2000年5月伦敦证交所和德国证交所宣布了合并计划,计划由它们各占50%的股份,合并成立"国际证券交易所"(I-X),将德国证交所的主板市场并入伦敦证交所,将伦敦证交所的创业板并入德国证交所。但由于种种原因最终不得不在2000年9月宣布放弃。

(三) 英国的外汇市场

在英国,外汇市场涉及不同通货的兑换,原则上分为批发市场和零售市场。批发市场指的是经营从一个金融中心到另一个金融中心转移巨额不同通货的市场,即由不同金融中心的主要银行在那里互相交易。零售市场指的是经营具体钞票和旅行支票等数额有限的交易的市场,即由银行客户从银行及外汇机构买卖相对小量的外国通货。通常所谓外汇市场是指批发市场。

外汇市场没有实际场所或正式的聚会地点,代之以市场参与者利用电话、电报、电传彼此直接交易或通过经纪人做交易,交易可以在几秒钟内商定,而后交换合同确认。

外汇市场交易的对象是同质的各种通货,所谓同质指伦敦外汇市场的英镑和任何海外金融中心的英镑都是同一英镑。各种通货交易的价格是一种通货同另一种通货之间的汇率。外汇市场几乎是完备的市场,因为市场的所有参与者几乎对价格即汇率变化都能充分了解,因而最终任何通货在各个主要外汇市场都只有一个价格。例如英镑对美元的汇率在伦敦外汇市场和在纽约外汇市场上是一样的。这是资金在各个外汇市场的自由运动会自动地而且很快地消除某一具体通货的任何汇率差异的结果。

在伦敦外汇市场活动的机构极多:主体是银行,它们部分代理客户、部分为本身做交易;此外还有其他较小银行、外国银行、各国中央银行、外国政府和全世界大公司。银行以外的机构通过专业外汇经纪人做交易。专业经纪人要经过英格兰银行批准或承认。外汇贸易安排和市场业务准则也要经过英格兰银行批准。英格兰银行对申请充当新经纪人行号的批准或承认,要求很严格,包括必须由银行证明其有专门知识和诚实可靠,有满足最低要求的资本以及一定的营业所和职员等。

伦敦外汇市场有两类交易:其一是现货交易(又称为现货市场),即各种通货的买进卖出立即成交交货,通常在两个营业日以内;其二是期货交易(又称为期货市场),即在交易时商定在将来某一时间买进某种通货或某几种通货的汇率,到期按约定汇率交货,不管在此期间市场汇率发生什么变化,都不改变。外汇市场因有这两类交易就有两类汇率——现货汇率和期货汇率。许多主要通货如美元、欧元、日元等都有期货市场。期货市场的交易十分复杂,但有其重要作用。例如,它可以使贸易商能为其进口固定价格,这个价格不受市场汇率波动的影响,或者说它可以保证贸易商免受汇率不稳定的损失,这就极大地便利了国际贸易的发展。所以,即使在实行浮动汇率和汇率市场剧烈波动的今天,期货市场仍有重要作用,甚至可以说,其作用更为重要。

虽然英镑作为国际通货的作用已告衰落,但伦敦外汇市场仍是世界最大的外汇市场。这是伦敦凭借其在国际金融方面有专门知识与效率,又拥有各种市场以及地理位置优越使然。

(四) 英国的离岸金融市场

离岸金融市场最早是第二次世界大战之后在伦敦出现的欧洲美元市场。从英国的角度来看,它是经营非居民之间的国际金融业务,而基本不受英国法规和税收管制的一种新型的国际金融业务。英国离岸金融市场的出现,一方面是由于第二次世界大战时期的政治因素,另一方面也是出于英国银行的盈利需要,由于美国政府对美国银行实行成本高昂的限制,因此在美国境外的银行就有可能提供高于美国银行的存款利率和低于美国银行的存款利率。"欧洲货币市场"一词实际是用来代替欧洲通货市场的。所谓欧洲通货市场既不是指在欧洲的市场,也不是指经营某一个欧洲国家的通货的市场,而是指经营以外国通货标值的银行存款的市场,这个市场可以在欧洲,也可以在欧洲以外。

伦敦欧洲货币市场以欧洲美元市场为主,其资金的主要来源首先是银行,它们吸收非银行客户的非英镑存款再行贷出。存款基本上是短期的,其中约有20%短于8天,约67%在3个月以内,97%在1年以内。其次来源是富有的个人、各国中央银行,特别是石油输出国组织(OPEC)各国的中央银行,以及把多余资金 wdt 短期投资的跨国公司。

伦敦欧洲货币市场的主要资金出路是贷给各种借款人的贷款。这些借款人包括各国政府(如包括英国在内的西欧国家、东欧国家以及发展中国家政府),它们借款来融通国际收支逆差和发展工业,还有国营工业和私人部门。此外更重要的则是银行之间的行际借款。银行所吸收的非银行客户的非英镑存款常有多余,则贷给其他欧洲银行。这种行际借贷是无担保的,期限一般短于6个月,每笔数额多超过100万英镑,总周转额更为巨大。所以欧洲货币市场实际上又成为重要的欧洲通货的银行间市场。

(五) 英国的金融衍生商品市场

英国金融衍生商品市场具有以下特点:

(1) 以自律管理为主,以道义劝告、君子协定为辅的监管体制。长期受保守政策的影响,英国金融衍生商品市场的监督管理体制主要以自律管理为主,辅之以道义劝告、君子协定等手段,因而立法管理发展较晚,而且不严格,整个期货市场发展与美国期货市场发展相比,是比较缓慢的。

(2) 始终处于世界领先地位的伦敦国际金融期货和期权交易所(London International Futures and Options Exchange,LIFFE)。在英国,目前有11家衍生商品交易所,其中 LIFFE 是唯一从事金融衍生商品交易的市场。1985年开始引入了金融期权交易。该交易所自成立至今,在国际金融衍生商品市场越来越引人注目。尽管有来自欧洲大陆国家的竞争,但其在交易量和新产品的开发方面始终处于世界领先地位。

(3) 迅速发展的金融衍生商品市场。目前 LIFFE 的交易品种由最初的 7 种发展到目前的 21 种。与此同时，交易量也快速上升，到 1989 年期货交易量就已居世界第五位，1996 年 9 月"伦敦国际金融期货期权交易所"(LIFFO) 又与伦敦商品交易所进行合并，但习惯上仍然称为 LIFFE。合并重组后的 LIFFE 业务蒸蒸日上，一度超过芝加哥商品交易所(CME)成为规模欧洲第一、世界第二的金融衍生市场，仅次于芝加哥期货交易所(CBO)。

(4) 从传统交易方式到自动化的交易系统。LIFFE 在正常的营业时间内使用的是公开叫价系统，但随着 24 小时营业和交易屏幕化趋势的发展，该交易所也建立了自己的电脑屏幕系统，称为自动交易系统(APT)。1998 年推出新的交易系统 LIFFE Connect，取消传统的公开喊价交易方式，与其他金融衍生市场看齐；与芝加哥商品交易所组成交易及结算同盟；废除交易所原来实行的合伙制，改革为公众持股公司。

(5) 适应市场，灵活多样。伦敦国际金融期货和期权交易所采取灵活的政策，适应市场变化，推陈出新，不断淘汰那些过时的品种，引进许多新的品种，取得了成功。最典型的是欧洲大陆债券期货合约。1988 年，该交易所推出了 10 年期德国政府公债期货合约，引起很大反响，并取得了成功。2000 年，在全球范围内率先推出一个全新的金融衍生产品——全球股票期权。

三、日本的金融市场

(一) 日本的货币市场

日本的货币市场是以拆借市场、票据市场等银行同业市场为中心，并与大额存单、外汇存款、商业票据、债券现先、政府短期证券、短期贴现国债等市场有机联系的市场。日本的货币市场并不是以短期政府债券市场为核心的，它偏重于大额定期存单等存款性金融商品的交易(见表 8-4)。

表 8-4 日本货币市场概要

种类	拆借	票据	大额存单	商业票据	短期贴现国债	政府短期证券	债券
市场地位	金融机构间的资金融通	同左	金融机构筹措市场性资金	优良企业筹措短期资金	政府借款偿还债务	弥补国库资金不足	交易者调整债券库存
发行者	金融机构	同左	同左	合格企业	政府国债整理基金，特别会计	政府	债券交易者
投资者	金融机构	同左	金融机构、企业、团体、个人	机构投资者	企业、机构投资者	同左	同左
期限	有担保 1—6 天，无担保 1 天至 1 年	1 周至 1 年	2 周至 2 年	2 周至 9 个月	小于 1 年，3—6 个月	60 天以内	不满 1 年

续表

种类	拆借	票据	大额存单	商业票据	短期贴现国债	政府短期证券	债券
中介机构	短资公司	同左	金融机构 短资公司 证券公司	同左	证券公司许可的金融机构	同左	同左
2013年年末市场余额	5.83万亿日元		40.5万亿日元	8.99万亿日元	2.88万亿日元	1.46万亿日元	11万亿美元

资料来源：松田邦夫，《日本的短期金融市场》第76页；鹿野嘉昭，《日本的金融制度》第154页。

1. 拆借市场

拆借市场是金融机构之间相互调整支付准备金余额的短期资金交易市场，它是日本最早的短期金融市场。日本银行通过日常的金融调节，影响金融机构的支付准备，努力使拆借市场的供求状况符合货币政策走向。目前，拆借市场有东京、大阪、名古屋市场，其中东京市场的交易量占全部交易量的90%。交易的种类有"无条件交易""半日交易"和"限期交易"（包括2—7天交易、2周交易、3周交易等8种）。1985年起，拆借市场多采用无抵押交易的形式。1994年，无抵押交易占78.5%。过去，拆借利率一般采用固定利率制，1979年起转而采用自由利率。除极少数由金融机构直接交易外，典型的拆借交易是以短资公司为中介机构完成的，短资公司同时也可以自营商的身份参与拆借业务。2013年12月，日本拆借市场月平均未偿付余额达到5.83万亿日元。

2. 票据市场

日本的票据市场创立于1971年，是进行较长期限（1个月以上）交易的市场，它是调节1—6个月中期支付准备金的市场。日本银行在票据市场上通过票据的买卖，调节信用的数量和期限。票据市场买卖的票据有两种，即原始票据和汇兑票据。原始票据包括优良的工商业票据、贸易票据等；汇兑票据是金融机构以各种原始票据为抵押而开具的、以短资公司为接受人、以自己为承兑人的票据。现实交易中，多采用汇兑票据的形式。1979年起，票据利率全部实行自由利率。票据交易的买方有都市银行、地方银行、第二地方银行协会加盟行、信托银行、信用金库、农林系统金融机构、证券公司、保险公司等，卖方有都市银行、外国银行等，短资公司为重要的中介者。近年来，由于通过票据贴现、票据贷款等形式从银行贷款的现象减少，导致票据发行的发展步伐减缓，在这一背景下，除去日本银行票据操作部分，票据市场固有的交易规模也呈现出萎缩的态势，自2000年7月以来已不再有像样的交易。

3. 可转让存单市场

可转让存单（CD）市场创立于1979年，能够发行CD的是所有政府允许办理存款业务的金融机构，如都市银行、地方银行、信托银行、长期信用银行、第二地方银行协会加盟行、信用金库、在日本的外国银行等。其中，都市银行的发行量最大，占发行额的50%—60%，对购买者无任何限制，无论法人、个人、居民、非居民均可购买。CD的利率由发行者和购买者参照票据利率、现先利率等短期金融市场利率自由决定。CD可自由转让流通，办理

CD 流通的机构有短资公司(居主导地位)、证券公司等。早期,金融当局对 CD 的发行额度、最低发行单位、期限、让渡方式多有严格的规定,现已逐渐放松,这使 CD 市场迅速发展,成为短期金融市场中规模最大的一部分。截至 2013 年 12 月,日本 CD 市场的平均未偿付余额达到 40.5 万亿日元。

4. 债券现先市场(债券回购市场)

债券现先市场即在指定的期限内(通常 1—3 个月),以约定的价格买回(或卖出)为条件进行交易的债券买卖市场,也称为债券回购市场。现先市场虽然采用债券买卖的形式,但实际上与同业拆借和票据买卖一样,都是短期资金的借贷行为,债券一定程度上起担保的作用。债券回购交易一般是通过有关证券公司和银行进行的。现先市场的参加者有证券公司、非银行金融机构、事业法人、公营机构及非居民的海外投资者。购买的主体(资金供给者)为事业法人,占 30%—40% 的市场购买量;卖出主体(资金需求者)为证券公司和都市银行,前者占卖出额的 70%—80%。根据日本证券交易商协会(Japan Securities Dealers Association,JSDA)统计,截至 2008 年 6 月底,日本债券回购市场余额为 34.38 万亿日元。2007 年日本债券回购交易量达到 8 776.12 万亿日元,2008 年上半年交易量为 4 337.69 万亿日元。

5. 政府短期证券和短期贴现国债市场

政府短期证券(FB)是为调节国库资金的临时性波动而发行,并在发行年度内或发行后一年内偿还的短期贴现国债。它以固定利率公募的方式发行,贴现率由大藏省根据金融形势来决定,略低于再贴现率。由于 FB 贴现率很低,一般投资者不愿购买,几乎全部由日本银行承购,并将其卖给短资公司,由短资公司卖给金融机构,由后者卖给一般事业法人。FB 的发行期限原则上为 13 周,最小交易单位是 1 000 万日元。从 1999 年 4 月实行公开拍卖的方式以来,原则上在每周三招标,第二周的周一发行。短期贴现国债(TB)是期限在 6 个月以内的"转换债",是日本政府为了偿还每年到期的国债,在财政资金紧张的情况下发行的一种债券。TB 的发行采用投标的方式,日本银行不认购。发行后在交易人之间或交易人和客户之间进行买卖。由于 FB 和 TB 信用程度高、市场稳定,且不征收有价证券交易税,它们成为日本银行进行政策操作的理想金融资产。

6. 银行承兑票据市场

银行承兑票据(BA)是指本国外汇银行承兑的,国内进口商进行贸易金融业务时开具的日元汇票。日本的 BA 市场是银行通过贴现上述票据,向企业提供日元贸易融资的市场。日本的 BA 市场开始于 1985 年,其目的是为贸易商和银行开辟新的资金筹措途径,同时向一般的投资者提供资金运用的场所,促进日元的国际化。银行承兑票据的利率是自由利率,最小交易单位为 5 000 万日元。

7. 商业票据市场

商业票据(CP)是资信好的企业为筹集短期资金,在公开市场上发行的无抵押期票。日本于 1987 年开设 CP 市场,期限为 1—6 个月,发行面额为 1 亿日元。有资格发行 CP 的企业,最初限于上市企业中可发行无抵押普通公司债和一般抵押公司债的企业,现在,扩大了发行企业的范围和规模,统一了评级标准,也允许非居民在日本发行 CP。CP 采用间接发行的方式,其交易由金融机构和证券公司办理。

日本货币市场的规模自1985年以来迅速扩大,到2013年12月,交易余额达到8.99万亿日元,约为1985年年末余额的6倍。货币市场的规模不断扩大,主要得益于从1985年起的金融自由化和国际化浪潮的推动。表现在:(1)以公开市场为中心,新设市场如雨后春笋般涌现,同时交易条件也在逐步放宽,交易多元化的趋势势不可挡;(2)为了进一步发挥利率的运作机制,日本政府不断采取措施完善和充实现有的市场;(3)从安全、稳妥、迅捷等方面进一步完善结算制度,以适应金融交易规模急剧扩大的发展趋势。此外,为了适应金融全球化和自由化的发展,货币市场中的交易方式、交易惯例至今仍在不断地调整。目前,货币市场上的利率形成已能逐步反映市场的供求状况。

(二) 日本的证券市场

1. 日本的债券市场

日本发行的债券有国债、政府保证债、地方债、金融债、事业债、转换公司债、日元计价的外债等。其中,国债、地方债、政府保证债为公共债,金融债、事业债、转换公司债、日元计价的外债为公司债(私人债)。

(1) 国债。从发行的目的来看,日本的国债有:为整备道路、港口或住宅建设而发行的建设国债;为弥补一般财政赤字而发行的特例国债或赤字国债;为筹措国债偿还资金而发行的转换债。从发行的期限和偿还方式上分,日本的国债有长期附利债、贴现国债、中期附利国债和短期国债等。

长期附利国债是每月发行的、期限为10年的确定付利的国债,其发行量占日本国债发行量的50%以上,由国债承购集团承购或由资金运用部购买,发行条件由大藏省、日本银行和承购集团的代表共同确定,私人投资者可享受税收优惠。中期附利国债是1978年后随时发行的、期限为2—4年的确定附利国债,它多采用公募投标的方式发行。贴现国债是1979年开始发行的、未到期前可向银行贴现的5年期中期国债,它在每年的奇数月采用银团承购的方式发行。

(2) 政府保证债。政府保证债是指由公司、公团、公库等政府关系机构为筹措资金而发行的、由政府保证支付利息和本金的那部分债券。政府关系机构是指根据特别法律成立的政府机构或公司,如公共事业企业、政府金融公库、事业团等,政府保证债券以公募的方式发行,由银行和证券公司组织的承购集团负责承购发行。其期限多为10年,利率略高于长期附利国债的利率水平。以往都由金融机构、互助基金等机构共同消化一定数量的政府保证债券的这项政策性义务已经被取缔。随着2001年4月开始实施财政投融资制度的根本性改革措施,为了确保财政规律有效运作,日本政府对发行政府保证债券做了调整,一方面把发债机构的范围限定为没有政府担保就很难发债的政府性机构,另一方面实行审查制度,经过严格审查后方才允许发债。

(3) 地方债。地方债是都道府县和市镇村等地方公共团体依照地方自治法和地方财政法所发行的债券。地方债的期限为10年,有公募债和非公募债两种形式,其中公募债利率与政府保证债的利率相同。地方债用来筹集交通、煤气、给排水等公共设施建设、财政拨款及贷款、地方债转期、救灾等事业所需的资金。

(4) 金融债。金融债是长期信用银行(即日本兴业银行、长期信用银行、债券信用银行)、东京银行、农林中央金库、商工组合中央金库为筹措资金而发行的债券。只有上述六家金融机构有权发行。金融债有附利金融债和贴现金融债(短期债券)。其中,附利金融债的期限为5年,面额在1万日元以上,主要是面向机构投资者发行。

(5) 公司债/事业债。公司债是股份公司发行的债券;事业债是指由民间股份公司中非银行金融机构的公司发行的债券,包括电力公司发行的电力债和非公司发行的一般事业债。事业债的期限有6年、7年、10年、12年、15年五种。一般事业债多以工厂、设备等公司财产为发行的担保,而电力债则不需要特别的担保。事业债的利率由参与承销的证券公司和银行根据事业公司的信用评级来确定。

第二次世界大战后,日本的公共债和公司债市场一直很小,1967年东京、大阪证券交易所重新开始债券的交易,1985年国债大量发行和当局采取国际流动化措施、允许金融机构持有的国债向市场出售之后,各种限制才逐步放宽,债券市场规模迅速扩大。在1999年的债券交易额中,国债占97%。同时,银行逐步进入过去由证券公司独占的债券买卖窗口,进行债券买卖业务,债券市场的投资者也向多样化方向发展,金融机构、机构投资者、事业法人、个人、海外投资者都可进入债券市场。债券市场进入繁荣发展阶段。由于债券发行和交易单位的多样化,日本大部分的债券是在场外市场上,由证券公司与投资者或证券公司之间进行交易,其交易量在1992年占总市场的98.8%。

2. 日本的股票市场

长期以来,日本企业的股票由家族所有,他们通过持股直接控制企业,形成家族封闭式的股份制,这样阻碍了股票市场的发展。第二次世界大战后,随着日本经济民主化的进程,旧的财阀被解散,股票的流通性不断增强,逐渐形成了比较完善的股票流通和发行体制。

(1) 初级市场。日本的股票发行有股东配购、关系者配购和募集发行(公募)三种形式。股东配购和关系者配购是以股东或与发行者有密切关系的人为特定的对象而发行股票;募集发行是向社会公开发行,它可由发行公司直接募集或由证券公司承购募集(间接募集)。按发行时是否要缴纳股金,股票发行又可分为有偿发行(有偿增资)、无偿发行(无偿增资)和混合发行。长期以来,有偿发行主要通过股东配购的方式按面额发行,20世纪70年代以来,企业以时价公开发行(募集)在资本筹资中的比重上升到70%—80%,募集发行成为主要的发行方式。

20世纪70年代以来。日本上市公司的数目大幅度增加,1949年为681家,2014年7月为3 423家;股市市值由1949年的1 287亿日元上升到2014年的532万亿日元。股票发行主要由三菱日联、野村、瑞穗和大和证券公司等承销。

(2) 二级市场。相对于中国的两个证券交易所来说,日本的证券交易所数量比较多。在2000年以前,一直有8个证券交易所,即东京证券交易所、大阪证券交易所、名古屋证券交易所、京都证券交易所、广岛证券交易所、新协证券交易所、札幌证券交易所和福冈证券交易所。自2000年以来,为了提高证券交易所的运行效率,日本开始了证交所的合并过程:2000年3月,首先将广岛证券交易所和新协证券交易所并入东京证券交易所;2001年2月28日,在运营了117年之后,京都证券交易所也正式关闭,其业务并入大阪证券交易所。在剩下的6个证交所中,东京证交所(东证)、大阪证券交易所(大证)、名古屋证券交易所(名证)合称为"三市场"。平时,这3个交易所的成交量,一般要占全国成交量的99%以上,而其余的3个地方证券交易所的成交量,只占全国成交量的不到1%。其中,东京证券交易所在年成交金额方面占绝对主导地位,2007年市场占比为88.9%。2012年,东交所以每股48万日元(约合6 240美元)购买了大交所66.6%普通股,2013年1月成立控股公司"日本交易所集团"。东交所总裁齐藤惇任首席执行官,大交所总裁米田道生任首席运营官。合并后的日本交易所集团的上市公司数量(3 423家)与总市值均跃居世界第三。

东京证券交易所在与大阪证券交易所合并前是日本规模最大的交易所。在东京证券交易所上市的股票有国内公司股票和外国公司股票。证券交易实行固定佣金制,定期调整,同时,当局对股票交易征收"证券交易税"和"红利预扣税"。反映日本股票市场综合情况的指数主要是日经225股票指数。20世纪70年代中期以来,日本股票投资者由个人转向金融机构、事业法人等机构投资者,个人投资者的比重1950年为61.3%,1980年为29.2%,1990年为20.5%。

日本还设立以会员经纪人为中心的场外交易市场,交易多由证券公司通过电话进行。该市场实行股票登记制度,由证券业协会按一定的标准(如协会会员券商的联名推荐、发行公司资本2 000万日元以上、已成立两年、必须分配股息等)负责未上市证券的登记,公布店头市场的买卖价格、公开发行公司的有关资料,此外,它也公布有关券商的财务及非财务资料。这种登记制度在一定程度上起着管理未上市证券交易的作用。

在间接金融占主导的金融结构下,20世纪80年代后期日本金融自由化和国际化的趋势,推动了日本证券市场的发展,表现在:第一,证券市场的规模扩大,有价证券余额对名义GNP的比率1970年为45%,1984年年末达99%,随着中期国债市场的创立,证券市场交易的金融资产多样化,投资者扩大到机构投资者、个人及非居民;第二,国内外资金流动加剧,居民对外证券投资和外债发行数量增加,另一方面非居民对日元证券的投资和以日元计价发行的债券也不断扩大;第三,银行逐步进入证券业,1993年4月,日本开始允许通过设立子公司的方式,使银行业和证券业的部分业务渗透,银行业与证券业间的竞争日益激烈。

20世纪90年代的金融"大爆炸"改革对日本的证券业产生了深刻的影响。首先,实行经纪手续费自由化。目前日本股票买卖中交付证券公司的手续费,除超过10亿日元以上的大笔交易外,各交易商实行统一标准收费。1998年4月,10亿日元的下限下调为5 000万日元,1998年年末则所有的股票交易无论金额大小,其手续费均由证券公司决定。由于交易手续费占日本证券商收益的绝大部分,这一措施影响深远,中小券商只有通过内部改革、重组以适应新的形势。其次,1998年年内,证券公司经营资格由许可制改为注册制,这为证券市场引入竞争机制,更多的证券公司可自由进出市场,中小券商的生存受到威胁,一批经营不善的公司遭到淘汰。最后,1997年10月起,日本开始允许证券公司对外开设证券综合账户和包揽账户(Wrap Accounts),前者是为客户办理日常的生活支付,结算剩余的资金用于证券投资;后者是针对1 000万日元以上资金的客户进行证券投资组合管理,证券公司开始进入传统的银行业务领域,而"大爆炸"后允许设立金融控股公司,使银行业和证券业走向金融集团化的道路。

（三）日本的外汇市场

日本的外汇市场分布在东京和大阪，但东京外汇市场的交易量占总额的99.8%，大阪市场只占0.2%。东京外汇市场是在20世纪80年代后迅速发展起来的，特别是1986年12月1日后，东京离岸金融市场建立，各种境外资产的交易量不断扩大，外汇交易也相应地有了大幅度的增长，至1987年，东京外汇市场的日平均交易额高达900亿日元，这个交易规模超过了纽约，仅次于伦敦外汇市场。东京外汇市场也是一个通过电话、电报、电传等进行交易的无形的抽象市场。1998年3月末之前，根据日本《外汇及外贸管理法》(《外汇法》)的规定，外汇交易原则上必须通过外汇银行进行。但在同年的4月，日本全面修订《外汇法》，取消"外汇银行"，规定居住在日本国内的个人、法人企业均可自由买卖外汇。而日本银行是东京外汇市场的管理者，肩负着维持市场秩序、稳定日元汇率的重任。东京外汇市场上的非银行客户主要包括贸易商社、工业企业及非零星的外汇供求者。东京外汇市场上的交易货币比较单一，即日元对美元的交易占整个市场交易量的80%以上。此外，还有法国马克、瑞士法郎等15种货币的交易，但全部交易量不足20%。虽然东京外汇市场与纽约、伦敦共同构成了三大国际性外汇市场，但自90年代日本的经济进入"黑色十年"以来，东京外汇市场的交易余额减少，一直处于增长停滞状态。

（四）日本的离岸金融市场

为了推进日元国际化，同时也是因为认识到了东京市场的国际化对于实现金融自由化具有重要的意义，日本政府于1986年12月设立了日本离岸市场（Japan Offshore Market，JOM）。JOM是一个内外分割的市场，与国内市场隔开，在国际金融交易领域享有一定的优惠待遇，参与市场的银行有义务开设离岸交易专用账户（特殊国际金融交易账户），在会计处理上，该账户与其他账户（普通账户）区分开来，分别管理。

在JOM开展交易的国内主体限于得到财务大臣批准，可以开立离岸账户的银行。其主要业务是向非居民及其他离岸账户吸收存款和发放贷款，但不能进行CDs交易或持有、发行证券。为了维持并确保自由的交易环境，日本政府从税收、金融方面对JOM交易实施了一系列优惠措施，如对非居民离岸账户的利息不征收预扣税，离岸账户中的存款不列入存款保险制度的对象范围内，对存款准备金制度不设定准备金率（但是，从离岸账户到普通账户的转账资金余额适用于准备金率）。日本原则上禁止资金从离岸账户转账到普通账户，但对于小额资金的转账予以适当认可。

由于日本参与国际贸易的比重高，日元国际化发展基础好，JOM发展非常快速，总资产规模从几十亿美元发展到近700亿美元。1995—2006年，JOM随着日本经济的衰退而出现规模下降，至2006年，离岸市场的资产总额仅不足400亿美元。2006年至今，日本金融改革力度加大，日本经济开始出现复苏，且受到美国次贷危机对美国金融业的影响，JOM的发展有所恢复，2012—2014年JOM发展更为迅速。

（五）日本的金融衍生商品市场

日本金融衍生商品市场产生于1985年的债券期货，现在已能够与美国的芝加哥期货交易所、英国的伦敦国际金融期货和期权交易所相提并论。目前日本有3家交易所从事金融衍生商品交易,即东京证券交易所、大阪证券交易所和东京金融交易所。东京证券交易所成为全球交易量第三的金融衍生交易所,仅次于美国芝加哥期货交易所和芝加哥商品交易所。总的来看,与欧美等国相比,日本的金融衍生商品交易具有以下几个特征:(1)金融衍生商品的市场规模在国际上处于领先水平;(2)市场参与者大多数是银行、证券公司,一般投资者极少;(3)场外交易的中流砥柱——互换等较为单纯的商品在商品交易中占据着主流,复合商品的交易尚未普及。

2006年全新的《金融商品交易法》实施,对《金融期货交易法》《证券投资顾问法》《信托业法》等几部法律进行整合,系统修正了《证券交易法》,重新定义了"有价证券"的内涵和外延,几乎囊括了所有具有投资性的金融商品和投资工具。《金融商品交易法》将衍生品交易分为"衍生品交易""市场衍生品交易""店头衍生品交易"和"外国市场衍生品交易",分别做了一般性的界定,还规定了包括利率互换、货币互换在内的互换交易以及信用衍生品交易等交易类型,同时规定衍生品交易的基础资产为"金融商品",规定衍生品交易的参照指标为"金融指标"。

四、德国的金融市场

(一) 德国的货币市场

德国的货币市场主要包括中央银行货币市场、货币市场证券的交易、回购协议市场、商业票据市场。

1. 中央银行货币市场

中央银行货币市场是国内信用机构将其在中央银行多余的存款,转借给其他银行而形成的银行间市场,也即同业拆借市场。它可以在银行内部实现短期资金的调整,弥补各银行每天流动性的变化。中央银行货币市场分为日拆性、1个月、3个月及更长期限的交易。日拆性市场在银行间货币市场交易中起关键作用,它常常是银行调节最低准备金的重要手段。由于德国准备金是以前月后两周和当月前两周的应交准备金负债的平均数,作为本月应交数额,因此,银行往往在后半月来评估和调节其流动性,再加上难以预料的市场因素均使得日拆货币市场利率有可能发生较大的变动。该市场的利率指标为法兰克福银行间拆借利率(Frankfurt Interbank Offered Rate,FIBOR),联邦银行通过再贴现贷款或伦巴德贷款等短期再融资手段,来避免该市场利率的强烈波动。银行也通过较长时期的中央银行货币市场来弥补可预见的流动性失衡,如主要纳税日出现的资金短缺、季节性资金变化等。

2. 货币市场证券的交易

德国的货币市场证券交易主要发生在联邦银行与信用机构之间或是联邦银行与外国投资者及某些政府机构之间。用于货币市场证券交易的证券主要是由联邦政府或其他政府机构为获得部分短期资金而与联邦银行协商发行的国库券和财政贴现票据。

货币市场证券除了由政府为筹措贷款而创造外,联邦银行也主动促使这种证券的发行。如1992年修改的《联邦银行法》指出联邦银行可以请求联邦政府同意,把由于1948年货币政策联邦银行持有的联邦政府约80亿马克的平衡债券的全部或部分转化为国库券或政府的贴现债券。从1993年3月开始,联邦银行一直以贴现票据的形式提供流动性证券,不仅向国内银行也向非银行及外国潜在的买方进行招标,这种贴现票据包括国库贴现票券 U-Sshatze（Unverzinsliche Schatzanweisungen）及国库券融资票券（Finanzierungschatze）。

国库贴现票券是由联邦政府、重建基金、联邦铁路局、联邦邮政局为调节短期财政支出而发行的证券,最初发行期限从3天至2年不等。自2012年以来,发行期限仅包括6个月期和12个月期两类。国库贴现票券可作为向联邦银行融资的抵押品或回购交易工具。购买对象限于银行和机构投资者。

国库券融资票券是由政府机构和特别基金发行的,有A类票券(期限1年)和B类票券(期限2年)两种。国库券融资票券每月定期发行,发行机构必须经联邦银行同意后确定发行利率,发行最小面额为1 000马克,最高为50万马克。国库券融资票券的认购者为国内外投资者,但不包括信用机构。

国库贴现票券和国库券融资票券均不在证券交易所上市,因此,此类票券须持有至期满,无法中途出售,主要购买者为保险公司和退休基金。

3. 回购协议市场

回购协议是通过出售证券并同意在一定时间后重新买回而取得资金的一种契约。德国的回购协议市场从1973年4月开始是以汇票为基础的回购协议市场,以汇票为基础的公开市场交易期限通常为10天,1977年春,回购协议期限有时为20天。1979年6月开始以有价证券为基础进行交易,有价证券回购协议一般以招标方式提供给信用机构。招标采用两种方式,一种是固定利率投标,另一种是变动利率投标。1988年秋季以前,联邦银行对变化利率投标采用荷兰式的拍卖,此后,便采用美国式的拍卖。1988年11月底,联邦银行还可以以期限更短的同类有价证券交易对传统的有价证券回购交易做补充,其期限为2—10天。1992年秋天,联邦银行为满足欧洲货币体系要求,暂时将一般有价证券回购协议的期限从1个月和2个月缩短为14天。

联邦银行通过有价证券回购协议能够灵活地根据需求向商业银行提供或调控中央银行货币,从而影响商业银行的流动性和货币市场利率。因此,随着经济的发展,回购协议下的公开市场操作越发凸显其重要性。

4. 商业票据市场

商业票据是指由大型企业通过信用机构作为中介发行的债权证明书,投资方大多为机构投资者,首个马克商业票据计划由德国于1991年2月推出。商业票据利率适应于货币市场利率,与其相对较短的期限(一般为数天至两年不等)相一致。由于它相较于商业银行不受最低准备金的限制,因此它的收益比商业银行短期存款高,并且具有一定的流动性,能够在票据到期前被出售。商业票据的发行不仅能够满足企业的短期资金需求,还可以为机构投资者提供投资选择。德国的商业票据市场在经过初始阶段的高速发展后逐步趋于稳定,并且自欧洲货币统一以来,欧洲整个范围内的商业票据市场取得较大发展,以德国商业票据市场为代表的欧洲其他各国分散的商业票据市场逐步融合为统一的欧洲商业票据市场。

(二) 德国的证券市场

德国的证券市场分为股票市场和债券市场,产生于 16 世纪,主要为联邦政府和地方政府融资。这里主要从证券市场的立法环境、证券业的管理机构、证券交易所、交易市场、交易系统、交易指数、清算系统、股票市场、债券市场来分析德国证券市场的一些状况。

1. 证券市场的立法环境

德国 1994 年 6 月 26 日颁布了《关于证券交易和修改交易所法律规定及证券法律促进法案》,标志着德国结束证券行业纯自律管理体制,开始建立证券法体系,这对于德国证券市场立法来说具有开创性的意义。该法案的核心是《有价证券交易法》。

德国没有一部内容比较综合、涵盖范围全面的证券法,但拥有证券法体系,其内容规定散布于多部法律及规章之中。这些法律及规章可分为三个层次:第一个层次是国家法律,包括《股份公司法》《关于小型股份公司和重新调整股份公司的法律》《有价证券交易法》《交易所法》《证券发行说明书法》;第二层次是依相关法律制定的法规,如《交易所上市许可条例》《证券发行说明书条例》;第三层次是交易所规章,包括各交易所规则,如《新市场规则》等。

2. 证券业的管理机构

德国证券业的管理机构是联邦财政、联邦金融监督局(即含以前的金融监理局和联邦证券监督局)和州经济部和州商会。其管理结构如图 8-1 所示。

图 8-1 德国证券业管理结构

3. 证券交易所

德国目前有 8 大证券交易所,法兰克福证券交易所、斯图加特证券交易所、柏林证券交易所、柏林-不莱梅证券交易所、汉堡-汉诺威证券交易所、杜塞尔多夫证券交易所、慕尼黑证券交易所和莱比锡证券交易所,其中法兰克福是交易量最大的证券交易所,也是世界四大证券交易所之一。

位于法兰克福的德意志交易所集团股份有限公司(DBAG,德文为 Deutsche Boerse

Aktiengesellschaft)(以下称德意志交易所集团)负责运营法兰克福证券交易所,成立于1993年,公司本身也在法兰克福证券交易所上市,是德国最大的交易所集团,占德国整个交易量的90%左右。德意志交易所集团包括德意志证券交易所股份有限公司(法兰克福证交所的喊价型场内交易池和德意志证券交易所电子交易平台)和德意志期货交易所有限责任公司(DTB,德文为Deutsche Terminboerse)。DTB也是依公法设立的一个非营利机构,于1987年开始筹建,1990年正式运行,并于1994年1月1日归属于德意志交易所集团经营。该交易所成立初期期货交易量较小,主要是由于德国法律1990年以前禁止具有投机性质的期货交易。

近年来由于受到世界金融危机的影响,德国交易所为争夺上市资源形成了合并的趋势。为增强交易所的核心竞争力,德国交易所于2000年、2005年先后两次提出与伦敦交易所合并,2011年又提出与纽约泛欧交易所的合并,虽然以上计划最终未能实现,但不断推动德国交易所的整合与发展仍然是增强集团竞争力的发展目标。

4. 交易市场

德国的证券交易市场按照立法的角度来看分为公法交易市场和私法交易市场。公法交易市场又包括官方市场(Amtlicher Markt)、调控市场(Geregecter Markt)、自由市场(Freiverkehr)。私法交易市场也包括德国新市场(Newer Markts)、SMAX市场、XTF市场、Mewex市场。

如果企业选择在法兰克福证券交易所上市,股票发行企业可以选择两个市场,即主板市场(Prime Standard)和普通市场(General Standard)。

5. 交易系统、交易指数

德国证券交易所交易系统有IBIS系统和Xetra系统。指数系统有国内股票指数DAX指数(Deutscher Aktienindex)和含外国股票的指数(NEMAX50指数,NEMAX-All-Share STOXX指数)。国内股票指数为德国证交所最重要的30只蓝筹股的综合加权指数。

6. 清算系统

2000年年初,德国证券交易所股份有限公司与总部设在卢森堡的Cedel International各出资50%成立Clearstream International公司,担负起泛欧有价证券清算平台的任务。

7. 股票市场

受德国的经济模式及自身文化背景等因素的影响,直至今日,德国人财产的三分之二仍是现金、活期存款、定期存款以及保险返还的收益,股票投资仅占5%,与其他欧美发达国家相比占比很低,因此德国的股票市场相对弱小。德国股票市场在发展早期较为冷清,截至1992年年底,在德国证券交易所挂牌上市的只有790家国内企业和642家外国企业的股票,且外国股票在德国证券市场交易不活跃,交易量还不到2%。股票市场的作用远不如银行业的作用,1993年银行资产与GDP的比率为154%,而同期股票市场价值与GDP的比率仅为24%。随着国内经济及世界经济的快速发展,德国的股票市场的规模及作用有所突破。2000年后德国股票市场迎来黄金发展期,2002—2007年股票总市值翻了一番有余,但当2008年金融危机到来时,股市受到重挫,直至今日也没有恢复到2007年的巅峰水平。2014年,德国当年境内发行股票的总市值约180亿欧元,总市值存量达到了约 1.48 万亿欧元（见表 8-5），但这样的规模和 7 万亿欧元的银行市值相比仍是有限的。曾有专家学者指出，德国民风务实稳重，民众认为股票带有赌博性质，这种态度也不失为股票市场相对落后的原因之一。

表 8-5　德国国内股票市场统计数据　　　　单位：百万欧元

年份	总市值	银行	保险	其他金融机构	非金融机构
2005	1 058 532	111 519	108 669	10 702	827 642
2006	1 279 638	127 815	128 922	21 971	1 000 930
2007	1 481 930	130 070	121 258	48 064	1 182 538
2008	830 622	33 128	71 919	25 517	700 058
2009	927 256	52 447	72 524	24 826	777 459
2010	1 091 220	57 466	74 562	16 826	942 366
2011	924 214	46 349	59 600	14 933	803 332
2012	1 150 188	53 235	84 872	17 002	995 079
2013	1 432 658	65 037	103 681	21 279	1 242 661
2014	1 478 063	63 676	102 711	21 765	1 289 911

资料来源：数据摘自德意志联邦银行官网的《2014年度资本市场年报》，http://www.bundesbank.de/Navigation/DE/Statistiken/Geld_und_Kapitalmaerkte/geld_und_kapitalmaerkte.html。

8. 债券市场

德国的债券市场相当发达，债券交易量占整个证券交易量的 75%，这主要是因为大部分交易债券都是由联邦政府、州政府、地方政府、政府实体、银行和其他中介发行的，信誉高、流通性好。具体而言，德国债券有如下几种类型：

（1）联邦政府及公营机构债券（Public Authority Bond）。发行联邦政府及公营机构债券的机构有德国联邦政府、联邦州政府、联邦铁路局、联邦邮政局。德国统一之后，为支持东部地区的重建，成立了德国统一基金委员会和重建基金会，它们也可发行政府债券。上述机构债券的本金和利息由联邦政府或州政府全额保证。联邦政府、联邦特别基金债券是通过联邦债券银团组织发行的，该银团由联邦银行牵头，包括从事证券业务的商业银行和专业证券机构，银行凭借其分支机构网，完成债券的发行。州政府债券的发行则由区域性的证券机构负责组织。

此外，国债还可以根据其利率是否固定分为固定利率国债和与通胀挂钩的国债，前者主要包括 2 年期联邦政府中期债券、5 年期联邦政府特别中期债券以及 10 年和 30 年期长期债券；后者是 2006 年联邦政府发行的与通胀相挂钩的债券（Inflation-Linked Bond，ILB），包括 5 年期的中期债券和 10 年期的长期债券。从两者的特征上看，固定利率国债最小面值为 0.01 欧元，按实际天数/年实际天数的方法计算利息，每年支付一次固定利率利息，到期按照面值赎回。与通胀挂钩的国债采用指数化的利息支付方式，其赎回金额随着通胀水平进行调整，目前该类型债券市场存量按面值计算占德国政府债券存量的 5%

左右。

（2）金融债券。目前德国的金融债券有四种类型：①抵押债券（Pfandbriefe）。它是由抵押银行发行，以房地产及房屋贷款为担保品而发行的债券。这些抵押银行是由大商业银行出资创建的，它们发行的债券必须提供同等价值的担保品，并且还本付息由发行银行全额保证。抵押债券每期的发行计划须经财政部批准，发行期限可长达30年，通常为3—5年，采用固定利率，本金一次偿还。②区域性商业银行债券（Offentliche Pfandbriefe）。它是区域性商业银行以对联邦政府、政府机构、州政府的放款资产为抵押发行的债券。发行期为2—10年，采用固定利率，本金一次偿还。由于具有抵押品和区域性银行的双重保证，信用程度较高。③专业信用机构债券（Inhaberschuldverschreibungen）。这些专业信用机构为公营或半公营的金融机构，机构有重建贷款机构（Kreditanstalt fur Wiederaufbau）、德意志抵押债券机构（Deutsche Pfandbriefanstalt）、德国房地产及农业抵押银行（Deutsche Siedlungs und Landrentenbank）、德国平准基金银行（Deutsche Ausgleichsbank）、农业抵押银行（Landwirtschaftliche Rentenbank）、工业信用银行（Deutsche Industriekreiditbank）、民主德国中央银行（Staatsbank Berlin）、房屋贷款银行（Bausparkassen）等。它们信用良好，发行期不限，多为2—10年，流通性较好。目前已发行的专业信用机构债券中约60%为固定利率，其余为零息债券及浮动利率债券，利息收入须缴纳利息所得税。所筹资金主要用于东部经济重建、中小企业的融资以及政府为特殊需要而设立的金融机构。④其他银行债券。发行人包括商业银行及州立储蓄银行，期限为2—10年，为无担保银行债券，主要用于一般银行贷款业务的需求。

（3）公司债券。与其他国家相比，德国的公司债券市场规模小，流通性差，在资本市场中影响较小。由于法令的限制和发行费用较高，德国公司主要以银行贷款和发行股票增资为主，或者通过其国外的分支机构发行欧洲马克债券。公司债券的发行期限不超过10年，采用固定利率，发行人期满前可提前赎回，债券以不记名方式发行，以发行公司资产为担保。

近年来，政府债券的规模和占比都在逐步上升，如今已在德国债券市场中占得半壁江山有余。金融债券曾占据了德国债券市场的主体地位，然而受到欧债危机的影响，无论是规模还是比例均有明显下降。除此之外，公司债券在债券市场上所占份额一直很少，长期以来仅维持在2%左右。这是因为：一方面，德国公司债券的发行手续颇为复杂，成本较高；另一方面，德国金融体系较为健全，间接融资较为发达，在有抵押品的情况下公司不会优先选择发行公司债，因为获取来自银行的贷款要更加成熟方便。

德国的债券交易可在三种市场上进行，即挂牌市场、规范市场和场外市场。德国8家交易所均从事债券的挂牌交易，投资者只允许按照政府债券确定的几个价格进行买卖。规范市场是1987年5月引入的，与挂牌市场相比，进入该市场比较容易，公营机构中期债券是最主要的交易对象，它以非正式的方式进行确定价格。这两种市场都是在证券交易所内集中进行的，由交易所统一监管。场外市场在德国债券交易市场上所占的份额最大，据统计，大约80%的政府债券和50%的地方债券交易都是通过电话在银行间完成的，同时90%的金融债券也是以此方式进行交易。

9. 德国证券市场的特点及其发展趋势

德国证券市场的最大特点是:德国的证券市场不发达、不成熟;参与证券市场活动的主要是大型企业,中小企业很少参与证券市场活动;专业投资者不活跃。

(三) 德国的外汇市场

德国的外汇市场在1953年根据国际货币基金及欧洲支付同盟之清算制度建立。这是在第二次世界大战结束之后的背景之下,德国的跨境投资、多边贸易和跨国支付步入稳定发展,外汇交易需求逐步增长。进入20世纪80年代后,随着贸易自由化以及信息技术的发展,德国的外汇市场日趋成熟。尤其是在1999年欧盟国家开始实行单一货币欧元,将欧洲中央银行总部设立在法兰克福后,德国在国际外汇市场的地位得到了进一步的提升。根据国际清算银行(BIS)2013年的调查,德国外汇市场的日均交易量从1998年的1 000亿美元上升到2013年的1 110亿美元,德国在全球外汇交易量的占比由4.7%上升到5.6%后逐渐下降到1.7%,居全球外汇市场第9位。

1. 德国外汇市场的交易主体

德国外汇市场的交易主体广泛,包括境内外居民和境内外非居民机构,从类别来分主要包括境内外的商业银行、外汇经纪人、非银行金融机构和中央银行等。

2. 德国外汇市场的交易方式

1953年5月,德国在法兰克福、杜塞尔多夫、汉堡、慕尼黑和柏林五个交易所设立场内外汇交易。除法兰克福交易所之外,四家交易所官方指定的外汇经纪人负责撮合交易,将当地银行17种货币的外汇交易订单进行加总,并报送法兰克福外汇交易所,由其撮合出各种货币的当日挂牌汇率,结束时间大约在13:00。德国外汇市场的营业时间为周一至周五的13:00—13:45,仅仅从事面对面的即期电汇交易。一般市场交易通过自由经纪商进行交易,营业时间为9:00—12:00和14:00—16:00,其远期交易均有确定日期。

德国外汇市场的交易方式有外汇交易所交易(有形市场交易)与一般市场交易(无形市场交易)两种。交易量以法兰克福最大,随着欧元的引入,德国外汇市场马克对主要欧洲货币的场内交易活动结束,由欧元替代。现今,德国外汇市场交易以场外交易为主,98%的外汇交易发生在场外。德国外汇市场由约60家主要外汇银行及10家经纪商构成,银行间的交易均通过经纪商进行,所以其经纪商的地位,与在伦敦、纽约的经纪商一样重要。

3. 德国外汇市场的清算方式

在2002年以前,德国的外汇交易市场是交易双方各自清算,即通过各自代理行或支付系统进行清算。但是这样存在时差无法同步清算,增加了外汇交易的风险。1974年,德国的赫斯塔特(Herstatt)银行由于外汇交易清算违约而倒闭,从此产生了外汇交易中的赫斯塔特风险。目前,德国的外汇清算交给专门的清算系统,即持续连接结算系统(CLS)和第二代泛欧实时全额自动清算系统(TARGET 2)。

持续连接结算系统主要被运用在英国伦敦和美国,受美联储监管,于2002年9月正式上线,主要任务是受理世界主要货币间的外汇买卖交易。系统的运作可分为三个阶段:

第一个阶段是数据输入阶段,它始于结算日前三个营业日,止于结算当日;第二个阶段是系统进行连续不断的清算,即持续结算过程,它将所有已经配对的买卖结算通过成员单位在 CLS 银行开立的账户实施转账清讫;第三个阶段是在既定外汇市场收市之前一段指定的时间内,所有成员必须结清空仓,如果成员未能在规定的时间内完成结清空仓,CLS 银行自动以现金或货币市场外汇掉期等方式代其平仓。

第二代泛欧实时全额自动清算系统从技术上将欧元区各国央行各自的实时清算系统进行了整合,建立单一标准的一体化系统平台,实现欧元的国内和跨境支付无差别处理,缩短支付链条,从而提高清算效率,降低支付成本,增强系统运行的稳定性。开发此系统确实带来了便利,也减少了外汇交易中的违约风险,但是它却引发了欧洲各国央行间债权债务失衡。随着欧元区边缘国家的经常账户赤字越来越多,原本为了欧元区内部实时结算便利而起用的第二代泛欧实时全额自动清算系统却成为德国央行的沉重枷锁,使德国央行的净贷款额越来越高。

4. 德国外汇市场的特征

(1) 市场地位逐步提升。欧洲中央银行落户于德国的法兰克福后,德国成为欧元的定价中心。目前欧元已经成为仅次于美元的全球第二大结算货币,其结算地位逐步提升,使得对欧元的转换需求也相应地不断增加,德国的外汇市场也随着欧元影响力增强而不断扩大,成为全球重要的外汇市场之一。

(2) 外汇市场管理合理有效。德国的外汇市场监管主要依托交易机构的内部管理和行业自律,并不存在直接的交易控制和准入审核。市场从业人员在严格的内控制度和行业规范约束下,公平诚信地进行交易,宽松的政策环境使得德国外汇市场实现长期有效的发展。

(四) 德国的金融衍生商品市场

德国的金融衍生商品市场起步较晚,始于 20 世纪 90 年代初,但其发展速度很快。目前,德国不仅是欧元区也是全球最大的金融衍生商品交易市场。这部分将主要从衍生金融交易主体、交易场所、交易工具及其特征来分析德国的金融衍生商品市场。

1. 德国金融衍生商品市场的交易主体

德国金融衍生商品市场的交易主体主要包括商业银行、储蓄银行、合作银行、地区银行、私人银行以及其他规避风险或投机的个人和其他机构。

2. 德国金融衍生商品市场的交易场所

在德国,金融衍生商品的主要交易场所是欧洲期货交易所(EUREX)和欧洲权证交易所(EUWAX),二者分别坐落于法兰克福和斯图加特。其中,EUREX 是欧洲最大的金融衍生商品交易中心。斯图加特 EUWAX 的规模与 EUREX 相比而言要小很多,但它的特点是侧重于关于认股权证的服务,也是欧洲最大的认股权证交易所。

(1) 欧洲期货交易所。欧洲期货交易所(EUREX)于 1997 年由德国期货交易所(DTB)和瑞士期货交易所合并创立,注册地设在瑞士的苏黎世。其中,关于股票投票权,德意志交易所集团和瑞士交易所各占 50%;关于收益分配权,德意志交易所集团占 80%,瑞士交易所占 20%。EUREX 自诞生以来,发展非常迅速,迅速成为全球金融衍生产品成交量最大的期货交易所之一。目前 EUREX 交易网络遍及全球 18 个国家,联网全球 700 多个交易平台,每年的交易量超过 15 亿份合约。

欧洲期货交易所实现了自动化的联合清算,欧洲期货交易所成立的清算公司通过提供中央对手方结算服务消除交易对手风险,其对象包括欧洲期货交易所的衍生金融工具、发行的债券、回购协议以及法兰克福证券交易所和爱尔兰证券交易所的金融工具。

(2) 斯图加特欧洲权证交易所。斯图加特欧洲权证交易所(EUWAX)于 1991 年成立、2000 年上市,2008—2015 年由斯图加特股票交易所(Stuttgart Stock Exchange)控股。截至 2014 年 12 月 31 日,斯图加特股票交易所持有 EUWAX 84% 的股份。EUWAX 为权证设立独立的板块和交易规则,仅用 3 年时间就成为欧洲最大的权证交易所市场,截至 2015 年 11 月,上市证券已达 1 426 716 只,包括一般权证、Knock-out 产品、非标准产品、投资证书及逆向可转换产品。目前 EUWAX 已取得德国权证市场的主导地位,在权证零售市场份额高达 80%,其最大创新是采取单一的经纪商制度,并获得了巨大成功。

3. 德国金融衍生商品市场的交易工具

衍生金融市场交易的交易工具也就是金融衍生市场的客体,主要包括:

(1) 利率类金融衍生产品,包括固定收益类金融衍生产品、利率互换期货以及货币市场衍生产品。

固定收益类金融衍生产品包括以欧元计价政府债券为标的的各类型金融衍生产品,具体包括 2 年期欧元德国国债(EURO Schatz)期货和期权、5 年期欧元德国国债(EURO Bobl)期货和期权、10 年期欧元德国国债(EURO Bund)期货和期权、30 年期欧元德国国债(EURO BUXl)期货以及近期新推出的欧元法国国债(EURO-OAT)期货和期权和欧元意大利国债(EURO-BTP)期货。其中,EURO Bund、EURO Bobl 和 EURO Schatz 的期货和期权是全球交易量最大的欧元债券衍生品,其收益率被市场视为欧元债券的基准收益率。

利率互换期货:EUREX 结合利率互换使用集中清算的标准化期货合约来控制经济风险。在到期日,交易双方实物交收由欧洲期货交易所场外市场开出的标准利率互换合约。

货币市场基金类金融衍生产品主要包括欧元隔夜拆借利率(EONIA)期货、欧元银行间拆借利率(EURIBOR)期货和期权以及有担保融资利率(Secured Funding)期货。

(2) 股票类金融衍生产品,包括荷兰、芬兰、法国、德国、意大利、瑞士和美国的股票期货和期权。这些股票主要是全球各大股票指数的成分股。同时,EUREX 还依托母公司德国证券交易所集团,推出了 LEPOs 产品,允许在买卖股票期货、期权的同时,买卖相对应的股票基础产品。

(3) 股票指数类金融衍生产品,包括世界各大股票指数的期货和期权,如德国 30 蓝筹股指(DAX)、德国新市场股指(NEMAX)、德国 30 技术板块蓝筹股指(TecDAX)、瑞士股指(SMI)、芬兰股指(HEX25)、道琼斯环球巨人 50 股指(DJ Global Titans 50SM)、道琼斯斯托克 50 股指(DJ STOXX 50SM)、道琼斯欧元斯托克 50 股指(DJ EURO STOXX 50SM、DJ EURO STOXX Sector Indices)和道琼斯斯托克 600 行业指数(DJ STOXX SM 600 Sector Indices)。

(4) 外汇衍生产品(FX Derivatives),即基于外汇而设计的期货和期权类衍生产品。EUREX 提供最有流动性的 6 种货币对为标的资产,分别为欧元/美元(EUR/USD)、美元/

瑞士法郎(USD/CHF)、欧元/英镑(EUR/GBP)、英镑/瑞士法郎(GBP/CHF)、欧元(EUR/CHF)和英镑/美元(GBP/USD)。

(5)股利衍生产品,即将股票的股利剥离单独作为衍生产品标的资产。具有代表性的是 EUREX 在 2008 年推出的 EURO STOXX50 指数股利期货,现在已经发展到提供位于欧元区和泛欧洲的超过 80 家最大型企业的股利期货。

(6)波动类金融衍生产品,即将金融资产的波动性作为一项独立的标的资产来进行交易的衍生产品。投资者可以利用波动性期货,对欧洲证券市场的波动性进行风险规避和套期保值。2005 年 4 月,EUREX 首次推出了波动性期货,针对三个证券市场指数,即欧元区 STOXX Limited 指数、瑞士 SWX 指数和德国证券交易所 DAX 指数。波动性的计算以 30 日股指滚动波动性为准。

(7)交易所交易基金金融衍生产品,包括以德国 DAX 指数、瑞士 SMI 指数以及道琼斯欧元 STOXX 50 指数等的交易所交易基金为标的资产的期货和期权。

4. 德国金融衍生商品市场的特征

德国金融衍生商品市场的主要特征包括:

(1)产生较晚、发展迅速的金融衍生商品市场。德国期货交易所(DTB)于 1990 年元月开始营业,是当时欧洲成长最快的交易所,其期权交易量位于全国首位,期货交易量居全国第三。1997 年欧洲期货交易所(EUREX)通过合并德国期货交易所和瑞士期权及金融期货交易所而创立。欧洲期货交易所是一个电子交易平台,欧洲期货交易所的创立极大地促进了德国的金融衍生商品市场的发展,其交易量在 1998 年超过了伦敦国际金融期货和期权交易所,逐步成为全球范围内成交量最大的金融衍生产品交易所之一,它的成立使得现货与期货市场更紧密地结合在一起,提高了交易速度与信用,加强了德国欧洲金融中心的地位。

(2)多元化发展的金融衍生商品市场。德国的衍生品市场由仅有德国期货交易所逐步发展为包括欧洲期货交易所、斯图加特欧洲权证交易所及其分支机构在内的跨欧洲甚至世界范围内的金融衍生商品市场网络。最初的市场仅有国债类期权期货、货币市场利率类期权期货和股票期权期货,根据市场及参与者的各种需求,市场萌生出了一系列创新型金融衍生产品,如利率互换期货、外汇衍生产品、股利衍生产品和波动类衍生产品。市场交易工具的多元化促进了金融衍生产品市场的发展,实现了金融产品的价值与功能。

第三节 "金砖国家"的金融市场

一、巴西的金融市场

(一)巴西的证券市场

里约热内卢证券交易所和圣保罗证券交易所是巴西最早成立的证券交易所,分别成立于 1845 年和 1890 年。在 20 世纪 70 年代前,巴西对证券市场的管制特别严格,直到七八十年代进行金融制度改革后证券市场的发展空间得到改善,巴西的证券市场开始迅速发展。在 1976 年，巴西颁布了《6385 号资本市场法》和《6404 号资本市场法》。前者对建立国家证券市场做了规定；后者就股票持有者的权利、保护制度，以及上市公司的管理、运作结构、证券发行和登记等确定了原则。在规范化与合理化的条约保护下，发展到 20 世纪 80 年代时，证券交易所已经遍布各州。主要的证券交易所和商品与期货交易所有里约热内卢证券交易所、圣保罗证券交易所、巴西期货交易所、巴伊亚—塞尔希培—阿拉戈斯证券交易所、米纳斯—埃斯皮里图—巴西利亚证券交易所、巴拉那证券交易所、桑托斯证券交易所、伯南布哥—帕拉伊巴证券交易所、南里奥格兰德证券交易所和场外交易市场。

在发行市场上，巴西证券交易委员会对证券承销商是否能获得资格有着严格的规定，只有通过审查的证券公司和投资银行才有资格开展证券承销业务。根据巴西《证券法》第三章、第四章的规定，新股发行实行登记制，所有上市公司在公开发行新股前，都必须向巴西证券交易委员会申请登记，发行工作由上市公司和承销商共同承担，必要时需组成承销团，承销团由主承销商和参与承销的证券公司组成。而承销商想要申请发行资格审查的材料包括主要业务、资本结构、财务及经济状况、上市公司的公司章程、管理团队和主要的股东情况、会计模式、生产数据、其他的发行参与者、发行的特点和程序及其与发行公司的关系等。同时，对于上市公司，巴西证券委员会也有着最少股本数量和最低资本金的要求，对于上市公司财务状况、股票价格、管理层决策等相关信息有着严格的披露规定，上市公司需要在证券交易所和证券交易委员会指定的媒体上公布上述信息，以此保护中小投资者的利益。而巴西的证券交易所同样在证券发行中起着至关重要的作用，无论哪个证券交易所都对上市公司的公司规模、会计政策、证券特征、股东情况和公司利润等有具体的规定，公司必须按时提交证券交易所指定的审计机构出具的审计报告。

巴西的证券流通市场方面，主要分为了两部分：一是证券交易所，也就是大盘股的交易场所；另一个则是场外交易市场，是小盘股的主要交易场所，也被称为 SOMA 市场。

在证券投资者方面，巴西的投资者类型比较多，大体可以分为机构和个人两类。在机构投资者中，主要有各个金融机构、公司企业、互惠基金及其管理人、社会公益基金和政府机关。一般而言，机构投资者的资金实力充足、信息渠道多，有着专业的管理人才和风险管理模式，能大量运用资产组合的方式来分散投资的风险，可以说是影响市场波动的主要力量。巴西的金融机构是巴西证券市场上的主要投资机构。由于巴西实行的是银行业与证券业混合经营的综合性银行机制，全能型银行在证券市场非常活跃。综合银行不仅可以承销债券发行，还可以在二级市场上进行大量买卖；在综合银行内部不仅设立了专门的投资银行部，而且在公司理财、风险管理以及企业并购等多个领域设立职能部门进行多层次的经营。例如，巴西银行在传统的商业银行业务方面，将业务范围扩展到了全国，并在全球其他国家设立了 25 个分行和 4 个办事处。而在证券业务方面，其一直设立了一个国际证券部，而该部在英国设立了巴西银行证券有限公司，成为英国证券与期货协会的成员之一，开展巴西国际证券的承销、巴西公司海外上市、国际购并以及投资咨询代理等业务。

对于政府机构而言，证券投资的主要方向还是买卖政府债券。全国货币委员会负责对政府机构交易进行指导，中央银行负责具体实施，通过在公开市场上买进或卖出政府债券来调节市场的货币供应量，进而影响市场利率以及汇率。这也是"雷亚尔计划"中的主要调节方式,在近年来起到了重要的作用。

专业证券经营机构是巴西证券市场上另一个主要的机构投资者。它们往往能得到外国资金的注入,机构资金实力雄厚,有着很强的专业性,每天的业务交易量很大。所以在日常运作中,它们既注重投资的盈利性与流动性,又注重风险的管理,在操作时,短期与长期相结合,投资时不忘投机,对证券市场价格波动的影响很大。它们也常常是市场波动的重要原因。

巴西的社会公益基金是指将收益用于指定的公益事业的基金,如养老基金、社会保障基金以及社会福利基金。通常,这类基金并不以营利为目的,投资证券市场往往是为了保值。因此其大多投资在信用高、期限长、风险低的证券。巴西通过养老金和退休基金的经济改革,确定了社会公益基金在证券市场中的投资范围,为社会公益基金进入证券市场提供了渠道,社会公益基金一方面充实了市场的资金,另一方面对市场稳定也起到了重要的作用。可以说,社会公益基金的进入标志着巴西证券市场发展的一个新阶段。

巴西的上市公司不仅仅是证券的发行者,还是证券的投资者。由于资本运营是现代企业管理的一项重要环节,因此上市公司常常为了选择资产组合、分散投资风险而在证券市场上进行投资,并通过该方式进行大量的兼并和收购活动。

个人投资者是证券市场上最广泛的投资群体。在巴西的证券市场上,巴西本地的个人投资者占总投资者的比重不足20%,主要群体还是来自境外的个人投资者。这一比重反映出了巴西本国的中小投资者投资力量弱、资金量小的现象。究其原因,可以追溯到巴西长期以来的金融动荡,通货膨胀率居高不下,宏观经济形势不稳定。尤其是巴西政府为了充实银行资金、扩大储蓄规模而实行的高利率财政政策进一步限制了民间资本流入证券市场。

(二) 巴西的外汇市场

由于巴西对外汇实行较严格的管制,因此,巴西尚缺乏真正意义上的外汇市场。

在巴西,外国企业或个人(除有外交特权的单位或个人之外)在巴西银行不能开立外汇账户,外汇进入巴西首先要折算成当地货币后方能提取。雷亚尔是市场上唯一通用的货币。但是,外汇买卖比较自由。目前,巴西有两种法定外汇市场,即商业外汇市场和旅游外汇市场。它们由中央银行进行规范,并实行浮动汇率制。

商业汇率又称金融汇率,实行自由浮动。该汇率主要用于:进出口贸易发生的外汇兑换,凭进口许可证可购买外汇;投资进入巴西的外国货币的外汇兑换;巴西自然人或法人的外币贷款;经巴西外汇管理当局批准的其他向外汇款。旅游汇率也实行自由浮动,主要用于旅游行业的外汇兑换。进入巴西商业汇率市场在某些情况下须经中央银行事先批准,而巴西旅游汇率的使用则无须申请批准。

汇兑操作通过外汇买卖合同进行。此外,巴西存在外汇平行市场,其实是黑市,报纸每日公布平行市场价格。目前,其汇价同法定外汇市场价相差无几。

巴西外汇流失严重,据巴西银行部门统计,1999年6月净流失量(汇出减去汇入)为42亿美元,为1999年1月巴西金融危机以来的最多的一个月。造成外汇流失的原因是巴西银行和企业难以获得外部资金还债,不得不从国内金融市场购买美元,以偿还外汇债务,导致国内美元汇市攀升。巴西银行和企业到2015年年底需偿还62亿美元债务,其中

30%集中在6月,导致银行美元短缺,汇市波动加剧。为了阻止外汇的流失,巴西对外汇实行较严格的管制,特别是外汇汇出的限制:一切利润汇出、撤资回国及利润再投资必须以在巴西央行的外资注册为基础,若有不符,外汇汇出会受到限制。

二、俄罗斯的金融市场

俄罗斯金融市场目前大致分外汇市场、股票市场、国债市场、地方债券市场、企业债券市场、货币市场、期货市场七类。其中股票市场、国债市场、地方债券市场和企业债券市场又统称为证券市场。由此可见,俄罗斯已经形成了比较完整的金融市场体系,这一体系基本覆盖了现阶段绝大部分金融商品(见表8-6)。至于金融衍生商品市场即期货市场,相对于其他市场起步较晚,规模有限,产品种类也很少,本书不做展开介绍。

表8-6 俄罗斯金融市场的构成

金融市场	金融产品	发行主体	交易主体
外汇市场	美元、欧元	外国银行	法人、自然人
股票市场	普通股、优先股	工商企业、商业银行	法人、自然人
国债市场	短期国债、国库券、国内外汇债券、国家储蓄债券、联邦债务债券	联邦财政部、中央银行	法人、自然人
地方债市场	财政债券、建设债券	联邦主体和市政机构	法人、自然人
企业债市场	企业债券、金融债券	工商企业、商业银行	法人、自然人
货币市场	卢布、各类短期金融票据	中央银行、商业银行	法人
期货市场	美元期货		法人、自然人

资料来源:作者根据资料整理。

(一)俄罗斯的货币市场

1. 短期信贷市场

从资金需求来看,俄罗斯经济转轨期间,固定资产投资严重不足,1996—1999年,固定资产投资连年下降,而同期银行贷款是增加的,可见,企业主要用贷款弥补流动资金缺口,并且基本上是短期贷款。

从资金供给来看,俄罗斯商业银行负债以居民储蓄、企业存款为主,具有短期特征。银行代理账户上企业存款的平均期限不超过3个月,65%—70%的企业存款为活期存款。长期以来,由于俄罗斯经济的不稳定性和高通货膨胀的威胁,尤其是1998年金融危机使居民受到很大损失,居民不愿意把有限的资金过长时间存放在银行,居民储蓄期限以3—6个月为主。

负债的短期性决定了资产的短期性,因此短期信贷市场在俄罗斯相对发达,1995年贷款中86%是短期贷款。

2. 银行同业拆借市场

银行同业拆借市场不仅是商业银行进行资产和负债管理的重要工具,而且也成为中央银行监测银根情况、进行金融调控的窗口。商业银行进行同业拆借的目的是轧平头寸,充分利用资源满足流动性和效益性的双重目标。从历史上看,同业拆借市场的产生与中央银行实行存款准备金制度密切相关。同样,俄罗斯同业拆借市场也随着存款准备金制度的建立而发展起来。俄罗斯同业拆借市场的发展并非一帆风顺,1995年8月24日发生的危机,使银行同业拆借市场受到严重打击,并使国家有价证券市场取代了同业市场在金融市场中的重要位置。这场危机起因于储蓄银行资金撤离银行同业市场。由于国债市场的繁荣,大量储蓄银行撤离资金,转而投向国债市场,作为最大资金供应人,储蓄银行的行为改变了同业市场资金供求态势。这导致许多银行资金短缺,无法及时提供资金的清算,危机由此爆发。150家银行无法履行提供资金的责任。隔夜拆借年利率一度达到200%—1 000%。俄罗斯中央银行及时入市,提供资金缓解了这场危机,但仍然使俄罗斯几家大银行倒闭。总的来说,1998年金融危机之前,商业银行的货币资金大部分投向外汇市场和证券市场,贷款远不能满足银行之间的借贷市场需求。1998年金融危机之后,俄罗斯银行间同业拆借市场的发展经历了以下几个阶段:第一阶段为1998年8月—1999年5月,基本瘫痪;第二阶段为1999—2002年年底,进入恢复期;第三阶段为2003年以来开始正常运作;第四阶段为2004年爆发的商业银行信任危机使银行间同业拆借市场一度萎缩;第五阶段为2004年第三季度至2008年年初,进入全面恢复,央行采取各种政策工具为银行体系注入流动性,充足的流动性使同业拆借利率下降到4%—5%。

俄罗斯最有代表性的银行同业拆借利率有三种,即莫斯科最大银行每日平均存款利率(MIBID)、莫斯科最大银行每日平均贷款利率(MIBOR)和实际交易平均加权贷款利率(MIACR)。

同业拆借市场的行情变化与其他金融市场之间的关系十分密切,尤其是外汇市场和国债市场对它的影响最大。同业拆借市场利率变化与国债市场的收益率和存款利率同步变化。在银行同业拆借市场上,外汇业务(存款和贷款)占总业务量的3/4,而且市场上银行同业的外汇存款与贷款主要集中在非居民银行间,它们占到外汇业务量的84%,可以说,非居民银行成为俄罗斯银行同业拆借市场的主要参与者,体现出俄罗斯银行同业拆借市场的高度开放性。

(二)俄罗斯的证券市场

俄罗斯具有现代意义的证券市场始于1991年,当年12月29日俄罗斯联邦政府签发了有价证券发行和流通的规定。1992年2月20日,俄罗斯颁布了有关商品交易所和股票交易所的法律,规定只有经过挑选的一定数量的有价证券才能上市交易。1992年5月,在原俄罗斯银行有价证券业务处基础上成立了有价证券管理局,下辖国债发行处、二级市场处和结算处3个处,对证券市场进行管理,最初是企业直接通过发行债券、股票向社会筹资,后来中央政府也以发行国债方式进入市场。同年6月,俄罗斯银行有价证券管理局在竞标基础上选定莫斯科外汇交易所为俄罗斯证券市场的操作中心,在此建立交易、结算和存储系统,并指定莫斯科地区的26家商业银行和中介公司为证券市场的官方经纪人。1992年年末,全俄共有98家交易所获得财政部颁发的进行有价证券交易的许可证。1993年,交易所数量减少到72家,有价证券交易出现了集中化趋势,主要集中在莫斯科、圣彼得堡、叶卡捷琳堡、新西伯利亚等城市。与此同时,出现了与组织二级证券市场有关的专门机构,如投资公司、受托人、注册员、结算所等联合会。而目前全俄涉及金融产品交易的交易所有20家左右,且大部分金融交易是在交易所内完成的。

俄罗斯证券市场交易系统主要有3个,它们是俄罗斯交易系统(PTC)、莫斯科银行间货币交易所和莫斯科证券交易所,俄罗斯交易系统由一级交易系统(PTC1)和二级交易系统(PTC2)两个交易系统组成。对在PTC1中上市交易的公司要求较为严格,而对在PTC2中进行交易的公司要求要低得多,从2001年1月起俄罗斯的PTC1和PTC2合并成为PTC系统。1997年3月,莫斯科银行间货币交易所建立了自己的股票交易平台。与俄罗斯交易系统不同,在这个平台上建立了"即时交易结算系统",即在该系统上可以进行股票的即时交易,股票的所有权与资金支付同时转移。1999年以后,三大交易系统都实行了网上交易,三个市场的股票可以联网。

1997—1998年,俄罗斯交易系统是俄罗斯最大的股票交易中心。1998年俄罗斯交易系统交易量是莫斯科银行间货币交易所的6倍多。但是,到了1999年,莫斯科银行间货币交易所的股票交易量开始超过俄罗斯交易系统的交易量。到2001年,莫斯科银行间货币交易所的股票交易量大幅增加,全年的交易量达到了7 050亿卢布,占俄罗斯主要交易所交易量的80%。2005—2008年,莫斯科银行间货币交易所股票交易量得到极大发展,已经成为俄罗斯股票即期交易中心。2011年12月19日,莫斯科银行间外汇交易所和俄罗斯交易系统正式启动联合交易平台,这意味着两大交易所在法律意义上完成合并。这一年两家交易所的交易总量在全俄金融产品交易总量中前者仍占80%多,后者占15%,两者相加超过95%,与这两家交易所相比,莫斯科证券交易所微不足道。目前莫斯科银行间货币交易所和俄罗斯交易系统证券交易所是东欧地区最大的交易市场。

俄罗斯证券市场主要包括五个方面的内容:一是国家有价证券市场;二是私有化企业股票和债券市场;三是商业银行控制下的证券市场;四是州、自治区等地方债券市场;五是私营证券市场。其中国家有价债券市场占据重要位置。

俄罗斯证券市场的参与者主要有:有价证券的发行者(政府、公司、商业银行等)、各种投资者(私人、投资公司、投资经纪公司、保险公司、商业银行和各种基金)和各种经纪人等。在俄罗斯证券一级市场上,发行者最先是凭证式私有化的企业,然后是一些新的股份制公司(包括股份制商业银行)。它们发行股票的主要目的不是融资,而是重新确定股权结构。政府作为发行者是为了弥补财政赤字,而市一级政府发行债券主要为投资和社会需要筹集资金。

根据俄罗斯国家统计委员会的资料,2006—2008年有价证券市场职业参与者人数是不断增加的,在2008年金融危机后此人数有所下降,但证券交易所交易额大幅增长。2009年比2006年增加了135 928亿卢布(见表8-7)。

表8-7 俄罗斯有价证券市场职业参与者数量和证券交易所交易额　　　　单位:亿卢布

	2006	2007	2008	2009
有价证券市场职业参与者数量	1 711	1 786	1 849	1 672
证券交易所交易额	150 951	225 194	231 319	286 879
其中包括:				

续表

	2006	2007	2008	2009
股票	120 334	145 195	119 587	154 745
债券	4 256.6	7 077.6	7 210.2	9 102.9
期货合同	23 216	59 780	87 144	118 556
其中包括:				
基金指数期货合同	7 520	35 888.8	72 132.7	97 137.1
有价证券期货合同	15 696.3	23 891.5	15 010.7	21 418.7

注:由于四舍五入,表中具体数据的加总可能不等于总数。
资料来源:俄罗斯国家统计委员会,《俄罗斯金融2010》,第441页。

1. 国家有价证券市场

1993年,国家有价证券市场开始建立,俄罗斯政府建立国家有价证券市场的目的有二:一是促进经济发展中建立市场机制;二是为预算赤字筹措资金。因此,俄政府发行有价证券的积极性很高。随着经济形势变化与激进式改革计划的推进,经济中出现了严重的通货膨胀。俄罗斯政府被迫以发行国债方式作为弥补赤字的手段,在此背景下,俄罗斯的国家有价证券得以迅速发展(见表8-8)。

表8-8　俄罗斯国家有价证券交易量的变化(1993—2006)　　　　单位:亿卢布

年份	二级市场	一级市场(竞拍)
1993	1.1	1.8
1994	145.8	126.8
1995	1 783.9	1 058.1
1996	6 652.0	2 958.3
1997	8 761.3	3 896.7
1998	5 117.9	1 633.4
1999	1 063.0	37.3
2000	1 849.1	153.0
2001	2 007.8	453.6
2002	2 272.1	792.6
2003	3 597.7	1 110.7
2004	5 507	1 421
2005	7 160	1 823
2006	7 820	2 111

资料来源:莫斯科银行间外汇交易所,2000—2005年有关年度报告与信息资料。

俄罗斯国家有价证券是国家内部债务的存在形式,主要包括了短期国债、联邦政府债务、国家储蓄债券、国库券和国内外汇债券,其中国债交易是俄罗斯证券市场上最为活跃的部分,交易量居首位的是联邦债务债券。

1995年以后,在俄罗斯政府宣布以发行国债作为补偿国家预算赤字的主要工具以后,国家有价证券市场的情况发生根本变化。1994年只有3%的预算赤字靠发行国债补偿,到1995年已达到60%,1998年依靠短期国债补偿的预算赤字已达到80%,伴随预算赤字的扩大,国债市场规模开始急剧增长。1998年的金融危机给俄罗斯有价证券市场带来了沉重打击,从1998年8月15日开始,俄罗斯证券市场就停止了拍卖,直到1999年1月才重新开始交易,同时1998年金融危机使投资者对市场失去信心,市场规模急剧萎缩,1998—2001年国家有价证券市场票面总值不断减少,另外,从国家有价证券市场内部结构来看也发生了很大变化。在1999年之前,短期国债占重要地位。1998年1月1日,短期国债总额为2 726.1亿卢布,而固定利息联邦债券的总额为1 157.7亿卢布。危机之后,在2000年10月1日,短期国债总额仅为98亿卢布,国定利率联邦债券则达3 862亿卢布。2008年国际金融危机后,经过几年的经济恢复,俄罗斯国债市场发展良好,市场规模呈增长趋势,2011年国债规模大约为1.05万亿卢布(约合330亿美元),占当年GDP的比例为2.5%,占俄罗斯政府未偿外资总额的81.6%。

俄罗斯银行是短期国债和联邦债券市场上最大的投资者。截止到2002年10月1日,银行持有的短期国债和联邦债券占市场总额的76.1%,非金融机构持有18%的比例。

俄罗斯国家有价证券市场的特点有二:一是债券集中度很高,大型银行和各种机构投资者占绝对主导地位,其信贷资金大量入市并操纵市场价格,相比之下,居民参与程度极低,中小投资者在市场中处于弱势地位,权益无法得到有效保护;二是开放度高,受各种自由化思想以及国际货币基金组织的压力,俄罗斯资本市场开放度很高,1997年在俄罗斯国家有价证券市场上非居民的比重为30%,外汇债券市场上非居民的比重为40%,到1998年金融危机的前夕,非居民投入到短期国债(联邦债券)的资金达300亿美元之巨。即使受到各种危机的打击,到2001年,短期国债(联邦债券)市场上非居民的比重仍达20%。但是之后几年的统计资料显示,非居民在俄联邦卢布有价证券(短期国债和联邦证券)总额中的投资不断下降,其票面额从2000年年初的36亿美元下降到2006年年初的0.4亿美元,尽管2007年年初又增加到5.4亿美元,但仍大大低于2000年年初的水平。2000—2006年,非居民所持有的卢布有价证券总存量在俄罗斯国家有价证券市场交易总量中所占的比例从36%下降到1.6%。由此可见,这一时期俄罗斯政府强有力地抑制了非居民对国债市场的投资。

2. 俄罗斯股票市场

1991年12月28日,俄罗斯《有价证券发行、流通和证券交易所章程》的通过,标志着俄罗斯股票市场的产生,该章程明确了俄罗斯财政部在证券市场管理中的地位和作用。不久后,俄罗斯中央银行和新成立的证券委员会也参与对证券市场的管理。俄罗斯财政部负责对股票市场的参与者提出具体的要求,并制定了《俄罗斯境内有价证券发行和登记规则细则》和《关于证券交易所和投资机构在证券市场从事业务活动的资格进行专家评审的章程》。这两个文件成为俄罗斯公司上市最重要的约束条件。

1997年以前,俄罗斯股票市场的发展与国有企业私有化进程相关。俄罗斯总统叶利钦签署的《关于国有企业必须进行私有化》和《在国有企业和地方政府所有企业私有化过程中组织有价证券市场》两个总统令奠定了俄罗斯证券市场的制度基础和市场的主体,股票市场的主体包括有价证券的制度基础和市场的主体,股票市场的主体包括有价证券的发行人、中介机构——金融机构和代理人、证券交易所、投资基金。1995年9月1日,国家证券市场参与者协会推出PTC指数,该指数选取了若干只上市和未开盘的股票进行计算,是进入俄罗斯交易系统的最具流通性的股票指数。1997年10月3日起,俄罗斯又推出俄罗斯交易系统RTS指数。两者都是目前俄罗斯最重要的股票指数。

由于俄罗斯股票市场是在私有化过程中诞生的,一方面先天不足,私有化企业发行股票的主要目的是重组股权结构,并且股票市场的基础设施不完善,缺乏法律准备和操作经验,因而从一开始就不规范;另一方面后天发育不良,由于转轨引起的经济形势变化,加上外国投资者的操作,使俄罗斯股票市场自成立以来就处于动荡不安之中。

1997年俄罗斯股票市场虚假繁荣,投机活动活跃,导致俄罗斯交易系统指数出现急速攀升,一度达到230点,并且资本化规模扩大至300亿美元。之后1998年金融危机使俄股市遭受重创,股票市值从1997年的1282亿美元骤减至1998年的206亿美元。金融危机爆发后,俄罗斯吸取了危机的经验教训,对股票市场的法律框架进行了完善,重新修改了《俄罗斯证券市场法》,并通过了《有价证券市场投资者权利和合法利益保护法》。2000年后,俄罗斯股票市场的规模与危机之前相比有了更快增长,且市场稳定性也要大大高于1998年危机之前,俄罗斯股市开始逐渐走向成熟。2000—2008年,RTS指数急剧增加,至2004年4月12日达到几年来的最高781点,此后虽有下跌性浮动,但很快又上涨,至2008年5月20日,达到2487点。在2008年金融危机之前,俄罗斯股票市场在良好的宏观经济环境下得到了长足发展,股票市场的法律框架得到了较好的完善,市场规模得到了质的飞跃。

2008年国际金融危机对俄罗斯股票市场的再次冲击,使俄罗斯证券市场上的外资迅速撤离,造成股市暴跌。短短几个月PTC指数便一落千丈,由最高时的2 487.92点暴跌至2009年年初的498.2点,到2011年,俄罗斯股市一直处于大起大落状态,2011年1—4月,受西亚北非动荡局势推高世界油价等因素影响,股市持续上扬,但此后在希腊债务危机和欧洲债务危机接二连三的打击下,俄罗斯股市再次进入震荡调整阶段,特别是欧洲债务危机对俄罗斯金融市场造成重创,使俄罗斯股市到年末时同比跌幅达到20%。直到2014年受到原油价格大幅下跌以及西方国家对俄罗斯实施措施的影响,俄罗斯股市仍然低迷,RTS指数大幅下跌45%。

俄罗斯股市从成立至今只有二十多年的时间,与发达国家股市相比远未成熟,因此更加表现为股价波幅比较大,股价经常远远偏离其实际价值。

俄罗斯股票市场的特点表现在:

(1) 股票市场规模小,但发展空间很大。从表8-9、表8-10中可以看出,俄罗斯股票市场同发达国家相比还有很大差距,但整体规模在不断扩大,特别是在"金砖国家"中的发展潜力很大。2001—2007年,虽然总市值与发达国家特别是美国的差距很大,但俄罗斯上市公司的市值连续增长,股市规模从762亿美元持续扩大到15 030亿美元。同时,在俄罗斯股票市场上市的国内公司数量自2002年起逐年呈增长趋势。2007年在俄罗斯股市上市的国内公司达328家,比2002年增长约1倍。受金融危机影响,2009年上市公司数目明显减少,但随着经济恢复,2010年上市公司数目有了较大增加。

表 8-9　2001—2007 年俄罗斯股票市场规模的国际比较　　　　单位：亿美元

	2001	2002	2003	2004	2005	2006	2007
俄罗斯	762	1 242	2 303	2 680	5 486	10 527	15 030
美国	138 346	11 0981	142 663	163 237	169 709	194 259	199 473
德国	10 717	6 911	10 790	11 945	12 212	16 378	21 055
英国	21 647	18 643	24 600	28 159	30 582	37 943	38 585

表 8-10　2001—2010 年俄罗斯股票市场上市公司数目　　　　单位：家

	2001	2992	2003	2004	2005	2006	2007	2008	2009	2010
数量	236	196	214	215	296	309	328	314	229	345

（2）寡头垄断特征明显，集中度高，股票流通性差。俄罗斯经济长期依赖于能源和原材料行业发展的增长模式，对股票市场的结构产生重大影响，使其表现出明显的寡头垄断特征：一是 80% 的流通交易量是 2% 的参与者完成的，仅仅 10%—15% 的银行和代理公司实现的股票交易量就占交易所内交易量的 60%—80%；二是股票市场上的交易几乎都集中在几只蓝筹股，其中的大部分交易都是投机性的，战略投资者很少；三是主要的证券交易都是在莫斯科实现的，其中 95% 场内交易的股票、100% 的场外交易交易量和 90% 的票据交易量都是在莫斯科实现的，有价证券一级发行的 50% 也是在莫斯科进行的。比如 1999 年和 2000 年几乎所有的证券市场业务集中在蓝筹股，2000 年俄罗斯交易系统中的 8 只股票的交易占总流通量的 90%。

（3）股票市场功能异化，资源配置效率低。一般而言，股票市场是筹集资金、配置资源的主要场所，然而俄罗斯公司通过发行股票筹集到的资金很少。俄罗斯证券委员会发布的《俄罗斯证券委员会 1998 年年报》中指出：" 大部分股票的发行不是为了吸引投资资金，而是为了增加股票名义价值和在股东之间重新分配股份，97% 的股票发行的结果是各股东的股票名义价值更大了。" 而有学者认为：" 俄罗斯公司发行股票的基本兴趣既不是提高企业的市场价值，也不是增加利润，而是为了获得企业的资金并控制它们。" 所以在 2000 年俄罗斯企业固定资产投资中，从股票市场筹集到的资金所占的比重不到 0.6%。可以说，俄罗斯公司发行股票的主要目的是在现有股东之间重新分配控制权，是服务于私有化的；而通过发行股票筹集投资资金的传统功能没有得到体现，股票市场对实体经济的融资贡献很小。并且俄罗斯股票市场的交易格局依然是能源类股票交易占据优势，一些新兴的中小型企业依旧得不到股票市场上雄厚资金的支持。

（4）俄罗斯股票市场与实体经济脱节，对实体经济的投资贡献率低。俄罗斯股票市场主要服务于私有化过程及私有化后的财产重新分配过程，也是获取投机性利润的重要场所，除上面提到的俄罗斯股票市场融资功能极为有限之外，股票价格波动与实体经济关联不大。通常，公司股票价格与其经营效益密切相关。但是，在俄罗斯，股价波动却与公司的实际经营状况联系很小。2000 年世界石油价格上涨了 60%。而根据俄罗斯和西方专家的评测，"天然气工业公司" 所控制的原料资源（石油和天然气）超过世界著名的公司如 "壳牌" 公司和 "埃克森" 公司，"天然气工业公司" 的实际资产应为 2 000 亿美元。但是，在石油价格上涨、公司利润增加的背景下,AK&M 所统计的 2000 年的指数中,石油天然气类股票指数反倒下降了 16.8%。

(5) 俄罗斯股票市场开放度高,受外国投机者行为影响大。一方面,股票交易中非居民比重大,截止到 2001 年年初,在俄罗斯有价证券市场上非居民参与者比重达 40%—50%,外来因素决定了股票市场的 80—90%。可以说,俄罗斯股票市场基本上依赖于投机的外国投资者;此外,俄罗斯股票交易结算的绝大部分也是在国外进行的。据统计,PTC 系统股票交易结算的 90% 是在境外资金可以自由流动的账户上实现的,而其中的 40%—65% 又是外国投资者。目前,俄罗斯市场对外资的依赖已达到 50%—70%,外资的流动很大程度上造成俄罗斯证券市场,特别是股票市场的波动。2008 年 3 月,金融危机浪潮再度冲击俄罗斯市场,同 1998 年一样,外国投资者的撤资使俄罗斯股票市场出现大幅度下跌,所以外资仍旧是左右俄罗斯股票市场兴衰的主要因素。

(6) 俄罗斯国内证券市场吸引力不足。近几年,俄罗斯的公司越来越不愿在本国证券市场上市融资,根据 Dealogic 的数据,2009 年俄罗斯公司在本国上市的股份不足总额的三分之一。2010 年俄罗斯股票发售交易总额 63 亿美元中,最大的交易是联合铝业公司在香港证交所上市(总额 22 亿美元),其次是伦敦证交所,为 14 亿美元(22%),这些境外交易占交易总额的 60% 以上。Dealogic 的数据还显示,2011 年俄罗斯公司上市融资有一半以上是在外国证券市场上进行的,2014 年俄罗斯公司进行的证券发售(包括首次公开募股、增资募股和股票转换等)只有不到 30% 是在俄罗斯境内进行的。这说明俄罗斯股票市场对国内公司的吸引力正在逐步下降,也表明俄罗斯的一级市场规模还较小,交易机制还有待进一步的完善。

(三) 俄罗斯的外汇市场

1. 俄罗斯外汇市场的产生与发展

在当代俄罗斯金融市场体系中出现最早的是外汇市场,至今它依然是俄罗斯所有金融市场中交易最活跃、交易规模最大的市场。据俄罗斯专家考证,俄罗斯外汇市场出现于 1989 年 11 月 3 日,当天进行了俄罗斯第一次外汇竞拍,交易量为 840 万卢布,但是俄罗斯外汇市场完全发挥功能是在 1992 年之后。

俄罗斯有两个平行的体系从事现汇的交易:一是交易所市场(又称场内交易);二是场外交易市场。在场内交易系统中,交易所作为交易平台存在,发挥的是纯粹的中介功能;而在场外交易系统中,没有中介,交易在客户(主要是商业银行)之间直接进行。

1992 年 1 月 4 日,俄罗斯批准成立了第一个外汇交易所——莫斯科同业银行外汇交易所(MMBB),该交易所按西方独立的股份公司形式和标准组成,一些指定的商业银行成为外汇市场的参与者。目前,俄罗斯共有 6 家同业银行外汇交易所,莫斯科银行间货币交易所是俄罗斯最大的外汇交易所,其交易额占总交易额的 80% 左右,2001 年的外汇交易额达到了 730 亿美元。从 1992 年 7 月 1 日起,俄罗斯统一了汇率,实行浮动汇率制,中央银行就根据莫斯科银行间货币交易所的外汇交易情况来确定官方的卢布对美元的汇率。1997 年 6 月莫斯科银行间货币交易所建立了电子交易系统,通过该系统既可以进行跨区域的外汇交易,也可以进行美元和欧元交易,可以使市场的参与者通过专用的网络进行外汇交易。

在经济转轨期间,俄罗斯外汇市场出现两大变化:一是外汇市场交易量在金融市场中先是占据主导地位(1993—1995年),接下来又让位于国家有价证券市场,1998年金融危机之后,又重新占据金融市场的领导地位(1997—1998年)。二是1998年金融危机前后场内交易和场外交易的对比关系发生变化。在外汇市场形成的初期阶段(1992—1993年),基本外汇交易在交易所内实现,占到总交易量的70%—90%,此后,交易所的作用急剧降低,交易比重仅占20%,银行同业市场在外汇市场上占据主导地位,这与世界上外汇市场的情形相同。但是,1998年金融危机之后,由于银行受到重挫,彼此间失去信任,致使银行同业市场萎缩,而交易所因其可靠性强,很快恢复了在外汇市场上的头把交椅。

除了外汇即期交易以外,外汇期货交易也在俄罗斯兴起,目前俄罗斯有外币期货交易市场与远期外汇交易市场两种。外币期货交易为标准合约,一般在交易所内进行,而期货外币交易是非标准合同的买卖,没有固定金额与期限,一般由客户双方直接协商,属于场外交易。

在1998年前夕,外汇供给中外来资金(国际借贷、进入的外资等)的比重逐年增长,表明俄罗斯经济的对外依赖性日益提高。1998年金融危机使卢布大幅贬值,极大地刺激了出口的增长,同时进口替代明显。从此以后,净出口成为俄罗斯外汇供给的主要来源,国家对外依赖程度有所缓解。在俄罗斯的外汇需求结构中,个人的需求比重居高不下(1995年除外),其内在原因是经济转轨期间严重的通货膨胀使人们对卢布失去信任。

俄罗斯外汇储备自2008年金融危机之后不断减少,2008年8月8日达到峰值5 981亿美元,2010年年底减少为4 382亿美元,2011年和2012年有上升,2012年年底达到4 800亿美元,但是2014年9月又减少到4 189亿美元,直至2015年7月最新统计的外汇储备量为3 576亿美元,这是俄罗斯央行动用外汇储备稳定卢布汇率的直接影响。

2. 俄罗斯外汇自由化改革

1991年3月1日公布的《苏联外汇调节法》为卢布自由兑换打下了坚实的基础,这部法律最主要的特征在于打破了持续多年的国家外汇垄断局面,实现了经营外汇业务主体的多元化。苏联解体后,俄罗斯在国际货币基金组织(IMF)倡导的自由化原则下对外汇管理体制进行了大刀阔斧的改革,立即取消大部分外汇管制,加快推进经常账户和资产账户的自由化。这是激进式改革方案在外汇领域中的运用。

以盖达尔为首的政府在1992年制定了所谓的卢布"内部可兑换"制度,公布了《外汇调节法》和《外汇调节与监督法》等法律。中央银行也制定了相应办法,积极推进卢布在国内居民之间自由兑换。1992年,俄罗斯启动了卢布自由兑换的改革,且这一过程与汇率制度的变迁紧密联系。1992年7月1日起俄罗斯开始实行经常项目下统一浮动汇率制度,卢布在国内开始具有可兑换性。1996年5月16日叶利钦签署《保证卢布兑换措施》的总统令,标志着俄罗斯开始承担IMF章程第8条款规定的义务。这一举措对俄罗斯国内货币体系产生重大影响:一方面,加强了俄国经济与外部世界的联系,使国内价格与国际价格趋于一致;另一方面,改变了外汇市场的供求形势,弱化了对汇率的控制能力,使汇率处于大幅度波动之中。

1997年10月6日,俄罗斯中央银行通过了《关于俄罗斯居民吸收和偿还非居民外汇贷款(180 天以上)的程序》的规定。根据这一规定,从 1997 年 11 月开始,居民法人可以在政府担保下获得国际金融机构(IMF 除外)、外国政府、外国商业银行和其他非居民法人和自然人的贷款,实质性地推进了国际资本流动的自由化。

2002 年俄罗斯政府进一步加快了外汇自由化的力度,制定新的《外汇调节法》,并于 2003 年年初提交国家杜马进行讨论。在这部新法律中,俄罗斯将进一步放弃对外汇的管制,对国外资本全面开放俄罗斯外汇市场。俄罗斯在 2006 年通过了《俄罗斯外汇调节和外汇监督法》修正案,取消了有关资本流动和货币兑换的所有限制,允许卢布成为自由兑换货币。目前在"金砖五国"中,俄罗斯的资本账户开放程度最高。

3. 俄罗斯汇率制度的演变

从 1991 年 1 月 1 日开始,俄罗斯就已经在实践中推进卢布汇率市场化,允许企业按市场价格买卖外汇。汇率由银行同业市场和交易所内的外汇交易来确定。1991 年苏联解体时俄罗斯金融体制混乱不堪,在汇率制度方面四轨并存:官方汇率、旅游汇率、可管理的商业汇率和市场汇率。其中,官方汇率只作为统计和国际经济比较之用;商业汇率属于经常项目汇率,作进出口结算使用;旅游汇率是外国游客到俄罗斯境内和俄罗斯公民出国旅游、探亲使用的汇率。从 1992 年起俄罗斯多次进行汇制改革,先后实行过浮动汇率、"汇率走廊"、有管理的浮动汇率和一揽子货币等多种汇率制度。

俄罗斯经济改革初期,在提交给 IMF 的《经济政策备忘录》中,盖达尔政府承诺,1992 年 4 月 20 日前过渡到双重汇率制,即在经常项目下实行统一浮动汇率制,在资本项目下实行个别固定汇率制。从 1995 年开始实行浮动汇率制度,中央银行确定的官方卢布汇率与"莫斯科银行间货币交易所"(MMBB)的汇率相联系。在这一段时间里,中央银行对外汇的交易和市场的参与者没有采取严格的限制措施。由于采取放任的政策,在 1994 年 10 月发生了被称为"黑色星期二"的危机。为此,中央银行从 1994 年 10 月 13 日起执行更为严厉的监管措施,规定市场交易的参与者必须在指定的账户上预先存入卢布。经销商购买美元的数额必须与事先存入"莫斯科银行间货币交易所"账户上的金额相符。这一措施有效地抑制了交易中卢布的供应,减少了卢布汇率的波动。

1995 年 1 月 1 日,中央银行对"莫斯科银行间货币交易所"的外汇交易规则进行了修订,规定了卢布对美元汇率的波动范围,规定在一个交易日内美元对卢布的汇率波动不能超过初始汇率的 10%。1995 年 6 月,又在"莫斯科银行间货币交易所"的交易中引入了新的规则,规定交易要进行即时结算。这意味着只有在买卖双方的资金到达"莫斯科银行间货币交易所"的代理账户以后,交易才能实现。

1995 年 6 月,中央银行取消了过去规定的"必须在交易所内按一定比例结汇(即将出口所获得的外汇中的一定比例必须按照国家规定的价格兑换成卢布)"的制度,这为商业银行和客户提供了在银行同业市场上出售外汇的可能,这一规定为各金融市场的发展提供了平等的机会。从此外汇市场中交易所占有的份额急剧下降。

从 1995 年开始,由于实行紧缩的货币政策,为将浮动汇率制度转变成单方对美元的"盯住"汇率制度奠定了基础。在国际上这一汇率又称为"联系汇率"。这一政策在俄罗斯被称为"外汇走廊"政策,尽管中央银行宣布卢布汇率可以在一定幅度内浮动,但实质上这是一种固定汇率制度,目的是减少人们的通胀预期,并对卢布汇率的波动进行限制,希望以此来稳定卢布汇率。从1995年10月1日起,俄罗斯政府和中央银行共同公布了《关于1995年第三季度卢布兑换汇率的政策》,确定了当时的外汇走廊界限为4 300—4 900卢布兑换1美元。

1996年5月17日,中央银行取消了从1992年6月开始的官方汇率与"莫斯科银行间货币交易所"汇率的联系机制,实行在中央银行外汇牌价基础上确定官方汇率的制度。这一政策的制定意味着中央银行在汇率政策方面拥有更大的发言权。中央银行通过增强银行同业外汇市场在其确定汇率中的作用,进一步提高了银行同业市场在外汇交易中的地位。

1996年俄罗斯预算赤字日益严重,国家债务增多。在这种背景下,中央银行用"爬行外汇走廊"代替"直接外汇走廊"政策。从1996年6月开始,中央银行开始规定交易所和银行同业市场上的每日汇率的变化幅度,进一步加强了卢布汇率的管制。

1996年6月,俄罗斯接受了IMF章程中第8条的规定,正式使用国际储备来保证经常账户下卢布的可兑换性。据此,俄罗斯政府和中央银行修改了外汇监管制度,取消了一系列限制。这一政策的变化促进了外国投资者进入俄罗斯外汇市场。

由于俄罗斯采取的一系列自由化措施,金融市场的开放程度越来越高,1997年11月的世界金融危机很快波及俄罗斯。非居民开始抛售国家有价证券,银行等机构对外汇的需求急剧增加。中央银行不得不对外汇市场进行干预,以维持卢布的汇率稳定。同时,在国际市场上俄罗斯出口商品的价格不断下降,国际收支恶化,所欠外债的本金和利息支付令俄罗斯政府无力负担,国内外汇储备进一步减少。1998年金融危机爆发后,俄罗斯被迫放弃了"外汇走廊",开始实行有管理的浮动汇率制度。2002年,随着俄罗斯经济走出危机、逐步复苏,再次启动卢布自由兑换和汇制改革,重新实行浮动汇率制度,同时改变官方汇率的确定方法,重新将官方汇率与"莫斯科银行间货币交易所"的汇率相联系。2006年7月起,俄罗斯放弃汇率管制,开放资本账户,实行完全市场化的自由浮动汇率制度,且卢布成为可自由兑换货币,这意味着届时政府将取消对俄罗斯境内所有资本进出的限制,自由浮动汇率制度意味着中央银行不再干预汇率波动,卢布对美元的汇率单纯由外汇市场的供求决定。资本项目开放、汇率自由浮动,这些看似现代化的金融体制却使俄罗斯成为2008年国际金融危机的重灾区,因为俄罗斯失去了对资本项目的管制,危机爆发后大量资本外流,造成卢布对美元的汇率连续下跌,两者又相互促进。2008年金融危机给俄罗斯带来的教训是深刻的,说明在国内商业银行和证券市场尚未成熟的情况下,过早开放资本项目将使整个金融体系失去防火墙。当前俄罗斯实行的是有管理的浮动汇率制度,参照美元和欧元对卢布汇率进行管理。

三、印度的金融市场

(一)印度金融市场的产生与发展

印度金融市场已有悠久的历史。早在19世纪30年代,孟买就开始了非正式的股票交易。随着1850年《公司法》的颁布,印度有了有限责任的概念。由于1861年美国内战的爆发,欧洲对印度棉花的需求量剧增,又大大刺激了印度的证券市场。1875年成立的孟买证券交易所,标明了印度正式的证券交易所已有100多年的历史,也是印度历史最悠久的股票交易所和亚洲大陆资格最老的交易所。1887年,第一家证券经纪人组织——印度股票和债券经纪人协会正式成立。1908年,加尔各答证券交易所成立。随后伴随第一次世界大战期间民族工业的发展,证券市场进一步发展,独立之前印度的证券交易所发展到6家。直到第二次世界大战前,印度从交易所筹集的资本是不受控制的。只有当1956年印度的《证券合同法》实施后,所有的证券交易所必须按照1956年的《证券合同法》置于中央政府的监督之下。独立后的印度又相继对股本实行控制,1948年正式制定了股票发行法,股票发行法由股票发行管理办公室负责执行。在1969—1970年,印度对上市公司实行优惠税率,从而促进证券上市和公众持股股权。20世纪70年代末以来,印度证券市场得到了较大的发展,先后成立了坎普尔、浦那等8家地方区域性证券交易所。1973年又通过了《外汇管制法》,强迫许多外国公司减少其持有的印度公司股票的数量。进入80年代以后,印度证券市场得到了较大的发展。无论是从证券发行的种类、数量,还是从成交量及物价指数来看,印度的证券市场在近年内成倍增长。投资者和经纪人的人数以及股票交易所的数目都有了令人瞩目的发展。在过去的几年里,证券市场在印度经济中不断增加的重要性可通过公众的积极参与以及筹集到的资金不断增长得以体现。到2002年,被政府批准的股票交易所已增加到34个。国内各类证券交易所有7 000多家,交易所的数目仅次于美国。其中股票交易所有一套高效的系统足以与发达国家股票交易所相媲美。全国股票交易所的业务也已与NASDAQ机制接轨,目的是使业务的透明度更高,交易更加迅速。外国投资者购买印度证券也十分活跃,这主要因为在印度投资的盈利率较高。与全球相比,全球盈利增长率为39%,印度的盈利增长率比这个百分比高出62%。盈利额在印度比在加拿大、法国、德国、意大利和日本更高,所以印度的外国投资不断增加。目前,印度境内有地区性市场21家,主板市场2家;全国证券交易所和孟买证券交易所的上市公司达1万多家,采用全流通的交易制度,市场内日均交易量和总交易量都位于世界前列,股票总市值占GDP的80%以上。

(二)印度的证券上市制度

在印度,由《1947年资本发行法》规定,中央政府的权力由资金发放署行使,该署是财政部的下属机构。股票及优先股、公司债券以及认股权的发行量如果超过1 000万卢比,则属于该法的管制范围,须得到资金发行署的认可,具体掌握的标准由该署详加规定。如果发行量低于这一范围,可望迅速获得批准。获准发行的证券上市按照1956年《证券契约规则》的规定执行。上市公司必须立即将可能影响其证券市场价格的任何重大变动通知证券交易所。上市公司还得向其上市的证券交易所提供所有的财务资料、资产负债表和持股状况分析。如果董事会会议的议程有关股息、红利分配或结算账薄,上市公司还必须向证交所报告会议日期,上市公司还得向股东和证交所提供其半年账户。当然各证券交易所还规定了一些具体的上市条件,比如德里证券交易所规定:申请者必须是股票公开发行的有限公司,计划发行股都不少于500万卢比,对于投资公司和租赁公司已发行股本不得少于1 000万卢比;上市公司实收资本要不少于1 000万卢比,除发起人外,股东要在2 000个以上,而且股东数量随实收资本的增加而同比例增加的投资公司,其股票才能上市;同时还规定,上市公司必须向证券交易所递交一份招股章程草案,普通股的面值为10万卢比,优先股和不可转换债券的面值为100卢比。

(三)印度的证券交易制度

证券交易所既可为自己交易也可代为客户交易。在证券交易所进行的证券交易须经过注册的经纪人来进行。交易所会员既可以是个人也可以是合伙人组织。交易厅的营业时间为中午12点至下午3点,但场外交易则在这些时间之外进行。证券交易大多用计算机来结算,但股票的过户需要很多手续,正规的结算期限为14天。证券交易所上市的股票分为甲、乙两种股票。甲种股票是指那些交易较为活跃的股票。这种股票是由80种成交量最大的股票的名义上市股份凭证组成,这种股票被称为"特种股"。结账日期不超过三个结算周期,每个结算期结束后的第二天即星期五;在第二个结算期营业开始之前,交易所会员都要开会一小时,决定在下一个结算期实行的合同条件。乙种股票是指那些交易不活跃的股票,这些股票的结算通常是立即进行。对于证券交易所上市的证券都没有限制其价格动向的机制,唯有孟买证券交易所在任何时候可加以限制。印度证券交易所的交易费由印花税、佣金和手续费三部分组成。印花税一般为契约价的0.5%,佣金为0.25%—1%,手续费为0.25%。

印度证券交易委员会也在交易制度方面采取了一系列的改革措施:(1)对投资者进行风险教育;(2)建立投资者风险控制制度,在交易所内设立连接清算银行及存管公司的清算公司,在处理交易后事务时实现自动化,通过清算保证基金提高交割的效率;(3)在国家股票交易所实行电子屏幕自动交易后,孟买股票交易所也实行电子屏幕自动交易;(4)在资金结算方面,银行建立实时全额结算系统(Real Time Gross Settlement, RTGS),且更好地实现和证券系统互联,资金交收效率提高且有保证;(5)结算后台建立担保交收机制,交收周期从T+14到T+30不等统一压缩至T+2;(6)建立监管和监控系统以降低风险;(7)建立结算保证基金(Settlement Guarantee Fund, SGF)以保证清算成员违约时完成交收。

(四)印度的证券投资税收制度

在印度要支付红利的公司必须在向非居民股东发股红利之前缴纳预提所得税。对于非居民公司,预提所得税税率为25%;对于外国个人来说,预提所得税税率为30%;对于超过18000卢比的应税收入,则按超额累进征税,税率为25%—50%。与印度签订双重征税协定国家的投资者可享受较低的预提税率。外国公司从持有不足3年的股票中获得的资本利润,必须按65%纳税,外国个人也按同样的办法纳税;从持有3年以上的股票中获得的利润可按特惠税率纳税。除此之外,个人持有的印度公司的股票必须缴纳财产税。

(五)印度证券市场的投资者

由于印度所具有的合理的市场结构和平稳的发展趋势,证券市场也具有良好的投资者结构。印度证券市场内存在金边债券市场和工业证券证券。金边债券市场是政府或半政府性质的债券市场;工业证券市场是公司的债券和股票市场,又细分为证券发行、流通市场。

证券市场的投资者分为个人、金融机构、联合股份公司和政府机构。同时证券市场的投资者为国内投资者和国外投资者。在印度证券市场上个人持有数量最多,超过证券市场的30%,其次是金融机构占30%,联合股份公司占20%,政府机构占20%。

印度证券交易委员会有关外国投资者的管理规定的主要内容有:在一级市场和二级市场的证券投资组合,股票投资占外国机构投资者持仓总额不得超过30%;任何一家公司,外国机构投资者的持股以其发行股本的10%为限(其中,允许外国投资在金融合作领域中占51%的股份,允许通过海外的单独或地区的基金、欧洲可转换债券等超过限制);允许外国的机构投资者通过经纪人、证券交易所退出资本。经注册的外国机构投资者只被允许为实际交付而买卖证券,不允许对冲交易,也不允许卖空。外国投资者可以投资于印度公司在欧洲发行的证券,以及印度在国外发行的专门基金。外国的证券经纪人通过在印度证券交易委员会注册,可以从事外国机构投资者的经纪业务。允许外国人参与资产管理公司和商业银行公司。根据1973年的《外汇管制法》对所有外国投资者实行管制,并要求外国投资者在投资时必须经过印度储备银行的批准。在出售控股权益时,出售的股票必须由印度储备银行估价。任何新发行的股票,非居民购买的总额不能超过5%,外国个人持有任何一家公司的股份都不能超过1%。对于所有经过批准的外国投资者,利润、专利权使用费、股息的汇出是完全自由的,而资本的汇出则要受到一些规章制度的约束。在印度股市上主要参与者都是一些国家直接或间接控制的机构,它们通常是交易大户。印度最大的国内共同基金管理者是印度单位信托公司,建于1964年,在股市中扮演主要角色。当然,近年来,其他机构如卡纳拉银行、印度国家银行、巴罗达银行等,也在不断地发展共同基金业。投资者结构的合理性表现为:目前印度证券市场上个人投资者持股约占30%、金融机构持股约占30%、联合股份公司持股约占20%、政府机构持股约占20%,保证了印度证券市场的稳健发展。

(六) 印度证券交易所的作用

印度证券交易所为股票、债券和其他证券的买卖提供了一个主要市场,并使得各种固定资产投资的讨价还价和转手成为可能,有利于资金的流通;同时证券交易所为股票与债券提供了最公平与最准确的价格,而这种价格是各种公司目前与将来收益的最贴切的反映。它能吸收过剩的闲散资金或存于银行获得低利的资金投资于证券,能促进资金在不同公司和行业,甚至全球各个国家之间的分配,同时能为投资者提供各种有益的服务,促进投资的流动,更好地为印度经济的发展提供资金保障,进而推动印度的资本集聚和工业化进程。在政府的扶植下,伴随市场经济的发展,印度资本市场迅速成长,市场上发行的公司证券,1989年比1980年增加了16倍。在金融资产中银行存款的比例逐步下降(从1981年的46%下降到1988年的30%)。债券和股票等形式的金融资产比例在不同程度地增长,国内存款的10%为资本市场投资。

(七) 印度证券交易所的缺陷

印度的证券交易所,特别是诸如孟买等主要交易所,在经营流动中存在着一些缺陷。比如印度证券交易所缺乏统一性,虽然孟买证券交易所主宰了全国70%的交易额,但印度仍有其他数量庞大的证券交易所,导致各个不同市场的股票价格变化太大,彼此没有统一协调起来。其次,"特定"与"非特定"股票的划分不利于公平竞争原则,因为"特定"股票在结算期限、账目结转和投机性票据交换等方面都享有特殊便利。而市场流通中的股票大多属于这类投机性股票。然而广大投资者都希望通过更明朗的措施让所有股票都能流通。再次,保证金制度千变万化,没有统一的标准。在印度不同股票、不同时间,保证金各不相同,其范围从0到40%不等。因此证券市场上的买方和卖方总是尽可能地回避高额保证金,并不约而同地倾向于从事尽量不支付保证金的交易,尽管交易所每天都有大量的特结款项与特定保证金,可一旦市场崩溃时,一些证券交易所总会出现种种问题。

四、中国的金融市场

依照中国目前的情况,如果按照以往的国际惯例,根据投资期限把不同种类的业务按投资期长短归为货币市场或者资本市场,会碰到许多投资期位于货币市场和资本市场之间难以区分的业务,例如半年期国债和五年期国债、短期金融债券和长期金融债券等。当我们根据业务类型进行分类时,不同种类业务之间的界限变得清楚,各业务之间的归类也变得简单。因此,我们把中国的金融市场划分为银行间市场、证券市场和保险市场。

(一) 银行间市场

按照市场中交易载体的不同,中国的银行间市场可以分为银行间同业拆借市场和银行间债券市场。

1. 银行间同业拆借市场

随着经济体制改革的逐步推进,越来越多的新市场主体出现,因为经营周期的原因,它们对短期资金有着强烈的需求。这成了早期中国拆借市场出现的原因,一些"地下"拆借市场在这时慢慢出现。直到1986年1月,国务院颁布了《中国人民银行管理暂行条例》,规定专业银行之间的资金可以相互拆借。自此,中国的银行间拆借市场开始迅速成长起来。

经过近三十年的发展,现在的同业拆借较以前有了很大的不同。现在的银行间同业拆借,是指经中国人民银行批准进入全国银行间同业拆借市场的金融机构之间,通过全国统一的同业拆借网络进行的无担保资金融通行为。目前,全国统一的同业拆借网络包括:(1)全国银行间同业拆借中心的电子交易系统;(2)中国人民银行分支机构的拆借备案系统;(3)中国人民银行认可的其他交易系统。银行间拆借市场的准入机构也由最初的专业银行扩展为16大类机构:政策性银行;中资商业银行;外商独资银行、中外合资银行;城市信用合作社;农村信用合作社县级联合社;企业集团财务公司;信托公司;金融资产管理公司;金融租赁公司;汽车金融公司;证券公司;保险公司;保险资产管理公司;中资商业银行(不包括城市商业银行、农村商业银行和农村合作银行)授权的一级分支机构;外国银行分行;中国人民银行确定的其他机构。

除了拆借网络、准入机构发生了改变外,银行间同业拆借市场利率的形成机制也发生了重大改变。2007年以前,银行间同业拆借利率是全国银行间同业拆借利率(Chibor)。Chibor由交易中心按1天、7天、14天、21天、1个月、2个月、3个月、4个月在4个月内自行商定的拆借利率和拆借期限品种计算和公布的加权平均利率形成。因为Chibor在交易主体、计算方式等先天设计上的不足,它很难被国内甚至是国际社会所接受,缺乏作为市场基准利率的公信力。2007年1月4日,上海银行间同业拆放利率(Shibor)开始运行。Shibor以位于上海的全国银行间同业拆借中心为技术平台计算、发布并命名,是由信用等级较高的银行组成报价团体自主报出的人民币同业拆出利率计算确定的算术平均利率,和伦敦银行间同业拆借利率(Libor)的形成机制相同,是单利、无担保、批发性利率。对社会公布的 Shibor 品种包括隔夜、1 周、2 周、3 周、1 个月、3 个月、4 个月、6 个月、9 个月及 1 年。参与 Shibor 报价的银行包括大型商业银行、部分股份制商业银行、汇丰银行、渣打银行、邮政储蓄银行等。随着中国经济的不断发展,银行间同业拆借市场的规模也越来越大(见表 8-11)。

表 8-11　中国银行间同业拆借交易统计表　　　　　　　单位:亿元

期限	2015 年 1—8 月	2014 年	2013 年	2012 年
1 天	306 319.135	294 982.89	289 635.51	402 814.336
7 天	50 175.559	61 060.56	44 024.21	41 933.675
14 天	9 671.858	11 767.40	11 579.07	12 068.18
21 天	759.521	898.89	1 828.25	2 369.66
1 个月	2 263.678	4 664.71	5 069.66	4 476.226
2 个月	660.738	1 236.82	1 034.15	1 625.567
3 个月	1 542.525	1 669.70	1 748.24	1169.511
4 个月	73.595	60.23	67.03	81.17
6 个月	103.468	100.21	118.92	379.39
9 个月	14.36	21.90	1.90	28.935
1 年	138.62	163.09	82.66	97.003
交易量合计	371 723.057	376 626.40	355 189.59	467 043.653

从表 8-11 中可以看到,受 2013 年中国经济进入"新常态"和欧债危机的影响,中国经济下行压力加大,同业拆借市场参与主体资金链紧张,短期资金供给不足,2013 年银行间同业拆借交易较 2012 年年末下降了 23.95%。随着中央一系列稳增长、促创新的措施出台,以及市场经济主体未来预期的变更,2014 年银行间同业拆借交易额有了一定的回升,全年交易额较 2013 年增长了 6.03%。2015 年,中国经济形势逐步稳定,同业拆借市场表现活跃,2015 年前 8 个月同业拆借市场交易规模基本达到 2014 年全年的水平。

在中国银行间同业拆借交易的期限结构方面,市场交易主要集中于超短期资金拆借。近年来,这一趋势更加明显。2014 年 7 天(含)以内的拆借交易额占全年交易总额的 94.53%,较 2013 年的 93.93% 提高了近半个百分点。这充分体现了同业拆借市场的流动性供给功能,也表明银行间市场之间的分工已经相当明确。银行间同业拆借市场的发展,为中国金融市场基准利率的公信力提供了强大保证,更为后续各类金融产品的定价、各类市场的发展奠定了基础。

2. 银行间债券市场

1997 年上半年,股票市场过热,大量银行资金通过各种渠道流入股票市场,其中交易所的债券回购成为银行资金进入股票市场的重要形式之一。1997 年 6 月,根据国务院的统一部署,中国人民银行发布了《中国人民银行关于各商业银行停止在证券交易所证券回购及现券交易的通知》,要求商业银行全部退出上海和深圳交易所市场,商业银行在交易所托管的国债全部转到中央国债登记结算有限责任公司(简称为中央结算公司);同时规定各商业银行可使用其在中央结算公司托管的国债、中央银行融资券和政策性金融债等自营债券通过全国银行间同业拆借中心提供的交易系统进行回购和现券交易,这标志着机构投资者进行债券大宗批发交易的场外市场——银行间债券市场的正式启动。

目前银行间债券市场的交易品种包括国债、中央银行票据、政策性金融债及中信集团公司债等;交易工具包括现券买卖、质押式债券回购和买断式债券回购。

(1) 质押式债券回购交易是以债券为抵押品,进行短期资金拆借的借贷行为。书面定义为"正回购方在将债券卖给逆回购方时,双方约定在将来某一日起由正回购方按约定回购利率计算的资金额度向逆回购方返回资金,逆回购方向正回购方返还原购买债券的融资行为"。回购成交后,相应债券所有权并没有发生转移,所有权还在正回购方手中,买方(逆回购方)得到的是债券的质押权,由中央结算公司进行质押冻结处理,买方不得在回购期内动用回购债券。也就是说,这笔债券退出了二级市场流通环节,只能等回购交易到期,正回购方履行了资金本息还款义务以后,再由结算公司实施质押券解冻处理,这时质押券才能重新进入流通市场流通。好比典当行一样。

(2) 买断式债券回购交易是指"债券持有人(正回购方)将债券卖给债券购买方(逆回购方)的同时,交易双方约定在未来某一日期,以约定的价格,由正回购方从逆回购方买回数量相等的同种债券的交易行为"。买断式回购相对于质押式回购,主要特点在于:债券的所有权在交易中发生了实质性的变化,即回购成交后,标的债券从融资方账户(正回购方)过户至融券方(逆回购方)账户,融券方(逆回购方)在回购期间拥有标的债券的所有权和使用权,也就是说,债券所有权转移到逆回购方手中,逆回购方可以利用该债券进行再融资或卖出债券。质押式回购与买断式回购的区别就在于债券所有权的问题。质押式回购在债券回购期内,逆回购方不能动用债券,而买断式回购逆回购方可以动用债券进行再融资。所以买断式回购可以有效地提高债券的流动性。

随着中国经济进入"新常态",银行间债券市场出现以下两个特点:一是成交量同比大幅增加,期限以短期为主。2014年,债券回购累计成交224.4万亿元,同比增长41.9%。7天以内质押式回购成交196.9万亿元,占质押式回购成交总量的93%,较上年上升1个百分点。二是利率中枢明显下行,利率波动幅度减小。2014年12月,质押式回购加权平均利率为3.49%,较上年同期下降79个基点。年内债券利率共发生两次较大波动:1月20日,7天质押式回购加权平均利率上升至6.59%,达到年内最高点;12月22日,7天质押式回购加权平均利率上升至6.38%,创下半年利率新高。但与2013年相比,波动幅度明显减小。

繁荣稳定的银行间债券市场对中国金融业的发展有着不可替代的作用。主要表现在:

一是保证了国债和政策性金融债的顺利发行,支持了积极财政政策的实施。银行间债券市场的发展,有力地支持了财政部和政策性银行的大规模发债,保证了国家重点建设资金的及时到位。同时,由于市场规模迅速扩大和市场流动性快速提高,提高了债券的发行效率,降低了财政部和政策性银行的筹资成本。

二是为中央银行金融宏观调控手段由直接方式向间接方式的转化奠定了市场基础,促进了稳健货币政策的顺利实施。我国1998年取消贷款规模管理后,随着中央银行货币政策调控方式的转变,需要新的货币政策总量调控工具。正是由于有了不断发展壮大的银行间债券市场,公开市场业务这一以市场为基础的货币政策间接调控手段才得以快速启动,并成为中央银行最重要的日常性货币政策操作工具,基本实现了我国金融宏观调控手段由直接方式向间接方式的转变。

三是促进了利率市场化,有利于提高货币政策传导效能。1997年组建银行间债券市场后,债券回购利率和现券买卖价格完全由交易双方自行决定。1999年以后,国债和政策性金融债的发行利率也通过市场化招标方式确定。近年来,随着市场广度和深度的不断拓展,银行间债券市场初步形成了完整的债券收益率曲线,为全国金融产品定价提供了参考基准。同时,我国同业拆借市场、债券市场和公开市场业务利率体系已基本形成,利率基本反映了双方资金供求,为利率市场化改革的进一步深化创造了良好的市场条件,也提高了货币政策传导效能。

四是完善了金融机构的资产结构,为金融机构流动性管理和投资提供了便利。银行间债券市场的快速发展,为商业银行持有债券、及时调节流动性、降低超额储备水平和开辟新的盈利渠道提供了空间。同时,日益丰富的交易工具为金融机构增加投资渠道、提高盈利能力提供了便利。

五是为推出各类固定收益证券、完善我国金融结构奠定了基础。健康发展的银行间债券市场造就了一大批合格的、市场运作水平较高的机构投资者,初步形成了完善的债券场外批发市场规范、合理的运作机制和程序,为资产抵押债券(MBS)、信贷资产证券化(ABS)、银行本票、商业本票和公司债券等新兴债务工具的发展奠定了基础,对我国当前提高直接融资比例、完善金融结构、防范金融风险具有非常重要的现实意义。

(二) 证券市场

按照投资性质的区别,中国的证券市场可以分为债券市场、股票市场和期货市场。

1. 债券市场

债券市场主要交易国债、央行票据、金融债券以及非金融企业的信用类债券。

(1) 国债,又称国家公债,是国家以其信用为基础,通过向社会筹集资金所形成的债权债务关系。自1981年1月16日,国务院发布《国库券条例》恢复发行国债以来,中国国债市场不断发展,经历了行政摊派式国债发行、国债发行方式市场化改革、国债流通转让试点、国债无纸化进程、国债承销团制度等,几经波折,比较完善的国债发行流通机制基本建成。

(2) 央行票据即中央银行票据,是中央银行为调节短期资金,向商业银行发行的短期债务凭证,实质上是中央银行债券。中央银行票据的称谓,是为了突出其期限短的特点。中国人民银行发行的央行票据是人民银行调节基础货币的一项货币政策工具,其目的是减少商业银行的短期资金存量。商业银行在购买央行票据后,其资金存量减少,可贷资金量减少。

中央银行票据的产生要追溯到2002年。起初,央行为应付当年外汇储备急剧增加导致的基础货币供应增长过快,而采取发行票据这一临时流动性管制措施。后来,随着外汇储备大幅增加而当时的央行手头无可用的其他公开市场操作工具,央行票据的发行规模遂有逐年增大之势。目前,央行票据已经成为银行间市场中规模最大的短期债券品种,它对债券市场乃至金融市场的基准利率走势均产生了显著影响。

(3) 金融债券是银行等金融机构为筹措资金而面向社会发行的一种有价证券。债券按法定程序发行,承诺按定期支付利息并到期偿还本金,它是银行等金融机构主动负债的一种形式。具体来说,包括为解决政策性银行资金来源发行的政策性金融债;为补充商业银行资本金而发行的商业银行次级债;为优质贷款筹集资金而发行的商业银行普通债;国际多边金融机构在华发行的"熊猫债券";各金融机构为营运、发展需要发行的保险公司债、证券公司债等。

(4) 非金融企业信用类债券是指具有法人地位的非金融企业在银行间债券市场发行的,约定在一定期限内还本付息的有价证券。早在1984年,中国一些企业就自发向社会或内部职工发行不同形式的有价证券进行集资。

改革开放后的30多年来,中国债券市场发展迅速。2014年,债券市场共发行人民币债券11.0万亿元,同比增加22.3%。其中,银行间债券市场累计发行人民币债券10.7万亿元,同比增加24.0%。截至2014年年末,债券市场债券托管余额达35.0万亿元,同比增加18.0%。其中,银行间市场债券托管余额为32.4万亿元,同比增加16.9%。

具体来说,2014年,财政部通过银行间债券市场发行国债1.7万亿元,财政部代发地方政府债券2 908亿元,地方政府自行发债1 092亿元,国家开发银行和中国进出口银行、中国农业发展银行在银行间债券市场发行债券2.3万亿元,政府支持机构发行债券1 850亿元,商业银行等金融机构发行金融债券5 460亿元,证券公司发行短期融资券4 247亿元,信贷资产支持证券发行2 794亿元。公司信用类债券发行5.2万亿元,同比增加38.9%,增速较上年扩大34.9个百分点。其中,非金融企业债务融资工具发行4.1万亿元,同比增加45.4%;企业债券发行6 952亿元,同比增加46.3%;公司债券发行3 484亿元,同比减少14.6%。

债券市场的合理有序发展在中国调控宏观经济运行和促进金融发展中发挥了积极重要的作用,主要表现在五个方面:支持银行业金融机构改善资产结构和流动性管理;支持商业银行强化资本管理;为金融创新提供了重要平台;为农村信用社改革提供了有力支持;为关系国计民生的重要项目筹集资金。

2. 股票市场

中国股票市场的发展经历了一个由萌芽、产生、发展到向规范化推进的历史过程。这一过程经历了三个阶段:

起步阶段(1984—1988年):这一时期的中国股市具有以下特征:(1) 投资者主体明显单一,且极不成熟。股票投资者以散户为主,缺乏机构投资者的参与。(2) 股票市场规模狭小,且极不规范。中国股份制改造试点开始于1984年,同年11月,上海飞乐音响公司在全国第一次向全社会公开发行股票。当时中国发行的股票不仅数量有限,而且极不规范。许多股票既未经任何部门批准,也非真正的股票,而是股票其名,债券其身。"保本保值,按期归还"印在股票上,混淆了股票与债券的区别。据统计,这一时期发行的股票中,90%属于债券性质的股票。(3)股市供体极不完善。主要表现在缺乏配套、有序的证券交易体系及管理体系,且管理经验不足,缺乏宏观调控,法规不健全,交易方式、手段落后。

初步发展阶段(1989—1990年):1989年年初,在政府推动、媒体引导及利益驱动下,中国股市开始回升。1990年,深、沪股市已初具规模,上市公司分别增加到5家和7家,中国共发行股票达45.9亿元。但总体而言,这一时期的中国股市发展尚很不成熟,股民素质不高。这反映在股民的投资、成本、盈利、风险等观念仍较差,尤其是风险承受能力低,盲目性强。这一时期,股票不仅发行不规范,采取现金收据形式,且供求失衡,导致了股价的异常涨跌。如深市1989年—1990年2月开始上升,市盈率由原来的0.2%—0.3%上升到1—2倍;1990年3—6月,处于狂热阶段,市盈率达到20倍左右;6—11月,处于整顿和暴热并存阶段,市盈率达73倍,黑市达100倍以上;从12月起,进入暴跌。

向规范化推进阶段(1991年至现在):自20世纪90年代以来,中国股市不仅发展迅猛,规模不断扩大,且逐步趋向规范化。其特征为:(1)投资者主体向多元化发展,股民的股市意识增强。投资者主体除散户投资者外,机构投资者增加,共同基金市场有了初步发展。(2)股市规模逐步扩大,交易日益活跃。(3)股市供体日臻完善。其一是证券交易市场体系初步形成,中国股市已形成"证券交易所—证券公司—兼营证券交易的营业部—证券交易代办点"相互配合、相互制约的集中交易与分散交易相结合的交易网络格局;其二是证券市场管理体系初步形成,证券委、中国证监会、中国证券业协会、证券经营和中介机构等的成立,都为证券业的健康发展提供了组织保证;其三是证券市场法规体系逐步走向健全,《股票发行与交易管理暂行条例》《公司法》《证券法》等法规的相继出台,为中国股市的统一、健康和规范发展提供了法律保证。

进入21世纪以来,中国为加快金融市场的改革步伐,推出了一系列加强国内、国际金融市场沟通与交流的制度与措施。2002年11月7日,中国证监会和中国人民银行联合发布了《合格境外投资机构投资者境内证券投资管理暂行办法》,即国外机构投资者到内地投资资格认定制度(Qualified Foreign Institutional Investors,QFII)。QFII制度由中国香港特区政府最早提出,是在外汇管制下内地资本市场对外开放的权宜之计。2006年4月13日,中国人民银行宣布放宽有关境内资金进行境外理财投资的外汇限制,即国内机构投资者赴海外投资资格认定制度(Qualified Domestic Institutional Investors,QDII)制度。符合条件的银行、基金、券商、保险等金融机构均可以成为QDII赴海外市场投资。总的来说,QDII制度是在资本项目未完全开放的国情下,容许国内居民外汇投资于海外资本市场的制度,而QFII是一种有限度地引进外资、开放资本市场的过渡性的制度。QFII的进入,将极大地推动我国资本市场的改革和发展。QFII与市场现有国内机构的竞争,将为市场注入新的活力,提高中国证券公司和基金公司经营管理水平,增强其国际竞争力。除此之外,QFII的进入将有助于中国推进资本市场的法制建设和制度完善,促进市场信息披露的规范化和监管能力的不断提高,推动境内资本市场与国际成熟市场接轨。QDII制度作为QFII制度的逆向操作,在外资入境的同时,推动境内资本的流出,它对深化汇率机制的改革、加强货币政策的独立性、解决巨额外汇占款也有着积极的意义。截至2014年年末,人民币合格境外机构投资者(RQFII)总额度增加到8 200亿元人民币。《关于QFII和RQFII

取得中国境内的股票等权益性投资资产转让所得暂免征收企业所得税问题的通知》发布，消除了合格境外机构投资者(QFII)、RQFII 所得税政策不确定性，又进一步了优化开放环境。

除了加强境内外资金流动外，中国也在积极发挥香港资本市场的作用。2014 年 11 月 10 日，中国证监会与香港证券及期货事务监察委员会发布联合公告：为促进内地与香港资本市场共同发展，中国证监会、香港证券及期货事务监察委员会决定批准上海证券交易所、香港联合交易所有限公司、中国证券登记结算有限责任公司、香港中央结算有限公司正式启动沪港股票交易互联互通机制试点，即"沪港通"。"沪港通"下的股票交易将于 2014 年 11 月 17 日开始。"沪港通"的出现，极大地丰富了交易品种，优化了以往单一的市场结构，为各国投资者投资 A 股和港股提供了便利和机会，是各地投资者共享两地经济发展成果、促进两地资本市场的共同繁荣发展的有利壮举。"沪港通"的出现，既拓展了中国资本市场的广度和深度，巩固了香港国际金融中心地位，又为上海国际金融中心的建设、我国资本市场的整体实力的增强做出了贡献。

3. 期货市场

随着中国市场经济的发展和国际贸易量的提高，经济生产中的盲目性和境内外商品市场价格的大幅震荡让中国企业饱受折磨，对国内远期市场的需求应运而生。在后来的实践中，人们发现远期合约签订成本高、合约流动性差，不能根据市场需求及时调整未来预期，造成毁约率高。远期市场的多种不便，让人们的目光转向期货市场。1988 年 3 月，《试办农业期货市场初步方案》的提出让中国期货市场的建立正式提上国家日程表。接下来的几年中，郑州粮食批发市场、深圳有色金属交易所、苏州物质交易所和上海金属交易所相继建成。1992 年 10 月，中国第一个期货标准化合同——特级铝期货标准合同在深圳有色金属交易所正式推出，标志着期货交易市场在中国正式建立。

在过去的近 30 年的时间里，中国期货市场经历了 20 世纪末的大繁荣和大整顿、21 世纪初的规范化发展阶段和金融危机后的大发展时期。目前的中国期货市场，在监管框架、参与主体、交易品种、交易行为、交易制度和控制市场风险方面有了明确的机制，中国也建立起以上海期货交易所、郑州商品交易所和大连商品交易所为主体的商品期货市场和以中金所为主体的国债、股指期货市场，中国的期货市场正朝着健康的方向发展。2015 年 10 月，受第三季度经济增速放缓的影响，全国期货市场成交量为 2.13 亿手，成交金额为 108 718.98 亿元。较上年同期相比，成交量和成交金额都有所减少。但从总量方面，2015 年 1—10 月，全国期货市场成交总量为 29.16 亿手，较上年同期增长了 52.21%；成交金额为 523.13 万亿元，较上年同期增加 155.41%。这说明继 2009 年中国期货市场交易额突破百万亿元后，市场仍在快速增长中。

(三) 保险市场

保险作为现代经济的重要产业和风险管理的基本手段，体现着一个国家社会文明水平、经济发达程度、社会治理能力的高低与否。建设有市场竞争力、富有创新和活力的现代保险服务业，使现代保险服务业成为支撑金融体系的支柱力量，同时兼顾起改善民生、改革社会管理机制、促进经济转型升级和政府职能转变，是中国政府未来保险业的建设目标。

2014年,面对增长速度换挡期、结构调整阵痛期和前期刺激政策消化期这"三期叠加"的挑战,保险行业持续深化改革的前提下,在宏观经济走弱的背景下驶入了发展的快车道。从业务增速来看,2014年全国保费收入突破2万亿元大关,增速达到17.5%,是国际金融危机以来最高的一年。其中,财产险保费收入7 203.5亿元,同比增长16%;人身险保费收入1.3万亿元,同比增长18.4%。从业务结构来看,结构调整走向深入,与实体经济联系紧密的保证保险同比增长66.1%,与民生保障关系密切的年金保险同比增长77.2%,保障性较强的健康保险同比增长41.9%。从经营效益来看,保险公司实现利润总额1 934.2亿元,同比增长91.4%;保险资金运用实现收益5 358.8亿元,同比增长46.5%,创历史新高。保险资金投资收益率达6.3%,同比提高1.3个百分点,创五年来最高水平。

按保险业务分,中国的保险市场主要可以分为以下四大方面。

1. 财产保险

财产保险是指投保人根据合同约定,向保险人交付保险费,保险人按保险合同的约定对所承保的财产及其有关利益因自然灾害或意外事故造成的损失承担赔偿责任的保险。2014年,财产保险公司实现保费收入7 546.1亿元,同比增长16.4%,增速较2013年同期下降0.8个百分点。其中车险保费收入5 515.9亿元,同比增长16.8%,非车险保费收入2 030.2亿元,同比增长15.3%。保费收入构成前5位的是车险、企财险、农业险、责任险和信用险,分别为5 515.9亿元、387.4亿元、325.8亿元、253.4亿元、200.7亿元,占全部保费收入的88.6%。

2. 人寿保险

人寿保险是一种以被保险人的生死为保险对象的保险,是被保险人在保险责任期内生存或死亡,由保险人根据契约规定给付保险金的一种保险。2014年,普通寿险保费收入4 296.5亿元,同比增长258%,保费占比33.9%;分红保险保费收入6 508.8亿元,同比下降20%,保费占比51.3%;投连险保费收入4.4亿元,同比增长0.1%,保费占比0.03%;万能险保费收入91.9亿元,同比增长5%,保费占比0.7%。

3. 健康保险

健康保险是指保险公司通过疾病保险、医疗保险、失能收入损失保险和护理保险等方式对因健康原因导致的损失给付保险金的保险。2014年,健康险保费收入1 415.8亿元,同比增长41.6%。

4. 意外伤害保险

意外伤害保险是以意外伤害而致身故或残疾为给付保险金条件的人身保险。2014年,意外险保费收入370.7亿元,同比增长19.4%。

五、南非的金融市场

南非的金融市场发展以证券市场为主体,同时债券市场在国际上也有一定的地位。不同于非洲大陆整体金融市场建设起步晚、规模小的特点,南非的金融市场发展较为成熟,规模也很大,其中证券市场更是成为全球有重要代表性的新兴市场之一。

(一) 南非约翰内斯堡证券交易所和南非债券交易所

约翰内斯堡证券交易所(JSE)成立于1887年,根据2004年的《证券服务法》获得交易所执照,是南非最主要的交易所,也是唯一获得执照的证券交易所。多年来,约翰内斯堡证券交易所从传统的场内股份交易市场发展成为一个现代化的证券交易所,提供完整的股票、金融和农业衍生工具以及其他相关票据的电子交易和结算服务,并且具有广泛的监管能力。约翰内斯堡证券交易所还是金融信息的主要提供者。2001年约翰内斯堡证券交易所收购了南非期货交易所(Safex)的业务和资产,期货交易所因而成为约翰内斯堡证券交易所有限公司的一部分,并于2005年正式成为不上市的股份。

南非债券交易所(BESA)是根据金融管理委员会的执照经营的独立金融交易所,1996年正式注册,此前以债券市场协会的名义进行交易,提供3天滚动结算和债券自动买卖系统。南非债券交易所负责管理南非的债券市场,其每年流动性为其市值的38倍,成为世界上流动性最高的新兴债券市场之一。

(二) 南非的证券市场

南非的证券市场业务主要在约翰内斯堡证券交易所和南非债券交易所开展。其中,约翰内斯堡证券交易所为投资者提供了包括股票市场、利率市场、金融衍生工具市场和农产品市场在内的四种投资选择。利率证券市场业务和股票业务是交易量巨大的核心业务。

1. 固定利率证券市场

该市场上公共和私人部门都通过固定利率的长期贷款来筹集资金。固定收益意味着证券的价格随市场利率波动。公共部门的固定利率债券称为"金边证券",指的是政府债券,"准金边证券"指的是信用级别稍低的公共部门的债券,比如市政或公司债券。私人部门经常通过发行公司债券获得长期固定贷款,另外也可以从银行及其他金融机构获得贷款,例如活跃在风险资本领域的养老基金。固定利率债券发行名称可表示为持有者的名称(例如政府债券)。固定利率证券的种类决定了它的销售方式。在南非政府债券以前主要是通过公共机构发行,规定了不同期限下的固定收益。现在主要采取拍卖投标的手段。投标时,财政部公布投标日和可投标的债券数量,出价高者得。短期政府债券的出价者主要是银行,长期主要是保险公司、养老基金和信托公司。投标的好处在于政府能确保其筹到所需资金,只是不能确定价格水平。拍卖时,储备银行以特定的能卖出大量债券的价格从财政部购买债券。其好处是政府知道其发行价格和销售数量。储备银行的目的是寻求销售量和价格的最优组合,即最高价格下最高的销售量。如果市场参与者预期市场利率会上升,投资者将不会购买债券,这意味着将来资本市场的资金短缺,这样政府不得不提高利率以吸引买家行动,从而使得高利率的预期变得自我实现,最终导致金边证券市场的繁荣或萧条。在南非拍卖这种形式非常流行,通常情况下,有关一只新债券的息票、到期日会在市场上公开。这种销售方式使得买者能通过协商收益来确定债券的需求量,且能被买者和发行者接受。拍卖已成为固定利率证券市场上发行的最重要的方式。

当债券发行量较大时,储备银行时不时也会向私人销售政府债券。但是这种方法会限制二级市场的发展,因为大量业务会绕过造市者。而且只有少数选定的投资者才有机会购买到政府债券,且价格通常高于主要市场利率。根据《南非银行法》的规定,期限低于3年的政府股票属于流动资产,公司债券与市政债券没有区别。在初级市场上,一般是通过商人银行发行级别比较低的公共部门或私人部门固定利率债券。如果是公开发行则通过报纸公布时期和条件;如果是私人发行即只针对少数经过选择的传统投资者,则通过公开发行的内容说明书或是私人发行的固定文件。就公共部门二级市场来说,重要的方面是自从20世纪70年代中期以来的股票交易的大量增长及股票经纪人和贸易银行所扮演的角色。南非储备银行以及Eskom、Transnet和Telom等金融机构激发了准金边证券二级市场的增长。这些机构能通过自己发行的债券造市,进行双向价(买价和卖价)。在不久的将来,南非储备银行会从积极造市者的位置上撤出而转交给指定银行。80年代中期以来,贸易银行作为金边证券和准金边证券的造市在二级市场上的地位日益重要。

1989年第55号《金融市场法案》的颁布导致了固定证券市场的形成。该法案要求所有上市的股票在正式市场进行交易。债券交易市场在1996年5月也开始运作。

2. 可变利率证券市场

南非的可变利率证券市场仍不发达。抵押债券和一些公司债券受到利率模式改变的影响。现阶段只有几个有限二级市场服务于抵押债券和一些公司债券。在南非,公共部门已经开始发行可变利率证券,尽管相对来说数量有限,包括与透支利率、Eskom利率及90天银行可承兑汇票利率相关的证券。

(三) 南非证券市场的主要工具

1. 固定利率证券

(1) 公共部门发行的债券(养老金)。南非初级市场上,养老金的发行机构通常为小的市政和教育机构,例如大学。养老金的面值通常为100兰特或它的两倍。养老金的投资者主要是保险公司和养老基金。而养老金的二级市场最终停止主要是因为营运过程中遇到的问题及可售性不高。

(2) 私人部门发行的债券(公司债券)。在初级市场上,公司债券的面值通常为100兰特或其两倍。公司债券以投资者的名字发行。为了记录交易情况,注册者信息也被发行公司所保存。在南非,主要的投资者是保险公司和养老基金。它们把任意的资金投资于公司债券,因为公司债券不属于指定投资。二级市场上公司债券能够转让通过一个适当而完整的转让契约。这个契约必须向相关公司转让办公室提出声明且获得批准。在公司债券利息支付日之前,转让办公室通常会一个月关闭14天。上市公司债券的发行和转让不需缴纳印花税和市场的证券税。

2. 可变利率证券

在南非,正常情况下可变利率的贷款合同主要来自银行(期限贷款)、信托公司(抵押债券)或是养老基金(回租或风险资本)。但交易仅发生在单独的借款人和贷款人之间,不存在以上证券的二级市场,甚至是可变利率的公司债券都很难在二级市场上交易,因为它们的将来收益由于多种收入形式的不确定性难以贴现到现值,但是一个例外就是抵押债券的二级市场在某种程度上存在,抵押债券经理在发行后的五年准备回购这些债券。

3. 股票

股票包括基本股、优先股、可转让优先股、可提前偿还优先股、无记名股票等。其中有担保的无记名股票做工精美,通常用英语或法语印刷,且附有 20、30 或 40 的股利券。第一次世界大战爆发时,英国、南非和其他一些国家严格限制无记名股票和可支付股利券的发行,导致了它的几乎消失。第二次世界大战后几年内,南非财政部重新引入了新的无记名股票,规定要严格遵守规则且在股票票面和息票上标有"南非"字样。这些股票并不普遍,而且极少体现真实利率。在南非,大多数具有较好回报率的股票的持有者主要为养老基金、保险公司。

第四节 新兴工业化国家(地区)的金融市场

一、韩国的金融市场

(一)韩国的货币市场

20 世纪 60 年代,韩国的货币市场开始启动。1961 年和 1967 年分别第一次发行了货币稳定债券和国库券。但直到 70 年代,在政府的大力扶持下,货币市场才开始活跃起来。商业票据(1972 年)、大额可转让定期存单(1974 年)先后出现;1975 年政府成立了对银行拆借进行统一管理的短期拆借业务署;1977 年由证券融资公司开办短期国债的回购交易。韩国货币市场的发展如表 8-12 所示。

表 8-12 韩国货币市场发展概况　　　　　　　　　　单位:亿韩元

	1980 年	1985 年	1990 年	1992 年	1994 年
货币稳定债券	32	5 041	152 405	202 640	253 403
大额可转让定期存单	—	10 890	68 0335	119 433	214 086
回购协议	1 295	25 627	24 110	50 114	44 338
公司票据	20 833	72 830	211 205	240 712	355 592
其他(拆借、国库券等)	3 287	4 237	55 496	66 465	36 748
合　　计	25 447	118 544	521 251	679 364	904 167

资料来源:韩国银行研究部编,《韩国的金融体系》,1995 年 8 月。

韩国货币市场的主要参与者有财政部、中央银行、一般银行、证券公司(会社)、证券融资公司(会社)、证券投资信托公司(会社)等。货币市场有由个组成部分。

1. 短期政府债券

短期政府债券包括由政府发行的用于弥补财政赤字或控制货币总量的国库券、外汇等值基金会发行的用于提高流动性管理水平和稳定外汇的外汇等值基金债券、由谷物管理基金会发行的用于平抑谷物价格的谷物管理基金债券。

2. 货币稳定债券

货币稳定债券是韩国银行为控制货币供应量的增长而发行的一种特殊的可转让债券,它可由个人或金融机构公开销售,或向特定的金融机构配售的方式发行,通常由银行、证券公司、保险公司、投资融资公司等机构承销。

3. 公司票据

公司票据是由非金融公司、投资融资公司等凭借自身信誉,按贴水的方式发行的短期本票,这些公司可利用其票据到银行贴现,以获取短期贷款。

4. 大额可转让定期存单

早期该市场发展缓慢,陷于停顿。20世纪80年代,为促进银行和非银行金融机构对短期存款的竞争,韩国重新引入大额可转让定期存单,其发行量和市场交易量大幅度增加,二级市场十分活跃。

5. 银行同业拆借

银行同业拆借是1975年后形成的,主要用来调剂银行等金融机构之间的临时资金余缺,1984年以来,拆借利率由市场供求决定,自由浮动;早期拆借市场分为银行间的同业市场(期限为1—15天)和非银行金融机构之间的场外市场(期限为30天),1989年两市场合并。

6. 回购协议

1977年由证券融资公司首次使用回购协议,后来扩展到银行、证券公司和邮政局;证券融资公司和证券公司利用回购协议买卖债券,期限为1—364天;银行和邮政局通过回购协议从事政府债券和公司债券的销售,银行的期限为91—362天,邮政局的期限为1—90天;回购协议的利率在证券交易委员会确定的最高利率范围内,由交易双方自行决定。

(二)韩国的证券市场

韩国1956年建立了证券交易所,但上市公司数目较少,仅12家,占据交易所交易主导地位的是政府债券市场。从20世纪60年代起,韩国政府采取措施发展资本市场,制定优惠的税收政策,鼓励公司上市,将韩国证券交易所改组为政府所有的非营利公司,提高了证券交易所作为公司融资中心的地位和作用。政府先后颁布了一系列法规,如1962年的《证券交易法》、1968年的《资本市场促进法》、1972年的《促进开放型公司法》,同时,建立了证券市场监管制度,韩国证券交易委员会、证券监管局等部门先后成立,使证券市场走上规范化道路。为扩大市场规模,政府给予公司税和折扣方面的优惠,鼓励私人公司上市;另外,从80年代起,鼓励保险公司扩大证券投资,鼓励成立投资于证券业的养老基金。在政府的扶持下,韩国的证券市场随着经济的起飞和金融环境的变化而逐步成熟。

1. 债券市场

在公司债方面,20世纪70年代中期,由于对公司债收益的预期低于股票收益,大众投资者很少购买,大多数公司债由证券公司包销。80年代,公司债的收益不受政府法令的限制,高于同期银行存款利率,同时,由银行担保的公司债风险较小,公司债的规模增长迅速。1982年达成的债券交易制度化协议,加速了债券二级市场的发展,使公司债券市场日趋活跃。

2. 股票市场

在流通市场上,韩国证券交易所是唯一一家根据证券法建立的交易所,它是非营利性的由政府经营管理的公司。1988年,交易所改组为会员制,会员仅限于证券公司,最高管理机构为董事会,总裁负责交易所的全面经营管理,交易所的行为接受财政部的监督。大多数的股票和政府债券均通过该交易所交易。1987年开始设立场外交易市场,以活跃中小型公司的股票交易,股票市场上,上市公司中银行业和证券业公司较多,股市交易较为集中,前10只股票的交易占股市总值的31%。个人是最主要的投资者,1990年个人投资的比重仍占55%。

(三) 韩国的外汇市场

1. 韩国外汇市场概况

韩国的外汇市场分为期货交易所市场和场外市场,其中,场外市场由零售市场和银行间市场组成。韩国期货交易所成立于1999年4月23日,实行标准化产品的交易,居民可以买卖海外或当地市场的期货产品。目前,韩元/美元期货和期权已经在韩国期货交易所挂牌。自从韩国允许进行投机买卖以来,银行间市场在外汇市场中居主导地位,衍生品交易通常在银行间市场而不是在零售市场进行。外汇银行主要参与银行间市场,以平补与非金融机构客户的交易中产生的敞口头寸。银行间市场中的大部分交易是通过经纪商进行的,经纪商在外汇指定银行间起媒介作用,它们不持有头寸。现在,韩国有韩国货币经纪公司和汉城货币经纪服务有限公司两家经纪商。

在外汇市场中交易的产品有远期、外汇掉期、外汇衍生品及包括即期在内的信用衍生品。外汇市场的交易额在1998年由于货币危机的影响急剧下降,2000年恢复到了危机前的水平。2001年4月,韩国外汇市场的交易额占全球市场的0.6%。自2000年以来,日均即期的交易额基本稳定在50亿美元左右,而远期、掉期交易及衍生品交易额每年递增30%以上。2002年,日均即期的交易额为51亿美元,占市场中全部外汇成交额的62.8%,而其他主要国家的这一比例一般为13%。外汇市场包括衍生品在内的日均交易额达89亿美元。远期合约是公司主要使用的保值工具,而即期和外汇掉期通常用于对冲银行的外汇头寸。这表明韩国公司正在逐步习惯于对外汇风险进行套期保值,银行交易商的对冲技术也在逐步改进。自1999年4月以来,无本金交割远期交易增长极为迅速,现已占所有与零售客户交易的远期合约的60%。另外,复杂的金融工程合约(Financial Engineering Contractions)如货币和利率期权、掉期期权等,仍需进一步发展。

2. 韩国外汇市场发展的经验

韩国在外汇市场开放时实施了协调一致的战略,商品市场、资本市场和外汇市场协调开放。

第一步:通过推进自由贸易和外国直接投资使经常项目自由化。韩国经常项目自由化的顺序是:1988年11月,接受IMF第八条款,放开经常项目下的交易;1990年1月,接受关贸总协定第十一条款的义务,保持低关税制度;1992年9月,经常项下交易全面放开,不在例外名单上的交易只需向韩国银行备案;1996年6月,经常项目交易支付仅需向外汇银行做简单声明;1999年4月,除了少数例外,公司和银行的经常项目交易实现完全自由化;2001年1月1日起废除了对个人经常项目交易的限额。在外国直接投资管制解除方面:1980年,一些经常项目下的交易开始自由化;1998年5月,《外国投资促进法案》取代《外国资本引入法案》,通过收入税和财产税方面的多种优惠措施促进外国投资;1999年4月,为符合经济合作与发展组织(OECD)的标准,简化外国直接投资的规则。

第二步:通过开放股票和债券市场使资本账户自由化。股票市场的开放措施主要有:1984年6月,允许外国投资基金通过韩国基金间接进入韩国股票市场;1992年1月,允许外国投资者直接投资于国内股票市场;1998年5月,完全废除外国对韩国股权类证券投资的限额;2001年1月,外国人进行证券投资的程序简化了很多。债券市场的开放措施主要有:1995年2月,允许在海外存贷款;1998年5月,债券市场和货币市场完全向外国投资者开放;1999年4月,解除资本项下交易的审批要求(法律法令中规定的交易除外),允许财务健全的国内公司在海外进行期限1年内的借款,允许非居民开设期限1年以上的韩元存款和信托账户;2001年1月,解除禁止非居民本币存款和信贷期限低于1年的限制。

第三步:解除对外汇交易的管制,采取建立在市场反应基础上的汇率制度。1961年12月,在固定汇率制度下颁布了《外汇管理法案》;1980年2月,固定汇率制度转变为盯住一揽子汇率制度;1990年3月,市场平均汇率制度(MARS)取代盯住一揽子汇率制度;1997年12月,废除银行间汇率的每日波动幅度限制,转向浮动汇率制度。

韩国的汇率制度逐步由固定汇率制度经由盯住一揽子汇率制度、市场平均汇率制度,转向自由浮动汇率制度。其汇率制度的变化与经常项目和资本项目自由化进程,以及解除外汇管制的进程相符。通常,汇率随着贸易收支的变化而变化。当贸易收支为赤字时,汇率贬值,反之亦然。然而,在1991—1996年期间,尽管韩国的贸易赤字不断累积,但其汇率没有贬值反而倾向于升值。

二、新加坡的金融市场

(一)新加坡的货币市场

新加坡的货币市场交易有两大类:一类是银行同业之间建立在信用基础上的拆借市场,同业拆借无须抵押,也没有可以流通转让的金融工具;另一类是有商业票据、国库券、可转让存单、回购协议等代表债券债务关系的短期票券的发行、流通和贴现市场。银行间市场是新加坡货币市场的主体,大约是票券市场规模的3倍左右,其形成最早,运作也最完善。票券市场之所以发展较慢,与国内对直接融资的需求相对较小有关,但是新加坡金融管理局很重视发展国内票券市场。有关的扶持措施,如建立四大贴现行,废除对汇票、本票、存款单和商业票据的印花税,批准合格银行发行新加坡元存款单,扩大国库券发行的期限、种类和规模,逐步放开银行利率,允许外资金融机构有选择地参与本币业务等有力地刺激了新加坡货币市场的发展。到20世纪90年代初,新加坡货币市场的未清偿总余额超过230亿新元,占货币供应量的2%以上。

1. 银行同业拆借市场

新加坡的银行同业拆借市场是1962年才开始大规模发展的,当时的外资银行、外汇和股票经纪商为了在清算时取得短期拆入的新加坡元资金,自发组织了现在的银行同业市场。这个市场的主要参与者有商业银行、商人银行、邮政储蓄银行和金融公司,新加坡金融管理局有时也出于政策目的而进入银行同业市场。新加坡银行同业拆借交易没有具体的最小成交额限制,期限有较大弹性。新加坡银行同业拆借市场除了经营本币新加坡元以外,也进行外汇的拆借。外汇拆借作为离岸性业务与本币同业拆借并行不悖。因此新加坡的银行同业拆借市场实际上起着一定的沟通境内外资金市场、配合外汇交易的作用,但是从形式上看,本币与外币的同业拆借在新加坡仍是分开的。

2. 商业票据市场

新加坡的商业票据市场分成两个部分:一个是商业票据的贴现实市场,另一个是商业票据进行背书转让的流通市场。以商业票据办理贴现取得融资的主要是进出口商,主要的持票人则是商业银行以及取得金融管理局经营票据业务批函的金融公司和一些非金融公司。在各商业票据的融资、流通过程中,20 世纪 70 年代初成立的四大贴现行作为商业银行和金融管理局之间的中介起过很关键的作用:一是贴现行突破了银行间直接融资的期限较短的限制;二是贴现行除了办理商业票据的贴现和背书转让,也接受商业银行的按金融管理局规定存入的一定比例的存款。商业票据作为新加坡货币市场上最活跃的交易工具之一,对于加快企业资金周转、促进金融体系提高资产管理的流动性、活跃货币市场的资金交易起着不可低估的作用。

3. 国库券发行

新加坡的国库券是政府为了调剂财政收支过程季节性和临时性的资金余缺而发行的短期国债凭证,其主要特点是期限短、面额多样、不载明利率(发售时按市场情况折扣发行,到期按面额还本)和信誉高。新加坡国库券发行可以追溯至 20 世纪 20 年代。1923 年新加坡颁布第一部国库券法令,随后国库券开始发行。新加坡国库券市场的运作采用的是招标式发行方法。

(二)新加坡的证券市场

新加坡管理证券交易和证券市场的机构是新加坡证券行业委员会及新加坡证券交易所。前者是由财政部设立的,是《证券行业法》的执行机构和法定的咨询机构,而证券交易所负责证券市场的日常运转。新加坡证券交易所在证券事务方面为一个自律性的机构,它由 9 人委员会管理,其中 5 名委员选自非证券商群体,另外 4 名委员由具有会员资格的证券商选出,该委员会作为新加坡证券交易所的行政管理机构,在实施政策与控制交易方面具有广泛的权力。

1973 年之前,新加坡和马来西亚共有一家证券交易所。1973 年 5 月,两国货币互换协定终止后,新加坡于 6 月成立了新加坡证券交易所有限公司,但实行双重挂牌上市的办法,即无论是新加坡还是马来西亚的股份公司,都使用各自的货币在两家证券交易所上市,新上市的公司则选择各自的交易所。从 1990 年起,新加坡和马来西亚企业停止在对方交易所交叉挂牌上市。

在新加坡挂牌的证券,99%是属于公司的普通股,其余为优先股、公债和债券。按行业来分,工商业占交易所市场资本总额的 50.9%,金融业为 28.4%,房地产业为 12.7%,旅馆业为 7.2%。进入 20 世纪 90 年代，新加坡政府为活跃股票市场采取了一系列措施，如放宽公司股票上市条件，扩大外资对本地经纪商和银行股权的持有比例。但在股票市场上，许多政府拥有或控股的大企业并没有上市。

由于新加坡政府执行保守的财政政策，同时通过中央公积金制度集中大量的资金，无须通过发债筹资，所以，政府债券的发行量很小，且多为金融机构持有，债券市场规模较小。

(三) 新加坡的外汇市场

新加坡的外汇买卖可以追溯到 20 世纪 20 年代，当时的外汇交易主要为对外贸易支付服务，规模很小。进入 60 年代后新加坡政府推行了一系列重大措施，以把新加坡建成亚太金融中心。这些措施包括改善通信、交通等金融业基础设施，建立"亚洲货币单位"，引进国际货币经济商，通过合资金融机构训练本国的外汇交易员等，这些都为新加坡外汇市场的现代化创造了条件。除了上述重大措施之外，促使新加坡成为全球主要外汇市场的主要原因还有：(1) 优越的地理和时区位置。新加坡外汇市场把远东市场和欧美市场衔接起来。(2) 亚洲货币市场的离岸金融业务也使新加坡的外汇市场有雄厚的国际背景支持。(3) 新加坡国际货币交易所对扩大本地的外汇市场功不可没。

1. 新加坡的即期外汇交易

参加新加坡现汇交易市场的机构主要有本地四大商业银行、商人银行和外资银行，金融管理局有时也介入以稳定新加坡元的汇率。基本上现汇市场以应付客户实际交易用途为主，如进出口贸易、旅游、直接投资等，有本地机构参与的交易涉及本外币兑换的比重较大，总体上投机性较小。另外一类活跃在新加坡外汇市场上的机构是 8 家国际货币经纪商，它们是 20 世纪 70—80 年代陆续获准进入新加坡经营外汇买卖和存款揽储中介业务的。8 家国际货币经纪商在现汇市场上掌握大量的客户买和卖的报价，它们的主要客户是银行和各种机构，很少有一般企业。安排成一笔外汇买卖之后，货币经纪商抽取中介手续费，它们很少为自己买卖外汇。

2. 新加坡的远期外汇交易

新加坡的期汇交易期限较多，从成交日起算有 10 天、30 天、60 天、90 天、120 天甚至 730 天的，而且提供远期选择权交易方式。新加坡期汇交易一般以银行同业交易为主，双方通过货币经纪商询价报价，成交后双方以电传加以确认，到期按约定的办法划拨资金进行清算。由于远期交易存在汇价的升贴水问题，除了根据一定的预测进行投机性外汇交易，一般以所谓的掉期保值办法来轧平头寸。新加坡远期外汇市场有很大一部分交易属于标准化的交易，即外币期货。虽然外汇期货有时也列入远期外汇交易的统计范围，但由于新加坡国际货币交易所是当地外汇期货的主要交易场所，而且外汇期货是以公开竞价方式的集中性交易，统计时有明确的合同数和成交额。所以新加坡金融管理局一般把远期外汇交易限定为新加坡国际货币交易所以外的远期交易，包括普通期汇交易、选择交割日的期汇交易、时间套汇和有抵补的套利等。

(四) 新加坡的离岸金融市场

1965 年新加坡脱离马来西亚获得独立之后，宣布单独进行经济建设，经济结构发生了很大的变化,转口贸易已经不占首要地位。新加坡当局为了繁荣经济,快速发展工业、海空运输业、贸易、旅游及银行服务业,并以此大力鼓励外来投资。从20世纪60年代末至70年代,新加坡对国外银行采取开放政策,逐渐放开黄金、外汇管理,努力把新加坡发展成为一个重要的国际或区域性金融中心。

新加坡离岸金融是市场运行的主要特点是:(1)亚洲美元市场的主体是外资银行;(2)银行同业往来是亚洲美元市场的主要活动;(3)离岸市场与在岸市场相分离;(4)离岸金融市场资金期限短,利差偏小;(5)新加坡离岸金融市场有明显的区域性。

亚洲美元市场是新加坡离岸金融市场中的一个典型。之前,亚洲美元市场只是欧洲美元市场的一个分支。但是从20世纪70年代开始,随着国际性大银行纷纷涌入亚洲美元市场,资金的来源也发生了很大的变化,从而使新加坡同业借贷市场发展十分活跃,亚洲货币单位账户上的资金余额,已不一定向欧洲美元市场的欧洲金融中心投放,而是可以贷给当地银行。亚洲美元商业市场上的同业资金主要来自各国的中央银行、商业银行、证券银行和其他金融机构。亚洲美元市场在资金期限上是整个资产与负债偏向于短期,但3个月以上的各档次的资金所占比重资产超过负债,与欧洲货币市场相反,具有借短放长的现象。在亚洲美元市场上亚元单位的利率波动不受限制,因而利率波动频繁,市场所参考的利率水平是新加坡银行间同业拆放利率(SIBOR)。亚洲美元市场的组成部分有亚洲美元短期资金市场、亚洲美元中长期信贷市场、亚洲美元存单市场和亚洲美元债券市场。

三、中国香港地区的金融市场

(一) 中国香港地区的货币市场

中国香港地区的货币市场主要有短期存款市场、商业票据市场、同业拆借市场和外汇基金票据市场等。香港作为一个以外向型经济为主的地区和国际性金融中心,其货币市场独具特色。首先,香港地区短期存款市场规模很大,汇聚了不同国家、期限不一、币种不同的资金,促进了香港地区经济和金融的发展。港元同业拆借市场发展迅速,在货币市场中占重要地位,同业拆借已成为香港地区存款机构综合负债的重要来源。商业票据市场起步于20世纪70年代,规模有限,在货币市场上比重不大。香港地区货币市场中没有可转让存单市场和国库券市场,这是因为香港银行公会对短期存款有利率协议限制,而期限为15个月至5年的存款证属于资本市场交易工具。另外,港英政府实行积极不干预的经济政策,政府不得发行国库券弥补财政支出,因此香港地区不存在国库券市场。不过,香港的政府债券计划会持续及有系统地发行政府债券。在政府债券计划下,港英政府不受任何严格的发行目标限制,可根据市场情况及需求灵活管理所发行的每批政府债券的发行额及期限。1990年3月,港英政府开始发行外汇基金票据,其目的是创造一种调节资金水平、影响汇率的短期信用工具。下面对这几个市场分别进行介绍。

(1) 短期存款市场。短期存款是指期限一年以内的存款。短期存款市场是企业或个人将资金借予认可机构的场所。短期存款按性质可分为往来存款、储蓄存款、定期存款和掉期存款。香港地区的三类认可机构皆可吸收存款,但这三类机构在最低实收资本额、可吸收存款的数额、期限及存款利率方面所受的约束有所不同。持牌银行在可接受存款的规定方面比另两类机构享有优势,在存款数额方面也不受任何限制。另外,持牌银行资本实力雄厚,最低实收资本为 1.5 亿元,风险低、安全性好。

(2) 同业拆借市场。同业拆借市场是指银行等金融机构同业之间调节资金余缺的场所。资金过剩的银行可把多余资金拆放出去,而资金不足的银行可从其他银行借入存款人供给的资金。同业拆借市场把整个银行体系联结起来,使单个银行存款成为全国信贷市场资金来源的一部分。

港元同业拆借市场于 20 世纪 50 年代开始形成,70 年代后有较大发展。随着股市日渐繁荣,以及外资银行的积极参与,带动了同业拆借市场的发展。香港同业拆借利率于 2014 年继续维持在较低水平,期间因股市集资需求增加及银行季末及季前的流动性需求而偶有波动。香港地区的银行同业拆借利率,决定于市场参与者之间的资金供求,因此该利率是香港地区短期贷款最重要的价格指标之一。

香港地区同业拆借市场在其货币市场中一直发挥重要作用,同业拆借金额的持续增长,对香港地区的经济发展影响深远。

(3) 商业票据市场。香港商业票据的发行方式有两种:第一种是折价发行,即商业票据低于票面发行,发行价格为从票面价值中按规定的贴现率扣除自发行日至票据到期日的贴现利息,到期时由购买者按票面价值赎回;第二种是计息票据,即按浮动利率计算利息的票据。

商业票据在一级市场发行,由一些投资银行和机构负责承销,承销机构还对票据进行评估,提供参考利率。已发行的商业票据可在二级市场上转让售出,即持有者可在票据到期前售予其他买主和包销商。包销机构在二级市场上起着中介作用,一方面代客户报价,另一方面自营买卖,从中赚取利润。

香港地区无信用评级机构,但是规定实收资本少于 7 500 万港元的上市公司,发行商业票据须向证券及期货事务监察会申请,由证监会审核后确定申请者是否具有发行资格。由于缺少评级机构和有效的交收结算制度,发行面额规定较高,加上 1989 年以前的税收规定不利于个人投资者,这些因素限制了一级市场和二级市场的发展。此外,商业票据市场的发展还要受利率环境及资金运用状况的影响。

适宜的利率水平可以促进票据市场的发展。当利率下降时,对投资者而言,银行存款利率更低,投资于商业票据能得到相对较高的回报率,而且票据价格会由于利率下降而上升;对发行机构而言,信誉良好、实力雄厚的大公司发行的票据利率往往低于从银行取得贷款的利率,筹资成本相当低。因此低利率环境能够促进商业票据市场的发展。

金融市场其他信用工具和筹资形式的发展及利率变动对商业票据市场也有影响。发行机构将比较不同融资方式的筹资成本和利率水平,选择便利的、低成本的信用工具。

政府政策措施对票据市场的发展也有很大影响,香港地区的政府采取措施促进商业票据市场的发展,逐步完善票据交收制度和监管工作,并于 1989 年废除对商业票据利息征税。在政府和投资机构的努力推动下,香港地区票据市场一定会得到更充分的发展。

(4) 外汇基金票据市场。外汇基金票据是香港地区货币市场具有特色的货币工具。各国中央银行通过买卖政府票据,开展公开市场业务,干预货币市场,以影响利率和经济活动水平。香港地区政府在经济上实行积极的不干预政策,一直反对赤字财政,政府没有负债,因此香港地区政府不发行国库券。但维持港元汇率稳定一直是香港地区政府的政策目标。

1990年以前,香港地区政府主要通过外汇基金干预货币市场。自成立以来,基金一直持有支持香港地区纸币发行的储备。1998年4月1日以前,财政储备是以港元存款的形式存放于外汇基金,以减低市场风险。由于官方储备大幅增加,政府当局决定以较积极的方式管理存放于外汇基金的财政储备,争取较高的长期实质回报。因此,由1998年4月1日起,以往作为港元存款存入外汇基金的财政储备改为以积极方式管理,其回报率与整体外汇基金的回报挂钩。根据财政司司长在1998年度财政预算案演词内公布有关政府与金管局议定的安排,整体外汇基金的年度回报率,应以外汇基金投资组合于每年12月31日(即外汇基金会计年度的结束日)的价值为计算基础。

外汇基金票据是政府以外汇基金名义发出的,对外汇基金的无抵押、无条件的短期负债。它不同于其他国家以弥补财政赤字为目的的发行的国库券。发行外汇基金的目的是稳定汇率,所得收入不得归入政府收入或用于政府开支,必须存入外汇基金,用于其他安全性和变现性高的投资。相对于同业拆借市场和商业票据市场,外汇基金票据市场风险最低、流动性最高,且具有较高的成本效益。而且外汇基金票据如其他优质债券一样在金融机构资产组合中比例上升。外汇基金票据为香港地区货币市场发展提供了新的短期信用工具,增加了港元债务票据的供应,并为港元债务提供可靠的基准收益曲线,而且可望带动其他票据市场的发展。

(二) 中国香港地区的证券市场

1. 中国香港地区证券市场的历史和发展

中国香港地区的证券交易最早见于19世纪中叶。然而,要到1891年香港经纪协会成立时,香港地区始有正式的证券交易市场。该会于1914年易名为香港经纪商会。香港地区第二家交易所——香港股份商会于1921年注册成立。两所于1947年合并成为香港证券交易所,并合力重建第二次世界大战后的香港股市。此后,香港地区经济快速发展,促成了另外三家交易所的成立——1969年的远东交易所、1971年的金银证券交易所以及1972年的九龙证券交易所。20世纪70年代以后,香港地区股票市场逐步形成规模,经历了石油危机、世界性经济衰退,香港地区股市升降不定,波动剧烈,但香港地区经济的增长最终带动了股市的繁荣。在加强市场监管和合并四所的压力下,香港联合交易所有限公司于1980年注册成立。1986年,原来分立的香港、远东、金银及九龙四家证券交易所合并组成联合证券交易所,成为香港地区唯一的证券交易所。1987年世界性的股市危机后,联交所修改上市公司条例,放宽新股上市条件,改革股市结算与交收制度,设立中央结算支付系统,建立了证券期货事务监察委员会,为90年代香港股市的健康发展打下了良好的基础。财政司司长在1999年发表财政预算案演词时公布,香港证券及期货市场会进行全面改革,以提高香港的竞争力和迎接市场全球化所带来的挑战。根据改革方案,香港联合交易所有限公司(联交所)与香港期货交易所有限公司(期交所)实行股份化并与香港中央结算有限公司(香港结算)合并,由单一控股公司香港交易所拥有。三家公司于2000年3月6日完成合并,香港交易所于2000年6月27日以介绍形式在联交所上市。2014年,沪港股票市场交易互联互通机制试点(沪港通)推出,为上海及香港两地投资者提供了在投资额度限制下参与对方股票市场的途径。

2. 中国香港地区证券市场的特点

中国香港地区证券市场已经历了一个多世纪的风风雨雨,然而真正的大规模发展只在近20年时间,与香港地区经济的发展特质一样,香港地区证券市场也有与众不同之处。

(1) 股票市场繁荣。香港股票市场是继纽约、伦敦和东京之后排名第四的股票市场,这是由于香港地区具有良好的地理位置。它是一个天然深水不冻良港,处在中国内陆的南大门,加之它处在纽约和伦敦之间,在时差上刚好可以使国际金融市场不停歇地运作。同时,香港地区政府的积极不干预的经济政策在一定程度上促进了香港地区股市的蓬勃发展,而"证监会"的监察管理也有效地制止了股市当中的违法现象,使股票市场朝健康方向发展。

(2) 证券市场结构不合理。香港的股票市场十分发达,但其他证券相对来说所占比例甚微,如债券市场只占证券总额的0.1%。形成这种状况的原因是多方面的。由于香港地区独特的政治经济地位,这样的政治经济地位使得香港地区政府对于香港地区经济的干预作用相对弱一些,反映在证券市场上为政府发行的债券量很少。另外,港人的激进的投资态度也使得适合保守者投资的债券发展缓慢。香港股票市场虽然居世界第四位,但其内部结构不甚合理,主要表现在股票市场中工业只占很小的一部分,这是香港地区特殊的经济结构造成的。香港地区政府一直忽视其工业方面的发展,而重点发展金融业、旅游业。其理由便是"积极不干预",以逃避对制造业转型和升级的全面支持。

(3) 股市暴涨暴跌,投机性强。香港地区股市不稳定,受各种影响较大,无论是政治经济领域的大事或是某一公司的小事,股市都会立刻有所反映。经历了1987年股灾以及其后一连串打击,香港地区股市逐渐走向成熟,承受力逐渐增强,股价目前较平稳。

(三) 中国香港地区的外汇市场

1. 中国香港地区外汇市场的发展

中国香港地区外汇市场在1973年外汇管制完全撤销后,开始有较明显的发展。到20世纪70年代末期,外资银行较大规模进军香港市场,更进一步刺激了香港汇市的交易活动。但是,直到1989年香港地区才有较客观及全面地反映香港汇市的交易情况及比较国际地位的统计资料。1995年香港市场成为世界第五大活跃的汇市,超越瑞士,但仍落后于英国、美国、日本及新加坡。

香港地区外汇市场主要以美元兑港元以外的货币交易为主,1995年这类交易占总交易量的比重为77.6%。在交易对象方面,香港地区汇市的交易对象主要为海外经纪、金融机构或客户,这些交易占总交易量的比重自1989年以来一直在上升,从该年的66.8%增至1995年的74.7%。同时,1995年香港地区市场对海外的外汇衍生工具交易占所有衍生工具交易的比重也近75%。

1995年,香港地区外汇市场的外汇衍生工具交易量也居于第五位,与整体交易地位相同,显示了香港地区市场的金融创新能力。香港地区汇市衍生工具交易的增长,主要为外汇掉期交易推动。1995年每天平均外汇掉期交易为527亿美元,较1992年上升97.1%,增幅显著高于总交易量增长。但在其他衍生工具交易方面,香港地区市场与国际主要市场相比则较平淡。

根据国际结算银行在2013年进行的全球调查,香港地区外汇市场的成交额在世界各大经济体中排名第五。

2. 中国香港地区外汇市场的交易种类

香港地区外汇市场的交易品种,与国际主要市场类同。近年外汇衍生产品推陈出新,当今香港外汇市场上衍生工具交易量也居前列,市场的交易品种更趋多元化。

(1) 现汇交易(Spot Transaction,也称现货交易)是指在成交日后两个工作日之内交收的外汇交易,具体交收时间则视个别货币而定,因为需要迁就每种货币的交收及结算须在该货币合法流通的地区进行。银行与银行之间的现汇交易一般可分为即日交收、翌日交收和第二个工作日交收三种。但香港银行公会从1990年1月1日开始,令香港银行同业的现汇交易均为翌日或第二个工作日交收。至于银行与客户之间的现汇交易,一般均在成交日交收,但银行也可视客户需要而安排翌日或第二个工作日交收。另外,银行之间或对客户提供的外币现钞买卖,也可视为现汇交易的一种,唯这种交易比重甚低。

(2) 期汇交易(Forward Transaction)泛指在成交日后第三个工作日以后交收的外汇交易,即买卖双方在成交日协议交易价格,但在较后(第三个工作日或之后)时间才交收完成买卖。一般的期汇合约交收在到期日进行;但属于期权合约有别于外汇期权,交收可以在合约期内任何一个工作日进行。合约形成是交易的一方容许另一方在合约期内以协议汇率(价格)行使"沽售"或"购入"权利;享有行使权利的代价是通过较一般期汇合约为低的协议汇率,令另一方得到补偿。

(3) 掉期交易泛指合约双方同时进行两种相反、到期日不同而合约交易额相同的外汇买卖。合约双方通过这种交易,可以满足在一段时间内对另一种货币的需求,但同时又无须承担汇率风险及在利息收益差距上蒙受损失。掉期交易一般可分为两类,分别为外汇掉期及货币掉期。在外汇掉期中,两种交易的其中一种可以是现汇交易,或两种均为期汇交易,而两种货币的利率差距在远期汇率定价水平中补偿。在货币掉期中,则以现汇和期汇两种交易组成,利率差距以合约期内获得较高利息收益的一方支付给另一方的方式补偿。掉期交易一般由金融机构之间或与客户之间个别安排,以切合具体需求,因此普遍属场外交易。在香港地区市场上较普遍的掉期交易为外汇掉期,货币掉期仍不多见。

(4) 外汇期权(Currency Option)有卖出(Put Option)及买入(Call Option)两种,在合约形式上也有美式与欧式两种。在美式合约中,持有合约的一方可按协议汇率在合约到期日或以前行使其"买入"或"卖出"权利;在正式合约中,享有权利者并无责任要进行"买入"或"卖出"行动,即他可选择"不行使"该权利。享有权利的一方须付期权金(Option Premium)给另一方,作为享有权利的代价。这种安排令持有人最终没有行使权利,损失只限于付出了的期权金。外汇的期货买卖是金融期货合约的一种,即买卖双方在成交日订定交收(在成交日以后)时的交易汇率及成交额,到交收日对比一个双方同意的市场指标汇率(例如纽约收市价),折算亏损的一方须按差额赔予获利一方。与期汇合约不同,期货合约可以在市场中转让,且通常是交易所推动的标准合约。

(5) 杠杆式外汇买卖。香港市场上一些外汇投资公司及部分银行向客户提供的杠杆式外汇买卖服务,是指接受客户仅付一个百分比的按金(法例规定不少于合约金额的

5%)作为买卖外汇的抵押,并容许客户在没有外汇下做出沽空行为,但因汇率变动导致客户出现亏损,客户须维持按金在一定水平(法例规定不少于合约金额的3%),否则外汇投资公司与银行将有权为客户平仓止损,以保障不会蒙受损失。外汇投资公司大多会提供夜市服务,即在香港正常市场运作时间外提供买卖服务。

(四)中国香港地区的离岸金融市场

香港地区在20世纪50年代以后就已经是一个免税的境外货币的自由市场,是东南亚各地华侨的资金中心和转口贸易结算中心。1973—1974年,香港地区政府取消了外汇管制,实行外汇、外贸和资本交易三放开原则,从而使香港地区银行的外币从1971年的17.04亿美元增加到1975年的66.28亿美元。1978—1982年,香港地区政府在银行准入和税收征收方面采取了一系列优惠政策,使美元存款迅速增加。同时,为大力开展离岸金融业务,1980年增设黄金商品期货市场,1980年设立了金融网市场,从而不仅吸引了新加坡的资金,而且吸引了巴黎、纽约、北京及伦敦等市场的资金。截至1994年年底,香港地区离岸金融市场的资产总额约5 000亿美元。目前,香港地区的外资银行在数量上仅次于纽约和伦敦据世界第三位,全球500家最大银行有436家在香港设立了分支机构;其外汇市场日成交额达640亿美元,居亚洲第二位;同时其货币完全可以兑换,金融环境优越,在全球金融市场中,香港地区也是连贯欧、美金融市场的重要一环。

香港地区于2004年首次推出人民币业务,允许香港银行提供个人人民币业务,自此不断扩大业务范围。随着跨境贸易人民币结算试点计划于2009年7月推行,并于2010年7月扩大范围,参与人民币业务的香港银行可以向企业客户提供多种人民币服务,包括贸易融资、人民币存款证、人民币债券以及其他相关产品和服务。

跨境人民币结算计划及相关的便利措施带来了诸多好处,使贸易商可以使用各类人民币服务(如信用证、保付代理等)以降低人民币贸易的交易成本,并可离岸兑换人民币,以及离岸接收及储存人民币贸易款项。过去数年,跨境贸易人民币结算越来越受欢迎,外国贸易商与中国内地企业进行贸易时,越来越多地选择人民币结算。中国内地以人民币结算的对外贸易,由2011年的9%增加至2013年的约15%,显示出人民币作为贸易结算货币的重要性与日俱增。

此外,香港地区建立了在内地以外最大的人民币资金池。截至2014年2月底,在香港地区的人民币存款达9 200亿元,是2009年7月实施试点计划时的10倍多。目前,香港地区共有210多家银行参与人民币清算平台。

四、中国台湾地区的金融市场

(一)中国台湾地区的货币市场

货币市场是指一年期以下短期资金交易的市场,在台湾地区包括短期票券市场和金融同业拆款市场两类,其中短期票券市场包括承兑汇票市场、商业本票市场、可转让定期存单市场和"国库券"市场。早期通常所说的货币市场都是指票券市场,它是台湾地区短期资金市场的主体。自20世纪60年代以来,由于经济逐渐增长、金融机构业务持续扩展,使得拆借活动趋于积极活跃,同业拆借市场也逐步发展起来。

1. 台湾地区货币市场的发展

(1) 台湾地区票券市场的发展概况。20世纪70年代以前,台湾地区财政收支多有盈余,依靠发行"国库券"来弥补财政亏空的动力不足,故未能形成短期债券市场。尽管70年代中期以前,以台北市迪化街为中心曾盛行用远期支票"调头寸"的做法(即借款人以远期支票向银行作为"担保",取得"客票融资"),但这种操作仅仅凭个人的信用而缺乏担保的信用度,而且这一市场是台湾地区官方不承认的"黑市"货币市场,与现代市场经济国家有组织、有秩序的货币市场相差甚远,但这在一定程度上已经具备货币市场交易的雏形。1975年,台湾"财政部"公布《短期票券交易商管理规则》,并指定台湾银行、"中国国际商业银行"和交通银行分别筹设短期票券交易公司各一家。1976年,台湾银行会集其他几家银行合股成立台湾首家票券公司——中兴票券金融公司,标志着台湾货币市场的开端。此后在1977、1978两年中,"中国国际商业银行"和交通银行又分别成立了"中华票券金融公司"及国际票券金融公司。这三家票券金融公司专门从事商业票据及政府债券的承销、经纪、背书、保证和买卖等业务,并提供企业财务资讯。票券公司自负盈亏,交易对象为银行、各金融机构、企业、机关社团及个人。票券公司的成立极大地推动了台湾地区票券市场的发展。到1992年,台湾当局又开放了银行办理票券经纪、自营业务。1995年,进一步开放银行办理票券签证、承销业务。同年,台湾当局又批准成立了13家新票券金融公司。

台湾地区货币市场成立以后,就市场的发展及运作来看,交易工具包括国库券、可转让银行定期存单、汇票、本票、中央银行储蓄券、一年内到期之各类债券及附条件交易等短期债务凭证。各种信用工具发行增长很快,在票券方面,尤其以"国库券"、商业本票、银行承兑汇票和可转让定期存单的发行规模增长快速。1984年6月,台湾当局为提高若干资本市场信用工具的流动性并活跃其次级市场交易,准许公债、公司债及金融债券的到期期限在一年以内者也可在货币市场交易买卖。从1976年至今,台湾地区票券市场规模呈下降趋势。

(2) 台湾地区同业拆款市场的发展概况。随着货币市场的建立和发展,短期信用交易工具不断增加。台湾"央行"于1979年1月开始进行公开市场操作,以间接调控金融。1980年4月1日,在"中央银行"督导下,台湾银行公会根据《银行法》及"中央银行"核定的《台北市银行公会设置同业拆款中心要点》的规定,成立了同业拆款中心,台湾银行同业的拆款交易开始逐渐发展为有组织的市场。同业拆款中心主要负责议定拆款中心利率与充当银行间拆款的中介,以配合推行利率自由化,便利各银行调节准备金,拨补票据交换差额,使同业拆款有个公开的市场,并使台湾地区货币市场的发展趋向多样化。同业拆款中心只限银行间新台币的借贷,个人不能参加,期限习惯上为5天1期,不需提供质押品。同业日拆的利息为按天计,利率由同业拆款中心参照银行体系的资金供求状况自行议定,每10天议定一次。

拆款市场早期分为同业拆款市场和短期融通市场。前者是在"中央银行"有存款准备金账户的银行之间以无担保方式借贷准备资产;后者是在"中央银行"没有存款准备金账户的金融机构及在同业拆款市场无法获得稳定资金的外国银行在台分行与台湾的银行之间进行短期资金融通的市场,同业拆款市场的交易不如短期融通市场活跃,因而两个市场间的利率差距较大。

目前的金融业拆款中心于1991年10月1日由原先的银行同业拆款中心改制而成。中心旨在同业相互调剂准备,并提高金融业货币信用的效能。会员包括银行、信托投资公司、票券金融公司、邮政储金汇业局(后改制为"中华邮政公司")及符合"中央银行"所定条件的信用合作社,目前会员家数已逾100家。其拆款期限最长不得超过6个月,拆款以100万新台币为单位,拆款所得利息收入免征营业税,仅需课征盈利事业所得税。会员单位拆款以拆款中心为中介人或通过电脑化系统交易,至于由会员单位自行相互为拆借者,应于成交后立即通报拆款中心核备。现行拆款作业方式系双方先以电脑洽商合议,经确认后,通过"中央银行"同业资金调拨清算作业系统,办理拆款清算转账作业,以避免人工交割作业所产生的风险,拆出银行于拨款前确认拆入银行已设定完成到期退款的期约转账,简化相关作业流程。

2. 台湾地区货币市场的特点

(1) 台湾地区货币市场中票券市场占有着绝对的地位,在货币市场的众多参与者中,票券金融公司的作用举足轻重。由于台湾地区货币市场并没有一个集中的交易场所,供求双方一般是通过票券金融公司这一中介机构来达成交易,因而票券金融公司事实上是整个台湾地区货币市场的交易中枢,发挥着桥梁的作用。不仅如此,台湾"央行"实施公开市场操作也均通过票券金融公司来进行,因此,票券金融公司的运作也直接关系着台湾地区货币政策的实施。

(2) 台湾地区货币市场的一个重要特色是"央行"可以自己发行"国库券"来实施货币政策。台湾地区的"国库券"有两种,一种是为了调度政府收支而发行的甲种"国库券",另一种就是由"央行"发行的乙种"国库券"。但在台湾地区极少发行甲种"国库券",目前在市场上流通的大多都是乙种"国库券",其目的就是调控货币市场上的流动性,实现货币政策目标。

(3) 台湾地区货币市场的发展是与当局的大力扶持分不开的。与西方发达国家相比,台湾地区货币市场的发展起步较晚,至今也只有30多年的历史,但其发展速度较快,目前已具备了一定的规模,这些成就的取得在很大程度上有赖于台湾当局的大力扶持与鼓励。表现为:一是创设票券金融公司,为市场交易提供了一个高效的中介机构;二是充实与完善市场信用工具,如银行承兑汇票、可转让定期存单等工具的推出都是由台湾银行来完成的;三是为市场的发展提供了一个宽松的外部环境,促进了整个市场参与者、市场工具以及市场规模的不断扩大与发展。

(二) 中国台湾地区的证券市场

台湾地区的金融机构由两部分组成:一是改组日本占据时期的金融机构,二是国民党去台湾后随迁的金融机构。从19世纪50年代开始,随着台湾经济的恢复和适应"外向型"经济发展战略的需要,台湾当局逐步放宽了金融机构的限制,全力推动岛内证券市场的发展。

1. 台湾地区证券市场的发展历程

最初的台湾地区证券市场是日据时代的"店头市场"。1945年"台湾"与日本终战后,当局沿袭了日据时期的"店头市场",并依据旧中国证券市场模式进行了改造,但仍以"店头市场"为主。为了改变台湾地区证券市场的混乱局面,1962年2月,台湾当局关闭"店头市场",禁止在集中交易市场以外进行证券交易。同时,在台北市成立证券集中交易场所——台湾证券交易所,并正式对外营业,这标志着台湾地区证券市场进入了一个新的发展阶段。1968年4月,台湾当局公布《证券交易法》,至此,台湾地区证券市场具有了较为全面的法律基础。进入20世纪80年代,台湾地区允许银行、专业证券金融公司集中办理证券信用交易,并公布了《证券金融事业管理规则》,使台湾地区证券市场从此建立了信用交易制度。1982年8月,台湾当局公布了《证券商营业处所买卖有价证券管理办法》,并于同年10月再次允许开办"店头市场"。1983年台湾地区成立了第一家证券投资信托公司,开始发行共同基金。1994年柜台买卖中心正式成立,店头股票交易渐趋活跃。2002年台湾为未上市上柜股票的交易成立了兴柜市场,有效地抑制了以非法地下证券商为中介的未上市上柜股票交易。自此,股票市场也形成了不同层次的交易体系,分为集中市场、"店头市场"和兴柜市场。

2. 台湾地区证券市场的结构

台湾地区证券市场包括股票市场和债券市场。台湾地区证券市场的组织结构是由证券管理委员会证券期货局、证券交易所、证券商、证券商同业公会和证券服务业等5部分构成。

(1) 证券管理委员会证券期货局。1960年9月正式成立"台湾证券管理委员会",负责对台湾证券交易所和证券商进行监督管理。该委员会成立时归属"经济部",1981年7月改属"财政部"。经统计截至2004年6月,"财政部"已依金融控股公司法核准成立金融控股公司有14家,显示金融寄托的发展趋势已经形成,因此分业管理模式不再适用,故改为一元化跨业合并监理模式。依2011年修正公布的《金融监督管理委员会组织法》的规定,更名为"金融监督管理委员会证券期货局"。其监督管理范围甚广,包括证券管理、证券发行市场管理、证券流通市场管理、证券服务事业管理、会计师管理、证券稽核及法规业务、证券研究发展及调查等。其监督管理的目的在于健全台湾地区资本市场,促进资本证券化与证券大众化,改善证券市场运作的质量,实现交易公平、公开和公正,保证证券服务业的正常秩序,强化会计师管理。

(2) 证券交易所。台湾证券交易所是台湾证券集中交易高度组织化的市场,是有价证券流通市场的中心,是岛内企业家转移风险和所有权的主要场所。证券交易所自1962年2月正式开业以来,一直是官民结合的股份有限公司制的机构,由45家金融、信托公司和公民营事业共同集资组成,其中公股占39%、民股占61%,设立登记时的资本为新台币1 000万元。至2009年4月,台湾地区上市公司724家,岛内上市公司股票总市值150 977亿元新台币,上市公司总市值占GDP的比例为99%。交易所本身不自行买卖证券,也不代客买卖,从事证券交易的证券商为证券经纪商和证券自营商股票每股面额为10万元新台币,1 000股为1交易单位(俗称1张),零股则在收盘之后才能委托买卖。

(3) 证券商。台湾地区的证券商是证券市场上依法经营有价证券的承销、自行买卖及居间中介业务的股份有限公司。证券商包括证券承销商、证券自营商和证券经纪商。1988年后台湾地区打破了自营和经纪的分业限制,证券商可以同时进行自营、经纪、承销三项业务,同时经营上述三项业务的证券商称为综合证券商。根据台湾"金管会"证期局统计,截至2013年年底,证券商(含专营及兼营)总数共121家,相较于近5年家数最多时期减少了10家,主要原因是证券商之间的合并行为。

(4)证券商同业公会。根据台湾地区《证券交易法》的规定,台湾地区证券商应按照其经营证券业务的种类,分地区组织同业公会,选举理事、监事。证券商不加入同业公会不得开业。证券商同业公会接受证券管理委员会的管理。证券同业公会的性质是行业性公会,以维护证券市场秩序,加强行业自律,为政府经济政策提供建议,调解会员间业务纠纷。

(5)证券服务业。台湾地区证券服务业主要分为融资融券业务、股票保管业务、信托投资业务和顾问咨询委托业务四类。从事融资融券业务的公司一般称作证券金融公司,综合证券商也可以从事此项业务;信托投资业务由证券投资信托公司承担,它们负责向海内外发行各种基金,间接引进侨资和外资进入股市,并扩大法人机构参与投资,允许外国专业投资机构直接投资股市;证券投资顾问主要是为广大投资者专业分析证券资信、作出投资选择提供服务;证券集中保管公司主要承担证券划拨、交割及集中保管等业务。

3. 台湾地区证券市场的特征

总的来说,经过40多年的努力,台湾地区证券市场已经初步实现了证券市场的综合化、自由化和国际化的目标,主要呈现出以下特征:

(1)建立了完善的证券市场法律法规体系。从正式建立台湾地区证券交易所开始,台湾地区逐步建立了较为完善和规范的证券市场法律法规体系,使证券市场健康发展有了根本保障。迄今为止,台湾地区证券市场已经具有了一整套较为完善的证券管理制度。台湾经济管理层根据形势发展的需要,不断修改和完善有关证券市场的法律法规,使台湾地区证券市场发展成为一个获得较高国际认同的证券市场。

(2)加快了证券市场的自由化和国际化进程。台湾地区的证券管理体制受海外的影响较多,为台湾地区证券市场走向国际化奠定了基础。在自由化和国际化方面,台湾地区证券市场已经取得了较大的进步。从20世纪80年代开始,台湾地区证券市场就走上了对外开放道路,开放了间接投资,即由台湾地区证券公司在海外募集海外资金;90年代以允许QFII经审查后直接投资台湾地区证券市场为标志,台湾地区证券市场开始融入国际证券市场。在允许外国机构投资者直接进入台湾地区证券市场取得成功经验后,1996年台湾允许境外自然人直接投资台股,同时全面放开投资信托业,自此台湾地区证券市场全面融入国际证券市场的大舞台。

(3)证券市场投机性强,导致涨跌幅度过大。台湾地区股市在涨跌幅度方面堪称"世界之最",在数月之内,台湾地区股市的涨跌幅度可以接近甚至超过一万点之多,20世纪八九十年代都出现过这种情况。造成台湾股市暴涨暴跌的主要原因:一是台湾地区政治地位和地理位置特殊,经济上对外依附性和关联性太强,对国际、地区、岛内和两岸间的诸多影响因素反应敏感;二是台湾股市规模太小,筹码有限,而股民人数众多,散户和小股民比重过大,经常出现"蚂蚁雄兵"闹股市的局面。相对于股市,台湾地区债券市场的投机性要低得多,经过市场机构的组合调整,台湾地区债券市场的交易机构多属于作风稳健的机构投资者,长远来看,对日后台湾地区债券市场的健康发展是有利的。

(4) 各种地下的黑市证券交易活动泛滥成灾。由于台湾股市以散户为主,小额投资者众多。而正规的证券金融公司的服务对象以机构投资者为主,其融资融券手续烦琐,对中小投资者没有吸引力。但对专门为股市做垫头交易的黑市非法交易经营商而言,手续则极为简单,而且地下证券交易商可以用高利贷的方式为股民垫资,特别适合财力薄弱的中小散户。据统计,1996年台湾地区各种地下投资公司和黑市证券交易活动违法金额高达2 000亿元新台币之多。

(三) 中国台湾地区的外汇市场

1. 外汇市场的建立

在1978年7月10日以前,台湾地区采取的是盯住美元的固定汇率制度,由台湾"中央银行"视岛内外经济金融形势的变化而决定各个时期新台币对外币的汇率。固定汇率的实施,使厂商在出口方面免除了承担生产、销售以外的风险,成为台湾地区对外贸易快速扩展、经济快速增长的推动力量。但是20世纪70年代以后,台湾岛内外客观环境发生了很大的变化。由于新台币与美元联系密切,美元贬值,新台币也随之贬值,这使进口物品价格上扬,形成了输入型通货膨胀压力,加之台湾当局对连年贸易顺差累积的巨额外汇实行集中清算制度,结果导致货币供应量急剧膨胀,通货膨胀的压力日甚一日。在此背景下,为谋求岛内经济与金融的稳定,台湾"中央银行"于1978年7月10日宣布,新台币将不再盯住美元,改行机动汇率制度。而要实施机动汇率制度,就必须建立外汇市场,使汇率能顺应市场的供需做温和的调整,发挥国际收支的调节功能,以使"中央银行"能对货币供应进行更有效的控制,提高金融财政的自主性。经过一段时间的筹备,外汇市场于1979年2月1日宣告成立。

2. 外汇市场的发展

台湾地区外汇市场的发展可以1989年的外汇交易制度改革为分水岭,分为机动汇率和自由汇率两个时期。

(1) 机动汇率时期(1979年2月1日至1989年4月2日)。台湾地区外汇市场成立后,机动汇率制也正式实施。这一时期内的机动汇率制是有管理的浮动汇率制,外汇交易中心、中心汇率、限制浮动范围是其三大支柱。外汇交易中心由台湾外汇交易额较大的五大银行(即台湾地区、"中国国际商业地区"、第一地区、彰化地区、华南地区等五家银行)组成,其他外汇指定银行均为会员行。每天由外汇交易中心的"汇率议定小组"议定外汇市场的参考汇率——中心汇率,并规定当日即期汇率对中心汇率的浮动范围。外汇交易中心还参与媒体银行间外汇交易,协助银行清算交割,提供市场行情,决定收费标准等。这一时期的台湾地区外汇市场,限制较多、保护较强,基本上是一个有形的市场。而这10年的发展使台湾地区外汇市场的市场机制日趋成熟。首先是汇率决定发生了两大转变:①1980年3月,中央银行退出五大银行组成的汇率议定小组,汇率由这五家银行自行议定;②1982年9月,中心汇率的决定基础由顾客市场转为银行间同业市场。其次是浮动范围逐渐放宽。经历10年的调整,到1989年改革前,同业市场的汇率浮动幅度已由上下0.5%扩大为上下2.25%。

(2) 自由汇率时期(1989年4月3日外汇交易制度改革至今)。鉴于岛内外汇市场发育日益成熟，人们外汇投资风险意识增强，且国际收支根本好转，外汇储备雄厚，再迫于美国对台湾地区外汇市场干预程度过高的指责，"中央银行"最终决定改革外汇交易制度，开放外汇市场，进行一系列外汇自由化改革。主要措施有：①取消中心汇率；②废除同业市场上下 2.25% 的浮动限制；③废除顾客市场 3 万美元以上大额外汇交易上下 2.25% 的浮动限制；④设立"小额结汇汇率"，便利 3 万美元以下的非现金结汇，并借以保护中小企业利益，帮助它们逐渐适应日益开放的市场；⑤撤销外汇交易中心，成立具有公司法人资格的外汇经纪商机构。该机构可以代理撮合同业市场的外汇交易，但更主要的是收集包括银行间自行定价成交的市场信息，并每隔半小时统计同业市场的美元成交金额及价格，经由路透社和美联社的通信系统公开显示，同时将同业市场的交易情况随时报告"中央银行"。外汇经纪商不是对外汇市场中心的简单替代，它既是市场中介，又是信息中心，促成了台湾地区外汇市场由有形转向无形的质变。

3. 外汇市场的现状

现行台湾地区外汇市场是 1989 年改革后的自由市场。它由同业市场（即银行与银行、银行与中央银行进行外汇交易的市场）和顾客市场（即银行与顾客进行外汇交易的市场）组成。1991—1998 年台湾地区逐步开放外汇衍生性金融商品交易以来，迄今外汇市场与外币有关的衍生性商品大致完备。目前，台湾地区外汇市场交易可分为即期交易、远期交易、换汇交易、保证金交易、选择权交易及换汇换利交易。此外，银行对顾客也已开办外币利率（外币远期利率协议、外币换利、外币利率选择权、外币利率期货）、股价指数（股价指数选择权）及商品价格（商品选择权、商品价格交换）等衍生性金融商品。"中央银行"对外汇市场的干预基本上通过以下渠道进入市场，达到影响汇率的目的：①向外汇指定银行专用电话（热线）询价，暗示"央行"可能干预市场；②直接参与同业市场的交易；③通过代理行或经由外汇经纪商间接参与同业市场的交易。另外，"央行"还运用"管理外汇条例"赋予的批准和监督银行办理外汇业务的权力，对外汇指定银行超限额买卖外汇实行限制。

现行的台湾地区外汇市场具有以下特点：第一，在外汇管制方面，与贸易相关的外汇收支已完全解除管制，虽对资本项目仍有限制，但对公司、法人、团体及个人每年自由汇出入金额可达 500 万美元，至此，可以说台湾地区基本已实现外汇自由化。第二，由于台湾地区对外交易主要以美元作为支付工具，因此外汇市场的交易以美元为主，其他外币的交易额不大。而且交易主要集中于即期外汇、远期外汇等，其他交易量仍然较小。第三，由于市场规模不大，且"央行"积极主动地介入干预，所以外汇市场的市场力量相当有限，是一个人为力量大于市场力量的外汇市场。

本 章 小 结

1. 金融市场作为整个市场体系的枢纽，是从事金融工具交易和融资活动所形成的供求、借贷作用诸关系的综合体，是一切金融资产交易关系的总和。按照金融交易期限的长短，金融市场可分为短期金融市场（货币市场）和长期金融市场（资本市场）。短期金融市场是指期限在 1 年以内的短期资金交易市场，其资金用于短期周转的需要。由于在该市场上交易的金融工具具有偿还期短、流动性强、风险小的特点,被列入广义的货币供应量中,因而又称为货币市场。长期金融市场上筹集的资金主要用于企业固定资产投资、政府和政府机构弥补预算赤字或特定的用途。由于其资金偿还期长、流动性小、风险大,被当作固定资产投资的资本使用,故称之为资本市场。按交易的层次分类,金融市场可分为一级市场和二级市场。一级市场又称为发行市场(初级市场),它是发行单位初次出售证券的市场;二级市场又称为流通市场,它是已发行证券转手交易的市场。

2. 以美国为代表的发达国家,都有其一个以货币市场和证券市场为主体,完全国际化、开放性的金融市场,也是金融创新最为活跃,市场体系发育最为完备、最为发达的市场。每个子市场中又有多种可供选择和交易的信用工具(各国或地区之间的差异只是体现在可供交易的品种和市场发育的时间),各子市场之间的交叉进入壁垒较低,投资者在各子市场之间的交易和套利活动使各自独立的子市场构成一个统一的金融大市场。

3. "金砖国家"金融市场特别是股票市场呈现出以下特点:与银行业比较而言,股票市场的比重很小,甚至还有一些国家至今未建立股票市场;市场寡头垄断特征明显,少数厂商在股票市场份额中占有绝对优势地位,并且对股票价格有重要影响,甚至出现操纵价格的现象;金融市场的结构性失衡明显,如企业通过发行债券方式筹措资金的比例远低于发行股票筹措资金;股票价格波动大,投机的比例大于投资,经常出现股票市场乃至整个金融市场的剧烈波动。

4. 国际离岸金融市场发展表现为内外一体型(伦敦型)、内外分离型(纽约 IBFs 型)、避税港型(开曼型)三种模式。以美国纽约离岸金融市场为代表的内外分离型离岸金融市场是目前国际离岸金融市场发展的主要模式(包括日本、新加坡等),这种模式不仅仅是两个市场的地域分离,而是从事离岸金融业务的银行把在岸与离岸两个市场的业务实行分账管理,两个市场的税收负担、存款准备金、存款利率都不一样,资金也不能在两个账户之间转移,以免境外市场干扰和冲击国内金融,以便国内金融监管和货币政策有效运作。

关键词

金融市场、货币市场、资本市场、债券市场、股票市场、外汇市场、离岸金融市场、金融衍生商品市场、国库券、大额可转让定期存单、商业票据、银行承兑汇票、扬基债券、长期附利国债、抵押债券、金边债券、流动票券、储备头寸、贴现市场、平行市场、银行间市场、公募、私募、证券承销商、证券经纪商、场外市场、道·琼斯指数、标准普尔指数、NASDAQ 指数、日经 225 指数、恒生指数、金融衍生商品、金融创新、金融远期、金融期货、金融期权、金融互换、QFII、QDII

复习思考题

1. 简述金融市场的功能与意义。
2. 简述货币市场工具的种类。

3. 发达国家债券市场的发展对发展中国家债券市场的发展有何借鉴意义?
4. 简述股票市场的分类及其各自的功能。
5. 试述离岸金融市场的运行机制及其类型。
6. 试述金融衍生商品市场发展的原因及其对国际金融市场发展的影响。
7. 试分析新兴工业化国家和地区外汇市场发展的原因和未来趋势。
8. 金融创新对国际金融市场的发展有何重要意义?
9. 试比较发达国家货币市场的功能差异和特征。
10. 试比较公募发行与私募发行的差异。
11. 试比较金融远期、期货、期权、互换的异同。
12. 试比较证券承销商与证券经纪商的职能差异。
13. 试述美国金融市场发展的现状与制度成因。
14. 简述道·琼斯指数的编制方法。
15. 试述美国债券市场的主要工具及其功能差异。
16. 试述英国国际金融中心地位变化的原因。
17. 金砖国家金融市场发展的共同特点是什么?
18. 简述俄罗斯股票市场发展的特征。
19. 评价"熔断机制"对于中国股票市场稳定的意义与作用。
20. 试述推进人民币区域国际化对于维护人民币汇率稳定的作用。
21. 简述中国人民币加入 SDR 的意义与作用。
22. 试述新加坡离岸金融市场的运行特点。
23. 试述中国香港地区金融市场的发展、地位及其未来趋势。
24. 简评"沪港通"对于中国内地与香港金融市场发展的意义。

第九章

金融监管制度比较

【重点提示】

- 国际金融监管制度的变革趋势、《巴塞尔协议》及其对国际银行业监管的意义、证券市场监管制度的类型、系统性重要银行、注册制与核准制的优劣、银行存款保险制度的功能;
- 美国与英国银行监管制度的差异;
- 发达国家与发展中国家金融监管体制的差异;
- 中国台湾地区的存款保险制度;
- 中国金融监管体制的特点、中国银监会的功能与作用。

金融监管制度是随着商业银行制度的建立而逐步发展起来的。最初的金融监管主要涉及银行开业的审批,随着经济的发展、商业银行体系的扩展和金融市场的形成,金融业渗透到社会经济生活的各个方面,金融业稳定发展的要求日益重要,金融监管的内容日益丰富。到20世纪初,中央银行制度的建立使金融监管制度进入新的阶段,各国(地区)初步建立了自己的金融监管体系。两次世界大战期间,由于银行和大量非银行金融机构的倒闭、金融市场的剧烈动荡,各国政府和金融当局开始对金融监管的具体目标、监管机构的设置、监管对象确定、监管体系的运转、监管权力的行使及监管方式的选择做出了明确的规定,从而形成了一套完整的金融监管制度。

金融监管的必要性主要体现在以下几方面:(1)金融业中存在着市场失灵效应。市场失灵效应是指价格机制在某些领域不起作用或不能起有效作用的情况,即市场在这种场合不能提供符合社会效率条件的商品或劳务。金融业的市场效应体现在:第一,金融业存在着自然垄断的特征,金融机构只有达到一定的规模,才能降低经营成本,抵御经营风险,但金融业的恶性竞争、集中和垄断又会危及公众的利益;第二,金融业存在外部性,由于金融机构存在于短借长贷的期限变换,资产负债比例很低,单个机构的破产甚至流动性不足,都容易导致挤兑风潮,引起金融恐慌;第三,金融业存在着信息的不对称性,社会公众无法估价个别金融机构的财务状况并做出合理的选择。因此,对金融业进行必要的管制成为克服市场失灵的有效手段之一。(2)金融市场交易的特殊性。金融市场的交易对象是各种金融工具,与一般实物资产相比,其变现容易,交易速度也更快,市场上适度的投机对金融市场的活跃和稳定是有益的,但同时,金融市场上的欺诈、垄断等不法现象难以避免,一旦出现风险或获利机会,大量的资金进出市场会导致市场的骤升或狂泻,引发社会金融动荡。(3)货币政策的贯彻和经济运行的稳定性。在市场经济国家中,货币政策是调节一国宏观经济的重要手段之一。货币政策的贯彻和实施,需要一个稳定和高效率的金融体系。金融业具有极其广泛深刻的渗透性和扩散性功能,是国民经济的神经中枢,其自身的运行状况会影响到货币政策的效果,从而最终影响到整个国民经济。因此,必须加强对金融业的监督管理。(4)金融创新的发展。20世纪70年代以来,西方各国掀起了金融自由化的浪潮,主要措施包括:放松、取消了对利率的管制;打破了商业银行和其他金融机构业务之间的壁垒,鼓励金融机构开展业务竞争;取消了外汇管制,逐步开放了国内金融市场。这些政策的实行,使新的金融工具层出不穷,金融机构间的竞争空前激烈,西方金融业也面临着前所未有的经营风险。新的形势下,加强金融业的监管对世界各国(地区)经济的稳定至关重要。

第一节 金融监管制度概述

一、金融监管制度的运行体制

(一) 金融监管制度概述

金融监管制度是指一国对金融机构和金融市场实施监督管理的一整套机构及组织结构的总和。现代金融监管制度最基本的要素包括监管的主体、监管的客体、监管的目标、监管的方法和内容。

金融监管制度与一国的政治背景、社会经济制度、文化、地域等密切相关。各国监管制度从实际国情出发，并不断发展完善。适应金融业发展需要的金融监管制度，是一国金融业稳定发展的重要保障，有利于规范金融市场秩序、控制金融风险并防范金融危机。

（二）金融监管制度类型

1. 按监管主体分类

按监管主体分类，金融监管制度一般可分为三种类型：

（1）一元多头式，即单元多头式或集权多头式，指全国的金融监管权集中于中央，地方没有独立的权力，在中央一级由两家或两家以上监管机构共同实施监管。以德国、法国、日本（1998年以前）为代表，尤以德国最为典型。

（2）二元多头式，即双元多头式、双线多头式或分权多头式，指中央和地方都对金融机构或金融业务拥有监管权，且不同的金融机构或金融业务由不同的监管机关实施监管。以美国、加拿大等联邦制国家为代表。

（3）集中单一式，即集权式或一元集中式，指由中央的一家监管机构集中行使金融监管权，代表性国家包括英国（1997年后）、日本（1998年后）。

2. 按金融机构的监管范围分类

按金融机构的监管范围分类，金融监管制度一般可分为三种类型：

（1）混业监管体制，就是将不同的金融行业、金融机构和金融业务作为一个业务联系的整体，由一个统一的金融监管机构负责进行监督管理。以英国为典型，代表国家还有日本、韩国等。

（2）分业监管制度，就是根据金融业内不同的机构主体及其业务范围的划分，在银行、证券、保险三个不同业务领域内分别设立一个专职的监管机构，负责各行业的审慎监管并分别进行监管的制度。代表性国家包括美国、德国和中国等。

（3）不完全集中统一监管制度，就是在金融业综合经营体制下，对完全集中统一监管体制与完全分业监管体制的一种改进型制度。按照监管机构的不完全统一和监管目标的不完全统一，可以划分为"牵头式"监管制度与"双峰式"监管制度。其中，"牵头式"监管制度指在多重监管主体之间建立一个及时磋商与协调机制，特别指定一个监管机构作为牵头监管机构，负责不同监管主体之间的协调工作；"双峰式"监管制度指根据监管目标设立两类金融监管机构，一类监管机构负责对所有金融机构进行审慎监管，控制金融体系的系统性风险，另一类负责对不同的金融业务的经营活动进行监管。以巴西为典型代表国家。

在西方金融业发展的几百年中，各国一直坚持分业监管与多元化监管机构的架构模式。20世纪80年代之后，以英国为代表的发达国家开始对金融监管制度进行改革。随着全球金融一体化和自由化的发展，多头监管的分业监管体制已经不能适应市场发展的要求。英国金融服务监管局的成立，使英国成为世界金融中心中第一个采用单一监管机构模式的国家。单一监管制度对市场的敏感度和监管的有效性，使监管机构一体化具有巨大的吸引力。在金融市场日趋复杂化和国际化程度不断提高的情况下，集中统一的监管制度、金融监管结构向综合性和统一性的发展已经成为国际金融监管的发展趋势。

二、金融监管制度的模式创新

金融监管制度的模式创新主要体现在银行业监管、证券业和保险业监管、加强系统重要性金融机构监管和强化存款保险制度四个方面。

（一）银行业监管

对当代全球金融监管影响最大的国际组织是巴塞尔委员会。自1975年成立以来，巴塞尔委员会已发布了一系列的相关标准和文件。最具影响力的是《巴塞尔协议》（1998）、《巴塞尔新资本协议》（2004）和《巴塞尔协议Ⅲ》（2010）。

1. 《巴塞尔协议》（1998）

1988年7月，《关于统一国际银行的资本计算和资本标准的协议》（简称为《巴塞尔协议》）正式通过。该协议的基本内容由资本的组成、加权风险资产、最低资本充足率和过渡期安排四个方面组成。根据该协议的规定，商业银行的资本分为核心资本和附属资本两个部分；最低资本充足率应达到8%，其中核心资本充足率应达到4%，核心资本在全部资本中的比重应不低于50%。该协议在全球第一次建立了一套完整的、国际通用的、以加权方式衡量表内与表外风险的资本充足率标准，有效地遏制了与债务危机有关的国际风险。1988年的《巴塞尔协议》是迄今为止对国际银行业发展产生最大影响的国际协定之一。国际清算银行最新研究显示，全世界大约有100个国家采纳了1988年的《巴塞尔协议》。

2. 《巴塞尔新资本协议》（2004）

20世纪90年代之后，在金融创新的不断推动之下，银行业逐渐介入迅猛发展的金融衍生交易中，金融市场的波动性对银行的影响越发显著。1998年的《巴塞尔协议》在实际应用中日益显露出局限性。

2004年6月，《巴塞尔新资本协议》正式颁布。与1988年的《巴塞尔协议》相比，《巴塞尔新资本协议》从"单一最低资本金要求"发展到"三大支柱"，即最低资本要求、监管部门的监督检查、市场约束。其中，最低资本规定继续使用统一的资本定义和资本对风险加权资产的最低比率。新的变化主要是总资本比率的分母由原来单一的信用风险的加权资本发展成由所有风险加权资产以及12.5倍的市场风险和操作风险的资本三部分组成；监管部门的监督检查在于监管当局发起对银行更严格的监管程序以确定其资本要求，赋予监管当局评估银行计算方式是否合适、资本是否充足并采取相应行动的使命；市场约束否定"银行信息不宜披露"的观点，提出以市场的力量推进全面信息披露、确保对银行的约束的理念。

3. 《巴塞尔协议Ⅲ》（2010）

2010年9月，巴塞尔银行监管委员会管理层会议通过了加强银行体系资本要求的改革方案，即《巴塞尔协议Ⅲ》。主要体现在一级资本充足率和资本缓冲资金两个核心方面。

其中，全球各商业银行的一级资本充足率下限从4%上调至6%，由普通股构成的"核心"一级资本占银行风险资产的下限从2%上调至4.5%。另外，关于资本缓冲资金的规定是银行监管规则新增的，目的在于进一步提高银行应对风险的能力，保护纳税人利益。按照规定，银行需保留不低于银行风险资产2.5%的资本缓冲资金，如达不到要求，则银行派息、回购股票以及发放奖金等活动将受到限制。

《巴塞尔协议Ⅲ》的出台是当前微观监管方面最有力的改革,进一步严格了资本定义,提高了最低资本要求,扩大了资本的风险覆盖范围,提出建立国际统一的流动性监管框架,实施国际统一的资本留存缓冲标准,建立逆周期资本缓冲,对系统重要性银行实施额外的资本和流动性要求,提出建立跨境银行处置机制。此外,《巴塞尔协议Ⅲ》还提出其他缓解顺周期性的措施,包括设定杠杆率监管标准限制银行表内外风险过度暴露,根据预期损失建立更完善的、更具前瞻性的拨备制度等。

(二) 证券业和保险业监管

2012年5月,国际证监会组织(IOSCO)公布了有关有效卖空监管和对冲基金监管的原则,以及关于上市公司和资产支持证券发行信息披露的相关原则,包括强制登记注册、监管和报告评估系统性风险所需信息的规定等。

国际保险监督官协会(IAIS)发布指引加强对保险集团内不受监管实体的监管,并推动建立全球统一的保险监管规则来加强对跨国保险集团的监管。

(三) 加强系统重要性金融机构监管

自2008年金融危机中,系统重要性金融机构的跨境服务和产品使得系统性风险从本国金融体系向国际金融体系迅速蔓延。加强系统重要性金融机构监管逐渐成为国际监管合作的第一步。

2009年11月,国际货币基金组织、国际清算银行和金融稳定理事会(FSB)共同制定《系统重要性金融机构、市场和工具的评估指引》,提出从规模、关联性和可替代性三方面评估金融机构、市场和工具的系统重要性。巴塞尔银行监管委员会成立宏观审慎工作组,研究定量指标和定性判断相结合的系统重要性银行评估方法,建立针对系统重要性银行的额外资本和流动性要求。

(四) 强化存款保险制度

截至2011年年底,全球已有111个国家建立存款保险制度。同时各国在实施存款保险制度的过程中面临着存款保险机构独立性、存款保险赔付效率及银行破产处置中存款保险机构的地位等诸多问题。

2014年11月,巴塞尔委员会修订合并于2009年和2010年发布并经金融稳定理事会(FSB)批准的《有效存款保险体系的核心原则》及《有效存款保险体系核心原则落实评估标准》,正式发布最新修订的《有效存款保险体系核心原则》。该原则对存款保险体系的核心原则及评估标准进行了修订完善,提升了存款保险运行标准(如明确保险赔付时限、保险范围、资金来源、公众教育及道德风险防范等),原则从原来的18项减至16项,并且明确存款保险机构在"银行危机预防与管理"及银行恢复处置过程中的职责等,一定程度上提高了国际适用的灵活性。

三、金融监管制度的演变趋势

随着金融市场的不断调整和创新,金融市场一体化趋势越来越明显,各国的金融监管制度也呈现出一些共同的新趋势。

1. 从分业监管向混业监管转变

20世纪80年代以来,在金融自由化和金融创新浪潮的冲击下,许多实行分业经营的国家纷纷走上了混业经营的道路。实行完全分业监管的国家在数目上呈现出减少趋势,不少国家的金融监管正向完全混业监管或部分混业监管的模式过渡。

2. 从机构性监管向功能性监管转变

机构性监管是按照不同机构来划分监管对象的金融监管模式;功能性监管是按照经营业务的性质来划分监管对象的金融监管模式。功能性监管更多的是依据金融业务而不是金融机构来制定监管措施,监管的协调性比较高,能及时处理和解决监管过程中出现的问题。并且功能性监管对于混业经营下的金融业务能更好地进行全面监管,能够跨机构、跨市场的进行监管,为金融机构创造公平竞争的市场环境,保证金融体系的稳定运行。

3. 从封闭式监管向开放式监管转变

由于金融全球一体化的趋势越来越明显,跨国银行迅速发展,国际资本在国与国之间发生大规模流动。一个国家的经济危机很容易波动影响到另一个国家,造成另一个国家发生经济危机。2008年金融危机爆发以来,各国金融监管机构越来越意识到一国的金融稳定与国际金融市场息息相关,从而更加重视各国信息的交流与沟通,金融监管从国内封闭式监管逐渐转向国际的开放式监管。

第二节 主要发达国家的金融监管制度

一、美国的金融监管制度

(一) 美国的银行监管制度

美国的单一银行制形成了高度分散的银行体系,对业务的限制导致商业银行和其他金融机构之间的业务专业化,同时,州和联邦政府实行的双轨注册制度,使得美国的银行监管体制较为复杂。随着经济活动范围的不断扩大,各州先后放弃了这种单一银行制度,先是允许银行在州境内设立机构;1994年起,跨州设立机构也受到部分州法的许可;最后,单一银行制度演变成为银行控股公司制度。为此,美国金融监管当局在1956年制定了《银行控股公司法》(Bank Holding Company Act of 1956),将银行控股公司纳入联邦储备体系(FRS)的监管之中,禁止银行跨州收购或设立子公司,禁止银行持有非银行业务的子公司。1999年11月4日美国参众两院通过了《1999年金融服务法》(Financial Services Act of 1999),废除了1933年制定的《格拉斯-斯蒂格尔法》,从而彻底结束了银行、证券、保险的分业经营与分业监管的局面(见图9-1)。

1. 监管的主体

美国对金融机构的监督管理由多家机构分头负责。监管的主体有通货监理署(Office of the Comptroller, OCC)、联邦储备体系(FRS)、联邦存款保险公司(Federal Deposit Insurance Corporation, FDIC)、联邦国内贷款银行委员会(Federal Home loan Bank Board,

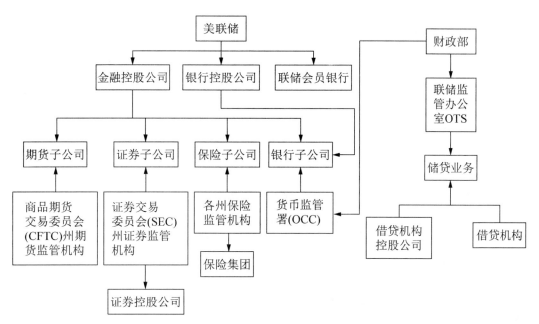

图 9-1 1999 年后美国的金融监管体系

FHLBB)、国民信贷联合会(National Credit Union Association,NCUA)及州有关机构。各主体与其监管对象之间的关系如表 9-1 所示。

表 9-1 美国银行的监管主体和对象

金融机构	OCC	FRS	FDIC	FHLBB	NCUA	州立机构
商业银行						
银行持股公司		√				√
国民银行	√		√			
州立会员银行		√				
州立非会员银行			√			√
储蓄贷款协会				√		√
互助储蓄银行			√			√
信用合作社					√	√

其中,美国的商业银行实行双轨制,国民银行及在联邦注册的外国银行分支机构由联邦储备银行、联邦存款保险公司和通货监理署负责,后者是美国财政部的一个机构。州立银行中凡是 FRS 的会员的银行,受 FRS 和各州的双重监管;非 FRS 会员的银行则由各州负责,同时受到联邦存款保险公司的监管。银行持股公司由 FRS 负责监管。

美国金融监管的对象有商业银行(国民银行、州立银行、银行持股公司、外国银行分行)、储蓄贷款协会、互助储蓄银行、信用合作社和其他非银行金融机构等。

2. 监管的方式

美国主要采用常规的现场检查。检查的主要目标是评价银行的状况和管理的质量,检查银行对法律规章的遵守情况及需要改正的地方。检查对银行在资本充足性、资产质量、管理质量、收益和盈利能力、清偿能力五个方面进行评级的基础上,对银行的总体状况做综合评价,这一统一评估制度又称为 CAMEL 制度。另外,美国也健全了对银行的非现场监控,利用计算机系统对潜在的问题做出早期的预警。

3. 监管的内容

(1) 预防性的监管。在市场准入方面,美国各类吸收存款的机构由相应的监管部门审批。国民银行由通货监理署审批,州立银行由各州当局发给执照。对于经营许可证的审批,美国各州和联邦政府当局采用同样的标准进行评估,包括银行未来的经营前景、银行管理部门的基本情况、银行的资本结构和资本充足状况、银行对社会服务的便利条件和能够提供的服务项目。外国银行建立分支行、代理机构或附属机构,也按国内银行的程序进行申请和审批。另外,国内银行在外设立分支行和附属机构须经 FRS 批准。

在资本充足条件方面,从 1981 年起,FRS 为国民银行、州立会员银行和银行持股公司确立了最低资本标准。它将资本分为初级资本和二级资本:初级资本包括普通股、永久性优先股、股票溢价、未分配利润、意外事件储备和资本储备等;二级资本包括非永久性优先股、可转换债券和 5 年以上的长期债券。它规定商业银行的最低标准,初级资本与总资产的比率为 5.5%、总资本与总资产的比率为 6%。1986 年,FRS 又采用资产风险管理的办法,将资产和表外项目分为四类,并根据每类的风险程度规定相应的权数:第一类资产为现金和准备金,权数为 0%;第二类为货币市场风险资产,权数为 30%;第三类为中等风险资产,权数为 60%;第四类为标准风险资产,权数为 100%。用风险权数加总得到的资产总量与资本额进行比较,提高了对资本充足的要求。

(2) 经营过程的监管。在业务范围方面,《1933 年银行法》将商业银行业务与投资银行业务区分开来,对商业银行从事证券业务有所限制,银行可以拥有或从事联邦政府证券和地方政府证券的承购、包销业务,但不能认购、包销企业证券,不得为自身的利益而进行股票投资。近年来,银行和非银行业务的严格区分在美国已逐渐放宽。

在银行清偿力的控制方面,美国规定,国民银行向单个客户提供的没有足价适销的抵押品做保证的贷款总数,不得超过银行未动用资本和盈余的 15%;有足价适销的抵押品作保比例可放宽至 25%。在流动性上,美国没有正式的比率或指标,评价流动性时主要考虑五个基本因素,即存款的构成及其稳定性、对利率敏感性资金的依赖程度及借入资金的频率和数量、负债结构、资产变现能力、融资能力。

4. 补救性措施

(1) 存款保护。在美国,参加存款保险是领取银行许可证的一个先决条件。美国 1933 年成立了联邦存款保险公司(FIDC),为客户在各商业银行和互助储蓄银行的存款提供保护,存款保险公司的资金主要来自政府债券投资收入和保费收入,紧急情况下也可从财政部借款。每年的保费按存款余额的一定比例计算,保险的险种限于居民和非居民的存款,每种存款的最高保险额为 10 万美元。FIDC 有权对投保银行进行监督检查,必要时可责令银行停业或解除其负责人的职务。外国银行在美分支行接受小额存款时也必须实行保险,它将相当于总负债10%的资产抵押给FIDC。过去,联邦储蓄贷款保险公司为储蓄贷款协会办理存款保险,该机构现已并入FIDC。当银行破产时,由FIDC在最高限额内对客户的存款进行赔付。

(2)最后贷款人。联邦储备体系(FRS)有向具有偿付能力的银行提供暂时流动性支持的责任。FRS可向会员银行提供临时性抵押贷款,也可向由于意外情况而陷入困境的银行提供资金支持。这一便利对任何向FRS缴存准备金的银行都是开放的,包括外国银行在美分支行、代理机构和附属机构;FRS也可通过国内银行向该行在国外的分支机构提供间接的清偿力支援。同时,对于有问题的银行,可采用强制性的措施,如责令股东注入资金、更换管理层、争取向其他银行借款、寻求与其他银行合并等。

FRS作为最后贷款人是对有偿还能力的金融机构提供临时性的清偿力,处理破产银行由FIDC负责。FIDC处理破产银行的具体措施包括:直接对陷入困境的银行提供资金支持,使其恢复营业;通过招标的形式,寻找合适的银行、银行持股公司或个人购买该银行的部分或全部资产;尝试将破产银行的存款转让给其他金融机构;对破产银行资产进行清理,在最高限额内对已投保的存款进行理赔。

(二)美国的证券市场监管制度

1. 证券市场监管的主体

美国证券市场的专门管理机构是证券交易委员会(The Securities Exchange Commission,SEC),由总统任命、参议院批准的5名委员组成。其组织机构包括公司管理局、司法执行局、市场管理局、投资银行管理局等18个部门和纽约、芝加哥、洛杉矶等9家证券交易委员会。SEC独立行使职权,其主要管理权限包括:管理各种公开的证券发行,负责发行证券的注册,公布有关证券发行者及发行证券的信息;管理有价证券的场内及场外交易,制定证券交易的管理原则和方式;管理投资银行、投资公司、证券交易商和证券经纪人等专门从事证券经营活动的金融机构和个人;监督指导各证券交易所和全国证券商协会的活动。SEC下设三家机构:一是全国市场咨询委员会(National Market Advisory Board),负责对SEC的各项决策及管理规定进行调查分析、评价,并对如何改进证券市场管理提出具体建议;二是联邦证券交易所,是SEC管理政策的执行机构,负责场内交易的管理;三是全国证券商协会(National Association of Securities Dealers,NASD),负责场外市场的管理。此外,各州还设有公司专员(Corporate Commission),负责监督地方性的证券发行和证券商,并负责公司法的监督执行。

2. 证券市场监管的立法

美国制定专门的法规对证券市场进行监管。主要的法规有:第一,《1933年证券法》(The Securities Act of 1933),主要管理全国性新证券的发行,即管理发行市场;第二,《1934年证券交易法》(The Securities Exchange Act of 1934),规定设立SEC,管理二级市场的一切活动;第三,《1940年投资公司法》(The Investment Company Act of 1940)和《1940年投资咨询法》(The Investment Advisors Act of 1940),主要管理与投资银行证券经营有关的各种活动;第四,《1970年证券投资保护法》(The Securities Investment Protection Act of

1970),主要为保护投资者利益,防止证券交易中的垄断、欺诈行为。此外,各州还制定了本州的证券管理法令。

3. 证券市场监管的内容

美国对证券发行市场的管理主要是通过证券发行注册制度来进行的。它规定,凡在证券交易所公开挂牌上市的证券发行,必须向 SEC 和证券交易所进行发行注册。证券发行公司必须填报"证券注册申请书",说明公司财务状况与发行证券的条件等,审查合格方能注册。财政部债券和其他联邦机构发行的债券享有发行注册的豁免权。而在场外市场上进行的证券发行,只要证券发行公司资产超过 100 万美元,股东人数超过 750 人,也必须向 SEC 办理注册发行事宜。

对于流通市场,首先,美国规定,除证券交易法规定的交易量过小,或经 SEC 豁免者之外,全国性的证券交易所均须向 SEC 登记注册。其次,由 SEC 对交易所活动进行监管,而由交易所对其会员和雇员进行检查,纽约证券交易所的公司上市制度规定,只有符合公司持有一个交易单位股票的股东人数至少 2 000 个、公共持有股份数至少 100 万股、净有形资产 1 800 万美元以上、最近三年中前两年税后利润 250 万美元且第三年为 250 万美元条件的公司股票,才能在交易所内交易。最后,对场外交易市场,除 NASD 作为自律性组织外,证券交易法也规定了相应的约束条件。

对证券商的监管主要是对证券商资格的审查。美国对证券商采取登记制,登记的条件是,应有最低资本额及应交保证金,应有从事证券业务的学识和经验的管理人员。

(三)美国的存款保险制度

1. 存款保险制度的发展沿革

美国是世界上最早建立银行存款保险制度的国家,早在 1829 年,美国纽约州的"纽约安全基金制度"作为存款保险制度的雏形已开始形成,开创了世界存款保险制度的新纪元。1933 年 6 月通过了《格拉斯—斯蒂格尔法》,成立 FDIC,这标志着美国存款保险制度的正式确立。该制度在防止银行存款挤兑、维护中小储户利益、稳定银行体系方面功不可没。然而在 1980—1994 年的金融危机中,1989 年联邦储蓄贷款保险公司(FSLIC)因破产被撤销。1989 年 8 月,美国国会通过了《金融机构改革、复兴和实施法案》。决定解散 FSLTC,成立处置信托公司(RTC),专门解决 FSLTC 遗留下来的问题,同时赋予 FDIC 向 S&LC 提供存款保险的职责。RTC 是一家独立的、临时性的联邦政府机构,1995 年 12 月提前关闭,由 FDIC 接管其遗留工作。

《1991 年存款保险改进法》(FDICIA)对该制度进行了改革,使其重新焕发出生命力。但是由于作为金融体系奠基石之一的存款保险制度固有的积弊产生的一系列新问题,不仅在某种程度上损害了自身的存在基础,而且也破坏了金融体系结构,从而引发了对存款保险体系的另一轮改革。2002 年美国通过了《2002 年联邦存款保险改革法》和《2002 年存款保险安全和公平法》,其宗旨在于改善存款保险体制的安全和公平,推进存款保险体制现代化。目前,除了 FDIC 外,还有美国国家信用合作管理局(NCUA)的国家信用合作保险基金(NCSIF)具有存款保险职能,向由其注册和监管的存款机构——信用合作机构(Credit Union)提供存款保险。

存款保险已经与贴现窗口信贷和支付担保一道成为美国金融安全网的三驾马车,共同对美国金融界进行监管,确保存款人安全,促进经济的稳定增长。

2. 存款保险业务

FDIC 的存款保险业务主要涉及保险对象、保险费、保险赔偿限额、保险基金四个方面:

(1) 保险对象。FDIC 除向本国商业银行、储蓄银行、储蓄贷款协会及其他从事存款业务的金融机构提供存款保险服务外,还向外国银行在美国的分支机构提供存款保险服务。所有联邦储备体系会员银行必须参加存款保险,其他银行或金融机构可自愿加入,但美国大部分州都将参加存款保险作为州银行和其他金融机构申领执照的先决条件。外国银行在美国的分支机构,根据 1978 年美国《国际银行法》可自愿选择是否参加存款保险,但该法又规定未参加保险的外国银行不能吸收 10 万美元以下存款,并须在存款凭证上注明该存款不受 FDIC 保护。因此,事实上美国国内的绝大部分金融机构都参加了存款保险。

(2) 保险费。FDIC 的保险费是按各家投保银行存款总额的一定比例来征收的,它不是一成不变的,它通常随着银行业的风险程度的变化而调整。美国存款保险费率的变革经历了固定费率时期、弹性费率时期、盯住法定目标费率时期和风险费率时期四个时期,逐步由固定费率时期过渡到浮动费率时期,由单一费率过渡到差别费率。存款保险公司开办之初,这个比例定为 0.5%,其中 0.25%立即支付,另外 0.25%待通知时才支付,后来这个比例调整为0.083 3%。到 20 世纪末,这个比例名义上仍为0.083 3%,但 FDIC 的实收保费都低于这个比率(见表 9-2)。

表 9-2　2003 年美国的保费率确定标准

资本充足水平分级	监管评级分级		
	A	B	C
	CAMEL 的 1 或 2 级	CAMEL 的 3 级	CAMEL 的 4 或 5 级
资本相对充足	0bp	3bp	17bp
资本充足	3bp	10bp	24bp
资本不充足	10bp	24bp	27bp

注:1 基本点(bp)美元每年支付 1 美分的保费。
资料来源:美国联邦储备委员会网站。

(3) 保险赔偿限额。FDIC 对每一存款账户提供的最高赔偿限额 1934 年定为 2 500 美元,到 1980 年已提高至 10 万美元,目前仍为 10 万美元。但如今的 10 万美元最高限额与 20 世纪 80 年代的 10 万美元限额是有区别的。80 年代如果某个存款人在一家银行以不同名义开立几个账户,或者以同一名义在不同的银行开立账户,则他的每个账户都可以得到 10 万美元的保障。

(4) 保险基金。FDIC 成立时,原始资本是 2.89 亿美元,其中,财政部拨款 1.5 亿美元,联邦储备银行拨款 1.39 亿美元,这笔款项(包括利息)已于 1952 年清偿完毕。目前 FDIC 的主要收入来源是投保银行交纳的保险费和保险基金的投资收益。基金不足时还可以向联邦政府借款。《1991 年存款保险改进法》授权存款保险基金可获得 700 亿美元的联邦政府贷款,其中从美国财政部获得的贷款为 300 亿美元,从联邦融资银行获得的流动资金贷款为 400 亿美元。FDIC 自成立以来一直到 20 世纪 80 年代中期,保险基金稳步增长,但 80 年代后期,特别是进入 90 年代后,由于商业银行倒闭数量迅速增加,保险基金大幅度减少,到 1991 年仅剩下 36 亿美元。1991 年年末上述改进法实施后,局面有所转好,到 1996 年商业银行存款保险基金已达 268.54 亿美元。

(四)次贷危机后美国金融监管的新特点

2007 年 2 月初,美国多家金融公司和商业贷款公司接连宣布破产,21 世纪来最严重的一场金融危机——次贷危机在全球各地爆发。随着全球股市与多家大型银行申请破产保护,金融危机已经演变成了一场全世界的灾难。这场金融危机爆发的原因是多家贷款机构和银行没有正确评估,借款给一些信用水平不高的企业或公司,由于美国房价波动导致这些公司资金周转不足,借款不能及时收回而导致破产。面对此次危机,美国联邦政府在 2010 年 6 月 25 日颁布了《多德弗兰克法案》,其主要内容包括:第一,成立金融稳定监管委员会,负责监测和处理威胁国家金融稳定的系统性风险。该委员会共有 10 名成员,由财政部长牵头。委员会有权认定哪些金融机构可能对市场产生系统性冲击,从而在资本金和流动性方面对这些机构提出更加严格的监管要求。第二,在美国联邦储备委员会下设立新的消费者金融保护局,对提供信用卡、抵押贷款和其他贷款等消费者金融产品及服务的金融机构实施监管。第三,将之前缺乏监管的场外衍生品市场纳入监管视野。大部分衍生品须在交易所内通过第三方清算进行交易。第四,限制银行自营交易及高风险的衍生品交易。在自营交易方面,允许银行投资对冲基金和私募股权,但资金规模不得高于自身一级资本的 3%。在衍生品交易方面,要求金融机构将农产品掉期、能源掉期、多数金属掉期等风险最大的衍生品交易业务拆分到附属公司,但自身可保留利率掉期、外汇掉期以及金银掉期等业务。第五,设立新的破产清算机制,由联邦储蓄保险公司负责,责令大型金融机构提前做出自己的风险拨备,以防止金融机构倒闭再度拖累纳税人救助。第六,美联储被赋予更大的监管职责,但其自身也将受到更严格的监督。美国国会下属政府问责局将对美联储向银行发放的紧急贷款、低息贷款以及为执行利率政策进行的公开市场交易等行为进行审计和监督。第七,美联储将对企业高管薪酬进行监督,确保高管薪酬制度不会导致对风险的过度追求。美联储将提供纲领性指导而非制定具体规则,一旦发现薪酬制度导致企业过度追求高风险业务,美联储有权加以干预和阻止。

二、英国的金融监管制度

(一)《1979 年银行法》和"双轨制"

1979 年之前,英格兰银行主要采用自我管理、自愿主义的方式,通过"道义劝告"对金融机构的业务活动和经营管理进行非正式的监督和管理。1973—1975 年英国发生了大规模的"二级银行危机"(Secondary Banks Crisis),促使了《1979 年银行法》的出台。该法的重点是在金融机构的审批上,根据不同金融机构所提供的服务及其经营信誉将之区分为认可银行(Recognized Bank)和持牌接受存款机构(Licensed Deposit-Taker),进行区别监管。英格兰银行将监管的重点放在后者身上,对前者则以自律为主,即所谓"双轨制"。

该法的另一项重要内容是建立了"存款保护方案"(Deposit Protection Scheme),为非银行客户的存期在5年以下、金额在10 000英镑以下的存款提供75%的保险,为此银行应根据其存款余额交纳相应的保险金。《1979年银行法》中规定,英格兰银行有权对银行和其他金融机构进行监督控制,监控的领域有测量和评价资产的流动性、资本的充足性和外汇风险、建立存款保护体系等。

(二)《1987年银行法》

20世纪80年代爆发了金融自由化浪潮,1984年发生的约翰逊·马修银行(Johnson Matthey Banker)破产事件,暴露出"双轨制"下以自律为主的银行监管体制中存在的问题,即英格兰银行过度信赖银行的高度金融信誉,只注意对持牌接受存款机构的监管而相对忽视对认可银行的监管。此事件促成了《1987年银行法》的出台。金融业的经营风险加大,英国进一步健全其银行监管制度。《1987年银行法》中金融监管方面的内容:第一,不论银行规模大小,一律接受严格监督;第二,增加英格兰银行对金融机构的人事监督权,建立了对银行股东和经理层的审核程序;第三,赋予英格兰银行向金融机构或经理、大股东查取资料的广泛权力,允许英格兰银行向国外其他监督机构提供有关的信息;第四,规定各金融机构从事风险较大业务必须向英格兰银行报告;第五,授权英格兰银行对非法吸收存款的金融机构进行调查,并有权为客户追回存款;第六,加强社会审计机构与银行监管当局的联系等。

1. 监管的主体和对象

《1987年银行法》明确规定,由中央银行——英格兰银行负责对吸收存款的机构进行审慎的监管。根据该法,又成立了银行监督管理委员会(Board of Banking Supervision)。英格兰银行必须定期向银行监督管理委员会汇报工作。

2. 监管的方式

英格兰银行通常不直接从事现场检查活动,它对获准吸收存款机构的监督,主要依靠对其报表资料的检查分析,并要求被检查机构的高级管理人员就资料中的有关情况做适当的说明。在特殊情况下,为保护存款人的利益,英格兰银行可指派专门人员对金融机构进行调查。

3. 监管的内容

(1) 预防性监管。在市场准入方面,1987年后,英格兰银行要求金融机构在获准营业之前必须达到银行法规定的一些最低标准;要求管理决策层成员具有良好的信誉、职业技能、知识和经验,以便能很好地履行其职责和义务。

在资本充足条件方面,英格兰银行通过监控银行的资产负债和风险资产的比率,对其资本充足性进行评价。资本基础为实收普通股和不可赎回优先股、股票发行溢价、损益账户余额、总储备、符合要求的次级债务等。资产则根据信贷风险、投资风险和强制销售风险,划分不同的类型,规定相应的权数。如现金、在英格兰银行的存款等资产的权数为0%;短期国债为10%;同业存款、对政府部门的贷款及对银行和政府部门的票据为20%;公共部门债务、国内承兑票据、票据发行便利(NIF)为50%;标准商业贷款、外币头寸为100%;关联贷款和非上市公司的投资为150%。英格兰银行根据每家银行的具体情况,在与管理层协商的基础上,制定一个最低风险资产比率,从而要求每家机构在规定的比率之上正常开展业务。

(2) 经营过程的监管。在业务范围方面,英国银行制度早期专业化程度较高,它严格限定商业银行、储蓄银行和投资银行业务活动范围。第二次世界大战后,在各国金融中介多样化和金融管制放松的形式下,逐渐向全能银行方向发展。当前,英国银行法对"获准机构"的业务类型没有正式的限制,但英格兰银行希望各个金融机构所开展的业务性质与规模应与其资金实力和管理水平相适应。为防止风险,它并不鼓励银行向非金融企业投资参股。

在银行清偿力的控制方面,1985年英格兰银行规定,对单一银行的贷款不得超过银行资本基础的25%,对其他银行和政府的贷款或者有特殊情况时,经许可的除外。发放大额贷款要报英格兰银行备案,超过一定的数额或比例事先要向英格兰银行通报。对吸收存款机构的流动性比率,英国没有统一的规定。英格兰银行常常就流动性控制情况与银行管理层磋商,通过考察银行的变现能力和负债结构,对流动性作出评价并确定指导性的指标作为参考,各银行对此十分重视。

4. 补救性措施

(1) 存款保护。1982年,英国建立了存款保护基金,各银行原则上要强制性加入该基金。基金由专门委员会管理,委员会成员有英格兰银行的正、副总裁,财务总监等。基金向所有注册银行和其他吸收存款的金融机构征收保费,最低为2 500英镑,最高不超过300 000英镑,特殊情况下可征收额外保费。英国境内的账面英镑存款均受保护,但同业存款、5年以上定期存款及关系人存款除外。在保护范围内,1万英镑以下的存款受保护价值为实际存款的75%。

(2) 最后贷款人。作为货币市场的管理者和货币政策的执行者,英格兰银行随时可向金融体系注入必要的资金。在特殊情况下,也可考虑对个别正常融资渠道受阻的银行提供特殊的流动性支持,如单方面的信贷支持、与清算银行联合起来提供资金、用英格兰银行的名义对陷于风险的银行进行担保、帮助其发行证券进行筹资等。最终,对无力支付到期债务、资产价值低于负债数额的金融机构,英格兰银行可吊销其营业执照,将其改组为其他金融机构的附属机构,或执行清理。

(三) 一体化金融监管

1997年5月工党政府上台不久,即宣布对原有的金融监管体制进行了大刀阔斧的改革,1999年7月又提出《金融服务与市场法》,由英国议会2000年年初表决通过旨在通过改革和立法,防范金融业日益增加的系统风险,确保金融业对英国经济的特殊作用(见图9-2)。此次改革的主要措施包括:

(1) 赋予英格兰银行更大的货币政策决定权,尤其是制定利率及调整金融政策的权力。英格兰银行在制定及执行货币政策中的独立性在1998的《英格兰银行法》中得到确认。政府虽然仍通过设定通货膨胀率目标等方式保留设定货币政策目标的权力,但英格兰银行可以根据这一目标自行选择货币政策工具。而在此之前,其对货币政策如利率水平的调整均需得到财政部长的同意,这是它自1684年成立以来最大的一次权力膨胀。

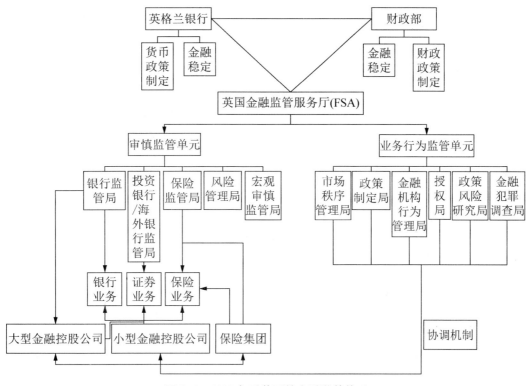

图 9-2　1997 年后英国的金融监管体系

（2）在英格兰银行内部成立货币政策委员会，全权负责制定利率政策。该委员会由央行正副行长、银行界人士及金融专家组成。每周召开一次例会，会议决策及表决内容于 2 周后公布。

（3）英格兰银行管理政府债务、监管国债市场等职能转移至财政部新设立的英国债务管理办公室（The UK Debt Management Office），对银行业的监管权力转移至新成立的金融服务局（Financial Service Authority，FSA）。

（4）借鉴丹麦、瑞典等北欧国家的经验，实行一体化金融监管。在原来的证券投资局（SIB）的基础上，合并其他监管机构的权力，成立一个新的超级监管机构——金融服务局（FSA），全面负责对英国银行、证券、保险、投资等全部投资机构和金融市场的监管。

FSA 监管的目标。根据在 2001 年生效的《金融服务及市场法》（the Financial Services and Markets Act），金融服务局的四大目标是建立市场信心、使公众意识到金融服务的利益和风险、保护消费者、减少金融犯罪。

FSA 监管的内容。正如 FSA 主席所称的，这一新的机构"将成为世界上监管范围最广泛的金融管理者"。这一广泛性可以从几个方面加以证实。首先，它是真正跨行业监管，几乎囊括了所有金融领域，如银行业、保险业、投资业；其次，它将同时监管行业内部的行为（Prudential conduct）和外部事务处理（conduct of business）；再次，它的权力包括授权、立法（包括制定规则和制裁措施）、监督、调查和管理。从前按功能分类的监管模式，单一功能的企业受单一职能的机构监管。当出现了多功能的集团企业后，就需要用一个具有同样多功能、全方位的监管机构来应对。例如,现在英国国内出现一些金融集团经营范围广泛,其所从事的各类金融事业都得经过不同的金融监管机构的批准认可,因此容易引起审批的重复和监管行为的不一致。更为重要的是,随着先进金融操作程序和金融工具的出现,现存的一些金融机构及其业务范围之间的区分也开始被打破或消失,在这种情况下,将所有监管权力授予一个机构的做法将是一个明智有效的解决办法。

一体化监管机构的优点。由单一监管机构进行监管意味着有可能避免以上种种尴尬局面,从而建立起一个合理、连贯的监管系统。这种单一监管机构的优点表现为以下几点:首先,基于一套基础结构设置的监管可带来规模经济效益;其次,单一监管机构可以减少被监管企业的服从开支(Compliance Costs),即所谓的"间接监管费用"(Indirect Regulatory Costs),从而降低企业成本;最后,单一监管机构的监管功能在一个统一的、协调一致的基础上更能得到有效发挥。除了以上三个显著优点,集中统一监管还有另外一些好处。例如,这个单一体制有利于监管经验的集中,提高监管手段;同时,它也无形之中抬高了监管机构的地位,反过来又促进了该组织在国内、国外的有效性和影响力。这种单一监管体系还强化了监管责任,更促使 FSA 对国会直接负责,预防了多头监管体制下各监管机构相互推诿的情况,弥补了由于不同监管机构管辖范围不同所形成的监管空白。

(5) 为了确保 FSA 能高效运作,财政部、英格兰银行与 FSA 三个机构之间签署了谅解备忘录,确定了明确职责、透明办公、避免重复、加强交流等四项原则,明确了彼此之间的分工合作关系,共同维护金融稳定。在新的金融体制框架下,财政部负责制定金融监管的结构框架和金融立法;英格兰银行负责制定和实施货币政策,保证支付清算体系有效运转,完善金融设施和降低系统性风险,保证金融体系的稳定,在特别情况下提供金融援助;FSA 负责对金融机构和金融市场的监管,并对违法违规行为进行处罚。此次改革一方面通过剥离英格兰银行的监管职能,增强了英格兰银行运用货币政策的独立性和有效性,另一方面建立起一体化的金融监管体制,提高监管效率,减少监管费用,为英国金融业营造一个洁净的市场环境,提高了公众对监管制度的信心。

(四) 宏观审慎

从 1694 年建立开始,英国央行便一直在英国的金融体系中起着中流砥柱的作用。在 1946 年实行国有化之后,维护币值稳定、保持金融体系稳定和维护金融体系有效提供金融服务成为英格兰银行最重要的职责。再往后随着时代的发展,发达国家的中央银行促进整体金融稳定的角色渐渐被淡化,英格兰银行便是其中典型的例子,其在 1998 年将货币政策执行职责交由货币政策委员会,将银行业的监管职责交由 FSA。这意味着英格兰银行不再负责对银行业的具体的细节化监督,而是更加专注于货币政策的实施和维持物价水平的稳定。

然而,2008 年由美国次贷危机引发而最终波及全球的世界性金融危机充分地暴露出了英国金融监管制度层面上的缺陷,其对单个机构的监管过分注重,而缺乏对系统性或整体风险的考虑和重视。从宏观层面上来看,在以英格兰银行、FSA 和财政部为主的"三方"监管框架下,三者看似起着相互补充的作用,却没有一家监管机构拥有对整个金融体系进行监管的权力,这就使得宏观审慎的风险处于金融监管层面的真空地带。从微观层面上来看,FSA 在审慎监管方面对单一机构的监管也存在不当的地方。FSA 只是机械性地要求金融机构恪守相关法规,但并未对各种不同的金融机构的运营模式进行过具体深入的了解,也就很难对金融机构实际所暴露的风险进行合理准确的判断。另一方面,FSA对金融机构和金融市场参与者的监管进行了统一的负责,导致金融服务对象和金融市场参与者尤其是零售产品的普通消费者在监管上得不到足够的重视和保护。

基于上述考虑,英国当局自 2010 年开始计划针对英国的金融监管体系进行一次大刀阔斧的改革。英国计划在英国央行董事会(Court of Directors)下成立金融政策委员会(Financial Policy Committee,FPC),专门负责宏观审慎监管;在英国央行董事会下成立审慎监管局(Prudential Regulatory Authority,PRA),专门负责在微观层面上对存储机构、保险公司和投资公司的具体监督。另外,由于对公司的审慎监管与对商业行为的监管需要针对方法和理念的不同进行区别监管,因此很难将这两项职能放在一家机构身上。为此,英国当局拟将金融体系内商业行为的监管独立出来,专门由新创立的金融行为监管局(Financial Conduct Authority,FCA)负责,原有的 FSA 将不复存在,同时英国财政部及财政大臣对整个监管框架负责,并确保公共财政的安全。这项改革措施实施后,英国的金融监管体系分工更加明确,彼此之间既密切配合也在各自监管领域保持相对独立性,形成长期的合作与协商机制(见图 9-3)。

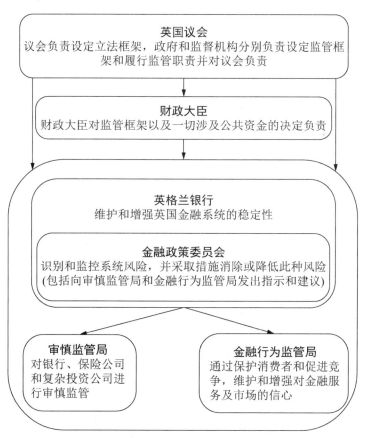

图 9-3　2010 年后英国的审慎监管框架

三、日本的金融监管制度

(一) 日本的银行监管制度

1. 监管的主体和对象

在 1998 年金融大爆炸之前,日本金融监管的职责是由大藏省和日本银行共同承担的。大藏省在对金融机构的监管方面有很大的权力。但自金融大爆炸之后,日本金融监管体制经过了较大的改革和调整之后,已形成了一个以金融厅为核心、独立的中央银行和存款保险机构共同参与、地方财务局等受托监管的新的金融监管体制。金融厅是日本金融行政监管的最高权力机构,全面负责对所有金融机构的监管工作。财务省(地方财务局)等作为金融监管的协作机构,根据金融厅授权或相关法律规定对相关金融机构实施监管。日本银行和存款保险机构只负责对与其有交易行为的金融机构进行财务检查,其权力来自双方最初签订的交易合同,这与商业银行有权对贷款对象企业进行查账的性质基本相同,但与金融厅的监管权力来源有着本质上的不同。日本的金融监管对象有普通银行、专业金融机构、证券公司、保险公司、政府金融机构等(见图 9-4)。

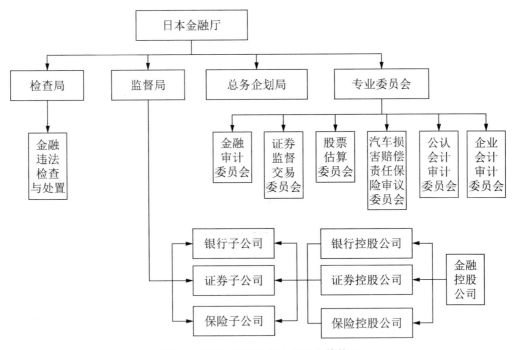

图 9-4　1998 年后日本的金融监管体系

2. 监管的方式

日本金融厅的监管模式是以职能监管为主,各职能部门按照监管的性质进行设置和分工。在职能分工的基础上,再按照行业细分设置课室,对不同性质和类别的金融机构进行分业监管。同时各局下设的总务课专门对检查与监督的协调工作与信息沟通等负责。

日本的监管方式是从分业监管走向职能监管。在金融厅机构设置方面,一方面按照监管业务的性质而非行业性质对内部监管机构进行重组,并成立了以不同监管职能为主的专业监管部门;另一方面在力求实现职能监管的基础上,保留分业监管的优势,在职能监管部门之下按行业细分设置科室,发挥专业监管人员的技术优势,达到分业监管与职能监管的有机统一。

3. 监管的内容

大型银行由金融厅直接负责监管,重点监管的内容是上一次检查中所发现问题的改进情况和目前的金融风险状况。另外,除按照行业划分进行检查外,还成立机动灵活的专业检查组,针对市场关联风险和体制风险等专业难度较大的领域进行深入的检查。地方银行由金融厅和财务局共同负责检查,检查的重点是地方银行遵守法律的情况、风险管理状况等。其具体的监管措施有:

(1) 预防性监管。在市场准入方面,从事金融业务的机构必须从金融厅领取营业执照;银行必须以股份公司的形式成立,最低资本金为10亿日元;申请人必须具有很强的融资能力,经理层具备从事金融业的资历和知识,并且有良好的收益前景。

在资本的充足条件方面,银行业实行早期纠正制度。1997年4月开始实行的《确保金融机构经营健全性法》规定:从事国际业务的银行的自有资本比率必须在8%以上,低于8%的银行必须提出并实施改善经营的计划,低于4%的银行必须重新确定资产计划并压缩总资产规模,自有资本比率为负数的银行必须停止营业。只从事国内业务的银行的自有资本比率必须在4%以上,低于4%的银行必须提出并实施改善经营的计划,低于2%的银行必须重新确定资产计划并压缩总资产规模,自有资本比率为负数的银行必须停止营业。另外,该法还规定了在银行业实行外部监督制度,用以制约经营者的盲目经营行为。与此同时实施的《金融机构再生手续特例法》则规定,金融监管当局可以向法院申请对资不抵债的金融机构进行强制的清算处理,以尽可能减少处理费用。金融厅对于人寿保险业的偿付能力率也做了明确规定,要求其必须在200%以上以确保正常经营。同时金融厅也加强了其对证券业的事前监管,日本政府于1998年完成了对《证券交易法》的修改,包括禁止证券市场中出现操纵市场交易以及内部人员交易等违法交易行为,并由金融厅进行监管,同时规定券商重新进行注册登记制度,解除了其只能从事证券业的规定。2006年《金融商品交易法》取代了《证券交易法》,促进了金融商品交易的统一监管,加强了金融商品交易信息的公开性、透明性。

(2) 经营过程的监管。在业务范围方面,1992年日本通过了《金融制度改革法》,该法案的主要内容就是确定了银行、证券、信托三种业态的金融机构可以通过设立子公司的形式实现业务的兼营化。另外,人寿保险公司与财产保险公司也可以通过设立子公司的形式涉入对方的经营领域。20世纪90年代末,日本终于实现了金融控股公司的合法化。1998年3月日本开始实行的《金融控股公司法》规定,在日本可以组建金融控股公司。所谓金融控股公司就是指以某一金融业态的金融机构为母体,通过50%以上的控股的形式把银行、证券公司、保险公司等金融机构子公司化的金融组织形态。自1997年起,日本又进一步放开了银行与证券公司的业务范围。同年2月,日本银行业被允许设立专供信托投资公司出售信托产品的使用的柜台。

从 2000 年 3 月开始，为进一步控制金融风险，加强对金融机构的经营过程的监管，金融厅提出进一步加强对银行经营方面的监督检查，加强财务分析，及时掌握银行经营风险。决定每季度对银行的经营数据等财务内容进行一次分析，改变过去每一两年才进行一次银行现场检查的方式。要求银行每周或每月向金融监督厅提供有关数据，金融监督厅每年与银行行长等经营决策层面谈 24 次，以随时了解银行的经营状况，发现问题及时解决。

4. 补救性措施

(1) 存款保护。1971 年，日本成立存款保险公司，资本由政府、日本银行和各金融机构分摊，公司由一专门的委员会负责管理，成员有日本银行行长和民间金融机构的代表。成员机构每年按上年年末存款余额的 0.012% 缴纳保费，公司也可向日本银行借款来补充保险储金的不足。1996 年 4 月，日本把存款保险的费率标准从以前的 0.012% 上调到了 0.084%，上调幅度高达 7 倍。其中的 0.048% 为普通保险费率，另外 0.036% 是特例保险费率(用以对发生经营危机的金融机构进行处理，实行期限为 5 年)。普通银行、信托银行、长期信用银行、外汇银行、相互银行必须强制性参加。居民和非居民在日本的银行及日本银行的海外分行拥有的所有日元存款均在保险范围内，但不包括外币存款和银行同业存款。每个存款人最高赔付额为 1 000 万日元。随后在 1986 年 7 月，为了加强外部环境建设，以顺应金融自由化的发展，日本又相继调整了一些措施，除了吸收劳动金库加入存款保险制度外，还引进了资金援助制度，提高了存款保险的额度。截至 2007 年，日本存款保险公司对 180 家银行进行了资金援助，合计援助资金为 186 亿日元，购买不良债权达到了 64 亿日元。根据 2000 年 5 月实施的新版《存款保险法》，合作金融机构的最高机构成为存款保险制度中的成员。另外，日本于 1973 年 9 月成立了农林水产业生产合作社存款保险机构，该机构独立于存款保险机构。从 2002 年 4 月起，对于存款和其他请求取消全面保护，具体包括：①存款保险范围最高限额是 1 000 万元本金加上存款利息，包括定期存款、零存整取储蓄、放款信托和银行债券；②从 2003 年 4 月起，取消对于流动性存款(包括普通储蓄、活期储蓄和特定储蓄)的全面保护。2002 年 11 月，《存款保险法》再次修订，规定对于流动性存款的全面保护可以延长到 2005 年 3 月。

(2) 最后贷款人。1998 年 4 月实行的《日本银行法》(修订版)第 37 条规定，日本银行在金融机构因计算机系统瘫痪等原因造成临时性资金短缺的情况下，可以不必经过内阁总理大臣和财务大臣的许可，而根据政策委员会的自行判断提供紧急融资。依照修改后的法律，在为稳定金融体系采取其他紧急融资措施时，日本银行可在内阁总理大臣和财务大臣的指示下，按照政策委员会做出的判断行事(《日本银行法》第 38 条)。

5. 金融厅与日本银行的分工协作关系

1997 年颁布的《新日本银行法》第 1 条规定：日本银行作为中央银行发行货币，通过调节货币市场和金融市场维持市场的稳定；日本银行作为最终贷款人要保证银行和其他金融机构之间的资金清算顺利进行以维持信用的稳定。第 44 条规定：日本银行为行使其职能，有权与业务往来的金融机构签订检查合同，并在合同的基础上对其进行检查。根据《新日本银行法》，日本银行的独立性得到大大加强，不在政府系列之中而直接对国会负责。

金融厅是金融监管的最高行政部门,负责颁发营业许可执照,对金融机构进行检查和下达指令。而日本银行作为独立的中央银行,为有效控制金融风险而依据合同对交易对象金融机构进行检查并提供相关服务。两者检查重点明显不同,"各行其道"而又交流合作。

(二)日本的证券市场监管制度

1. 证券市场监管的主体

1997年6月16日,日本颁布了《金融监督厅设置法》,从大藏省金融部门独立出来的金融监督厅,作为总理府直属局正式成立。在证券交易监管方面,原来由大藏省管辖的证券交易监督委员会也转交金融厅管理,由金融厅的证券交易监管委员会委托地方财务局设立证券交易监视官,负责对证券机构的监管工作。监管的重点集中在自有资本是否达到规定比例、对客户资产的分别管理状况以及风险管理状况等。必要时为了检查其交易的公正性还需要与证券交易监督委员会一起进行联合检查。

2. 证券市场监管的立法

21世纪以来,金融混业经营成为主流,各国的金融法制也开始了金融投资商品统一立法运动。日本2006年的《金融商品交易法》无疑也是顺应了时代发展的潮流趋势,以构建一元化金融服务法体系为目标。该法律将日本原有的《金融期货交易法》《投资咨询业法》《抵押证券业法》《外国证券业法》《投资信托法》以及《信托业法》等法律中的有关业者规制的部分都统一整合,旨在构建一个横贯的、以保护投资者为目的的保护网。《金融商品交易法》分为了四个板块,分别是投资服务规则、披露制度的整备、确保交易所的自主规制业务的正当运营以及罚则的提升。而它的特点也体现在四个方面:一是意识统合横贯化,所有的金融商品交易行为都适用《金融商品交易法》的行为准则,扩展法律的适用范围,实现跨领域的立法规制;二是弹性灵活化,整个的规制构造是灵活的,明确具体的分类标准;三是透明公正化,提高市场的信赖性、透明性以及效率性,确保市场公平,充分发挥市场的价格发现功能;四是严格化,对于不公正的交易采取严厉的措施,严格监管并加大惩罚力度。

3. 证券市场监管的内容

在发行市场上,日本要求发行人在发行证券之前,必须向金融厅申请注册,申请注册书须对公司状况进行详尽、真实的汇报,内容向投资者公开。

对于流通市场的监管,首先,2001年11月,由于修改后的日本《证券交易法》允许交易所采用公司制的组织形式,东京证券交易所遂转制为股份公司。其次,由金融厅对交易所实施检查和监督,其中心内容是禁止操纵市场交易及内部人员交易,由交易所对会员公司进行监管。同时东京证券交易所上市制度规定,只有符合持有一个交易单位股票的股东人数为1 000—3 000个、东京本地公司公众持股份数至少600万(外地公司须达到2 000万)、公司总股本至少725万美元、连续经营5年以上、少数股东最高持股比例为70%条件的公司股票,才能在该交易所交易。最后,修改前的证券交易法,规定交易所开设的市场为有价证券市场,店头登记市场只作为交易所市场的补充。为使企业能选择适合于企业股票特点的流通市场,修改店头登记市场只能作为交易所市场的补充的规定,使店头登记市场和交易所市场处于同等的位置。有关上市股票等在交易所有价证券市场外的交易，规定由协会会员向证券业协会报告以及由证券业协会公布交易价格等义务。

1998年，修改后的《证券交易法》规定日本对证券商重新采用注册登记制，并解除了证券公司只能专职于证券业的义务，放松了对证券公司兼营其他业务的管制。

(三) 日本的存款保险制度

1. 日本存款保险制度发展的历史沿革

早在1957年，日本的金融当局就意识到了存款保险对维护金融稳定的作用，希望借鉴西方国家的经验，构建存款保险体系，防止挤兑风潮，避免银行倒闭给金融业带来的不稳定影响，因此向国会提交了《存款保障制度基金法案》。1971年日本国会公布了《存款保险法》，设立日本存款保险公司。日本的存款保险制度分为针对一般金融机构的存款保险制度(1971年)和针对农渔业合作社的存款保险制度两种，后者在整个存款保险体系中所占比例很小。

自20世纪80年代后期，日本泡沫经济崩溃后，金融机构的经营状况不断恶化，破产案件不断增加，公众对金融体系的信心有所下降。为了提高存款保险机构处置金融风险的能力，日本政府通过修改《存款保险法》，对日本存款保险制度进行了数次改革，日本存款保险公司不断被赋予新的职能与权力，目前已成为稳定日本金融体系的重要机构之一。

1986年，赋予存款保险公司对倒闭机构进行购并的职能，增加赔付额度，提高保险费率，从而充实了保险基金的基础。

1996年，颁布了《金融机构重组的特殊程序条例》和《存款保险法案的补充条例》，对存款保险制度进行了一系列的改革，赋予存款保险机构一些新的权力，使之成为"全新的日本存款保险公司"。1998年2月国会再次修改《存款保险法》，主要内容包括：第一，将一般金融机构特别账户与信用合作社特别账户合并为特别业务账户，使存款保险机构能够处理除信用合作社之外的所有金融机构的破产案件。第二，为加强存款保险机构的财政基础，拨出7兆日元国债作为特别业务基金，破产所造成的损失可由国债偿还金弥补。第三，为顺利筹措特别业务账户资金，可从日本银行或金融机构借入资金，并赋予债券发行权。同时，将政府担保额度扩大到10兆日元。第四，整顿回收银行模式不仅适用于信用合作社，而且可适用于其他金融机构。第五，存款保险机构可向整顿回收银行提供收购转让债权所需的资金，扩大了其接收不良资产的功能。第六，存款保险机构在收购资产或提供资金援助时，可检查或处罚问题金融机构。

从2002年4月起，对于存款和其他请求取消全面保护，具体包括：①存款保险范围最高限额是1 000万本金加上存款利息，包括定期存款、零存整取储蓄、放款信托和银行债券；②从2003年4月起，取消对于流动性存款（包括普通储蓄、活期储蓄和特定储蓄）的全面保护。2002年11月，《存款保险法》再次修订，规定对于流动性存款的全面保护可以延长到2005年3月。2005年4月，临时性全额保险制度被取消，原有的限额保险制度恢复。

2. 日本存款保险公司

(1) 组织形式。按照《存款保险法》，于1971年成立的日本存款保险公司是一个准政府机构。日本存款保险机构设置理事长1人，由日本银行副总裁担任，另设理事、监事若干名。政策委员会是日本存款保险机构的决策机构,由日本存款保险公司的理事长负责。委员会的成员由政府首相任命,除了理事长、理事外,还有若干具有专门金融知识和经验的人士。委员长由理事长兼任,其他委员由委员长从金融专家中推荐,由日本金融重建委员会和财务大臣批准。政策委员会主要负责存款保险机构所有重要事项的决策,其中包括修改存款保险机构章程和业务程序原则,决定保险金和预付款的支付、存款和其他债务收购买、预计支付率、存款保险费率的变更、资金援助以及预决算。

(2) 职责范围。作为存款保险制度的主要执行机构,依据《存款保险法》,日本存款保险公司主要有以下几个方面的职能:

存款保险。存款保险体系的成员机构是强制性参加的。保险费率是由存款保险公司的政策委员会制定,由首相授权金融服务局批准。目前日本实行的是单一费率制度,尚未采纳风险差别费率制。

按照存款类别的不同,将存款划分结算用存款和一般存款。结算用存款包括储蓄存款、活期存款和非指定存款。一般存款是指包括定期存款在内的非类别存款。两种类别的存款所适用的保险费率略有差别。2014年,结算适用的费率为0.108%,而一般存款的费率为0.081%。

对问题机构的处置。第一,进行资金援助。当金融机构倒闭时,存款保险公司可以直接接管有问题机构,或向另一家金融机构提供资金援助,以促成对有问题机构的购并。这种资金援助可以以各种方式,例如捐赠拨款、贷款或资金存款、购买资产、债务担保或承接、购买优先股股票或者损失均摊协定。资金援助的程序一般是由财政部长认定的救济金融机构向存款保险机构申请资金援助,由存款保险公司的政策委员会决定是否进行资金援助以及援助的金额和方法等。通常存款保险机构提供资金援助时要满足以下3个条件:①合并有助于保护存款人;②资金援助是合并不可缺少的条件;③如果不合并,金融机构将解散或破产,并可能造成其所在地或领域内资金的顺利供需出现困难。截至2014年财政年度,日本存款保险机构动用了19万亿日元进行资金援助。

第二,购买存款及非债权。收购存款及非债权是指存款保险机构根据存款人的请求,购买存款保险范围以外的存款或非债权(如本金超过赔付额度的部分及利息,或未纳入存款保险范围的外币存款本金及利息)。其购买价格的计算是由倒闭之日的金额乘以估算的清算比例。如果最终购买的存款(扣除收购费用后)超过估算支付额,则存款保险机构把超过部分支付给存款人。

第三,负责管理破产金融机构。当金融机构发生倒闭,首相签发"管理命令书"(Order for Management)时,存款保险公司可以委派金融管理员,负责倒闭机构的运行和管理,并选择承接机构使业务交接平稳过渡,同时追究倒闭金融机构原负责人的责任。

第四,成立过桥银行(Bridge Bank)。存款保险公司可以成立过桥银行承接倒闭金融机构的债权、债务,直至另一家金融机构同意收购,并完成收购程序。过桥银行的期限一般是两年,如需要可以延长一年。在此期间,过桥银行接受存款保险公司的监管。

第五,通过调查追诉法律责任。日本存款保险机构在处理破产金融机构时,可以监管者的身份追究当事人的民事和刑事责任。对于阻碍不良贷款回收的组织或个人的非法行为,存款保险机构也会动用法律手段。截至1999年财政年度,日本存款保险机构共对44位破产金融机构原负责人提出刑事诉讼,对152人提出民事诉讼,涉及金额达496亿日元。

3. 农水产业协同组合储蓄存款保险机构

由于农业协同组合及渔业协同组合与一般金融机构在性质上存在一些差别,因此,日本存款保险机构设立时未将其列为投保对象。但上述两个组合也强烈认识到建立存款保险制度的必要性,遂于1973年9月成立了农水产业协同组合储蓄存款保险机构(简称农水协储保险机构)。该机构的目标是确立确保支付农水产业协同组合储蓄存款的保险制度,保护农水产业协同组合储蓄存款者,维持信用秩序。农水协储保险机构的资本金为3亿元。由于该机构是仿效日本存款保险机构而设立的,所以在组织机构、保险责任、保险限额、业务范围等方面基本相似,只是保险费率比前者略低。

4. 保险基金

(1) 基金来源。日本存款保险公司的初始资金总额为4.55亿日元,由日本政府、日本银行分别出资1.5亿日元,由金融机构出资1.55亿日元设立。1996年日本政府出资50亿日元设立专项账户,专门处理由住房贷款管理局负责的住宅抵押不良贷款。目前日本存款保险公司资本总额为351亿日元,日本政府持有存款保险公司99%以上的股份。

(2) 费率标准。一般业务(特别业务以外的保险金支付以及清偿成本以外的资金援助业务)使用一般保险费。其收费标准为:以前一会计年度最后一天的存款金额为基础,参加存款保险的金融机构按比例在每个会计年度开始后3个月内缴纳保险费。从1996年度起采用分期缴纳制度,每年度应缴纳保险费的二分之一在新会计年度开始后3个月以内缴纳,而余下的二分之一在下半会计年度3个月以内缴纳。

另外,根据1996年6月修改的法案,参加存款保险的金融机构在2000年度以前要缴纳特殊保险费。1998年2月,一般金融机构特别账户与信用合作社特别账户合并为特别业务账户,作为实施特别资金援助的资本金。特别保险费的缴纳期限、计算方法和一般保险费一样。

5. 保险范围

日本存款保险制度适用的金融机构是总部在日本国内的金融机构,包括银行(包括都市银行、地方银行、第二地银协地银、信托银行、长期信用银行等)、信用金库、信用合作社和劳动金库。政府金融机构和外国银行在日本的分行不参加存款保险体系。农业协作合作社、渔业协作合作社、水产加工业协作合作社等适用农水产业协作合作社储蓄保险制度。

日本存款保险制度的保险范围包括存款、定期存款、零存整取存款等。但是,以下的存款不属于保险对象:①外币存款;②转让性存款;③离岸存款;④国家、地方公共团体及其他特殊法人的存款;⑤日本银行和作为被保险金融机构等的存款;⑥存款保险机构的存款;⑦不记名存款;⑧虚构名义的存款;⑨其他存款。

6. 偿付

(1) 偿付限额。1971年,日本存款保险公司建立,根据当时的《存款保险法》,当金融机构发生倒闭时,存款保险公司的赔付额度为100万日元,1974年上升至300万日元,1986年再次修改升至1000万日元。1992年,随着金融机构倒闭的数目不断增加,日本政府宣布对存款人的全部合法存款提供100%的保护。

至2002年3月底,为了抑制金融体系的道德风险,日本政府决定停止为期10年的全部存款保护计划,转为实行有限保额的存款保险制度(第一阶段先对定期存款实行有限保险)。然而由此却造成了公众信心的急剧下降,在金融体系中引起了一定程度的恐慌,出现了存款"大逃亡"现象:存款从定期转为活期;从中小和地方性银行转向大型金融集团;从日资银行转向外资银行。随后日本政府不得不宣布有限保额的存款保险制度推迟至2005年实施。

因此,目前偿付金额为存款人在问题金融机构存入的被保险存款金额的合计(但不包括保险事故发生前未计入本金的利息),法令规定最多可向每个存款者支付1 000万日元保险金。预付金为存款人的活期存款余额(只限于本金),且按照法令,一个账户最多支付20万日元。

(2)偿付程序。支付保险金根据问题金融机构的存款人请求而进行。构成支付保险金的保险事故有以下两类:第一类是金融机构停止支付存款等,此时存款保险机构运营委员会要在事故发生后的1个月之内决定是否支付保险金;第二类是金融机构的经营资格被取消或金融机构宣告破产、解散时,此时存款保险机构不需审议即可直接支付保险金。

偿付保险金或预付金时,存款保险机构必须在相关报刊媒体、问题金融机构及被委托支付保险金的金融机构办理处,公布支付期间、支付地点、支付方式等。

四、德国的金融监管制度

2002年后德国的金融监管体系如图9-5所示。

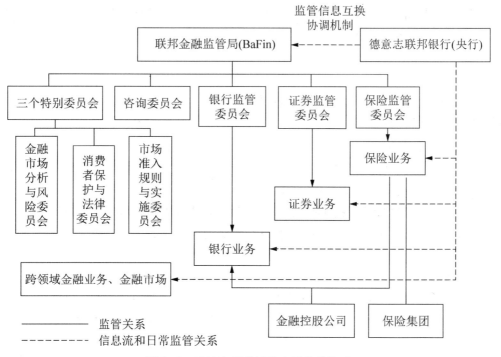

图9-5 2002年后德国的金融监管体系

（一）德国的银行监管制度

1. 银行监管的对象

德国银行的监管由联邦金融监管局（BaFin）和德意志联邦银行负责。联邦金融监管局负责履行法律手续，如机构审批和撤换执照等。而德意志联邦银行则收集、处理、分析银行业务和财务报告等有关资料，对银行进行日常监控。在监管实践中，联邦金融监管局与德意志联邦银行相互协作。联邦金融监管局有权根据银行法制定一些具体的规章制度，但事先须与联邦银行进行协商，征得同意；联邦银行在收到银行有关资料并进行分析处理后，要将资料及意见转送联邦金融监管局，由联邦金融监管局再据此采取相应的措施。德国银行的监管实际上包括所有从事金融业务的企业（不包括租赁和代理融通机构）。

2. 银行监管的主体

联邦德国最主要的银行监管机构是联邦金融监管局，其总部设在柏林，联邦金融监管局局长由联邦总统根据联邦政府的提名任命，联邦政府会听取中央银行对人选的意见，但中央银行不具有决定权。

《德意志联邦银行法》第2条规定"德意志联邦银行是按公法设立的联邦直接法人"。它直接对国会负责，联邦德国是多元中央银行体制国家，在联邦和州都设有机构，它的最高权力机构是理事会和执行理事会，理事会由联邦银行总裁、副总裁、各州中央银行行长和8名执行董事组成。德意志联邦银行在制定与执行货币政策上保持高度的独立性，不受政府的指令干预，在稳定币值方面具有重要职能。

德意志联邦银行在银行监管方面主要负责整个银行体系的日常监管，对银行呈报的月度报表发表意见并转给联邦金融监管局。此外，还参与制定自有资本和流动性等方面的规则。

3. 银行监管的方式

联邦金融监管局和德意志联邦银行有权要求有关银行呈送其业务资料。监管局有权对各银行进行现场检查。

4. 主要监管内容

（1）市场准入监管。联邦金融监管局签发银行业务经营许可证。如果以后银行的法律形式发生了变化，经营许可证必须重新申请。

联邦金融监管局对外国设在德国的银行，除在开业时必须要申请许可证外，以后外国银行在德国境内每一次开设新的分支机构时，都需要向联邦金融监管局申请，并取得相应的许可证。

联邦金融监管局在下列情况时，可以拒绝为申请者签发许可证：资本不足，特别是担保资本不足；申请人或高级管理人员的可信赖性不足；高级管理人员缺乏必要的专业知识；没有满足银行业务的双人领导原则；没有提供银行的组织结构和准备开展的业务计划。

（2）资本充足性监管。德国规定，任何一家银行（含分行）开业，必须至少有600万马克的最低资本。所以在监管实践中,具有特殊地位的是责任自有资本,它是指银行在最新的资产负债表中记载的、已实际缴纳的、为银行的债务负责的自有资本。对不同法律形式的银行,哪些内容可以记入责任自有资本,有不同的规定。公开储备金可以记入责任自有资本,而秘密储备金则不允许记入责任自有资本,隐名股东的出资仅在其全部对亏损负责时,才可以记入责任自有资本。

银行资产业务的规模必须遵守基本原则 I,即一定种类的加权风险业务不能高于责任自有资本的 18 倍。风险资产业务主要包括贷款、对外参股、期货业务和期权业务等。在贷款业务中,不同的借款人对应了不同的风险等级和加权系数,这样,即使是相同数量的贷款,如果借款人的风险等级不同,那么,计算出的加权风险资产业务的数值也不相同。

(3) 流动性监管。联邦金融监督局和中央银行根据基本原则 II 和基本原则 III 对银行的流动性进行监管。基本原则 II 要求长期资产与长期资金相对应,长期资产的规模不能超出长期资金的规模。基本原则 III 要求中短期资产与中短期资金相对应。长期资产主要包括对客户及其他银行 4 年及以上的债权、非挂牌的有价证券、对外参股和固定资产等。长期资金主要包括自有资本、同业和客户 4 年及以上的存款、10%的活期存款和 4 年以内存款、60%的储蓄存款和 4 年以上的债券、60%的 4 年以内债券和 60%的养老储备金。

(4) 贷款集中程度监管。相关条款规定,如果银行对一个客户的贷款累计达到责任自有资本的 15%,必须立即向中央银行报告,中央银行再将巨额贷款通告联邦金融监管局,联邦金融监管局则要求各银行每年将巨额贷款汇总并上报。为分散风险,每一笔巨额贷款不得超出责任自有资本的 50%,所有巨额贷款的总额不得超出责任自有资本的 8 倍。

银行要向中央银行提交季度报告。如果客户的借款额在报告期内的任意时刻点上超出了 100 万马克,银行需将借款人的名单上报中央银行。如果几家银行共同提供超过 100 万马克的贷款,即使其中个别银行提供的贷款数额未超出 100 万马克,也需要向中央银行报告。

(5) 信息披露监管。法律规定了银行的报告义务、银行管理人员的报告义务和对银行进行审计的审计人员的报告义务。报告义务是指当一定事件发生时,必须立即向联邦金融监管局和中央银行报告,如聘任高级管理人员、对有代表银行行使职权的人员的授权、高级管理人员的离任、对外参股及转让股权、银行法律形式的变更、修改公司章程、亏损达到责任自有资本的 25%、业务的终止等。

银行每月需向中央银行呈报月度报表。中央银行对月度报表发表自己的意见后,再将月度报表转给联邦金融监管局。通过月度报表,监管当局可以对银行的经营状况有一个全面而及时的了解,当个别银行出现问题时,监管当局能够尽早发现并采取相应的措施。审计人员除了对银行的年度报表进行审计外,还要全面审计银行的经济状况,特别是检查银行是否履行了各项报告义务。当审计人员发现有下列情况之一时,应立即向监管当局报告,出具否定意见或有保留意见的审计报告,发现有对银行现状和发展严重不利的事实,银行管理人员违反法律、公司章程或合同等。

(6) 市场退出的监管。对于没有达到要求或违反法律的银行,联邦金融监管局可以责令银行停止营业,甚至退出市场。这类情况主要有银行从事被禁止的业务、经营许可证在签发一年之内没有开业的和经营许可证失效等。当有下列情况之一时,联邦金融监管局将吊销银行的经营许可证:申请人通过不真实或不完全的申请材料,或以欺骗、恐吓等不正当手段取得许可证;联邦金融监管局事后发现有可以拒绝签发许可证的事实,如银行的管理人员的可信赖性不足或缺乏专业知识等;对委托给银行的财产安全存在危险,且这种危险不能通过一定的措施加以消除的。按照《银行法》的规定,如果亏损达到责任自有资本的50%或连续3年亏损达到责任自有资本的10%,即可认为委托给银行的财产受到威胁,必须立即关闭银行。

(二) 德国的证券监管制度

德国的证券管理实行的是一种中间型管理制度,这种制度的主要特点是既强调政府的管理,又赋予交易所等自律组织很大的权力。下文将主要从监管的主体、监管的立法、监管的内容来分析德国的证券管理制度(见图9-6)。

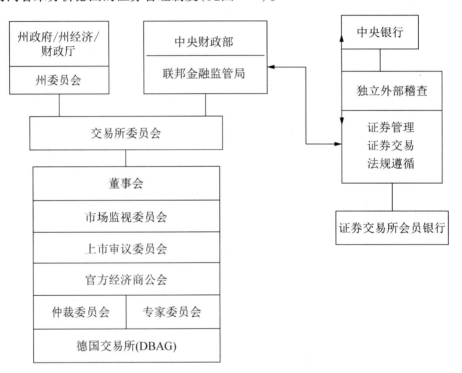

图9-6 德国证券市场监管架构

1. 证券监管的主体

德国的证券监管主体是由联邦金融监管局、各州交易所监管署、州经济/财政部、交易所组成。

(1)联邦金融监管局是由信贷监督局、证券监督局、保险监督局于2002年5月1日合并而成的一个全方位的金融监管机构,其在证券监督管理方面的职能主要有:监管所有证券及衍生产品的交易;调查内幕交易的违法行为;监管即时公布业务情况义务;监管重大表决权变动情况的公布,监管对行为规范准则的遵守,作为证券发行说明书的存放处;参与国际交流与合作。

(2) 州经济/财政部。负责监管本州的交易所,对交易所的交易监督部门进行监督,并配合联邦金融监管局开展市场调查。

(3) 各州交易所监管署主管交易所的整治工作。其主要的职能是:对交易所的法律监督;消除交易所的不良状况;调查违反交易所规章制度的现象;对特许经纪人的审批和监管;对交易所监察处的监管。

(4) 德国有 7 家交易所,其中法兰克福交易所规模最大,证券市值和交易量一直占全国市场的 80%左右。各交易所之间彼此独立,受所在地州政府的管理,与联邦金融监督管理局不存在隶属关系。其职能主要是负责制定上市标准,对上市公司进行实质审查,检查发行说明书的信息披露等日常管理。交易所内部设立交易监督部,对交易所内的交易情况监督,并配合联邦金融监管局开展市场调查。交易所监督部门人员,全部由州经济/财政部任命,交易所不得随意调换。

2. 证券监管的立法

德国制定专门的法规对证券市场进行监管。其主要的法规有:第一,《交易所法》(Boer Sengesetz)是管理证券发行市场的法律,详细规定了股票交易期权期货交易的条件及监管;第二,1975 年的《证券交易法》(Nertpapier handelsgeseti)是管理流通市场的法律,它规定设立了联邦证券交易监管局(在 2002 年 5 月被合并成为联邦金融监管局的一个组成部分),负责二级市场的监管;第三,其他根据有关法律制定的法规,交易所规章及修正法案,如《证券发行说明书条例》《自由市场交易准则》《第一、二、三次金融市场促进法案》等,主要是完善证券市场监督被弱化的部分及适应新市场变化而需加强的部分。

3. 证券监管的内容

德国对证券发行市场的管理是通过将注册制与核准制结合,针对不同的性质股票采取不同的发行审核制度。对于发行股票没有申请在交易所上市的公司,采取注册制,由联邦金融监管局进行审核,但不负责审查发行公司的质量;对于发行股票并申请在交易所上市的公司,采取核准制,由交易所对发行公司进行实质性审查。对于流通市场,德国证券监管机构的监管核心是股票发行公司的信息披露(主要包括定期报告和临时报告)的规范及其对上市公司的违规行为进行处罚,通过各种规范而使证券市场健康规范运行。如在信息披露政策方面,新市场要求上市公司必须按照美国 GAAP 或 IAS 的要求编制年度财务报表;必须要用德文和英文两种语言编制季度报告且其结构应使投资者了解到公司的本季度内经营情况的变化。

(三) 德国的存款保险制度

1. 德国的存款保险制度概况

德国的存款保险体系主要由私营银行业的存款保险、储蓄银行业的存款保险、信用合作社的存款保险三大基金构成。

(1) 私营银行业的存款保险。1951 年巴伐利亚银行基金的创设,标志着德国私营银行业存款保险制度的开始。1966 年,在德国私营银行公会的筹措下成立了跨区域性的私营银行业共同基金,即所谓的应急基金,由德国银行公会管理,以保障小额存户的安全。现行的私营银行业存款保险制度是 1976 年 5 月据"德国联邦银行公会存款保险基金章程"在原基金基础上重组而产生的。该基金的主要宗旨在于对发生临时性支付危机的金融机构提供援助,防止金融恐慌的发生,保护存款者的利益。

该基金的成员主要为各种民营(或私营)商业银行,同时,一些民营专业银行,诸如民营不动产抵押银行、船舶银行及其他民营专业银行也是该基金的会员。虽然没有法律强制所有民营商业银行都必须加入保险基金,但除少数几家在德国经营的外国银行分行外,几乎德国所有的民营商业银行都已加入该基金。德国新注册设立的银行,首先必须加入银行公会,而银行公会则鼓励其加入存款保险基金,这也是金融当局核发经营许可的最主要的参考条件之一。

基金的最高管理机构为存款保险委员会,该委员会由 9 名委员组成,他们分别由 3 家规模较大的私营商业银行(DeutscheBank、CommerzBank、DresdnerBank)各选派 1 名,区域性私营商业银行推举 3 名、个体银行业推举 3 名。

从保险基金的筹集看,成员银行是在每年 6 月 30 日按其上年度末对客户负债余额的 3.9‰向基金组织缴纳保险费。但新加入保险基金的成员须缴纳特别保险,其金额相当于年度保险费的三倍。视不同情况,存款保险委员会还有权做出如下决定:①当基金资产达到一定额度后,减免年度保险费;②当基金资产不足以承担支付需要时,加倍提取年度保险费;③计收特别保险费,其额度甚至可以达到年度保险额。

(2) 储蓄银行业的存款保险。德国储蓄银行业的存款保险,是以多层次保障为特点。从其保障体系看,包括:①区域性储蓄银行协会保障基金;②储蓄银行保障基金的跨区域性均衡调节;③地方银行和汇划中心的保险准备金;④储蓄银行保障基金和保险准备金执行委员会。

储蓄银行业保障基金不是直接对银行的债权人进行保护,而是对银行进行扶持。成员银行每年按其对客户负债的 3.9‰缴纳保障基金。各区域性保障基金间有相互调剂和均衡的义务。地方银行和汇划中心的保险准备金应达到非银行顾客的除住宅储蓄以外的负债额的 1‰。根据保险准备金章程,成员银行每年在以 1‰的比率计缴基础缴纳准备金时,若基金实缴额达到应缴额的 50%,就可以停缴,其余 50%仅在需要之时缴纳。并且,只要需要,成员银行就有义务随时缴纳其余应缴的部分。

德意志储蓄银行和汇划协会对保障基金和保险准备金总额的 15%拥有特别支配权。经基金执行委员会 19 位委员的多数同意后,也可以对非储蓄银行金融机构进行扶持。

(3) 信用合作社的存款保险。早在 1930 年,德国信用合作社就有了存款保险组织和机构。整个信用合作业现行的保险体系由大众银行和莱夫艾森银行联邦协会保证基金和基金执行委员会组成,于 1976 年建立。与储蓄银行业的存款保险机制类似,信用合作业存款保险机制也表现为对存款者进行间接性保护。保证基金组织的目的在于帮助成员银行渡过经济上的困难,以保证银行债权人的资产安全,并且,成员银行的经济困难应是由业务关系引起的,而不是信用业普遍存在的危机所致。

保证基金资产是属于大众银行和莱夫艾森银行联邦协会的资产,并且与该协会的其他资产分别管理和经营。保证基金涉及的成员银行有加入合作审计协会的信用合作社、中心合作银行及其他法律形式的银行、德意志合作银行、施韦比希哈尔住房储蓄信贷银行、符合大众银行和莱夫艾森银行联邦协会存款保险条件的其他金融机构。

信用合作社、中心合作银行所缴保费的 20% 存入大众银行和莱夫艾森银行联邦协会（BVR）的特别账户进行管理，其余 80% 由大众银行和莱夫艾森银行联邦协会委托当地合作审计协会代管。跨区域性合作金融机构所缴保费全部由 BVR 管理。当投保的合作银行经济上陷入困境时，可以根据不同情况从保险基金资产中获得现金资助、有息或无息贷款、信用担保等。

2. 德国存款保险制度的特点

德国的存款保险制度有以下几个特点：

第一，实行自愿保险的原则，即德国没有法律条文规定所有银行金融机构都必须参加保险；

第二，德国政府不直接对银行业的存款保险活动进行干预，因而德国存款保险体系中的三大组成部分都是由各有关行业公会直接管理和经营的；

第三，各类银行业存款保险组织均是通过对会员银行的扶持间接地对银行的债权人的权益进行保护；

第四，税务部门对保险基金所实现的收益，例如保险基金的投资收益等，只要是用于基金章程所规定的扶持银行和保护银行债权人权益的目的，就免征公司税、营业税和财产税。

（四）次贷危机后德国金融监管的新对策

2008 年金融危机暴露了现行金融制度存在的问题，各国积极出台了各种救市和补救措施。其中，德国对现行金融监管体制中存在的漏洞进行了修复。

1. 提高风险管理最低要求

从 2009 年 12 月 31 日开始，德国的金融机构执行新的风险管理要求。在新的风险管理最低要求中，强调了关注集中风险（Concentration Risk）和流动性风险的重要性。具体内容包括要求金融机构进行风险压力测试、金融机构监事会拥有更多的风险监管权力、规定新的银行薪酬制度。

2. 改善金融市场监管工具

德国财政部于 2008 年 4 月提出加强金融监管的草案，认为金融危机的结果说明《银行法》和《保险法》有修改的必要。草案的具体措施包括建立灵活的资本充足率要求和适当的缓冲机制、监控金融机构杠杆比率并实行报告机制、监管信贷与利润分配和加强早期监管银行集团分支机构之间的支付行为。

3. 加大金融市场监管力度

联邦金融管理局于 2008 年 9 月首次禁止对 11 家金融机构股票的卖空行为和卖出期权，并且持续到 2009 年 5 月 31 日，这项举措在金融危机中起到了稳定市场的作用。2009 年年初，德国政府内阁提出对《存款担保和投资人补偿法案》（Deposit Guarantee and Investor Compensation Act, EAEG）进行修改，修改的内容主要围绕提高存款保护标准和缩短偿还期限。修改的结果是，存款担保从最高 2 万欧元提升到 5 万欧元，并且从 2010 年 12 月 31 日开始，存款担保上限提高到 10 万欧元。

4. 加强与欧盟和国际各国的监管合作

在欧盟内部,德国联邦监管局于2008年和英国金融服务局达成了共同监督计划,德国联邦金融监管局可以根据协议对德国信贷机构在英国的分支机构进行更充分的监管,从而达到消除监管套利行为的目的。在国际上,德国当局积极推进和支持国际金融监管的改革,主张加强审慎监管、加强风险管理、提高市场透明度以及促进市场公正性、改革金融机构薪酬制度等方面的改革。

第三节 "金砖国家"的金融监管制度

一、巴西的金融监管制度

巴西金融监管的主体是巴西国家货币委员会,其同时也是全国金融体系的最终决策机构,主要管理职能包括:制定全国货币与信贷政策,批准中央银行的货币发行;制定汇率政策,确定本币对内与对外价值;规定银行最高利率、准备金率、资本限额;批准金融机构的设立,规定业务范围,管理资本市场等。该委员会的主席由当期财政部长担任,巴西计划部部长,外贸部部长农业部部长、发展、工业和外贸部部长,内务部部长,巴西央行行长、国家经济开发银行董事长出任委员,加上由总统提名、经参议院考核批准的7名经济学家等共21名成员一同组成委员会。巴西中央银行作为该委员会的执行机构,受委员会指导,发行或在资本市场上买回货币,调节商业银行的再贴现利率和贷款额度,确保国内信贷规模处于一定水平下,管理外国资本和国家外汇,经营公开市场业务,代表官方参与国际金融交流。

除了作为监管主体的国家货币委员会之外,还有四个负责具体事项的金融监管机构,分别为巴西中央银行、证券交易委员会、私营保险监管局和补助养老金秘书处。四个机构单独或互相配合进行监管,其中最主要的是巴西中央银行。

(一) 巴西的银行监管制度

巴西目前的银行监管形式实质上是以中央银行为单独监管主体的制度。在这种监管制度下,行业内的监管机构由于属于金融主管部门,导致其独立性较低,难以发挥出其应有的监管作用。而由于金融机构的内部控制制度的不完善,单独金融机构的内部监管也难以发挥作用。巴西现在主要通过对利率的管制和信贷规模的控制来管理各个机构,基本上还处于以合规性监管为主的监管阶段。由于发展的时间并不长,虽然巴西关于金融机构的资产管理具有一定的规章制度,但并不是很完善。

(二) 巴西的证券市场监管制度

作为拉美地区最大的证券市场,巴西在1976年就通过了《证券法案》,成立了其证券市场上的监管机构——巴西证券交易委员会(CVM)。其主要义务是监督并管理证券市场上的投资者行为。

1999年年初爆发的货币危机使得巴西的资本市场处于持续低迷的状态,当时,上市公司发行的股票和债券市值严重下降,在国内生产总值中所占的比重变得微不足道。从

1997年7月到2000年12月,圣保罗证券交易所的股票交易市值下降了46.76%。对此,巴西资本市场已经难以依靠原来的制度重新复兴。在2000年,巴西开始将证券法实施的重点转向监管执法的领域,尤其是在2005年,巴西证监会通过了新的执法机制,将对市场的监管方式变为以事后监管为主的监管方式。

在这次的证券监管改革中,巴西通过了一系列包括自我监管和公共监管在内的新制度。仔细梳理这些新措施,可以发现,巴西政府主要从三方面开展着手改革。

1. 推出"新板市场",改革上市公司治理

在2000年年末,通过统一编制的上市公司治理指数将公司信息披露机制标准化,巴西圣保罗证券交易所推出了新板市场 Novo Mercado(New Market)。从此以后,巴西境内所有的上市公司不仅需要向巴西证监会注册并遵循其披露要求,还必须与证券交易所签订协议,承诺遵守第一层次、第二层次市场上市规则,或承诺遵守新板市场上市规则。这三类上市规则在公司治理和信息披露方面的严格程度逐步递增,具体的核心要求如表9-3所示。

表9-3 巴西三类上市规则的公司治理和信息披露要求

	发行股票类型	公司治理	信息披露	关联交易报告	自由流通股份
第一层次	发行普通股和(无投票权)优先股		披露公司事件的年度计划	对超过20万雷亚尔或公司净资产1%的关联交易进行报告	保持至少25%的公司公众股份可以自由流通
第二层次	发行普通股和(无投票权)优先股;将至少80%的股票附随出售权授予优先股股东	董事会成员中至少20%是独立董事	披露公司事件的年度计划,且全面披露实质性的关联交易。按照国际公认的标准编制财务报表,比如国际财务报告准则(IFRS)或美国通用认会计准则(GAAP)		保持至少25%的公司公众股份可以自由流通
新板市场	只能发行有投票权的普通股,并向所有的股东授予股票附随出售权	董事会至少5名董事,且至少20%是独立董事	提供公司季报、披露管理人和控股股东的持股情况、全面披露实质性的关联交易。按照国际公认的标准编制财务报表,比如国际财务报告准则(IFRS)或美国通用认会计准则(GAAP)	对超过20万雷亚尔或公司净资产1%的关联交易进行报告	保持至少25%的公司公众股份可以自由流通

新板市场的推出有效地确保了中小投资者的利益不会被大股东侵占,降低了投资风险,投资者当然更愿意进入新板市场。资金流入使得新板市场的流动更加活跃,上市公司股票估值更高。相关资料显示,2001年,符合交易所公司治理标准的上市公司仅18家,

此后这一数量迅速上升,2007 年 10 月达到了 151 家,进入公司治理指数的上市公司的交易量占到整个市场交易量的 70%以上。这一措施的实施被看作拉丁美洲公司治理的新方向。

在证券法的规定下,新板市场上市公司不仅必须签署遵守承诺的协议,还要向股东提供担保。交易所具有监督和强制执行上市条件的权力,并且可以适时向未遵守上市要求的公司进行处罚。当公司违反上市规则时,交易所会向其发出限期改正的书面警告;违法的公司可能会被处以罚款、股票暂停交易,在重复犯错或者更严重的违法情形下,会被取消其在新板市场的注册。

2. 提高证监会独立性,加强执法力度

(1) 保障独立性和自主权。在 2001 年之前,巴西的证监会处于行政体制之下,其日常运行所需经费由巴西财政部提供,没有独立的人事权和财政权。2001 年时,巴西重新修订证券法,将证监会从财政部之下分隔出来作为独立的监管机构,赋予其行政和财政上的自主权,从而减少巴西证监会在运行时受到行政上的干扰和影响,遵守自身的义务,在需要时能启动执法程序,更好地保护投资者利益,维持资本市场的公正公平。

(2) 建立独立的执法部门。在 2001 年的改革中,巴西证监会成立了专门负责调查企业违法行为的监管执法部门。该部门成员由律师、会计师及具有丰富证券诉讼经验的人员构成。法律明确赋予他们使用强制性手段获取证据并提出诉讼的权力;赋予他们使用多种方式制裁违法行为的权力,如冻结财产;赋予他们在掌握充分的证据时采取执法行动的权力。一般而言,执法时会有两个部门一起参与,一个是监管制裁机关,另一个是联邦特别检察机关。这种模式有利于执法活动快速展开,提高了执法力度和效率。

(3) 设立诉讼和解委员会。早在 1997 年,巴西证监会就设立了诉讼和解机制。到 2005 年时,为了更加有效地实施和解制度,巴西证监会设立了诉讼和解委员会。其主要职责有:确认起诉案件中潜在的和解协议并与参与人进行谈判,负责传达由被告或者被调查人员所提出的和解请求;审查和批准拟议的和解协议。

(4) 增加经费,保障执法力度。相关资料显示,为了加大对证监会的经费供给,巴西中央政府对证监会的预算从 2001 年的 2 850 万美元,增加到了 2007 年的 7 720 万美元,并且在 2008 年达到了 9 076 万美元。在不断提高的预算中大部分的资金流向了其中的资本市场发展部,该部门的主要职责是制定国内证券市场的总体战略目标和发展方向,创新业务监管(如市场监督和风险测评等)以及保护市场投资者的利益。通过高额的薪水,巴西证券交易委员会能吸引更多高素质的金融人才,整个机构能保持积极的心态完成职责,推进资本市场的发展。

3. 加强监管合作,提出"多重执法模式"

(1) 加强与刑事司法当局的合作。加强与巴西联邦警察局和联邦检察署的合作,一方面,可以确保证监会在实行执法过程中能使用更有效的执法措施,如扩大了冻结财产的适用情形等;另一方面,能更迅速地落实罪犯的刑事责任。虽然在法律上将内幕交易和市场操纵等行为列为犯罪,但是在现实的执法过程中,仅仅依靠证监会的监管部门往往很难落实犯罪分子的刑事责任。此外,巴西证监会和联邦检察署还合作开始实施民事集体诉讼,但巴西的证券集体诉讼制度不能由市场主体直接适用,而只能由巴西证监会和联邦检察署代表他们行使。

(2) 加强与行业自律组织的合作。通过 2007 年发出第 461 号指令,巴西证监会为证券交易所和其他证券市场监管机构制定了详细的自律监管法律框架。通过鼓励开展自我监管,一方面节约了证监会的监管成本,减少了证监会日常繁琐的任务,使其可以将更多的精力放在规划建设制度体系和宏观监管上;另一方面在多重执法的制度下,投资者利益能得到更好的保护。

这些行业自律组织的监管方式主要是制定行业标准和规范行业准则,通过经营实施自我管理并监督他人。例如,巴西国家投资银行协会推出的证券公开发行自律守则中,协会成员需要遵守比立法更为严格的行规。为了推动自律守则的实施,巴西证监会制订了一系列的监管激励措施,为满足高标准的公司债券通过快速上市通道,从而使企业避免了繁琐的文书工作。

二、俄罗斯的金融监管制度

(一) 俄罗斯的银行监管制度

目前全球金融业越来越呈现出混业经营的趋势,很多国家也越来越呼吁统一的金融监管机制,"金砖国家"普遍采用至少两个以上的监管者负责监管,并且金砖国家的中央银行均参与银行业监管,俄罗斯的金融业监管体制中分业监管与混业监管并存。

1991 年苏联解体以后,俄罗斯实现了由单一国家银行向以中央银行为核心、国家控股商业银行为主体的所有结构多元化、混业化且高度对外开放的二级银行体系的转变。随着俄罗斯中央银行独立性的不断提高,俄罗斯银行监管有了明显发展,金融监管法规也不断完善。俄罗斯银行体系监管权力主要集中于中央银行,中央银行负责审核银行的建立、经营与撤销。2013 年,俄罗斯财政部、国家杜马与联邦委员会,共同推动关于建立综合金融监管机构的一揽子计划及相关法规。虽然俄罗斯政府一直在努力筹建综合金融监管机构,重点对银行业进行风险控制,但从宏观角度看,俄罗斯银行业立法及监管制度仍存在很多漏洞。

1. 银行监管的主体

1995 年通过的《俄罗斯联邦中央银行法》赋予俄罗斯中央银行对信贷组织活动的调控和监督职能,1996 年 12 月以后银行监督管理委员会及其地方分支机构成为央行具体负责监管活动的执行部门,对各地商业银行的监管由央行的地方管理机关实行(包括 59 个总管理局和 19 个共和国国家银行)。事实上,1998 年金融危机之前,尽管俄罗斯以立法形式赋予央行监管银行业的权力,但在实践过程中,中央银行并没有很好地履行这一职能,反而出现监管权力的分散和监管的缺位现象。

2. 银行监管的方式

俄罗斯中央银行对商业银行的监管方式是远程规范监管与实地检查相结合。远程规范监管是通过制定法定储备标准、银行财务报表准则、规定银行资本充足率、流动性等具体指标,评估其运营风险。因为远程监管建立在银行自身提供财务报表的基础上,报表的真实性和完整性需要进一步核准,所以监管部门除远程规范监督外还必须结合实地考察,对商业银行收入来源的合法性、资产质量和业务操作的正确性、内控制度的协调性等进行具体评估,并对违反相关法规的银行采取惩戒措施。俄罗斯央行对商业银行的检查方式具体有非现场检查和现场检查两种。非现场检查是通过研究数据库中的资料信息,与有关人员讨论交流,利用计算机技术手段进行检查;现场检查重点核实商业银行报表的真实性,业务活动的合法性,以及经济指标是否达到了中央银行的要求等,并对有分支机构的商业银行进行强化检查,对商业银行总部和分支机构同时检查。

3. 银行监管的立法

俄罗斯金融监管的法律框架有三个层次:最高层次是一般立法基础的《俄罗斯联邦宪法》和《俄罗斯联邦民法典》,其中相关的法律条款对俄罗斯中央银行的法律地位和监管职能做出了基础性规定;其次是有关金融业活动的联邦法律,是对商业银行具体活动进行金融监管的法律依据,包括《俄罗斯联邦中央银行法》《俄罗斯联邦银行和银行活动法》《金融机构破产法》《货币管理和货币监督法》《俄罗斯联邦自然人银行存款保险法》和《俄罗斯联邦外国投资法》等;最后一个层次是俄罗斯央行制定实施的各种具体监管法规,包括若干条例、细节、说明等,比如《关于俄罗斯银行决定金融机构国家登记和颁发银行业务许可证的程序的细则》、《若干银行监管强制性指标实施细则》(第2030-Y号)、《金融机构强制准备条例关于贷款类资产损失准备金建立程序的条例》(第254-Ⅱ号)和《关于银行经济状况评价的规定》(第2005-Y号)等。

4. 银行监管的内容

(1) 预防性的监管。在市场准入方面,根据监管法律的规定,在俄罗斯境内可以设立全能型商业银行、经营个别银行业务的非银行金融机构和外国银行,已经成立的银行可以再在俄罗斯境内外设立分行和附属机构。按照《俄罗斯联邦银行和银行活动法》(2009年4月28日修订)的规定,新设银行的最低注册资本金不应低于1.8亿卢布;如果办理自然人业务,则最低注册资本金不应低于9亿卢布。外资银行准入方面,目前俄罗斯中央银行仍不支持外国银行设立分行,外国投资者只能选择具有独立法人资格的子银行和合资银行这两种形式,并且中央银行有权对外资在俄罗斯银行体系中的总占比规模进行配额限制,外国资本在俄罗斯银行总资本中的比重不得超过12%。

在资本充足条件方面,商业银行资本充足率指标要满足银行弥补信贷和市场风险所必需的自有资金最低标准的要求。2008年金融危机爆发后,俄罗斯中央银行不断加大监管力度,充分落实《巴塞尔协议Ⅲ》中的各项要求,重新规定了商业银行资本充足率指标,对于自有资本在500万欧元及以上规模的银行为10%,对于自有资本规模低于500万欧元的银行为11%。

(2) 经营过程的监管。在商业银行资产安全的监管方面,俄罗斯中央银行主要采取的是准备金制度,这体现在2003年3月26日颁布的《金融机构建立贷款和贷款类资产损失准备的程序的条例》(第254-Ⅱ号)中。

在流动性风险监管和银行清偿力的控制方面,为了监督银行的清偿率情况,俄罗斯中央银行规定了即时清偿力、即期清偿率、长期清偿率这些指标来控制商业银行失去清偿力的风险,并确定资产与负债在期限、金额和种类方面的比例关系,有清偿力的资产与资产总额之间的比例关系。

(二)俄罗斯的证券市场监管制度

1. 证券市场监管的主体

俄罗斯证券市场监管的主体为政府相关部门和行业自律组织。

(1)国家政府监督方面:在1991年证券市场成立之初,俄罗斯联邦财政部就承担了监管市场的责任。1993年第163号总统令宣布成立俄罗斯证券和交易委员会,1995年议会通过的《俄罗斯联邦证券市场法》,正式赋予其监管证券市场的权力,2000年实施的《投资者保护法》真正确立了俄联邦证券和交易委员会的独立执法权。同时1995年开始实施的第65号联邦法律《俄罗斯联邦中央银行法》赋予俄罗斯中央银行监管证券市场职能,规定俄罗斯的信贷组织发行证券要在中央银行进行登记注册,中央银行对商业银行在证券市场的一系列行为进行调控和监督。由此可见,在相当长的一段时间里,俄罗斯的证券市场都是由财政部、证券市场委员会和中央银行共同监管的,但三家监管部门分工模糊且利益相争,经常发生职责冲突。直到2004年3月,联邦证券市场委员会被废除,新成立的联邦金融市场服务管理局(FSFM)开始履行对金融市场的控制和监督职能,这一重大变革是俄罗斯向混业监管迈出的第一步,说明俄罗斯证券市场开始向全能监管过渡。

(2)行业自律监管方面:1994年颁布的《证券市场法》明确了俄罗斯证券自律组织的法律地位,1996年1月俄罗斯证券协会成立,其最高管理机构是成员大会和理事会,是政府监管机构的有力补充,同样以促进证券市场有序发展,确保信贷组织在证券市场上的规范运营为目标。

2. 证券市场监管的立法

俄罗斯证券市场监管的相关法律主要有:1996年4月22日制定颁布的《俄罗斯证券市场法》(其后多次修订),1999年3月5日制定颁布的《证券市场投资者权益保护法》(其后多次修订),1995年12月26日颁布的《俄罗斯股份公司法》(最后一次修订是2007年7月24日),1999年7月23日通过的针对金融服务市场的《俄罗斯联邦金融服务市场竞争保护法》,2001年俄罗斯重新修订的《股份公司法》和《投资基金法》,以及2004年6月30日颁布的关于联邦金融市场服务监管的第317号联邦政府法令。2009年11月25日通过的《证券市场法修正法案》对俄罗斯证券和金融衍生工具交易监管条例做出了重大的调整,该修正案扩大了对衍生品交易的监管内容,但相比对证券市场其他方面的监管来说,俄罗斯目前对衍生有价证券市场监管的相关法律还不够健全。

3. 证券市场监管的内容

当前由俄罗斯联邦金融市场服务管理局具体执行以下监管职能:监管有价证券的发行,保证证券市场上的信息公开,对发行者、市场专业参与者及其自律组织、公司型投资基金及其自律组织、管理公司及其自律组织、专业托管机构、管理不动产抵押金的代理机构以及商品交易所进行监管。FSFM的权限包括了执法、向政府提供政策建议、对证券市场进行政策研究,并对规定的条款、证券发行和交易的条件以及相关的证券专业参与者的运作情况做出解释。此外,国家监管机构还通过以下措施实行监管职能:制定证券市场从业人员活动的义务及其标准;国家对证券发行和说明的登记注册,以及证券发行人符合条件和遵守义务的监督;颁发证券市场从业人员许可证;建立保护投资者权利以及监督证券发行人和从业人员对投资者权利尊重情况的系统;禁止和取缔违反规定的证券市场经营活动。

(三) 俄罗斯的存款保险制度

1. 存款保险制度的发展沿革

俄罗斯是实行存款保险制度较晚的国家,在经历了苏联解体、银行挤兑、卢布贬值等重大的政治和经济动荡之后,俄罗斯多家银行破产,居民对银行彻底失去信心,从而导致银行存款大量流失,加剧了地方中小银行的破产。在此背景下,2003年12月23日俄罗斯颁布了《俄罗斯联邦关于自然人在俄联邦银行存款保险法》,旨在保护储户利益,增强居民对银行系统的信任,增强银行体系对居民储蓄的吸引力。俄罗斯联邦于2004年1月设立国家存款保险公司以保证存款保险制度的正常运行。

2004年10月起,俄罗斯所有银行一视同仁,只有参加存款保险体系,其储户的存款才能获得相应保障。最终在2005年1月,俄罗斯央行宣布约920家银行(占当时银行总数的四分之三)获准加入存款保险体系,当前有877家银行加入了俄罗斯存款保险体系。截至2013年1月,俄罗斯的银行保险事件涉及存款金额735亿卢布,国家存款保险公司对303家银行实行了资产清算,向37.8万人赔付了727亿卢布。2013年10月9日,俄罗斯存款保险基金总额达到2 377亿卢布(约77亿美元)。

2. 职能机构——俄罗斯国家存款保险公司

俄罗斯国家存款保险公司是落实存款保险制度的核心机构,该公司属于国有集团,不需要具备保险牌照。俄罗斯联邦法案确定了俄罗斯存款保险公司的独立地位,即不受联邦国家政权机关、地方自治机关和联邦中央银行的干涉。俄罗斯存款保险制度运行的监督由俄罗斯联邦政府和俄罗斯联邦中央银行通过其在存款保险公司的代表进行。公司的基本职责是保障存款保险体系正常运行,对银行进行登记,收取并监督保险费缴入存款保险基金,对存款人对银行的债权进行登记,并进行保险赔付。公司的权限还包括对存款保险费的计算办法制定,履行对破产银行的托管人(清算人)的职能,变卖破产银行的抵押资产等。

3. 存款保险制度的具体内容

(1) 主要内容和财产来源:存款人有权依法获得存款赔偿,有权向主管机构报告银行拖延赔偿的行为。在获得赔偿后,仍有权要求银行补足实际赔偿和与全部权益间的差额,但对差额的赔偿取决于对银行资产的清算结果。

俄罗斯存款保险公司的财产来源除保险费、罚金、存款保险局配置资金、发行有价证券所得到的资金外,还有一部分是俄联邦政府预算拨付的专项资金——金融稳定资金以及俄联邦政府借给存款保险公司的无息预算贷款。

(2) 存款保险赔付金额。俄罗斯联邦法案规定俄罗斯存款保险公司对存款人在发生保险事件的存款进行100%偿付,即存款保险赔付额为存款人在一家出险银行的全部存款,2007年国家存款保险公司将最高赔偿额从最初的19万卢布增加到70万卢布。如果一个存款人在一家银行有数笔存款,且存款总额超过70万卢布,则按照各笔存款在存款总额中所占比赔付。如果存款人在数家银行都有存款,且这些银行都发生了保险事故,则保险赔付额按出险银行独立计算。在一家银行的不同分行或支行存款,视同在一家银行的存款,赔付总额不超过70万卢布。2014年12月,由于原油价格暴跌加上西方经济制裁使得卢布快速贬值,俄罗斯联邦政府将存款保险赔偿上限提高一倍至140万卢布,以提高储户对银行业的信心,稳定金融系统。

(3)保险费率。俄罗斯存款保险实行统一费率,存款保险公司确定保险费率和保费计算程序,保费由各投保银行自行计算,按季度交纳。保费的计算基础为结算期内存款账户上每日余额的平均数,保险费不能超过最后结算期内计算基础的0.15%。在规定情况下,保险费率可以提高到计算基础的0.3%,但使用时间不能超过18个月内的两个结算期。当存款保险基金的资金总额超过一切银行存款总额的5%时,下一个结算期的保险费率不能超过0.05%。当存款保险基金的资金总额超过一切银行存款总额的10%时,下一个结算期银行自动停止支付保险费;当该比例回落到10%以下时,下一个结算期银行自动恢复支付保险费。投保银行的报表和其他信息由俄联邦中央银行提供。2008年12月,俄罗斯将存款保险费率调整到0.1%。

三、印度的金融监管制度

印度的金融监管体系如图9-7所示。

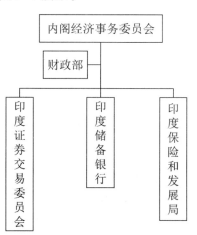

图9-7 印度的金融监管体系

(一)印度的银行监管制度

印度的金融体制介于分业和混业之间。其银行业兼营保险,证券业相对独立运作。相应地,印度储备银行(中央银行)负责对银行、非银行金融机构的监管,其中也包括对银行兼营的保险业务的监管。印度证券交易委员会负责对证券业的监管。早在1949年,印度颁布的《银行管理法》就授权印度储备银行执行对商业银行监管的职责,印度储备银行下设的银行营运与发展局负责监管事务。1993年,该局的监管职能被分离出来,交给新设的银行监管局。1994年,在印度储备银行内又设立银行监管委员会,指导银行监管工作，印度储备银行行长任委员会主席。1997年，银行监管局又进一步分为银行监管局和非银行监管局，二者同时受银行监管委员会的指导。

鉴于近十年来全球金融危机爆发十分频繁，印度储备银行在1991年经济改革以来大大加强了金融改革的力度。由于银行业数量庞大，业务复杂，印度金融当局在强调外部监控的同时，也呼吁加强银行业内部自身的管理和控制。由于印度的银行都是实行单元制，因而依据纳拉辛哈委员会建议不同规模的银行应采取相应的组织、监管体系。大型、中型银行都采取三级管理模式，即总部、中间部门和分支银行。而超大型银行则采用四级监管模式，即总部、中间部门、区域部门和分支，通过建立起这种立体的组织管理模式力图做到分层管理、分工管理。而对于一些小型的地方银行，则不再在总行与分支之间加设中间性机构，避免手续繁杂，力图高效。银行管制就是政府对银行和其他金融机构的监督管理。

就外部效应而言，银行监管主要涉及金融稳定和保护存款者两个方面。因而银行监管的主要目的就在于提高银行体系的安全性、效益性和统一性：①安全性即督促银行业成员安全经营；②效益性即防止银行业垄断、提倡平等竞争，创造出适合银行成长的良好金融环境，为社会提供更大量、更有效的金融服务，提高社会经济的整体效益，同时降低银行经营风险，使银行业得以健康发展，保护银行股东的长久利益，而不是通过管制为金融成长设限；③统一性即使微观金融在货币政策上统一起来。

鉴于银行监管的以上三个原则，印度金融监管当局自1991年拉奥政府实施经济改革以来就一直在寻求一种最佳的监管模式，尤其是东南亚金融危机以来，这种需求更是迫切。1995年11月银行监管体系视察工作组所递交的报告称"银行监管的主要工作要做好三个方面的评价：金融环境与金融运作状况，其中包括对银行资产质量、清偿力、资本充足性、盈利性以及流动性的评估；管理及操作环境，主要包括对管理、决策程序以及管理控制程序的充分性及质量进行评估；法规适用程度，包括评估通用法规适用度以及专门针对某银行的法律、法规及政策是否合适等。在依据以上标准判断的基础上，把银行分为健康的银行和有问题的银行，金融监管的重点主要放在后者。

针对有问题的银行，国际通行的监管有两种方式：一是预先控制手段，包括银行开业登记管制、银行资本充足性管制、银行清偿力管制、银行业务活动管制、贷款集中程度管理制等，其中核心方式是资本充足性管理；二是补充手段，即发生问题之后的补救措施，包括市场惩戒、最后贷款人制度以及存款保险制度。

然而值得注意的是，银行监管的目的是使银行处于一个更为安全的运作环境之中，但是，银行监管的补充手段却在一定程度上鼓励银行从事高风险投资。中央银行过度行使最后贷款人职责则可能招致丧失对货币的控制能力，恶化中央银行的资产内容，从而降低中央银行实施金融政策、金融调节的有效性。因而在目前状况下，银行监管将在很大程度上应依赖于预先控制方式，特别是资本充足性管制。

下面将介绍印度银行监管的主要内容：

1. 资本充足性管制

正如上文提及的，资本充足性管制是目前银行监管的核心内容，尤其是从1975年《巴塞尔协议》具体实施以来，资本充足性已成为世界通用的衡量商业银行安全与否的标准，因而在资本充足管制的道路上，不仅是印度，全世界也都是力促本国的银行在资本充足性上尽力向《巴塞尔协议》所规定的比例靠拢,即风险资产占资本的比率为8%,而核心资产占比为4%。为了达到这一标准,印度储备银行强烈要求各商业银行进行改革,提高经营效率,改善资产质量。1991年,纳拉辛哈委员会关于分期达到资本充足比例的建议更是将其列入金融改革的日程。该委员会曾建议印度所有的商业银行以及金融机构应分期向《巴塞尔协议》所规定的标准靠拢,即在1993年3月之前所有商业银行以及金融机构按风险权重计算的资本(风险资产比重达到4%,而核心资本比重不得少于2%),而在1996年时资本充足比例达到标准,即8%。经过一系列的金融改革,到2002年年末,只有印度工业金融有限公司等少数几家金融机构低于8%的标准。国有商业银行的总资本与风险加权资产从2014年3—9月分别增加了1.9%和4.1%。这导致风险加权资产的比率从13.0%下滑到12.8%。

保证银行资本充足性已是各国监管银行的核心方式,其他方法比如保证现金储备比率、法定流动性比率等都是以资本充足性作为核心和前提。但是为了完成对资本充足性的评估和监督建立起一套先进、完备的会计制度也是银行监管的必需工作之一。

2. 完善、完备的会计制度

严格、准确地进行资产分类可以缩短坏账确认的时间,而且完善的会计制度还能使银行充分估计自己的损失,这对于培育一个完备的银行体系是非常有必要的。由于同发达国家比较,发展中国家的资产价格波动得更剧烈、更频繁,因此,更多的学者赞同在发展中国家资产的估价应该采取更加保守的方式和谨慎性原则而不应该盲目地运用暂时高涨、膨胀的市场价作为资产评估的基础。印度对此也采取了大多数国家流行的做法,即坚持谨慎性原则。任何有可能不能归还的账目都被按情况划为疑问资产或是坏账,而不管其停留在逾期资产上的时间长短,银行将所有账户都划分为逾期与非逾期。

3. 风险储备的建立

以上所述新会计制度、谨慎性原则的建立要求所有的收益以及资产将按现金基础进行核算,这对于那些已经存在大量疑问贷款以及呆账、死账的印度银行将形成极大的震荡。因此,为了避免新兴银行遭受极具冲击力的银行系统风险,也为了缓冲老牌银行坏账处理所带来的不稳定因素,建立起一定数目的风险储备是非常有效的,国际上也通行此法。到2002年年底时,印度银行风险储备这一比例的平均水平也降至161%。当然,这一比例偏高并不表明印度所有银行可以高枕无忧,只能表明印度中央银行作为最后贷款人的调控手段加强,但这对于按市场机制办事的那些银行来说,在一定程度上束缚了它们的发展。除了提高风险储备的比重以外,为缓冲坏账、呆账的处理,纳拉辛哈委员会还曾建议通过立法建立"资产重建基金"(ARF),ARF其实是作为一种专业管理银行坏账的机构,它首先从银行手中按一定折扣接管一部分疑问贷款和坏账,折扣的多少由独立的审计机构决定,由ARF来专职管理这部分贷款,同时赋予ARF以较之1951年金融公司法所规定的更为宽广的权限,ARF的资金将主要来自各大公营部门银行以及各金融机构的捐赠。从银行方面来说,在出售了折扣的债权之后,银行可从ARF手上得到印度政府担保的债券,数额等于折扣过的债权,通过政府保证其债券的流通性以达到优化银行资产,真实反映银行经营状况,为银行业的健康发展奠定基础。这一举措对于目前正处于困境,尤其是那些与企业具有千丝万缕关系且又急于改换面貌、力图健康发展的银行来说应该是行之有效且必需的。但是，它仅只能作为临时或过渡性举措，从长远来看，银行的正常运作仍旧应该按市场规律，自主经营、自负盈亏。

4. 法定流动性比例

作为银行清偿能力的核心内容，法定流动性比例主要针对银行资金风险和利率风险。资金风险主要指银行没有足够数量的现金用以偿还特定日期的债务，而利率风险主要指利率变动可能给银行既定的资产负债结构带来的损失。流动性问题在资本充足问题的研究时也曾涉及，即不同流动性的资产将按不同的风险权数加以折算，最终反映为风险资产比例的大小。但是由于流动性与收益性是呈反比例变化的，按市场规律的运作，在安全的范围内应追求收益的最大化，因而根据不同时期不同的风险水平，流动性比率也是不断调整的。随着可借贷资源分配的不断合理化，印度法定流动性比例（SLR）近期不断下降，2002年3月SLR已从2001年的24%下降为21%。

长期以来，印度为各商业银行规定了较高的法定准备金率和法定流动性比例，两者加在一起使各银行存款总额的53.5%必须以现金形式存入央行或以政府债券形式等保存，从而严重影响各银行的放款能力和盈利能力。印度决定把法定准备金率降为10%，法定流动性比例降至25%，两者比原来降低18.5个百分点。同时还废除信贷批准计划，只对各银行超过5 000万卢比的流动资金贷款及超过2 000万卢比的定期贷款进行审查，从而使各银行更多地根据商业判断决定放款数量。

5. 最后贷款人制度

最后贷款人手段来自中央银行职能，是一国金融体系的最后一道安全防线，主要方式有贷款、兼并和担保。其中贷款业务是解决问题银行支付能力最为直截了当的办法。然而无论是中央银行的直接贷款援助还是专项基金的财务援助抑或银团集资救援，其目的仅限于为银行提供困难救援而不是为银行永远提供保护伞，因而中央银行应针对不同的贷款制定出不同的利率政策，以向商业银行和金融机构传递与央行货币政策相符的信息。印度金融机构在这方面所采用的做法是通过制定一个基本利率，以此作为银行和金融机构的贷款利率的底线，其余各类贷款将在此基础上做相应调整。但是，最后贷款人制度作为一种挽救制度，其作用应该被局限于一定范围，否则它将成为各大问题银行和金融机构不思进取的"温床"，从而导致整个银行体系风险意识的丧失，这是各发展中国家在运用此手段中最为重要的问题之一。

6. 存款保险制度

存款保险制度最先起源于美国，与最后贷款人制度一样也是作为稳定金融体系和机制的事后补救措施，世界上大多数国家都已采用了这种制度。1997年，在租赁及金融服务公司的发起下，印度建立了一个专门的委员会来保护各存款人在非银行金融机构存款的利益。

从以上可以看出，印度的金融监控在各方面尚不成熟，目前最为突出的问题，也是完善印度银行监管体系的第一步，将是重塑商业银行主体以及中央银行即印度储备银行如何实现真正独立地监控银行的问题，这一步将直接决定印度金融体系的改革开放是否可行。

20世纪70年代末以来印度进行的经济调整与改革中,印度的金融监管改革在以下方面展开:

(1) 放松对银行金融机构设立与扩张的限制。印度允许设立新的银行金融机构或允许原有银行金融机构开展新的业务。此外,对外国银行在印度设立分支机构也放松了限制,并允许印度私人银行与外国银行合作建立合资银行或作为外国银行在印度的分支机构。近年来,印度还允许私营部门对保险行业的投资,从而向外资开放了保险业。

(2) 放松对银行金融机构放款方向的限制。印度在经济改革中,强调减少对各银行过多的干预,使各银行拥有经营自主权,把金融监管的重点放在更多地依靠各银行的内部审计与审查,从而改善信贷质量,自觉增强抵御金融风险的能力。

(3) 采用新的金融工具和金融中介。

(4) 放松对银行存贷利率及货币对外汇率的限制。

(二) 印度的证券市场监管制度

1. 印度证券交易委员会

1992年开始运作的印度证券交易委员会(SEBI)负责对印度证券业的监管,其时正值印度爆发了一起金额高达数亿美元的股市丑闻,证交会的建立意在监控股市的操作运营。为了做到与其他印度官僚组织不同,该董事会聘用的都是年轻的商科毕业生和来自投资公司的年轻人。证交会曾经因为帮助印度快速实现了股票交易电子化而受到了赞扬。

证券交易委员会监管金融机构的非传统性业务,主要包括证券发行业务、政府债券交易、共同基金、信用卡业务及代理、保险、金融担保等。

印度证券交易委员会直接受内阁领导。主席由总理任命,成员来自印度储备银行、财政部和司法部等。印度证券交易委员会成立后,对所有现存的共同基金规定了新的公开原则和报表的规范格式以及注册登记。

为了给予更多的透明度,1992年6月,印度股票交易所被告知,财政部和印度证券交易委员会将对国内的19个股票交易所进行年度性的检查,而且股票交易所必须向印度证券交易委员会提交每日交易量的凭证材料。

为了限制垄断和促进共同基金的发展,这个领域也对私人和合资部门开放,进入股票市场筹集债券的公司必须进行法定的信用评级。

为了保护投资者和显示交易的透明性,名叫CRISH和ICRA的两个信用评级机构相继成立,任何从市场上筹集资金的借贷者都必须在事前进行信用评级。

为了给小企业筹集资金提供便利,场外交易所于1992年9月在孟买成立,资本金2 500万卢比(80万美元)的公司被允许在这个交易所进行交易。

随后,印度证券交易委员会致力于一些重要政策的变革:对股票交易所的经纪人和准经纪人进行法定注册;禁止内部交易;制定保护投资者和共同基金运作的方针政策等。目前,印度证券交易委员会推行股票自由竞价发行,同时取消了对资本发行的控制,大大刺激了商业银行的业务活动。由于每次发行的价格均是一个新的挑战,这就使商业银行的运作更具有责任心。对股票发行的市场反应成为考查商业银行家们的基础,因而也就有了竞争。共同基金中私营部门的进入,打破了公有部门(例如印度早期的单位)信托的垄断,给投资者创造了一个新的投资领域,提供了更为广泛的选择,同时也在共同基金中引进了竞争机制。

为了实现股票交易所的全球化战略,印度证券交易委员会已经允许 55 家以上的外国机构投资者在印度证券交易所进行交易,估计有 3 亿美元的资金早已进入股票市场。

印度证券交易委员会还重新调整了股票交易管理委员会,使其在性质上更具有代表性。在该管理委员会中,印度证券交易委员会有意要给金融机构提供职位。为了使股票市场与国际发展相适应,印度政府已经决定以合法的期权和期货体制代替不合法的巴德拉(Badla)体制,新的期货期权交易完全透明。

证券交易委员会(SEBI)的主要监管措施有:

(1) 放开政府限制,走向市场化。放开政府对证券市场资源配置上的干预,放开发行定价限制,允许上市公司买回股份。

(2) 风险管理。通过将风险控制机制落实到机构的设立、交易、结算等部分来控制二级市场的风险。由证券交易委员会为各类市场参与机构登记注册。证券公司的资本充足率和最低保证金固定,但根据业务量的变化,对之进行调整。针对券商创立了盯市保证金(即券商一日的亏损)和日间交易量限度,规定券商每日日终进行卖空和买空净值揭示。为了控制市场的波动,建立一天内及一周内价格涨跌停机制,指数波动 10%、15%、20%等各种情况都可以控制。个人和机构投资者区别对待。监管交易对手风险和信用风险,要求在主要交易所设立结算保证基金,基金的资金来自各结算成员。

(3) 推动技术进步,改革市场微观结构。SEBI 依托技术进步,推进证券无纸化交收、滚动交收、以簿记式保护证券所有权、在存管机构实现证券交收等,转变了市场微观结构。

(4) 用政策法规培育市场,促进产品创新,推动市场开放建立法律和监管框架,允许衍生品交易,利用政策措施促进市场的发展。

(5) 投资者保护。SEBI 制定了 DIP Guidelines,推进严格的上市公司治理、制定信息披露和投资者保护政策,要求上市公司和中介机构高度诚信和公平。

(6) 证券市场研究、从业者测试和认证。

2. 印度证券交易所

作为证券买卖的主要场所,印度证券交易所缺乏管理能力,忽视投资者的投资利息等。印度证券交易所的管理机构及组织机构软弱无力、效率低下。证券交易所的管理定金是以交易所经纪成员的利益为重,这些管理机构缺乏对现行交易体制进行必要的改革。证券所的执行董事长总是偏听内部经纪成员对法规、附则、保证金条例和交易限制的直接抱怨,而没有考虑投资者的意见。同时作为受管理机构指派并对其负责,执行董事长也不可能按自己的意愿去实施管理职能。同时,作为证券业的监管机构,印度证券交易委员会缺乏强制的管辖权力,它们无权冻结任何经纪人的银行账户或是没收单据。

印度政府曾于 1998 年提议给印度证交会更大的执法权力,不过至今情况都没有改善。印度证券交易所和印度证券交易委员会监管能力的低下,直接导致 2001 年发生了 10 年来的第三大证券欺诈,严重影响了印度证券市场的健康发展。

根据印度资本市场问题,印度政府从 20 世纪 90 年代以来采取了一些针对资本市场的改革措施:

(1) 建立和完善资本市场的管理机构和管理制度。印度证券交易委员会在1992年被印度政府设立为资本市场的法定管理委员会,赋予监督管理权。1995年10月,印度政府推出《有价证券和交易委员会管理法》来划分有价证券市场中的不公平交易和欺诈范围,由印度证券交易管理委员会监督管理。1994年印度政府建立印度国家证券交易所来规范和整合全国的证券市场。此外,还成立了专门委员会,对资本发行公司递交的资料进行严格审查;设立金融监管委员会,主席由印度储备银行行长担任,负责规划和其他监管工作。对违规操作的机构和个人,则依法严惩。

(2) 放松控制程度,引进外国投资,推动资本市场进一步扩大和发展。1992年5月,印度政府取消了1947年颁发的《资本发行(控制)法》和资本发行控制总监处。此外,印度储备银行自由化了非长住印度居民的投资标准,使他们可购买印度公司的股票和债券。外国机构投资者只要在印度证券交易委员会注册后,便可在印度资本市场上投资。印度政府设立了场外交易市场,供小公司交易;允许市政公司、公共设施在股市上发行债务证券;规定发行股票的最大可交易数可以不超过100股。

(3) 规范上市公司股票、交易人员及机构。

(4) 改进交易手段,完善基础设施,提高交易效率。主要是推动证券交易所进行屏幕化和电算化改造,使交易手段现代化,增加交易的透明度。

(5) 公布政府证券交易的发行和支付制度,对初级市场和二级市场的、结转办法等进行了改革。

印度政府对资本市场采取的一系列改革措施,对印股市的发展产生了较大的推动作用。

四、中国的金融监管制度

(一) 中国金融业监管体系的演变

按照金融监管体系的变化,可以把中国监管体系分为三个主要阶段:

1. 统一监管阶段(1984—1992年)

从1984年开始,中国的二级银行体系正式形成。中国人民银行开始专司中央银行的职能。作为全能的金融监管机构,中国人民银行对银行业、证券业、保险业和信托业实行综合,采取统一监管的模式。

2. "一行两会"分业监管阶段(1992—2003年)

1992年10月,国务院决定将证券监管职能从中国人民银行分离出来,成立中国证券监督管理委员会。1997年11月,中央决定将原由中国人民银行监管的证券经营机构全部划归中国证券监督管理委员会管理。1998年11月,中国保险监督管理委员会正式成立,专司对中国保险业的监管。自此,我国形成了银行业、证券业、保险业分别由中国人民银行、中国证券监督管理委员会和中国保险监督管理委员会分业监管的框架。

3. "一行三会"分业监管阶段(2003年至今)

2003年4月,中国银行业监督管理委员会成立,负责对全国银行业金融机构及其业务活动进行监督管理。自此,银行、证券、保险——中国"一行三会"的"分业经营,分业监管"格局最终形成。

（二）中国金融监管制度的组成

2003年10月，经修订的《中国人民银行法》保留了中国人民银行为履行其央行职责所必要的金融监管权力。至此，形成了我国目前的"一行三会"的分业金融监管体制（见图9-8）。同时，我国法律还规定有金融业的自律监管和社会监管作为辅助监管。自律监管包括金融机构自我监管和行业自律监管，社会监管主要是中介机构的监管。

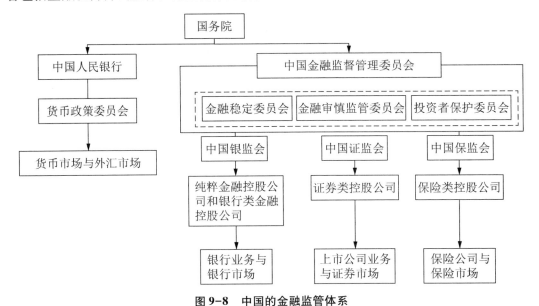

图9-8　中国的金融监管体系

1. 中国人民银行

中国人民银行是国务院正式组成成员，是全国金融业的最高主管机关，处于核心地位。与统一监管阶段职能不同，央行已经由通过机构设立审批、业务审批、任职资格审查和监管指导等直接调控方式，实施对金融业的宏观调控和防范并化解系统性金融风险，转换为主要通过监测、监控、评估与研究等方式进行，并被国务院赋予维护金融稳定、反洗钱、征信管理等重要职能。

2. 中国银行业监督管理委员会

中国银行业监督管理委员会是国务院直属正部级事业单位，是全国银行、金融资产管理公司、信托投资公司和其他存款类金融机构的主管部门。通过审慎有效的监管，保护广大存款人和消费者的利益，增强市场信心；通过宣传教育工作和相关信息披露，增进公众对现代金融的了解；努力减少金融犯罪。中国银监会成立于2003年4月。

3. 中国证券监督管理委员会

中国证券监督管理委员会是国务院直属正部级事业单位，是全国证券、期货市场的主管部门，按照国务院授权履行行政管理职能，依照相关法律、法规对全国证券、期货市场实行集中统一监管，维护证券市场秩序，保障其合法运行。中国证监会成立于1992年

10月。

4. 中国保险监督管理委员会

中国保险监督管理委员会是国务院直属正部级事业单位,依照法律法规统一监督管理全国保险市场,维护保险业的合法、稳健运行。2003年,国务院决定,将中国保监会由国务院直属副部级事业单位改为国务院直属正部级事业单位,并相应增加职能部门、派出机构和人员编制。中国保监会成立于1998年11月。

(三) 中国金融监管制度的内容

1. 中国人民银行监管

随着社会主义市场经济体制的不断完善,中国人民银行作为中央银行,在宏观调控体系中的作用更加突出。在国务院的领导之下,中国人民银行进一步强化与制定和执行货币政策有关的职能,不仅加强对货币市场、外汇市场、黄金市场等金融市场的规范、监督与监测,还在金融市场体系有机关联的角度密切关注其他各类金融市场的运行情况和风险状况,综合、灵活运用利率、汇率等各种货币政策工具实施金融宏观调控,并且增加了反洗钱和管理征信业两个职能。这进一步强化了中国人民银行实施宏观调控、保持币值稳定、促进经济可持续增长和防范和化解金融风险的作用。

2015年以来,中国人民银行在稳定和完善宏观经济政策的基础上,注重财政政策的力度和货币政策的松紧适度,更加注重定向调控,适时适度预调微调;引导金融机构盘活存量、用好增量,增加对关键领域和薄弱环节的信贷支持;加快利率市场化、人民币汇率、市场退出机制等方面改革;加强和改善金融监管,完善监管协调机制;加强对产能过剩行业的监管,规范金融机构的经营行为,推动存款保险制度的实施等。

2. 银行监管制度

我国银行的监管树立了"管法人、管风险、管内控和提高透明度"的监管理念,以资本充足性监管为核心,加强持续监管、改进审慎监管手段和方法,加快风险处置工作,逐步从合规性监管向合规性与风险监管并重转变,银行业监管的专业化水平不断提高。初步形成了以《银行业监督管理法》和《商业银行法》为核心,金融行政法规和审慎管规章相配套,从市场准入、持续性经营到市场退出全过程监管的银行业审慎监管法规体系。

(1)市场准入监管。审批制是现代商业银行市场准入的通行制度。我国《商业银行法》规定,银行准入必须有足够的注册资本,最低注册资本额具体标准如表9-4所示。其中注册资本应当为实缴资本。

表9-4 商业银行最低注册资本额

注册银行类型	注册资本
全国性的商业银行	10亿元人民币
城市合作商业银行	1亿元人民币
农村合作商业银行	5 000万元人民币

(2)市场运营监管。市场运营监管集中在资本监管、流动性风险管理、风险集中度监

管和存款保险制度四个方面。

资本监管方面：2012年6月7日，我国《商业银行资本管理办法(试行)》(简称《资本办法》)正式发布。其整合《巴塞尔协议Ⅱ》和《巴塞尔协议Ⅲ》，形成了中国特色的巴塞尔协议，于2013年1月1日正式实施。

《资本办法》将商业银行资本充足率监管要求分为四个层次：第一层次为最低资本要求，即核心一级资本充足率、一级资本充足率和资本充足率分别为5%、6%和8%；第二层次为储备资本要求和逆周期资本要求，分别为2.5%和0—2.5%；第三层次为系统重要性银行附加资本要求，为1%；第四层次为根据单家银行风险状况提出的第二支柱资本要求。《资本办法》实施后，中国大型银行和中小银行的资本充足率监管要求分别为11.5%和10.5%，符合巴塞尔最低监管标准，与国内现行监管要求保持一致。

鉴于目前中国国内银行资本充足率已远高于最低资本要求，《资本办法》对中国商业银行分类标准和分类方法进行了较大的修改。依据资本充足水平将商业银行分为四类：第一类银行为满足全部四个层次资本监管要求的银行；第二类银行为满足前三个层次资本要求（最低资本要求、超额资本要求和附加资本要求），但未达到第四个层次资本要求（第二支柱资本要求）的银行；第三类银行为仅达到第一个层次资本要求（最低资本要求），但未满足其他三个层次资本要求（超额资本要求、附加资本要求和第二支柱资本要求）的银行；第四类银行为未达到最低资本要求的银行。《资本办法》还明确了随着资本充足率水平下降，监管力度不断增强的一整套监管措施；《资本办法》实施后，商业银行若不能达到最低资本要求，将被视为严重违规和重大风险事件，中国银监会将采取严厉的监管措施。

新的分类标准标志着中国资本监管的重点将转向达到最低资本要求但未满足全部监管资本要求的商业银行。

流动性风险监管方面：2014年1月17日，中国银监会出台《商业银行流动性风险管理办法(试行)》，并于2014年3月1日正式实施。该《办法》明确要求商业银行流动性覆盖率应当于2018年年底前分别达到60%、70%、80%、90%。而对于净稳定资金比例指标将结合我国实际进一步修订中。

另外中国与《巴塞尔协议Ⅲ》最大不同的三点在于：一是中国银监会增加了存贷比和流动性比例两个定量风险监管指标要求；二是在流动性覆盖率的适用范围方面，中国银监会认为鉴于流动性覆盖率在监测、防范银行流动性方面的较强作用和更强风险敏感性，将适用范围扩展至大部分商业银行；三是在对流动性覆盖率指标中合格优质流动性资产的要求方面，中国银监会更严格要求，只增加了BBB^-至A^+的公司债券作为2B资产，未纳入股票和住房抵押贷款支持证券。

风险集中度监管方面：2006年中国银监会发布《商业银行风险监管核心指标(试行)》，规定单一客户贷款集中度不应高于10%，单一集团客户授信集中度不应高于15%，前10大客户贷款集中度不超过资本净额的50%。2009年中国银监会进一步要求，对单一企业或单一项目的融资总额超过贷款行资本金余额10%的，或单一集团客户授信总额超过贷款行资本金余额15%的，都要组织银团贷款；不符合这一要求的，必须进行贷款重组。

其中,对于商业银行的同业敞口,中国银监会的《商业银行资本管理办法(试行)》已上调了商业银行同业风险权重。其中,商业银行对我国其他商业银行债权的风险权重为25%,其中原始期限3个月以内(含)债权的风险权重为20%;对其他金融机构债权的风险权重统一为100%。

2014年4月24日,中国人民银行、中国银监会、中国证监会、中国保监会、外汇局联合发布《关于规范金融机构同业业务的通知》,明确了同业业务的主要类型包括同业拆借、同业存款、同业借款、同业代付、买入返售(卖出回购)等同业融资业务和同业投资业务;规定金融机构办理同业业务的融资期限,即同业借款业务最长期限不得超过3年,其他同业融资业务最长期限不得超过一年,业务到期后不得展期;要求单家商业银行对单一金融机构法人的不含结算性同业存款的同业融出资金,扣除风险权重为零的资产后的净额,不得超过该银行一级资本的50%。其中,一级资本、风险权重为零的资产按照《商业银行资本管理办法(试行)》的有关要求计算。单家商业银行同业融入资金余额不得超过该银行负债总额的三分之一,农村信用社省联社、省内二级法人社及村镇银行暂不执行。

存款保险制度方面: 2015年3月31日,国务院正式公布中国《存款保险条例》,已经于5月1日起正式实施。中国人民银行负责存款保险制度实施,最高偿付限额为人民币50万元。这一限额高于世界多数国家的保障水平,能为我国99.63%的存款人提供全额保护。同一存款人在同一家投保机构所有被保险存款账户的本金和利息合并计算的金额在最高偿付限额以内的,实行全额偿付;超出的部分,依法从投保机构清算财产中受偿。

我国金融业目前的现状是国有商业银行经营机制尚未完全转变,资产负债结构不合理,风险抵御能力较差。在金融市场发育不完善、金融监管手段和方法落伍的背景下,实行强制性存款保险实际上也是对银行业发展的一种强制性保护。存款保险制度作为中国已全面展开的金融改革的重要环节,为推进存款利率市场化奠定了强有力的基础。

(3)市场退出监管。一般情况之下,商业银行出现问题时,采用接管或撤销的方式。撤销是对被接管的商业银行采取必要措施,恢复商业银行的正常经营以保护存款人的利益。但如果因分立、合并或者出现公司章程规定的解散事由需要解散的商业银行,可向银行业监督管理机构提出申请后,附上解散的理由、支付存款的本金和利息等债务清偿计划,经银行业监督管理机构批准后可以解散。若商业银行不能支付到期债务的,经银行业监督管理机构同意,由人民法院依法宣告其破产。

2014年以来,中国银监会不断完善监管法规框架,建立健全审慎监管规则体系,大力推进简政放权,全面清理汇编监管法规,并且推进新的监管方式,简化市场准入规则,有机结合非现场监管和现场检查体制,完善风险处置与市场退出机制,严格执行监管问责与处罚机制。

3. 证券监管制度

我国证券市场经过二十多年的发展,逐步形成了以国务院证券监督管理机构、国务院证券监督管理机构的派出机构、证券交易所、行业协会和证券投资者保护基金公司为一体的监管体系和自律管理体系。我国证券监管坚持"公开、公平、公正"的"三公"原则、松紧适度的原则,以及保护投资者特别是中小投资者利益的原则。与银行监管明显的区别是,证券监管中市场参与者的自律作用较为显著。

2014年以来,中国证监会的工作重点主要集中在推进新股发行体制改革上:

证券监管部门对证券发行上市审查、核准和监控。一直以来,我国在证券发行上采用的就是核准制,由中国证监会代表国家出面保护投资者利益。2015年12月27日,全国人大常委会通过《关于授权国务院在实施股票发行注册制改革中调整适用〈中华人民共和国证券法〉有关规定的决定》,决定自2016年3月1日起施行股票发行注册制,授权国务院对拟在上海证券交易所、深圳证券交易所上市交易的股票的公开发行,调整适用《中华人民共和国证券法》关于股票公开发行核准制度的有关规定,实行注册制度,具体实施方案由国务院作出规定,实施期限为两年。

注册制改革是监管方式的根本转变。实施注册制以后,审核的重点在于信息披露的齐备性、一致性和可理解性,不再对企业发展前景和投资价值做判断,信息披露的真实性、准确性、完整性均由发行人和中介机构负责。从这个意义上讲,监管层对于信息披露的审核把关要求会更加严格,对于欺诈发行等违法违规行为查处和打击会更加有力,对于投资者合法权益的保护措施会更加有效。

另外,中国证监会也在启动新一轮退市制度改革。截至2014年年底,A股市场共有79家公司退市,其中主动退市31家,强制退市48家。进行全面启动中央监管信息平台建设。截至2014年年底,已完成中央监管信息平台10个子项目的立项申请工作,其中4个子项目正式进入实施阶段。进一步夯实资本市场法治基础。2014年,中国证监会向全国人大财经委报送《中华人民共和国证券法》修改的报告及草案建议稿,修改工作进入全国人大常委会征求国务院意见阶段。同时,中国证监会全年出台规章15件、规范性文件50件。全面强化日常监管,中国证监会进一步强化了对上市公司的信息披露监管,拓宽了上市公司信息披露渠道,以问题为导向加强监管执法,加强了上市公司财务信息披露监管,继续完善了非上市公众公司信息披露监管。

4. 保险监管制度

近年来,中国保监会借鉴国际保险官监督管理联合会(IAIS)的核心监管原则,逐步建立起以偿付能力监管、公司治理结构监管和市场行为监管为三大支柱的现代保险监管体系。

2014年以来,中国保监会在偿付能力监管方面,进一步加强偿付能力日常监管和进一步完善行业资本补充机制;在公司治理监管方面,不断加强公司治理制度体系建设,不断改进公司治理现场,有机结合非现场监管和全面监控以及防范集团化经营风险;在市场行为监管方面,通过全面强化现场检查、重点实施三大领域专项检查、全流程防范化解案件风险和稳步推进"反欺诈、反洗钱、处置非法集资"工作来规范和引导市场行为。另外,加强保险法制体系建设,推动《保险法》修改,完善监管规章制度和加强规范性文件管理,并积极加强对外合作交流和监管队伍与信息化建设。

(四)中国金融监管制度的发展

随着中国金融业改革发展和对外开放程度的不断提高,金融业务综合化、金融活动国际化、金融交易电子化和金融产品多样化的发展趋势日益明显,跨行业、跨市场、跨国界的金融风险正在成为影响中国金融稳定的新因素。如2008年美国金融危机重创全球经济,2009年欧洲债务危机席卷资本主义国家,让中国的金融监管部门逐步认识到风险跨国界的传递性和系统性风险的危害。因此,加强各金融管理部门的协调配合,建立健全金融监管协调机制,是进一步加强金融监管、维护金融稳定和金融安全的必然要求。同时,新修订的《中国人民银行法》也规定,"国务院建立金融监督管理协调机制","中国人民银行应当和国务院银行业监督管理机构、国务院其他金融监督管理机构建立监督管理信息共享机制"。因此,银行业、证券业、保险业监督管理机构以及中国人民银行、财政部等宏观调控部门应进一步加强信息共享,积极探索建立金融监管协调机制,完善跨行业、跨市场监管规则,促进新机构、新产品和新业务的监管协作。

五、南非的金融监管制度

南非的银行体系呈金字塔结构,位于塔尖的五大银行占据国内银行系统总资产的大部分。南非的金融监管发展趋势呈现出逐渐放松的特点,但金融监管中仍然保留着外汇管制,南非的金融监管机构对银行采取常态化监管方式,辅之以严格的数据信息报送制度,二者相互配合,保障南非金融监管体系的正常运行。

(一)南非金融监管的特点

南非共和国成立后,经过多年的积累,具备了较为健全的法律制度体系。目前,南非的金融监管由财政部牵头,并协调其他部门形成互为补充的监管架构。南非的银行监管框架是以南非央行为核心,同时拥有金融服务局和金融情报中心两个重要机构,三大监管单位互相配合,在南非形成了以经营风险为关注核心,以合规性为重点,对银行进行全覆盖、常态化和精细化监管的监管特点。南非的金融监管不仅卓有成效,而且在全球范围内都得到认可,被世界经济论坛评为最稳定的银行体系之一,排名世界第二。南非的金融监管主要有以下四个特点:

1. 金融监管法律体系较为完备

南非央行采取"阶梯性"的立法架构,以银行法、银行准则、外汇管理条例、货币交易法规等为主体,辅以一系列指令、通告和指引,共同组成南非银行监管法律框架。此外,金融服务局和金融情报中心也分别制定相应的法律规范作为其监管依据。这些法律、法规共同组成了南非较为全面的金融监管法律体系。

2. 相互独立又互为补充的监管机制

南非央行承担了对银行的主要监管职责。其对于银行的管理与监督主要由下属的银行监管部和金融监管部来负责。其中,银行监管部主要负责对银行进行市场准入审批,并监督银行日常运作和合规状况,监管手段主要有查看业务报表、年度召开会议、适时与银行直接对话等,通过这些手段来实现全覆盖、精细化监管;金融监管部则主要监管银行营运情况,除对银行进行现场检查外,还通过银行每日上报的国际收支报告(该报告可反映所有交易资金的进出情况)来监督所有跨境交易是否符合南非外汇管制法规。整体上,南非央行通过下属部门的运作,对银行普遍实施了频率高、程度深的业务监管。

除央行外,金融服务局与金融情报中心,也是南非重要的金融监管部门。

金融服务局主要负责对非银行金融机构及提供证券投资、保险、基金管理等金融服务的机构进行监管,实施市场准入管理、从业资格管理等。如该部门要求,进行外汇交易的金融机构都需要注册成为外汇服务提供者,并获得经营证书。

金融情报中心则是监督金融机构执行南非反洗钱法律、法规与国际反洗钱条例的主要部门,其工作目标是帮助查找洗钱、恐怖融资以及金融犯罪等相关行为。

目前,南非金融监管职责主要由上述三个部门承担并具体实施。三者监管的对象不同、法律依据不同,相互衔接形成一个较为完备的金融监管体系。但在监管方式方面,特别是金融服务局与央行的两个金融监管部门之间,存在一定的交叉。

3. 数据信息报送系统统一、全面

南非央行为实现对银行所有业务风险和合规情况进行全面、细致的监管,搭建了一个统一、全面的电子化数据信息报送系统。该系统最大的优势在于南非央行设定了银行报送数据的一系列标准和规则。银行申请开办外汇业务时就被要求按照统一标准和规则建立自己的数据系统,银行进行系统修改或升级也要通过央行的验收,从而保证其与央行的数据系统在数据接口上保持一致。这样标准统一、要素全面的数据报送系统,使得南非央行能够实时掌握银行办理每笔交易的情况,还能定期获取所需要的报表数据,解决了不同银行之间存在的系统标准差异极大的问题,大大提升了监管效率。更重要的是,在此基础上,银行明细交易和经营状况对于央行而言几乎是透明的,银行业务经营的合规性水平大大提高。

4. 常态化监管体的频度较高,程度较深

南非央行对银行实行"密集化"监管,并采取多层次、多角度的监管方式,使之制度化,效果十分明显。其一,定期报告制度。根据南非银行法规定,银行需要每月、每季度和每年上报银行业务经营相关报表,外汇交易报告则需每天上报。其二,年度会议制度。南非央行要求与银行每年召开年度会议,并根据监管需要确定会议内容。如每年一次的银行报表全面分析会议;每年一次的闭门会议(由央行银行监管部与银行的 CEO 进行一对一会议);每年一次前述的三方会议,集中全面深入分析银行经营中存在的问题并探讨对策。此外,针对央行关注的监管问题,还可随时召开会议。其三,现场检查制度。南非央行下设的银行监管部、金融监管部以及金融服务局、金融情报中心对银行均有现场检查权。如金融监管部可根据银行营运情况,每年度进行现场检查;金融服务局和金融情报中心则可以根据需要,随时对银行实施现场检查。其四,直接对话制度。由于南非央行拥有与银行联通的数据信息报送系统,对于在系统中发现的任何异常交易均可以实时监督,并通过直接对话进行沟通。如此频繁、密集、全面的监管方式,使南非央行往往比被监管对象还要了解其经营状况、风险所在以及改进方向,这也是南非银行体系保持稳健发展、稳定运营的重要保障。

(二) 南非的外汇管制

南非的金融监管中目前仍保留一定程度的外汇管制,其依据是南非《外汇管理条例》及一系列外汇管理操作规则和标准。南非外汇管制的主要特点有以下四个方面:

1. 集中统一的外汇管理体制

南非外汇管理职能集中在南非央行,由其下设的外汇管制部具体执行日常外汇管理工作。在外汇业务准入方面,南非央行获得财政部授权具有统一集中的管理权力,其通过对银行等相关机构发放特许经营牌照保证对监管对象的有效管理。

2. 渐进式放宽的外汇管制

南非政府虽主张开放资本市场,但从历史发展来看,至今仍然坚持渐进式的改革路线,逐步放开资本管制,且充分体现出鼓励流入、限制流出的监管理念。1994 年南非新政府成立之初,南非央行的净外汇储备仅有 5 亿兰特。随着经济在 20 世纪 90 年代中期的逐步开放和稳步增长,金融部门出现了快速发展势头,南非逐渐形成了相对发达的现代化金融体系,也出现了放松管制的强烈需求。1995 年,南非取消金融兰特账户制度(该制度要求非居民存入其在南非的投资收益,从而产生了南非的双重汇率体制),表明南非废除了对非居民的换汇限制,同时也标志着南非资本项目渐进式开放的序幕逐渐拉开。随后南非政府采取了一系列开放资本项目的措施:2004 年 10 月,南非取消了对南非公司到国外直接投资的限额,同时废除了在国外取得红利汇回国内的限制;2005—2006 年,南非废除了对非本国居民和外国公司汇出资本和利润的限制。随着南非经济和金融的不断发展、外汇管制的逐渐放宽,外汇储备呈几何倍数增长,目前已增至 500 亿美元。但与其他国家相比,南非的外汇储备仍然十分有限,导致其不能实行完全的外汇自由化政策。

3. 鼓励流入、限制流出的管制理念

与中国 20 世纪 90 年代的经济发展情况相同,目前南非仍然处于外汇储备短缺的时期,因此决定了其外汇管制的方向是鼓励流入、限制流出。一方面,对非居民来南非投资的资本金进出无限制,其资本金在一定时期内可放在南非银行开立的资本账户中,在使用时再结算成本地货币;另一方面,尽管自 2004 年 10 月南非取消了对机构和个人境外投资的限制,但是,南非公司到国外投资仍需经南非央行外汇管理部门审批,并按照现有的境外直接投资标准核定。如在一年内公司新进行的境外直接投资不超过 5 亿兰特,则不需要南非央行事前审批,超过限额需要事前审批;年满 18 岁的南非居民个人,可以在境外投资等值 400 万兰特(之前为 200 万兰特)或者存入南非外国账户,超过限额的则需事前经南非央行审批。

4. 监管方式以非现场监测为主

目前,南非大部分外汇业务已授权银行负责审批,例如外汇贷款的发放和偿还、公司间的结算、退款管理、跨公司募集资金、涉外分支机构向母公司贷款、境外借款等,银行办理业务后通过系统报备央行。央行通过与银行联网的业务系统收集数据,并由央行不同组别的分析师进行分析后传递到风险部及其他部门。对于超出政策规定的,银行不能驳回申请,须尽可能帮助企业完善相关准备材料后上报央行,但央行通过审批的可能性很小。借此,央行逐步把合规性审核责任转移到银行或客户方面,只专注于数据监测和分析。

第四节 新兴工业化国家(地区)的金融监管制度

一、韩国的金融监管制度

(一)韩国的银行监管制度

亚洲金融危机爆发前,韩国奉行金融市场自由化原则,认为政府干预金融市场会带来较多弊端。在此原则的指导下,其金融监管体制实施的是多元化的分业监管模式,并错误地认为减少干预即是放松监管,鼓励金融自由化和私有化,允许外资自由进入国内金融业,同时金融监管不到位,监管效率低,力度弱。由此造成了金融监管纪律日益松懈,金融业潜在风险逐渐加大。1997年亚洲金融危机的爆发使韩国国内的金融部门受到了不小的冲击,一些经营不善的金融机构被迫倒闭或被收购,金融机构数量由1997年年底的185家降低为1998年年底的108家。韩国的金融监管体系和图9-9所示。

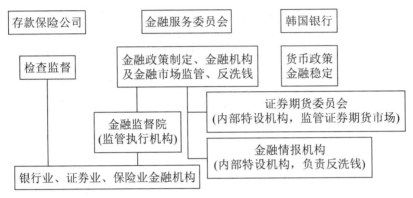

图9-9 韩国的金融监管体系

1. 银行监管机构的改革

(1)成立金融监督委员会和金融监督院。1998年韩国成立了直属国务院的金融监督委员会,1999年又设立金融监督院,将原来分属于韩国银行、财政部、银行监督员、保险监督院、证券监督院的各类监管职责统统转移到金融监督委员会和金融监督院及其附属的证券期货委员会,由这套机构负责实施对资本市场和金融机构集中统一的监管。其中,金融监督委员会是由相关政府监管部门派员组成的委员会性质的政府机构,主要负责对有关金融监管的法律法规进行解释,并负责所有金融机构营业执照的发放和吊销;金融监督院是由各金融机构共同出资兴办的民间公益机构,其主要职能是依照金融监督委员会的指令,负责实施具体的金融监管和检查活动。

(2)成立存款保险公司。1997年韩国成立存款保险公司,将过去分散的存款保险业务集中起来,由存款保险公司统一办理。一方面,将存款部分保证支付制度临时改为存款全额保证支付,以稳定金融市场;另一方面,将保险对象从银行储蓄存款扩大证券和保险领域;更重要的是,还赋予了存款保险公司对投保金融机构的检查监督权力。由于韩国实行的是强制保险制度,即所有金融机构都必须投保,因此,就意味着存款保险公司也拥有对所有金融机构一体化的检查监督权力。存款保险公司的检查监管重点是风险性监管,也就是对金融机构不良资产的处置。其资金运用主要集中在三个方面:约有20%的资金用于存款保证支付;约有30%的资金对资产重组中出现资本充足率下降的金融机构提供援助款;约有50%的资金通过其下属的各类金融控股公司收购、兼并那些濒临破产的金融机构。收购、兼并前,存款保险公司先按规定执行金融机构责任追究制度;收购、兼并后,存款保险公司将所接受的金融机构坏账移交给韩国资产管理公司处置。

经过上述改革后,金融监管的职能从财政部和中央银行分离出来,统归金融监督委员会、金融监督院和存款保险公司。财政部有关金融监管的职权限于研究、制定金融制度和金融市场管理的基本框架,在修改金融监管法规时需要同金融监督委员会协商。韩国银行则主要拥有制定货币政策的权力和间接的、有限的银行监管职能。

2. 银行监管手段的改革

(1) 信息披露。对每家商业银行,韩国金融监督委员会定期公布其资产负债表状况、主要的业绩指标以及违约贷款的具体条款和细节。此外,金融监督委员会甚至将这种信息披露扩展到所有金额在 50 美元以上的贷款,这几乎将银行系统所有的贷款都包括在内。这些数据包含了借款者的姓名和一个唯一的识别码(在韩国,国民登记局为每个居民和企业都赋予一个单独的号码,其用途十分广泛)、发放贷款银行的名称、贷款数量、贷款质量(用五级贷款质量分类法表示)以及有关提供的抵押和担保情况。这些信息都可以在韩国银行的官方网站上获取。这就是说,只要是输入借款者的个人姓名或公司名称,任何人都可以立即看到该借款者目前对于整个金融系统的总负债及其偿还状况。同时,金融监督委员会对所有上市公司确立了定期披露公司财务状况的规则(一般为每月报一次),并由金融监督院进行审查。

(2) 监管原则和会计原则。为保持金融体系的稳健,韩国对金融机构采用了谨慎的监管原则。如在资本充足方面,韩国建立了资本监管预警系统,监管当局对不同资本类型的银行采取不同的监管措施。其中,对资本不充足的银行采取较为严厉的监管措施。在流动性管理方面,韩国尽管法律上没有具体的标准,但却是金融监管机构检查的重要内容。主要考虑的因素有存款的构成及其稳定性、对利率敏感性资金的依赖程度及借入资金的频率和数量、负债结构、资产变现能力、融资能力等。要求各银行保持充足的本币现金储备,其中活期存款10%,通知存款和定期存款一般为3%。在贷款集中管理方面,韩国规定银行向任何自然人、合伙人组织、社团或公司的放款总额不得超过该银行自有资本和盈余的15%。如果有足价适销的抵押品做担保,可放宽至25%。韩国对金融机构执行谨慎的财务会计政策。如在应收利息核算方面,韩国规定本金或利息逾期 3 个月以上的贷款利息不计入收入;3 个月以内的应收利息,当年发生的直接冲减当年利息收入,上年发生的直接从呆账准备中核销。在呆账准备金提取方面,韩国将贷款分为特优、优秀、良好、适当、特别关注资产、不合规资产、有问题资产和损失资产 8 个等级。对 1—4 级资产提取一般风险准备,对 4—8 级资产提取特别风险准备。提取比例按照"谨慎和保守但不过量"的原则,由金融机构自己确定。银行提取的任何呆账准备金都不能从税前扣除,银行实际核销呆账时可从税前列支。

(二) 韩国的证券市场监管制度

韩国证券市场完善的监管结构是它的显著特点之一。韩国财政部为本国证券业的最高管理当局,负责证券市场运作的宏观管理和最基本政策的制订,其职能主要由财政部证券局来执行。财政部下具体的、主要的管理机构为证券交易委员会及其执行机构证券监督委员会。它们对有关证券市场的业务做出并实施主要的对策。证券商协会、证券交易所和证券融资公司等机构在证券交易委员会授权下对证券市场进行自律管理。韩国现行的证券市场的监管架构如图9-10所示。

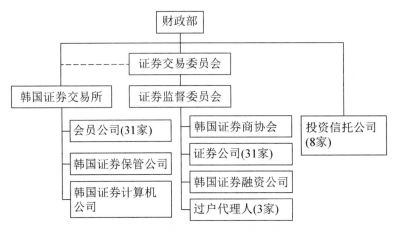

图9-10 韩国证券市场监管架构

1. 财政部证券局

财政部证券局由证券政策部、证券发行部、证券管理和审计部、资本市场部等组成。其主要职责是:(1)提出发展证券业的方针政策;(2)管理并监督证券交易委员会、证券监督委员会及其他证券机构;(3)批准对证券交易委员会、证券监督委员会及其他证券机构主要职位人选的任免;(4)审批证券业务等。

2. 证券交易委员会和证券监督委员会

它是根据《证券交易法》1976年修订本而于1977年设立的独立机构。证券交易委员会负责证券条例、政策的制定与执行;检查并解决涉及证券发行与交易的事项;管理和监督证券市场所有公司和机构的经营活动。它由9名委员组成,其中3名常务委员为韩国银行行长、韩国证券交易所总裁及财政部1位副部长;其余6名委员则根据财政部长的推荐由韩国总统任命。证券监督委员会作为证券交易委员会的执行机构,负责后者决议的执行,并在后者的指导下管理证券业务。这两者主要的和具体的职责是:(1)维持公正而有序的证券交易活动;(2)审查证券的注册登记及上市公司的报表;(3)控制保证金交易;(4)管理企业收购竞争及持有大宗股票的状况;(5)控制证券市场开放度及场外(店头)交易;(6)管理检查证券机构,调查内幕交易;(7)审查注册公司的审计报告,提出并修订审计结果。

3. 韩国证券交易所

韩国证券交易所是韩国目前唯一的证券交易所。其前身是成立于1956年2月11日大韩证券交易所。几经演变,1988年3月重组成为一个非营利性的会员制机构,只有经过批准设立的证券公司才能成为其会员。目前,韩国证券交易所在30个会员公司设下属单位:韩国证券保管公司和韩国证券计算机公司。韩国证券交易所的现有资本金为30亿元,为30家会员公司共同出资。其交易日目前为每星期一至星期五;交易时间是上午9时40分至11时40分及下午1时20分至3时30分;星期六及每年的第一个和最后一个交易日只有上午市;公假日及每年的最后五个工作日不进行交易。韩国证券交易所的主要职责为:(1)管理会员公司及上市公司,维持证券市场公正有序的运行;(2)制定公司上市标准和要求,监视不正常的价格变化;(3)维护投资者的利益,揭示上市公司情况;(4)澄清有关上市公司的传闻等。交易所设立董事会,有成员11名,包括1名董事长兼总裁、1名常务副董事长、4名常务董事、2名会员董事、3名公众董事。董事长兼总裁经财政部长同意,由会员大会选举产生,常务副董事长和4名常务董事经会员大会讨论通过,由董事长任命。公众董事经财政部长同意由韩国证券交易所董事长兼总裁任命,而会员董事则由会员大会选举产生。董事会所有成员包括董事长兼总裁为3年1个任期。交易所还有1名常设监事和1名会员监事。监事由会员大会选举产生,而常设监事还要求得到财政部长的同意。每个监事为2年1个任期。

4. 韩国证券商协会

韩国证券商协会于1953年由5家证券公司发起设立,旨在促进会员之间的合作,协调其矛盾,维护公正的证券交易,保护投资者的利益,是一个代表会员公司利益的具有较高的权威性和很大影响力的自律性机构。它包括30个正式会员及一些非正式会员或副会员。正式会员主要是由证券公司的代表参加;非正式会员由包括涉及证券业务的银行和投资信托公司的代表参加,与柜台交易市场相联系,不在交易所挂牌的股票在协会注册,并在场外交易。协会的主要职责是:(1)对证券商的经营行为进行监督;(2)维护非正式公司股票在柜台交易市场进行交易;(3)代表会员公司利益与政府当局协商和合作;(4)协商会员之间和会员与投资者之间的矛盾;(5)使用管理证券市场稳定基金等。协会还制定了许多规章制度,并专门设置了证券争端调解机构——投资者保护中心,接受顾客的投诉,调解各种纠纷;注意通过电视、广播、研讨会和授课等来发布行情资料,引导、教育公众进行正确的投资;在证券研究、信息搜集、投资咨询、海外联系及证券商协作、与证券相关的组织的雇员的培训项目等方面做了大量颇有成效的工作。

5. 韩国证券融资公司

设于1955年的韩国证券融资公司,旨在便利证券市场的资金融通,是目前韩国证券融资的唯一专门机构,其现有实收资本金为800亿元。该公司的主要任务是为保证金交易提供保证金贷款和股票贷款,包括为证券机构提供的证券承销贷款、营运资本贷款、为证券公司提供的证券抵押贷款和股票购买贷款。1977年,韩国证券融资公司还开始发行自身的回购和回收协议(Repurchase and Resall Agreements)下的短期票据和交易债券。自1978年以来,它已开始充当证券公司和其他证券机构托存的基金的管理者。

二、新加坡的金融监管制度

(一)新加坡的银行监管制度

新加坡历史上作为英国的殖民地,在金融方面受英国的影响较大,但是作为一个新兴国家,由于金融管理历史短,没有形成银行家之间密切合作的惯例,所以新加坡金融管理局主要依据金融法规对金融业进行监督管理。目前,新加坡的金融法规已形成完整的体系,从中央银行到商业银行和非银行金融机构、从本币到外汇、从证券交易到期货交易,都有相应的法律来规范金融行为。已有的法律包括金融管理局法、银行法、金融公司法、保险法、货币法、外汇法、证券法、期货交易法等。

新加坡金融管理局在对金融机构进行监管的过程中,根据不同金融机构的经营特点,制定不同的监管原则,较好地处理了"管住"和"放活"的关系,既激发了金融机构的创新和竞争,又保证了金融业稳健发展。

(1)根据《银行法》第2条规定,银行是指"根据本法第7条或第72条规定,持有有效执照、经营银行业务的任何公司"。这表明,新加坡的银行首先是公司,除法律另有规定外,有关公司的法律完全适用于银行。

(2)根据《银行法》规定,在新加坡设立商业银行,必须向金融管理局申请执照。根据业务范围划分,新加坡的商业银行可以分为全面执照银行、限制执照银行和离岸银行三类。

(3)根据《银行法》,只有持有金融管理局颁发的营业执照的公司才能经营银行业务。除此以外,任何集体和个人不得经营银行业务,也不得在其名称中使用"银行"一词,也不能以任何形式向公众表明其经营银行业务。

(4)《银行法》和金融管理局对银行的业务也做出了规定。具体包括对商业银行的资本充足率、最低资产储备、贷款(贷款限额、信贷档案、授信等)、投资、公积金和坏账准备金、利润汇出、外国人收购本国银行、账务方面和对商业银行高级管理人员的监管。

(5)金融管理局对银行的监管的手段和方式主要有口头指示、书面指示、进驻银行稽查和严厉制裁违法行为。

(二)新加坡的证券监管制度

20世纪70年代以前,新加坡对证券业和期货业的监管侧重于自律,没有具体的证券法或证券交易法明文,只有一些间接的法规,主要靠证券业参与者进行自我约束和管理。70年代以后,新加坡证券业的监管制度在逐渐从完全自律型向立法中间型监管转变,新加坡证券交易所(SES)和新加坡国际货币交易所(SIMEX)直接负责对会员进行日常监督,金融管理局只是负责间接监督。

新加坡股票市场由新加坡金融管理局、新加坡证券行业委员会和股票行业顾问委员会共同执行监管。新加坡金融管理局代表政府执行《证券业法》,是管理股票市场最主要的权力机构;新加坡证券行业委员会以及股票行业顾问委员会属于以私人机构代表为主的咨询机构,一定程度上能影响金融管理局的决策(见图9-11)。

1. 新加坡证券交易所

新加坡证券交易所是一个自律机构。它由一个9人委员会管理。委员会中5名委员选自非证券商群体,另外4名委员是有会员资格的证券商选出的代表。该委员会作为新加坡证券交易所的行政管理机构,在实施交易所政策和执行交易所目标方面,拥有广泛的权力。此外,由新加坡财政部根据1973年《证券行业法》的规定设立的新加坡证券行业委员会,也是负责管理证券交易和证券市场的一个主要机构。这个委员会既是《证券行业法》的执行机构,又是一个法定的咨询机构。该委员会通过发布有关规章准则要求证券交易所成员和上市公司遵行的方式实施对证券市场的控制,同时它还负责实施新加坡《接管

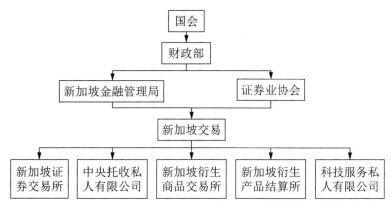

图 9-11 新加坡证券市场监管架构

和合并法》。

由于新加坡证券交易所有限公司的管理权在性质上具有契约性,而不是法律性,所以,国家在管理证券市场方面,主要是通过证券业委员会来发挥作用。至于证券行业委员会和新加坡证券交易所有限公司之间,则是在非正式基础上进行合作的关系。

2. 新加坡国际金融交易所

新加坡国际金融交易所(Singapore International Monetary Exchange,SIMEX)是在1983年由前新加坡黄金交易所(Gold Exchange of Singapore,GES)改组而成的,于1984年9月开始提供金融期货交易服务,并使新加坡成为亚洲地区第一个设立金融期货市场的金融中心。目前,在新加坡国际金融交易所交易的金融期货与期权合同多达16种,日成交份数最高上万份,已有90余家全球顶级交易商在新加坡设立了全球或区域的总部。该交易所不仅应变能力突出和善于竞争,而且是全球增长速度最快的金融期货市场之一,对新加坡的国际风险管理活动起了很大的促进作用。

对外方面,新加坡国际金融交易所从一开始就和芝加哥商品交易所达成协议,建立了相互抵消系统,该系统提高了交易商的资金流动性,刺激了金融期货交易量,还使交易商在单一保证金的结构中享有高杠杆效率和低成本的好处。同时,该系统的实行,也使两个交易所具有了相似的结构,减少了交易商对两个交易所条例、规则差异上的考虑。此外,该系统还有助于交易商把在实施不同课税制度国家中的纳税行为改在一个税率系统,而无须在两个交易所进行结算。

在内部控制上,新加坡国际金融交易所推行公共契约系统和公开叫价交易系统,以及每日根据市场调整未平盘期货合同价格并加以管制的系统,并配合对各有关系有效的控制和严格监管,从而确保期货交易与财务管理的高度完善。

除新加坡国际金融交易所本身的规章制度之外,新加坡金融管理局也在期货交易法令的授权下,承担对新加坡国际金融交易所及其会员进行检查、督导的任务。

(三) 新加坡的保险业监管制度

新加坡金融管理局的保险署是负责新加坡保险监管的主要部门。自20世纪80年代初,新加坡开始实行偿付能力监管的方式,其保险监管部门认为对保险公司进行监管的核心即是保险公司的偿付能力。随着金融创新的爆发式发展,新加坡保险市场的运行机制和外部环境均有很大程度的变化,偿付能力监管作为一种典型而传统的保险监管方式也出现了些许弊端。新加坡保险机构存在类型众多、关联交易程度高、风险交叉传染概率高等特征,单一的偿付能力监管对风险的"一刀切"做法很难再满足新环境下对风险监管的要求。为适应市场发展,需要深入研究制定风险资本管理等新的监管方法和手段,改变原来对市场行为过度干预的情况,逐步实现由偿付能力监管向以风险为基础的监管方式转变,从而给保险机构提供一个更富有活力和高效的市场空间。需要注意的是,以风险为基础的监管方式并非对旧有偿付能力监管方式的全盘否定,而是需要根据新加坡国情在原有的偿付能力监管的原理和技术基础上进行进一步的细化和完善。

新加坡保险业监管机构的监管被称为有责任的、最低限度的控制。在该种制度下,新加坡保险公司尽可能多地自我调节,而对于自我调节失效的保险公司进行严格监管和控制。新加坡在保险监管体系方面,保险行业协会充分发挥行业自律作用,负责保险机构的日常性监管,如市场行为自律、代理人的市场准入和保险投诉处理等,以此形成政府机构监管、公司治理和市场约束三位一体的监管体系。

三、中国香港地区的金融监管制度

(一)中国香港地区的银行监管制度

香港是世界四大银行中心之一。截至2014年年底,香港地区共有159家持牌银行、21家有限制牌照银行和23家接受存款公司。另外,在香港地区设有代表办事处的外资银行共有63家。香港地区银行业的快速发展,极大地促进了香港国际金融中心地位的进一步巩固。香港地区银行业的监管,主要由政府的金融管理部门负责,同时充分发挥同业公会的作用,实行以政府部门为主,同业公会配合的两个层次合作的监管体制。

亚洲各国(地区)的金融体系在1997年的金融风暴中接受了全面严格的检验,许多国家的大批金融机构出现支付危机,造成国家金融体系的紊乱。而香港地区银行体系在亚洲金融风暴中却表现得较为稳健,赢得了很高声誉,其出色表现是与香港地区一直以来严格执行审慎的监管制度密不可分的。

1. 监管目标

根据《银行业条例》第七条的规定,金融监理专员的主要职能是"促进银行业体系的整体稳定与有效运作"。金管局的监管目标是建立审慎的监管制度,并做到兼顾银行体系的整体稳定及有效运作,同时也提供足够的灵活性。

2. 监管方法

金融监管方法按其发展历程可以分为直接监管、资本监管和风险监管。在直接监管方法之下,银行的投贷方向要受政府左右,监管的主要内容是检查银行是否遵守有关规定,而不重视对资产质量的检查。随着政府直接控制的放松,银行的经营权利和业务范围不断扩大,可以按照商业经营的原则有效分配资源和追求利润最大化,此时监管的重点是资本的监管,即强调银行是否有足够的资本抵御资产负债表中的风险。

但随着金融管制的放松、金融国际化趋势的进一步加强,以及高科技金融产品的不断创新和应用,银行业务已经由原来的分业经营向混业经营发展,资产负债表外的证券、衍生工具等业务的比重也越来越大。金管局在重新审视原有金融监管体制的缺陷后,开始制定规范化的、以风险为本的监管制度和品质保证计划,改良监管程序,以期更好地维护银行体系的稳定。

当前的风险管理监管方法强调防范风险,而非治理风险。它在资本充足比率的基础上,要求更加重视评估银行内部的风险程度和银行体系对风险进行控制的质量。风险管理的内容主要是:识别风险类型,保证银行有完善的制度识别、计算、监测和控制风险,提高资本充足比率,加强银行体系透明度,加强内部风险管理。自 1996 年起,金管局就开始对认可机构的风险管理办法及内部管控措施的素质进行重新评估,继而对有关机构给予风险管理评级,并作为因素计入 CAMEL(Capital、Assets、Manage、Earnings、Liquidity)分类评级的管理与其他有关组成项目内。市场风险与表外风险也依据巴塞尔委员会的建议,开始计入资本充足比率的确定因素之内。

3. 监管模式

对认可机构的业务监管是金管局促进银行体系的安全和稳定的一项重要政策目标。金管局采用"持续监管"的模式,包括进行现场审查、非现场审查、审慎监管会议、与董事局会面、与外聘审计师合作以及与其他监管机构交换资料。金管局采用风险为本的银行监管制度,以确保认可机构具备所需的风险管理制度,能鉴别、评估、监察及管控其业务运作所涉及的潜在风险,并尽早解决所发现的问题。

(1) 现场审查是有效监管认可机构的一个主要方法,由金管局的审查小组负责进行。所有认可机构无论是在哪里注册成立,都要接受现场审查。现场审查使金管局能直接了解认可机构的管理及管控情况,特别有助于评估机构的风险管理制度及内部管控措施是否足够。参考认可机构的综合 CAMEL 评级,金管局通常每 1—3 年对认可机构进行一次现场审查,审查的形式可以是全面的风险为本审查或针对性的审查。金管局在完成现场审查后会向认可机构发出正式报告,并会监督认可机构实施所建议的整改措施的情况。

(2) 非现场审查及审慎监管会议。鉴于现场审查并非连续进行,为实行持续的监管,除了现场审查,金管局还会对所有受监管机构的财政状况进行持续的非现场分析,并由此评估机构的管理水平。非现场审查的对象包括认可机构不同类型业务的统计报表、业绩以及财政状况等。在非现场审查结束后,金管局一般会派遣专人与有关机构的相关管理人员开办审慎监管会议,后期也将保持一定的联系。

(3) 与外聘审计师举行三方联席会议。监管过程中还有一个重要部分是与内部和外聘的审计师进行合作讨论。通常金管局要求认可机构提供事先经金管局资格认可的外部审计师的审计报告,并且在年度审计完成后,参加与认可机构及其外聘审计师共同出席的年度三方联席会议,研讨有关准备金、年度审计报告、《银行业条例》的遵守等相关事项。同时,认可机构每个财政年度至少在两份大报上公布其经外部审计师审计的年度资产负债表、损益计算书、审计师报告、董事会成员与主要高级管理人员名单等,使其不仅受到监管部门的监督,同时也接受社会公众的监督。

4. 监管内容

(1) 市场准入要求。认可机构的认可准则是对金融市场准入资格的限制,目的是保护存款人利益,只有符合适当条件的机构才被允许接受公众人士的存款。

(2) 对银行基本业务的监管规定。认可机构须遵守《银行业条例》的各项规定,包括:保持充足的流动资金比率及资本充足比率;向金管局提交有关指定财务资料的定期申报表;遵守有关向任何客户、董事或雇员贷款的限制;就任命董事、高层管理人员及控权人向金管局申请审批。以分行形式经营的境外银行由于分行无须占有资金,对其具体的规定有所不同。

贷款质量监管。香港金管局在1994年12月推出贷款分类制度,规定认可机构须按照一套标准制度,每季度汇报其资产状况。根据这个制度,资产被划分为合格、需要关注、次级、呆滞与亏损五类,后三类统称为"特定分类资产",五级分类方式与巴塞尔委员会所制定的风险分类制度基本一致。贷款分类制度的推行主要有三个目的:一是持续检查个别机构的资产质量及准备金是否充足;二是通过统一的登记分类制度,发现行业中的个别不正常情况;三是通过监察个别行业的整体水平,测定特定行业资产质量的变化情况。分类制度反映和考察了借款人的还款能力和意愿、指定抵押品产生收入的潜力及抵押品市值,以及从其他单位获得支持的可能性。

银行业务监管。① 资本充足比率。香港就银行资本充足率制定的监管标准,一直紧跟巴塞尔委员会制订的国际认可标准。根据《银行业条例》第98条,资本充足比率是资本对风险资产的比率。风险资产是机构资产在分类基础上,分别乘以不同的风险权数而得出的。核心资本对风险资产的比率要达到资本充足比率的一半。1986年起实施的新银行条例为适应世界银行监管的发展,要求最低为5%的资本对风险资产比率,如果银监专员认为有必要,可将个别银行的该比例提高至8%,个别存款公司的该比率提高至10%。1989年年底,新的银行三级制度即将实施之际,香港地区开始采用国际结算银行在1988年提出的资本充足比率制度,银监处将最低资本充足比率提高至8%,而银监专员有权将个别持牌银行的该比率提高到12%,将个别有限持牌银行和接受存款公司的该比率升至16%,并且要求所有本地注册认可机构在资本充足比率季报表内汇报其资本充足比率。

此后,香港金管局根据国际金融风险和监管标准的变化,不断完善与修改风险资本充足制度。根据1996年1月巴塞尔委员会有关纳入市场风险的《资本协议关于市场风险的补充规定》,香港地区制定了市场风险资本充足制度,该制度于1997年12月31日生效。2014年年底,香港地区本地注册认可机构的综合资本充足比率约为16.8%,远高于巴塞尔委员会所定的8%的最低标准。实际上,香港地区认可机构的资本充足比率水平一直处于亚洲较高水平,这与香港地区实行审慎的金融监管体系是分不开的,也是香港地区银行体系得以稳健运行的重要原因。

② 流动资金的监管。流动资金的监管以往只注重流动资产的比率,1986年新银行条例将其规定为1个月内到期或10个月内可随时提款的存款在存款总额中至少应当保持25%。银行监理专员不仅检查单个机构的流动资产比率,还将检查整体流动资金状况,并有权增减任何认可机构的流动资产比率。金管局在1994年8月1日重新阐述其监管认可机构流动资金的制度。在这个制度下,金管局根据6项因素来评估每家机构的流动资金充足程度。这6项因素包括流动资金比率、资产负债期限错配分析、在同业市场中拆借的能力、集团内部交易、贷存比率以及存款基础的多元化与稳定情况。该制度的建立是为

了确保认可机构有能力按期履行义务,同时保持足够的高质量流动资产,以应对流动资金短缺的危机。

财务资料披露制度。为了让存户与股东能评定银行的表现,并向信贷评级机构提供相关的资料,银行必须及时提供最新和可靠的财务资料。银行财务汇报透明度提高的更大意义在于显示香港地区银行的财政实力,这将有助于巩固和提高香港地区的国际金融中心地位。认可机构于1994年采纳了金管局颁布的《认可机构披露财务资料的最佳执行指引》,使香港在财务资料披露方面的标准大致与其他主要金融中心看齐。亚洲金融危机发生以后,金管局不断更新有关资料披露建议,扩大适用机构的范围,增加中期财务资料披露的要求(有关建议列于《香港注册认可机构披露中期财务资料建议》)。

(3)对衍生工具的风险管理。1994年起,金管局成立了专责小组,负责审查大量从事衍生工具业务及交易的机构,审核其风险管理是否完善。1994年12月,金管局采纳了巴塞尔委员会有关衍生工具风险管理的建议,以此作为对相关机构的指导,该指引的核心是董事局与高层管理人员要实行高层监控。1996年3月,金管局制订了一份更详尽的《金融衍生工具业务操作指引》。

自1997年以来,金管局继续采取积极措施,监管认可机构的衍生工具业务。在制定有关认可机构衍生工具业务风险管理的监管制度时,采取了三管齐下的方式,即从监控制度、资本充足水平和风险控制能力三个方面,对创造和使用金融衍生工具的认可机构进行监管,确保认可机构的内部监管体系足够完备,足以胜任其衍生工具业务风险的管理;确保认可机构资本充足,用以抵御可能出现的亏损;确保金管局掌握足够的专业知识,进而制定出合适的风险管理政策,提高对认可机构衍生工具业务的监管水平。

(4)对货币经纪人的监管规定。货币经纪人是指为取得报酬而在香港经营洽谈、安排或促进(不论是以电子或其他方式)他人达成协议的人士。确定与核准货币经纪人身份的具体标准详列于《银行业条例》中,由金融管理专员根据该条例进行核准。为使金融管理专员能对个别经纪人采取适当的监管措施,并监察其在遵守核准准则与其他监管标准的情况,《银行业条例》授权金融管理专员对货币经纪人的核准证明书附加条件或修改与增删该等条件,并对核准经纪人进行审查,以及向其索取资料。金管局在已发出的《认可指引》中,说明了货币经纪人的认可制度,并阐述金管局如何诠释《银行业条例》有关核准为货币经纪人的最低准则。

(5)对多用途储值卡的监管。《银行业条例》赋予金融管理专员权力以监管多用途储值卡的发行。对多用途储值卡进行监管,是为了确保稳健地制订多用途储值卡的发行计划并审核发卡人,以此来维持香港地区支付系统乃至整个金融体系的稳定。

多用途储值卡具有"被广泛接纳的购买力",可用于购买任何商品及服务,因此发挥着近似货币的作用。《银行业条例》规定,只有持牌银行发行的储值卡用途不受限制,但非银行发卡人根据《申请成为认可机构的指引》,也有机会申请批准发行用途受到限制的多用途储值卡。

(二)中国香港地区的证券监管制度

香港地区证券市场的监管组织分为两个层次:第一层次,香港证监会(全称证券及期货事务监察委员会,于 1989 年成立)作为独立的法定机构,负责对香港地区证券及期货市场的运作实施监管。根据《证券及期货条例》及附属法例,证监会被赋予调查、纠正以及纪律处分的权力,且其运作独立于香港特别行政区政府。第二层次,香港交易所作为经营证券、衍生产品市场以及相关业务的结算所,是香港上市公司的前线监管机构。香港交易所全资拥有香港联合交易所及香港期货交易所两家附属公司,并通过它们经营香港地区唯一认可的证券市场及期货市场。总而言之,香港证监会是香港证券及衍生产品市场的主要监管机构,负责执行市场法例,促进和推动市场发展;而香港交易所则致力于与香港证监会紧密合作,发挥其自律机构的重要作用(见图 9-12)。

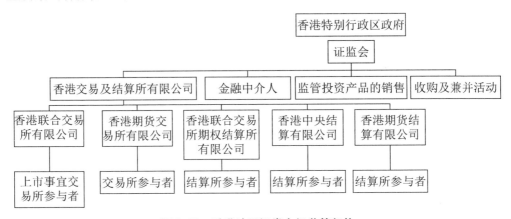

图 9-12 香港地区证券市场监管架构

1. 香港证监会的监管职能

香港证监会的组织架构如图 9-13 所示。

(1) 中介人监管。香港地区的市场中介人(包括经纪人、交易商、证券保证金持有人、投资顾问及杠杆式外汇买卖商)必须在证监会注册。申请人如要取得并维持其注册,先决条件是申请人必须符合作为"适当人选"的准则,而这些准则涉及申请人的财政状况、与所需执行的职能有关的学历或其他资历、能否能有效率及竭诚公正地执行其职能信誉、品格、在财政方面的稳健及可靠程度。此外,获发牌的中介人也必须持续遵守若干发牌规定,包括维持足够的速动资金、妥善备存账目及记录、妥善保管客户的证券、设立独立户口保管投资者的款项,以及注册中介人和他们的核数师须向证监会提交的报表及其他报告。

任何人士如就证券(包括认可单位信托及互惠基金)或期货向投资者提供投资顾问意见,必须先向证监会注册。在香港地区向公众销售的集体投资计划亦必须得到证监会的认可。出售与投资有关的保险计划的独立财务顾问、财务策划顾问、保险经纪人或私人银行代表等,须向其业内监管机构注册,并须接受有关监管机构的监管。

(2) 市场基础设施及交易监管。证监会会监察交易所、结算所、股份登记公司及另类交易平台等市场营运机构的表现。为优化香港地区金融市场的运作并确保业界能与国际发展趋势同步并进,证监会不时引进新的规则(例如监管沽空活动及场外衍生工具的规则),如有需要也会修订现行的法律法规。

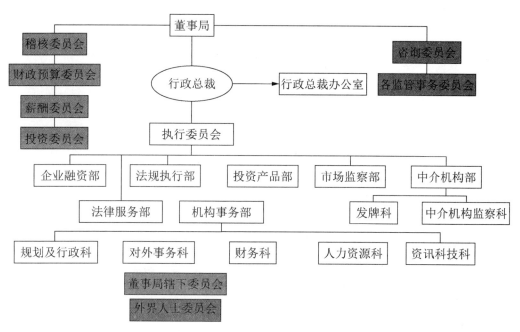

图 9-13 香港证监会的组织架构

(3) 上市及收购事宜监管。证监会在该方面的监管工作旨在保障投资者利益,推动相关法律法规的修订,从而促进市场发展,确保证券及期货市场公正有序,兼具效率、竞争力和透明度。

香港联合交易所(联交所)是上市公司的前线监管机构,其法定职责是确保香港地区市场的运作公正有序,并在资料披露方面具有充分的透明度。作为证券及期货市场的法定监管机构,证监会的工作则包括监督及监察联交所履行与上市事宜有关的职能及职责。证监会及联交所的高级行政人员会定期举行会议商讨上市事宜。此外,证监会也会定期核查联交所在上市事宜方面的监管工作,以及发表年度回顾并做出有关的评估与建议。任何有关《上市规则》的修订以及新规则的引进或实施均须先取得证监会的批准。

证监会还负责执行《公司收购、合并及股份购回守则》,监管上市公司的收购及私有化。

(4) 投资产品监管。证监会负责认可在香港地区向公众公开发售的投资产品,包括封闭式基金、交易所买卖基金、与投资有关的人寿保险计划(简称投资相连寿险计划)、强制性公积金、纸黄金计划、集资退休基金、房地产投资信托基金、结构性投资产品、单位信托及互惠基金以及非上市股份及债权证。

(5) 执法。《证券及期货条例》授权证监会监察违规者并采取纪律处分,以打击证券及期货市场的失当行为及罪行。除了对上市公司及持牌人做出监察、调查与纪律处分外,证监会还会对包括投资者在内的其他市场参与者采取执法行动。

(6) 监管同业。证监会是香港地区负责监管金融及投资领域的四家金融监管机构之一。这四家监管机构紧密合作,确保市场参与者恪守道德,并防止金融犯罪与失当行为的发生(见表9-5)。

表 9-5 香港地区金融监管职责的划分

界　　别	监管机构	主要职责
银行业	香港金融管理局	监管金融机构、进行货币政策的操作及管理外汇基金
保险业	保险业监理处	监管保险公司及保险中介人
强制性公积金计划	强制性公积金计划管理局	监管及监督公积金计划
证券及期货	证监会	监管证券及期货市场

资料来源:香港证监会网站(http://www.sfc.hk)。

2. 1998 年金融风暴后证券市场的改进措施

由于1998年金融风暴暴露出监管体系对投机防范不力的弱点,1998年香港特区政府制定了"30项措施",以增强市场系统的监察能力和透明度。其中涉及监管的六项措施,加强监管股票卖空活动、加强资料披露、加强法规执行、完善风险管理、加强跨市场监控和加强处理危机情况的应变能力。

(1) 监管股票卖空活动。股票卖空活动具有增强市场流通的功能,但是当它被投机者滥用和操纵时,会造成股票与期货市场的大幅波动,影响市场自我调节的功能。所以针对股票卖空活动透明度和监管方面的不足,联交所自1998年9月7日开始恢复限价卖空制度,规定卖空价格不可低于当时市场的最佳卖盘价,以避免投机者借助卖空活动肆意把股价和指数不合理拖低,从而牟取暴利。另外,香港证监会还加强了卖空活动的申报系统,提高市场透明度。

(2) 加强资料披露。"30项措施"还要求加强资料披露,根据此项要求,证监会和联交所已经要求持牌交易商和联交所成员确定和记录客户的真实身份,并在需要时向监管机构提交有关资料;期交所也保证每日向证监会提供大额持仓客户的资料,协助证监会的检查工作。

(3) 加强法规执行。为了维持市场的稳定、提高交收的效率以及为市场买卖双方提供公平的交易环境,"30项措施"要求香港中央结算公司严格执行在交易后两日完成交收的规定,落实执行为失责会员在交易后第三日在市场进行补购的政策,并加重对失责行为的惩罚,包括失责罚款、赔偿有关股票补购的差额,屡次违规的会员将被罚暂停交易。建议还考虑将股票托管商、登记商和借贷人的股票借贷活动引入申报要求。

(4) 完善风险管理。从整体市场风险管理的角度而言,任何单一市场活动都不应当超越整体市场和金融系统所能承受的水平,经纪人的持仓量也应当规范在一定合理的资金水平之内。因此"30项措施"要求期交所严格执行根据经纪人资金水平而定出的持仓限制的规定,同时可以降低大额客户缴付的额外按金的标准,这项措施将有效控制期货市场的整体风险。具体的规定与实施方案由证监会和期交所磋商确定。

(5) 加强跨市场监控。金融产品和投资技术的高速发展和变化,要求监管机构之间必须通过加强相互间的联系与合作,来掌握市场最新和全面情况,并据此采取有效的防范措施,以保证市场公平有效的运作。政府已经在财经事务局下成立了一个跨市场趋势监察小组,集合各有关监管机构,全面分析金融市场各范畴内的最新形势,务求能及时察觉任何跨市场的操控活动,并及时制定回应的行动。

(6)加强应变能力。"30项措施"还建议特区政府加强在紧急情况下的应变能力,在香港地区的整体利益受到冲击时做出果断回应,特区政府针对此次金融危机研究修改现行的法例法规。

四、中国台湾地区的金融监管制度

(一)中国台湾地区的银行监管制度

台湾地区的银行机构监管体制由银行监管体系与存款保险制度两部分组成,分别从加强对银行机构的检查以提高其稳健运作的能力和保护存款人利益等两方面对金融机构供求双方的经济行为进行规范。

1. 旧制分业监管下的金融监管体系

台湾旧制金融管理制度,是由"中央银行""财政部"和"中央存款保险公司"三个主体共同组成。主要特点为行政管理权集中于台湾"财政部",而金融检查权则分属"财政部"、"中央银行"及"中央存款保险公司"。在行政管理权方面,银行、证券、期货及保险业的主管机关虽为"财政部",惟困于法令,实务运作上并未合并监督管理;另外,有关金融检查权方面,银行业的金融检查由"财政部"金融局、"中央银行"及"中央存款保险公司"分工负责;证券业的检查由"财政部"证券暨期货管理委员会负责;保险业的检查则由"财政部保险司"负责。

其组织流程如图9-14所示。

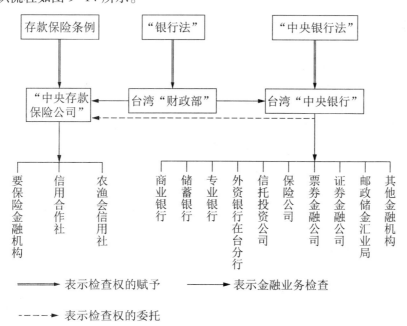

图9-14 台湾地区的旧金融监管体系

具体而言,台湾地区各银行监管主管部门的监管分工和法律依据是:

(1)"财政部"及地方财政部门。依据"台湾银行法","财政部"是金融业的主管机关,享有实施直接监管的权力,但台湾省财政厅要得到"财政部"的委托后才能执行现场检查。"财政部"的监管权限还涉及可以随时派员检查信用合作社、农、渔合作社,也能授权给"中央银行"办理,或者授权给"台湾省合作金库"(1996年前)和"中央存款保险公司"(1996年之后)办理。可见,"财政部"拥有台湾地区金融监管的最高权力。

(2)台湾"中央银行"。"台湾中央银行法"第38条和"财政部委托中央银行检查金融机构业务办法"确定了"中央银行"的金融业务检查职能。"中央银行"隶属"行政院",其经营目标有促进金融稳定、健全银行业务、维护对内及对外币值之稳定四种,即在上述目标范围内,协助经济发展。台湾"中央银行"履行着直接检查和委托检查两重责任,但是,出于台湾地区金融结构的复杂性,金融机构的种类繁多,而且金融自由化导致金融机构的数量迅速增加,"中央银行"的监督力明显不足。1996年后,"中央银行"便将地区信用合作社及农、渔会信用部的监管委托给"中央存款保险公司"负责。

(3)"中央存款保险公司"。依据"台湾存款保险条例"第二十一条规定,台湾"中央存款保险公司"在必要时,可报请主管机关(台湾"财政部")洽商"中央银行"核准后,检查要保金融机构的业务账目,该公司于1985年9月成立后,已从1986年起,陆续对要保金融机构执行检查工作。

2. 台湾地区银行监管制度存在的问题

尽管通过近20年的建设,台湾地区银行监管体制的构架已初步形成,但是,与日益频繁的金融风潮对金融监管提出的要求相比,上述分业监管及分工检查之管理模式,难以对横跨银行、证券、期货、保险业及金融集团进行有效监管,而金融检查权与行政管理权分离,也影响金融监管的效能。在分业监管制度下,按照机构分别实行金融监管,会使不同监管部门之间权责紊乱,各自为政,相互之间的协调性不足,从而导致监管领域中的真空地带出现,同时也会给监管主体机构带来额外的人力物力损失,从而降低了监管绩效。所以该种管理模式存在很大的缺陷:

(1)银行监管的监管导向问题。台湾地区的三个监管主体均负责处理金融机构经营不善的问题,唯独没有专门部门对有问题银行做长期严密的监管,而世界各国(地区)的金融监管机构大多均设有专职部门来管理问题金融机构,这是台湾地区银行监管导向上的严重偏差。面对金融自由化进程中大量的金融机构繁殖,而监管部门不但没有充分扩张,反而由于监管部门的低收入导致许多监管人才流向人才短缺的商业银行,台湾地区的银行监管体制显得力不从心,时常出现"头疼医头、脚疼医脚"的短视现象。

(2)银行监管机构赋予法律权限的问题。一般来讲,为了保证监管的效率,需要赋予监管机构足够的权力,包括信息要求权、检查权、紧急处分权、处罚权等行政管理权力。但是,在台湾地区银行监管的实践中,常常是每当金融机构发生问题或发现潜在危机时,苦于法令未赋予足够的权力作为处置的依据,以致常延误时效或产生处理是否合法的疑虑,最后积累成更大的风险。例如,在1995年"彰化四信"与"国票弊案"中,监管所依据的法律不健全,权限太小,导致不能当机立断,反而因为政治势力的影响而左右摇摆,使存款大众对当局的信心动摇,最终导致整个金融市场出现恐慌。

首先,各金融监管机构的监管目标、原则、方法的不一致,在缺乏统一协调的情况下,必然使得各被监管银行深感不公平,缺乏公正性。因此,台湾学者提出成立"金融监管总署",希望建立一个"一条鞭"的金融监管单位。其次,台湾地区的银行监管权限划分也存在问题。"财政部"享有最高的监管权力,但却实施着最小的监管职能;相反,"中央银行"和"中央存款保险公司"履行着繁重的监管使命,却只能要求授权实施监控。这也是导致部门协调中出现裂痕的重要原因。

3. 从分散金融监管转变为统一的金融监管

21世纪初,台湾地区对金融监管体系进行了改革,最大的特点是从分散的金融监管体制转向统一的金融监管体制。

台湾"财政部"于2001年6月通过《金融控股公司法》后,有鉴于台湾原金融集团跨行合并或与异业结盟者日渐增多,为避免保险、证券、金融等多元监理制度所可能产生叠床架屋的管理问题,函送《"行政院"金融监督管理委员会组织法》草案至"立法院"审议,以期使金融监管制度由原来的多元化监管改变成垂直整合的一元化监管,以健全金融机构业务经营,维持金融稳定与促进金融市场发展,此草案经2003年7月10日"立法院"三读通过,于2004年7月1日起新设"行政院"金融监督管理委员会(简称金管会),以实践金融监管一元化目标。

新的体制中,"财政部"将仅做财政相关工作,而"中央银行"仍为主管货币政策及相关业务的机构,实际上"中央银行"为实行其货币及相关政策,仍保有货币、信用、外汇等业务的项目检察权,并依"中央银行法"等有关权责办理相关业务。"中央存款保险公司"则被定位为一单纯的保险公司,主要负责停业要保金融机构的现金赔付与资产处理的工作。

在金管会成立之后,金管会成为台湾地区金融监督管理一元化的主管机关,负责台湾地区绝大部分的金融监督管理工作,将过去由"财政部"、证期会、金融局(金管会银行局)、保险司、"中央银行"与"中央存款保险公司"等分散的管理权力,集中于金管会之下,而原来协助"财政部"进行金融检查的"中央银行"与"中央存款保险公司"也停止该职权。

在金融管理方面,由于不同产业的专业知识与管理机能不同,所以各局所执掌的业务工作均与金管会成立前相同,依然采取分业管理。金管会下设银行局、证券期货局和保险局,分别监管银行业、证券业和保险业。金监会还下设监察局,把原来散布在各金融管理单位的检查权力全部统一于金管会。所以金管会成为台湾地区金融监管检查的最高机关,对台湾地区的金融管理也改革成"分业管理,集中检查"。

至此,台湾地区金融监管体系变成统一监管体系(见图9-15)。

(二) 中国台湾地区的证券市场监管制度

从1953年以来,伴随着台湾地区证券市场从草创摸索到相对成熟的发展过程,台湾当局对证券市场的监管也逐步走向制度化。

1. 台湾地区证券市场的监管机构

台湾金融监督管理委员会证券期货局(简称"证期局")是台湾地区证券市场的最高监管机构,台湾"财政部"则对台湾证券市场进行政策上的指导和监督。另外,台湾"中央

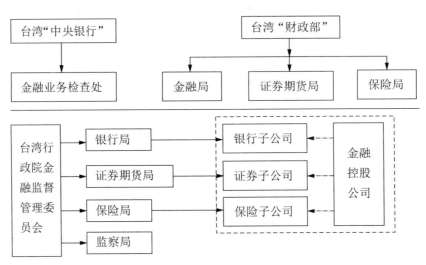

图 9-15　2004 年后台湾地区的金融监管体系

银行"也通过货币和银行政策对证券市场进行直接和间接的干预。台湾证管会成立于 1960 年 9 月 1 日,原隶属"经济部",自 1981 年 7 月 1 日起,改属"财政部"。在采取一元化跨业合并监管模式之后,于 2004 年 6 月发布《"行政院"金融监督管理委员会组织法》,并于 2004 年 7 月将证券暨期货管理委员会改名为证券期货局,隶属于"行政院"金融监督管理委员会,后根据 2011 年 6 月修正公布的《金融监督管理委员会组织法》,于 2012 年 7 月更名为金融监督管理委员会证券期货局。根据有关法律规定,台湾证期局的职权范围相当广泛,它不但对证券交易进行实质性的管理,同时也通过其管理活动使社会整体的经济政策得到落实,使证券管理与经济发展的方向一致。它通过依法行使审查权、核准权、纠正权、监督权、处罚以及制订有关法规等工作,完成证券交易法赋予它的任务。

台湾证期局的业务划分为六组两室,分别负责证券发行市场业务管理、证券商业务管理、证券交易市场管理、证券服务事业管理、证券暨期货市场调查研究、教育宣导及期货交易管理、会计师管理业务、稽核业务、法务业务及国际事务。台湾的会计师管理和会计准则的制定是由证管会会计师管理业务组负责。上市公司信息管理主要由证券发行市场业务管理组负责,其主要措施包括贯彻证券信息充分公开,强化公开发行公司财务业务的监督管理等。而上市公司的经营和财务信息披露主要是由证券交易所具体管理。根据《证券交易法》,台湾证券交易所制定了《台湾证券交易所有价证券上市审查准则》,规定了申请上市公司的成立年限、资本额、获利能力、资本结构和股权分散程度等。类似于台湾证券交易所,台湾证券柜台买卖中心也在其《证券商营业处所买卖有价证券审查准则》中规定了公司上柜的条件。

2. 新《证券交易法》与台湾地区证券市场监管的制度化

台湾地区证券市场监管制度走向规范化的标志是 1988 年新《证券交易法》的颁布实施。它是结合台湾证券市场发育过程中出现的新情况和新问题,对原有的《证券交易法》(1968 年 9 月颁布)进行重大修改(涉及旧法的 1/3 条款和 14 个方面的内容)而形成的。

台湾新《证券交易法》对台湾地区证券市场的制度化监管主要体现在以下几个方面:(1)为了增进一般投资大众对股市的参与度,新的《证券交易法》对上市公司于增资发行新股时,规定了股权分散标准。同时也规定,由公司员工承购或原有股东认购的价格,应与向外公开发行的价格相同。(2)新的《证券交易法》进一步强化了上市公司的信息披露制度。新法第二十条、第三十至三十二条、第三十六至三十九条以及《证券交易法实施细则》第七条分别对拟上市公司的和已上市公司的信息披露制度进行了严格规定。例如,上市公司不仅要向投资大众提供年度财务报表,还要提供季度、月度报表。上市公司以及其负责人、会计师和其他相关人员对投资人因公司提供虚假资讯所受的损失须负赔偿责任。(3)新的《证券交易法》对限制公司内部人关联交易做了严格规定。台湾旧的《证券交易法》对公司内部人交易缺乏有效的控制,使得台湾证券市场在相当一段时间内内幕交易现象相当严重。1988年新法对此做了许多改进(第二十二条、第二十五条、第四十三条、第一五七条等),证券监管部门也同时加快步伐,查出违反限制内部人关联交易规定事件。(4)新的《证券交易法》(第一五五条、第一五六条)还对其他一些操纵证券市场的行为加以限制,以保护投资人的利益,并对违反以上各条的行为加重了处罚。

台湾地区的证券市场在对上市公司信息监管方面曾走了一段长长的弯路,在相当长的时期内,上市公司财务业务信息公开不足,其公信力不高,会计师考选制度不完善,会计师素质不高,内幕交易现象严重,投机色彩太重,证券经纪人员水准参差不齐,从业人员常常参与扰乱市场交易秩序,其结果是证券市场的大起大落。最近几年,台湾地区证券市场的发展与台湾当局加强对证券市场的监管同步进行。当局一方面推动台湾证券市场的国际化、设立台湾期货市场、重新开放店头市场和取消许多原来对证券商经营业务的限制,另一方面又通过大幅度修改《证券交易法》而强化对证券市场的监管。台湾地区证券市场发展过程中的经验教训对中国大陆证券市场的发展有很重要的参考价值。

(三) 台湾地区的存款保险制度

台湾地区酝酿建立存款保险制度由来已久,但进展速度缓慢。早在1973年台湾"中央银行"即拟出了存款保险制度草案,但直至1985年9月台湾"中央存款保险公司"才正式成立,历时12年之久。台湾"中央存款保险公司"的性质类似社会保险制度,非其他人寿、财产保险公司之营利性组织。其宗旨是:保障金融机构存款人利益;鼓励储蓄;维护信用秩序;促进金融业务健康发展。

1. 台湾地区存款保险制度的主要内容

(1) 组织机构。"中央存款保险公司"是由台湾"财政部"、"中央银行"以及"交通银行"等5家银行金融机构共同出资组建,创业资本仅为8.5亿新台币,到1998年11月资本净值已达133亿元。该公司的最高决策单位是董事会,由7位董事组成,董事由"财政部"与"中央银行"指定。下设6个部门,即检查处、业务处、秘书室、会计处、人事室及法务室。检查处和业务处为业务部门,前者掌管检查业务及金融预警系统,后者掌管承保、辅导、理赔、清理、清算及资金管理事宜。"中央存款保险公司"的主要业务包括承保存款保险业务、检查要保机构经营状况和辅导与清理业务等三个方面(见图9-16)。

(2) 承保对象与承保标的。依据《台湾存款保险条例》第十条规定,凡经依法核准收受存款、邮政储金或受托经理具保本保息的代为确定用途信托资金的金融机构,应向"中央存款保险公司"申请参加存款保险。存款保险对象可分为银行、"中华邮政公司"、信用

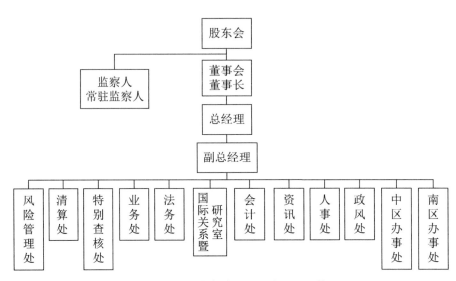

图 9-16 台湾存款保险制度组织机构

合作社、农业金融机构四大类。一方面,承保对象以自愿参加为原则;另一方面,须符合一定的条件,经"中央存款保险公司"同意后才得以投保。承保标的为各种支票存款、活期存款、定期存款、储蓄存款、由要保机构确定用途的信托基金,但不包括外币及外汇存款、信托人指定用途的信托资金、可转让定期存单、法人存款户的存款等。

(3) 最高保额与保险费。根据《台湾存款保险条例》第十六条的规定,存款保险费率由"中央存款保险公司"拟定,报请主管机关金融监督管理委员会核定。存款保险费率为银行、外国及大陆地区银行在台分行保额内存款的差别费率分别为万分之五、万分之六、万分之十一、万分之十五等几个等级。保额以上存款固定费率为万分之零点五。信用合作社保额内存款的差别费率分别为万分之四、万分之五、万分之七、万分之十、万分之十四等五级,保额以上存款固定费率为万分之零点五。农渔会信用部保额内存款差别费率分为万分之二、万分之三、万分之四、万分之五、万分之六等五级,保额以上存款固定费率为万分之零点二五。

(4) 赔付方式。一旦某投保机构付款能力发生问题,因不能履行义务而停业时,"中央存款保险公司"可以按照下列方式对该机构存款人办理赔付:①根据停业机构账户记录及存款人提出的存款余额证明,按其保险金额直接以现金赔付;②在同一地区寻找其他投保机构,对停业机构的存款人设立与其保额相等的存款;③若在同一地区找不到合适的投保机构,则暂时以存款保险公司名义继续经营,除对存款人进行赔付外,存款保险公司还应担任法定清理人,对停业机构的全部资产和负债进行清理,若清理结果表明停业机构尚有扶助其复业的必要时,经报台湾"财政部"核准,可对其贷款或购买资产,协助其复业,若停业机构无复业价值则予以清算。

2. 台湾地区存款保险制度的运作效果

作为台湾地区金融监管体制的重要组织部分,台湾存款保险制度近年来日趋完善,在保持台湾地区金融业的正常运作、化解其金融风险中发挥了重要作用。2001—2011 年,共处理56家经营不善金融机构,依法赔付2 077亿台币。

从近年来的实施效果看,台湾地区的存款保险制度的确起到了稳定市场信心,提供多维度监管的作用。但也存在一些缺陷,由于在长期的二元金融格局条件下,台湾的信用制度基础比较薄弱,存款保险制度会引起储蓄人的麻痹和银行的道德风险,引发银行的冒险行为;此外,因为台湾地区的存款保险长期使用单一存款保险费率制度,不论银行资产风险如何,经营能力如何,均收取相同的保险费,这也诱使要保银行采取更冒险的态度,同时,也降低了正常金融机构的投保意愿,结果将形成要保机构是高风险群的逆向选择现象。

本 章 小 结

1. 当代世界各国(地区)的金融监管制度是随着商业银行制度的建立而逐步发展起来的。最初的金融监管主要涉及银行开业的审批,随着经济的发展、商业银行体系的扩展和金融市场的形成,金融业渗透到社会经济生活的各个方面,金融业稳定发展的要求日益重要,金融监管的内容日益丰富。金融监管的必要性体现在:金融业中存在着市场失灵效应;金融市场交易的特殊性;货币政策的贯彻和经济运行的稳定性;金融创新的发展。新的形势下,加强金融业的监管对世界各国(地区)经济的稳定至关重要。

2. 1988年《巴塞尔协议》和2001年《巴塞尔新资本协议》的全面实施,标志着国际银行监管进入了新的发展时期。世界各国(地区)普遍将充足的资本水平视为实现国际金融体系安全与稳健的核心,目前,资本充足率约束、监管约束和市场约束已经构成国际银行业监管的三大支柱。

3. 世界各国(地区)对证券市场的监管包括:从监管主体上看,包括以美、日为代表集中管理型和以英国为代表的"自律"(Self-regulation)管理型;以注册制(Registration System)和核准制(Chanered System)方式对发行市场的监管;对流通市场的监管;对证券商的监管等方面。从全球的情况看,集中管理型和自律管理型监管模式各自固有的内在缺陷,使得各国(地区)对证券市场的监管日趋综合化和全能化。

4. 存款保险制度与最后贷款人制度一样也是作为稳定金融体系和机制的事后补救措施,世界上大多数国家(地区)都已采用了这种制度。该制度在防止银行存款挤兑、维护中小储户利益、稳定银行体系方面功不可没。但从对存款保险制度的争议看,存款保险制度可能引发存款人的麻痹、银行的道德风险、要保机构的逆向选择行为等问题,将是存款保险制度在今后变革与发展中需要进一步完善的。

关键词

金融监管、系统性重要银行、合规性监管、功能性监管、审慎性监管、市场失灵、外部性、信息不对称性、资本充足性、银行清偿力、最后贷款人、存款保险制度、FDIC、保险基金、台湾"中央存款保险公司"、集中管理型市场监管制度、自律管理型市场监管制度、注册制、核准制、保荐人制度、中国证监会、中国银监会

复习思考题

1. 试述金融监管的必要性与现实意义。
2. 试述资本充足性在对银行业监管作用。
3. 《巴塞尔新资本协议》对国际银行业监管体制变革产生怎样的影响?
4. 试述加强对系统性重要银行监管的重要意义。
5. 简述 FDIC 的运行机制。
6. 美国金融监管制度与英国金融监管制度的差异何在?
7. 试述集中管理型与自律管理型市场监管模式的优劣。
8. 简述注册制与核准制的异同。
9. 试述中国分业监管体制的特征与优劣点。
10. 保荐人制度在加强中国证券市场监管中的意义与作用何在?
11. 试述建立存款保险制度对于加强中国银行业监管的意义与作用。
12. 试述发达国家与"金砖国家"在金融监管方面的差异。
13. 简述中国台湾地区存款保险制度的运行机制与特点。
14. 试述存款保险制度与最后贷款人制度在对银行业监管方面的功能差异。

参 考 文 献

1. 白钦先、刘刚、郭翠荣．各国金融体制比较(第2版)，北京：中国金融出版社，2012．
2. 陈国进．金融制度的比较与设计，厦门：厦门大学出版社，2002．
3. 郑振龙、陈国进等．金融制度设计与经济增长，北京：经济科学出版社，2009．
4. 富兰克林·爱伦、道格拉斯·盖尔．比较金融系统，北京：中国人民大学出版社，2002．
5. 孙伍琴．不同金融结构下的金融功能比较，北京：中国统计出版社，2003．
6. 道格拉斯·诺思、罗伯特·托马斯．西方世界的兴起，北京：华夏出版社，1999．
7. 道格拉斯·诺思．制度、制度变迁与经济绩效，上海：上海三联书店、上海人民出版社，1994．
8. 道格拉斯·诺思．经济史中的结构与变迁，上海：上海三联书店、上海人民出版社，1994．
9. 孙杰．货币与金融：金融制度的国际比较，北京：社会科学文献出版社，2002．
10. 戈德史密斯．金融结构与金融发展，上海：上海三联书店、上海人民出版社，1994．
11. P. 金德尔伯格．西欧金融史，北京：中国金融出版社，1991．
12. 李杨、王国刚、刘煜辉．中国金融体制发展道路，北京：经济管理出版社，2013．
13. 钟震．系统重要性金融机构的识别与监管研究，北京：经济管理出版社，2014．
14. 米军．俄罗斯金融改革回顾与展望，北京：中国社会科学出版社，2012．
16. 鲁达尔·达特、K. P. M. 孙达拉姆．印度经济(中译本)，成都：四川大学出版社，1994．
17. 国世平．香港金融监管，北京：中国计划出版社，2002．
18. 王志军．欧洲金融体系变革与发展研究，天津：南开大学出版社，2009．
19. 陈明．美国联邦储备体系的历史渊源，北京：中国社会科学出版社，2003．
20. [日]鹿野嘉昭著，余熳宁译．日本的金融制度，北京：中国金融出版社，2003．
21. 何广文．德国金融制度研究，北京：中国劳动社会保障出版社，2000．
22. 杨胜刚．台湾金融制度变迁与发展研究，北京：中国金融出版社，2001．
23. 香港金融管理局．香港金融管理局年报，香港：香港金融管理局，1997-2014年
24. 穆怀朋．香港经济与金融——回归后的调整与发展，北京：中国金融出版社，2004．
25. 徐志刚、钱刚．香港金融制度与经济，上海：上海三联书店、上海人民出版社，2000．
26. 徐明威．中东欧国家金融体制比较，北京：经济科学出版社，2002．
27. 庄毓敏．经济转轨中的金融改革问题，北京：中国人民大学出版社，2001．
28. 世界银行，http://www.worldbank.org.cn.
29. 国际货币基金组织(IMF)，http://www.imf.org.
30. 美国联邦储备局，http://www.bog.frb.fed.us.
31. 欧洲中央银行，http://www.ecb.int.
32. 英格兰银行，http://www.bankofengland.co.uk.
33. 日本银行，http://www.boj.or.jp.
34. 巴西中央银行，http://www.bcb.gov.br.
35. 中国人民银行，http://www.pbc.gov.cn.
36. 中国银监会，http://www.cbrc.gov.cn/.
37. 中国证监会，http://www.csrc.gov.cn/.
38. 印度储备银行，http://www.rbi.gov.

39. 韩国银行,http://www.bok.or.kr/.
40. 新加坡金融管理局,http://www.mas.gov.sg.
41. 香港金融管理局,http://www.info.gov.hk.
42. 台湾"中央银行",http://www.cbc.gov.tw.
43. 非洲在线网,http://www.africaonline.com.

北京大学出版社教师反馈及教辅申请表

北京大学出版社本着"教材优先、学术为本"的出版宗旨,竭诚为广大高等院校师生服务。为更有针对性地提供服务,请您认真填写以下表格并经系主任签字盖章后反馈给我们,我们将按照您填写的联系方式免费向您提供相应教辅资料,以及在本书内容更新后及时与您联系邮寄样书等事宜。

书名		书号	978-7-301-	作者	
您的姓名				职称职务	
校/院/系					
您所讲授的课程名称					
每学期学生人数	____人 ____年级			学时	
您准备何时用此书授课					
您的联系地址					
邮政编码		联系电话(必填)			
E-mail(必填)		QQ			
您对本书的建议:				系主任签字 盖章	

填表说明:填好本表后,可以有以下几种方式反馈给我们:
1) 邮寄或快递。
2) 传真。
3) 拍成照片发送到电子邮箱。
4) 拍成照片后关注并发送到我们的微信公众号。

我们的联系方式:

北京大学出版社经济与管理图书事业部
北京市海淀区成府路 205 号,100871
联 系 人: 徐冰
电   话: 010-62767312 / 62757146
传   真: 010-62556201
电子邮件: em@pup.cn em_pup@126.com
Q Q: 5520 63295
微信: 北大经管书苑(pupembook)
新浪微博: @北京大学出版社经管图书
网   址: http://www.pup.cn